Haferkorn · Einsatz von Personal Computern in Kreditinstituten

Jürgen Haferkorn

Einsatz von Personal Computern in Kreditinstituten

Grundlagen und Fallstudien

GABLER

CIP-Titelaufnahme der Deutschen Bibliothek

Haferkorn, Jürgen:
Einsatz von Personal-Computern in Kreditinstituten :
Grundlagen und Fallstudien / Jürgen Haferkorn. – Wiesbaden :
Gabler, 1991
Zugl.; Diss., 1990
ISBN-13: 978-3-409-14128-4 e-ISBN-13: 978-3-322-89333-8
DOI: 10.1007/978-3-322-89333-8

Der Gabler Verlag ist ein Unternehmen der Verlagsgruppe Bertelsmann International.

Lektorat: Karlheinz Müssig

ISBN-13: 978-3-409-14128-4

Geleitwort

Die vorliegende Arbeit zum Einsatz von Personal Computern in Kreditinstituten greift eine aktuelle und zugleich zukunftsweisende Marschrichtung im Bereich der bankbetrieblichen Informationstechnik heraus. Basierend auf einer Fülle von Interviews in strategisch bedeutsamen Arbeits- und Geschäftsbereichen der Kreditwirtschaft untersucht der Verfasser die Funktionalität von derzeit im Einsatz befindlichen PC-Applikationen und zeigt die vielfältigen Erfahrungen mit diesem an Bedeutung gewinnenden Bestandteil bankbetrieblicher Informatik-Strategien auf.

Eine wesentliche Zielsetzung dieser Untersuchung ist die praxisnahe Darstellung von Unterstützungsmöglichkeiten des Personal Computers für den Anwender, die mit Hilfe von Fallstudien umgesetzt wird. Gleichzeitig stellt der Verfasser die sowohl unter Kosten- als auch unter Nutzenaspekten wichtigsten Einsatzfelder vor. Besondere Bedeutung kommt der integrativen Sichtweise des PC-Einsatzes zu, die den Personal Computer eingebettet in eine umfassende EDV-gestützte Informatikstruktur versteht. Von dieser Warte aus betrachtet soll der Personal Computer als Mittel zur individuellen Datenverarbeitung auf die bereits zur Verfügung stehenden Daten, Informationen und Dienste interner Applikationen sowie externer Informationsanbieter zugreifen können.

Die Fülle der hier vorgestellten Einsatzmöglichkeiten des Personal Computers macht deutlich, daß dieses Informationsmittel unentbehrlich für den bankbetrieblichen Leistungsprozeß ist. Am deutlichsten wird die strategische Bedeutung des Personal Computers dort, wo infolge des derzeitigen Strukturwandels der Wettbewerb unter den – oft auch bankfremden Marktteilnehmern – sehr stark ausgeprägt ist. Die Beibehaltung und der Zugewinn von Marktanteilen ist dort oft eine Funktion der im Einsatz befindlichen Informationstechnik. Mit Hilfe des Personal Computers können die Wettbewerber im täglichen Bankgeschäft auf Basis einer Vielzahl von Daten und in Sekundenschnelle die für den Abschluß von Geschäften notwendigen Informationen gewinnen. Der Personal Computer leistet dort einen wichtigen Beitrag zur Produktion und damit gleichzeitig zum Absatz von Bankdienstleistungen.

Ob der zunehmende Einsatz von Personal Computern in Zukunft mit Erfolg beschieden sein wird, hängt vor allem davon ab, inwieweit die Fülle von PC-Programmen im Einklang miteinander Verwendung finden und der vielfach noch bestehende Wildwuchs an Hard- und Software in geordnete Bahnen gelenkt werden kann. Gleichwohl gewinnen in der Kreditwirtschaft Fragen nach dem Datenschutz und der Datensicherheit – vor allem im Hinblick auf die besondere Schutzwürdigkeit und Sensibilität von Kundendaten – verstärkt an Bedeutung.

Ich gratuliere dem Verfasser zu dieser nicht nur umfangreichen, sondern vor allem auch kompetenten Analyse und wünsche der Veröffentlichung eine gute Aufnahme.

Prof. Dr. Leo Schuster — Ingolstadt, Dezember 1990

Vorwort

Die vorliegende Arbeit über die Einsatzgebiete des Personal Computers in Kreditinstituten und die wachsende Bedeutung dieses elektronischen Mediums im Bankgewerbe bildet den Schlußpunkt meiner etwa dreijährigen Forschungstätigkeit an der Hochschule St. Gallen.
Es war ein wesentliches Ziel dieser Arbeit, auch auf die zukünftigen Ausprägungen der PC-Technik zur sinnvollen Aufgabenunterstützung des Bankmitarbeiters einzugehen. Angesichts der enormen Dynamik der technischen Entwicklung im Back- als auch im Front-Office Bereich können meine Ausführungen im Hinblick auf real existierende PC-Einsatzformen jedoch allenfalls eine Momentaufnahme darstellen.
Die Vorstellung der Fülle von bankbetrieblichen Einsatzgebieten für den PC wäre ohne die Hilfsbereitschaft zahlreicher Interviewpartner nicht möglich gewesen. So haben mich vor allem die in den Gesprächen mit Banken und Softwareherstellern geäußerten Ansichten und Meinungen zur Nutzung der PC-Technik immer wieder auf neue Gedanken gebracht. Dabei konnte ich die Erfahrung vieler Anwender und deren Wunschvorstellungen nach einer effizienten Arbeitsunterstützung in meine Arbeit aufnehmen.
Besonders verbunden bin ich der HYPO-BANK, deren Stiftungsfond mich für zwei Jahre finanziell unterstützte, so daß eine weitgehende Unabhängigkeit und damit ein schneller Einstieg in die Thematik erfolgen konnte.
Die konkrete Planung der Doktorarbeit hätte jedoch nicht ohne die beratende Unterstützung meines Doktorvaters Herrn Professor Dr. Leo Schuster erfolgen können. Ihm bin ich für seine bemerkenswert offene Gesprächsbereitschaft zu diesem Thema zutiefst verbunden. Auch durch meine einjährige Tätigkeit am Institut für Bankwirtschaft konnte ich viele Erfahrungen sammeln, die mir den Einstieg in Dissertationsvorhaben erleichterten. Zu großem Dank bin ich auch dem Koreferenten der Doktorarbeit, Herrn Professor Dr. Ludwig Nastansky verpflichtet, der mir in zahlreichen fachspezifischen Fragen zur Seite stand und meine Aufmerksamkeit auf wichtige Aspekte des PC-Einsatzes lenkte.
Mein Dank richtet sich auch an meine Freunde und Studienkollegen, die mir bei der Anfertigung dieser Arbeit nützliche Hinweise geben konnten. Dazu gehören Sandra Huber, Ursula Nonninger, Hanno Heimann, Stefan Helpertz und Wieland Gurlit. Herrn Dr. Michael Schade bin ich für die vielen Anregungen in Softwarefragen dankbar.
Rückblickend liegt mir vor allem am Herzen, das ausgeprägte Verständnis meiner Familie, denen ich die Doktorarbeit widmen möchte, zu erwähnen. Ohne deren Unterstützung, die den Grundstock zu dieser Arbeit legte, hätte ich nicht die manchmal aufgekommenen „Klippen" im Umfeld meiner Forschungstätigkeit überwinden können.

Erkrath-Hochdahl/St. Gallen, im April 1990 — Jürgen Haferkorn

Inhaltsübersicht

INHALTSVERZEICHNIS

ABKÜRZUNGSVERZEICHNIS

Abb.	Abbildung
AGB	Allgemeine Geschäftsbedingungen
B&F	Banking & Finance
BBL	Betriebswirtschaftliche Blätter
BI	bankinformation
BIK	Betriebswirtschaftliches Institut der Deutschen Kreditgenossenschaften
BVR	Bundesverband der Deutschen Volksbanken und Raiffeisenbanken
C&FM	Credit & Financial Management
c.p.	computer persönlich
DGM	Deutsche Gesellschaft für Mittelstandsberatung
DM	Deutsche Mark
DSD	Deutscher Sparkassen-Dienst
DSDD	Deutsche Sparkassen-Daten-Dienste
DSGV	Deutscher Sparkassen- und Giroverband
DTP	Desktop Publishing
EDV	Elektronische Datenverarbeitung
EG	Europäische Gemeinschaft
GAD	Gesellschaft für Automatische Datenverarbeitung
gi	geldinstitute
GMI	Gesellschaft für Mathematik und Informatik
GRZ	Genossenschafts-Rechenzentrale
IC	Information Center
IDV	Individuelle Datenverarbeitung
KWG	Kreditwesengesetz
Mio.	Millionen
NZZ	Neue Zürcher Zeitung

OB	Office Banking
OM	Office Management
o.V	ohne Verfasser
RHSO	Rheinisch-Hessische Sparkassenorganisation
SBG	Schweizerische Bankgesellschaft
SBV	Schweizerischer Bankverein
SHZ	Schweizerische Handelszeitung
SKA	Schweizerische Kreditanstalt
SVD	Schweizerische Vereinigung für Datenverarbeitung
TDM	Tausend Deutsche Mark
TV	Textverarbeitung
u.a.	unter anderem
usw	und so weiter
vbo	verband für bankorganisation
Vgl.	Vergleiche
VTV	Verband für Textverarbeitung
WiWo	Wirtschaftswoche
z.B.	zum Beispiel

ABBILDUNGSVERZEICHNIS

TEXTBOXVERZEICHNIS

1 Einleitung

1.1 Themenabgrenzung und Szenario

Die vorliegende Arbeit zum Einsatz von Personal Computern in Kreditinstituten richtet sich vor allem auf das lokale bankbetriebliche Einsatzfeld, insbesondere im Back- und Front-Office Bereich. Dies bedeutet, daß derjenige Einsatzbereich von PC's unberücksichtigt bleibt, in dem Produktion und Absatz von Bankdienstleistungen durch den Kunden selbständig, an seinem Ort und außerhalb des Kreditinstituts vorgenommen werden. Die Arbeit ist also strikt von Teilbereichen des sog. "Electronic Banking" abgegrenzt, die z.B. den Dienstleistungsbereich des Home-Bankings betreffen.

Im Hinblick auf die Bedeutung des PC's im Rahmen der bankbetrieblichen Geschäftstätigkeit kommt eine von Arthur Andersen & Co. durchgeführte Panel-Befragung zu dem Ergebnis, daß für das Jahr 1995 in allen bankbetrieblichen Managementbereichen eine hohe Computernutzung zu erwarten ist. Danach glaubten die meisten der Befragten, daß jeder Bankangestellte im höheren Management schon im Jahre 1995 einen Computer nutzen wird, während der Durchdringungsgrad der Computertechnik in der mittleren Führungsebene und im operationalen Bankbereich auf einen Anteil von etwa 50 Prozent eingeschätzt wurde.[1] Eine Studie der International Data Corporation (IDC), die für eine Auswahl von Großunternehmen verschiedener Branchen in den USA für das Jahr 1989 durchgeführt wurde und deren Ergebnisse Abbildung 1 zeigt, belegt die intensive Nutzung des PC's auf sämtlichen Hierarchieebenen in den Kreditinstituten.[2]

Die Verbreitung von PC's in der Kreditwirtschaft läßt sich auch an konkreten Zahlen aus dem europäischen Raum belegen. So betrug die Terminaldichte z.B. im Hause der Schweizerischen Kreditan-

1) Arthur Andersen & Co. (Hrsg.)(Change), S. 44.

2) IDC (Hrsg.)(Organizations), S. 16.

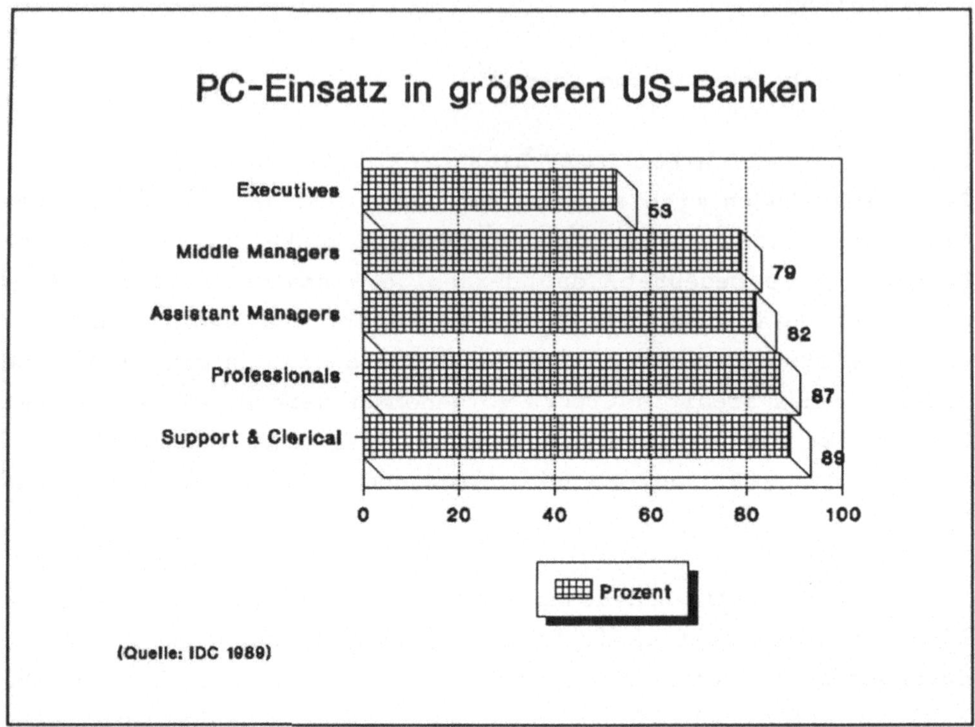

Abb. 1: PC-Einsatz in größeren US-Banken

stalt im Jahre 1989 (Stand Juni 1989) schon nahezu 85 Prozent in Relation zu deren gesamtem Personalbestand. Von den Terminals entfallen rund 30 Prozent (3.350 PC's) auf PC-Systeme[1], und jährlich werden zwischen 500 und 1.000 neue PC's angeschafft. Die Dynamik und Vielfalt des PC-Sektors wird insbesondere vor dem Hintergrund deutlich, daß sich dort etwa 50 unterschiedliche Hard-/Softwareprodukte in einem laufenden Evaluationsprozess befinden, wobei alle zwei Jahre Anpassungen der EDV-Struktur erfolgen, wie z.B. der Wechsel zu einer neuen PC-Generation.[2]

---

1) Rasi R. (Datenmanagement), S. 6.

2) Marti D. (Spannungsfeld), S. 99.

1.2 Methodisches Vorgehen und Gang der Arbeit

Die vorliegende Arbeit stellt die Einsatzfelder des Personal Computers anhand von strategisch bedeutsamen Arbeitsgebieten in der Kreditwirtschaft vor. Die Behandlung der Thematik basiert schwerpunktmässig auf den diesbezüglich durchgeführten Interviews in den Jahren 1987 bis 1989. Als Zielgruppe für die Interviews standen sowohl deutsche und schweizerische Kreditinstitute als auch externe Softwarehäuser, deren Produkte in der Kreditwirtschaft Verwendung finden, im Vordergrund.

Im Rahmen dieser Untersuchung erwies es sich als zweckmäßig, auf einen standardisierten Fragebogen zugunsten offen geführter Interviews zu verzichten. Für die Vornahme offener Interviews sprach vor allem die in vielen Fällen sehr vertraulich behandelte Thematik des PC-Einsatzes, so daß des öfteren nur nach Rücksprache mit den verantwortlichen Personen intensive Gespräche möglich waren. In diesem Fall mußte der Gesprächsleitfaden auf Einsatzgebiete des PC's gelenkt werden, die von den Interviewpartnern auch für eine Publikation in Form einer Doktorarbeit autorisiert wurden. In einigen Fällen konnte die Bereitstellung von Demo-Programm-Versionen sowie die Möglichkeit, entweder beim Softwarehersteller oder im Hause der Kreditinstitute die PC-Programme kennenzulernen, dazu beitragen, deren Leistungsmerkmale herauszufiltern.

Der zweite Teil dieser Arbeit stellt den PC als Ergänzung der bankbetrieblichen EDV-Struktur vor und wendet sich den allgemeinen Einsatzbereichen von PC-Applikationen in der Kreditwirtschaft zu. Im dritten Teil stehen vornehmlich Fallstudien zu spezifschen Einsatzgebieten von PC-Programmen im Vordergrund der Betrachtung. Dabei wurden im ersten und zweiten Kapitel Einsatzbereiche mit Relevanz für die bankwirtschaftliche Leistungserstellung im Investment Banking und Commercial Banking ausgewählt. Den Abschluß des dritten Teils bilden bankwirtschaftliche Führungsinformationssysteme, die finanzwirtschaftliche und marktorientierte Applikationsfelder beleuchten.

Ein wesentliches Ziel bei den allgemeinen und spezifischen PC-Einsatzformen liegt in der Ermittlung des qualitativen und quantitativen Nutzens der eingesetzten Applikationen. Während im quantitativen Bereich Rationalisierungspotentiale einen wesentlichen Bestandteil der Analyse bilden, verfolgt die qualitative Bewertung das Ziel, auf die Benutzerfreundlichkeit und Entscheidungsunterstützung der vorgestellten PC-Progamme einzugehen. Soweit der Informationsstand dies zuließ, werden neben den aufgeführten Fallstudien auch vergleichbare PC-Produkte anderer Kreditinstitute im dritten Teil der Arbeit sowohl in den einleitenden Ausführungen als auch den vorgenommenen Bewertungen zu den entsprechenden Kapiteln vorgestellt.

Dort, wo es zum bankwirtschaftlichen Verständnis der Thematik beiträgt, bilden theoretische bankwirtschaftliche Grundlagen, die mit den Leistungskriterien der PC-Programme verbunden sind, eine Ergänzung zur Analyse der vorgestellten Programmbewertungen. Für die inhaltliche Aufbereitung und damit die Präsentation von PC-Software-Leistungsmerkmalen sind einerseits Programmauswertungen und andererseits inhaltliche Leistungsbeschreibungen in Form von Textboxen ausgewählt worden. Beide Darstellungsformen ergänzen sich und treten neben den Haupttext der Arbeit.

2 Der PC als Ergänzung bankbetrieblicher EDV-Strukturen

2.1 Wesensmerkmale

2.1.1 Begriffliche Einordnung

Für den Terminus "Personal Computer" haben sich eine Vielzahl von anderen Begriffen, wie z.B. Arbeitsplatzcomputer, Mikrocomputer, Schreibtischcomputer, Portable usw. herausgebildet, welche für die Vielfalt der deutschen - von anglo-sprachlichen Einflüssen geprägten Sprache - stehen und oft synonym benutzt werden.

Um die z.T. vorherrschende sprachliche Verwirrung zu verdeutlichen, läßt sich ferner feststellen, daß die im Umlauf befindlichen Begriffe "Mikrocomputer", "Minicomputer" und "Mainframe" (deutsch: Großrechner) einem laufenden, zeitlich bestimmten technischen Bedeutungswandel unterliegen. So könnte heutzutage ein Computer, der in den 50er und 60er Jahren noch bezogen auf dessen Leistungsfähigkeit mit dem Begriff "Mainframe" bezeichnet wurde, mittlerweile in bezug auf seine Leistungsfähigkeit in die Klasse der "Minicomputer" oder "Mikrocomputer" eingeordnet werden.[1] Aus dieser Sicht betrachtet könnte der PC in unserer Zeit zur Klasse der "kleinformatigen Großrechner" gezählt werden.

Aus betrieblicher Sicht dient der PC zur Unterstützung von Tätigkeiten am Arbeitsplatz und paßt sich damit vornehmlich den spezifischen Bedürfnissen des Endbenutzers an. Da es jedoch unterschiedliche Arbeitsplätze und diesbezügliche Anforderungen gibt, muß der Arbeitsplatz-Computer nicht unbedingt durch einen PC aufgebaut sein, wenn die zu erledigenden Aufgaben auch mit einem anderen Endgerät (z.B. Textsystem) erfüllt werden können.

Sinnvoll in bezug auf das heutige Einsatzfeld von PC's erscheint der von **PANKO** gewählte Definitionsansatz, nach dem ein PC entweder PC-Anwendungen oder Terminalfunktionen im Verbund mit

1) Gergely St.M. (Mikroelektronik), S. 73.

anderen EDV-Systemen (z.B. Großrechner) wahrnimmt.[1] In der letzten Eigenschaft würde ein vielfach im deutschen Sprachgebrauch bezeichnetes "dummes" Terminal vorliegen.

Einen ebenfalls weit gefaßten Bedeutungsrahmen im Zusammenhang mit dem Begriff des "End-User-Computings" wählt **NASTANSKY**, der von einer "Personal Workstation" spricht, die entweder durch einen vernetzten PC oder eine Workstation aufgebaut wird, wie etwa des Computerherstellers APOLLO.[2]

Mittlerweile scheinen die Unterschiede zwischen PC's und den oben bezeichneten Workstations, die über viele Jahre bestanden haben, immer mehr an Bedeutung zu verlieren. Als Gründe werden u.a. die sich angleichenden Leistungsverhältnisse (z.B. Grafikfähigkeit/ Multi-Using) in beiden Marktsegmenten angeführt.[3] Auch im Vergleich zu anderen Computerklassen wie des Homecomputers läßt sich nach **PANKO** eine leistungsbezogene Angleichung feststellen, so daß eine Abgrenzung des PC's von dieser Leistungsklasse nur nach den im Büro-Bereich benutzten Endbenutzer-Werkzeugen (z.B. Business-Grafik) für möglich gehalten wird.[4]

Darüber hinaus ist es notwendig, den ursprünglich isolierten Definitionsrahmen des PC's im Sinne eines "persönlichen" Computers zu modifizieren. Dafür spricht einerseits die gemeinsame Nutzung des PC's zusammen mit dessen Daten und Programmen von mehreren Mitarbeitern. Andererseits deutet die vielfach in den Banken schon realisierte Einbindung des PC's in andere EDV-Systeme, verbunden mit seinen dezentralen Kommunikationsfähigkeiten, ebenfalls auf eine Abkehr von der Vorstellung des persönlich genutzten Computers hin. Beide Entwicklungen lösen den PC

1) Panko R.R. (End User Computing), S. 540 f.

2) Nastansky L. (Ressourcenmanagement), S. 3.

3) o.V. (Gehen), S. 156 ff.

4) Panko R.R. (End User Computing), S. 200.

im hier wörtlich verstandenen Sinn ab, so daß die Bezeichnung "Personal Computer" allenfalls noch als Markenzeichen der Computerindustrie überdauert hat.

Ein weiterer, maßgeblich das Erscheinungsbild des in Banken eingesetzten PC's betreffender Definitionsansatz, zielt auf dessen Eigenschaft als eingebautes System (engl. "embedded system") ab.[1] Damit ist gemeint, daß, bedingt durch die fast unbegrenzten Verwendungsmöglichkeiten des sich im inneren eines PC's befindlichen Mikroprozessors, eine Vielzahl von elektronischen Geräten, wie z.B. Belegdrucker und Geldautomaten, gesteuert werden kann.[2]

PC-MERKMALE

- o Weitreichende Integrationsmöglichkeiten zwischen verschiedenen Endbenutzer-Werkzeugen
- o Flexibilität und Unabhängigkeit bei der Auswahl von Endbenutzer-Werkzeugen
- o Multifunktionalität in bezug auf die Arbeitserledigung (z.B. Telex)
- o Einbindung in Netzwerke (z.B. lokale PC-Netzwerke)
- o Hohe Endbenutzerfreundlichkeit (z.B. graphische Bildschirmoberfläche)

Box 1: PC-Merkmale

Im Rahmen dieser Arbeit soll der PC als "offene" Arbeitsplatzstation mit einer Vielzahl von Endbenutzer-Werkzeugen, die sich den unterschiedlichen Bedürfnissen sämtlicher Bankmitarbeiter auf allen Hierarchieebenen anpaßt, im Mittelpunkt stehen. Gekennzeichnet durch die in Textbox 1 aufgeführten Merkmale und unter Berücksichtigung der Entwicklungsdynamik im applikatorischen sowie im technischen Bereich erscheint vor allem die Definition des PC's als ständig wachsender Werkzeugkasten sinnvoll.

---

1) Beckurts K.H./Schuchmann H.-R. (Grenzen), S. 11.

2) Behrendt G. (Jahre), S. 16.; Commerzbank AG (Hrsg.)(Electronic Banking), S. 169.

2.1.2 Hardware-Bestandteile

Die folgende Darstellung zu den Bausteinen eines PC's soll sich vorwiegend an den Anforderungen und Aufgabenstellungen des Endbenutzers orientieren und damit technische Details, die einer großen Entwicklungsdynamik unterliegen, ausklammern.[1]

KERN DES PERSONAL COMPUTERS

Die Zentraleinheit (engl. "Central Processing Unit") kann als "Herz" des PC's bezeichnet werden, welche sämtliche Aufgaben und Arbeitsschritte koordiniert und den Informationsaustausch zwischen Eingabe- und Ausgabegeräten (z.B. Maus) sowie exteren Speichermedien (z.B. Diskette) abwickelt. Aus der Sicht des Endbenutzers ist vor allem die Größe des Arbeitsspeichers (engl. "Random Access Memory") als Bestandteil der Zentraleinheit von Bedeutung, da dieser die Möglichkeiten zur Nutzung von umfangreichen Programmen (z.B. integrierte PC-Programme) und zur Verarbeitung einer Vielzahl von Daten bestimmt. Abgesehen vom Arbeitsspeicher gibt es den Festwertspeicher (engl. "Read Only Memory"), welcher diejenigen Programme bzw. Programmteile (z.B. Teile des Betriebssystems) aufnimmt, die u.a. für die Steuerung der Ein- und Ausgabegeräte zur Verfügung stehen müssen. Da immer ein bestimmter Teil des insgesamt vorhandenen internen Speicherplatzes eines PC's für festinstallierte Programme aufgezehrt wird, muß der Anwender stets die Frage nach der tatsächlichen Arbeitsspeicherkapazität im Auge behalten, um die wirtschaftliche Nutzung von PC-Programmen einzuschätzen. Ein nicht ausreichender Speicherplatz kann in diesem Zusammenhang mit langen Rechen- und Zugriffszeiten verbunden sein.[2] Abgesehen von den schon bestehen-

---

1) Anmerkung: Neben den angeführten Literaturangaben sind die nachfolgenden Ausführungen zu den Hardware-Bestandteilen des PC's unter Berücksichtigung des Seminars: "Hardware- und Softwarekomponenten der Mikrocomputer", vom 17.- 19. Januar 1989, auf Einladung der Gesellschaft für Mathematik und Informatik (GMI), Aachen, erarbeitet worden.

2) Gregor B./Krifka M. (Einsatzmöglichkeiten), S. 17.; Schwarze J. (Personal Computer), S. 36 f.

den internen Speicherkapazitäten ist eine Erweiterung derselbigen durch sog. "Steckkarten" möglich.

EINGABEMEDIEN

Als klassisches Eingabemedium für den PC ist die Tastatur (engl. "keyboard") zu bezeichnen, welche sich im Vergleich zur Schreibmaschinentastatur durch eine große Multifunktionalität in ihrer Tastenbelegung auszeichnet, die Buchstaben- und Funktionstasten sowie Ziffernblöcke auf sich vereinigt. Dabei können die Funktionstasten je nach genutztem PC-Programm unterschiedliche Aufgaben erfüllen, so daß mit steigender Programmanzahl häufig auch die Bedienungskomplexität zunimmt. Gestützt auf ergonomische Überlegungen hat sich deshalb eine jederzeitige Anzeige der inhaltlichen Belegung von Funktionstasten über sog. "soft-keys" bei vielen PC-Applikationen durchgesetzt. Neben der Tastatureingabe unterstützt der PC z.B. im bankbetrieblichen Zahlungsverkehr auch die Dateneingabe über Lesestifte, verbunden mit der Erkennung von OCR-Zeichen ("Optical Character Recognition") sowie die Verwendung von Scannern zur elektronischen Archivierung von Dokumenten[1].

Von zunehmender Bedeutung für den betrieblichen PC-Einsatz ist die Nutzung der "Maustechnik", die u.a. bei menügestützten PC-Anwendungen oder zur Eingabe von Grafiken Verwendung findet. So können mit der Maus über einfaches "Anklicken" einzelne Menüpunkte oder symbolische Zeichen (engl. "icons") angewählt werden.[2] Ein weiteres interessantes und zugleich zukunftsweisendes Eingabeverfahren stellt die "Touch-Screen"-Technik, wie sie bereits im Wertpapierhandel[3] sowie im Einsatzbereich des Computer-Aided-Learning (CAL) und der Kundenselbstbedienung[4] in der Kreditwirt-

1) o.V. (Speicherung), S. 10.; o.V. (Vorgangsarchivierung), S. 349.

2) Haslinger E. (Lexikon), S. 174. zu den Begriffen "Maus" und "Maussteuerung"

3) Stadtherr K.O. (Verbindung), S. 104 f.

4) Ambros H. (90er), S. 26 ff.; dgl. (Vorstandsmitteilung 54/88), S. 3 ff.; Ambros H./Haider B. (SB-Entwicklung), S. 66 ff.

schaft vorzufinden ist. In diesem Fall wird die zu drückende Taste durch eine kleine Grafik auf dem Bildschirm dargestellt, so daß per Fingerdruck an bestimmten vordefinierten Stellen auf dem Monitor Eingaben erfolgen können. Weitere Eingabeformen ergeben sich schließlich aus der Verwendung von "Grafik-Tablets" zur Durchführung von graphischen Zeichnungen mit Hilfe eines Lichtgriffels[1]

SPEICHERMEDIEN

Für die Speicherung von Daten sind im PC-Bereich insbesonders Disketten und Festplatten von Bedeutung. Bei der Verwendung von Disketten steht u.a. deren Eignung als Vertriebs- und Transportmittel[2] als auch die Anfertigung von Sicherungskopien im Vordergrund[3]. Die Verwendung von Festplatten als Speichermedien ist z.B. beim Einsatz von Datenbankmanagementsystemen (DBMS) von großer Bedeutung, wenn die damit verwalteten Datenmengen keinen Platz auf Disketten finden.[4] In bezug auf den Einsatz lokaler Netzwerke verstärkt sich gegenwärtig die Nutzung von Festplatten als "Sub-System" für die Datenspeicherung der angeschlossenen Endgeräte (z.B. PC's).

Darüber hinaus ist in Zukunft eine steigende Bedeutung optischer Speichermedien zu erwarten, die über Speicherkapazitäten im Giga-Byte[5]-Bereich verfügen können und sich gut für persönliche Massendatenverarbeitungen sowie die elektronische Archivierung von "großen" Informationsarten (z.B. Bilder) eignen.[6] Dazu gehört in den Banken auch der Aufbau von Archiven mit unterschiedlichsten

---

1) Bauer W. (Grundwissen), S. 88.

2) Gregor B./Krifka M. (Einsatzmöglichkeiten), S. 30 f.; Henkes B. et alteri (Kleinzweigstellen), S. 32 f.

3) Schwarze J. (Personal Computer), S. 40.

4) Gregor B./Krifka M. (Einsatzmöglichkeiten), S. 19.

5) 1 GigaByte = 1000 MByte

6) König W./Niedereichholz J. (Informationstechnologie), S. 55.

Informationsträgern (z.B. Belege, Schriftverkehr).[1] Andere Beispiele für die große Leistungsfähigkeit optischer Speichermedien sind die z.B. in der Schweizerischen Bankgesellschaft für deren Benutzer eingerichteten Zugriffe auf sämtliche Schweizer Telefonbücher mit über 3,7 Millionen Einträgen[2] sowie die Nutzung von Daten aus externen On-Line-Datenbanken[3].

BILDSCHIRM

Grundsätzlich dient der Bildschirm des PC's zur Dialogführung, als Eingabekontrollmittel sowie zur Anzeige von Daten und Informationen. Damit erfüllt er umfassende Orientierungs- und Kontrollfunktionen. Eine besondere Bedeutung bei der Bildschirmgestaltung erfährt unter ergonomischen Gesichtspunkten die Fenster- und Symboltechnik sowie die Farbdarstellung in Verbindung mit entsprechender Grafik-Software. Dazu kommt die bei professionellen Textverarbeitungs- und Desk-Top-Publishing-Applikationen vielfach von den Endbenutzern gewünschte 1:1-Darstellung, die dem sog. "Wysiwyg-Prinzip" (What you see is what you get) entspricht. So liegen bei Textverarbeitungsanwendungen die bevorzugten Bildschirmgrößen bei einem Umfang von einer ganzen DIN-A4-Seite.

Soweit der Bildschirm für anspruchsvolle Grafikverarbeitungen eingesetzt wird, spielt die Auflösungsfähigkeit[4] dieses Mediums eine beträchtliche Rolle, weil sie die Qualität der Bildschirmdarstellung bestimmt. Als Beispiel sei die Abbildung von mehreren sich schneidenden Kurven im Bereich der Wertpapieranalyse aufgeführt. In diesem Fall könnte eine zu geringe Auflösungsfähigkeit des Bildschirmes zu sehr groben und damit ungenauen Kurvendarstellungen sowie zu Problemen bei der Erkennung von Schnittpunkten einzelner sich überlagernder Kurven führen. Für

1) o.V. (Speicherung), S. 10.; o.V. (Vorgangsarchivierung), S. 348 f.

2) o.V. (Telefonbuch), S. 15.

3) Hoppenstedt (Hrsg.)(Firmenreports), o.S.; Mortensen E. (Power), S. 28.

4) Anmerkung: Die Auflösungsfähigkeit wird in Bildpunkten sowohl in horizontaler als auch vertikaler Richtung gemessen.

mehrfarbige Grafikdarstellungen, wie sie heute in den Banken vielfach gewünscht werden, ist der Einsatz eines speziellen Farb/Grafik-Adapters notwendig, um einzelne Bildpunkte auf dem Bildschirm gezielt anzusteuern und damit die Leistung des Grafik-Programmes optimal auszunutzen.[1]

AUSGABEMEDIEN

Bedingt durch die praktisch noch nicht verwirklichte Vorstellung des "papierlosen Büros" und der immer noch bestehenden Vorliebe vieler Menschen für die papiergebundene Informationsdarstellung ist der Drucker ein wichtiges Ausgabemedium. Allgemein gesprochen läßt sich der Markt für Drucker in elektromechanische (z.B. Matrixdrucker) und nicht-elektromechanische (z.B. Laserdrucker) Geräte aufteilen.[2] Die Beurteilung eines Druckers für die Verwendung im kommerziellen Einsatzbereich richtet sich u.a. nach der Geräuschentwicklung, der Darstellungsqualität sowie dem vorhandenen Vorrat an Schriftbildern und -zeichen.[3]

In Zukunft könnte vor allem die bisher unangefochtene Marktstellung des Matrixdruckers durch die guten Leistungskriterien von Laserdruckern angetastet werden. Letztere sind in der Lage, hohe Ansprüche in bezug auf die zuvor aufgezeigten Beurteilungskriterien zu befriedigen und überzeugen darüber hinaus durch deren hohe Druckschnelligkeit. Nicht unerwähnt soll die Verwendung von Plottern zur Erstellung von Grafiken, sowie die ebenfalls im kommerziellen Einsatzbereich anzutreffende breite Produktpalette für die PC-gestützte Produktion von Bildern, Dias, Filmen etc. bleiben.

KOMMUNIKATIONS-HARDWARE

Ein wesentlicher Bestandteil des PC's in dem in dieser Arbeit verstandenen Definitionsrahmen als "offenes System", ist die

---

1) Gregor B./Krifka M. (Einsatzmöglichkeiten), S. 22 f.

2) Haslinger E. (Lexikon), S. 88. zum Begriff "Drucker"

3) Schwarze J. (Personal Computer), S. 47 f.

Gesamtheit von hardwaretechnischen Bestandteilen, die für die Kommunikation zwischen PC's und anderen EDV-Systemen (z.B. Großrechner) von Bedeutung sind. Im öffentlichen Telefonverkehr gehört dazu die Verwendung von Modems und Akustikkopplern, mit deren Hilfe unterschiedlich schnelle Datenfernübertragungen aufgebaut und abgewickelt werden können. Während das Modem über eine Steckkarte mit dem PC fest verbunden sein kann, erfolgt die Nutzung des Akustikkopplers zum Aufbau einer Kommunikationsverbindung zusammen mit dem Telefonhörer von jedem beliebigen Telefonanschluß aus.[1]

Für die Kommunikation im öffentlichen Datenfernverkehr mit dem PC können z.B. verschiedene Spezialnetze (z.B. Datex-P/Swissnet) genutzt werden.[2] In Hinblick auf die bankinterne lokale Kommunikation finden sowohl öffentliche Telefonleitungen als auch lokale PC-Netzwerke (engl. "local area networks") Verwendung. Beim Einsatz von lokalen Netzwerken müssen spezielle Übertragungsmedien (z.B. Koaxialkabel), Übertragungsverfahren (z.B. Breitband) sowie Netzwerk-Adapter-Karten für den Netzzugang eingerichtet werden. Dazu gehört auch die Entscheidung für eine bestimmte Netzwerkarchitektur bzw. "Topologie", welche die logische Anordnung und die Art der Verbindung von den im Netz zusammengeschlossenen PC's und anderer EDV-Systeme bestimmt.[3] Sofern öffentliche Übertragungsnetze als Kommunikations-Hardware im lokalen Umfeld dienen, können die i.d.R. schon in den Banken bestehenden Telefonleitungen für den Verbindungsaufbau genutzt werden.[4]

Sowohl in Hinblick auf die Verwendung von lokalen als auch öffentlichen Netzwerken ist in der Zukunft eine Koexistenz zu erwarten, so daß beide Hardware-Technologien für die PC-Kommuni-

1) Gregor B./Krifka M. (Einsatzmöglichkeiten), S. 31.

2) Bauknecht K. (Aspekte), S. 121.; Huschke H. (Wettbewerbsimpuls), S. 33 ff.

3) Diebold Deutschland (Hrsg.)(Mikrocomputer-Netzwerke), S. 31. ff; Durr M. (Netzwerke), S. 15 ff.

4) Durr M. (Netzwerke), S. 27 f.; Kauffels F.-J. (lokale Netzwerke), S. 199 ff.

kation von Bedeutung sind. Ein gutes Beispiel dafür ist die Verbindung von lokalen PC-Netzwerken über ein sog. "gateway" mit öffentlichen Datenfernübertragungsnetzen[1], wie z.B. zur Nutzung externer Wirtschaftsdatenbanken in den Banken.

2.2 Bestimmungsfaktoren des Computereinsatzes

2.2.1 Strukturwandel und Informationstechnik

Gegenwärtig ist der Markt für Bankdienstleistungen bzw. das Umfeld der bankbetrieblichen Geschäftstätigkeit sowohl in nationaler als auch internationaler Sicht von einem tiefgreifenden Strukturwandel geprägt. In diesem Zusammenhang seien die in den Medien seit einiger Zeit verbreiteten und als bekannt vorausgesetzten Begriffe der **ALLFINANZ**, **COMPUTERISIERUNG**, **DEREGULIERUNG** und **GLOBALISIERUNG** angeführt.[2]

In bezug auf die oben bezeichneten Strukturmerkmale vertrat z.B **SCHUSTER** auf einem internationalen Management-Symposium die Auffassung, daß der Strukturwandel auf den Finanzmärkten als wesentliche Konsequenz vor allem die Computerisierung mit sich bringt, und zwar sowohl in den bankbetrieblichen Geschäftsbereichen des Investment-Banking, des klassischen Kreditgeschäftes als auch bei der Kundenberatung. Darüber hinaus schafft die Computertechnik die Voraussetzung für den Eintritt in einen neuen Geschäftsbereich oder das Überleben in bestehenden Bankabsatzmärkten.[3]

So kommt eine Marktstudie von **SILBER** für den Zeitraum von 1970 bis 1982 über die Entwicklung von 38 verschiedenen, durch den Computer hervorgebrachten Finanzprodukte zu dem Schluß, daß u.a.

---

1) Durr M. (Netzwerke), S. 28.; Kauffels F.-J. (lokale Netzwerke), S. 203.

2) Ansink H.J./Seeger St. (Erfolgsfaktor), o.S.; Hermanns F. (Wettbewerbsumfeld), S. 13 ff.

3) o.V. (Qualität), o.S.

der Strukturwandel - bedingt z.B durch die Veränderung von gesetzlichen Rahmenbedingungen und die zunehmende Internationalisierung des Bankgeschäfts - eine Vielzahl von Finanzinnovationen hervorbrachte.[1]

Ferner läßt sich feststellen, daß ohne die Unterstützung geeigneter Informations- und Kommunikationstechnologien die Globalisierung der Märkte und damit die fortschreitende Entwicklung eines weltweiten, zeitungebundenen Börsenhandels nicht möglich gewesen wäre.[2] Der dadurch entstandene globale Finanzmarkt ist zudem durch die zunehmende Abhängigkeit und Verzahnung seiner Teilmärkte gekennzeichnet. Dies bedeutet, daß einzelne Kreditinstitute keine unangefochtenen Standortvorteile (z.B. Arbitragemöglichkeiten) mehr in Anspruch nehmen können, da die weltumspannenden Computernetze diese auf ein Minimum reduzieren.[3]

Die derzeit eingesetzte Netzwerktechnologie ermöglicht aus Sicht der Banken vor allem eine bessere Koordination der bankbetrieblichen Geschäftstätigkeit sowohl in nationaler als auch in internationaler Sicht. In diesem Zusammenhang zwingt die zunehmende Internationalisierung und der steigende Wettbewerb auf und zwischen den regionalen Finanzmärkten die Kreditinstitute dazu, ihre internen und externen Informationsstrukturen zu verbessern. Damit sollen die für sie relevanten Daten und Informationen sowohl aus dem Innenbereich wie auch aus der Umwelt in eine nützliche Form transformiert werden. Die Fähigkeit, moderne Informationstechniken in das Bankgeschäft zu integrieren, bestimmt deshalb das zukünftige Profil und die Leistungskraft eines Bankinstitutes.[4]

1) Silber W. (Process), S. 89 ff.

2) Wiedmayer G. (Spielräume), S. 14.

3) o.V. (Qualität), o.S.

4) Morgen K. (Zentralisierung), o.S.

Interessant mit Bezug auf die in Folge der EDV-Technik eingeleitete computerisierte Zeitepoche ist, daß diese - im Vergleich zur Automation in der Industrie - ungleich stärker auf das Kreditgewerbe wirkt, weil nicht nur der Produktbereich, sondern auch die Vertriebsbereiche davon erfaßt sind.[1] Die Tatsache, daß nach einem Zusammenbruch der EDV für wenige Tage in den Banken ein Ausfall von über 80 Prozent sämtlicher Geschäftsaktivitäten eintreten kann, stellt die lebenswichtige Bedeutung der Informationstechnik in den Vordergrund.[2]

Ein wichtiger Aspekt des weltweiten Strukturwandels besteht in der steigenden Innovationstätigkeit von Banken, bedingt durch die laufende Produktion neuer Finanzierungsformen und Finanzdienstleistungen, die sich im wesentlichen durch kurze Lebenszyklen und deren Abhängigkeit von den Leistungen der Informations- und Kommunikationstechnik auszeichnen.[3] Vor diesem Hintergrund hat die Informatik als strategischer Wettbewerbsfaktor für die Behauptung der Marktstellung und für das Überleben in dem derzeitigen Strukturwandel an Bedeutung gewonnen. Für die Kreditinstitute ergeben sich daraus eine Reihe von wettbewerbsbestimmenden Anforderungen an die Informationstechnik, die Textbox 2 darstellt.[4]

Ein anderer, die Wettbewerbsstruktur betreffender Faktor, der die speziellen, durch den Computer geprägten Rahmenbedingungen kennzeichnet, kann auf die Eigenschaft der Stofflosigkeit und die sich daraus ergebende mangelnde Patentierbarkeit von Bankprodukten zurückgeführt werden.[5]

---

1) Hermanns F. (Wettbewerbsumfeld), S. 15.; Morgen K. (Zentralisierung), o.S.

2) Leichsenring H. (Nase), S. 79.

3) Diebold Deutschland (Hrsg.)(Geldinstituten), S. 2.

4) Ansink H.J./Seeger St. (Erfolgsfaktor), o.S.; Leichsenring H. (Nase), S. 79.

5) Obst G./Hintner O. (Börsenwesen), S. 302 f.

ANFORDERUNGEN AN DIE INFORMATIONSTECHNIK IN KREDITINSTITUTEN

- Erhöhung der Flexibilität von Software und Hardware zum Aufbau von individuellen Managementinformationssystemen
- Schaffung weltweiter Informations- und Kommunikationsmöglichkeiten
- Unterstützung der Anbahnung und Abwicklung von Geschäften im Front- und Back-Office-Bereich
- Einführung einheitlicher, modular aufgebauter Softwarestandards im internationalen Geschäft

Box 2: Anforderungen an die Informationstechnik in Kreditinstituten

Dort führt der Einsatz von Informations- und Kommunikationstechnologien zu einem ausgeprägten Substitutionswettbewerb, da zunehmend auch Wettbewerber mit ähnlichen EDV-Strukturen schon nach kurzer Zeit zur Imitation bestehender Bankprodukte fähig sind. Aus diesem Grund können innovationsfreudige Banken oft nur begrenzte Zeiträume für die Erzielung von Vorsprungsrenten in Anspruch nehmen.[1] Durch Investitionen in entsprechende Informations- und Kommunikationstechnologien versuchen die Banken technologische Barrieren gegenüber den Konkurrenten auf den Finanzmärkten aufzubauen. Die bestehende EDV-Infrastruktur hat insofern strategische Bedeutung, als sie direkt über die Qualität der bereitgestellten Informationen entscheidet.[2] Abbildung 2 verdeutlicht die durch Investitionen in Informationstechniken erzielbaren Wettbewerbsvorteile und vermittelt einen Überblick zu den Zielen, Zwecken und Ausprägungen des Computereinsatzes.[3]

1) Lugmayr H. (Probleme), S. 9.

2) Arthur Anderson & Co. (Jahrzehnt), S. 522 f.

3) Diebold Deutschland (Hrsg.)(Geldinstituten), S. 7.

WETTBEWERBSVORTEILE DURCH INFORMATIONSTECHNIK Wettbewerbsvorteile können nur durch den Einsatz von Informationstechnik erreicht werden		
Ziel	**Zweck**	**Informationstechnik**
Hohe Servicequalität	• Schnellere Kundenbedienung • Umfassende Bedienung von einem Arbeitsplatz aus • Erstklassige Beratung • Zusätzliche Informationen • Maßgeschneiderte Anbindung des Kunden • Flächendeckende und internationale Präsenz	• Automation der Kundenbedienung • Integration der Verfahren der DV • Expertensystem • Kommunikationseinrichtungen • Kommunikationsanbindung und individuelle Verarbeitung • Nationale und internationale Vernetzung
Neue und branchenfremde Produkte	• Zusätzliche Geschäfte und neue Kunden	• Schnelle Änderung bestehender DV-Verfahren • Lokale Möglichkeiten der Informationsverarbeitung
Gewinn von Informationsvorsprüngen	• Informationen über Kunden und Märkte zur besseren Beurteilung von Risiken • Marketingmaßnahmen zur gezielten Kundenansprache	• Individuelle Informationsverarbeitung "vor Ort"
Rationalisierung	• Reduktion der Verwaltungstätigkeit • Abbau der Schalteraktivitäten • Abbau der Geld- und Scheckhandhabung	• Bürokommunikation • EFT/POS • Automation der Kundenbedienung

Abb. 2: Wettbewerbsvorteile durch Informationstechnik

2.2.2 Änderung des Kundenverhaltens

Insgesamt gesehen sind heutzutage wesentlich größere Kundenkreise durch den Trend zur Informationsgesellschaft erfaßt. Die Kunden sind dabei mit dem Geschäftsgebahren der Banken, dem Angebot an Bankdienstleistungen sowie der Konditionengestaltung weitgehend vertraut. Das dadurch dem Kunden zufließende gesteigerte Finanzwissen, einhergehend mit einer zunehmenden Sensibilität im Hinblick auf Valutastellungen und andere Bankpraktiken, stellt immer höhere Anforderungen an die Bankmitarbeiter.[1]

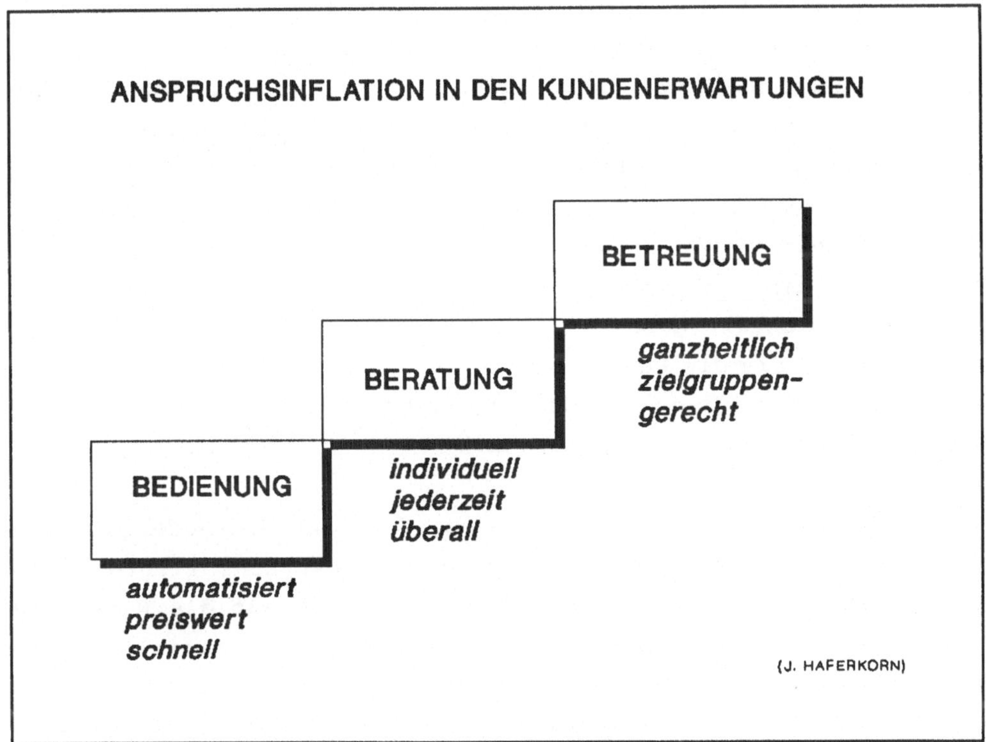

Abb. 3: Anspruchsinflation in den Kundenerwartungen

Insgesamt gesehen läßt sich in vielen Dienstbereichen der Banken eine gewisse Anspruchsinflation sowohl auf der Seite der Firmenkunden als auch der Privatkunden feststellen, die Ausdruck des Wandels zu einer postindustriellen Gesellschaft ist. Die vielfältigen Ausprägungen der gestiegenen Erwartungen von Bankkunden an deren Geschäftsbanken stellt Abbildung 3 vor.

Auf Grund der weit verbreiteten Informationstechnologien, wie z.B. der bei vielen Firmenkunden vorhandenen Tickerdienste (z.B. Reuters), sind die Kunden häufig sehr gut informiert, so daß sie qualifizierte Konditionsvergleiche anstellen können. Hinzu kommt,

1) Geyer G. (Beratungsgespräch), S. 15 f.

daß der heutige Bankkunde vielfach sehr gut ausgebildet ist und sich durch eine hohe Professionalität und Mobilität bei der Abwicklung von Bankgeschäften auszeichnet. In diesem Fall mißt der Kunde die Bankbeziehung am einzelnen Geschäft und entfaltet die Nachfrage nach Bankdienstleistungen in den Banken, wo sie am kostengünstigsten bereitstehen. Für die einzelne Bank bedeutet dies, daß die bestehende Hausbankbeziehung nur greifen kann, sofern die Konditionen im Vergleich zu anderen Kreditinstituten vorteilhafter sind.[1] Auch im Bereich des Privatkundengeschäfts kommt eine sinkende Loyalität gegenüber der Hausbank zum Vorschein, die durch verstärkte Möglichkeiten zur Selbstbedienung in bezug auf Bankdienstleistungen gefördert wird und zu einer abnehmenden Kontakthäufigkeit führt. In diesem Marktsegment gibt es derzeit auch Kunden, die die Hausbankverbindung bei schlechten Konditionen wechseln würden und bereits mehrere Bankverbindungen zu anderen Kreditinstituten pflegen.[2]

In der Zukunft ist davon auszugehen, daß sich die Anforderungen des Kunden vor allem auf neue Wege der Ansprache richten, die weitgehend seine zeitlichen Wünsche in bezug auf die Nachfrage nach Bankdienstleistungen berücksichtigen. Ein Beispiel für die Realisation neuer Kontaktwege über den Einsatz der Informations- und Kommunikationstechnik ist der Aufbau von PC-gestützten Außendiensten, die abgesehen von kundenfreundlichen Geschäftszeiten auch ideale Voraussetzungen für qualifizierte Kundenberatungen auf breiter Basis schaffen.[3] So soll gerade auf dem Gebiet des Außendienstes über den Wandel vom wartenden zum kundenaufsuchenden Bankmitarbeiter die Reizschwelle zum Bankwechsel und damit zur mangelnden Loyalität gegenüber der Hausbank abgebaut werden.[4]

1) Zapp H. (Marketing), S. 7.

2) Krämer Chr. (Medien), S. 21.

3) Wieneke H./Kunze G. (Weichenstellung), S. 37 f.

4) o.V. (Kundentreue), S. 14.

Ein richtungsweisender Weg zur Intensivierung der Kunde-Bank-Beziehung ergibt sich aus der Abkehr von der traditionellen Spartenorganisation zur Kundenbedienung aus einer Hand. Mit Hilfe dieser durch die Computertechnik geförderten Kundenbetreuungskonzepte möchten die Kreditinstitute den gestiegenen Anforderungen des neuen, eine ganzheitliche Beratung wünschenden und durch die Dienstleistungsgesellschaft hervorgebrachten Kundentypus Rechnung tragen.[1] Auf diesem Gebiet schafft die Intensivierung der Beratung über die Zuverfügungstellung von Informations- und Kommunikationsstrukturen sowie die Möglichkeit, einzelne Arbeitsabläufe zu automatisieren, die Voraussetzung zur Kehrtwende von der funktional orientierten, arbeitsteiligen, zur kundenorientierten Bedienung. Dies gilt vor allem deshalb, weil erst mit Hilfe des Computers die verschiedenen Dienstleistungsarten der Kundenbeziehung im ganzheitlichen Zusammenhang betrachtet werden können.[2]

2.2.3 Zwang zur strategischen Unternehmenssteuerung

Ein großes Unternehmen, wie eine international tätige Bank, läßt sich heute in Anbetracht der Dynamik und Komplexität von Umwelteinflüssen ohne computerunterstützte Informationssysteme nicht mehr beherrschen. Die Notwendigkeit, auf Umweltveränderungen flexibel und schnell zu reagieren, kann erst durch die Informationstechnik bewerkstelligt werden, welche einerseits die Entscheidungswege verkürzt und andererseits die Entscheidungsflexibilität erhöht.[3]

Nach **ULRICH** muß das Führungssystem einer jeden Unternehmung durch ein geeignetes in Abbildung 4 vorstelltes "Management-Informations- und Kontrollsystem" umgeben sein, welches einerseits die

---

1) Bohl A. (Front), S. 75.

2) Bill K. (Automaten), S. 20.

3) Morgen K. (Zentralisierung), o.S.

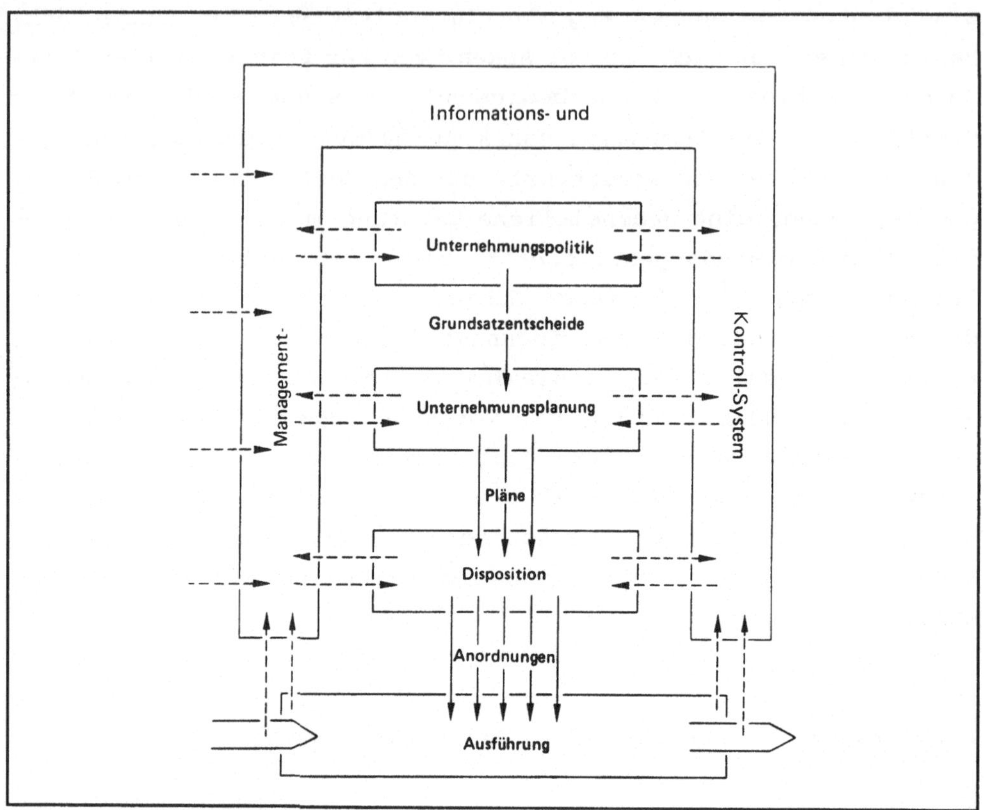

Abb. 4: Führungssystem nach ULRICH

Informationsversorgung vornimmt und andererseits zur Unterstützung der Entscheidungsprozesse auf sämtlichen Führungsstufen beiträgt. Die Anpassungsfähigkeit einer Unternehmung im Rahmen der Unternehmensführung an veränderte interne und externe Entwicklungen kann dabei keineswegs durch die Schaffung eines zentralistisch strukturierten Informationswesens gewährleistet werden, sondern ausschließlich durch die Bildung kleinerer Teilsysteme, die miteinander in Verbindung stehen, jedoch auch unabhängig genutzt werden können.[1] Von diesem Standpunkt aus scheint der PC als Teil des die verschiedenen Führungsstufen umgebenden Computerisierungskonzeptes geradezu ideale Voraussetzung zu bieten, da er sich einerseits durch seine dezentrale Funktionsweise und damit Unabhängigkeit auszeichnet; andererseits erfüllt

1) Ulrich H. (Unternehmenspolitik), S. 196 f.

er, bedingt durch seine Kommunikationsfähigkeit, auch die von **ULRICH** postulierte Verbundfunktion zu anderen Teilsystemen.

Als Ansatzpunkt für die Computerisierung im Bereich der bankbetrieblichen Unternehmensführung kann der nach dem zweiten Weltkrieg stattgefundene Wandel von einem Verkäufermarkt zu einem Käufermarkt herangezogen werden, welcher zu einer intensiven Marktorientierung der Banken, verbunden mit einer "Aufwertung" der dort eingesetzten Absatzmittel führte. Um diese einseitige Überbetonung der Marktseite auszugleichen mußten geeignete Steuerungsmaßnahmen für die bankbetriebliche Sicherheit und Rentabilität geschaffen werden. Zur Erreichung dieser Zielsetzung im Rahmen des Bank-Controllings konnte entscheidend der Einsatz der EDV und vor allem die Nutzung von Mini- und Personalcomputern beitragen.[1] Die Bedeutung von computergestützten Informationssystemen für die Unternehmensführung ergibt sich insbesonders auch mit der Aufnahme von Bankgeschäften und den damit verbundenen Fragen nach dem Marktpotential, der Marktdurchdringung und des eigenen Marktanteiles. Die rechtzeitige Beantwortung dieser Fragen kann das Kreditinstitut vor wettbewerbsschädigenden Verlusten bewahren.[2]

Die steigenden Anforderungen an eine gezielte Lenkung der bankbetrieblichen Geschäftstätigkeit ergeben sich auch aus den Wünschen der Bankmitarbeiter, welche zunehmend Aussagen über die Profitabilität einzelner Kunden und Produkte treffen möchten, die unter Berücksichtigung des gestiegenen Geschäftsvolumens nur ein EDV-gestütztes Informationssystem liefern kann.[3] Auf diesem Gebiet eröffnet der PC mit seiner Anwendungsflexibilität neue Möglichkeiten zur Steuerung von autonomen Teilsystemen einer Großbank. Der Grund dafür liegt darin, daß durch seine gute Einsatzmöglichkeit für Simulationszwecke, dieser eine unmittelbare

---

1) Schierenbeck H. et alteri (Bank-Controlling), S. 8.

2) Stevenson H. (Informationssysteme), S. 20.

3) Staude J. (Umdenken), S. 10.

Beurteilung der Auswirkung von Bankgeschäften auf die Ertragslage der Gesamtbank unterstützt. Man spricht deshalb auch von dezentralen PC-gestützten "Vorwärtsbuchhaltungen", deren Einsatz vor allem in den Filialen der Kreditinstitute sinnvoll erscheint.[1] So weist z.B. **KRUMNOW** auf die Vorteile von Simula-tionsverfahren bei der Geschäftssteuerung in Verbindung mit den KWG-Grundsätzen, Liquiditäts- und Mindestreservebedingungen, Rediskontmöglichkeiten sowie Zinsänderungsrisiken hin. Die Nützlichkeit von Simulationsmodellen ergibt sich aus der Tatsache, daß sie die gegenseitigen Beziehungen zwischen Unternehmensentscheidungen und den Marktauswirkungen in Hinblick auf deren Ergebnisauswirkung für den Controller offenlegen.[2]

Bei Betrachtung des derzeit bestehenden - eingangs aufgezeigten - Strukturwandels auf den Finanzmärkten gewinnt die strategische Führung einer Bank auch auf Grund der tendenziell steigenden Ausgestaltung von Zinsvertägen mit variablen Konditionen sowie der kürzeren Anlagementalitäten im Bankgeschäft immer mehr an Bedeutung. Im Zentrum der Führungstätigkeit steht die Frage nach der optimalen Verteilung der bankbetrieblichen Ressourcen, verstanden als Aktiv- und Passivpositionen.[3] Computergestützte Informationssysteme erlauben auf diesem Gebiet die Variation einzelner Bilanzpositionen und die Durchführung verschiedener Umweltszenarien. Damit kann unmittelbar eine Beurteilung der Liquiditäts-, Zins-, Kredit- und Kapitalrisiken erfolgen und ein wesentlicher Beitrag zu einer ausgewogenen Risikostruktur und Ressourcenverteilung geleistet werden.[4]

Die Nutzung der Informationstechnologie für Steuerungszwecke kann jedoch keinesfalls den Aufbau des eigentlichen Planungspro-

---

1) Köllhofer D. (Leistungsbereich), S. 124.

2) Krumnow J. (Operatives Controlling), S. 133 ff.

3) Gillis M.A. (Institutions), S. 58.

4) Lam Ch.H./Hempel G.H. (applications), S. 63 ff.

zesses mit den Führungskräften in der Bank ersetzen. Dort müssen entsprechende organisatorische Voraussetzungen geschaffen werden, die einerseits die Bildung institutsspezifischer Frühindikatoren ermöglichen und andererseits die stark schwankenden Auffassungen über die zukünftige Entwicklung der Bankenumwelt mitberücksichtigen. In diesem Zusammenhang wird in der Literatur auf die Vorteilhaftigkeit der Einrichtung von Aktiv- und Passivsteuerungsausschüssen (engl. "Asset-/Liability-Comittee") hingewiesen. Mit Hilfe dieser zentralen Koordinationstelle können in den Banken optimale Voraussetzungen für ein reibungsloses Zusammenwirken sämtlicher Führungskräfte bei der Gewinnung von Planungs- und Erwartungsdaten mit Relevanz für die Unternehmensführung geschaffen werden.[1]

2.3 Entwicklung der Datenverarbeitung

2.3.1 Anfänge der Computertechnik

Der Anstoß für die herausragende Durchdringung vieler Arbeitsgebiete durch den PC war zweifellos die Entwicklungsdynamik auf dem Gebiet der Mikroelektronik in der zweiten Hälfte dieses Jahrhunderts. Würde man die Substitution menschlicher Arbeit durch Maschinen und die sich anschließende Arbeitsteilung sowie Automatisierung als die ersten beiden industriellen Innovationsschübe bezeichnen, könnte man die Entwicklungen auf dem Gebiet der Mikroelektronik einer dritten industriellen Revolution zuordnen. Letztere wurde vor allem durch die Terminologie von leistungsfähigen Computern geprägt und stellt bis zum heutigen Zeitpunkt eine weitreichende technologische Innovation dar.[2]

Schon im Jahre 1677 wurde ein wichtiger Baustein für die spätere Verwirklichung modernster Computertechnologie gelegt, als der deutsche Philosoph **LEIBNITZ** in chinesischen Quellen das Dual-

1) Schierenbeck H. (Bankmanagement), S. 22 f.

2) Beckurts K.H./Schuchmann H.-R. (Grenzen), S. 11 f.

System entdeckte, mit dessen Hilfe sämtliche Dezimalzahlen darstellbar sind. Das Prinzip digitaler Computer besteht gerade darin, in schneller Folge Ja-Nein-Entscheidungen vorzunehmen, welche durch die dualen Zahlensymbole "0" und "1" wiedergegeben werden und technologisch betrachtet jeweils die Schaltzustände "ein" und "aus" eines Rechners widerspiegeln.[1]

Als die ältesten Vorfahren in bezug auf die Entwicklung des Computers gelten der Engländer **BABBAGE** und der Amerikaner **HOLLERITH**, die gegen Ende des 19. Jahrhunderts durch die Verwendung der Lochkartentechnik einen wichtigen Meilenstein zur Programmierung von Computern setzten.[2] Wegbereitend für die Entwicklung der heutigen Rechnerarchitektur war schließlich das von **NEUMANN v.** (1946) verbreitete Gedankengut, welches u.a die Verarbeitung der vom Anwender eingegebenen Daten mit intern gespeicherten Programmen und Daten regelte.[3]

Die Entwicklung des ersten speicherbaren, damals relaisgesteuerten, Computers mit dem Namen "Zuse 3" wurde schließlich durch den Wissenschaftler **ZUSE** im Jahre 1936 eingeleitet.[4] Die darauf folgenden Computergenerationen sind maßgeblich durch die schnell fortschreitende Entwicklung einer Vielzahl von Computerschaltelementen, wie beispielsweise des Transistors, geprägt. In der ersten Computergeneration (1951-1958) stand die Entwicklung des ENIAC-Computers (Electronic Numerical Integrator And Calculator) im Vordergrund, der im technischen und kommerziellen Bereich eingesetzt wurde, jedoch zur damaligen Zeit noch über keine Speicherkapazität verfügte. Ebenfalls während dieser Zeitperiode wurde unter dem Namen "UNIVAC I" erstmals ein programmierbarer elektronischer Rechner in die Serienproduktion gegeben. Bedingt

1) Gergely St.M. (Mikroelektronik), S. 79.

2) Lam Ch.H./Hempel G.H. (applications), S. 2 ff.

3) Heinzel W. (Arbeitsplatzrechner), S. 1.

4) Gergely St.M. (Mikroelektronik), S. 67.

durch die Technik der Elektronenröhren zum Aufbau von Schaltkreisen waren jedoch die Computer dieser ersten Generation mit einer Vielzahl von Nachteilen (z.B. hohe Wärmeentwicklung und lange Schaltzeiten) behaftet. Dazu gehörte auch der enorme Umfang dieser Computer, wie beispielsweise des ENIAC-Computers, der aus etwa 18.000 Röhren bestand und ein Gewicht von 30 Tonnen besaß.[1]

Erst die Erfindung des Transistors im Jahre 1948 in den Bell-Laboratorien durch **BRATTAIN**, **BARDEEN** und **SHOCKLEY** führte zur Substitution der störanfälligen und volumenträchtigen Röhrentechnologie durch die unter dem heutigen Namen bekannte Halbleitertechnik. Auf Basis dieser Entwicklung konnten Transistoren gebaut werden, die kleinere, verläßlichere sowie schnellere Schaltkreise ermöglichten.[2] Die sich anschließende zweite Computergeneration (1959-1964) zeichnete sich durch stark verringerte Computergrössen, eine höhere Betriebszuverlässigkeit und verbesserte Rechen- und Speicherkapazitäten aus.[3]

2.3.2 Chip-Revolution

Mit der dritten (1965-1971) und vierten (ab 1972) Computergeneration sind im wesentlichen die Verknüpfung von Transistoren und Widerständen auf einem winzigen Mikroprozessor (engl. "chip") verbunden, welcher entscheidend zur Herausbildung des Mini- und Mikrocomputer-Marktes beigetragen hat. Die Entwicklung integrierter Schaltkreise (ab 1962) und des Mikroprozessors (ab 1970) können zugleich als Basisinnovation der Mikroelektronik und als Bestimmungsfaktoren für deren rasches Fortschreiten aufgefaßt

1) Fuhrmann P.H./Buck G.F. (management decision), S.4 f.; Lam Ch.H./Hempel G.H. (applications), S. 5.

2) Beckurts K.H./Schuchmann H.-R.(Grenzen), S. 12.; Gergely St.M. (Mikroelektronik), S. 79.

3) Fuhrmann P.H./Buck G.F. (management decision), S. 6.

werden.[1] So verkürzte die rasante Entwicklungstechnik auf dem Gebiet integrierter Schaltkreise die Stromwege und damit Schaltzeiten so sehr, daß die Geschwindigkeit von Rechenoperationen erheblich ansteigen konnte. Abgesehen von der größeren Arbeitsgeschwindigkeit lagen die Vorteile dieser neuen Basistechnologie vor allem in der Miniaturisierung und damit der zunehmenden Integration von Bauelementen. Dazu gehörten auch die billigen Herstellungskosten sowie eine höhere Zuverlässigkeit dieser Technologie etwa im Gegensatz zur Verwendung von Elektronenröhren. Die Absicht der Computerhersteller, immer mehr Transistoren auf einem Chip zu vereinen führte dazu, daß sich seit 1960 die Anzahl der Transistoren pro Chip jährlich nahezu verdoppelte.[2]

Zunächst fanden die miniaturisierten Bausteine der Chip-Revolution in Form von 4-Bit Mikro-Rechnern im technisch-naturwissenschaftlichen Bereich als Taschenrechner Verwendung.[3] Später wurden schließlich 8-Bit-Mikroprozessoren gebaut, die zusammen mit dem Arbeitsspeicher, der Ein-Ausgabe-Interfaces usw., zur Herausbildung des ersten Mikrocomputers führten.[4] Im Jahre 1977 kamen schließlich die ersten kommerziell genutzten 8-Bit-Mikrocomputer (z.B. "Apple II") auf den Markt, bis mit dem Eintritt des amerikanischen Computerherstellers IBM im August 1981 erstmals der Begriff des "Personal Computers" in Zusammenhang mit dem Markenzeichen des "IBM-PC" geprägt wurde. Zusammen mit dem Betriebsystem MS(PC)-DOS entwickelte sich der IBM-PC von dort an bis zum heutigen Zeitpunkt zu einem von vielen Computerherstellern beachteten Standard, der seinen lebhaftesten Ausdruck in dem vielfach verwendeten Begriff der "IBM-Kompatibilität" findet.

---

1) Schwarze J. (Personal Computer), S. 10 f.

2) Mey H.J. (Gefahren), S. 8 f.

3) Anmerkung: Die "Bit"-Angabe bezeichnet die Leistungsfähigkeit bzw. Geschwindigkeit eines PC's.

4) Heinzel W. (Arbeitsplatzrechner), S. 3.

Die Programmierfähigkeit des Mikroprozessors als Herzstück des Mikrocomputers ermöglichte eine zunehmende Verwendung desselbigen als Steuerungseinheit für verschiedene Systemkomponenten. Aufgrund der Programmierbarkeit hochkomplexer, integrierter Schaltungen konnte die Einsatzvariabilität des PC's zunehmend gesteigert werden und damit zu dessen Verwendung in den Bereichen der Büroautomation, Telekommunikation usw. beitragen.[1]

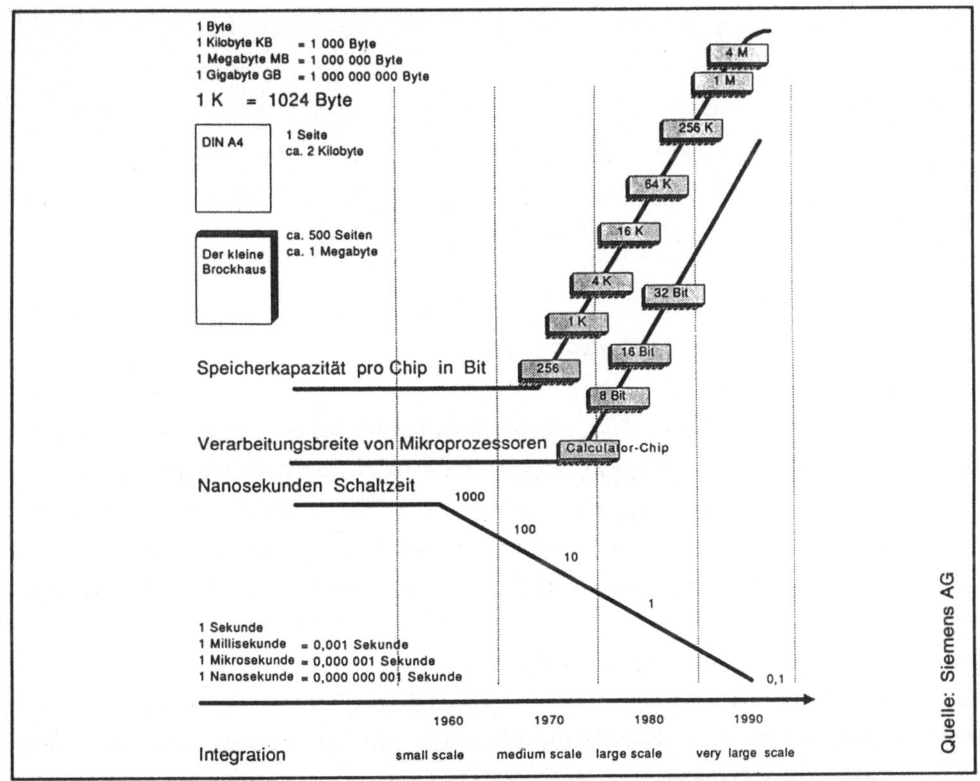

Abb. 5: Entwicklungsstufen von Leistungsgrößen in der Mikroprozessortechnik

Abbildung 5 zeigt den schnellen Entwicklungsfortschritt der Chip-Revolution auf, verbunden mit der Verbesserung von Zugriffszeiten und Speicherkapazitäten, die bis zum heutigen Zeitpunkt wirken. Mit steigender Dichte der verwendeten Chips wird jedoch auch deren Ausschußquote tendenziell höher, so daß es aus diesem Grund

1) Beckurts K.H./Schuchmann H.-R. (Grenzen), S. 11.

fraglich erscheint, ob die physikalische Grenze für den Prozeß der Miniaturisierung nicht in Zukunft erreicht werden könnte. Damit müßten neue Wege, wie beispielsweise die Herstellung von "Biochips", beschritten werden. Andererseits wird mittlerweile auch an den Grundprinzipien der v. Neumann'schen Rechnerarchitektur "gerüttelt". Ein Beispiel dafür ist die von dem englischen Physiker **BARKER** aufgeworfene Überlegung zur Herstellung von Computern, die im Gegensatz zur v. Neumann'schen Anschauung nicht nur eine, sondern mehrere Operationen gleichzeitig über deren Zentraleinheit abwickeln können. Dieses Gedankengut hat ihren Niederschlag im Konzept des sog. "Parallelcomputers" gefunden und die fünfte, maßgeblich durch die Forschungen auf dem Gebiet der künstlichen Intelligenz geprägte Computergeneration eingeleitet, in welcher wir uns heute befinden.[1]

2.3.3 Bedeutung der Software

Von großer Bedeutung für die Breitenwirkung des PC's sind, abgesehen von der aufgezeigten rasanten Entwicklung auf dem Gebiet der Mikroprozessortechnik, die Techniken der Softwareentwicklung gewesen, die sich allerdings nicht so schnell fortbewegten, wie die Fortschritte auf dem Gebiet der Hardwaretechnik.

Abbildung 6 verdeutlicht den im Zeitablauf ständig ansteigenden Anteil der Softwareentwicklungskosten an den Gesamtkosten eines PC's, was u.a. durch die Miniaturisierung und den Preisverfall im Hardwarebereich bedingt ist. So betrug etwa Mitte der 50er Jahre das Kostenverhältnis von Software zu Hardware noch 1 zu 4, während sich dieses Verhältnis mittlerweile zu Lasten der Softwarekosten umgekehrt hat.[2] Nach **PRIEWASSER** kann der seit den 70er Jahren stark ansteigende Anteil der Softwareentwicklungskosten am gesamten EDV-Budget gerade durch die Zuverfügungstellung von

1) Gergely St.M. (Mikroelektronik), S. 94 ff.

2) Blaser Chr. (Entwicklung), S. 21 f.

Endbenutzerwerkzeugen, Abfragesprachen usw., die eine interaktive Anwendungsentwicklung ermöglichen, abgebaut werden. Dessen Schätzung geht davon aus, daß sich in einigen Anwendungsgebieten durch die Beteiligung des Endbenutzers bei der Entwicklung von Applikationen die Entwicklungszeiten und Softwareherstellungskosten bis auf etwa 10 Prozent des herkömmlichen Programmieraufwandes reduzieren lassen.[1]

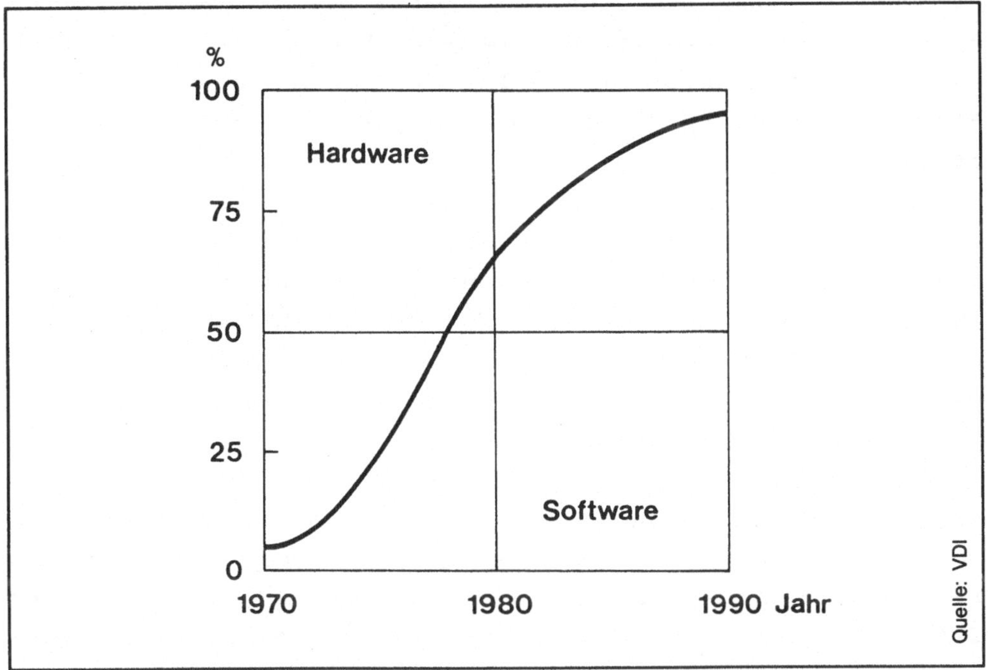

Abb. 6: Verhältnis von Software- und Hardwarekosten

Durch die mit der Zeit hervorgebrachten Softwareentwicklungstechniken wurde nach **MEY** das in der Computergeschichte nachvollziehbare technische Innovationspotential als Folge der zunehmenden Miniaturisierung gewissermaßen "entmaterialisiert". In diesem Zusammenhang sind die Fortschritte auf dem Gebiet der Hardware- und Mikroprozessortechnik untrennbar mit der Suche nach einheitlichen Standards und Verfahren für den Entwurf, die Programmierung, den Test und die Dokumentation von Software verbunden.

1) Priewasser E. (Kreditwesen), S. 14.

Damit soll das Ziel erreicht werden, den PC möglichst universell einzusetzen und gleichzeitig die Akzeptanz für diese Technik beim Endbenutzer zu fördern. Der Zwang zur Softwareerstellung, verstanden als Gesamtheit aller Werkzeuge, die einem PC zur Verfügung stehen, kann folglich als Preis für dessen vielfältige Einsatzmöglichkeiten bezeichnet werden.[1] Dazu kommt, daß die Software im Verlauf der Zeit immer mehr zur Schlüsseltechnologie für den PC geworden ist. Dies hatte zur Folge, daß deren Bedeutung in der Vergangenheit im Verhältnis zur Hardwaretechnik ständig zugenommen hat und folglich das Axiom "Software verkauft Hardware" den Markt für Personal Computer entscheidend mitbestimmt.[2] Von diesem Standpunkt aus ist die geschichtliche Entwicklung des PC's entscheidend durch die Softwareentwicklung bestimmt, die seinen Wert verbessert und auf diese Weise zu dessen kommerziellen Verbreitung beigetragen hat. Ein gutes Indiz für diese Betrachtungsweise, welches als Ursache für die Breitenwirkung des PC's genommen werden kann, ist die derzeitige Verfügbarkeit von über 40.000 PC-Programmen, die für PC-DOS-kompatible Computer geschrieben wurden.[3]

Einen in geschichtlicher Hinsicht vor allem mit der Einführung von Minicomputern und PC's gegen Ende der siebziger Jahre relevanten Meilenstein setzten die Erfolge auf dem Gebiet der Software-Ergonomie-Forschung. Gerade die Herstellung von Software zur Optimierung der Mensch-Maschine-Schnittstelle wurde durch die Breitenwirkung des PC's immer wichtiger, so daß der Anteil sog. "Benutzer-Interface-Software" an einem Gesamtprogramm etwa zwischen 30 und 50 Prozent liegt.[4]

---

1) Mey H.J. (Gefahren), S. 18 ff.

2) o.V. (Banking Environment), o.S.

3) Durr M. (Netzwerke), S. 91.

4) Fähnrich K.-P. (Software-Ergonomie), S. 6 ff.

Ein deutliches Zeichen für die im Trend liegende zunehmende Bedeutung der Software setzen die jüngsten Forschungsansätze zur Entwicklung von Computern der fünften Generation auf dem Arbeitsgebiet der Wissensverarbeitung. Damit ist eine deutliche Abkehr von bisher geschlossenen und auf festgelegten Algorithmen basierenden Softwarekonzepten markiert.[1] Auf diesem Forschungsgebiet schafft erst die hochintegrierte Mikroelektronik in wirtschaftlicher Hinsicht optimale Voraussetzungen, um nach neuen, von herkömmlichen Programmiertechniken abweichenden Verfahren zu forschen.[2] Auch in diesem Bereich suchen die Software-Ergonomen nach Möglichkeiten, den Computer zu einem verläßlichen Assistenten des Managers zu machen, der sich den Gewohnheiten, Neigungen und Erfahrungen seiner Benutzer anpaßt.[3] Mit Bezug auf den Einsatz von wissensbasierenden EDV-Systemen, die als Weiterentwicklung der traditionellen Softwaretechnik aufgefaßt werden können, wird im kommerziellen Anwendungsbereich eine verbesserte Nutzung von Datenverarbeitungsverfahren erwartet, die mit einer steigenden Akzeptanz von Entwicklungen einhergehen soll. Textbox 3 stellt die wesentlichsten Charakteristika wissensbasierender EDV-Systeme vor.[4]

Die strategische Bedeutung der Softwareentwicklung in der Kreditwirtschaft wird deutlich, wenn man die diesbezüglichen Aufwendungen der Großbanken ins Auge faßt. So beschäftigt die Schweizerische Bankgesellschaft in der Softwarentwicklung allein 500 eigene und 300 externe EDV-Spezialisten.[5] Bei Betrachtung der Verteilung von Softwareentwicklungsaufgaben ergibt sich z.B. nach Aussagen der Dresdner Bank in Zukunft für die Bereiche der Beratungs-, Entscheidungs-, Handels- und Serviceunterstützung ein

1) Mey H.J. (Gefahren), S. 26 f.

2) Beckurts K.H./Schuchmann H.-R. (Grenzen), S. 21.

3) Paetau M. (Kommunikationsbarriere), S. 28 ff.

4) IBM (Hrsg.)(Expertensysteme), S. 2 ff.; Mokler A. (Wissensverarbeitung), S. 13.

5) o.V. (Qualität), o.S.

CHARAKTERISTIKA WISSENSBASIERENDER EDV-SYSTEME

- Dynamisch veränderbare DV-Abläufe und Datenbasen
- Variable Fragenstrukturen im Benutzerdialog
- Lösungsvorschläge und Erklärungen zu Problemen
- Anwenderorientierte und problemadäquate Benutzeroberfläche

Box 3: Charakteristika wissensbasierender EDV-Systeme

Entwicklungsanteil von 85 Prozent im Vergleich zu reinen Rationalisierungsentwicklungen, die lediglich mit einem Anteil von 15 Prozent am gesamten Entwicklungsvolumen prognostiziert werden.[1]

1) o.V. (Kreditkunde), S. 191.

2.4 Konzepte für das Informationsmanagement

2.4.1 Zentrale EDV-Konzepte

Verfolgt man die Entwicklung der Datenverarbeitung bzw. des Computereinsatzes in Kreditinstituten, fällt auf, daß zum ersten Mal Ende der 50er Jahre die Banken unter Berücksichtigung des steigenden Mengengeschäftes vor die Aufgabe gestellt waren, eine Vielzahl von Geschäftsvorfällen zu bewältigen. Von diesem Zeitpunkt an erhielten bis in die siebziger Jahre große EDV-Anlagen zur Bewältigung des Massengeschäftes und damit der Abwicklung operationeller Aufgaben Einzug in das Kreditwesen.[1]

Vor allem die Expansion des bargeldlosen Zahlungsverkehrs machte neue Formen der wirtschaftlichen Bearbeitung durch den Einsatz der EDV notwendig. Die damals vorherrschenden Großrechnersysteme nahmen im Stapelverarbeitungsverfahren (engl. "batch") die Aufbereitung und Speicherung der in den Banken vorliegenden Massendaten vor. Während dieser Zeit konnte vor allem die durch den Computer unterstützte Standardisierung des Mengengeschäftes das große Datenvolumen, verbunden mit der ausgeprägten Ein- und Ausgabeintensität in einem wirtschaftlichen Rahmen halten. Andererseits bestand die Notwendigkeit, dem Kunden eine leistungsgerechte Bedienung im Sinne einer ständigen zeitnahen Auskunftsbereitschaft über seine finanzielle Disposition anzubieten. Interessant in Hinblick auf die spätere Entwicklung des bankbetrieblichen Informatik-Bereiches ist, daß zu dieser Zeit die EDV ein relativ isoliertes Eigenleben führte, welches eine Mitgestaltung durch den Endbenutzer ausklammerte und die EDV-Verantwortlichkeit in die Hände weniger spezialisierter Fachleute legte.[2]

Ausgehend von diesem - der Mitwirkung seiner Endbenutzer entzogenen - EDV-Konzept kristallisierte sich eine neue Sichtweise in der Informatik heraus, die eine Informationsbereitstellung an den

---

1) Bauknecht K. (Aspekte), S. 116.; Werner J. (Probleme), S. 42.

2) Steiner H. (Zusammenspiel), S. 180.

einzelnen Bankmitarbeiter durch eine den Unternehmensbedürfnissen angepaßte EDV-Strategie anstrebte. Damit sollten neue Wege zu einer EDV-Struktur geschaffen werden, die ohne zeitliche Verzögerung die Bankmitarbeiter auf allen Hierarchieebenen und in sämtlichen Fachbereichen mit einem schnellen Zugriff auf aktuelle und relevante Informationen versorgte.[1] Vor diesem Hintergrund wurde etwa seit Anfang der 70er Jahre die Datenfernübertragung mit dem Ziel einer verstärkten Einbeziehung der Bankmitarbeiter in die Bank-EDV eingeführt. Die zu dieser Zeit durch den Verbindungsaufbau zwischen Terminals und zentraler EDV eingeführten On-Line-Verbindungen eröffneten erstmals die Möglichkeit des direkten Zugriffs auf zentral abgespeicherte Informationen und konnte damit dazu beitragen, die bis dahin bestandene räumliche Distanz zwischen Endbenutzern und zentraler Datenverarbeitung abzubauen.[2]

Begleitend zur Einführung dieser auch als "Terminalkonzepte" bezeichneten Lösungen entwickelten sich Überlegungen zum Aufbau sog. "Managementinformationssysteme" (MIS), die auf einer zentralen Datenbank basierten und die operative, taktische sowie strategische Ebene im Unternehmen mit Informationen unterstützen sollten.[3] Derartige EDV-Lösungen bauten auf vordefinierten Datenstrukturen und festgelegten Programmabläufen auf, so daß der Informationsbedarf und -umfang schon im vorhinein festgelegt war. Mit der Zeit stellte sich jedoch heraus, daß nur ein bestimmter Anteil der gewünschten Informationen einen Wiederholungsbedarf aufweist. Aus diesem Grund erschien es unmöglich, die Informationswünsche sämtlicher Mitarbeiter vorherzusagen und diese in ein vorgefertigtes Managementinformationssystem einzubetten. Soweit im Rahmen dieser zentralen EDV-Lösung nicht vorgesehene individuelle Benutzerwünsche in bezug auf bestimmte Informationen einsetzten, mußte stets der Durchlauf einer bestimmten Informa-

1) Terrahe J. (Bankterminalisierung) S. 370 ff.

2) Steiner H. (Zusammenspiel), S. 180 f.

3) o.V. (Weitblick), S. 10.

tionsauftragskette erfolgen, welche sich aus den Bestandteilen "Management", "Systemanalyse", "Programmierung", "Test", "Ausführung" und "Ergebnisübergabe" zusammensetzt. Bei steigenden Informationsbedürfnissen stellten sich deshalb erhebliche Zeitverzögerungen in der zentralen Anwendungsentwicklung ein, und es kam zu dem allgemein bekannten Anwendungsstau. Abgesehen von diesem Problem setzte ebenfalls eine Softwarekrise ein, die hervorgerufen wurde, weil die Ressourcen der Groß-EDV zunehmend durch die Wartung von bereits überalterten Programmen aufgezehrt wurden, welche den sich schnell ändernden Informationsbedürfnissen vieler Mitarbeiter nicht mehr gerecht werden konnten.[1]

Gerade Managementaufgaben, wie sie auf strategischer und taktischer Unternehmensebene anfallen, sind nur schwer formalisierbar und strukturierfähig; andererseits zeichnen sie sich durch eine große Variabilität des Informationsbedarfes aus, der mit zentral konzipierten MIS nicht befriedigt werden konnte.[2] Die auf diese Weise entstandenen starren EDV-Konzepte scheiterten folglich in der Kreditwirtschaft, da die notwendigen Auswertungen häufig entweder nicht produziert werden konnten oder auf Grund des hohen Zeitbedarfes erst gar nicht durch die Endbenutzer gefordert wurden. Als Ergebnis standen der bankbetrieblichen Führungsspitze zumeist nur wenige und z.T. nicht aktuelle Daten zur Verfügung. Zusätzlich war der Informationsfluß zwischen den verschiedenen bankbetrieblichen Unternehmensebenen nicht ausreichend gewährleistet, und es kam sogar zu unbeabsichtigten Veränderungen von Informationen durch die der Führungsspitze vorgelagerten Fachabteilungen.[3]

1) ADV-ORGA (Hrsg.)(Bürokommunikation), S. 4 ff.

2) o.V. (Weitblick) S. 11.

3) Weidemann K. (Informationsmanagement), S. 459 f.

2.4.2 Individuelle Datenverarbeitung (IDV)

Historisch betrachtet handelt es sich bei IDV mit Bezug auf das Kreditwesen um eine neue, der Stapelverarbeitung und dem Terminalverkehr folgende Verarbeitungsebene. Diese steht zum ersten Mal mit dem Begriff des PC's und dessen Endbenutzer-Werkzeugen in Verbindung und markiert eine Trendwende von der reinen Datenverarbeitung zur Informationsverarbeitung.[1] Durch die Verbreitung der IDV kann vor allem der in den Banken bestehende Anwenderstau durch die Eigeninitiative des Benutzers abgebaut werden, indem die Anwendung buchstäblich "vor Ort" erfolgt. In diesem Fall fällt die Fragestellung des Endbenutzers und die sich anschließende Problemlösung erstmals zusammen, so daß die bei zentralen EDV-Konzepten notwendige Übertragung der Informationsverarbeitung an eine spezialisierte EDV-Abteilung entfällt.[2]

Anknüpfend an den Mängeln des zentralen EDV-Konzeptes ist damit eine neue Sichtweise in der betrieblichen Datenverarbeitung entstanden, die eine aktive Mitwirkung der Endbenutzer bei der Informationsverarbeitung vorsieht. Durch die Zuverfügungstellung von Endbenutzer-Werkzeugen im Rahmen der IDV soll dabei keineswegs die konventionelle zentrale Datenverarbeitung substituiert, sondern vor allem der Nutzen von zentral bereitgestellten Daten erweitert werden. Ein wesentliches Ziel liegt demnach darin, die Voraussetzungen für ein aufgabenbezogenes Arbeiten und neue Möglichkeiten zur kreativen Problemlösung zu schaffen. Von dieser Seite betrachtet kann die IDV als Ergänzung der zentralen Datenverarbeitung verstanden werden.[3]

Wichtig für den allgemeinen Bedeutungszusammenhang des IDV-Konzeptes ist, daß es sich dabei, abgesehen von reinen PC-Anwendungen, auch um EDV-Applikationen handeln kann, die auf dem

---

1) Dube J. (Kommunikation), S. 12.

2) Martz H. (Erfolgspotential), S. 361.

3) Dresdner Bank AG (Hrsg.)(DV-Anwendung), o.S.

Großrechner implementiert sind. Wesentlich ist vor allem, daß die Anwendungsentwicklung durch die Fachabteilung mit dezentral nutzbaren Endbenutzer-Werkzeugen erfolgt.[1] Aus dieser Sicht kann die Nutzung des PC's in Kreditinstituten als Teilbereich der IDV verstanden werden. Der PC stellt in diesem Bereich den wesentlichen "Antriebsmotor" dar, da erst durch seine Verbreitung der Benutzer selbst zum Systementwickler und Problemlöser wird.[2] Aus diesem Grund kann der PC als "Standardinvestition" zur Realisation des IDV-Konzeptes aufgefaßt werden.[3] So umfaßt z.B in der Schweizerischen Kreditanstalt der mit PC's aufgebaute IDV-Bereich zum einen selbstverantwortliche Entwicklungen für den Eigengebrauch oder einen kleinen überschaubaren Kreis von Mitarbeitern. Andererseits erfolgt dort die PC-Softwareentwicklung zusammen mit den Informatikbereichen und unter Zuhilfenahme klassischer Grundsätze des Projektmanagements.[4]

Von zentraler Bedeutung für das IDV-Konzept ist nach SCHEER dessen Abstimmung auf die unterschiedlichen Anforderungen der Endbenutzer.[5] Beispielsweise gibt die Schweizerische Vereinigung für Datenverarbeitung (SVD) als Bestimmungsfaktoren für den PC-Einsatz im Rahmen der IDV u.a. die Möglichkeit der Anwendungserstellung mit spezieller PC-Software (z.B. LOTUS 1-2-3) sowie den Wunsch des Endbenutzers nach Unabhängigkeit von der Bereitstellung zentraler Großrechnerkapazitäten an.[6]

Die Bedeutung der IDV tritt auch bei der funktionalen und quantitativen Gegenüberstellung mit dem Bereich der Massendatenverar-

1) Stahlknecht P. (Wirtschaftsinformatik), S. 379.

2) Seibt D. (Komponente), S. 1.; Wagner L. (Baustein), S. 24.

3) Knittel M. (Zukunftsmusik), S. 20.

4) Marti D. (Spannungsfeld), S. 99.

5) Scheer A.-W. (Fachabteilungen), S. 13 ff.

6) SVD (Hrsg.)(Evaluation), Anhang A III - 9

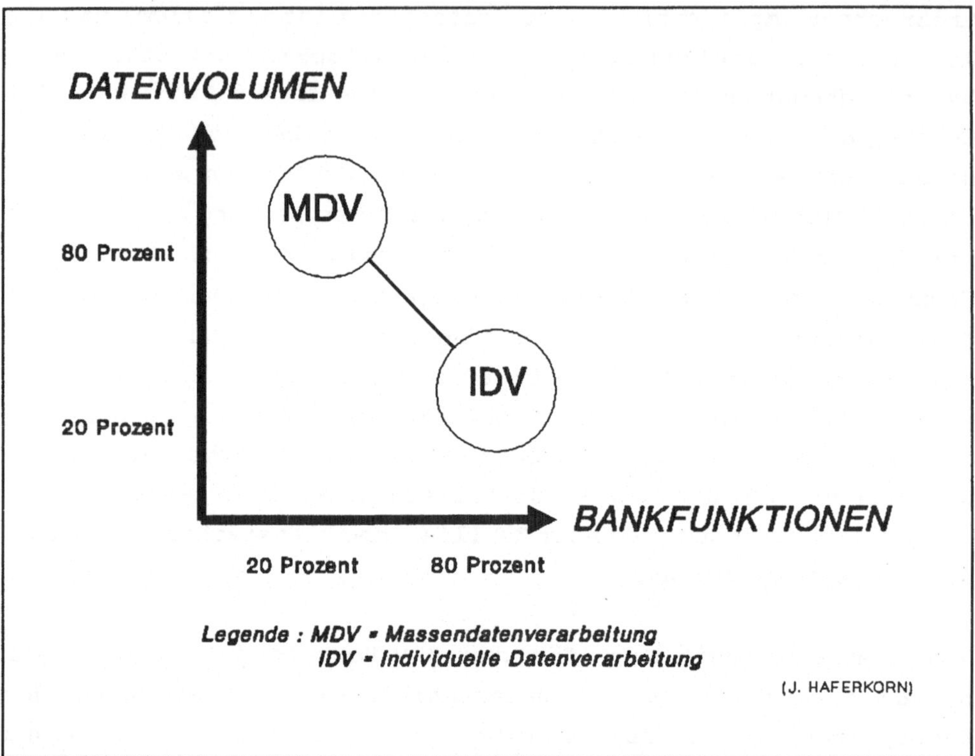

Abb. 7: Bedeutung der IDV

beitung hervor, deren Interdependenzen Abbildung 7 darstellt. Danach entfallen auf die Massendatenverarbeitung in den Banken nur 20 Prozent sämtlicher bankbetrieblicher Funktionen, obwohl diese einen Anteil von 80 Prozent am gesamten Datenvolumen ausmacht. Dahingegen verteilen sich etwa 80 Prozent der Aufgaben eines Kreditinstitutes auf die individuelle Informationsverarbeitung, welche ihrerseits jedoch nur einen Anteil von 20 Prozent am Datenvolumen aufweist.[1]

2.4.3 Bürokommunikation

Unmittelbar mit der IDV untrennbar verbunden sind die weitreichenden Kommunikationseigenschaften des PC's. Erst die Berücksichtigung der Kommunikationsschiene in Verbindung mit informa-

1) Wintersteiger W. (Anwendungsmöglichkeiten), S. 126.

tionsverarbeitenden Prozessen schafft die Voraussetzung für die Weiterleitung von Informationen an diejenigen Stellen in einer Unternehmung, in denen diese für die betriebliche Verarbeitung von Nutzen sein können. Von dieser Seite betrachtet findet somit eine Funktionserweiterung der innerbetrieblichen Fachabteilung vom Informationszentrum zur betriebsweiten "Kommunikationsdrehscheibe" statt.[1] Mit anderen Worten verleiht das Applikationsumfeld des PC's in der Bürokommunikation - maßgeblich gekennzeichnet durch dessen Einbindung in unternehmensweite Netze - dem Endbenutzer vielseitige Organisations-und Kommunikationseigenschaften für den wirtschaftlichen Austausch von Informationen, die weit über lokale IDV-Prozesse hinausgehen.[2]

Folgt man auf dieser Betrachtungsschiene den Aussagen einer Studie der amerikanischen Gesellschaft Standard & Poor's, so wird der PC gerade auf Grund seiner gewandelten Eigenschaft vom isolierten zum vernetzten Arbeitsinstrument in absehbarer Zeit so verbreitet sein, wie herkömmliche Bürowerkzeuge in Form von Taschenrechnern und Telefonen.[3] Die Bedeutung der Bürokommunikation in Banken wird durch eine von **PRIEWASSER** durchgeführten Studie deutlich, die darauf hinweist, daß etwa 70 Prozent der bankbetrieblichen Aufgabenstellungen eine kommunikationsbezogene Komponente aufweisen.[4]

Besondere Bedeutung für das zukünftige Erscheinungsbild der Bürokommunikation und des PC`s hat die Einführung von diensteintegrierenden Netzwerken (z.B. ISDN). Während in der Vergangenheit beispielsweise in bezug auf die PC-gestützte Kommunikation mit z.B. BTX oder TELEX in den Banken vielfach noch dedizierte und damit für eine bestimmte Anwendung vorbereitete PC-Systeme

1) Weber H. (Organisation), S. 18.

2) Durr M. (Netzwerke), S. 11 ff.

3) Deysson Chr. (Tränen), S. 18.

4) zit. aus: Martz H. (Erfolgspotential), S. 361.

im Vordergrund standen[1], ist durch die Umsetzung von diensteintegrierenden Netzen eine verstärkte Integration verschiedenster Informations- und Kommunikationsdienste am multifunktionalen Arbeitsplatz zu erwarten.

Der entscheidende Vorteil dieser neuen Kommunikationsstruktur liegt vor allem in der gleichzeitigen Bereitstellung mehrerer verteilter Informationsarten, wie Daten, Grafiken, Texte, Tabellen etc., so daß eine "Mischkommunikation" entsteht.[2] Die Bedeutung dieser mehrere Informationswege zusammenführenden Technik ergibt sich im internen Bankbereich z.B. aus der verbesserten Koordination und Zusammenarbeit zwischen verschiedenen Abteilungen.[3] Damit verbunden ist die Gleichschaltung sprachlicher Kommunikationsformen und des themenbezogenen Austausches von Texten, Daten, Grafiken und Bildern.[4] Vereinfacht ausgedrückt, fördert die diensteintegrierende Kommunikationsstruktur im personengebundenen Geschäftsverkehr einen weitgehend natürlichen und schnellen Arbeitsprozess zwischen mehreren regional verteilten Bankmitarbeitern, als ob man an einem Tisch zusammensäße und verschiedenste Informationsarten direkt miteinander austauscht. Zusätzlich müssen nicht - wie bisher in den Kreditinstituten - verschiedene Informationsquellen bzw. Endgeräte verbunden mit häufigen Medienbrüchen und erforderlichen Neueingaben von Daten in Kauf genommen werden.

Für die Vornahme von Investitionen auf Grundlage dieser Technik müßten jedoch aus Sicht der Kreditinstitute u.a eine einheitliche Benutzeroberfläche bestehen sowie weitreichende Standardisierungen der Kommunikationsregeln gegeben sein.[5] Die Aufgaben auf

---

1) Nowak R. (Gesichter), S. 4.

2) Weide E. (Banken-Kommunikation), S. 46 f.

3) Terrahe J. (Financial Services), S. 22.

4) Weide E. (Banken-Kommunikation), S. 47.

5) Terrahe J. (Financial Services), S. 23 ff.

diesem, durch die Überlappung von Computer- und Telekommunikationstechniken gekennzeichneten neuen Applikationsfeld der Bürokommunikation, richten sich folglich in Zukunft besonders auf die enge Zusammenarbeit der über lange Zeit getrennten Computer-und Telekommunikations-Herstellern. Damit soll erreicht werden, daß die Individuelle Datenverarbeitung mit dem sie umgebenden Kommunikationsumfeld möglichst reibungslos verknüpft werden kann.[1]

2.4.4 Verteilte Datenverarbeitung

Die Verteilte Datenverarbeitung, verstanden als "kontrollierte" Distribution und Zuordnung von Daten, Programmen und Verarbeitungsprozessen auf verschiedene EDV-Systeme, liegt im Trend der zunehmenden Anforderungen von Bankmitarbeitern an die Gestaltung des Datenmanagements in den Banken. Sie stellt einerseits einen Lösungsansatz für die wachsenden individuellen Auswertungswünsche der Endbenutzer und andererseits für die notwendige Herstellung der Integrität sowie des Schutzes von sensitiven Daten dar.[2] Aus Sicht der Kreditwirtschaft wird mit diesem EDV-Konzept sowohl eine physische als auch sicherheitsbezogene Verteilung von EDV-Ressourcen angestrebt, innerhalb derer der PC ein selbstständiger Bestandteil und gleichzeitig eine sinnvoll Ergänzung des zentralen EDV-Systems darstellt.[3]

Folgt man **KÖNIG/NIEDEREICHHOLZ**, so umfaßt die Verteilte Datenverarbeitung drei verschiedene Dimensionen, die sich aus der Verteilung von Hardwaremitteln (z.B. PC's), Kontrollfunktionen (z.B. Steuerung von Netzvorgängen) sowie Daten und Informationen ergeben, wobei die Komplexität der Aufgabenstellung in der oben

---

1) Sommerlatte T. (Telecom-Industrie), S. 18.

2) Rasi R. (Datenmanagement), S. 14.

3) Marti D. (Spannungsfeld), S. 99.

dargestellten Reihenfolge tendenziell zunimmt.[1] Dies bedeutet in praktischer Hinsicht, daß die in einer Unternehmung notwendigen EDV-Prozesse grundsätzlich dort ausgeführt werden sollen, wo die entsprechenden EDV-Kapazitäten bereitstehen und gleichzeitig die niedrigen Verarbeitungskosten von PC's sowie die geringeren Datenbankkosten von Großrechnern ausgenutzt werden können.[2]

Eine wichtige Vorbedingung für die Verteilung von EDV-Aufgaben ist die Kommunikationsfähigkeit von EDV-Systemen. Dabei müssen für die Verteilung der Aufgaben zwischen z.B. PC und Großrechner Verteilungskriterien (z.B. Kundenkreise) erarbeitet werden, die sich an dem Datenbedarf des einzelnen PC-Arbeitsplatzes ausrichten.[3] Auf diesem Gebiet gehen die Überlegungen der Banken in Richtung der Einrichtung einer Art "Spielwiese" für individuelle Datenverarbeitungsaufgaben auf verteilten Rechnern. Bei diesen Daten handelt es sich jeweils um Kopien eines Teils des zentralen, allerdings nicht schutzwürdigen Datenbestandes in der Bank, auf dem der Endbenutzer umfangreiche Verarbeitungen vornehmen kann. Eine Rückübertragung der bearbeiteten Datenbestände zum Host wird aus Integritätsgründen häufig nicht vorgesehen.[4]

Vor diesem Bedeutungshintergrund kann sich z.B. auf der Hardwareebene eine verteilte Systemarchitektur ergeben, wie sie Abbildung 8 für die Konfiguration einer mittleren Zweigstelle auf Basis dezentraler PC-Systeme und eines zentralen Großrechners zeigt.[5] In diesem Fall erfüllen die PC-Systeme A,B,C und D Beratungs-, F und G Back-Office-, sowie H und I Bedienungs-Funktionen in einem lokalen PC-Netzwerk. Über einen sog. "Server-PC" können sämtliche im lokalen Netz verteilten Stationen gegebenfalls eine

1) König W./Niedereichholz J. (Informationstechnologie), S. 172 f.

2) Vollmer R. (Erbe), S. 9 f.

3) Scheer A.-W. (Informationssysteme), S. 57 ff.

4) Rasi R. (Datenmanagement), S. 15.

5) IBM (Hrsg.)(Financial Branch), Kapitel 2-5

Verbindung zum Großrechner der Bank aufbauen, um Kundenstammdaten abzufragen oder aber die auf dem Server-PC abgespeicherten abteilungsrelevanten Daten zu nutzen.

Im Zentrum der Verteilten Datenverarbeitung steht das Server-Konzept, welches mit der in Abbildung 8 aufgezeigten Funktionsaufteilung vergleichbar und durch einen dreistufigen Aufbau in den Banken gekennzeichnet ist.[1] In diesem Fall stehen den Endbenutzern auf der unmittelbaren Arbeitsplatzebene PC-Funktionen (z.B. Beraterprogramme) zur Verfügung, während über den Server (z.B. PC) abteilungsbezogene Mitteilungen ausgetauscht werden können. Der Host-Anschluß über den Server eröffnet den Endbenutzern z.B. Zugriffsmöglichkeiten auf zentrale Bestandsdaten oder externe Datenbanken.

Von besonderer Bedeutung ist in diesem Zusammenhang die Organisation eines verteilten Datenverbundes, innerhalb dessen der Anwender keine Unterscheidung treffen muß, über welches System letztlich die Daten bearbeitet, bereitgestellt oder abgespeichert werden.[2] Dies bedeutet mit anderen Worten, daß der Anwender sich nicht um den Ort der Datenspeicherung kümmern muß, sondern von seinem PC aus Zugriff auf geographisch verteilte Datenbestände hat, die für ihn vollkommen transparent erscheinen, als ob er mit einer einzigen Datenbank arbeitet.[3] Gerade die Applikationsumgebung einer quasi unsichtbaren Verteilung von Daten und Programmen, wie sie z.B. durch das SAA-Konzept (Systems Application Architecture) der Computerfirma IBM umgesetzt werden soll, liegt im Trend der vorgestellten Überlegungen zur Verteilten Datenverarbeitung. Durch diese Entwicklung können nämlich erstmals, unabhängig von der Ausgestaltung des verteilten Rechnerverbundes, u.a. die Bedienungsweisen zwischen PC, Host und anderen EDV-Systemen angeglichen und damit ein weitreichender Ansatz zur

1) Marti D. (Spannungsfeld), S. 99.; Rösch E./Kupferberg M. (Großer Bruder), S. 9.

2) Rösch E./Kupferberg M. (Großer Bruder), S. 9.

3) Summa H. (Informieren), S. 28.

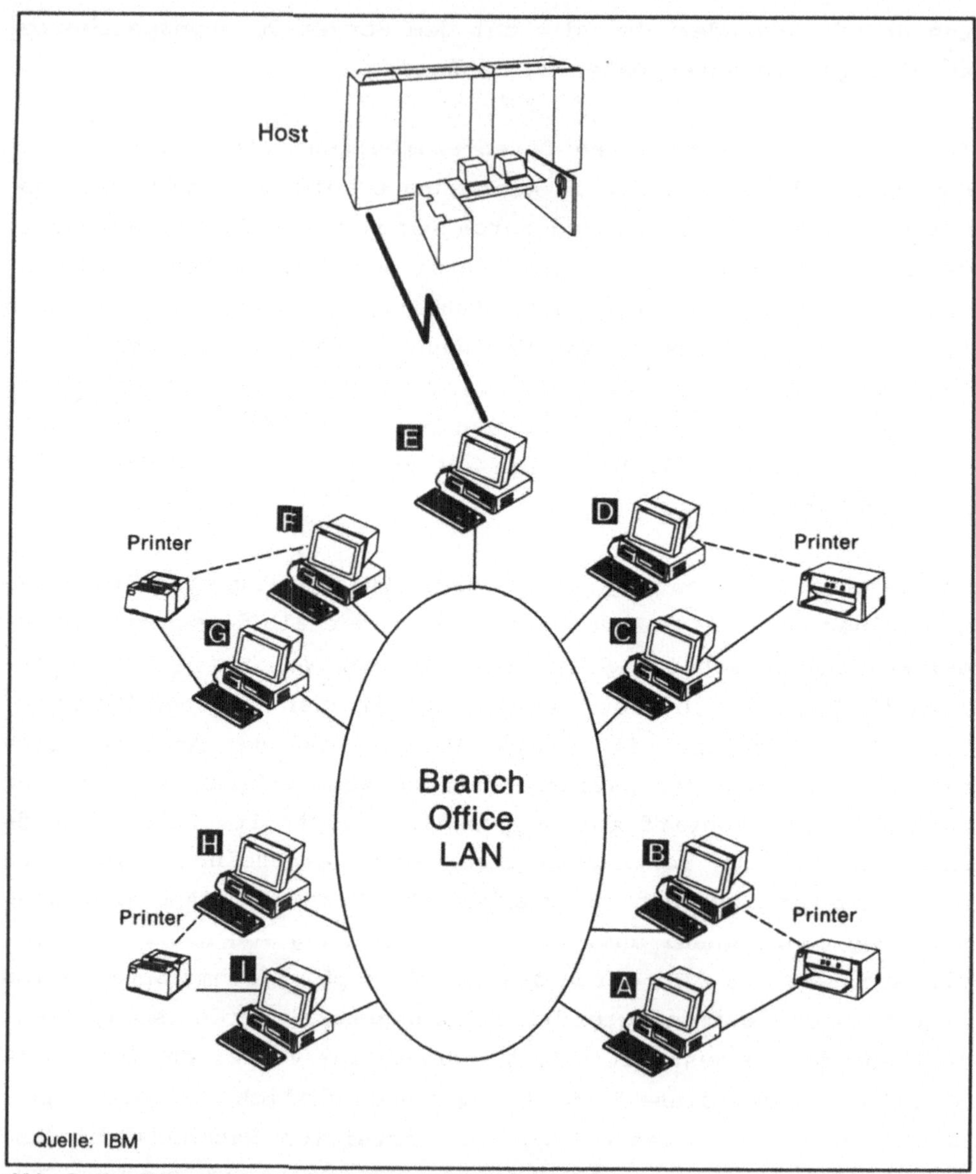

Abb. 8: Konfiguration einer mittleren Bankzweigstelle

Verwirklichung einer benutzerfreundlichen Applikationsumgebung geschaffen werden.[1]

1) Grest A. (Abschied), S. 28.; IBM (Hrsg.)(Systems Application Architecture), S. 8 f.; Wheeler E.F./Ganek A.G. (Introduction), S. 250.; o.V. (Neue Welt), S. 48 ff.

2.4.5 Information-Center (IC)

Zur Förderung des PC-Einsatzes wurde in den USA die Idee des "Information Centers" (IC) entwickelt, der im deutschen Sprachgebrauch auch als "Benutzerservice" bezeichnet wird[1] und als aufbauorganisatorische Maßnahme vor allem bei Großunternehmen Verwendung findet[2]. In seiner ursprünglichen Form wurde der IC vor allem als Antwort auf die mangelnde Benutzerorientierung zentraler Management-Informations-Systeme geschaffen mit dem Ziel einer weitgehenden Verbesserung der Informationsversorgung für die Endbenutzer.[3] Die Entwicklung des IC-Konzepts ist dabei durch verschiedene Generationen geprägt gewesen, angefangen von mainframe-orientierten Ausrichtungen (1. Generation) über die Unterstützung des Einsatzes von PC's (2. Generation) bis zur Bewerkstelligung des Zugriffes auf externe Unternehmensdaten sowie der Betreuung komplexer Produkte im Bereich der "Artificial Intelligence"-Forschung.[4] Die Aufgabenstellung des IC muß sich dabei insbesondere der betrieblichen EDV-Situation anpassen, indem er die verschiedenen EDV-Lernstufen einer Unternehmung berücksichtigt, angefangen vom arbeitsplatzorientierten PC-Einsatz über den PC-Einsatz in Verbindung mit Netzwerken bis hin zur unternehmensweiten Integration der PC-Technologie.[5]

Aus organisatorischer Sicht wird aufgrund der dort durchgeführten unternehmensweiten Planung und Koordination des Informationsmanagements eine direkte Unterstellung des IC's als Abteilung für das sog. "Information-Ressourcen-Management" unter die Unterneh-

---

1) Friedrichs K.J. et alteri (4.Generation), S. 103.; Hägele H. (Erfahrungen), S. 1.

2) Paulson G. (Arbeitsplatz-Computing), S. 20.

3) Bertram G.B. (Information-Center-Konzept), S. 127.; Carr H.H. (Practice), S. 325.

4) Lauer J./Stettler D.M. (New Directions), S. 6 ff.

5) Puette R. (Executive View), S. 30.

AUFGABEN DES INFORMATION CENTERS IN KREDITINSTITUTEN

- Schaffung einer Informationsbrücke zu den Endbenutzern (z.B. Hotline, Walk-In-Center, Benutzerberatungen im Außendienst, Erstellung von Produktelisten-/Übersichten zu bestehenden oder einzuführenden PC-Applikationen)
- Installation, Betreuung, Integration und Weiterentwicklung von PC-Applikationen (z.B. Updates) und Computerkonfigurationen (z.B. lokale PC-Netzwerke)
- Evaluation und Marktbeobachtung des Hard-/Softwaremarktes sowie Kontaktaufnahme und -pflege zu den Herstellern und Lieferanten für den Abschluß z.B. von Lizenzverträgen
- Aufstellung von Richtlinien (z.B. Private Nutzung, PC-Kopien, Eigenentwicklung) und Verantwortlichkeit für deren Umsetzung
- Public-Relation-Maßnahmen (z.B. Informationszeitschriften, Softwarebörsen, bankinterne PC-Clubs, Informationsveranstaltungen)
- Aufstellung, Durchführung und Pflege des Kursangebotes
- Verwaltungsaufgaben (z.B. Führung des Installationskatasters, Verteilung von Wartungskosten auf die Endbenutzer, Organisation des Technischen Dienstes)

Box 4: Aufgaben des Information Centers in Kreditinstituten

mensführung gefordert.[1] Darüber hinaus soll der IC in koordinierender Funktion die Verständigung und Zusammenarbeit zwischen der betrieblichen EDV-Organisation auf der einen Seite und den Endbenutzern auf der anderen Seite fördern.[2] Die bankbetrieblichen Unternehmensrichtlinien können dabei die volle Verantwortung des IC's bezüglich der Verfügbarkeit und Integrität von Daten und Dienstleistungen gegenüber den Endbenutzern vorschreiben.

1) Friedrichs K.J. et alteri (4.Generation), S. 105.

2) Koreimann D.S. (Datenbank-Management), S. 164 f.

Anlaß zur Implementierung des IC's in den Banken[1] sind einerseits die Wünsche der Unternehmensführung nach einem wirtschaftlichen Einsatz der zur Verfügung stehenden Informatikmittel und andererseits die angestrebte schnelle Bedürfnisbefiedigung des Endbenutzers in Hinblick auf seine individuellen Informationswünsche gewesen. Bedingt durch die mittlerweile weltweite Verbreitung der IDV und der PC-Technologie unterhalten die Großbanken neben dem im Hauptsitz geführten IC zusätzlich regionale IC's an den wichtigsten Finanzplätzen. Eine wichtige Aufgabe des IC's besteht in der Aufstellung von PC-Richtlinien, welche die Beschaffung sowie die Verantwortlichkeit für die Entwicklung, den Betrieb und die Wartung von PC's festlegen und damit helfen, Fehlentwicklungen (z.B. "PC-Wildwuchs") zu vermeiden. In Hinblick auf die Vielfalt der auf dem Softwaremarkt angebotenen PC-Produkte wird vielfach von seiten der IC's in den Banken eine "sinnvolle" Limitierung angestrebt. Andere - als besonders wichtig hervorgehobene Aufgaben - liegen im Bereich der individuellen Benutzerberatung, wie z.B. der konkreten Bestimmung des richtigen Endbenutzer-Werkzeugs für die zu lösende Aufgabe bis zur Bewertung der durch die Endbenutzer geschaffenen Applikationen. Dazu gehört auch der Erlaß von Empfehlungen und Geboten zur Entfernung bestimmter, nicht mit den Vorstellungen der Gesamtbank übereinstimmender PC-Produkte und Software-Werkzeuge.

Grundsätzlich können die Informationen des IC's an dessen PC-User entweder auf schriftlichem Weg (z.B. Zeitung) oder über ein unternehmensweites Informationssystem (z.B. Broadcasting) erfolgen. Bei Installation eines Broadcasting-Systems werden die informationsverarbeitenden Endbenutzer kurzfristig über wichtige Änderungen (z.B. Betriebsstörungen/Releases) auf ihrem Bildschirm aufmerksam gemacht. Abbildung 9 zeigt am Beispiel des IC`s der

1) Die nachstehend getroffenen Aussagen beruhen, abgesehen von den durchgeführten Interviews, auf den folgenden Literaturangaben: Chorafas D.N./Steinmann H. (Technology), S. 340 ff.; Morgan Bank (Hrsg.)(Morgan Information Center), S. 3 ff; dgl. (Hrsg.)(Financial Database Service), S. 1 ff.; dgl. (Hrsg.)(OFFICE SERVICES), S. 1 ff.; SBG (Hrsg.)(Information-Center Schweiz), o.S.; dgl. (Hrsg.) (Betriebs-Konzept), S. 1 ff.; dgl. (Hrsg.)(Office Support System), S. 164.

```
HELP CALL 3-4413              IC APPLICATION SERVICES         02/15/89  09:50 ]
-------------------------------------------------------------------------------

Type number and press ENTER ==>

               1. PROFS
               2. GAPS
               3. SWAP OPPORTUNITIES
               4. DIRECTORIES
               5. MARKET INFORMATION
               6. TELEPHONE DIRECTORY
               7. OFFICE SERVICES
               8. FINANCIAL DATABASE SERVICES
               9. FILE TRANSFER/PRINT UTILITY

----------------------------- PF Key Assistance -----------------------------
7  - Return to Main Menu   8  - Open the Mail        9  - Return to CMS
10 - Return to Last Menu   11 - Send A Note          12 - Logoff


HELP CALL 3-4413 ----- Financial Database Information ----- 02/15/89  10:24 ]

BROKERS EARNINGS PROJECTIONS - Brokers Earnings Projections provides
  access to both analyst by analyst and historical consensus earnings
  estimates for several thousand domestic and Canadian companies.  The
  information is supplied by Lynch, Jones & Ryan's Institutional
  Brokers Estimate System.  The detailed analysts application contains
  EPS projections for the next two fiscal years and is updated weekly.
  Historical consensus data is available from 1980 and is updated monthly.
  For further information or assistance contact the IC Product Specialist,
  Carolyn Ritterbush at 3-6381.

DART - Dart provides access to domestic and international corporate
  fundamental data.  Twenty years of annual and ten years of quarterly
  historical information is retained in the database.  Data suppliers
  include COMPUSTAT, BARRA, I/B/E/S, IDSI and Worldscope.  The IDSI
  market data is updated daily, the I/B/E/S earnings estimates weekly,
  the BARRA betas and Worldscope international fundamentals monthly.
  The COMPUSTAT domestic fundamentals are updated weekly March through
  July and monthly the remainder of the year.  The product exit
  command is QUIT.  For further information or assistance contact the IC
  Product Specialist, Jim Considine at 3-8595.
----------------------------- PF Key Assistance -----------------------------
```

Abb. 9: Information Center - Morgan Bank

Morgan Bank, eine Übersicht zu den von dieser Organisationsform weltweit betreuten Applikationen zusammen mit zwei ausgewählten Produktinformationen zu externen Datenbank-Diensten. Besonders erwähnenswert in Hinblick auf die in Zukunft angestrebten Verbesserungen für den IC der Morgan Bank ist, die angestrebte Implementierung einer weltweiten Softwareverteilung über Datenfernübertragungswege, so daß der bis heute noch stattfindende Versand von Disketten entfällt.

Eine zunehmend wichtige Aufgabe des IC's besteht in der Schulung von sog. "PC-Koordinatoren" in den Bankfilialen, da auf Grund der wachsenden Anforderungen der Endbenutzer an den zentralen IC deren Wünsche z.T. nicht mehr optimal befriedigt werden können. Aufgabe des PC-Koordinators ist es, als "verlängerter Arm" des zentralen IC's z.B. auf Abteilungsebene in den Filialen eine Benutzerbetreuung vor Ort durchzuführen. Die Betreuung der PC-Koordinatoren erfolgt jeweils durch den IC in der Hauptzentrale. Die Bedeutung dieser dezentralen Einsatz-Gruppe läßt sich an konkreten Zahlen belegen, nach denen z.B. in der Schweizerischen Kreditanstalt die Anzahl der PC-Koordinatoren zwischen 1986 und Mitte 1989 von 8 auf 50 gestiegen ist.[1] Textbox 4 stellt die wesentlichsten Aufgaben der in den Banken derzeit im Einsatz befindlichen IC's zusammen.

HOTLINE-SUPPORT

Ein wesentlicher Bestandteil der IC-Aktivivitäten in den Banken besteht in der jederzeitigen Unterstützung von PC-Usern über den sog. "Hot-Line-Support", welcher als universelle Ansprech-Drehscheibe für die sofortige Lösung von Problemen aufgefaßt werden kann. Der "Hot-Line-Support" ersetzt dabei nicht etwa einen ferngestützten PC-Kurs, sondern sollte nach Auffassung der Banken vor allem vielen Endbenutzern für kurze Kontaktaufnahmen bei Problemen bereitstehen. Der Umfang dieser Dienstleistung erstreckt sich bei den meisten Großbanken auf eine 24-stündige Betriebsbereitschaft, wobei jeweils zu bestimmten Zeiten auch automatische Anrufbeantworter die Wünsche der Endbenutzer entgegennehmen. Sofern die Probleme nicht vom IC-Mitarbeiter gelöst werden können, stellt der IC einen direkten "Draht" zu dem in der Bank befindlichen Produktspezialisten her. Für die Unterstützung einzelner PC-Produkte haben sich in der Kreditwirtschaft mehrere Servicestufen herausgebildet, die sich in aufsteigender Zahlen-

1) Marti D. (Spannungsfeld), S. 99.

folge bestimmen (1,2,3,...), angefangen von einer umfassenden Betreuung und Garantie der Funktionstüchtigkeit über begrenzte Unterstützungsaufgaben, bis hin zur Beschränkung auf die reine Entgegennahme von Bestellungen für Hard- und Software ohne jejegliche Betriebs- und Installationsbetreuung.

WALK-IN-CENTER

Durch die Einrichtung eines sog. "Walk-In-Center" in den IC's möchten die Banken den Endbenutzern eine Möglichkeit zur aktiven Beratung geben, indem unter Anleitung der dort zuständigen IC-Mitarbeiter kleinere PC-Projekte an vorbereiteten PC-Arbeitsplätzen von diesen selbst durchgeführt werden können. So wird bei einigen Banken bis zum endgültigen Start einer neuen Applikation die Einarbeitung unter direkter Schulung nach vorheriger Terminabsprache angeboten. Darüber hinaus können in den "Walk-In-Centers" auch erstmalige oder sehr komplexe Eigenentwicklungen der Endbenutzer z.B. mit 4.-Generationssprachen vorgenommen werden. Bei Selbstentwicklungen kann der Endbenutzer, abgesehen von der unmittelbaren Unterstützung durch die IC-Mitarbeiter, auch die im IC bereitstehende Literatur (z.B. Handbücher) nutzen und auf ausgewählte Datenbestände (z.B. Testdaten) zugreifen. Weitere von den Banken genannte Dienste des "Walk-In-Centers" können die Vorstellung von Produkten der neuesten Technologie (engl. "state of the art") umfassen, sowie die Bereitstellung von Softwarebibliotheken mit sämtlichen in der Bank eingesetzten Endbenutzer-Werkzeugen vorsehen.

DATENMANAGEMENT

Durch das IC-Konzept wird dem Endbenutzer eine aktive Rolle bei der Entwicklung von Problemlösungen zugewiesen und folglich die zentrale EDV von der "Bringschuld" entlastet, möglicherweise verspätete und nicht brauchbare Informationen zu übermitteln. Aus diesem Grund liegt die Aufgabe des IC's im Rahmen des Datenmanagements darin, über Anfrage- und Datenübertragungsmöglichkeiten die "Hol-Chance" des Endbenutzers für die individuell aufzubereitenden Daten zu verwirklichen.[1] Dazu gehört auch die Implementierung verschiedener Sicherheitsstufen für den Datenzugriff. So wurde in den interviewten Banken die Auffassung vertreten, daß der IC in bezug auf das Datenmanagement vor allem als "Datenschaufel" dient, während Datenmanipulationen vorwiegend auf der PC-Ebene stattfinden sollten. Zur Übersicht der intern und extern beschaffbaren Daten hält der IC jeweils entsprechende Verzeichnisse (engl. "directories") in laufender Pflege für die Endbenutzer bereit. Eine wichtige Aufgabe des IC's besteht vor allem in der kontrollierten Vorbereitung der Rückführung von PC-Daten (sog. "Up-Load") zum Bankgroßrechner, damit die Integrität der dort befindlichen Daten sichergestellt ist.[2] In Hinblick auf das Datenmanagement übernimmt der IC ferner die Garantie für eine höchstmögliche Systemzuverlässigkeit, welche sich nach Auffassung der IC-Mitarbeiter i.d.R. auf mindestens 98 Prozent belaufen sollte. Andere Aufgaben des IC's im Rahmen des Datenmanagements bestehen in der konkreten Organisation der physischen Verteilung von Daten und Programmen (Verteilte Datenverarbeitung) sowie der Regelung des Zugriffs auf externe Datenbanken und einer diesbezüglichen Kostenverrechnung.

Ein zunehmend wichtiges Arbeitsfeld im Rahmen des Datenmanagements durch den IC besteht ferner in der Integration von bestehenden Endbenutzerwerkzeugen und Datenbanken, um eine größtmögliche Weiterverarbeitung der bankbetrieblichen Daten über sämtliche im Einsatz befindlichen PC-Programme sicherzustellen.

---

1) Bertram G.B. (Information-Center-Konzept), S. 129.

2) Anmerkung: Einige Banken sehen die Rückführung von einmal auf dem PC manipulierten Daten auf den Großrechner nicht vor.

2.5 Formen computergestützter Dienstleistungen

2.5.1 Leistungserstellung und Innovationsstreben

Grundsätzlich ist für das Verständnis der bankbetrieblichen Leistungserstellung auf deren besondere Eigenart im Verhältnis zu industriellen Gütern abzustellen. Demnach können gemäß der von **OBST/HINTNER** gewählten Einteilung verschiedene Leistungsarten, nämlich banktypische Produkte (z.B. Zahlungsverkehr), Nebenprodukte als Ergänzung zu banktypischen Leistungen (z.B. Depotgeschäft) sowie bankneutrale Leistungen (z.B. Vermittlungsgeschäfte) unterschieden werden. Dabei sind sämtliche Bankdienstleistungen durch deren Stofflosigkeit und fehlende Speicherbarkeit gekennzeichnet, so daß eine Vorratshaltung im Vergleich zum Industriebereich unmöglich erscheint.[1] Letztgenannte Eigenschaften sprechen insbesondere für den Einsatz der Informations- und Kommunikationstechnologie im bankbetrieblichen Leistungsbereich, da die Banken jederzeit mit einer Inanspruchnahme durch den Kunden rechnen müssen. Umgesetzt in die bankbetriebliche Leistungserstellung bedeutet dies, daß vor allem diejenigen Kreditinstitute, welche die geeigneten technischen Hilfsmittel zur Informationsgewinnung bereithalten, einen Wettbewerbsvorsprung besitzen, da sie die Produktion der Bankdienstleistung sicherstellen können.[2] In diesem Zusammenhang stellen sich bei der bankbetrieblichen computergestützten Leistungserstellung insbesondere Fragen nach der optimalen "Dimensionierung" des Produktions- und Vertriebsapparates im Sinne eines vertrauensabhängigen und von der Kundenakzeptanz bestimmten Leistungsabsatzes.[3]

Die Tatsache, daß die Produkte der Kreditwirtschaft, Informationsdienstleistungen lautend auf den Faktor "Geld" darstellen, macht deutlich, daß eine Erhöhung oder Sicherung des Marktantei-

---

1) Obst G./Hintner O. (Börsenwesen), S. 301 f.

2) Steiner J. (Personalpolitik), S. 21.

3) Ippisch W. (Überlegungen), S. 20.

les nur durch eine Verbesserung der Informationsleistung gegenüber dem Kunden zu erreichen ist. Damit besitzen Informationen über Geld eine gleichwertige Bedeutung wie das Geld selbst, das als Bindeglied der Kundenverbindung fungiert.[1]

Damit die Kreditinstitute ihre Position auf den Finanzmärkten behaupten können, müssen ferner eine Reihe von marktnahen Erfolgsfaktoren mit Bedeutung für die bankbetriebliche Leistungserstellung berücksichtigt werden, welche sich vor allem auf die Gewinnung aktueller und potentieller Kunden richten. Textbox 5 führt die wichtigsten leistungsorientierten Erfolgsfaktoren im täglichen Bankgeschäft mit dem Kunden auf, die von der Beratungsgesellschaft DIEBOLD DEUTSCHLAND erhoben wurden [2]

LEISTUNGSORIENTIERTE ERFOLGSFAKTOREN

- Verbesserung der Produkt- und Kundenberatungsqualität
- Vollständigkeit und Termintreue im Kundenservice
- Flexibilität in bezug auf die Wünsche des Kunden
- Angemessene und schnelle Produktinnovation und -adaption
- Erhöhung der Qualität des After-Sales-Marktes
- Beschleunigung der Abwicklung von Bankaufträgen
- Verbesserung der Auskunftsbereitschaft

Box 5: Leistungsorientierte Erfolgsfaktoren

Bei Betrachtung der Innovationswelle, die sich seit Ende der fünfziger Jahre als Reaktion auf die Wandlung vom Verkäufermarkt zum Käufermarkt entfaltete, stehen sowohl Prozeßinnovationen als auch Produktinnovationen im Vordergrund der bankbetrieblichen Leistungserstellung, die z. T. eng beieinander liegen. Andererseits

1) Born H. (Dienstleistungsunternehmen), S. 50.

2) Wiedmayer G. (Spielräume), S. 15.

seits sind die Grenzen, ob eine "wirkliche" Produktinnovation oder nur eine Verbesserung des vorhandenen Dienstleistungsangebotes vorliegt, ebenfalls im Fluß. In vielen Fällen liegt nämlich - nach einer für das europäische Bankwesen durchgeführten Studie von **ARTHUR ANDERSEN & CO.** - eine Vermarktung von herkömmlichen Bankdienstleistungen unter Wandlung des äußeren Erscheinungsbildes vor. Danach besteht ein Schwergewicht der durch den Computer hervorgebrachten Innovationstätigkeit vor allem in der Entwicklung von maßgeschneiderten Produktbündeln, die auf die speziellen Bedürfnisse des Kunden zugeschnitten sind.[1]

Mit Bezug auf den Einsatz der Computertechnik liegen der Produktionsfaktor "Information" und die Innovationstätigkeit der Banken eng zusammen. Vor dem Hintergrund, daß der Computer die Entstehung und den Verkauf von Produkten unterstützt, leistet er einen wesentlichen Beitrag, die gewonnene Informationsbasis in ein genaueres Wissen zu überführen, welches wiederum den Einfallsreichtum bei der Entwicklung neuer Bankdienstleistungen fördert. Von dieser Seite betrachtet gehen die Informations- und Kommunkationstechnik sowie das gegenwärtige Innovationstempo eine Wechselbeziehung ein.[2]

Im Bereich des Investment-Banking z.B. wird deutlich, daß die Konstruktion vieler neuer Finanzdienstleistungen und deren Kalkulation erst durch eine entsprechende Computerunterstützung möglich erscheint. Die bankbetriebliche Leistungsproduktion verbunden mit der Teilnahme am Handel ist dort durch die hohe Geschwindigkeit des Computers bei der Informationsgenerierung und -verarbeitung beeinflußt, welche zu einer Welle von Finanzinnovationen führte.[3] Die Entwicklung von Finanzprodukten wie z.B. financial futures, options und swaps bedarf vor allem einer computergestützten Bewertung, sowohl in mathematischer als auch in wirtschaft-

1) Arthur Andersen & Co. (Hrsg.)(Change), S. 45.

2) Wiedmayer G. (Spielräume), S. 14.

3) Lam Ch.H./Hempel G.H. (applications), S. 6 ff.

licher Hinsicht, um deren Absatz am Markt sicherzustellen. Die hohe Komplexität dieser Produkte - verbunden mit dem Zeitaufwand einer manuellen Kalkulation - macht den Gebrauch des Computers dabei unentbehrlich. So schafft erst die Computerunterstützung die notwendige Reaktionsfähigkeit der Marktteilnehmer auf Veränderungen von externen Rahmenbedingungen (z.B. Zinssätze) und damit die Voraussetzung für die Teilnahme im Wertpapierhandel.[1]

2.5.2 Beratungstätigkeiten

Ein sich auf rasante Weise entwickelnder Geschäftszweig der Banken liegt im Bereich computergestützter Beratungstätigkeiten. Gerade dort, wo allgemeine Marktsättigungen das Umfeld bankbetrieblicher Aktivitäten (z.B. Mengengeschäft) bestimmen, lassen sich die Geschäftsbeziehungen ausschließlich durch die Erhöhung der Beratungsintensität verbessern, die vor allem durch den Einsatz entsprechender Informationstechnologien freigesetzt werden kann.[2] Versteht man die Kundenberatung als Weg bis zum Absatz eines Produktes, läßt sich ferner eine starke Verflechtung mit der eigentlichen Produktentwicklung ausmachen. Dies bedeutet, daß sich die Bankdienstleistung erst aus den in der Beratung festgestellten speziellen Wünschen des Kunden ergibt und sich damit als Problemlösung aus dem Kundenkontakt herauskristallisiert.

Eine wesentliche Bedeutung für die bankbetriebliche Beratung könnte sich aus dem Einsatz von Expertensystemen ergeben, die abgesehen von einer verbesserten ortsunabhängigen Beratungsqualität auch zu einer Erweiterung der Produktpalette am Beraterplatz beitragen können.[3] Auf diesem Gebiet gibt es bereits schon eine Vielzahl von Lösungen im beratungsintensiven Kreditgeschäft (z.B.

---

1) Arthur Andersen & Co. (Change), S. 51.; Böni R.T. (Finanzmärkten), S. 22.; Gallant P. (Treasury), S. 151 ff.

2) Hoppenstedt D.H. (Technologien), S. 30.

3) Müller F.R. (Bankdienstleistungen), S. 33 f.

Baufinanzierung) sowie der Anlageberatung (z.B. Versorgungsanalyse).[1] So können gerade Expertensysteme ein preisgünstiges Beratungsangebot schaffen und andererseits Wettbewerbsvorteile, welches durch die mit diesen Systemen verbundenen langen Entwicklungskosten, die nicht unmittelbar von den Konkurrenten kopiert werden können, einhergehen. So bieten gerade Expertensysteme - bedingt durch die langen Entwicklungszeiten - beträchtliche Wettbewerbsvorteile. Die auf dieser Technik geschaffenen Applikationen können von den Konkurrenten nicht unmittelbar kopiert werden.[2]

Von besonderer Bedeutung für den bankbetrieblichen Leistungsabsatz im Hinblick auf die angebotenen Beratungsdienste z.B. im Firmenkundengeschäft ist, daß nach der damit einhergehenden Vermittlung von Orientierungs- und Entscheidungshilfen möglicherweise eine Nachfrage nach banktypischen Dienstleistungen einsetzt[3] sowie auf Grund der systematischen Betreuung die Kundenbeziehung gefestigt und ein Imagegewinn erzielt werden kann[4].

Darüber hinaus können computergestützte Beratungsdienstleistungen neben einer Verbesserung des Informationsstands aus Sicht des Kunden auch dem gestiegenen Risikobewußtsein der Banken Rechnung tragen. Dies bedeutet, daß die Banken mit Hilfe des Computers selbst in die Lage versetzt werden, ihre Einsicht in das unternehmerische Handeln zu verbessern sowie das Standing des betreuten Unternehmens z.B. über computergestützte Branchenvergleiche zu beurteilen. Damit kann gleichzeitig eine Bewertung des mit der Kundenbeziehung verbundenen Kreditrisikos vorgenommen werden.[5]

1) Happ Chr. (Wettbewerbsvorteile), S. 6 ff.

2) Schuster L./Leichsenring H. (Perspektive), S. 5.

3) Walter B. (Anmerkungen), S. 12.

4) Diefenbach H. (Bankenwettbewerb), S. 37.; Weiser F.O. (Partner-Service), S. 7.

5) o.V. (Kreditkunde), S. 188 ff.

VERMÖGENSBILDUNGS-/VORSORGE-BERATUNG

Bei der Vermögensberatung des Kunden ist es notwendig, jederzeit eine Übersicht über die Vermögensstruktur, deren Wertentwicklung und den Liquiditätsbestand zu besitzen, um eine optimale Kundenbetreuung zu gewährleisten. Unter Berücksichtigung der i.d.R. Vielzahl von zu betreuenden Kunden können auf diesem Gebiet bebesonders Computerprogramme eine wirksame Unterstützung anbieten. Gerade die Nutzung des PC's für die laufende Feinabstimmung der Vermögensberatung auf den Lebenszyklus des Kunden - unter Berücksichtigung des Lebensalters, Einkommens, steuerlicher und rechtlicher Aspekte etc. - schafft ein Produkt, welches sich durch seinen Zuschnitt auf die jeweiligen Kundenbedürfnisse auszeichnet. So können im Bereich der Vermögensverwaltung mit Hilfe des PC's detaillierte Planungen von Anlage- und Liquiditätsverhältnissen unter Berücksichtigung der persönlichen Zielsetzungen des Kunden erfolgen und verschiedene Vermögensbildungsformen (z.B. Sparvertrag/Wertpapiere) im Zusammenhang betrachtet werden.[1]

Soweit bei der Vermögensberatung Expertensysteme zum Einsatz kommen, sind gezielte Abstimmungen der Vermögensplanung nach den vom Kunden gewünschten Produkte, Fristigkeiten und unter Beachtung verschiedener externer Einflußfaktoren (z.B. Zinssituation möglich.[2]

Ein interessantes Einsatzgebiet des PC's in der Kundenberatung ergibt sich im Bereich der persönlichen Zukunftsvorsorge-Planung.[3] Als Beispiel sei an dieser Stelle das PC-Beraterprogramm "drecos" der Dresdner Bank für die persönliche Zukunftsvorsorge angeführt, welches in über 700 Geschäftsstellen eingesetzt wird.[4]

---

1) Ewald H.-J. (Vermögensplanung), S. 30 ff.; dgl. (Kundenberatung), S. 100 ff.; Gassner F. (Bankgeschäfte), S. 85 ff.

2) Martz H. (Privatkunden), S. 31.

3) Dresdner Bank AG (Hrsg.)(drecos), o.S.; Gillardon Verlag (Hrsg.)(Beratungshilfe), S. 2 ff.

4) Gemäß dem Stand von 1989.

```
14.09.90              D r e s d n e r   B a n k   A G              Maske38
                          A u s z a h l p l a n

Für 1. Person

  - Zur Verfügung steht ein Kapital von                         50_000 DM

  - Wann soll die Rentenzahlung beginnen                            20 Jahre

  - Für wieviel Jahre soll die Rentenzahlung erfolgen               20 Jahre

    1 = mit Kapitalerhaltung                                        3 Ziffer
    2 = mit Kapitalaufzehrung
    3 = mit Kapitalaufzehrung bis zu einem Restbetrag von        5_000 DM

  - Dynamisierung der Rentenzahlung / Individuelle Auszahlung      1 Ziffer

    1 = Errechnen der Rentenhöhe
    2 = Errechnen der Zahlungsdauer

  F1 Vorwärts     F2  Rückwärts        F3  Person umschalten    ggf. zurück
  F6 Hauptmenue   F10 Programm Ende                             zu Maske .:

14.09.90              D r e s d n e r   B a n k   A G
                      Ergebnisübersicht - Auszahlplan

              Für 1. Person

        Beginn ........:    01.10.10          Laufzeit : 20 Jahre     Monate
        Anfangskapital :      50_000 DM       Zinssatz : 5.50  %
        Monatsrate ....:         846 DM       Dyn.Satz : 2.00  %
        Endkapital ....:       5_000 DM

        Jahr       Kapital am       Monatliche     Teilaus-      Zinsgutschrift
                   Jahresanfang     Auszahlung     zahlungen     zum Jahresende
          1.          145_966           846                           1_984
          2.          145_412           846                           7_695
          3.          142_906           863                           7_551
          4.          140_053           880                           7_388
          5.          136_833           897                           7_205
          6.          133_228           914                           7_000
          7.          129_215           930                           6_774

  F1 Vorwärts  F2 Rückwärts  F3 Person umschalten        F4  Neue Berechnung
  Alt/F5 Kurz/Ausdruck  F6 Hauptmenue  F8 Eingabewerte abspeichern  F10 Ende
```

Abb. 10: Rentenberechnung - "drecos"

Mit Hilfe von "drecos" können innerhalb kurzer Zeit über komfortable Vor-und Rückwärts-Rechenmethoden verschiedene Sparpläne für die in Zukunft beabsichtigten Anschaffungen, die Ausbildungsvorsorge oder die eigene Altersvorsorge durchgerechnet werden. In diesem Fall ermittelt das PC-Programm bei Vorgabe der gewünschten Ansparsumme u.a. die während einer bestimmten Ansparzeit an die Bank zu entrichtenden Sparraten. Ferner kann der Vermögensberater mit dem Kunden zusammen die Höhe der Sparsumme ermitteln, die erforderlich ist, um für einen bestimmten Zeitraum in späteren Jahren individuelle Auszahlungsraten, z.B. in Form einer Zusatzrente, zu erhalten. Abbildung 10 zeigt eine Rentenberechnung ausgehend von einem Anfangskapital von 50.000 DM, welches nach einer bestimmten Anlagezeit z.B. in Sparverträgen in eine 20-jährige Rente umgewandelt wird.[1]

Derzeit gibt es ferner eine Fülle von Beratungsdienstleistungen, die mit dem Trend zu Allfinanzberatungsangeboten in der Kreditwirtschaft verknüpft sind und eine integrierte Vermögensplanung unter Berücksichtigung verschiedenster Vorsorgepläne, Versicherungsformen, Immobilienanlagen etc. unterstützen können.[2] Auf diesem relativ jungen Dienstleistungsmarkt können die Banken mit Hilfe des PC's auf Basis bestimmter Voreinstellungen (z.B. gesetzliche Vorschriften zur Vermögensbildungsförderung), verbunden mit der Gewichtung einzelner Kundenwünsche (z.B. Schließung einer Vorsorgelücke) je nach der vorherrschenden Einkommens-, Familien-und Berufssituation umfassende Beratungen durchführen. Textbox 6 vermittelt einen Eindruck zu den Leistungen derartiger PC-Programme, die mittlerweile schon von einigen Banken im Wege des Außendienstes eingesetzt werden. Zum Angebot an Allfinanzdienstleistungen zählen ferner auch Beratungen im Bereich der Immobilienvermittlung.[3] Auf diesem Gebiet sind die Banken mit entsprechenden PC-Programmen in der Lage, unmittelbar mit dem Kunden unter Zugrundelegung verschiedener Kriterien (z.B. Anzahl Zimmer/Lage des Objektes) - in Kombination mit dem Anschluß von Diaprojektoren zur Präsentation der in Frage kommenden Objekte - gezielte Hilfestellungen anzubieten und schon im Vorfeld eine Vielzahl von denkbaren Vermögensbildungsalternativen zu berücksichtigen. Dazu gehört auch die Finanzierungsberatung unter

---

1) Anmerkung: In diesem Fall möchte der Kunde am Ende der Rentenzeit noch einen Restbetrag von 5.000 DM erhalten.

2) Anmerkung: Neben den aufgeführten Literaturangaben sind die nachfolgenden Ausführungen unter Berücksichtigung des Seminars der Industrie- und Handelskammer Bonn zum Thema "Allfinanzberatung" am 16.09.1989 erarbeitet worden.

3) Dresdner Bank AG (Hrsg.)(drehaus), o.S.; IBM (Hrsg.)(Softwarebasis), S. 63.; Piendl G. (Vermittlung), S. 32 ff.

AUSGEWÄHLTE BAUSTEINE EINER PC-GESTÜTZTEN ALLFINANZ-BERATUNG

- Darstellung verschiedener Wunschprofile des Kunden (z.B. Aufrechterhaltung des Lebensstandards)
- Konsolidierte Vermögenswertanalysen unter Berücksichtigung von Steuerberechnungen (z.B. Erwartete Steuernachzahlungen)
- Ermittlung von Ansprüchen auf vermögenswirksame Leistungen
- Analyse ausnutzbarer Prämien im Wohnungsbau
- Liquiditäts-Analyse zur Ermittlung des frei verfügbaren Einkommen
- Berechnung von Deckungslücken in der Krankenvorsorge
- Möglichkeiten zur Witwen-/Familien-Absicherung (z.B. Lebensversicherung)
- Rentenvorhersagen mit der Aufdeckung von Vorsorgelücken

Box 6: Bausteine einer PC-gestützten Allfinanz-Beratung

Berücksichtigung verschiedener Finanzierungsformen (z.B. Bausparverträge/Lebensversicherungen).

CONSULTANT-BANKING

Mit Bezug auf die Beratung insbesondere der mittelständischen Firmenkundschaft, die oft über keine eigenen Planungsabteilungen verfügen, bieten die Großbanken seit etwa 1985 spezielle Servicedienste an, die eine enge Verzahnung zwischen Finanzierungs- und Unternehmensberatungsdienstleistungen aufweisen. Vielfach wird in diesem Zusammenhang auch vom sog. "Consultant Banking"[1] bzw. "Computer Aided Consulting"[2] gesprochen. Ein wesentliches Ziel der Banken in diesem Bereich besteht darin, über die Zusammenarbeit mit z.T. selbständigen Beratungsunternehmen sowie Informationsvermittlungsdiensten das Angebot gegenüber dem Firmenkunden

1) Schuster L./Leichsenring H. (Perspektive), S. 4 f.

2) Windau v.P. (Computer Aided Consulting), S. 4 ff.

über den Bestand an herkömmlichen Bankdienstleistungen hinaus zu erweitern.

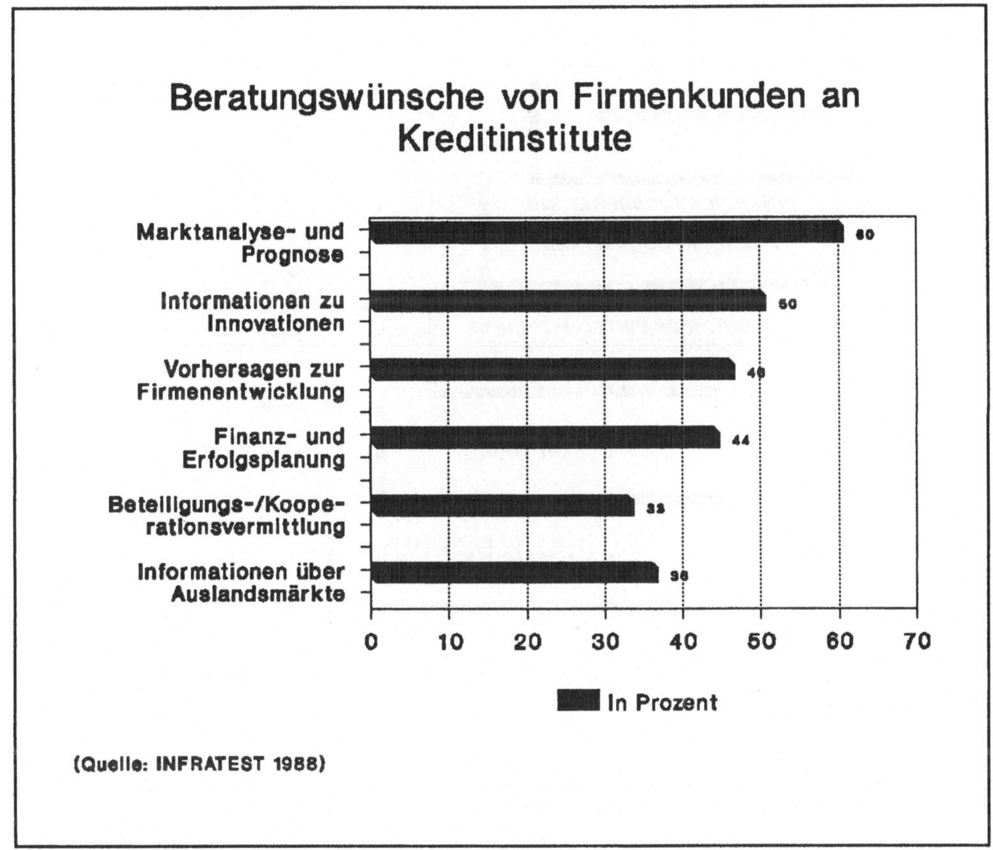

Abb. 11: Beratungswünsche von Firmenkunden an Kreditinstitute

Das große Bedürfnis des mittelständischen Firmenkundenkreises nach Beratungsdiensten läßt sich an Meinungsumfragen belegen, die von den deutschen Großbanken und Sparkassen bei dem Forschungsinstitut Infratest seit etwa Mitte 1980 in Auftrag gegeben werden. Abbildung 11 zeigt die Ergebnisse der Infratest-Studie mit den Beratungswünschen von Firmenkunden an ihre Kreditinstitute.[1] Nach Auffassung der Mehrheit aller interviewten Banken würden etwa ein Viertel der befragten mittelständischen Unternehmen gerne eine

1) Prautzsch W.-A. et alteri (Landesbanken), S. 219.

kostenlose Beratung in Anspruch nehmen und jede zehnte Firma auch einen Preis für den Beratungsdienst bezahlen.

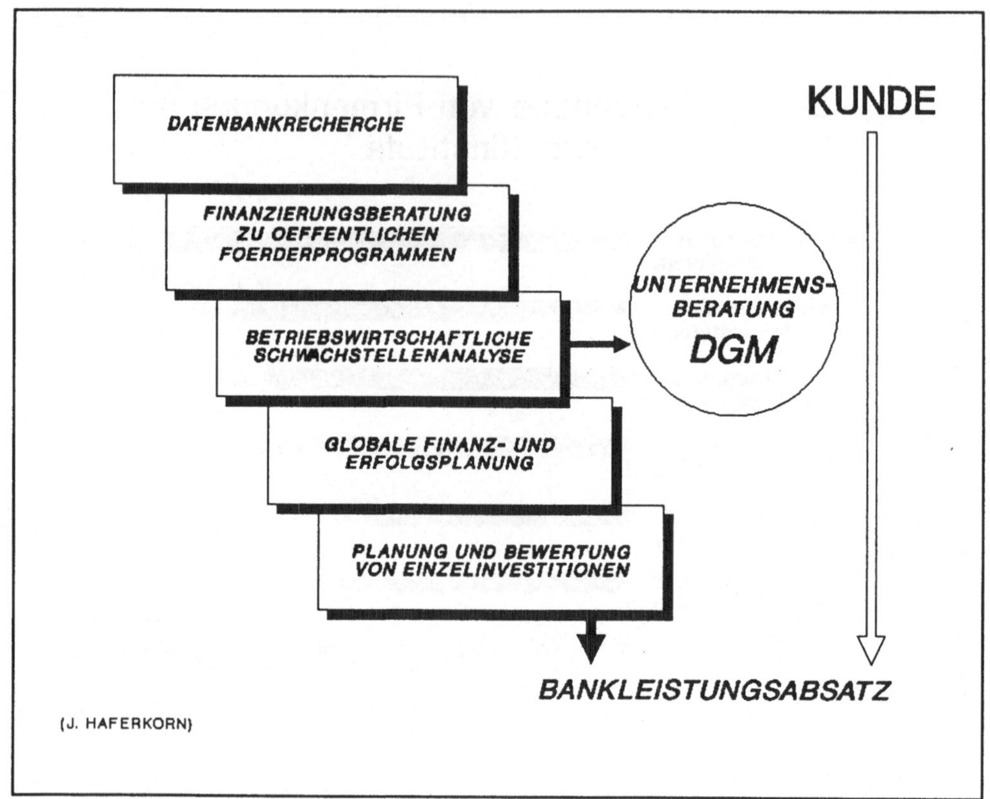

Abb. 12: Computergestützte Beratungskette

Im Bereich des Firmenkundengeschäftes bieten derzeit die meisten Banken computergestützte Beratungsketten an, die vornehmlich auf die Zielgruppe der mittelständischen Unternehmen zugeschnitten sind. Ein gutes Beispiel für ein derartiges abgerundetes Angebot kommt aus dem Hause der Deutschen Bank. Dort wurde zu Beginn der 80er Jahre der "db-Unternehmens-Service" gegründet, welcher sich als betriebswirtschaftliche Beratungsstabsstelle versteht und eine Vielzahl von Beraterprogrammen für den mittelständischen Firmenkunden betreut. Der gesamte Beratungsumfang ist durch eine bausteinartige Konzeption gekennzeichnet, welche auch auf andere Banken übertragen werden kann und in Abbildung 12 für das Angebot der Deutschen Bank dargestellt ist. Im Rahmen dieser Beratungskette kann der Firmenkunde sämtliche Dienste, angefangen von der

Datenbankrecherche bis zur PC-gestützten Planung von Einzelinvestitionen in Anspruch nehmen. Besonders interessant ist die Verbindung des "db-Unternehmens-Service" zu den Beratungsdiensten der zur Deutschen Bank gehörenden Unternehmensberatungsgesellschaft "Deutsche Gesellschaft für Mittelstandsberatung" (DGM). In diesem Fall stehen für den Kunden zusätzliche Hilfestellungen zur betriebswirtschaftlichen Schwachstellenanalyse (z.B. Kostenreduzierungs-/Umsatzsteigerungsprogramme) bereit, die der DGM-Berater mit Hilfe verschiedener Expertensysteme, welche auf dem Wissen von einigen tausend Beratungsfällen basieren, durchführt. Der Einsatz der Beratungsprogramme erfolgt vor allem im Wege des Außendienstes und kann ferner eine enge Zusammenarbeit mit dem Firmenkundenbetreuer der Deutschen Bank, z.B. in Hinblick auf eine Finanzierungsberatung, vorsehen.

Eine interessante, mittlerweile von den meisten Banken im Rahmen der oben bezeichneten Beratungskette, offerierte Dienstleistung besteht auf dem Gebiet der Nutzung externer Datenbanken und dem Verkauf von Datenbankinformationen.[1] Mit Hilfe von Datenbankabfragen, die entweder im eigenen Hause oder in Zusammenarbeit mit einer professionellen Recherchefirma durchgeführt werden, möchten die Kreditinstitute ihren Firmenkunden neue Möglichkeiten zur Schaffung eines internationalen Images und zur Absatzförderung ihrer Produkte anbieten.[2] Die Dienste des Informations-Service in den Kreditinstituten können grundsätzlich in die Bereiche Datenbankrecherchen, die Entgegennahme von Angeboten und Gesuchen zur Kontaktaufnahme mit anderen Firmen sowie den Vertrieb von Unternehmensprofilen für die Evaluation von Geschäftskooperationen eingeteilt werden. Während bei den durchgeführten Datenbankrecherchen die Informationsabfrage zu bestimmten Patenten, Produkten und Herstellungsverfahren im Vordergrund stehen, können für die Knüpfung von Geschäftskontakten für den Firmenkunden Kooperations- oder Joint-Venture-Angebote über den zuständigen

1) Deutsche Bank AG (Hrsg.)(db-Electronic Banking), S. 16 ff.; Dresdner Bank AG (Hrsg.)(drekontakt), o.S.; Sparkasse (Hrsg.)(Kooperationsprofile), o.S.

2) Sparkasse (Hrsg.)(Inserate), o.S.

Datenbankdienst beschafft werden. Dabei unterscheiden sich die von den Banken angebotenen Informations-Dienste vor allem durch die Anzahl der für die Abfrage bereitstehenden Datenbanken, aber auch durch bestimmte Zusatzleistungen, wie z.B. die von der Dresdner Bank angebotenen periodischen Recherchen zu bestimmten Unternehmensprofilen[1] oder die Ausfertigung von kommentierten Recherchen von seiten der Sparkassenorganisation[2]. So bietet die Schweizerische Bankgesellschaft ihrer Kundschaft auch Informationsabfragen aus EG-Datenbanken an, die von den zuständigen Firmenkundenbetreuern oder direkt von den in den Filialen befindlichen sog. "EURO-DESKS" eingeleitet werden. Über die letztgenannte Einrichtung, die vielseitige Kontakte zu anderen Korrespondenzbanken und Behörden in der Europäischen Gemeinschaft (EG) pflegt, können die Firmenkunden - auch unter Zuhilfenahme externer Datenbankinformationen - Unterstützungen z.B. bei Strategiefragen und dem Aufbau von Niederlassungen bzw. Vertriebsorganisationen in der EG erhalten.[3]

2.5.3 Automatisierung des Mengengeschäftes

Die Automatisierung des Mengengeschäftes in den Kreditinstituten zeichnet sich durch einen ausgesprochenen Mix von architektur-, marketing-, organisations- und rationalisierungsbezogenen Gestaltungskriterien aus. Ein besonderer Stellenwert bei der Automatisierung des Mengengeschäftes kommt dem Aspekt der Abwicklungssicherheit sowie - unter Berücksichtigung der eigenständigen Vornahme von Bankgeschäften durch den Kunden - der benutzerfreundlichen Gestaltung des SB-Angebotes zu.

Das Spektrum an Anwendungen zur Automatisierung des Mengengeschäftes ist auf Grund der dynamischen und weitgefächerten Ange-

1) Dresdner Bank AG (Hrsg.)(drekontakt), o.S.

2) Kraus-Weysser F. (Funktion), S. 19 f.

3) SBG (Hrsg.)(EURO-DESK), o.S.

botsvielfalt kaum abschließend zu überblicken. Aus diesem Grund soll an Hand von einigen ausgewählten, strategisch bedeutsamen Beispielen ein Ausschnitt dieses Leistungsbereiches vorgestellt werden. Bei sämtlichen Anwendungsformen handelt es sich bis auf wenige Ausnahmen um verfahrenstechnische Innovationen, die folglich eine schon bekannte Bankdienstleistung (z.B. Zahlungsverkehr/Unterschriftenprüfung) auf einem neu gestalteten Absatz bzw. -abwicklungsweg offerieren.

Sämtliche der im folgenden vorgestellten Applikationen sind durch die sich abzeichnende weite Verbreitung der PC-Technologie gekennzeichnet. So kann man feststellen, daß der PC mittlerweile im Mengengeschäft einen festen Platz als Steuerungseinheit für eine Vielzahl von Bedienungsgeräten eingenommen hat und folglich den Kern jeder Anwendung bildet[1], selbst wenn die äußere Beschaffenheit z.B. eines Geldausgabeautomaten nicht an den in der persönlichen Arbeitsumgebung gewohnten PC erinnert. Ein anderer Aspekt, der dem ausgeprägten Automatisierungsprozess im Schalterbereich maßgeblich zur Seite steht, liegt in der Verwendung von lokalen PC-Netzwerken, welche die notwendige Infrastruktur im Filial- und Zweigstellenbereich bereitstellen.

Die strategischen Ziele des Mengengeschäftes mit dem Kunden ergeben sich schwerpunktmäßig aus Marketingaspekten und aus Rationalisierungsbemühungen der Kreditinstitute. Textbox 7 faßt die wesentlichen mit dem Automatisierungsprozess im Mengengeschäft verknüpften strategischen Zielsetzungen der Banken zusammen.[2]

So ergaben Untersuchungen in der Kreditwirtschaft beispielsweise für das Mengengeschäft mit dem Kunden, daß etwa 90 Prozent sämtlicher Geschäftskontakte aus Routinevorfällen, wie Ein- und Auszahlungen, Konto-Abfragen, Überweisungen etc. bestehen und

---

1) o.V. (Neuerungen), S. 33.; Wendorf H.-D. (Investitionen), S. 8.

2) Bohl A. (Filialautomation), S. 142 ff.; Holst K.-H. (Kundenselbstbedienung), S. 30 ff.; Müller F.R. (Bankdienstleistungen), S. 34.; Nixdorf AG (Hrsg.)(Bankware System), S. 3.; o.V. (berührt), S. 31.

STRATEGISCHE ZIELSETZUNGEN IM MENGENGESCHÄFT
o Aufbau eines modernen Bankimages für junge Menschen
o Substitution von Routineaufgaben
o Schaffung von Mehrkapazitäten in der Kundenberatung
o Räumliche Ausdehnung des Dienstleistungsangebotes
o Serviceverbesserung zu kundengerechten Nachfragezeiten
o Personal- und Sachkostenbegrenzung im Zahlungsverkehr
o Unterstützung des Cross-Selling
o Entlastung der Schalterbereiche zu Spitzenzeiten
o Verbesserung der Produkttransparenz

Box 7: Strategische Zielsetzungen im Mengengeschäft

deshalb für eine Automatisierung gut geeignet sind.[1] Zu vergleichbaren Ergebnissen kam auch der Computerhersteller IBM in einer Studie zum Mengengeschäft. Danach sind etwa 70 Prozent der in den Schnellverkehrsbereichen anfallenden Tätigkeiten, die sich auf den Kassenverkehr (25 Prozent), die Kontoführung (30 Prozent) und den Zahlungsverkehr (15 Prozent) verteilen, für automatisierungsfähig eingestuft worden.[2]

2.5.3.1 Kundenselbstbedienung

Im Rahmen der PC-gestützten Kundenselbstbedienung können eine Vielzahl neuer Medien (z.B. Bildplatte) mit den SB-Einheiten verbunden sowie von seiten der Bankmitarbeiter individuelle Gestaltungen beim Aufbau von SB-Bedienungsmasken vorgenommen wer-

1) o.V. (Routine), S. 16.

2) Holst K.-H. (Kundenselbstbedienung), S. 28.

den. Im letzten Fall gehören zur SB-Einheit PC-gestützte Text- und Grafikeditoren, mittels denen der Aufbau von SB-Bildschirmseiten erfolgt.[1] So können die Bankmitarbeiter mit Hilfe der angebotenen PC-Software (z.B. IBM-STORYBOARD) an ihrem Arbeitsplatz Grafiken und Texte erstellen, diese miteinander auf einer SB-Seite kombinieren und anschließend in sog. "Bildbibliotheken" ablegen. Für die Eingabe von Bildern besteht die Möglichkeit des Anschlusses eines Scanners an die SB-Einheit. In diesem Fall können die gewünschten Bilder direkt eingelesen und in den oben angeführten Mix von verschiedenen Informationsarten eingebunden werden.[2]

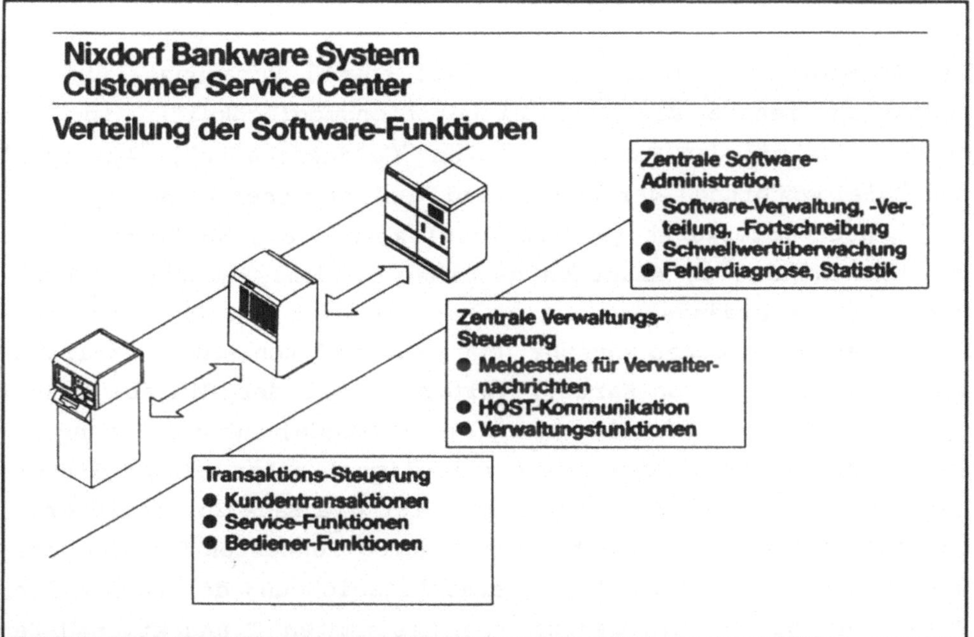

Abb. 13: Verteilung der Softwarefunktionen im SB-Verkehr

Abbildung 13 verdeutlich die Verteilung der Softwarefunktionen stellvertretend für das SB-Angebot der Computerfirma NIXDORF. In diesem Arbeitsverbund übernimmt der PC den überwiegenden Teil der

1) IBM (Hrsg.)(IBM 4731), S. 5.; o.V. (Siemens), S. 22.

2) o.V. (Neuerungen), S. 30.

Transaktionslogik, Identifikationsprüfung, Gerätesteuerung sowie die Kunden- und Servicefunktionen. Der mit den SB-Einheiten verbundene Server ist lediglich für die Kommunikation zum Bankgroßrechner und diverse Verwaltungsaufgaben zuständig.

Die angebotenen SB-Applikationen sind je nach gewünschter Leistungsart entweder im Off-Line-Verkehr (z.B. Beratung) oder im On-Line-Verfahren (z.B. Kontoabfrage) über den Verbund mit anderen Rechnern in der Bank (z.B. Großrechner) einsetzbar. Während sich das Angebot an SB-Leistungen nach Aussagen der Hersteller zunächst auf Geldausgabe- und Druckfunktionen richtete, wird in der Zukunft vermehrt der Dialogverkehr zwischen Kunde und SB-Computer an Bedeutung gewinnen.

Das Angebot an SB-Leistungen umfaßt sowohl Beratungs- und Informationsdienste als auch Dispositionsmöglichkeiten für den Kunden, die mit den Funktionssäulen "Geldgeschäfte", "Ausdruck" und "Dialogführung" verbunden sind. Bei gewissen Leistungsarten (z.B. Wertpapierkursbereitstellung) können die SB-Dienste auch von Nichtkunden in Anspruch genommen werden. Soweit der Kunde Dispositionsvorgänge im On-Line-Betrieb oder den Abruf von persönlichen Kundendaten wünscht, muß er sich durch eine Identifikations-Karte (z.B. ec-Karte), verbunden mit der Eingabe seiner persönlichen Identifikationsnummer (PIN-Code) für den Zugang zur SB-Einheit autorisieren.[1] Um ein möglichst hohes Maß an Sicherheit sowohl für den Kunden als auch für die Bank zu realisieren, bestehen bei den SB-Einheiten Anschlußmöglichkeiten für automatische Überwachungskameras, die eine Aufzeichnung des Kunden über Video und die Abspeicherung von bestimmten Transaktionsdaten (z.B. Uhrzeit) vornehmen können.[2] Einige SB-Einheiten offerieren sogar den PC-gesteuerten Einzug von nicht entnommenem Geld oder

---

1) Holst K.-H. (Kundenselbstbedienung), S. 32 ff.; Nixdorf AG (Hrsg.)(Bankware System), S. 6.

2) o.V. (Garny), S. 16.; o.V. (Neuerungen), S. 33.

Belegen, sofern der Kunde diese Gegenstände in der SB-Einheit vergißt.[1]

Das Anwendungsspektrum für SB-Einheiten wird zur Förderung der Kundenakzeptanz durch eine einheitliche Bedieneroberfläche über sämtliche im Schalterbereich zur Verfügung stehenden SB-Geräte unterstützt. Desweiteren tragen Verfahren zur Gewährleistung eines möglichst optimalen Diskretionsschutzes zur Akzeptanz und Vertrauensbildung beim Kunden bei. Zum letzten Bereich gehört z.B. die Schaffung einer tunnelförmigen asymetrischen Anordnung der 10-er Tastatur für die PIN-Code-Eingabe und die Verwendung spezieller Lichtfilter für die verdeckte Anzeige persönlicher Kontoinformationen.[2] Darüber hinaus offeriert z.B. der Computerhersteller IBM auf seiner Geld- und Service-Einheit neben numerischen Tasten auch verschieden farbliche Funktionstasten zum Abbruch (rot), der Korrektur (gelb), dem Wechsel (orange) oder der Bestätigung (grün) von Transaktionen, die durch unterschiedliche Tonarten für die Tastenbestätigung ergänzt werden können.[3] Andere SB-Einheiten wiederum bieten, abhängig von den Eingaben des Kunden, farbliche Änderungen der Bildschirmoberfläche an, um die Aufmerksamkeit des Kunden zu wecken.[4]

Von besonderer Bedeutung, auch in Hinblick auf die zukünftige Ausgestaltung des SB-Angebotes, ist die Verwendung von Sprachausgaben.[5] Auf diesem Gebiet bietet z.B. NIXDORF auf ihrem Kunden-Service-Center sprachliche Mitteilungsmöglichkeiten im Umfang von 128 bis 320 Sekunden an. Als wichtiger Grund für die Integration sprachlicher Mitteilungen an den Kunden wurde die Vermeidung von Fehlbedienungen, die Verhinderung der Ansprache

1) IBM (Hrsg.)(IBM 4731), S. 4 f.

2) Nixdorf AG (Hrsg.)(Bankware System), S. 11.

3) IBM (Hrsg.)(IBM 4731), S. 6.

4) o.V. (Siemens), S. 21.

5) Nixdorf AG (Hrsg.)(Bankware System), S. 4.

eines Kunden während der Auszahlungstransaktion sowie das durch eine Ablenkung mögliche Vergessen der Magnetkarte im SB-Gerät angeführt.

Abgesehen von den eingangs erwähnten allgemeinen Zielen knüpfen die Nutzenvorstellungen der Computerhersteller von SB-Einheiten auch an bankwirtschaftlichen Optimierungszielen an. So wird z.B. durch den Einsatz von Geldausgabeautomaten eine Erhöhung des Bodensatzes im Zahlungsverkehr mit dem Kunden erwartet. Der Grund dafür besteht darin, daß bei Geldausgabeautomaten der Kunde oft in kleineren Beträgen disponiert und damit der durchschnittliche Geldbestand bezogen auf eine Zeitperiode (= Bodensatz) wesentlich höher liegen soll als im personengebundenen Auszahlungsverkehr.[1]

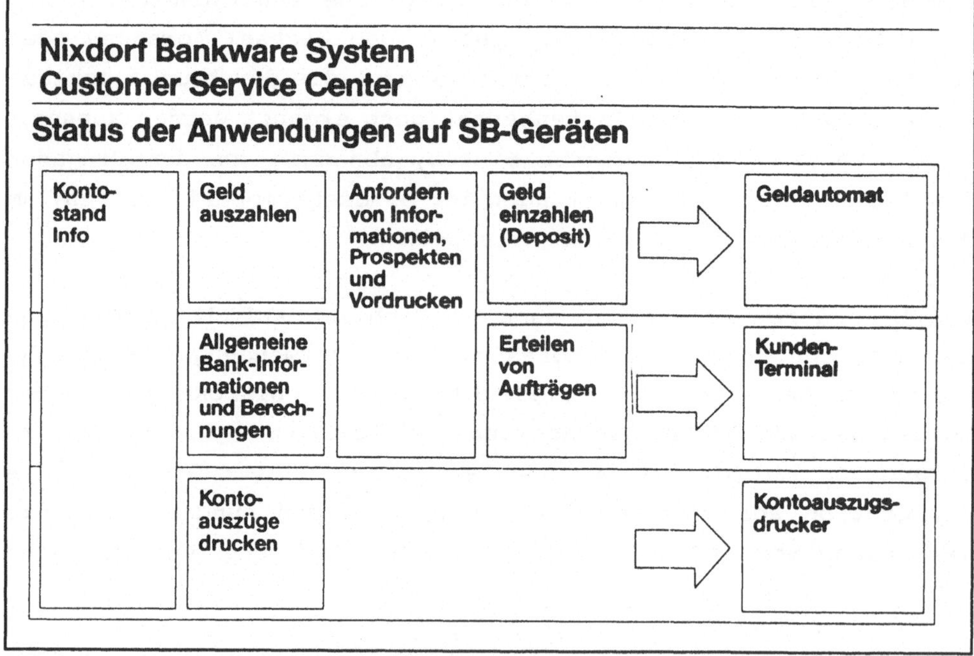

Abb. 14: Anwendungen "Customer Service Center"

Die in den Banken eingesetzten SB-Funktionen können entweder auf einem speziellen Gerätetyp (z.B. Kontoauszugsdrucker) oder aber auf einem multifunktionalen Kundenterminal realisiert werden.

1) Holst K.-H. (Kundenselbstbedienung), S. 30 ff.

Abbildung 14 gibt einen Überblick zu den SB-Funktionen des bereits erwähnten Customer Service Center der Computerfirma NIXDORF. In der Regel kommen jedoch mehrere monofunktionale und damit auf bestimmte Funktionen spezialisierte SB-Geräte in den Banken zur Anwendung, um funktionalen Überlastungen und dadurch ausgelösten vertrauensschädigenden Störungen entgegenzuwirken.[1] Ein Beispiel für die Aufteilung von SB-Funktionen auf verschiedene PC-Systeme ist die Trennung von Kontoauszugsdruck und Geldverfügung, welche sich bei gemeinsamer Anwendung auf einer SB-Einheit gegenseitig behindern können.[2]

Textbox 8 vermittelt einen Eindruck über das Angebot einiger SB-Anwendungen, welche jedoch nur z.T. bei den Banken realisiert gewesen sind.[3] So stellen z.B. interaktive SB-Transaktionen, wie Wertpapierkäufe oder Depotabfragen im Hause der Schweizerischen Bankgesellschaft[4] oder die direkte Ausführung von Kreditkartenberechnungen verbunden mit verschiedensten Zahlungsvorgängen in der Bank of Ireland[5], eher noch die Ausnahme als die Regel dar. Als besonders fortschrittliche Lösungen im SB-Bereich können die Überspielung von Wertpapieranalysen (z.B. Technische Analyse)[6] oder der Einsatz von PC-basierenden Sprachauskunftssystemen bezeichnet werden[7]. Bei der Verwendung von Sprachauskunftssyste-

---

1) Theißen H. (Selbstzweck), S. 154.

2) Reinsch B.M./Muth E. (Kontoauszug), S. 31.

3) Gemäß dem Stand von 1989 sowie: Holst K.-H. (Kundenselbstbedienung), S. 30.; IBM (Hrsg.)(IBM 4731), S. 4 ff.; Nixdorf AG (Hrsg.)(Bankware System), S. 4 f.; Krüger Th (Vormarsch), S. 102.; Siemens AG (Hrsg.)(Special), o.S.; o.V. (berührt), S. 31.; o.V. (Neuerungen), S. 30.; Wieneke H./Kunze G. (Weichenstellung), S. 37.

4) Ambros H. (90er), S. 32.

5) Skudelny H. (Nachahmung), S. 74.

6) inasys (Hrsg.)(Finanz-Informations-System), o.S.; o.V. (Neuerungen), S. 38.

7) o.V. (Kommunikation), S. 41.; PKI AG (Hrsg.)(Philips), o.S.; Anmerkung: Nach Auskunft der PHILIPS KOMMUNIKATIONSINDUSTRIE (PKI) kann dieses System allerdings auch von jedem Tastaturtelefon außerhalb der Bank angerufen werden.

men im SB-Bereich kann der Kunde nach Identifikation und Eingabe seiner persönlichen Kontonummer den Kontostand auch in mehrsprachiger Form aus einem in der jeweiligen Zeigstelle befindlichen PC abrufen. In Hinblick auf die Zuverfügungstellung von Wertpapieranalysen konnte allerdings der Eindruck gewonnen werden, daß - bedingt durch die Komplexität einiger Analyseverfahren - eine bewußte Beschränkung des Funktionsumfanges befürwortet wird.

ANWENDUNGSSPEKTRUM IM SB-VERKEHR

- Allgemeine Kundeninformationen (z.B. Konditionen/Kurse), auch in verschiedenen Landessprachen
- Spezielle Kundeninformationen zum Bankdienstleistungsangebot
- Zielgruppengerechte Markt- und Konjunkturdaten
- Kontostands- und Umsatzabfragen
- Depotabfragen und Wertpapieraufträge
- Finanzierungs- und Anlageberatung
- Kontoeröffnung
- Einrichtung von Sparbüchern und deren Nachtrag
- Persönliche Berechnungen mit einem Taschenrechner (z.B. verfügbares Einkommen)
- Einzahlungen in unsortierter Form mit Echtgelderkennung
- Auszahlungen in inländischer/ausländischer Währung
- Versicherungsangebote (z.B. Reiseversicherungen)
- Kontoausdruck nach Zeitperiode und in variabel gestalteter Form
- Überweisungsverkehr
- Sortenbestellungen
- Einrichtung von Daueraufträgen
- Bestellung von Prospekten/Anträgen
- Scheckausgabe
- Anlage in Festgeldern und Sparbriefen
- Erhöhung von Dispositionskrediten
- Gegenseitige Mitteilungen zwischen Bank und Kunde (z.B. Terminabsprache für Beratungsgespräche)
- Veranstaltungskalender

Box 8: Anwendungsspektrum im SB-Verkehr

Ein wichtiger Ansatzpunkt, der für die Entwicklung des zukünftigen SB-Angebotes von Bedeutung sein könnte, besteht darin, die bisher im Home-Banking verfügbaren Bankdienste auch im Schalterbereich bereitzustellen. So möchte der Schweizerische Bankverein über seine PC-SB-Serviceeinheit neben dem eigentlichen Zahlungsverkehr auch seinen verfügbaren VIDEOTEX-Dienst "Video Service 7777" dem Kunden anbieten. Dort sieht der SBV gute Möglichkeiten, die bisher im Homebanking zurückhaltende Nutzung des VIDEOTEX-Dienstes über den SB-Weg zu verbessern. Andererseits erwartet der SBV auf Grund des über den SB-Bereich möglicherweise an Popularität gewinnenden VIDEOTEX-Angebotes eine spätere Nutzung dieses Service im Home-Banking-Verkehr. Zur Unterstützung dieser Ziele wurde eigens eine neue und vereinfachte Bedienungsoberfläche, welche auf der Touch-Screen-Technik basiert, geschaffen.[1]

Insgesamt gesehen erwarten die Banken durch das Angebot des SB-Verkehrs, abgesehen von reinen Rationalisierungseffekten, eine vermehrte Nachfrage nach weiteren Bankdienstleistungen oder zumindest über den gestiegenen Informationsstand des Kunden neue Chancen zu anschließenden Beratungsgesprächen. So gibt es bereits SB-Applikationen, die eine automatische Übermittlung des am SB-Terminal durch den Kunden eingegebenen Beratungswunsches an den Kundenberater oder einen tragbaren PC des Außendienstmitarbeiters weiterleiten.[2] Ein Beispiel zur Aufrechterhaltung der persönlichen Kundenbeziehung trotz SB-Verkehr sieht das von der Computerfirma WANG entwickelte Modell der "Infotheke" im Schalterbereich vor, die dem Kunden einen Einblick in die Terminplanung des Kundenberaters geben soll und damit die für ein Beratungsgespräch verfügbare Zeit offenlegt.[3]

Fraglich bleibt, ob die angebotenen SB-Dienstleistungen den bisher über lange Jahre bestehenden personengebundenen Schalterverkehr bei der Abwicklung von Routinegeschäften ersetzen werden

1) o.V. (berührt), S. 29 ff.

2) o.V. (Bankinstitut), S. 7.

3) WANG (Hrsg.)(WANG), o.S.

und ob der Kunde nicht trotzdem den Weg zum Schalterangestellten sucht, so daß möglicherweise persönliche und SB-gesteuerte Vertriebswege eher eine gemeinsame Vertriebsschiene in der Zukunft darstellen.[1]

2.5.3.2 Bedienungs-Unterstützung

Abgesehen von SB-Anwendungen wird das Mengengeschäft in den Banken zunehmend durch neue Möglichkeiten zur Unterstützung von Zahlungsverkehrsvorgängen unterstützt. Die dort geschaffenen PC-Applikationen sehen die Einrichtung eines vollautomatisierten Bedienungsverkehrs und die Verwirklichung von kundenfreundlichen Betreuungsbereichen vor. Andererseits sollen die eingesetzten Technologien das zuständige Servicepersonal entlasten und zusätzliche Beratungskapazitäten schaffen.

AUTOMATISCHE KASSENTRESORE (AKT's)
Abgesehen von den z.T. umstrittenen Meinungen, ob z.B. der AKT auf Grund des ansteigenden Selbstbedienungsverkehres in Zukunft an Bedeutung verliert, führt diese Applikation, bedingt durch den Wegfall der bisher verglasten Kassenhallen, zu einem kundenfreundlicheren Erscheinungsbild der Banken.[2] Ein gutes Beispiel für die Einführung automatischer Kassentresore ist der im Schweizerischen Bankverein eingesetzte "Magic Safe". Mit Hilfe dieses AKT's wird zum ersten Mal eine bedarfsangepaßte Steuerung von Geldbeständen und damit eine Optimierung der Kassenhaltung in den Schalterbereichen erzielt, indem einbezahltes Geld jeweils wieder direkt dem Kunden zufließt.[3] Aus Sicht eines geschlossenen Geldkreislaufes kann die Einrichtung von AKT's mit der Einzahlungsseite programmtechnisch verbunden werden. In diesem Fall veranlaßt der PC unmittelbar nach der Verbuchung des durch den

1) Krämer Chr. (Medien), S. 20.; Mohren J. (Strategie), S. 36.

2) Reinsch B.M./Muth E. (AKT), S. 68 ff.

3) Schlechthaupt W.D. (Kassenhaltung), S. 34.

Kunden einbezahlten Geldes dessen Weitergabe an den Kassentresor, so daß eine automatische Auffüllung des AKT's ohne Eingriff des Menschen möglich ist. Auf Grund der bestehenden systemgestützten Sicherheitsvorkehrungen entfällt damit das in der Bank u.a. zur Verwaltung von Einzahlungsgeldern geltende "Vier-Augen-Prinzip", wodurch erhebliche Rationalisierungspotentiale freigesetzt werden können.[1]

Mit Blick auf die Wirtschaftlichkeit von automatischen Kassentresoren ist der Auszahlungsvorgang von Bargeld etwa auf die Hälfte der herkömmlichen Arbeitszeit reduzierbar, so daß - je nach Leistungsfähigkeit - einige hundert Geldscheine in der Minute zur Verfügung gestellt werden können. So ermöglicht der durch die Computerfirma NIXDORF angebotene automatische Zahltisch (AZT), welcher durch die Software des AKT's gesteuert wird, die Auswahl zwischen vier und sechs verschiedenen Notenarten. Da die Auszahlungsvorgänge unmittelbar auf dem AKT ablaufen, kann jederzeit eine realtimeorientierte Bestandsführung der Kasse und damit eine bessere Liquiditätsplanung in der Bank erfolgen.[2]

Das Angebot an automatischen Kassentresoren führt vor allem zu einer Veränderung der bestehenden Ablauforganisation in den Servicebereichen, die durch die Zusammenfassung von Zahlungsverkehrsvorgängen an den Beraterplätzen und die damit einhergehende größere Unabhängigkeit der Kundenberater von anderen Servicestellen bedingt ist. Dies bedeutet gleichzeitig, daß der Kunde aus einer Hand bedient werden kann und nicht mehrere Anlaufstellen aufsuchen muß. Ein entscheidender Vorteil dieses neuen, ganzheitlichen Organisationskonzeptes liegt in der Schaffung von besseren Cross-Selling-Möglichkeiten. Als Grund dafür wird die bedingt durch die räumliche Öffnung des Schalterbereiches tendenziell zunehmende Dienstbereitschaft der Bankmitarbeiter gegenüber dem Kunden angeführt. Darüber hinaus können die installierten Kassentresore auch eine größere Sicherheit bei Banküberfällen

1) o.V. (Inter Innovation), S. 74.

2) o.V. (Bankinstitut), S. 9 f.

gewähren, indem z.B. Auszahlungslimite pro Transaktion oder Alarmmöglichkeiten vorgesehen sind.[1]

EINZAHLUNGS-UND GELDZÄHLMASCHINEN

In Hinblick auf die mit dem Kassentresor im Schalterbereich verknüpfbaren Systeme zur Abwicklung und Verbuchung des Einzahlungsverkehrs können die vom Kunden eingezahlten Noten unmittelbar über Breiten- und Dickenmessungen durch die bereitstehende Software erkannt werden.[2] Zusätzlich erlauben Einzahlungsautomaten Echtheitsprüfungen, so daß "Blüten" oder ausländisches Geld unmittelbar aufdeckbar sind.[3] Weitere Leistungsbereiche dieser Schaltergeräte liegen in der Annahme von vorgelegten Noten und Münzen sowohl in sortierter als auch unsortierter Form. So können Einzahlungsautomaten z.B. Einzahlungsgrößen von bis zu 100 unsortierten Noten oder Sorten mit einer Geschwindigkeit von zehn Scheinen pro Sekunde bearbeiten.[4] Soweit es sich um Geldzählmaschinen handelt, sind auch die Ausgabevarianten von Münzen (Münzrollen oder lose Form) sowie die Bereitstellung von Auswertungen bestimmbar. Im letzten Fall können z.B die bis zu einem bestimmten Zeitpunkt durch den Kunden eingereichten Gelder oder Schecks aufsummiert und der Kontodisposition zur Verfügung gestellt werden.[5]

MASCHINELLE UNTERSCHRIFTENPRÜFUNG

Ein weiterer, innovativer durch den PC unterstützter Automatisierungsbereich im Kundenservice besteht in der Vornahme von computergestützten Unterschriftenprüfungen. Für den Aufbau eines elektronischen Unterschriftenverzeichnisses werden die dem Disponenten vorliegenden Unterschriftenbestände mit einem Scanner

---

1) Theißen H. (INTER-AKT), S. 58.

2) o.V. (Garny), S. 17.

3) Kremer R. (Münzen), S. 93.; o.V. (Inter Innovation), S. 74.

4) o.V. (Inter Innovation), S. 74.

5) Kremer R. (Münzen), S. 92 ff.

digitalisiert. Die Hersteller von maschinellen Unterschriftenprüfungsverfahren bieten besonders fortschrittliche Komprimierungstechniken an, die den Speicherplatz pro Unterschrift möglichst klein halten.[1] Vielfach basieren die geschaffenen Lösungen auf lokalen PC-Netzwerken und einer Abspeicherung der Unterschriften auf optischen Speicherplatten. Auf Grund der vorgesehenen zentralen Abspeicherung der Unterschriften und des Anschlusses mehrerer PC's an den Unterschriftenspeicher können die Schriftproben von mehreren Sachbearbeitern gleichzeitig eingesehen werden.[2] Damit sind gegebenfalls Prüfungsprozesse für ein und denselben Kunden unter Einbezug mehrerer Bankmitarbeiter möglich, so daß die Prüfungssicherheit ansteigt.

Zur Verbesserung der Legitimitätsprüfung sehen die angebotenen Applikationen ferner bestimmte Hilfsfunktionen vor, wie z.B. die Einblendung von speziellen Bonitätsmerkmalen (z.B. Scheckperren), die auch von anderen im Netzwerk angeschlossenen Bankmitarbeitern eingegeben werden können und neben die Unterschriftsanzeige auf den Bildschirm treten. Weitere Unterstützungsverfahren des Prüfungsprozesses bestehen aus der automatischen Überprüfung von Kontoziffern, die eine Eingabe falscher Kontonummern ausschließen soll[3] sowie den Möglichkeiten zur Vergrößerung von Schriftproben über die Ansicht von Teilausschnitten, die zu einer besseren Erkennung von Fälschungen beiträgt[4]. Einige Prüfungssysteme sehen sogar zur Rationalisierung der Unterschriftenkontrolle endbenutzerfreundliche Abfragemöglichkeiten unter Zuhilfenahme verschiedener Suchkriterien, wie Kontonummer, Bankleitzahl usw. vor.[5] Mit

---

1) INFORM (Hrsg.)(Unterschriftenprüfung), o.S.; Siemens AG (Hrsg.)(Kontrollsystem), o.S.

2) o.V. (Unterschrift), S. 47 f.

3) Christmann H. (Vollautomatische Unterschriftenprüfung), S. 37.; INFORM (Hrsg.)(Unterschriftenprüfung), o.S.

4) INFORM (Hrsg.)(Unterschriftenprüfung), o.S.; Siemens AG (Kontrollsystem), o.S.

5) INFORM (Hrsg.)(Unterschriftenprüfung), o.S.

der Einführung der PC-gestützten Unterschriftenprüfung können die Banken erstmals eine zeitgleiche Einblendung von Kontostand, Verfügungsberechtigung und Schriftprobe über den am Arbeitsplatz befindlichen PC erreichen. Zusätzlich führt der PC-Einsatz zu einer schnelleren Prüfung der Kundenlegitimation im Sekundenbereich, so daß längere Wartezeiten, wie sie bei der bisherigen Verwendung sog. "Telescheckanlagen" (etwa 1-2 Minuten Wartezeit) üblich gewesen sind, im Servicebereich vermieden werden können.

So ergaben Untersuchungen in der Kreditwirtschaft, daß sich mit dem Einsatz der maschinellen Unterschriftenprüfung der Prüfungsprozess auf 10 Prozent des ursprünglichen Arbeitsaufwandes reduziert.[1] Zusätzlich können durch die zentrale Verwaltung der Unterschriften Personalengpässe in Folge von z.B. Urlaub oder Krankheit einzelner Bankmitarbeiter vermieden und der Änderungsdienst zur Verwaltung der Unterschriftenverzeichnisse erheblich vereinfacht werden.[2] Ein wesentlicher Vorteil der computergestützten Unterschriftenprüfung liegt - wie schon bei den zuvor vorgestellten Applikationen im Mengengeschäft - in der neuen Ausrichtung von bankbetrieblichen Arbeitsabläufen, indem nunmehr die Prüfung direkt durch den Kundenberater erfolgen kann und nicht im Back-Office über den Umweg zum Disponenten stattfinden muß. Auf diese Weise ergibt sich eine ganzheitliche Bedienung, die zudem noch unbemerkt vom Kunden abläuft und damit zur Verbesserung der Kundenfreundlichkeit im sensiblen Identifikationsprüfungsbereich beiträgt.[3]

---

1) o.V. (Bankinstitut), S. 10.

2) INFORM (Hrsg.)(Unterschriftenprüfung), o.S.

3) Christmann H. (Vollautomatische Unterschriftenprüfung), S. 35 ff.

2.6 Allgemeine PC-Einsatzformen

2.6.1 Einführung

2.6.1.1 Bedeutung von Standardsoftware

Von besonderer Bedeutung für den Einsatz von PC's im Rahmen der Individuellen Datenverarbeitung in Kreditinstituten ist der Einsatz von "Standardsoftware", deren Bewertung sich unter anderem nach dem Preis, der Übereinstimmung mit den bankbetrieblichen Gegebenheiten sowie aus den angebotenen Zusatzleistungen bestimmen kann. Die Verwendung von Standardsoftware stellt dabei in den Kreditinstituten eine gute Lösung zur Verringerung des z.T. bestehenden Anwenderstaus sowie des möglicherweise vorliegenden Bestandes an veralteten Anwendungen dar. So wird in der Literatur darauf hingewiesen, daß der Einsatz von Werkzeugen zur Anwendungsentwicklung die Produktivität der Softwareerstellung über die Ausschöpfung von Rationalisierungspotentialen um mehr als 100 Prozent verbessert[1] sowie auch zu einem höheren Qualitätsstandard der verwendeten Applikationen beiträgt[2]. Abbildung 15, welche auf den Ergebnissen einer im Jahre 1989 durchgeführten Studie der International Data Corporation (IDC) basiert, vermittelt einen Eindruck zu den Arten der verwendeten PC-Software in größeren amerikanischen Banken.

Die im Kreditgewerbe zu beobachtenden engen Kooperationsbeziehungen mit internen (z.B. Rechenzentren) und externen Softwareherstellern (Softwarehäuser) bzw. -entwicklern bis hin zur Gründung oder kapitalmäßigen Beteiligung an anderen Softwarehäusern können als Zeichen der steigenden Bedeutung von maßgerechten Softwareentwicklungen im Kreditwesen aufgefaßt werden. Die dort bestehende enge Zusammenarbeit hat zum Ziel, die Einbindung der geschaffenen EDV-Applikationen in das bankbetriebliche Umfeld zu

---

1) Stahlknecht P. (Wirtschaftsinformatik), S. 279.

2) Hansen H.R. (Wirtschaftsinformatik I), S. 365.

fördern und damit den z.T. hohen Aufwand für die Anpassung fremderstellter Software zu reduzieren[1].

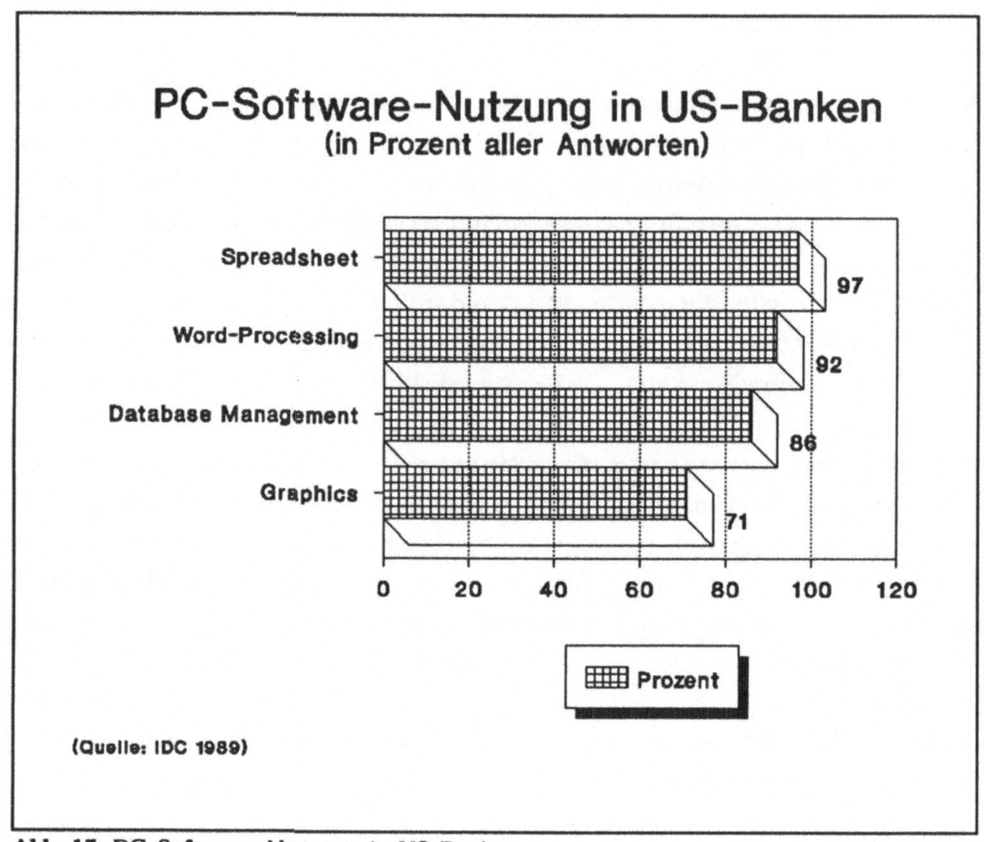

Abb. 15: PC-Software-Nutzung in US-Banken

Ein wichtiger Bestimmmungsfaktor für die Auswahl von Standardsoftware ist, daß diese Programme oft auf Basis von bestimmten Sonderleistungen angeboten werden, welche sich auf Zusatzleistungen, so z.B. Schulungen der Anwender sowie organisatorische Beratungen beziehen können[2], wie dies beispielsweise von den Rechenzentren und Verbänden im deutschen Sparkassenbereich und in den Volks- und Raiffeisenbanken für deren betreute Institute vorge-

1) Hansen H.R. (Wirtschaftsinformatik I), S. 366.

2) Hansen H.R. (Wirtschaftsinformatik I), S. 366.; Stahlknecht P. (Wirtschaftsinformatik), S. 286.

genommen wird. Abgesehen von extern anfertigten Standardlösungen kommt in den Banken auch PC-Standardsoftware zum Einsatz, mit der die Benutzer weitgehend eigenständig Lösungen konzipieren können.

Aus Sicht der Kreditinstitute sprechen insbesondere die gestiegenen und weiter ansteigenden Kundenanforderungen dafür, daß sich die Bankmitarbeiter bei der Entwicklung von dezentralen EDV-Lösungen engagieren sollten. Die oft langen Zeiträume, die bei Vergabe von Softwareentwicklungen an andere Stellen vergehen, können infolge des starken Verdrängungswettbewerbes nicht mehr in Kauf genommen werden, so daß dezentrale Programmentwicklungen auf leistungsfähigen Rechnern eine gute Ergänzung darstellen. Gleichzeitig kann dadurch eine Verbesserung der Flexibilität und Motivation im Rahmen der individuellen Arbeitserfüllung erreicht werden.[1]

Die Tatsache, daß Standardsoftware grundsätzlich in jeder Abteilung der Bank eingesetzt werden kann, wie auch in jedem anderen Unternehmen, hat zur Ausprägung des Begriffs der "horizontalen" Software geführt. Dazu gehören insbesondere Endbenutzerwerkzeuge (engl. "tools"), die u.a. mit den Bezeichnungen "integrierte Werkzeuge"[2] sowie "Sprachen der vierten Generation"[3] korrespondieren und dem Bankmitarbeiter einen Mix verschiedenster Anwendungen zur Verfügung stellen. Von besonderer Bedeutung sind die einigen PC-Programmen (z.B. Tabellenkalkulation) zugrundeliegenden Architekturmerkmale, die keine fertige Anwendung vorgeben, sondern die Entwicklung der Lösung einer kontinuierlichen Interaktion zwischen Benutzer und seinem Werkzeug überlassen.[4] Dies bedeutet vor allem, daß die Konzeption von Lösungen einer genauen

1) Müller F.R. (Bankdienstleistungen), S. 32.

2) Nastansky L. (Softwarewerkzeuge), S. 14 f.

3) Hansen H.R. (Wirtschaftsinformatik I), S. 331 ff.

4) Nastansky L. (Softwarewerkzeuge), S. 8.

Analyse der Problematik und der erforderlichen Lösungsschritte bedarf.[1]

2.6.1.2 Der Markt für PC-Software

Die Vielfalt des Marktes in Form von universell einsetzbaren und branchenspezifischen PC-Programmen ist kaum noch zu überblicken, da laufend neue Produkte entwickelt werden und der Markt dadurch sehr unübersichtlich ist. Die Angebotsstruktur von Standardsoftware für Personal Computer, soweit es sich um universell einsetzbare Programme, wie z.B. zur Textverarbeitung oder zur Tabellenkalkulation handelt, wird maßgeblich durch amerikanische Softwarehäuser bestimmt, wobei der größte Teil der angebotenen PC-Programme auf IBM bzw. IBM-kompatiblen Rechnern einsetzbar ist.[2] Für eine Beurteilung des PC-Standardsoftwaremarktes im Kreditgewerbe sollen, bedingt durch die Angebotsvielfalt, im folgenden einige Beispiele herausgegriffen werden, die einerseits das Angebot an fertigen Branchenlösungen und andererseits an universeller Standardsoftware (z.B. Textverarbeitung) sichtbar machen.

Stellvertretend für die Kreditbranche in der BRD können die von den **DEUTSCHEN SPARKASSEN DATEN DIENSTEN** (DSDD) veröffentlichten PC-Software Kataloge[3] und der von den **GENOSSENSCHAFTLICHEN RECHENZENTRALEN** zur Verfügung gestellte Mikrocomputer-Softwarekatalog[4] angeführt werden. Die Kataloge für den Sparkassenbereich geben beispielsweise Empfehlungen zu PC-Lernprogrammen sowie zu speziellen STS-PC-Anwendungen.[5] Dazu werden Beschreibungen zu

---

1) BVR (Hrsg.)(Neue Technik), S. 68.

2) Hansen H.R. (Wirtschaftsinformatik I), S. 390.

3) DSDD (Hrsg.)(Angebot), Teil 1

4) Genossenschaftliche Rechenzentralen (Hrsg.)(Softwarekatalog), o.S.

5) STS = Sparkassen-Time-Sharing; Dazu gehört beispielsweise die Einzelbilanzanalyse (EBIL) auf dem Sparkassengroßrechner in Stuttgart.

universell einsetzbaren PC-Programmen (z.B. Open Access) und verschiedenen Softwareprodukten zur PC-Kommunikation offeriert. Dahingegen gibt der von den Genossenschaftsbanken aufgelegte Mikrocomputer-Softwarekatalog, welcher erstmals im März 1985 von dieser Institutsgruppe aufgelegt wurde, neben Beschreibungen von gängigen PC-Standardprogrammen auch Auskünfte über Applikationen für spezifische Einsatzgebiete in den Kreditgenossenschaften. Hierbei wird eine Unterteilung in die drei Rubriken, Geschäftsführung, Markt und Betrieb vorgenommen, die durch eine abschließende Übersicht zu PC-Programmen im Rahmen einer Softwarebörse ergänzt wird, innerhalb derer einzelne Raiffeisen-und Volksbanken selbst entwickelte PC-Programme anderen Banken der gleichen Institutsgruppe zum Verkauf anbieten. Sowohl für den Sparkassensektor als auch für die Gruppe der Genossenschaftsbanken beschränkt sich das PC-Programmangebot auf deren Institutsgruppe, so daß ein Austausch von Software mit fremden Banken nicht vorgesehen ist.

Neben diesen bankspezifischen PC-Katalogen gibt es den ISIS-**Personal Computer Report**, der von der NOMINA, Gesellschaft für Wirtschafts- und Verwaltungsregister, München, regelmäßig herausgegeben wird und mit über 2.500 Programmbeschreibungen einen annähernd guten Überblick zum Angebot an PC-Standardsoftware im deutschsprachigen Raum gibt. Die in diesem Katalog veröffentlichten Programmbeschreibungen basieren allerdings auf nicht überprüften Herstellerangaben.[1] Neben der Erläuterung von Standardsoftware für nahezu sämtliche Unternehmensbranchen weist der ISIS-Report mit Bezug auf das Angebot an PC-Programmen im Bankbereich die Rubriken Kreditwesen, Wertpapiergeschäft und Effektivzinsberechnung auf. Dort sind insgesamt gesehen sowohl monofunktionale PC-Programme für bestimmte Geschäfte/Funktionen (z.B. "Leasing/Kreditfinanzierung") aufgeführt, sowie umfassende PC-Pakete, welche mehrere bankbetriebliche Funktionen integrieren

1) Hansen H.R. (Wirtschaftsinformatik I), S. 388.+745.

und sich u.a. auf das Einlagengeschäft, das Kredit- und Wertpapiergeschäft sowie den Devisenhandel beziehen.[1]

Einzelne Banken, wie z.B. die Schweizerische Bankgesellschaft, Zürich, erstellen für deren Endbenutzer Übersichten zu den in den Niederlassungen eingesetzten PC-Produkten, die größtenteils auf Eigenentwicklungen mit Hilfe von Spreadsheet-Systemen und Datenbankmanagementverwaltungsprogrammen basieren.[2] Dazu offeriert die SBG in regelmäßigen Abständen Informationstagungen zum gegenwärtigen Stand des PC-Einsatzes, die dem Erfahrungsaustausch zwischen den Bankmitarbeitern dienen sollen und organisiert zugleich eine Softwarebörse für die Bankmitarbeiter.

Auf Anfrage können auch von einigen Hardwareherstellern Informationen in Form von Übersichten zu den in der Kreditwirtschaft einsetzbaren und auf deren Hardwareprodukten lauffähigen PC-Software eingeholt werden.[3] Schließlich ergänzt das Angebot an Fachtagungen von Computerherstellern (z.B. IBM Anwender-Kongreß Kreditwirtschaft) und andere Informationsveranstaltungen die Übersicht für den interessierten Bankkaufmann.[4] Nicht unerwähnt bleiben sollen die Informationsangebote der Kreditinstitute in Form von Messeständen (z.B. Hannover-Messe CeBIT), sowie die in Frankfurt von der Dresdner Bank im Jahre 1988 eingerichtete "Electronic-Banking"-Ausstellung, die eine Vielzahl von Beraterprogrammen vorstellt und als Alternative zur Messevertretung verstanden wird.

---

1) Nomina (Hrsg.)(Personal Computer Report) Ausgabe 2, 1988, S. 5176 ff.

2) SBG (Hrsg.)(PC-Applikationen), o.S.

3) Anmerkung: Eine entsprechende Übersicht, die einerseits PC-Programme für verschiedene Bereiche der Bank als auch Standardsoftware mit Angaben über die Programmfunktionen sowie die Anbieter und Lizenzgeber enthält hat die Computerfirma NIXDORF erstellt.

4) Anmerkung: Dort seien stellvertretend die Ausbildungseminare der ADV-ORGA, Wilhelmshaven und der Gesellschaft für Informatik und Mathematik, Aachen genannt, die ich als Gast besuchen durfte.

2.6.1.3 Betriebsarten

Bei den Betriebsarten eines PC's können grundsätzlich verschiedene Formen unterschieden werden. Dazu gehört die Stapelverarbeitung (engl."batch"), der Dialogverkehr (engl. "on-line") und der Echtzeitbetrieb (engl. "teleprocessing"), bei denen unterschiedliche zeitliche Beziehungen zwischen Datenabfrage, -erfassung und -verarbeitung vorliegen.[1]

Zur beliebtesten und für die Zukunft bedeutendsten Betriebsart für den PC gehört der Dialogverkehr.[2] Aus bankbetrieblicher Sicht konnte der Eindruck gewonnen werden, daß der PC zunehmend aus der Rolle einer reinen Empfangs- und Zulieferstation heraustritt und vermehrt in den Dialogverkehr integriert wird. In diesem erhält der Anwender auf seine Eingaben unmittelbar eine Antwort, wobei ein direkter Zugriff auf Daten und Anwenderprogramme erfolgen kann. Ein "echter" Dialogverkehr liegt dann vor, wenn die Ergebnisse einer Verarbeitung sofort bereitstehen, so daß man auch vom Echtzeitbetrieb spricht.[3] Der Dialogverkehr unter mehreren Teilnehmern kann entweder als Teilhaber-Betrieb oder Teilnehmerbetrieb erfolgen.[4] Während im Teilnehmerbetrieb die mit ihrem PC angeschlossenen Benutzer verschiedene Aufgaben verrichten können, sind die im Teilhaberbetrieb arbeitenden Endbenutzer mit denselben Aufgaben betraut. In bezug auf die Einsatzformen in der Kreditwirtschaft findet der Teilhaberbetrieb insbesonders im Rahmen der Transaktionsverarbeitung (z.B. Zahlungsverkehr) breite Verwendung.[5]

---

1) Jakob H.P./Meier J. (Informatik), S. 128 ff.

2) Dietrich D./Metzendorf H. (Computer), S. 159.

3) Pleil G.J. (Anwendung), S. 56.

4) Dietrich D./Metzendorf H. (Computer), S. 161 f.; Hansen H.R. (Wirtschaftsinformatik I), S. 342 f.

5) Stahlknecht P. (Wirtschaftsinformatik), S. 375.

Im Hinblick auf die Betriebsarten des PC's kann darüber hinaus eine Unterteilung in den Einplatzbetrieb (engl. "stand-alone") und den Mehrplatzbetrieb (engl. "multi-Using") vorgenommen werden, wobei letzterer vor allem in Verbindung mit lokalen PC-Netzwerken an Bedeutung gewinnt. Das derzeit am weitesten verbreitete Betriebssystem für den Einplatzbetrieb ist "MS-DOS", während für den Mehrplatzbetrieb das Betriebssystem "UNIX" bisher die größte Bedeutung in der Elektronischen Datenverarbeitung hatte. Die verschiedenen Betriebssysteme sind heutzutage auf einem PC ansprechbar, so daß aus einer Einplatzumgebung über eine Umschalttaste in den Mehrplatzbetrieb übergewechselt werden kann und vice versa. Während beim Einplatzbetrieb die Rechenkapazität ausschließlich in den Verfügungsbereich des Anwenders gestellt ist[1], sieht der Mehrplatzbetrieb eine Aufteilung der Rechenleistung des PC's auf mehrere Benutzer vor.

MEHRPLATZ-BETRIEB

- Gegen 15.00 Uhr bearbeitet Frau Huber einen Zahlungsauftrag an ihrem PC, der sofort ausgeführt wird.
- Zur gleichen Zeit nimmt am Schalter Herr Schade eine Gebührenbelastung über den PC auf das laufende Konto des Kunden X vor, die unmittelbar verbucht wird.
- Ebenfalls zur gleichen Zeit nimmt Herr Meier eine Kontolöschung des Kunden Y vor.

Box 9: Mehrplatz-Betrieb

Im Rahmen des Mehrplatzbetriebs wird den Teilnehmern "scheinbar" gleichzeitig die Arbeit mit dem zur Verfügung stehenden PC ermöglicht, indem jeder PC-Arbeitsplatz bestimmte Zeiteinheiten zugeteilt bekommt. Bei dieser Einsatzart befinden sich mehrere Programme ganz oder teilweise im Arbeitsspeicher des PC's.[2] Die

1) Anmerkung: Bei dieser Einsatzform kann es sich auch um mehrere Anwender handeln, die einen PC in Folge benutzen.

2) Lohrmann J. (Komponenten), S. 281.

Textbox 9 verdeutlicht den Mehrplatz-Betrieb an einem selbstgewählten Beispiel aus der Bank.

Eine weitere Betriebsform des PC's ist durch das Prinzip des "Multitasking" bestimmt, welches sowohl im Einplatz- als auch im Mehrplatzbetrieb möglich ist.[1] Beim Multi-Tasking können die Anwender mehrere PC-Programme gleichzeitig benutzen und damit verschiedene Aufgaben erledigen. Dies bedeutet mit anderen Worten, daß der Anwender mehrere Einplatzanwendungen an seinem Arbeitsplatz simuliert. Den praktischen Bezugsrahmen einer Multi-Tasking-Umgebung zeigt Textbox 10 an einem Beispiel aus dem täglichen Bankgeschäft. Die dort aufgeführten Arbeitsschritte können z.T. gleichzeitig auf einem PC stattfinden, ohne daß der Benutzer eine bestimmte Reihenfolge, wie beispielsweise zuerst die Datenbankabfrage und dann den Aufbau des Arbeitsblattes einhalten muß. Sofern allerdings mehrere Prozesse (z.B. verschiedene Datenbankabfragen) im Hintergrund laufen, kann u.U. die Geschwindigkeit der Vordergrundbearbeitung (hier: Aufbau des Arbeitsblattes) stark beeinträchtigt werden.

MULTI - TASKING

- Herr Müller veranlaßt eine Datenbankabfrage, um die Daten der zu kalkulierenden Bankprodukte aus dem zentralen Bankrechner in die PC-Umgebung zu übertragen, was einige Zeit in Anspruch nimmt.

- Gleichzeitig erfolgt die Vorbereitung einer Spreadsheet-Anwendung über den Aufbau des entsprechenden Arbeitsblattes und die Eingabe bestimmter Rechenformeln. Sobald die abgefragten Großrechnerdaten vorliegen erfolgt deren Einstellung in das Arbeitsblatt.

- Die Ergebnisse der Kalkulation des Arbeitsblattes fließen unmittelbar in einen schon mit dem lokal bereitstehenden Textverarbeitungsprogramm vorbereiteten Vorstandsbericht.

Box 10: Multi-Tasking

1) Dietrich D./Metzendorf H. (Computer), S. 160.

2.6.1.4 Bedienungskonzepte

Zur Unterstützung der Mensch-Maschine-Kommunikation bedarf es - abgesehen von hardwaremäßigen Komponenten - geeigneter Benutzerschnittstellen, die entweder schon in dem entsprechenden Anwenderprogramm fest eingebunden sind oder aber nachträglich installiert werden können. Von besonderer Bedeutung sind die in Verbindung mit PC-Programmen angebotenen Bedienungskonzepte, welche diverse Hilfsfunktionen in Form von Fenstertechniken, Menügestaltungen etc. anbieten.

Folgt man **KÖNIG/NIEDEREICHHOLZ**, stellt die Schnittstelle zum Benutzer selbst einen gewichtigen Faktor bei der betrieblichen Leistungserstellung dar, weil sie über die Effizienz der Anwendung wesentlich mitentscheidet.[1] Die angebotenen Bedienungskonzepte auf PC-Basis bieten einerseits eine Ergänzung zu konventionellen Unterstützungshilfen (z.B. Manuals); andererseits werden mit ihnen bestimmte PC-Einsatzformen, wie z.B. das Multi-Tasking, unterstützt. Mit Blick auf den PC-Markt für System- und Anwendungssoftware lassen sich, so **HANSEN**, vor allem Zielsetzungen in Richtung einer weitgehenden Anpassung der Benutzeroberfläche an arbeitsplatzbezogene Aufgaben, individuelle Vorkenntnisse und andere Faktoren feststellen, so daß insbesondere unerfahrene PC-User mit Computern arbeiten können und diese auch in ihrer Umgebung akzeptieren.[2]

Eine weit verbreitete Benutzerschnittstelle bei PC-Systemen in der Kreditwirtschaft ist die Implementierung von programmierten Funktionstasten (engl. "programmable function keys"), die in einem speziellen Bildschirmbereich dem User jederzeit die notwendigsten Funktionen (z.B. Systemausstieg) offerieren.

Ein besonderes Hilfsmerkmal vieler Endbenutzerwerkzeuge (z.B. Agenda) liegt in der Zuverfügungstellung von sog. "Tastatur-Ma-

1) König W./Niedereichholz J. (Informationstechnologie), S. 367 f.

2) Hansen H.R. (Wirtschaftsinformatik I), S. 380 ff.

kros", mit deren Hilfe die Eingaben des Benutzers aufgezeichnet und zu einem späteren Zeitpunkt wieder aufgerufen werden können. Das Tastaturmakro kann man sich als eine Art Tonband vorstellen, welches die Tastaturanschläge aufzeichnet. Mit Hilfe dieser Instrumente können sich die Anwender eine individuelle "höherwertige Bedienungs- und Funktionsumgebung" schaffen, indem mehrere häufig benutzte Einzelbefehle zu einem einzigen Befehl zusammengefaßt werden.[1] Eng verknüpft mit den Hilfsmitteln zur Bildung von Tastaturmakros sind sog. "Skriptsprachen", die sich dem in der Verwendung von Programmcodes ungeübten Endbenutzer zuwenden und z.B. Kommunikationsanwendungen unterstützen können. In diesem Fall kann der Benutzerdialog mit einem Kommunikationssystem (z.B. Electronic Mail) aufgezeichnet und bei erneuten Kommunikationsvorgängen wieder aufgerufen werden, so daß die Kommunikationsverbindung automatisch aufgebaut wird.[2]

Zur Unterstützung des unerfahrenden PC-Users werden ferner Help-Funktionen offeriert, die in Zukunft vermehrt über wissensbasierende Systeme verbessert werden sollen. In diesem Fall können kontextbezogene und den Erfahrungen der Benutzer angepaßte Hilfen zur Erleichterung der Arbeit angeboten werden. Dazu gehören auch aktive Hilfestellungen, indem beispielsweise nach einer bestimmten Verweilzeit mit der Maus über einem bestimmten Bildschirmsymbol das Computersystem selbst Hilfen anbietet.[3]

FENSTERTECHNIK

Bei der Fenstertechnik wird der Bildschirm in mehrere Fenster aufgeteilt, die jeweils für verschiedene Anwendungen/Vorgänge stehen können. Dabei kann es sich um inhaltlich zusammengehörige, aber auch voneinander unabhängige Anwendungen handeln. Über die zur Verfügung stehende PC-Software kann der Benutzer unter

---

1) Nastansky L. (Softwareentwicklung), S. 15.

2) Nastansky L. (Softwareentwicklung), S. 17.

3) Ellis C.A./Naffah N. (design), S. 146 f.; Hansen H.R. (Wirtschaftsinformatik I), S. 381.

anderem die Anzahl der Fenster definieren sowie deren Größe und Lage auf dem Bildschirm bestimmen.[1]

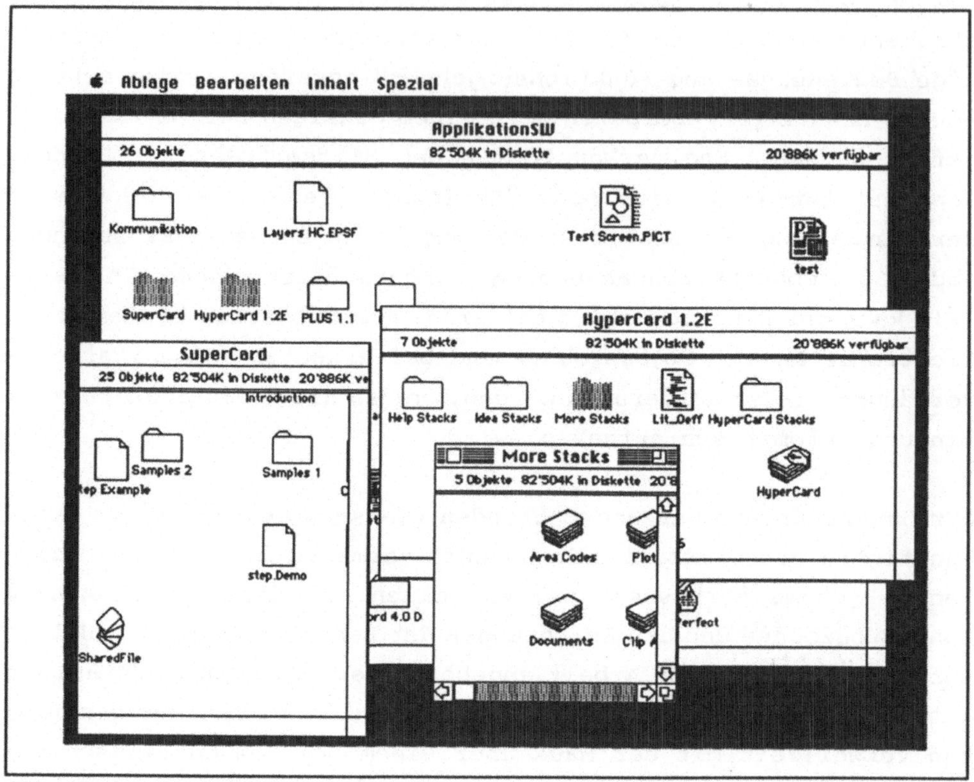

Abb. 16: Fenstertechnik

Mit Hilfe der Fenstertechnik ist vor allem der Multi-Tasking-Betrieb gut unterstützbar, innerhalb dessen der Endbenutzer einzelne Anwendungen auf verschiedene Fenster verteilt. Dabei können den im Hintergrund befindlichen DV-Prozessen bestimmte Verarbeitungsprioritäten zugeordnet werden, während das jeweils "aktuelle" Fenster der direkten Eingabe dient.[2]

Abbildung 16 zeigt eine Bilschirmoberfläche mit mehreren Fenstern. Je nach PC-Programm können sich verschiedene Fenster

---

1) Hansen H.R. (Wirtschaftsinformatik I), S. 382.

2) IBM (Hrsg.)(Betriebssystem/2), o.S.; Lohrmann J. (Komponenten), S. 280.

überlappen und einzelne Fenster ganz in den Hintergrund treten. Sämtliche Fenster können in diesem Fall unter Zuhilfenahme der Maustechnik aktiviert werden[1], wobei es je nach PC-Programm noch zusätzliche "Hilfsfenster" - z.B. für den Aufruf eines Taschenrechners - geben kann[2]. Ein Beispiel für fenstergestützte Anwendungen sind die auf dem Markt angebotenen sog. "Desktop-Programme" (z.B. Sidekick), welche die laufenden Anwendungen überlagern und jederzeit einen Aufruf von Hilfsfunktionen (z.B. Terminkalender) ermöglichen, um anschließend über Tastendruck wieder unmittelbar an die ursprüngliche Stelle des gerade benutzen Anwenderprogramms zurückzukehren.[3]

MENÜKONZEPTE

Was die Menütechnik anbelangt hat die Gestaltung einer einheitlichen Befehlsstruktur über mehrere Anwendungen, vor allem bei integrierten PC-Softwarepaketen (z.B. Open Access) an Bedeutung gewonnen, so daß der Anwender nur eine Menülogik mit entsprechendem Befehlsvorrat beherrschen muß und nicht beim Wechsel in ein anderes Programm eine andere Bedienerführung stattfindet. Sofern es sich um tastaturbezogene Menüs handelt, wählt der Benutzer von den zur Verfügung stehenden Befehlsauflistungen - in der Regel über eine Menühierarchie - eine Option aus, indem er die für diese Verarbeitung vorgesehenen Buchstaben, Ziffern oder Menüabschnitte eintippt.[4] Endbenutzerfreundliche Menüführungen sollten den Anwender automatisch an eine Position führen, die ihm die Lösung des Problems selbst ermöglicht und damit "eine vernünftige Abbildung des anwendungsorientierten Profils der computergestützten Arbeitsprozesse" darstellen[5]. Ein Beispiel für die Verwendung

---

1) Panko R.R. (End User Computing), S. 329 ff.

2) Hansen H.R. (Wirtschaftsinformatik I), S. 382.

3) Fuhrmann P.H./Buck G.F. (management decision), S. 83 ff.; Gregor B./Krifka M. (Einsatzmöglichkeiten), S. 194 f.; Panko R.R. (End User Computing), S. 347 f.

4) Hansen H.R. (Wirtschaftsinformatik I), S. 381.

5) Nastansky L. (Einführung), S. 23.

von Menüprogrammen ist das seit 1989 von der Schweizerischen Bankgesellschaft, eingesetzte Produkt "Orion" der Schweizer Firma PRO RE UNA. Mit Hilfe dieses Programmes können, abgesehen von der Definition einzelner Bildschirmfenster, insgesamt fünf verschiedene Hierarchiestufen und bis zu 15 Einträge pro Einzelmenü, sowie pro Menüeintrag maximal 8 Bildschirmseiten Hilfstext definiert werden.

IKONENSTEUERUNG

Eng verflochten mit den Bemühungen zur Verbesserung der Benutzeroberfläche ist das Konzept der Ikonensteuerung. Dort führt der Endbenutzer durch Auswahl von Ikonen (Bildsymbole), die seinen gewohnten Arbeitsplatz nachbilden, die Interaktion mit seinem PC durch. Während die graphische Abbildung der Büroumgebung noch Anfang der 80er Jahre ausschließlich auf für Grafik- und Textverarbeitung spezialisierten Bürocomputern angeboten wurde, werden heute schon universell einsetzbare Personal Computer mit vergleichbaren Benutzerschnittstellen ausgestattet.[1] Die Idee der graphischen Bildschirmgestaltung wurde von der amerikanischen Computerfirma RANK XEROX auf deren "Star-Workstation" entwickelt und erstmals für den Bereich des "Personal Computing" unter anderem von der Computerfirma APPLE mit Hilfe der Maustechnik umgesetzt.[2]

Die graphische Darstellung der Arbeitsumgebung kann in diesem Fall bekannte Büroorganisationsmittel, wie Papierkörbe, Dokumentenstapel, Radiergummies, Aktenschränke etc. umfassen, die in Abbildung 17 für das PC-basierende Produkt "Freestyle" der Computerfirma WANG aufgeführt sind.[3] Die auf dem Bildschirm angezeigten Dokumente, die aus mehreren Blättern bestehen, können beliebig umsortiert und mit dem dort offerierten Hefter zusammengebunden oder bei Bedarf mit einem Enthefter wieder voneinander

1) H.R. Hansen (Wirtschaftsinformatik I), S. 383.

2) Kannegaard J. (Open Look), S. 58.; Schmucker H.J. (Lisa), S. 1.

3) WANG (Hrsg.)(Freestyle), S. 3.

getrennt werden. Mit dem dort ebenfalls angebotenen Stift besteht die Möglichkeit, zu einzelnen Dokumenten handschriftliche Anmerkungen vorzunehmen.

Auch z.B. die Computerfirma DIGITAL RESEARCH bietet dem Benutzer über die Benutzeroberfläche GEM (Graphical Environment Monitor) eine graphische, auf Ikonen basierende Bedieneroberfläche zur Aktivierung von u.a. Betriebssystemfunktionen an. Die im Rahmen dieser Funktion bereitstehenden Symbole für z.B. Festplatten und Disketten können mittels Maussteuerung aktiviert werden, wodurch die z.T. komplizierte Beherrschung einer Betriebssystemsprache entfällt.[1]

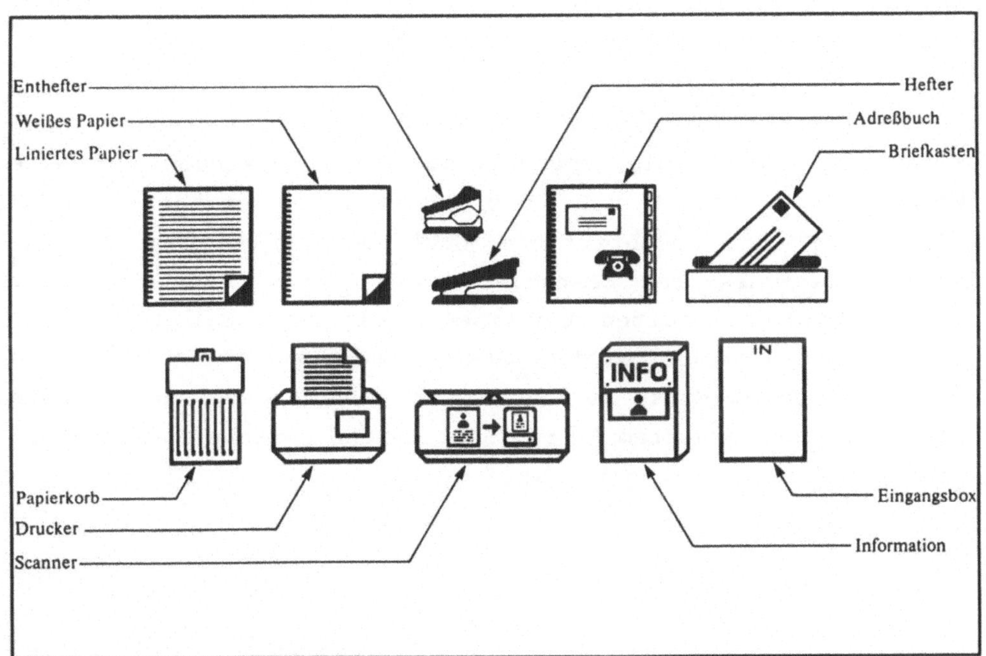

Abb. 17: Schreibtisch-Metapher

Der Vorteil der Verwendung von Schreibtisch-Metaphern besteht vor allem darin, daß damit eine von allen verstandene Anwendersprache geschaffen wird und daß der unerfahrene Endbenutzer zusätzlich von der Eingabe komplizierter und schwer erlernbarer

1) Gregor B./Krifka M. (Einsatzmöglichkeiten), S. 194.; Sommer M. (PC), S. 30 ff.

Befehle befreit wird, indem er auf den einfachen Mechanismus des "see and point" zurückgreifen kann. Die jeweils offerierten Bildobjekte können in diesem Fall eindeutig identifziert werden.[1]

NATÜRLICHE SPRACHE

Eine zukunftsweisende Dialogform besteht in der Verwendung der natürlichen Sprache. Auf diesem Gebiet eröffnen mittlerweile Personal Computer der höheren Leistungsklasse und Workstations Möglichkeiten zur sprachlichen Abfrage von Datenbanken, so daß die Eingabe von stark syntax-orientierten Abfragesprachen entfällt.[2] So wurden beispielsweise schon PC-Systeme entwickelt, die über spezielle Mikroprozessoren im Echtzeitverkehr die akustischen Signale der gesprochenen Sprache im Umfang von mehreren tausend Wörtern über statistische Methoden mit einer Trefferquote von bis zu 98 Prozent erkennen können.[3]

Ein weiteres Beispiel für den Einsatz der natürlichen Sprache sind PC-Systeme, die sprachliche Textanmerkungen verwalten können. Dazu gehört z.B. das zuvor schon erwähnte Produkt "Freestyle" der Computerfirma WANG.[4] Mit Hilfe dieses - als "Kommunikationssystem" beschriebenen Produktes - können selbsterstellte Bildschirmseiten über einen Telefonhörer mit gesprochenen Anmerkungen versehen werden. Anschließend speichert das System die verwendeten Worte zu den betreffenen Dokumenten als Datei ab, so daß bei erneutem Aufruf Schrift und Sprache in synchronisierter Form wiedergegeben werden.

1) Ellis C.A./Naffah N. (design), S. 141.

2) IBM (Hrsg.)(Sprachen), o.S.; Manferdelli J.L. (Language), S. 122 ff.

3) IBM (Hrsg.)(Erkennen), S. 1.

4) WANG (Hrsg.)(Freestyle), S. 1 f.

2.6.2 Ausgewählte PC-Software-Applikationen

2.6.2.1 Spreadsheet-Systeme

Besondere Bedeutung für die PC-Anwendungsumgebung besitzen Spreadsheet-Systeme, die auf hochinteraktiven Designprozessen beruhen und dem Benutzer eine flexible Anwendungsumgebung offerieren, ohne daß professionelle Programmierkenntnisse notwendig sind. Gerade Spreadsheet-Systeme eignen sich sehr gut für die quantitativ-analytische Entscheidungsunterstützung und können als "Paradebeispiel" für das Angebot an Endbenutzer-Werkzeugen angeführt werden.[1]

Zu den ersten kommerziell verfügbaren Spreadsheet-Systemen gehört das Ende der siebziger Jahre in den USA entwickelte "VisiCalc", dessen Architektur für eine Vielzahl anderer in der Folgezeit entwickelter Spreadsheet-Systeme Vorbild gewesen ist. Wesentliche Unterscheidungsmerkmale der angebotenen Spreadsheet-Systeme ergeben sich in bezug auf die Tabellengröße, welche als Anzahl von Spalten und Zeilen angegeben wird, sowie den zur Verfügung stehenden mathematisch-statistischen Funktionen.[2] Ein wichtiges Charakteristikum zur Verwendung von Spreadsheet-Systemen in der Kreditwirtschaft ist deren Verbreitung als sog. "Templates". Dies bedeutet, daß der Bankmitarbeiter von einer anderen internen Stelle (z.B. EDV-Abteilung/Rechenzentrum) schon ein fertig programmiertes "elektronisches Arbeitsblatt" erhält, welches gegebenfalls nachträglich noch individuell anzupassen ist.[3]

Im Vergleich - beispielsweise zu einem Taschenrechner - liegen die Vorteile eines Spreadsheet-Systems in der gleichzeitigen Darstellung von Eingaben und Ergebnissen verbunden mit textlichen Ergänzungsmöglichkeiten. Ein besonderes Merkmal besteht

1) Nastansky L. (Einführung), S. 25.

2) Scheer A.-W. (Fachabteilungen), S. 31.

3) Nastansky L. (Einführung), S. 26.

ferner in der jederzeitigen Möglichkeit zur Veränderung des Arbeitsblattes (z.B. Spaltenbreite).[1] Der Kern eines Spreadsheet-Systems liegt im Schnittpunkt der durch die Spalten- und Zeilenzugehörigkeit definierten sog. "Zelle". (Vgl. Abb.18) In diesem Bereich können zum Aufbau eines entsprechenden Arbeitsblattes Eingaben in Form von Zahlen, Texten, Formeln und Makros erfolgen. Da die auf dem Bildschirm gezeigte Tabelle oft den Ausschnitt einer größeren Tabelle darstellt, können über die Eingabe von Spalten-/Zeilen-Kombinationen mit dem Cursor einzelne Zellen gezielt ausgewählt werden, um beispielsweise Rechenergebnisse einzusehen.

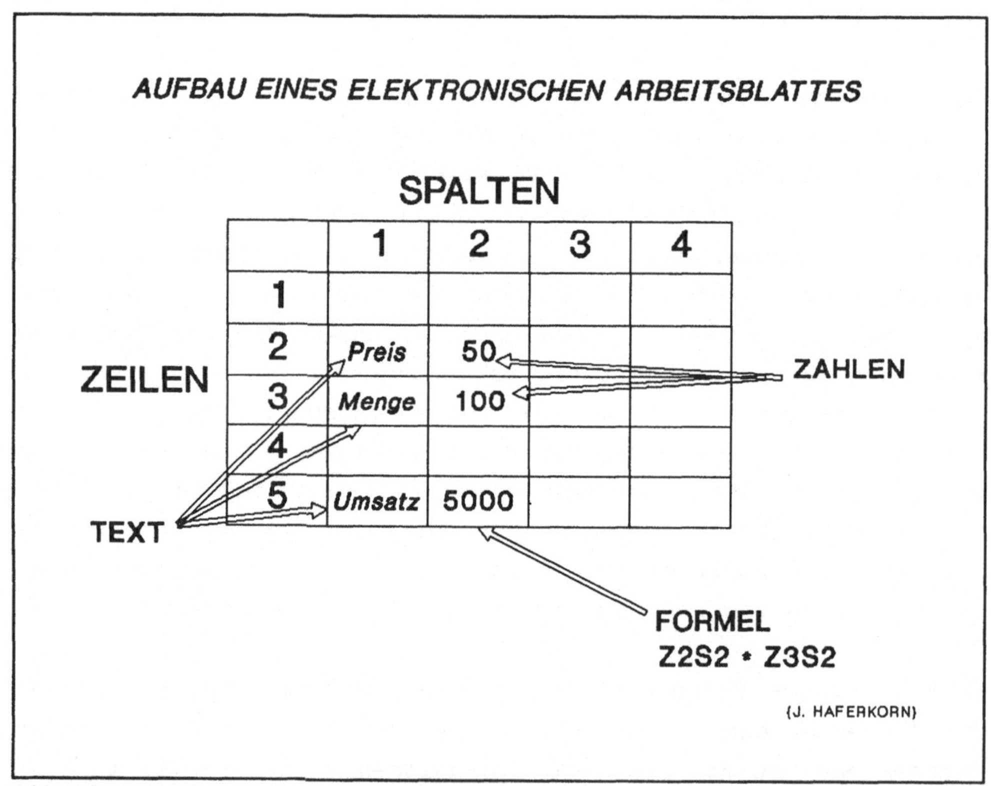

Abb. 18: Aufbau eines Spreadsheet-Arbeitsblattes

1) Rieß F. (Standardsoftware), S. 33 ff.

LEISTUNGSMERKMALE

Die besonderen Leistungsmerkmale von Spreadsheet-Systemen bestehen einerseits in der Unterstützung von **Simulationsrechnungen** (engl. "what-if-Analysis") bzw. von diesen ableitbaren **Sensitivitätsanalysen** (engl. "sensitivity analysis") und andererseits in den Bereichen der **Zielfindungsanalyse** (engl. "goalseeking") und **Optimierungsberechnung** (engl. "optimization"). Während die erste Form von Analyseverfahren (Simulationsrechnung/Sensitivitätsanalyse) auf einer Veränderung von unabhängigen Variablen und der Messung des Einflusses auf die abhängigen Variablen basiert, wählt die zweite Gruppe von Analyseverfahren den umgekehrten Weg. In diesem Fall fixiert der Anwender jeweils den Wert einer (Zielfindungsanalyse) oder mehrerer (Optimierung) abhängiger Variablen und ändert den Wert der unahängigen Variablen bis das von ihm gewünschte Ergebnis eintritt.[1]

Die Ergebnisse von Spreadsheet-Berechnungen können schließlich in entsprechende Managementberichte eingebunden werden, die u. a. Veränderungen zwischen Soll- und Ist-Größen aufzeigen sowie umfangreiche Kennzahlensysteme bereitstellen.[2] Textbox 11 zeigt eine Auswahl von bankspezifischen auf Spreadsheet-Systemen basierenden Anwendungen.[3]

Mittlerweile bieten insbesondere neuere Spreadsheet-Systeme dem Anwender umfangreiche **dreidimensionale** Arbeitsmöglichkeiten, so daß beispielsweise bei 256 Spalten und 8192 Zeilen (Lotus 123, Release 3) insgesamt 256 gleichzeitig manipulierbare und damit "aktive" Tabellenseiten aufgebaut werden können.[4] Damit werden praktisch gesehen die bisher möglichen zweidimensionalen Analy-

---

1) Panko R.R. (End User Computing), S. 383 ff.

2) Klerx K. (Planungs- und Informationsmanagement), S. 38 ff.; dgl. (Tabellenkalkulation), S. 39 ff.; Lam Ch.H./Hempel G.H. (applications), S. 64 ff.

3) Anmerkung: Diese Aufstellung basiert auf den in der Kreditwirtschaft durchgeführten Interviews.

4) Nastansky L. (Einführung), S. 26.

SPREADSHEET-ANWENDUNGEN IN DER KREDITWIRTSCHAFT

- Finanzierungsmodelle und Investitionsrechnungen (z.B. Abschreibungspläne für Investitionsvorhaben)
- Devisenberechnungen (z.B. Termingeschäfte, Cross-Rates)
- Bilanzanalysen
- Liquiditätsplanungen
- Budgetierungsaufgaben
- Ertragsanalysen und -vergleiche
- Geschäftsprognosen und -planungen
- Profit-Center-Berechnungen
- Statistiken nach bestimmten Zeiträumen und Kritierien (z.B. Umsätze, Geldautomaten-Nutzung)
- Restwertkalkulationen und Tilgungspläne (z.B. Ratenkreditgeschäft)
- Verwaltungsaufgaben (z.B. Kreditdossiers, Nationalbankmeldungen)
- Break-Even-Analysen
- Konsolidierung von Jahresabschlüssen
- Kunden-/und Produktkalkulationen

Box 11: Spreadsheet-Anwendungen in der Kreditwirtschaft

severfahren, die auf ein Arbeitsblatt beschränkt waren, um eine dritte Dimension erweitert, so daß auch mehrere Arbeitsblätter untereinander verbunden werden können.

Ein wichtiges Einsatzgebiet von Spreadsheet-Systemen liegt in deren Integration in eine verteilte Datenverarbeitungsumgebung, innerhalb derer sie als universelle "Anwendungsplattform" für verschiedene Benutzerdienste dienen können.[1] Ein Beispiel für dieses Einsatzumfeld im Bankbereich ist das im Hause der Investmentbank Merill Lynch eingeführte "DARWIN"-System, welches auf dem Tabellenkalkulationsprogramm "Excel" in Verbindung mit der graphischen Benutzeroberfläche "Windows" basiert. Mit Hilfe dieser Anwendung möchte die Bank im Rahmen des Finanzmanagements die Informationen verschiedenster Datenbankanbieter direkt am Arbeitsplatz bündeln und für eine individuelle Weiterverarbeitung vorsehen.[2] Eine andere vergleichbare Anwendungsumgebung, ba-

1) Nastansky L. (Ressourcenmanagement), S. 6 f.

2) Nastansky L. (Softwarewerkzeuge), S. 9.; Rizzo T./Strauss K. (DARWIN), S. 1 ff.

sierend auf einem Spreadsheet-System mit Relevanz für die Kreditwirtschaft, stellt die in der Morgan Bank geschaffene Verbindung des Tabellenkalkulationsprogrammes "LOTUS 123" mit verschiedenen Software-Werkzeugen für das Retrieval und die Analyse von Finanzmarktinformationen externer Datenbanken dar, deren Anwendungsumgebung Abbildung 19 vorstellt.[1]

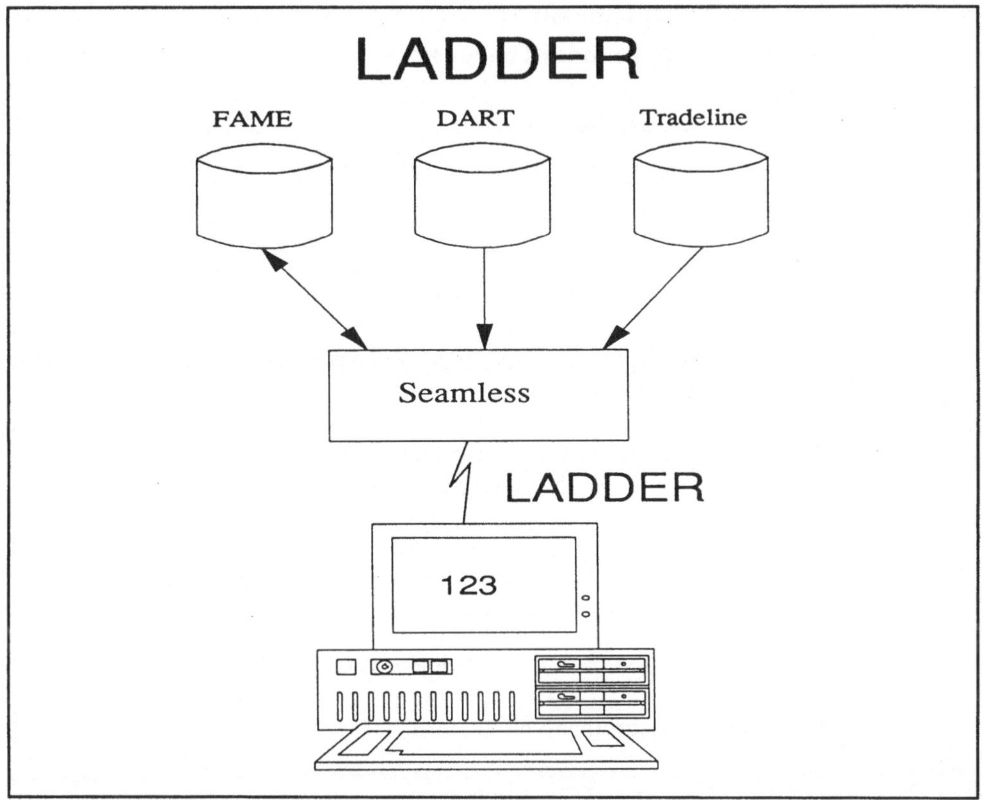

Abb. 19: Front-End-Applikation - LOTUS 123

In diesem Fall wurde über das Dienstprogramm "LADDER" (Lotus Automated Data Download Executive Routine) eine einheitliche Benutzeroberfläche für das Datenretrieval aus den Datenbanksystemen "DART", "Tradeline" und "FAME" geschaffen, die ihrerseits mit externen Datenbanken in Verbindung stehen. Nach Eingabe bestimmter Spezifikationen für die gewünschten Daten durch den Anwender veranlaßt "LADDER" den Verbindungsaufbau zum Bankgroßrechner, die

1) Morgan Bank (Hrsg.)(Financial Database Service), S. 11 f.

Abfrage verschiedener Datenbanken und die Übergabe der gefundenen Daten in das Spreadsheet-System bzw. die dafür vorgesehene Zelle. Wie Abbildung 19 zeigt, wurde zur Verbesserung der Integration dieser oben genannten Werkzeuge noch ein zusätzliches Produkt mit dem Namen "Seamless" entwickelt, welches eine Weiterverarbeitung der über "DART" und "Tradeline" beschafften externen Daten durch das Analyse- und Datenbankmanagement-System "FAME" erlaubt, so daß schon weitgehend vorbereitete Daten in die LOTUS-Umgebung fließen können.

SPREADSHEET - FEHLERQUELLEN

- Logische Fehler beim Aufbau insbesondere von großen, aus mehreren Teilen bestehenden Arbeitstabellen (z.B. Konsistenz)
- Benutzung von "falschen" Formeln und Wirkungszusammenhängen sowie Nichtbeachtung wichtiger Variablen
- Ungenaue und schlecht nachvollziehbare Dokumentationen der Zelleninhalte und damit mangelnde Ergebnistransparenz und Kontrollmöglichkeit durch Dritte
- Falsche Handhabung von Grundbefehlen (z.B. Kopie von Formeln) mit gravierenden Folgen auf die Kalkulation
- Schlechtes Grundverständnis der den Formeln zugrundeliegenden Prämissen
- Unbeabsichtiges Überschreiben von Feldern

Box 12: Spreadsheet-Fehlerquellen

In diesem Zusammenhang weist **NASTANSKY** insbesondere auf die neue Programmkonzeption des Spreadsheet-Systems "Lotus 123" (Release 3) hin, welches u.a. umfangreiche Manipulationen von Datenbanktabellen sowie verschiedene Abfragesprachen unterstützt. Dazu gehört auch die Übernahme des Funktionsumfanges externer Datenbanken in die Spreadsheet-Umgebung. Im Rahmen derartiger verteilter DV-Strukturen können die Endbenutzer über vorbereitete Verbindungen (sog. "Treiber") auf verschiedene interne und externe Datenbanken zugreifen und deren Rohdaten unmittelbar in der Spreadsheet-Umgebung weiterverarbeiten.[1]

Trotz der mit Spreadsheet-Systemen verbundenen guten Auswertungsmöglichkeiten dürfen jedoch die sich aus der Nutzung von diesen Endbenutzer-Werkzeugen ergebenden vielfältigen Probleme nicht verschwiegen werden, welche Textbox 12 für eine Auswahl von Fehlerquellen zeigt.[2]

2.6.2.2 4.-Generation-Planungssprachen

Zur Realisierung von umfangreichen Planungssystemen werden in den Banken komplexe und anspruchsvolle Endbenutzerwerkzeuge eingesetzt, die als Planungssprachen[3] oder 4.-Generations-Sprachen[4] bezeichnet werden und ebenfalls in den Bedeutungszusammenhang des "IDV"-Konzeptes gehören.[5] Planungssprachen der vierten Generation sollen als Zielgruppe, abgesehen von professionellen Softwareentwicklern, vor allem die Mitarbeiter auf der taktisch administrativen Unternehmensebene unterstützen, welche unter Festlegung der "optimalen Rahmenbedingungen" mittelfristig die Planung, Steuerung und Kontrolle einer Unternehmung vornehmen.[6]

1) Nastansky L. (Ressourcenmanagement), S. 7 f.

2) Floyd B.D./Pyun J. (Errors), S. 1 ff.; Panko R.R. (End User Computing), S. 371 ff.; Ronen B. et alteri (Spreadsheet), S. 6 f.

3) Stahlknecht P. (Wirtschaftsinformatik), S. 355.+379.

4) Nastansky L. (Softwarewerkzeuge), S. 12.

5) Anmerkung: Neben den angeführten Literaturangaben und den in den Banken durchgeführten Interviews sind die nachfolgenden Ausführungen unter Berücksichtigung des Seminars "Unternehmensplanung und Controlling mit EDV" vom 7. und 8. Dezember 1988 auf Einladung der Gesellschaft für Mathematik und Informatik (GMI), Aachen, erarbeitet worden.

6) Friedrichs H.J. et alteri (4.Generation), S. 124 ff.

Der Einsatzbereich von 4.-Generations-Sprachen deckt sich teilweise mit Spreadsheet-Systemen; jedoch bieten Planungssprachen einen anspruchsvolleren Mix aus Methoden und Modellen an, verbunden mit einer intensiven Integrationsfunktion zu anderen EDV-Systemen (z.B. Großrechner). Die gestiegene Leistungsfähigkeit heutiger PC's hat dazu geführt, daß diese früher nur auf Großrechnern lauffähigen Programme nunmehr z.T. auch als PC-Version im Umlauf sind[1], wenn auch deren Leistungsumfang auf dem PC nicht immer deckungsgleich zu den sich im Umlauf befindlichen Großrechnerversionen sind.

In Hinblick auf die oben erwähnte Integrationsfunktion sollen diese Werkzeuge nicht nur diejenigen Aufgabengebiete unterstützen, welche sich an einem Arbeitsplatz ergeben, sondern vor allem unternehmensweite Verbundfunktionen mit Zugriff auf andere EDV-Systeme und Datenbestände ermöglichen. Damit lösen sich die in diesem Sinn verstandenen Planungssprachen von der Philosophie speziell für den PC entwickelter Applikationen, die z.T. nur einfache Kommunikationsmöglichkeiten (z.B. File-Transfer) unterstützen und im ursprünglichen Sinn als geschlossene Anwendung konzipiert waren.[2] Grundsätzlich eignen sich 4.-Generations-Planungssprachen für den Aufbau von Managemement-Informationssystemen, deren möglichen Leistungsumfang Textbox 13 für eine Auswahl von untersuchten Planungssprachen für den PC darstellt.[3]

---

1) Cornelius M. (Entscheidungsunterstützung), S. 58 ff.; Gräser J. (Benutzersprachen), S. 14.; Hansen H.R. (Wirtschaftsinformatik I), S. 333.; Holtkamp W. (Tabellen), S. 3 ff.; dgl. (Software-Entwicklung), S. 52 f.

2) Friedrichs K.J. et alteri (4.Generation), S. 27 f.+ S. 81 ff.

3) Anmerkung: Die aufgezeigten Funktionen beruhen, abgesehen von den angeführten Literaturangaben, auf einer Auswertung der Programmbeschreibungen zu folgenden in der Kreditwirtschaft eingesetzten PC-Planungssprachen:

- EXECUCOM (Hrsg.)(IFPS/Personal), o.S.
- GMI (Hrsg.)(Matplan-PC), o.S.
- IBM (Hrsg.)(Personal Application System), o.S.
- MIK (Hrsg.)(TZ-INFO), A-1 ff./Disketten 1+2, Vers.7.0
- THORN EMI (Hrsg.)(Micro-FCS), o.S.

LEISTUNGSUMFANG VON PC-PLANUNGSSPRACHEN

- Komfortable Abfrage- und Kommunikationsmöglichkeiten in Verbindung mit anderen Rechnern (z.B. interne Groß-EDV/externe Datenbanken)
- Komplexe mathematisch-statistische Analyse- und Prognoseverfahren (z.B. Multiple Regressionsrechnung/Lineare Gleichungssysteme)
- Zuschnitt auf Berichtswesengestaltung mit professionellen, z.T. schon standardisierten Grafiken und mehreren Landessprachen
- Umfangreiche und übersichtliche Konsolidierungs- und Verdichtungsfunktionen

Box 13: Leistungsumfang von PC-Planungssprachen

LEISTUNGSMERKMALE

Der Funktionsumfang derartiger Planungssprachen geht weit über die Möglichkeiten herkömmlicher, speziell für Personal Computer entwickelter Programme hinaus, da dort vor allem erweiterte Analysemöglichkeiten sowie flexible Berichtsfunktionen im Vordergrund stehen, die mit vielseitigen Business-Grafik-Gestaltungsmöglichkeiten gekoppelt sind. In bezug auf die Grafikgestaltung bieten Planungssprachen - wie beispielsweise TZ-Info (MIK), die bereits von der Schweizerischen Kreditanstalt für die Bilanzanalyse, Investitions- und Finanzplanung eingesetzt wird - u.a. hierarchisch aufgebaute Kennzahlenanalysen, bis zu drei Geschäftsgrafiken pro Managementbericht und Abweichungskontrollen mit Toleranzwerten an, wodurch eine verbesserte Gesamtanalyse einer Unternehmung ermöglicht wird.[1] Abbildung 20 zeigt eine grafische Bilanzanalyse im Rahmen des auf diesem System entwikkelten Bilanzanalyseprogrammes "CS TELFIN" mit einer ursachenbezogenen Aufsplittung der Kennzahl "Fremdfinanzierungsgrad".

Andere Planungssprachen wie "Personal Application System" (IBM) offerieren darüber hinaus einen Leitfaden in Form von Interpretationsbäumen für statistische Analyseverfahren, so daß selbst

1) MIK (Hrsg.)(TZ-INFO), Abschnitt "GRAPHIKEN" ;SKA (Hrsg.) (CS TELFIN), S. 6 ff.

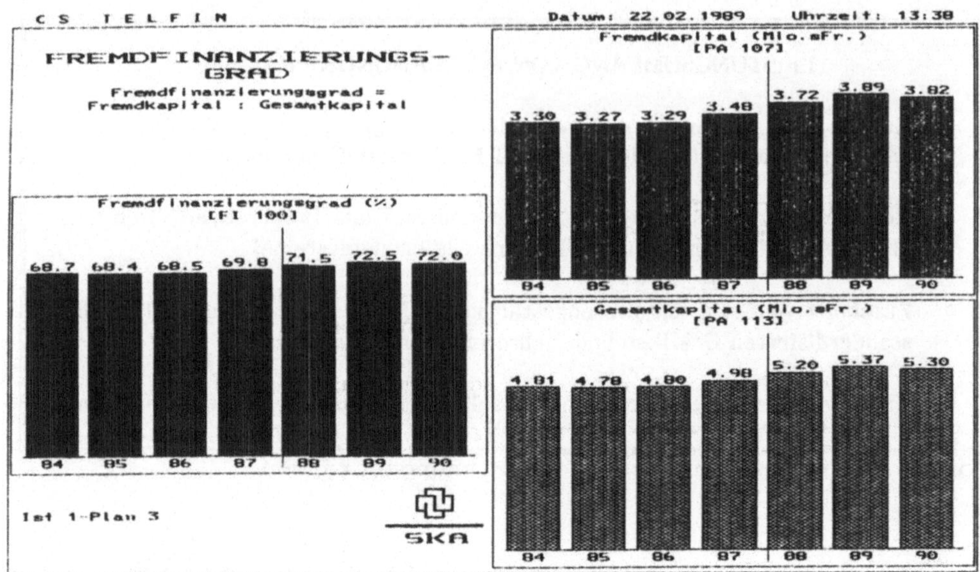

Abb. 20: Bilanzanalyse - "CS TELFIN"

ungeübte Anwender die Hintergründe von statistischen Methoden und Aussagen erschließen können und damit auch das für ihre Anwendung geeignete Verfahren finden.[1] Der Leistungsumfang von 4.-Generations-Planungssprachen kann bis in Bereiche gehen, die Abweichungen und Entwicklungen bestimmter Zahlenkonstellationen über sog. "Explain-Modelle" automatisch erklären.[2] Dazu gehören auch Analysen über mehrere Auswertungsdimensionen, z.B. nach der Zeit, bestimmten Geschäftsbereichen und einzelnen Wettbewerbern[3], so daß etwa im Vergleich zu Tabellenkalkulationsprogrammen beliebige "Schnitte" durch eine mehrdimensionale Datenstruktur möglich sind[4]. So erlaubt das auf dem PC verfügbare Planungssystem "Mi-

1) IBM (Hrsg.)(Personal Application System), o.S.; dgl. (Hrsg.)(Personal Application System/Version 1.0), o.S.

2) Morgan Bank (Hrsg.)(Financial Database Service), S. 10.

3) Hannssmann F./Meyersiek D. (Management), S. 737.

4) Wagner H.-P. (Planungssprachen), S. 44.

cro-FCS" (THORN EMI) neben den durch Tabellenkalkulationsprogramme möglichen zwei- und dreidimensionalen Analysebereichen die Definition von bis zu drei weiteren Auswertungsebenen, so daß, bezogen auf das vorliegende Datenmaterial, sehr gezielte und feine Analysen erfolgen können.[1] Ein anderer, auch in den Interviews deutlich hervorgetretener Vorteil derartiger Planungssprachen liegt in deren Eignung für den Aufbau von komplexen, simultanen Gleichungssystemen für den Bereich der Finanzplanung und Kostenrechnung.[2] In der Finanzplanung können 4.-Generations-Planungssprachen eine integrierte Abstimmung zwischen G&V-Rechnung und einzelnen Bilanzpositionen vornehmen, indem verrechnete Gewinn- und Verlustbeträge sowohl in die G&V als auch in die dazugehörige Bilanzposition einfließen.[3] Dazu gehören auch umfangreiche Konsolidierungsaufgaben auf der Grundlage von Massendaten, die mittlerweile auch auf dem Personal Computer abgewickelt werden können.[4]

Ein besonderer Vorteil von Planungssprachen der vierten Generation liegt in deren wesentlich besseren Revisionsfähigkeit im Vergleich zu klassischen Programmiersprachen (z.B. Pascal), was durch die Verwendung von natürlichen Sprachkonstrukten bedingt ist.[5] Dies bedeutet, daß die implementierten Methoden weitgehend selbstdokumentierend sind und auch von programmierunerfahrenen Mitarbeitern nachvollzogen werden können. Darüber hinaus nannten die Gesprächspartner die Vorteile der natürlichen Dokumentation insbesondere bei der Zusammenarbeit zwischen der Fachabteilung und der EDV-Abteilung. In diesem Fall kann schon zu Beginn der Entwicklung von EDV-Applikationen aufgrund der beidseitig ver-

---

1) THORN EMI (Hrsg.)(Micro-FCS), o.S.

2) EXECUCOM (Hrsg.)(IFPS/Personal), o.S.; GMI (Hrsg.)(Matplan-PC), o.S.; THORN EMI (Hrsg.)(Micro-FCS), o.S.

3) Mohr G.A. (Support), S. 136 ff.

4) Wagner H.-P. (Planungssprachen), S. 41.

5) Wagner H.-P. (Planungssprachen), S. 44.

ständlichen Sprache eine enge Zusammenarbeit erfolgen, so daß Fehler bei der Anwendungserstellung schon früh aufgedeckt werden können. Ferner versprechen sich die Hersteller von Planungssprachen wegen der leichter verständlichen Dokumentation der produzierten Anwendungen einen größerer Benutzerkreis in den Fachabteilungen der Kreditinstitute.

Textbox 14 zeigt den Ausschnitt eines Planungsmodells der im Hause der Morgan Bank eingesetzten, bereits oben erwähnten Planungssprache "Interactive Financial Planning System" (IFPS/Plus), welches auf der Formulierung natürlicher Sprachbestandteile beruht.[1] In diesem Fall übersetzt die Planungssprache die dort gemachten Angaben des Anwenders und stellt als Ergebnis ein Spreadsheet für die in der ersten Zeile angegebenen drei Jahre zur Verfügung. Ferner können die Endbenutzer auf natürlicher Sprache basierende "what-if"-Kalkulationen in Form von "WHAT IF GROWTH FACTOR = 12%" eingeben, die zu einer unmittelbaren Neukalkulation führen.

MODELLDEFINITION MIT "IFPS"

COLUMN = 1988,1989,1990
EPS = EARNINGS/SHARES OUTSTANDING
EARNINGS = CURRENT REVENUE - CURRENT EXPENSES
CURRENT REVENUE = 100,000,PREVIOUS x GROWTH FACTOR
CURRENT EXPENSES = 50,000,PREVIOUS x GROWTH FACTOR
SHARES OUTSTANDING = 20,000
GROWTH FACTOR = 10%

Box 14: Modelldefinition mit "IFPS"

Trotz der aufgezeigten Vorteile von Planungssprachen der 4.-Generation ergab eine Untersuchung der Zeitschrift CAPITAL, daß etwa die Hälfte von 20 analysierten Planungssprachen intensive Programmieraufwendungen für den Aufbau eines Management-Informationssystems voraussetzen, die mit hohen Kosten verbunden sein

1) Morgan Bank (Hrsg.)(Financial Database Service), S. 10.

können. Darüber hinaus wiesen einzelne Planungssprachen eine sehr hohe Anwendungskomplexität auf, während wiederum andere schon unmittelbar von EDV-Laien eingesetzt werden können, da sie einen Großteil der gebräuchlichen Analysebereiche (z.B. Bilanz- und Erfolgsrechnung) bereits standardmäßig unterstützen.[1]

Aus den durchgeführten Interviews in der Kreditwirtschaft konnte der Eindruck gewonnen werden, daß Planungssprachen, wie sie in diesem Abschnitt geschildert wurden, zwar in den Fachabteilungen (z.B. Controlling) eingesetzt werden, deren Programmierung aber z.T. noch ausschließlich in der zentralen EDV-Abteilung erfolgt, um sie später den Endbenutzern zur Verfügung zu stellen.

1) o.V. (Informations-Systeme), S. 148 f.

2.6.2.3 Informationsmanagement

Derzeit gibt es eine Fülle von PC-gestützten Endbenutzer-Werkzeugen für das persönliche Informationsmanagement, die den Aufbau eigener lokaler Datenbanken erlauben. Eine mögliche Klassifizierung dieser PC-Programme kann in Hinblick auf die Berücksichtigung von strukturierten Daten und unstrukturierten Textinformationen (z.B. Notizen) vorgenommen werden, wenngleich die Übergänge zwischen diesen Applikationsschwerpunkten seit einiger Zeit im Fluß sind. Allen Endbenutzer-Werkeugen für das Informationsmanagement gemeinsam ist deren spezielle Ausrichtung auf den persönlichen Arbeitsstil des Benutzers und die Möglichkeit zur integrierten Betrachtung verschiedener, in unterschiedlichen Dateien abgelegter Informationsarten.[1]

Mit Bezug auf die tägliche Büroumgebung sollen mit diesen Werkzeugen herkömmliche Informationsverwaltungen, z.B. in Form von manuell geführten Notizzettelsammlungen, auf den Computer übertragen und dem Büroarbeiter bei der täglichen Arbeitsverrichtung eine dialogorientierte Applikationsumgebung zur "Planung, Steuerung und Kontrolle der Ressource Information" in die Hände gelegt werden. Über deren Einbindung in verteilte Informationsverarbeitungsstrukturen (z.B. lokale Netze) soll überdies die unternehmensweite, gruppenbezogene Zusammenarbeit unterstützt werden.[2]

Wie nachfolgend gezeigt werden soll, verspricht die Arbeit mit Informationsmanagementsystemen (z.B. mit persönlichen Datenbankmanagement-Systemen) einerseits eine Reihe von Vorteilen; jedoch darf andererseits die z.T. zeitintensive Organisationsarbeit beim Aufbau und der sich anschließenden Pflege von Informationssystemen nicht verkannt werden, so daß u.U. nur bei hohen Datenbeständen und komplexen Auswertungswünschen eine diesbezügliche Inve-

1) Otten K.W. (Informationsmanagement), S. 36 ff.

2) Nastansky L. (PIM), S. 2 ff.

stition zu empfehlen ist.[1] So wird etwa der Trainingsaufwand für die Benutzung von Datenbankmanagement-Systemen im Vergleich zu Tabellenkalkulations- oder Textverarbeitungsprogrammen im allgemeinen höher eingeschätzt, da der Anwender fortlaufend über die Struktur, den Inhalt der Datenbank sowie die Regelmechanismen der verschiedenen Auswertungen reflektieren muß. Dies bedeutet, daß dieser i.d.R. nicht ohne weiteres Daten nach Belieben eingeben oder abfragen kann, ohne sich über die Struktur des Informationssystems Gedanken zu machen.[2] Dementsprechend muß der Anwender vor der Nutzung derartiger Programme zunächst ein Ordnungssystem entwickeln, welches mit steigendem Umfang der abgespeicherten Informationsarten auch einer sorgfältigen Pflege, wie z.B. der Ausgliederung veralteter Informationen, bedarf.

Der z.T. noch bestehenden Schwierigkeit, welche sich aus der Anpassung der eigenen Informationsablageordnung an die Funktionalität dieser Systeme ergibt, wird mit der Schaffung von Sekundärsoftware-Formen in Zukunft Rechnung getragen. In diesem Fall kann der Anwender für schon installierte Informationssysteme auf bereits vorbereitete Arbeitsmasken in bezug auf häufig anzutreffende Informationsverwaltungsschemata zurückgreifen, so daß der Einstieg in das Informationsmanagement unmittelbar möglich erscheint.[3]

Durch die Verwendung computergestützter Informationssysteme können elektronische Archive aufgebaut werden, so daß ein physischer Transport von Dokumenten oder Akten sowohl auf der Arbeitsebene und in den Abteilungen als auch im unternehmensweiten Anwendungsumfeld weitgehend entfällt. Neben der elektronischen Ablage von Dokumenten, verbunden mit modernen Erfassungsformen (z.B. Scannertechnik) und der Unterstützung zukunftswei-

---

1) BVR (Hrsg.)(Technik), S. 73.

2) Gregor B./Krifka M. (Einsatzmöglichkeiten), S. 70 ff.; Panko R.R. (End User Computing), S. 463 f.

3) Otten K.W. (Informationsmanagement), S. 39.

sender optischer Speichermedien, offerieren die auf dem Markt angebotenen Informationssysteme die Vergabe von Ordnungs- und Suchkriterien, damit die einmal abgespeicherten Dokumente jederzeit wieder am Arbeitsplatzcomputer eingesehen werden können. Soweit es sich um vernetzte Arbeitsplatz-Applikationen handelt, können die Anwender, abgesehen von lokalen Abspeicherungs- und Retrievalprozessen, auch eine papierungebundene Textkommunikation mit anderen Mitarbeitern abwickeln, so daß hier eine Nähe zu Electronic-Mail-Systemen besteht.[1]

Die bankbetriebliche Notwendigkeit zur Einführung computergestützter Informations-Systeme ergibt sich beispielsweise aus einer Untersuchung der Schweizerischen Bankgesellschaft, die zu dem Ergebnis kam, daß eine Vielzahl von Bankangestellten ihre Zeit mit der Suche nach Informationen verbringen und nur in 30 Prozent aller ersten Versuche ein Suchvorgang zum Erfolg führte.[2]

Den Nutzen einer elektronischen Archivierung von Dokumenten, verdeutlicht der Umfang der papiergebundenen Informationen pro Bankmitarbeiter in einer Bank, der sich gemäß einer Untersuchung im Kreditgewerbe in einer Größenordnung von etwa 10 bis 16 Meter laufender Ordnerstellfläche bewegen kann, so daß bei einer durchschnittlichen Ablage von 200 Blättern pro Akte auf jeden Mitarbeiter ein Papierberg von 30.000 bis 40.000 Blättern entfällt. In diesem Fall können erhebliche Verzögerungen bei der Informationsbereitstellung aufgrund arbeitsintensiver Archivierungsprozesse oder gar Verluste von Informationen eintreten.[3]

---

1) DIGITAL EQUIPMENT (Hrsg.)(ALL-IN-1), S. 4.; ; IBBG (Hrsg.) (Titan V), o.S.; Krüger I. (Archiv), S. 46.

2) Chorafas D.N./Steinmann H. (Technology), S. 115 f.

3) Schabacker E. (Büroanwendungen), S. 12.

2.6.2.3.1 Datenbankmanagement-Systeme (DBMS)

Der Einsatz von Datenbankmanagement-Software auf dem Personal Computer entspricht dem Wunsch vieler Endbenutzer, persönliche, auf Ihre speziellen Informationsbedürfnisse ausgerichtete und jederzeit anpassbare Informations-Systeme aufzubauen. Während bis Ende der 70er Jahre die Informationssysteme noch vorwiegend zentral als komplexes System gestaltet waren, wurden mit dem Einzug des Personal Computers in die Informationsverarbeitung zum ersten Mal Möglichkeiten geschaffen, einfach strukturierte, dezentrale und vor allem benutzerfreundliche Informationssysteme aufzubauen.[1]

Anlaß für die Einrichtung persönlicher Datenbankmanagement-Systeme war, daß die in den Unternehmen befindlichen Datenbanksysteme auf der Großrechnerebene die steigenden Informationswünsche der Endbenutzer, verbunden mit Abfragen nach mehreren Kriterien (sog. "Sekundärschlüssel") nicht in ausreichendem Maße befriedigen konnten. Damit bat sich für komplexe und nicht voraussehbare Informationswünsche in den Banken die Auslagerung von Großrechnerdaten auf kleinere, auch durch PC's aufbaubare Datenbanken im Rahmen der verteilten Datenverarbeitung an.[2]

Grundsätzlich besteht ein PC-Datenbankmanagement-System aus einer Datenbank, die mehrere Dateien enthält und dem Datenbank-System, welches als Softwarekomponente Verwaltungs- und Zugriffmöglichkeiten sowie die Dialog- und Programmiersprache bereitstellt.[3] In der Praxis werden allerdings die Begriffe "Datenbanken" und "Datenbankverwaltungssysteme" oft synonym verwendet, wobei nicht immer ein Datenbankmanagement-System in dem hier verstandenen

1) Martin J. (Datenbank), S. 167 f.

2) Vortrag von R. Rasi, Schweizerische Kreditanstalt, Zürich, zum Thema "Datenmanagement in einer Großbank" an der Hochschule St. Gallen im Jahre 1990.

3) Janson A. (Auswahl), S. 21.; Uhrig M. (Datenbanksysteme), S. 17 ff.

flexiblen Anwendungsumfeld vorliegt, sondern vielfach nur "Online-Speichermöglichkeiten".[1]

Einen entscheidenden Beitrag zur Öffnung von Datenbankmanagement-Systemen für den nach schnellen, pragmatischen Lösungen suchenden Endbenutzer leistet die Verbreitung relationaler deskriptiver Abfragekonzepte, die dem Benutzer eine weitgehend freie Definition von Abfragewünschen gestatten, ohne daß etwa, im Vergleich zu hierarchisch aufgebauten Datenbanken, zeitaufwendige Suchprozesse durch die Datenbank vorgenommen werden müssen.[2] In diesem Fall tritt die Frage des Abfragewunsches vor die eigentliche Datenhaltung, so daß bei der Informationssuche in einer relationalen Datenumgebung nicht mehr die Dienste bzw. die Geschicklichkeit einer z.T. hochspezialisierten EDV-Gruppe in Anspruch genommen werden müssen.[3]

Das Erscheinungsbild von PC-gestützten Datenbankmanagement-Systemen spiegelt sich einerseits in Einzelprogrammen (z.B. dBase IV) und andererseits in deren Implementierung in integrierten PC-Werkzeugen (z.B. OPEN ACCESS) wieder.[4] Weiterhin gibt es bereits eine Fülle von vorbereiteten Verbindungen zwischen Datenbankmanagement-Systemen und anderen PC-Programmen (z.B. Textverarbeitung), so daß integrierte DV-Arbeitsformen möglich sind. Eine weiteres, in der Zukunft bedeutendes Merkmal von PC-Datenbankmanagement-Systemen ist bedingt durch die zuvor schon erwähnte Verteilte Datenverarbeitung, die zur Entstehung von **mehrplatzfähigen** Anwendungsumgebungen führt, innerhalb derer der PC als Server mehrere andere angeschlossene PC's mit Daten versorgt oder eine Verbindung zu anderen Rechnern herstellt. In bezug auf den letzten Bereich gewinnt insbesondere die organisatorische Gestal-

1) Martin J. (Datenbank), S. 172.

2) Panko R.R. (End User Computing), S. 425 ff.; Vossen U./Witt K.-U. (SQL), S. 263.

3) o.V. (Demokratisierung), S. 44 f.

4) Kopper P.U. (Softwarepakete), S. 2.; Stahlknecht P. (Wirtschaftsinformatik), S. 216.

tung der Verteilung von Daten an Bedeutung, um u.a. die Probleme der Datenintegrität in den Griff zu bekommen. Eng damit verbunden ist die Realisation von einheitlichen Datenbankkonzepten für eine weitgehend durchgängige Systemstruktur vom PC über den Minirechner bis hin zum Großrechner, so daß von einem Datenbankmanagement-System auf dem PC sowohl lokale als auch entfernte Datenbankabfragen in Gang gesetzt werden können.[1] Ein gutes Beispiel für die Fortschritte bei der Schaffung einheitlicher Abfrage- und Sprachumgebungen ist die Implementierung der in der IBM-Großrechnerwelt schon bestehenden Abfragesprache SQL (Structured Query Language) in der neusten Version des Datenbankmanagement-Systems dBase IV der Softwarefirma ASHTON-TATE.[2]

LEISTUNGSMERKMALE

Mit bezug auf das praktische Anwendungsumfeld in der Kreditwirtschaft dienen Datenbankmanagement-Systeme, vergleichbar mit dem Nutzungsumfeld von Spreadsheet-Systemen, vielfach für den Aufbau von Templates. Unterschiedliche Ausprägungen einiger von den Banken genannter Anwendungen auf der Basis von DBMS werden in Textbox 15 aufgezeigt.

Die Einsatzfelder von DBMS'en und Tabellenkalkulationsprogrammen in der bankbetrieblichen Praxis sind oft fließend, so daß für dieselbe Aufgabe, wie beispielsweise das Erstellen einer Liste, grundsätzlich beide Endbenutzer-Werkzeuge verwendbar sind. Jedoch besteht die Stärke von Datenbankmanagement-Systemen im Vergleich zu Tabellenkalkulationsanwendungen in den umfangreichen Abfrage- und Sortiermöglichkeiten bezogen auf den verfügbaren Datenbestand.

Aus praktischer Sicht ergibt sich der Vorteil einer PC-gestützten Datenbank aus dem Vergleich mit manuell geführten Karteikästen bzw. Karteikartensammlungen. Dort ist dem Benutzer eine feste

1) Vortrag von R. Rasi, Schweizerische Kreditanstalt, Zürich, zum Thema "Datenmanagement in einer Großbank" an der Hochschule St. Gallen im Jahre 1990.

2) Herbert H.-P. (zugelegt), S. 108 f.; Stultz R.A. (dBASE IV), S. 437.

DBMS-ANWENDUNGEN IN DER KREDITWIRTSCHAFT

- Terminverwaltungen (z.B. Treuhand- und Festgelder)
- Mahnverfahren (z.B. rückzahlbare Kredite)
- Statistiken (z.B. Zessionen, Kreditrisiken, Personalfluktuationen)
- Adressbewirtschaftung (z.B. Börsentips, Plakatversand, Veranstaltungen)
- Management von Kundenakquisitionsdateien und Treuhandverträgen
- Inventar-/Schlüsselverwaltungen, Bestellwesen
- Telefonverzeichnisse, Aktenpläne
- Ausbildungs- und Kadernachwuchsplanung
- Handbuch-, Manual- und Prospektverzeichnisse
- Buchhaltungen für bestimmte Anlässe/Personenkreise

Box 15: DBMS-Anwendungen in der Kreditwirtschaft

Struktur vorgegeben, so daß beispielsweise Zusätze auf den Karteikarten oder Such- und Sortiervorgänge nach verschiedenen Anmerkungen nur mit großem Zeitaufwand möglich sind. So kann in manuell geführten Karteisammlungen nur nach einem Kriterium, nämlich des eigentlichen Ordnungsbegriffes (z.B. Nachname), gesucht werden, während Suchvorgänge nach anderen Informationen jeweils die Durchsicht sämtlicher Karteikarten erfordern. Der Arbeitsaufwand wird sich dabei zusätzlich potenzieren, sofern der Anwender sich entschließt, ein Karteisystem mit einem anderen, ebenfalls häufig benutzten, Ordnungskriterium (z.B. Wohnort) aufzubauen. Bei der Umsetzung einer manuellen Karteisammlung in eine PC-gestütztes DBMS können die Aufbaustrukturen manueller Karteisammlungen weitgehend beibehalten werden, so daß Karteikästen in Dateien (Relationen), Karteikarten in Datensätzen und die vorgenommenen einzelnen Eintragungen auf Karteikarten in Datenfeldern darstellbar sind und damit eine benutzerfreundliche Anwendungsumgebung entsteht.[1]

Die entscheidenden Vorteile eines computerunterstützten Datenbankmanagement-Systems liegen in den leichten und vor allem gleichzeitigen Zugriffsmöglichkeiten sowohl auf mehrere Dateien, verschiedene Datensätze, als auch in der hohen Änderungsfreund-

1) Rieß F. (Standardsoftware), S. 9 ff.

lichkeit, die durch die Unabhängigkeit der Daten von der zugrundeliegenden Struktur bedingt ist.[1]

Mit Blick auf den Leistungsumfang erlaubt ein Datenbankmanagement-System unter anderem die Erstellung der Datenbankstruktur, verschiedene Datenmanipulations- und -suchmöglichkeiten bis hin zur Definition individueller Berichte. In Hinblick auf die Festlegung der Datenbankstruktur muß der Benutzer die durch das Datenbankmanagement-System vorgegebenen Datentypen beachten und kann, abgesehen von strukturierten Datentypen (z.B. Datum/Zahlen), vor allem in den jüngeren dBASE-Versionen auch unstrukturierte Daten in Form von Textfragmenten verwalten. Von dieser Seite betrachtet zeichnet sich eine Angleichung von Datenbankmanagement-Systemen zu Dokumenten-Retrieval-Systemen ab. So können in den dBase-Versionen III Plus (5.000 Zeichen) und IV (64.000 Zeichen) auch größere Zeichenketten in dem für die unstrukturierte Datenverarbeitung vorgesehenen "MEMO"-Feld abgespeichert und sogar, jedenfalls in der Programmversion IV, für diesbezügliche Selektionen vorbereitet werden.[2] Auf diese Weise sind persönliche Notizen mit strukturierten Daten verknüpfbar, so daß der Aussagegehalt eines Datenbankmanagement-Systems sich erheblich verbessert.

Hinsichtlich der zur Verfügung stehenden Abfrage- und Manipulationsmöglichkeiten wurde von den Interviewpartnern vielfach auf die Vorteilhaftigkeit bei der Durchführung sog. "Joint-Operationen" hingewiesen.[3] In diesem Fall können, wie Abbildung 21 zeigt, Teile aus verschiedenen Tabellen zu einer neuen Tabelle verknüpft und damit Informationen aus mehreren Datenbanken mit Hilfe eines bestimmten Datenfeldes (z.B. "ZRNR") zusammengefaßt werden, welches die Verbindung zu anderen Tabellen herstellt.

1) Janson A. (Auswahl), S. 32 ff.

2) Herbert H.-P. (zugelegt), S. 105 ff.

3) Janson A. (Auswahl), S. 44 f.; Stultz R.A. (dBase IV), S. 298 ff.

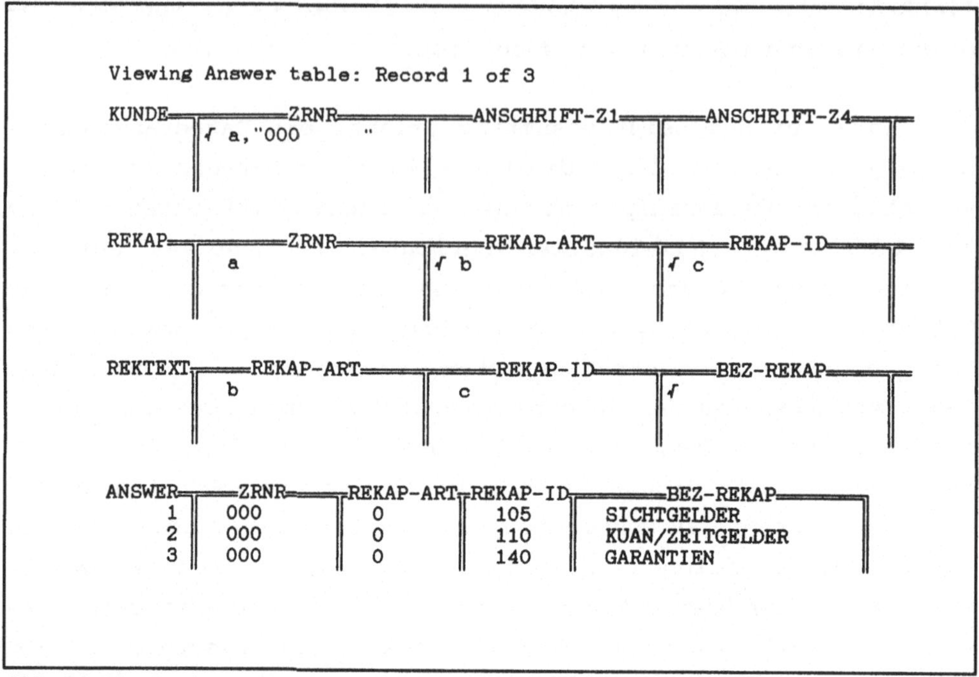

Abb. 21: Kreditüberwachung mit "Query by Example"

Andere vorteilhafte Arbeitsmöglichkeiten ergeben sich aus den schnellen Zugriffsmöglichkeiten mit Hilfe umfassender Indexierungen, die mit der Vergabe von Stichworten bzw. Schlüsselbegriffen vergleichbar sind. Ein Datenbankmanagement-System erlaubt dabei, bezogen auf eine Datei, die Bildung mehrerer Indizes, so daß umfangreiche Vorsortierungen der Datenbank nach bestimmten Stichworten erfolgen können.[1] In diesem Fall arbeitet das Datenbankmanagement-System bei bestimmten Datenverwaltungsfunktionen - wie z.B. der Selektion bestimmter Datumsausprägungen für die ein Index zum Datentyp "DATUM" definiert wurde - nicht in der Hauptdatei, indem jeder Datensatz von vorne nach hinten durchsucht wird, sondern ausschließlich in der schon vorsortierten Indexdatei, so daß das Abfrageergebnis sehr schnell bereitsteht.

Schließlich stehen in einem Datenbankmanagement-System, wie dBASE, ebenso wie bei Spreadsheet-Systemen auch verschiedene, z.T. einfache Rechenfunktionen bereit, die zusammen mit den

1) Panko R.R. (End User Computing), S. 446 f.; Uhrig M. (Datenbanksysteme), S. 84 f.

Abfrage- und Manipulationsergebnissen in individuelle Berichte einfließen und für wiederkehrende Datenbankabfragen abgespeichert werden können.

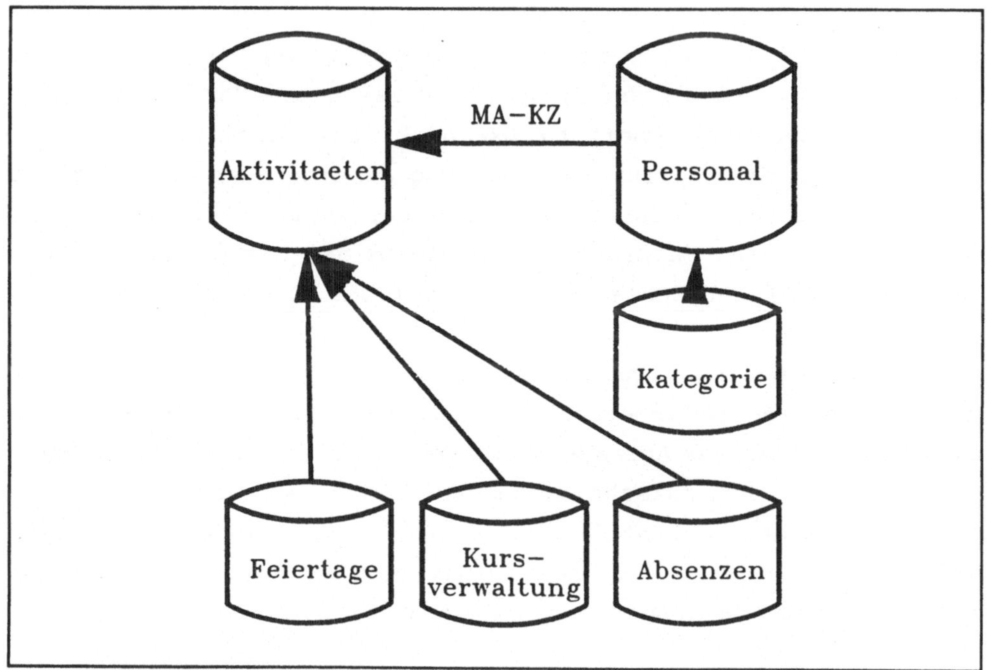

Abb. 22: Personalplanung mit "dBase"

Abbildung 22 zeigt die Struktur einer mit Hilfe von dBASE konzipierten Personalplanung in der Schweizerischen Bankgesellschaft, welche aus 6 verschiedenen Dateien besteht, deren Inhalte in verschiedenste, z.T. schon vorbereitete Berichte fließen.[1] Mit Hilfe dieses Templates sollen die Kursverwaltung, das Absenzmeldungswesen sowie die Laufbahnplanung für sämtliche Mitarbeiter der SBG erfolgen. Abgesehen von umfangreichen Datenmanipulationen und -selektionen erlaubt das Programm eine Vorausschau der Absenzen, Kursbesuche und Einsätze von Bankmitarbeitern für jeweils drei verschiedene Zeiträume, die stellvertretend für eine kurz kurzfristige (11 Wochen), mittelfristige (12 Monate) und langfristige (34 Monate) Planung stehen. Dazu können mit Hilfe verschiedener Selektionskriterien mehrere Berichte, wie "Besuchte Kurse

1) SBG (Hrsg.)(Personalplanung), o.S.

pro Mitarbeiter" oder "Alle Mitarbeiter eines bestimmten Kurses" erstellt werden.

Ein zunehmend an Bedeutung gewinnendes Leistungskriterium von dezentral nutzbaren Datenbankmanagement-Systemen liegt in der Implementierung benutzerfreundlicher Abfrageumgebungen, wie dies mittlerweile auch in der jüngsten Version des DBMS-Klassikers dBase mit dem sog. "Query by Example" (QBE) realisiert wurde.[1] Im Rahmen dieser Applikationsumgebung arbeitet der Anwender mit einer Abfrageoberfläche, innerhalb derer er nur noch die von ihm gewünschten Daten "ankreuzen" muß, ohne die herkömmlichen deskriptiven Abfragebefehle einzusetzen (Vgl. Abb. 21)

So argumentiert z.B. **MARTIN**, daß sich "Query by Example" gerade für ungeübte Anwender eignet, so daß schon innerhalb kürzester Zeit selbst komplexe Abfragen mit mehreren Bedingungen ausgeführt werden können. Ein entscheidender Vorteil dieser Abfrageumgebung für den Anwender besteht nach seiner Auffassung darin, daß dieser weder Informationen über den Inhalt der Datenbank noch zu den Tabellen- oder Feldnamen besitzen muß.[2]

2.6.2.3.2 Dokument-Retrieval

Unter ergonomischen Gesichtspunkten betrachtet kann mit Hilfe computerunterstützter Dokumenten-Retrieval-Systeme das gewohnte Arbeitsumfeld für manuelle Ablage- und Retrievalprozesse in Form von Ablagestapeln, Akten, Notizen etc. unter Zuhilfenahme grafischer Symbole nachgebildet und damit eine benutzerfreundliche Anwendungsumgebung geschaffen werden. Dazu gehört auch eine Ablageunterstützung nach bestimmten Fällen oder Projekten, die Aufnahme vorübergehender kontextbezogener Hinweise, sowie eine optische Sichtbarmachung des Umfangs einzelner Dokumente in einem überge-

---

1) Herbert H.-P. (zugelegt), S. 105 f.; Stultz R.A. (dBase IV), S. 157.

2) Martin J. (Datenbank), S. 125 ff.

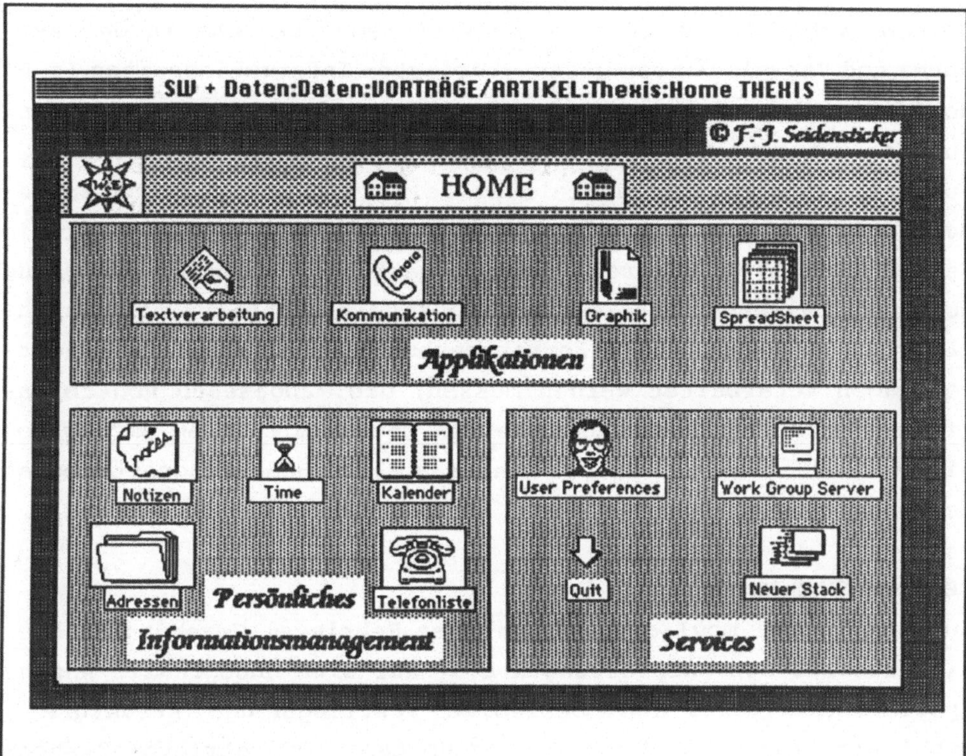

Abb. 23: Retrieval-Oberfläche - "HyperCard"

ordneten Gesamtvorgang.[1] Als Beispiel für eine derartig endbenutzerfreundliche Retrievalumgebung sei das HyperCard-Programm für Macintosh-PC's angeführt, welches u.a. zum Aufbau von Retrieval-Systemen einsetzbar ist. Wie Abbildung 23 zeigt, kann mit diesem PC-Werkzeug eine umfassende Informations- und Nachschlageumgebung auf der Basis von graphischen Symbolen aufgebaut werden.[2] Während im oberen Bildschirmabschnitt der Anwender auf verschiedene Applikationen zugreifen kann, erfüllt der links unten gezeigte Funktionsbereich Informationsmanagementaufgaben (z.B. Kalenderführung) und der sich rechts befindliche Arbeitsbereich andere Servicefunktionen, wie beispielsweise Zugriffe auf einen Server.

---

1) Freiburg D. (Dokumenten-Retrievalsystemen), S. 32 f.

2) Seidensticker F.-J. (Hypertext), S. 12.

Ein besonderes Abgrenzungskriterium von Retrieval-Systemen zu herkömmlichen Datenbankmanagement-Systemen besteht in der Aufnahme und Verwaltung von **unstrukturierten** Informationsarten (z.B. Notizen) und der Unterstützung flexibler Ordnungs- und Abspeicherungsstrukturen, die sich weitgehend von der strengen tabellengebundenen Informationsdarstellung relationaler Datenbankmanagement-Systeme lösen.[1] So liegen beispielsweise die Gründe für die Verwendung von strukturell offenen Retrieval-Systemen mit Bezug auf die anfallenden Arbeiten bei der Kreditsachbearbeitung darin, daß große und komplexe Informationsbestände in Form von Kreditverträgen verarbeitet werden müssen, die, abgesehen von formatierten Daten, aus unstrukturierten Texten mit einem Umfang von bis zu 100 Seiten sowie mehreren 100 Bedeutungsattributen bestehen können.[2]

LEISTUNGSMERKMALE

Aus Sicht einer möglichst effizienten Retrieval-Umgebung richten sich deshalb die Anforderungen u.a. auf eine unbegrenzte Anzahl speicherbarer Texte sowie beliebiger Textlängen und -strukturen[3], wobei der Leistungsumfang der angebotenen PC-Retrieval-Systeme in bezug auf die möglichen Satzlängen jedoch z.T. sehr unterschiedlich ist und von begrenzten bis zu unbegrenzten Formaten reicht[4]. So ermöglicht beispielsweise das Endbenutzer-Werkzeug Agenda (Lotus Development Corp.) einerseits die Verwaltung von kurzen Textfragmenten (sog. "items") von bis zu maximal 350 Zeichen und andererseits von längeren Texten (sog. "notes") bis zu einem Höchstumfang von 10.000 Zeichen.[5]

1) Bäurle R. (Archive), S. 100.; o.V. (Document-Retrieval-Systeme), S. 5 f.

2) Grossmann W./Wolf T. (Kreditinstitut), S. 306.

3) o.V. (Bürokommunikations-Produkte), S. 6.

4) Bäurle R. (Archive), S. 100 ff.; IBBG (Hrsg.)(Titan V), o.S.; midas (Hrsg.)(LARS), o.S.; SOFT-SYSTEM (Hrsg.) (FREEBASE), o.S.; o.V. (Document-Retrieval-Systeme), S.4 ff.

5) Nastansky L. (Softwarewerkzeuge), S. 16.

Grundsätzlich kann der Aufbau eines Retrieval-Systems für Texte entweder über eine Volltexterfassung oder die Vergabe von Deskriptoren erfolgen; beide Erfassungsformen können auch eine Symbiose eingehen.

Bei der **Volltext-Erfassung** tritt der Unterschied zu herkömmlichen Datenbankmanagement-Systemen am deutlichsten hervor, da dort, von wenigen Ausnahmen (z.B. Füllwörter/Sonderzeichen) abgesehen, die gesamte Textmenge und damit jedes einzelne Wort zum Ablagekriterium wird.[1] Um den mit Volltext-Retrieval-Systemen verbundenen Nachteil der gleichgewichtigen Bedeutung sämtlicher Wörter zu beheben, wurden bereits Retrieval-Systeme entwickelt, die systemseitig Gewichtungen vornehmen, die sich nach der Vorkommenshäufigkeit eines Wortes in dem betreffenden Dokument richten.[2]

Sofern die inhaltliche Erfassung der vorliegenden Dokumente auf Basis von **Deskriptoren** erfolgt, wählt der Büroarbeiter bestimmte Zeichenfolgen, die auch aus mehreren Wortkombinationen bestehen können aus, welche die Bedeutung des vorliegenden Dokuments wiedergeben. In diesen Fällen erfolgt, vergleichbar mit herkömmlichen Datenbankmanagement-Systemen, die Bildung von indexierten Dateien, indem zunächst die am wichtigsten erscheinenden Bedeutungsattribute "auf Verdacht" in entsprechende Deskriptoren für die spätere Informationsabfrage überführt werden.[3] Die verwendeten Deskriptoren können sowohl durch inhaltliche, bibliographische als auch kontextbezogene Attribute gekennzeichnet sein.[4]

---

1) Bäurle R. (Archive), S. 103.; IBBG (Hrsg.) (Titan V), o.S.; SOFT-SYSTEM (Hrsg.) (FREEBASE). o.S.

2) Salton G. (Introduction), S. 131 ff.

3) Stahlknecht P. (Wirtschaftsinformatik), S. 206 f.

4) Mresse M. (retrieval), S. 6 ff.

Soweit die Deskriptorvergabe durch das Computersystem unterstützt wird, erfolgt eine automatische Bestimmung von Bedeutungsattributen, verbunden mit deren anschließender Abspeicherung in einer Wortliste bzw. einem Thesaurus.[1] So erlaubt beispielsweise das beim Bayerischen Sparkassen- und Giroverband eingesetzte Archivierungssystem "DISOSS" der Computerfirma IBM in Verbindung mit dem IBM-PC-Programm "PCBüro" die Erstellung umfangreicher Dokumentationsprofile auf Basis von mehreren verknüpfbaren Deskriptoren, die einen Umfang von bis zu 180 Zeichen annehmen können. Neben der Anlage von Registraturplänen für neun ausgewählte Hauptgruppen (z.B. Spargeschäft), die inhaltliche Verweise auf bestehende Aktenbände geben, besteht zusätzlich die Möglichkeit, zu wichtigen Beständen Einzeldokumentbeschreibungen unter Zuhilfenahme von Deskriptoren zu verfassen.[2]

Bei der manuellen Vergabe von Deskriptoren können Retrieval-Systeme den Anwender bei der Auswahl von Bedeutungsattributen durch die Einblendung der Deskriptorenliste unterstützen, damit dieser jederzeit einen Überblick zu den bisher vergebenen Attributen, gegebenfalls zusammen mit deren konkreten Bedeutungsinhalt hat. Auf diese Weise sollen selbst verschiedene Anwender vergleichbare Bedeutungsinhalte mit denselben Deskriptoren versehen, so daß die Einheitlichkeit der inhaltlichen Dokumentenerfassung sichergestellt wird.[3] Eine mit Retrieval-Systemen realisierbare, weitgehend aktive Unterstützung bei der manuellen Vergabe von Deskriptoren besteht in der laufenden Kommentierung des Indexierungsprozesses. Dort gibt es bereits Applikationen, in denen der PC bei der Nichtvergabe bestimmter Deskriptoren eine diesbezügliche Meldung an den Anwender sendet.[4]

---

1) Salton G. (Introduction), S. 55 ff.

2) Krüger I. (Archiv), S. 45.

3) Bäuerle R. (Textrecherche), S. 68.; Salton G. (Introduction), S. 54.

4) Gregor B./Krifka M. (Einsatzmöglichkeiten), S. 73.

In Hinblick auf die Vergabe von Deskriptoren wird in der Literatur die Meinung vertreten, daß aufgrund der vielfach bestehenden Komplexität des Bürobereiches eine Festlegung von vollständigen Deskriptorensammlungen unmöglich sei und daß darüber hinaus eine persönliche Interpretation von Dokumenten erst über eine manuelle Bewertung mit Hilfe selbst gewählter Deskriptoren möglich erscheine.[1] Andererseits ist, mit Blick auf den z.T. aufwendigen und intellektuellen Prozess der manuellen Vergabe von Deskriptoren, gerade die automatische Indixierung für den ungeübten Büroarbeiter von Vorteil.[2]

PROBLEME BEI RETRIEVAL-SYSTEMEN

- Mangelnde Genauigkeit bei der Deskriptorauswahl
- Probleme beim Verständnis vorgegebener Deskriptoren
- Unstimmigkeiten bei der Auswahl von Deskriptoren zwischen verschiedenen Mitarbeitern für ein und dasselbe Dokument
- Dynamische Veränderungen des Aussagegehaltes von Dokumenten (z.B. durch Änderung) mit Wirkung auf deren Bedeutungszusammenhang
- Mangel an Möglichkeiten, durch Deskriptoren unterschiedliche Textzusammenhänge-und -ausprägungen darzustellen

Box 16: Probleme bei Retrieval-Systemen

Trotz Computerunterstützung können sich jedoch vielfältige Probleme beim Aufbau und der Nutzung von Retrieval-Systemen ergeben, deren Umfang Textbox 16 aufzeigt.[3]

---

1) Mresse M. (retrieval), S. 16 f.

2) Salton G. (introduction), S. 59.

3) Drewes B. (Analogy), S. 238 ff.; Raghavan V.V./Ip M.Y.L. (Stability), S. 214 ff.; Salton G. (Introduction), S. 408 ff.

Nach Aufbau des Retrieval-Systems prüft der Computer im Rahmen der **Informationsabfrage** jeweils, in welchen Dokumenten einzelne oder mehrere, über logische Operatoren (z.B. "UND"/"ODER") verknüpfte, Attribute vorliegen. In bezug auf die Verwendung von logischen Operatoren können Retrieval-Systeme sowohl manuelle als auch automatische Verknüpfungen unterstützen.[1] Im letzten Fall gibt der Anwender die in Frage kommenden Attribute der Reihe nach ein, während das Retrieval-System jeweils automatisch "UND"-Verknüpfungen setzt, so daß bei zunehmender Anzahl eingebener Suchbegriffe die Suchstrategie schrittweise verfeinert wird. PC-gestützte Retrieval-Systeme erlauben vielfach die Definition von beliebig großen Rechercheketten, die auf verschiedenen Verknüpfungskriterien basieren, sowie eine Abspeicherung wiederkehrender Abfragevorgänge mit Hilfe der Makrotechnik.[2] Die Makrotechnik erscheint vor allem dann als interessant, wenn der Anwender in periodischen Abständen Neuzugänge innerhalb des Dokumentenarchives finden möchte.

Ein charakteristisches Merkmal vieler Retrieval-Systeme besteht in der Erkennung von Abfragen, innerhalb derer die Schreibweise des Abfrageattributes nicht exakt mit den abgespeicherten Deskriptoren übereinstimmt und deshalb ähnliche Begriffe bei der Suche nach geeigneten Dokumenten berücksichtigt werden müssen.[3] Eine weitere gebräuchliche Form der Informationsabfrage liegt in der Verwendung von Abkürzungen bzw. mehrdeutiger Schlüsselwörter, mit denen der Anwender nach bestimmten Wortfragmenten, wie beispielsweise Anfängen oder Endungen suchen kann. In diesem Fall setzt der Anwender an die Stelle, deren Zeichen offengelassen werden soll ein Ersatzzeichen (sog. "wildcard") in Form eines

---

1) Freiburg D. (Dokumenten-Retrievalsystemen); S. 59 ff.+97.

2) IBBG (Hrsg.)(Titan V), o.S.; midas (Hrsg.)(LARS), o.S.

3) Bäurle R. (Archive), S. 104.; Gregor B./Krifka M. (Einsatzmöglichkeiten), S. 72 f.; midas (Hrsg.)(LARS), o.S.; SOFT-SYSTEM (Hrsg.)(FREEBASE), o.S.

Sternchens oder Fragezeichens je nach Systemausführung.[1] Ein weiterer durch Retrieval-Systeme unterstützter Abfragemechanismus besteht in der Durchführung von Distanzrecherchen, innerhalb deren der Computer im Rahmen der Selektion ausschließlich Dokumente auswählt, in denen beispielsweise bestimmte Wortpaare (z.B. "relative Häufigkeit") in einer festgelegten Reihenfolge zueinander stehen.[2]

Ein nicht zu unterschätzendes Problem bei Informationsabfragen in der Büroumgebung ist die häufig anzutreffende mangelnde inhaltliche Problemsicht des Endbenutzers. Dies bedeutet, daß zunächst eine Suchstrategie mit unvollständigen Suchbegriffen formuliert wird oder aber bestimmte Diskriptoren gar keine Verwendung finden.[3] Aus ergonomischer Sicht bietet sich deshalb in Hinblick auf die Implementierung einer benutzerfreundlichen Interaktionbeziehung zwischen Anwender und Retrieval-System verschiedene Erinnerungs- und Formulierungshilfen an.[4] So ist etwa im Vergleich zu Datenbankmanagement-Systemen, deren Informationsgewinnungsprozess i.d.R. auf bekannten Daten basiert, die Suche nach problemadäquaten Deskriptoren im Rahmen einer Retrieval-Umgebung durch eine intensive Frage- und Antwortbeziehung gekennzeichnet. Aus diesem Grund sollten Retrieval-Systeme vor allem fließende Übergänge zwischen Browsing- und Selektions-Prozessen bieten.[5] So gab es bereits auf dem Gebiet der Retrievalforschung schon Überlegungen, bei der Abfrage den Bedeutungszusammenhang und die Beziehungen zwischen Deskriptoren zu beleuchten[6] oder

1) IBBG (Hrsg.)(Titan V), o.S.; midas (Hrsg.)(LARS), o.S.; o.V. (Document-Retrieval-Systeme), S. 5.

2) Andreae W. (Helfer), S. 16.; Freiburg D. (Dokumenten-Retrievalsystemen), S. 65.

3) Freiburg D. (Dokumenten-Retrievalsystemen), S. 33.

4) Freiburg D. (Dokumenten-Retrievalsystemen), S. 100 ff.

5) Christodoulakis S. (Filing), S. 83.; Lee D./Lochovsky F. (Machines), S. 339 f.

6) Knorz G. (Indexing), S. 181.

typische Eigenschaften zu berücksichtigen, wie z.B., ob es sich bei dem abgelegten Dokument um ein Angebotsschreiben oder ein reines Informationsschreiben handelt. Der letzte Fall impliziert einen weit über herkömmliche Abfragevorgänge hinausgehenden Prozess, der mit einem inhaltlichen Verständnis der Dokumente verbunden ist.[1]

Als **Abfrageergebnis** können Retrieval-Systeme die Anzahl der gefundenen Texte (Trefferquote) ermitteln oder bei einer erfolglosen Recherche in einem speziellen Fenster diejenigen Deskriptoren anzeigen, die dem verwendeten Abfragebegriff am ähnlichsten sind. Die Anzeige der Deskriptoren ermöglicht dem Anwender festzustellen, ob das gesuchte Attribut entweder falsch eingegeben oder möglicherweise noch gar nicht erfaßt wurde.[2] Auf dem Gebiet der Präsentation von Abfrageergebnissen bei Volltext-Retrieval-Systemen sind zur Abwendung einer zu großen Informationsflut sogar schon Anwendungen entwickelt worden, die auf Basis einer Gewichtung einzelner Deskriptoren beruhen.[3] So gibt es bereits Retrieval-Systeme, die dem Anwender nur diejenigen Texte präsentierten, die mit einer vorgegebenen subjektiven Gewichtigung als Richtwert mindestens übereinstimmen müssen, wobei gegebenfalls nur diejenigen Texte in absteigender Reihenfolge ausgewählt werden, die mit den höchsten Gewichten korrespondieren.[4]

Eine besonders komfortable und zukunftsträchtige Retrievalumgebung, besteht in der Unterstützung sog. "Hypertextstrukturen".[5] Auf Basis dieser seit etwa 1987 auf PC's verfügbaren Retrieval-Konzepte können umfangreiche, logisch miteinander verknüpfte

---

1) Drewes B. (Analogy), S. 239 ff.

2) Bäurle R. (Archive), S. 104.; IBBG (Hrsg.)(Titan V), o.S.

3) Mresse M. (retrieval), S. 18 ff.

4) Salton G. (Introduction), S. 47 f.+211 ff.

5) Bäurle R. (Archive), S. 104 f.; Seidensticker F.-J. (Hypertext), S. 8 ff.

Informationsammlungen angelegt werden. Die Informationen sind dort, etwa vergleichbar mit dem Aufbau einer Enzyklopädie, mit einer Vielzahl von Referenzen bzw. Querverweisen auf andere Informationsquellen angelegt. Auf diesem Gebiet gibt es mittlerweile **Hypermedia-Systeme**, die abgesehen von Texten auch für Bilder, Grafiken, digitalisierte Sprache und Musik flexibel bestimmbare Ablage- und Ordnungsstrukturen ermöglichen.[1] Ein entscheidender Vorteil der Verkettung von einander ergänzenden Informationsarten besteht darin, daß mit Bezug auf das Information-Retrieval die Informationstiefe, unabhängig von dem Abspeicherungsort, zunimmt und sich damit auch der Nutzen einer Retrieval-Anwendung verbessert.[2]

Abbildung 24 zeigt auf vereinfachte Weise das Hypermedia-Konzept, welches auf der Einrichtung sog. "buttons" basiert, die als computergestützte Verbindung zwischen verschiedenen Informationsarten auffaßbar sind und mittels Maustechnik aktiviert werden können. Der links abgebildete Informationsteil 1 gibt die aktuelle Bildschirmoberfläche des Benutzers wieder, welche z.B. Notizen, Termine oder Grafiken umfassen kann. Sobald nun der auf dem Bildschirm sichtbare und mit bestimmten Informationen verbundene "button" mit Hilfe der Maus aktiviert wird, erscheinen weitere Informationshinweise, die gegebenfalls in den Vordergrund geholt werden können. Ein anderes, ebenfalls auf diesem Organisationsprinzip basierendes Retrieval-System für die Verwaltung unstrukturierter Textdaten ist das bereits anfangs erwähnte Endbenutzerwerkzeug Agenda (Lotus Development Corp.), welches Texte aufnimmt, die direkt oder über Schnittstellen zu beispielsweise anderen Computerprogrammen oder Kommunikationsanwendungen (z.B. Electronic Mail) einfließen. Das besondere an diesem Retrieval-System liegt in dessen Modellierung als "schwarzes Datenloch",

1) Seidensticker F.-J. (Hypertext), S. 8 ff.

2) Otten K.W. (Informationsmanagement), S. 37 f.

so daß eine weitgehend ungeordnete Ankunft und Erfassung von textlichen Dokumenten möglich ist.[1]

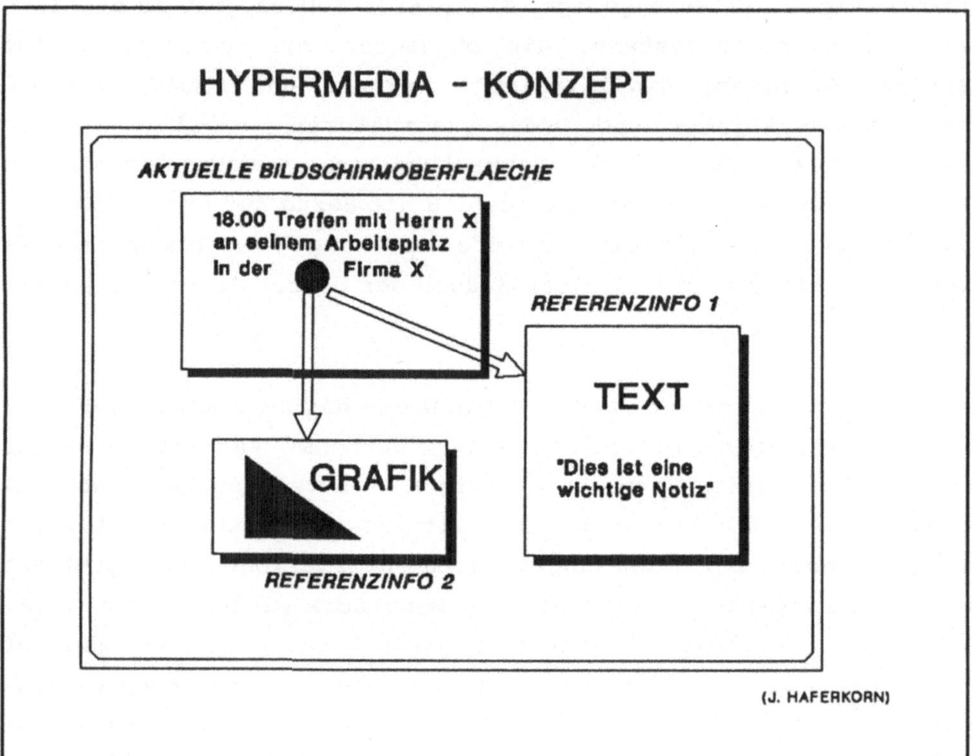

Abb. 24: Hypertext-Konzept

1) Nastansky L. (PIM), S. 12.

2.6.2.4 Dokumenterstellung und Informationspräsentation

2.6.2.4.1 Textverarbeitung

Die Textverarbeitung stellt ein klassisches Einsatzgebiet des PC's im Sinne einer "stand-alone"-Lösung dar[1], wobei aus heutiger Sicht ein verstärkter Trend zur Implementierung mehrplatzfähiger Textverarbeitungsanwendungen gegeben ist[2]. Während in der Vergangenheit für die Textverarbeitung vorwiegend sog. "dedizierte" Textverarbeitungssysteme und damit spezielle Computer, die nur auf die Textverarbeitung ausgerichtet sind, verwendet wurden, läßt sich seit einiger Zeit eine teilweise Substitution dieser Anwendungen durch PC-Textverarbeitungsprogramme ausmachen.[3]

Insgesamt gesehen läßt sich feststellen, daß der Textverarbeitung in der Bank eine "erklärende" Funktion bei der Erstellung verschiedenster Schriftstücke zukommt, die mit Ergebnispräsentations-, Produktiv- und Verwaltungsaufgaben verbunden sein kann.[4]

Für die Erstellung von Texten auf PC's spricht vor allem, daß der Editions- und Formatierungsvorgang in einem Schritt durchführbar ist und die Texterstellung sich im allgemeinen als sehr komfortabel und flexibel erweist. Andere Vorteile der Textverarbeitung liegen beispielsweise darin, daß jeweils beliebig viele Textoriginale produzierbar sind. Darüber hinaus können - in Verbindung mit Textbausteinen - vorbereitete Texte individuell zusammengestellt und damit erhebliche Rationalisierungspotentiale freigesetzt werden.[5]

---

1) Kapitza G. (Büroautomation), S. 54.

2) Pleil G.J. (Notlösung), S. 10.

3) Gregor B./Krifka M. (Einsatzmöglichkeiten) S. 45.; Pleil G.J. (Notlösung), S. 10.

4) Wintersteiger W. (Anwendungsmöglichkeiten), S. 131 ff.

5) Klappert F.W. (Schreibkraft), S. 11.

Ohne auf die einzelnen Funktionen von Textverarbeitungsprogrammen im Detail einzugehen, die durch eine große Vielfalt gekennzeichnet sind, sei auf einige wesentliche Trends verwiesen, die durch den Verband für Textverarbeitung (VTV) im Jahre 1989 für computerunterstützte Textverarbeitungsfunktionen in Umlauf gebracht wurden und die in Textbox 17 aufgeführt sind.[1]

TRENDS BEI DER PC-TEXTVERARBEITUNG

- Verbreitung von Mehrplatzsystemen
- Einsatz von höherauflösenden grafikfähigen Bildschirmen
- Vermehrte Zusatzanwendungen: Bausteinverarbeitung, Adreßverwaltung, Rechtschreibhilfen, Rechenfunktionen, etc.
- Einbindung von geräuscharmen und schnelleren Typenraddruckern sowie Laserdruckern
- Integration in Datenverarbeitungsfunktionen
- Kommunikationsfähigkeit (z.B. Teletex)

Box 17: Trends bei der PC-Textverarbeitung

INTEGRIERTE TEXT-UND DATENVERARBEITUNG

Ein gutes Beispiel für die derzeit im Trend liegende integrierte Textverarbeitung und damit für die Verknüpfung von Textverarbeitungs- mit Datenverarbeitungsfunktionen ist das in der Schweizerischen Bankgesellschaft eingesetzte PC-Programm "Simple Address Manager" (SAM), dessen Funktionalität Abbildung 25 verdeutlicht.[2] Mit Hilfe von "SAM" können die Mitarbeiter der SBG seit 1988 die Adressverwaltung mit Unterstützung des auf optischen Speichermedien verfügbaren Telefonbuchs "Telerom" vornehmen und diese in die Erstellung von Serienbriefen mit verschiedenen PC-Textverarbeitungsprogrammen einbinden. Über die Datenverarbeitungskompo-

---

1) VTV (Hrsg.)(Produktauswahl), S. 8.

2) SBG (Hrsg.)(SAM), o.S.

nente können die elektronisch verwalteten Telefonadressen, die nach verschiedenen Kriterien selektierbar sind, direkt in die Serienbrieferstellung übernommen werden. Der Vorteil einer Kopplung der Textverarbeitung mit dieser Datenbankanwendung besteht vor allem in den, bedingt durch die rationellere Adressbewirtschaftung möglichen, aktuellen Adressinformationen. Damit weisen die erstellten Schriftstücke stets eine hohe Aktualität und Treffsicherheit in bezug auf den gewünschten Adressatenkreis auf.

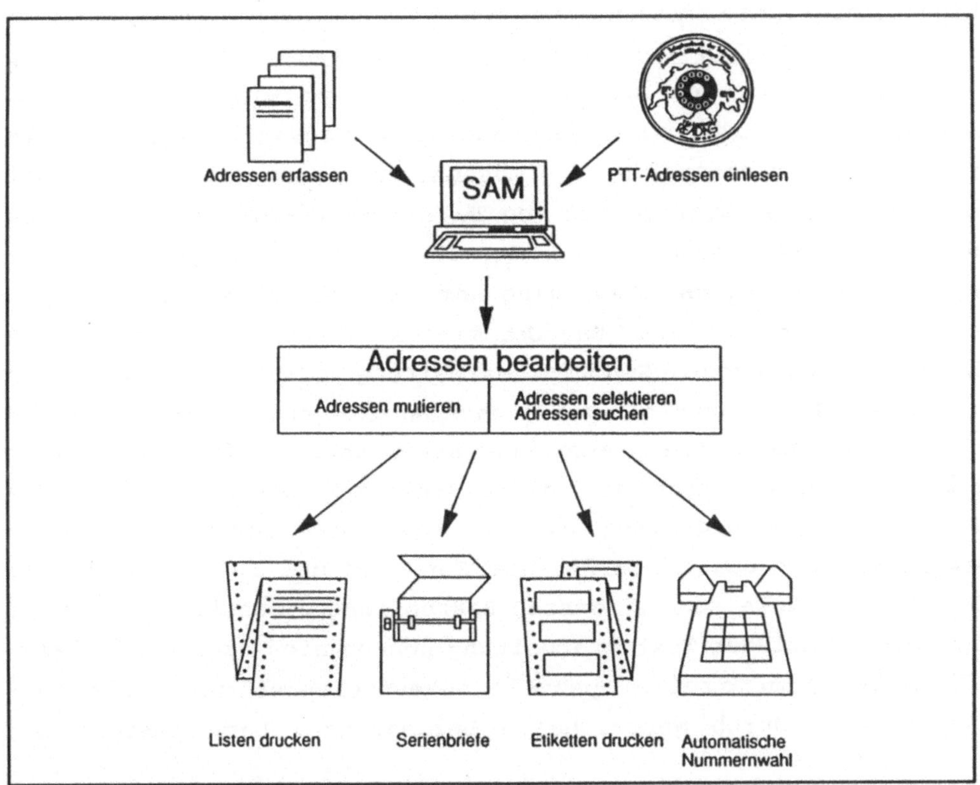

Abb. 25: Integrierte Text-/Datenverarbeitung - "SAM"

Das klassische Aufgabengebiet der Textverarbeitung auf PC's liegt in den Bereichen der Texterstellung, -änderung, -einfügung und -löschung sowie in Kopier- und Vertauschprozessen. Dabei besteht nach Auffassung des Bundesverbandes der Deutschen Volksbanken und Raiffeisenbanken (BVR) ein wesentlicher Vorteil der Herstellung von Schriftstücken auf dem PC in der Änderungsfreundlichkeit z.B.

bei nachträglichen Ergänzungen und Korrekturen, welche unmittelbar mit konkreten Kosteneinsparungen nachgewiesen werden können.[1] So kann in Hinblick auf die Realisation des "papierlosen Büros" die Textverarbeitung einen wesentlichen Beitrag leisten, weil die verfügbaren elektronischen Text-Modifizierungsmöglichkeiten auf dem Bildschirm des Büroarbeiters einen zwischenzeitlichen Verbrauch von Papier erheblich reduzieren und somit Papier nur noch ein Endprodukt der Textverarbeitung ist.[2]

FORMULARBEARBEITUNG

Eine interessante Anwendungsform der Textverarbeitung besteht in der in den Banken weit verbreiteten Formularbearbeitung, wie z.B. im Bereich des Auslandsgeschäftes, wo eine Vielzahl von Dokumenten im Rahmen des Geschäftsbesorgungsauftrages der Bank für den Kunden erzeugt werden müssen. In diesem Fall liegt sogar eine teilweise Substitution von Texterstellungsaufgaben vor, da die benötigten Formulare (z.B. S.W.I.F.T.-Meldungen) bereits elektronisch abgespeichert sind und deswegen nicht jedesmal neu erstellt werden müssen.[3] Darüber hinaus unterstützten Textverarbeitungsprogramme die Formularbearbeitung dadurch, daß der Cursor (deutsch: Schreibmarke) automatisch an die jeweils auszufüllende Textstelle positioniert wird.[4] Der Arbeitsbereich der ordnungsgemäßen Formularbearbeitung auf PC-Basis kann auch mit Hilfe der Fenstertechnik begleitet werden, indem der Sachbearbeiter in einem Fenster das auszufüllende Formular und in einem zweiten Fenster die Anweisung zu dessen Bearbeitung präsentiert bekommt. Bei dieser Art der Textverarbeitung können nicht zwingend auszufüllende Formularteile speziell gekennzeichnet sein, wie beispielsweise durch gestrichelte Umrandungen. Dazu besteht die

---

1) BVR (Hrsg.)(Technik), S. 57 ff.

2) BVR (Hrsg.)(Technik), S. 61.; o.V. (Sekretariat), S. 9.

3) Oberländer J. (Auslandsgeschäft), S. 45.

4) Büch E. (Grenzen), S. 235 f.

Möglichkeit zur besseren Übersichtlichkeit, mehrere gleichzeitig zu bearbeitende Dokumente einzublenden.[1]

2.6.2.4.2 Desktop-Publishing (DTP)

Ein entscheidender Meilenstein, der vielfach auch mit einer Aufwertung herkömmlicher Textverarbeitungsfunktionen in Verbindung gebracht wird, liegt in den sich abzeichnenden Einsatzgebieten des sog. "Desktop-Publishing" (DTP), welches auch mit den Begriffen "electronic publishing", "computer aided publishing" etc. genannt wird und vereinfacht ausgedrückt die elektronische Verknüpfung von Text, Grafik und Seitenumbruch umfaßt. Dabei handelt es sich beim DTP um eine integrative Anwendungsplattform, die verschiedene Teilprodukte von PC-Programmen (z.B. Grafik, Textverarbeitung) zu einem Endprodukt zusammenführt. Im Vergleich zu den schon seit längerer Zeit im Einsatz befindlichen Photosatzsystemen können damit eine Vielzahl von Arbeitsschritten von der Erstellung des Manuskriptes bis hin zur Fertigung der Druckvorlage substituiert werden[2], so daß in den Banken die Herstellungskosten für Publikationen etwa halbiert werden können[3].

Abbildung 26 zeigt ein Beispiel für die in der Schweizerischen Kreditanstalt, Deutschland, mit Hilfe des DTP-Programmes "Pagemaker" erstellte Dokumentation für einen PC-Lehrgang. Wie man auf der Abbildung erkennt, bestehen für das Layout der zu erstellenden Dokumente verschiedenste Variationsmöglichkeiten.

Mit Bezug auf die Einsatzbereiche von DTP-Programmen in der Kreditwirtschaft gibt Textbox 18 einige Beispiele.[4]

---

1) Kempf L. (Erfahrungen), S. 44.+50 f.; dgl. (Elektronische Aktenführung), S. 101.

2) Bruderer H. (Synthese), S. 79.; DSGV (Desktop Publishing), S. 384.

3) Chorafas D.N./Steinmann H. (Technology), S. 247.

4) Chorafas D.N./Steinmann H. (Technology), S. 246.; DSGV (Desktop Publishing), S. 384 f.; Munter H. (PageMaker), S. 84 ff.; SBG (Hrsg.)(Anwendungsstudie), S. 21 ff.

SCHWEIZERISCHE KREDITANSTALT (DEUTSCHLAND) AG

Hausinterner Workshop "PC-Grundlagen und LOTUS 1-2-3"

Der PC besteht dem EVA-Prinzip folgend sinngemäß aus drei Teilen:

1. Der Eingabeteil
Im Normalfall erfolgt die Eingabe von Daten, Formeln, Texten usw. über die Tastatur des PC. Andere Eingabemöglichkeiten sind beispielsweise Disketten (z.B. mit neuen Programmen) oder Datenleitungen zu anderen PC oder Großrechnern.

2.Der Verarbeitungsteil
Der eigentliche Rechner, der häufig unter dem Bildschirm steht. In ihm steckt die "Intelligenz", die ihn von einem "dummen" Terminal unterscheidet, das von der Versorgung durch einen Großrechner abhängig ist.

3.Der Ausgabeteil
Zunächst einmal werden Ergebnisse auf dem Bildschirm angezeigt. Weitere Möglichkeiten der Ausgabe sind die Speicherung der gewonnenen Ergebnisse auf der im PC eingebauten magnetischen Speicherplatte (Festplatte) und (da das papierlose Büro noch immer nicht erfunden ist..) der Drucker.

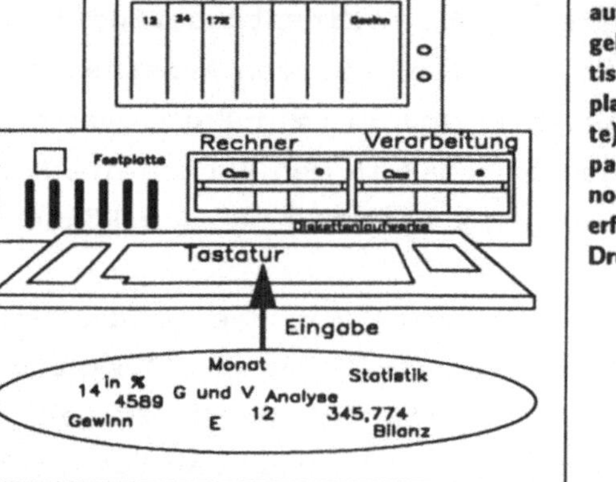

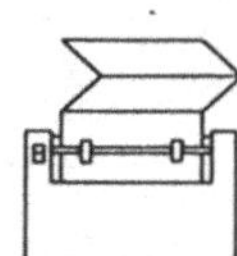

Abb. 26: Desktop-Publishing-Beispiel

Zwar ist die Übernahme von Grafiken auch schon in Textverarbeitungsprogrammen möglich (z.B. Word Perfect 5.0). Diese haben jedoch den Nachteil, daß die integrierten Abbildungen nicht direkt zusammen mit dem Text auf dem Bildschirm angezeigt werden.[1] Professionelle DTP-Systeme (z.B. Ventura Publisher) hingegen erlauben die interaktive Erstellung und Anordnung verschiedenster Informationsarten in einer unverfälschten "What you see is what

1) Gold J. (Word Perfect 5.0), S. 196 f.

EINSATZGEBIETE VON DTP IN KREDITINSTITUTEN

- Broschüren/Prospekte (z.B. Jahresabschlußbericht)
- (Organisations)-Handbücher
- Arbeitsplatzbeschreibungen
- Entscheidungsvorlagen (z.B. Vortragsfolien)
- Projektdarstellungen
- Formulare
- Schulungsunterlagen
- Hauszeitschriften/Rundschreiben

Box 18: Einsatzgebiete des DTP in Kreditinstituten

you get"-Darstellung. Damit kann der Endbenutzer seinen Wünschen entsprechend eine Detailplanung bei der Zusammenstellung von Dokumenten vornehmen.[1]

Ein von den Banken als wesentlich erachteter Grund für den Einsatz von DTP-Programmen liegt darin, daß dadurch beispielsweise Broschüren oder Verkaufsprospekte, nicht mehr auf Vorrat produziert, sondern auf direkte Anforderung erstellt werden können. Dies schließt auch die "ad-hoc"-Erfüllung von Kundenwünschen hinsichtlich verschiedenster Informationsdarstellungen mit ein. In Hinblick auf die Verwendung von DTP-Programmen weist die Schweizerische Bankgesellschaft in ihrem regelmäßig erscheinenden PC-Bulletin auf die besondere Eignung dieser Programme zur Gestaltung eines einheitlichen, nach außen wirksamen Erscheinungsbildes der Bank hin. In deren Hause wurde bereits eine genaue Festlegung von Gestaltungsrichtlinien in Verbindung mit

1) Bruderer H. (Synthese), S. 79.

DTP-Applikationen zur Wahrung einer einheitlichen "Corporate Identity" in Auftrag gegeben.[1]

MERKMALE VON DTP-SYSTEMEN

- Einsatz in Verbindung mit leistungsstarken PC-Systemen (ab 16 Bit-Klasse) und großen Hauptspeicherkapazitäten (mindestens 1-2 MB)
- Graphische Benutzeroberfläche in Verbindung mit der Maustechnik
- Anschluß von Digitizer/Scanner in Verbindung mit Bildverarbeitungsprogramm
- Einsatz einer Seitenbeschreibungssprache für den detailgenauen und schnellen Ausdruck
- Verwendung von ganz- oder doppelseitigen Monitoren
- Integration von leistungsfähigen Text- und Grafik-Programmen
- Einsatz von postscript-fähigen Laserdruckern

Box 19: Merkmale von DTP-Systemen

Für den Einsatz des PC's im DTP-Bereich sind verschiedene Leistungskriterien von großer Bedeutung, die Textbox 19 in Anlehnung an Untersuchungen des Verbandes für Textverarbeitung[2], des Deutschen Sparkassen-und Giroverbandes[3] sowie der Deutschen Genossenschaftsbanken[4] zeigt.

Im Vergleich zu herkömmlichen PC-Programmen für die Dokumenterstellung unter Zuhilfenahme von Text- und Grafikfunktionen steht beim DTP vor allem das Dokument mit "Einmalcharakter" im Vorder-

---

1) o.V. (Identity), S. 22.

2) VTV (Hrsg.)(Produktauswahl), S. 18.

3) DSGV (Desktop Publishing), S. 386 f.

4) o.V. (DTP), S. 4 ff.

grund[1], welches z.B. durch die in der Version 3.0 des DTP-Programmes "Pagemaker" neu geschaffene Druckformatvorlagefunktion zum Ausdruck kommt. In diesem Fall können für die wiederkehrende Herstellung von Publikationen die Schriftgrößen, Absatzformate etc. abgespeichert werden, so daß mühsame Neudefinitionen entfallen.[2] So können mit der Zeit umfangreiche DTP-Archive angelegt werden, die u.a. aus wiederverwendbaren Layouts, Symbolen, Zeichnungen bestehen. Ein Vorteil von DTP-Programmen, die eine "dokumentenorientierte" Darstellungsweise anbieten, liegt darin, daß - bei Änderungen in einem layoutmäßig über mehrere Seiten vordefinierten Dokument -automatisch neujustiert wird, z.B. durch Vornahme von Seitenumbrüchen.[3]

Andere Leistungskriterien von DTP-Systemen bestehen in den flexiblen Verknüpfungsmöglichkeiten einmal erstellter und für wiederkehrende Anwendungen abgespeicherter Symbole, sowie in der fortschrittlichen inhaltswirksamen typographischen Gestaltung von Dokumenten durch Hervorhebungen, Schattierungen oder beliebige andere Manipulationen.[4] Desweiteren offerieren DTP-Programme graphische Benutzeroberflächen (z.B. Pagemaker), indem der Endbenutzer einen elektronischern "Schneidetisch" als Arbeitsoberfläche für die individuelle Detailplanung seiner Dokumente präsentiert bekommt.[5] Mit Bezug auf den Einsatz der Fenstertechnik erscheint vor allem die gleichzeitige Betrachtung von Ergebnissen verschiedener PC-Programme zur besseren Evaluation der möglichen Gestaltungsmöglichkeiten von Dokumenten vorteilhaft, wobei nach einer Umfrage unter den DTP-Anwendern die Computer der "Macintosh"-Klasse bislang durch ihre leistungsfähige graphische Benut-

---

1) Nastansky L. (Einführung), S. 32.

2) o.V. (salonfähig), S. 34.

3) Munter H. (PageMaker), S. 84.

4) DSGV (Desktop Publishing), S. 387 ff.

5) Bäurle R. (Zeiten), S. 24.

zeroberfläche in Verbindung mit DTP-Programmen am meisten überzeugen konnten[1].

EINSATZGRENZEN

Eine Untersuchung des Deutschen Sparkassen- und Giroverbandes weist allerdings darauf hin, daß bei sorgfältiger Betrachtung der Einsatzgebiete des DTP etwa nur 10% der möglichen Arbeiten in den Sparkassen durch dieses neue Medium abgedeckt werden, wobei insbesondere bei der Erstellung von Magazinen und Zeitschriften die Kooperation mit einer Druckerei unbedingt notwendig erscheine, da viele Bankmitarbeiter noch keine ausreichenden Grundlagenkenntnisse in den Bereichen der Typographie und Designgestaltung besäßen. So wird der Einsatz von DTP ohne Vorkenntnisse in der Text-, Grafik- und Bildverarbeitung als "sinnlos" bezeichnet und je nach Ausbildungsstand der Mitarbeiter Ausbildungskosten von bis zu 25.000 DM sowie Trainingszeiten in einer Größenordnung von mindestens 4 Stunden pro Arbeitstag veranschlagt.[2] Auch die Genossenschaftsbanken stellten fest, daß ohne Kenntnisse im Bereich der Typographie, welche ein Fachgebiet des Setzers oder Buchdruckers darstellt, von den Bankmitarbeitern schlecht konzipierte Texte entworfen werden können, die ein aufdringliches Layout besitzen und bei Benutzung unterschiedlicher Schriftarten wichtige Informationen "suchbildhaft" verbergen.[3]

Ein gutes Beispiel für die z.T. hochkomplexen Designprozesse bei DTP-Systemen ist die sog. "Kerning"-Funktion, mit welcher bei Verwendung großer Schrifttypen auffällige Textlücken vermieden werden können. Andere Designprozesse aus dem professionellen Drucktechnik-Bereich ergeben sich aus der individuellen Ausrichtung des Abstandes einzelner Zeilen zueinander, welche bei falscher Anwendung zu ungewollten Überschneidungen von Buchstaben führen kann. Aus diesen Gründen empfiehlt es sich vor der

---

1) Bruderer H. (Synthese), S. 79.

2) DSGV (Desktop Publishing), S. 386.

3) o.V. (DTP), S. 5 ff.

Anfertigung komplexer Dokumente zunächst eine handschriftliche Skizze zu entwerfen, um die äußerliche Gestaltung (z.B. Bestimmungsorte für Text- und Grafik) festzulegen.[1]

2.6.2.4.3 Grafik-Programme

Der Funktionsumfang von Grafik-Software ist durch eine große Vielfalt geprägt, wobei Möglichkeiten zur Erstellung von Grafiken - abgesehen von speziellen Grafikprogrammen (z.B. Harvard Graphics) - je nach Programmausführung auch in Spreadsheet-Systemen[2] oder 4.-Generations-Planungssprachen gegeben sein können. Die letztgenannten Endbenutzerwerkzeuge können insbesondere nach entsprechender Programmierung den Bedarf von Bankmanagern nach Grafiken buchstäblich "auf Knopfdruck" im Rahmen eines umfassenden Management-Informations-Systems befriedigen.[3]

Das Angebot an Grafik-Programmen umfaßt Standard-Business-Grafik-Programme (z.B. Harvard Graphics), Zeichenprogramme (z.B. Designer), Malprogramme (z.B. PC-Paint) sowie Spezialprogramme für die Vorbereitung von Präsentationen (z.B. Chricket Presents). Die aufgezeigten Einzelfunktionen können jedoch auch z.T. in einem einzigen Grafikprogramm bereitstehen. In diesem Fall liegen sog. "hybride" Programme (z.B. Super Paint) vor, die sowohl z.B. Mal-und Zeichenoperationen unter einer Benutzeroberfläche bereitstellen können.[4]

Ihren Aufschwung hat die dezentrale Grafikerstellung auf PC's mit den auf dem Markt angebotenen leistungsstarken 16-Bit PC's genommen. Aus dieser Entwicklung sind eine Fülle von Softwareprodukten

---

1) Bäurle R. (Zeiten), S. 20 ff.

2) Grabher K. (Bildverarbeitung), S. 16.

3) Chorafas D.N./Steinmann H. (Technology), S. 238.; Staab O./Steinbrink K. (Führungsinformationen), o.S.

4) Grabher K. (Bildverarbeitung), S. 16.

hervorgegangen, so daß nach einer Untersuchung des in Eschborn ansässigen Marktforschungsunternehmen IDC Deutschland mit einer Umsatzverdoppelung in bezug auf den Verkauf von Grafikprogrammen bis zum Jahre 1991 gerechnet wird.[1]

Die Verwendung von Grafiken verspricht insgesamt betrachtet sowohl unternehmensintern als auch gegenüber dem Kunden große Erfolge, da sie zu einer schnellen und intensiven Erfassung von Entwicklungstendenzen, Unterschieden und Zusammenhängen beitragen können. Gerade die visuelle Darstellung von Zahlen trägt zur verbesserten Kommunikation und Information bei, weil sich damit der Informationsgehalt erhöht und sich gleichzeitig der Umfang von erklärenden textlichen Berichten verringert.[2]

Ein gutes Beispiel für die bankbetriebliche Bedeutung von graphischen Darstellungen ist der Bereich des Investment Banking. Dort können dem Kunden präsentierte Grafiken u.a. zur verbesserten Quantifizierung von Anlageentscheidungen beitragen sowie unmittelbare Vergleiche fördern, beispielsweise in Hinblick auf Performanceergebnisse. Bei zielgerechtem Einsatz verbessert sich damit die Wettbewerbsstärke einer Bank erheblich.[3]

STANDARD-BUSINESSGRAFIK

Der Einsatzschwerpunkt von Standard-Businessgrafiken liegt darin, Balken-, Flächen-, Kreis-, Linien-, Streudarstellungen etc. auf der Grundlage eines z.T. umfangreichen Zahlenmaterials zu erstellen. Auf diese Weise werden beispielsweise die in einem Spreadsheet kalkulierten Zahlen aus den vielbezeichneten "Zahlenfriedhöfen" in optisch aussagekräftige Grafiken überführt. Ein vielfach von den Interviewpartnern in den Banken gewünschtes Funktionsmerkmal von Businessgrafiken besteht in der Integration von Texten an beliebiger Stelle zur Hervorhebung bestimmter Merkmale

---

1) Rittmann R. (Visitenkarte) S. 169.

2) Stone R (Büro), S. 48 f.

3) Duffy M.N. (Asset), S. 59 ff.

sowie der Möglichkeit, auch Mischdiagramme (z.B. Balkendiagramme mit Linien) und freie Zeichnungen zu erstellen.

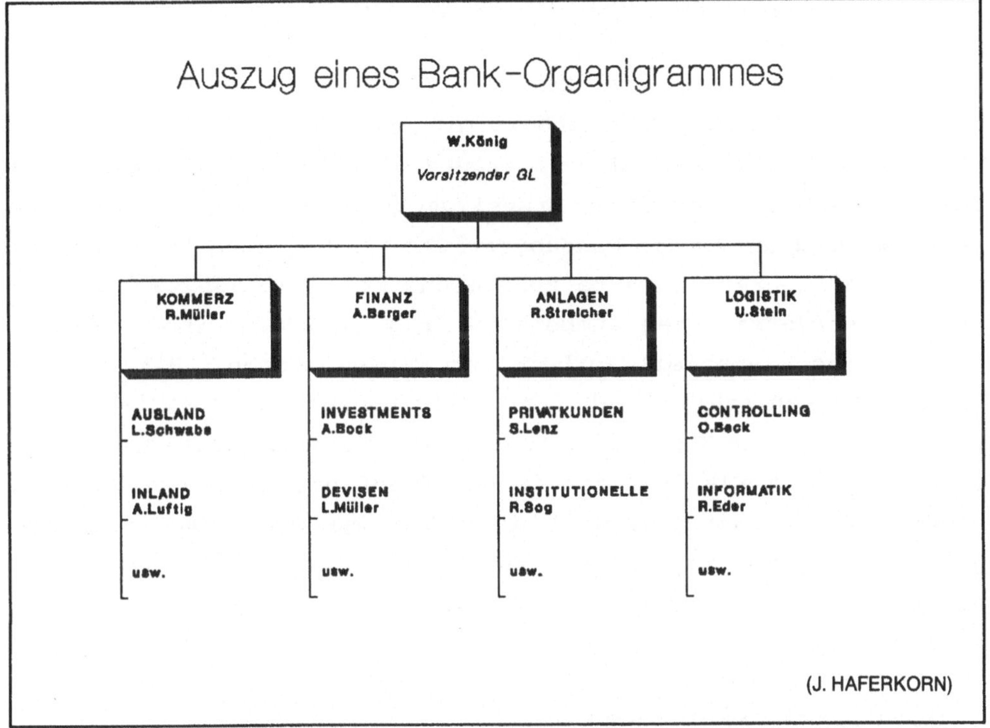

Abb. 27: Organigramm einer Bank

Abbildung 27 zeigt den Ausschnitt eines Organigrammes, welches mit Hilfe des PC-Programmes "Harvard Graphics" erstellt wurde.[1] Mit Hilfe dieses PC-Programmes sind im Zusammenhang mit der Produktion der oben genannten Standard-Businessgrafiken auch Textgrafiken (z.B. Titelbilder), dreidimensionale Gestaltungen, mehrere Muster für die Oberflächengestaltung (z.B. gepunktet), numerische Sortierungen innerhalb der Grafik, die Herauslösung von bestimmten Kreissegmenten sowie die Überlappung von z.B. Balkendarstellungen möglich. Über eine Zeichenfunktion können ferner Kreis-, Oval-, Rahmen- sowie Vieleckdarstellungen in leicht modifizierbarer Form produziert werden. Dabei können bei der Nutzung von "Harvard Graphics" auch Wechsel von einer

1) Anmerkung: Zur näheren Betrachtung des Funktionsspektrums von "Harvard Graphics" sei auf die in dieser Arbeit selbsterstellten Abbildungen hingewiesen.

Darstellungsform (z.B. Balkendiagramm) in eine andere (z.B. Kreisdiagramm) stattfinden, ohne das die einmal eingegebenen Zahlen nochmals eingegeben werden müssen.[1]

Bei der Verwendung von Zeichenprogrammen, wie des in der Schweizerischen Bankgesellschaft eingesetzten "Freelance Plus", verfügt der Anwender über weitgehend freie Gestaltungs- und Zeichnungsmöglichkeiten zur Erstellung von Businessgrafiken. Beispielsweise kann er die Rundungsstärke von Objekten (z.B. Kreis) bestimmen, mehrere Objekte zusammschließen und aus zahlreichen bereits vordefinierten Symbolsets (z.B. Landkarten) auswählen, die z.T. noch speziell aufbereitet werden können.[2] Mit Malprogrammen können schließlich freie Zeichnungen unter Zuhilfenahme eines simulierten Bleistifts oder einer Spraydose erfolgen, womit eine sehr hohe Flexibilität in bezug auf die äußere Gestaltung einer Grafik erreicht wird.[3] Die Leistungsmerkmale von Grafikprogrammen können sogar bis hin zur Produktion von Dias sowie der Einlesung von z.B. Photos für die Gestaltung von Kundenpräsentationen gehen.[4]

DESKTOP-PRÄSENTATIONS-WERKZEUGE

Eine besonders wirkungsvolle Präsentation von Grafiken wird durch PC-Programme erreicht, die das mit dem Begriff "Desktop-Presentation" umschriebene Arbeitsfeld abdecken[5] und innerhalb derer weniger ein rationalisierungsbezogener Nutzen im Vordergrund steht, sondern eher die kreativitätsverstärkende Wirkung von Bedeutung ist[6]. Solche Programme kommen mittlerweile schon in

1) SOFTWARE PUBLISHING (Hrsg.)(HARVARD), Abschnitt 1 ff.

2) o.V. (Freelance), S. 16.

3) Grabher K. (Bildverarbeitung), S. 13 f.

4) Rittmann R. (Visitenkarte), S. 168 f.

5) o.V. (Präsentations-Show), S. 116.

6) Vallone C. (Präsentation), S. 7.

einigen Banken im Rahmen der Kundenakquisition zum Einsatz. Mit den dort bereitstehenden Werkzeugen kann der Anwender bis zu mehrere hundert Präsentationsseiten für eine Videovorführung unter Zuhilfenahme verschiedener Farbeffekte als Bildabfolgen zusammenstellen.[1] Viele Grafikapplikationsumgebungen für Präsentationszwecke sind schon auf die Übernahme bereits angefertigter Grafiken bzw. Grafikteile z.B. aus einem Scanner oder einer Telefaxverbindung ausgerichtet. Diese können anschließend gegebenfalls noch individuell modifiziert bzw. durch andere Objekte ergänzt werden, so daß maßgeschneiderte Präsentationen entstehen.[2] Eine besondere Bedeutung kommt dabei, abgesehen von dem Aufbau einfacher Bildsequenzen, der Festlegung von komplexen Beziehungen zwischen einzelnen Bildern sowie der Ergänzung durch Animationsprozesse z.B. über individuelle Zeiteinstellungen und Überblendeffekten zu[3], die mit Blick in die Zukunft noch durch Musik- und Sprachzusätze ergänzbar sein können[4].

EINSATZPRINZIPIEN

Der Einsatz von Grafiksoftware muß jedoch, damit das Verständnis der Darstellungsform gewahrt bleibt, von einer sorgfältigen Analyse der in Frage kommenden Schaubilder und deren Aussagefähigkeit in Hinblick auf das zu lösende Problem bzw. die Aufgabenstellung begleitet sein. Dies ist vor allem dann von Bedeutung, wenn komplexe Grafiken, wie z.B. perspektivische Diagramme oder sog. "Tower-Charts" verwendet werden (Vgl. Abb. 28), zu deren Interpretation der User eine gewisse intellektuelle Fähigkeit aufweisen muß.

Dazu gehört auch eine Begrenzung auf die Anzahl der verwendeten Symbole pro Schaubild, da nach Untersuchungen amerikanischer

1) o.V. (Präsentations-Show), S. 116 f.

2) Nastansky L. (Einführung), S. 31.; o.V. (Präsentations-Show), S. 116.

3) Vallone C. (Präsentation), S. 7.

4) Widmer U./Graber Chr. (Multimedia), S. 73.

Abb. 28: Perspektivische Kennzahlenauswertung

Wissenschaftler der Mensch in seinem Kurzzeitgedächtnis nicht mehr als 5 bis 7 Symbole verarbeiten kann.[1] Ein weiterer wichtiger Aspekt beim zielgerechten Einsatz von Grafiksoftware liegt in deren richtiger Auswahl in Hinblick auf die jeweils darzustellende Materie.[2] Ein Beispiel dafür ist die Abbildung von Zahlen in Businessgrafiken, für deren Erstellung das oben bereits erwähnte Grafik-Programm "Harvard Graphics" u.a. wegen der guten Änderungsmöglichkeiten hervorragend geeignet ist, wohingegen sog. "pixelorientierte" PC-Programme (z.B. PC-Paint) völlig untauglich sind. Schlußendlich müssen auch die Wirkungsweisen unterschiedlicher Businessgrafiken in Betracht gezogen werden. So eignen sich z.B. Balkendiagramme weniger zur Darstellung von Trends als Linienabbildungen. Dahingegben können Kreisdiagramme besser für Strukturvergleiche in Hinblick auf die Zusammensetzung einzelner Komponenten verwendet werden als Balken- oder Liniendiagramme.

---

1) Schulz G. (Businessgrafiken), S. 2 ff.

2) Grabher K. (Bildverarbeitung), S. 13.

2.6.2.5 Informations- und Kommunikationsdienste

2.6.2.5.1 Ausgewählte On-Line-Informationsdienste

Ein zunehmend an Bedeutung gewinnendes Einsatzgebiet des Personal Computers mit Bezug auf die Kreditwirtschaft besteht in der Abfrage und Weitverarbeitung verschiedenster Datenbankinformationen, die durch externe Datenbankanbieter in Form von aktuellen und historischen Daten den Banken im Rahmen von Lizenzverträgen zum Kauf angeboten werden. Dabei kommt der Nutzung von Wirtschaftsdatenbanken, die z.B. Unternehmens- oder Wertpapierinformationen liefern, eine besondere Bedeutung bei der operativen bankbetrieblichen Geschäftssteuerung zu.[1] Abgesehen von der computergestützten Weiterverarbeitung dieser externen Daten zu hochwertigen Informationen (z.B. Wertpapieranalyse) trägt die Nutzung externer Datenbanken auch zur Unterstützung der Geschäftsabwicklung z.B. durch die Einholung von Kreditreferenzen bei Neugeschäftsabschlüssen bei.[2] Dazu gehört auch die Unterstützung von Marketingaktivitäten, indem die on-line verfügbaren Daten nach bestimmten Zielgruppen recherchiert und in gezielte "Direct-Mail"-Aktionen eingebunden werden.[3]

Wie schon bei den bereits vorgestellten Informations- und Kommunikationsdiensten für den Electronic-Mail- und Bulletin-Board-Verkehr stehen auch die Funktionen von On-Line-Datenbanken rund um die Uhr für deren Nutzer bereit und sind damit an keine Öffnungszeiten gebunden. Grundsätzlich bietet sich bei der Benutzung von On-Line-Datenbanken entweder die Anlieferung von Daten auf Anfrage oder die ständige Überleitung von Informationen über ein Broadcasting-System an. Die Erfassung sowie Kontrolle der eingekauften Daten ist dabei jeweils in die Hände des Datenlieferanten (Subunternehmer) gelegt, so daß der Bankmitarbeiter auf

1) Schneider-Gädicke K.-H. (Informationstechnologien), S. 31 ff.

2) Boudris J.L. (Advantage), S. 54.

3) HOPPENSTEDT (Hrsg.)(Weg), S. 25.; o.V. (Durchblick), S. 41.

die sachliche Richtigkeit der bereitgestellten Informationen vertrauen muß.[1]

Derzeit ist im Bankbereich eine deutlicher Trend zu realtimeorientierten Datenübertragungen gegeben, die unter Berücksichtigung des weltweiten Datenangebots vor allem durch moderne Satelliten- und Glasfaserübertragungstechniken gut unterstützt werden können.[2] Andererseits ist eine steigende Bedeutung optischer Speichermedien (CD-ROM) beim Bezug von historischen Daten aus externen Datenbanken auszumachen.[3] Textbox 20 zeigt eine Auswahl zu den Empfängern von Datenbankinformationen aus externen On-Line-Datenbanken in den Banken.

EMPFÄNGER VON EXTERNEN DATENBANKINFORMATIONEN

- Front-Office-Bereiche (z.B. Anlageberatung/SB-Geräte)
- Bankmanagement/Unternehmensführung
- Wertpapier-Research
- Devisen- und Wertpapierhandel
- Kreditabteilung (z.B. Bonitätsbeurteilung)
- Mergers & Acquisitions-Beratung
- Kapitalmarktfinanzierungen
- Bankkundschaft (z.B. Rercherche-Aufträge)

Box 20: Empfänger von externen Datenbankinformationen

Die strategische Bedeutung von On-Line-Datenbankdiensten tritt insbesondere vor dem Hintergrund des sich in Großbanken abzeichnenden Aufbaus spezieller Informations-Service-Dienste hervor. Beispielsweise hat die im Jahre 1989 in der Schweizerischen Bankgesellschaft aufgebaute Abteilung für externe Informationsdienste die Aufgabe, Datenbankinformationen in wirtschaftlicher und bedürfnisgerechter Form an die Bankmitarbeiter weiterzuleiten, sowie in Absprache mit den Fachabteilungen eine Auswahl unter den

1) Schätzle R./Cate P.M.ten (Anlageberatung), S. 15 ff.

2) Rüegg M. (Finanzinformation), S. 17.

3) Rambousek W.H./Zehnder R. (Informationsvermittler), S. 93.

verschiedenen Datenbankanbietern vorzunehmen. Als gewichtige Gründe für die Einrichtung dieser Abteilung wurden die in Folge der zentralen Informationsplanung möglichen Kosteneinsparungen (etwa 80 Prozent), die Vermeidung einer zu starken Innen- und Vergangenheitsorientierung in Folge veralteter Datenbestände sowie die frühzeitige Erkennung von Umwelteinflüssen (z.B. Konjunkturentwicklung) genannt.[1]

Ein weiteres Beispiel für die Einbindung verschiedenster On-Line-Datenbanken in ein umfassendes Strategiekonzept ist der im Hause der Morgan Bank realisierte "Financial Database Service", welcher durch den Information Center betreut wird.[2] So unterstützte diese Organisationseinheit im Jahre 1989 eine Fülle von dezentral nutzbaren Datenbankabfrage- und -analyseprodukte in Verbindung mit On-Line-Datenbanken. Zu den verfügbaren Informationsarten gehören Unternehmensbewertungen (z.B. Standard and Poor's), VolltextWirtschaftsinformationen (z.B. The U.S. Economic Outlook), verschiedene historische Zeitreihen zur wirtschaftlichen und demographischen Entwicklung (z.B. DRI economic and financial databases) sowie aktuelle Wertpapierinformationen für Kursfeststellungen, bevorstehende Kapitalveränderungen etc. (z.B. Tradeline). Mit Hilfe der auf dem Großrechner implementierten Datenbankabfrage- und -analysesoftware "FAME" (Forcasting, Analysis And Modeling Environment) sind sogar mehrere On-Line-Datenbanken für beliebige, vorauszubestimmende Zeitperioden gleichzeitig über den PC des Endbenutzers abfragbar.[3]

Ein wesentliches Leistungskriterium von On-Line-Datenbanken besteht - vergleichbar mit der Nutzung von internen Datenbankmanagement-Systemen - in der Bereitstellung gezielter Abfragemöglichkeiten von seiten des Datenbankanbieters, die z.B. in den

1) Vortrag von Herrn L.N. Schucan zum Thema "Externe Informationsdienste" an der Hochschule St. Gallen im Jahre 1990.

2) Morgan Bank (Hrsg.)(Financial Database Service), S. 1.

3) Morgan Bank (Hrsg.)(Financial Database Service), S. 8 f.

Bereichen des Investment- und Commercial-Banking für die Unternehmensbewertung eingesetzt werden können.[1] Der Leistungsumfang von On-Line-Datenbanken, wie z.B. derjenige der größten deutschen Wirtschaftsdatenbank "Creditreform", erstreckt sich dabei u.a. auf sehr sensible Informationen zu bestimmten Firmen oder Privatpersonen. Dazu gehören Angaben über das Zahlungsverhalten oder die Bereitstellung von Bonitätsindizes basierend auf verschiedenen Bestimmungsfaktoren.[2] Darüber hinaus gibt es Datenbankanbieter, die sich auf ausgewählte Unternehmenskategorien (ab 20 Beschäftige oder Mindestumsatz von 2 Mio. DM) spezialisiert haben und verschiedenste Selektionsmöglichkeiten nach den Aufgaben und Funktionen von wichtigen Entscheidungsträgern in der Wirtschaft zulassen.[3]

VALUE SCREEN II

Die weltweit eingesetzte externe Online-Datenbank "VALUE/SCREEN II" von der amerikanischen Firma Value Line eröffnet umfangreiche Abfragemöglichkeiten, die weit über den herkömmlichen Funktionsrahmen von On-Line-Datenbanken hinausgehen.[4]

Die Datenbasis von "VALUE/SCREEN II" umfaßt mehr als 1600 Aktienwerte und damit etwa 95 Prozent der an den US-Börsen gehandelten Aktienwerte. Für die Datenabfrage können die Anwender entweder schon vordefinierte Abfragekategorien (z.B. Recent Price) benutzen oder eigene Suchkriterien bestimmen. Abbildung 29 zeigt die Benutzeroberfläche für die Bewertungskategorie "RATINGS & ESTIMATES" mit den schon vorbereiteten Bewertungen von 1 bis 10 (z.B. Timeliness Rank), sowie in dem links oben eingeblendeten

---

1) Eismann G. (Wertpapier-Research), S. 29.; Schätzle R./Cate P.M.ten (Anlageberatung), S. 31.

2) o.V. (Durchblick), S. 40 f.

3) HOPPENSTEDT (Hrsg.)(Weg), S. 7.

4) Anmerkung: Die hier getroffenen Aussagen beruhen, sofern nicht anders vermerkt, auf folgenden zugeschickten Unterlagen: VALUE LINE (Hrsg.)(VALUE/SCREEN II), o.S., inkl. Demo-Diskette 1988; VALUE LINE (Hrsg.) (investment package), o.S.

Fenster andere zur Verfügung stehende Bewertungskategorien ("R" bis "U"). Nach Bestimmung der gewünschten, hier eingetragenen Werte für bestimmte Abfragekategorien, listet "VALUE/SCREEN II" sämtliche dazu passende Wertpapiere mit den entsprechenden Bewertungen in einer sog. "View List" auf. Insgesamt speichert die On-Line-Datenbank zu jedem Wertpapier 37 verschiedene Informationsarten, so daß ein sehr genaues Analyseprofil gegeben ist.[1] Außerdem können verschiedene vorgegebene (z.B. statistische Analysen) und individuell bestimmbare Berichte erstellt werden.

```
                                  SCREEN DATA BASE                Data: Oct 31 1988
 ----- CATEGORIES -----                 ------ RATINGS & ESTIMATES ------
 R Ratings & Estimates
 M Market Data                  1 Timeliness Rank            6 Price Stability
 H Historical Measures          2 Safety Rank                7 Beta
 G Growth Projections           3 Financial Strength         8 Current EPS
 F Fiscal Year Data             4 Industry Code              9 Current Dividend
 I Identification               5 Industry Rank             10 Technical Rank
 U User-Defined Data

      VARIABLE                       <=>      VALUE           # OF STOCKS
      Starting Stock List             =       All                300
   1  Recent Price                    >       20                 183
   2  Current P-E Ratio               <       20                 164
   3  Market Value ($mill)            <       500                 48
   4  Prj EPS Growth                  >       20                  15
   5
   6

 F2  SCREEN    F3  S/R CRIT.    F4  S/R LIST    F5  VIEW    F7  TKR    F8  GRAPH
```

Abb. 29: VALUE/SCREEN II

TELEDATA

Eine weitere, durch die Schweizerische Bankgesellschaft genutzte On-Line-Datenbank ist "TELEDATA"[2], welche Informationen aus der

1) Horn H.M. (Elektronik), S. 101.

2) Anmerkung: Die hier getroffenen Aussagen beruhen auf: Vortrag von Herrn H. Huber zum Thema "Externe Informationsdienste" an der Hochschule St. Gallen im Jahre 1990, sowie: Huber H. (Wirtschaftsdatenbank), S. 95.; TELEDATA (Hrsg.)(TELEDATA), o.S.

Schweizer Wirtschaft bereitstellt. Besonders erwähnenswert ist die dort zur Verfügung stehende benutzerfreundliche Abfrageoberfläche, die u.a. phonetische bzw. unvollständige Eingaben sowie - an Stelle von Boolescher Abfrageoperatoren (z.B. logisches "UND") - eine Selektion nach dem Abfrageprinzip "Query by Example"ermöglicht.

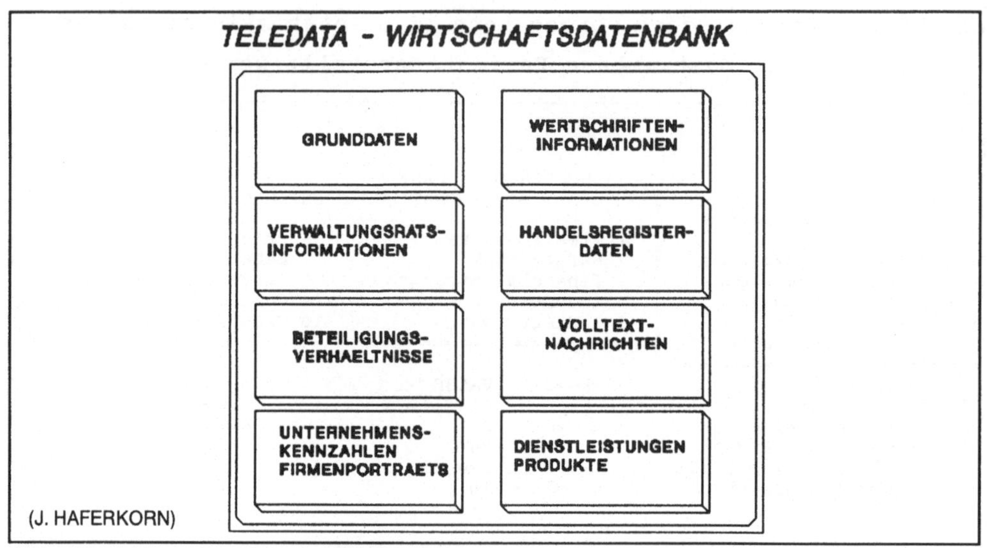

Abb. 30: Abfragebereiche - TELEDATA

Die TELEDATA-Wirtschaftsdatenbank basiert konzeptionell auf verschiedenen Datenbanken, deren Informationen über eine einheitliche Benutzeroberfläche angeboten werden, so daß bei der Benutzung unterschiedlicher Datenbanken nicht immer eine neue Abfragesprache von den Anwendern gelernt werden muß.[1] Auf diese Weise erscheinen dem Endbenutzer sämtliche Informationen - unabhängig davon aus welcher Quelle sie tatsächlich kommen - als zugehörig zu einer Datenbank. Abbildung 30 zeigt eine Übersicht zu den dort hinterlegten Informationskategorien, die sich auf etwa 360.000 Schweizer Firmen beziehen. Das von der "TELEDATA" bereitgestellte Abfragesystem besteht aus logisch miteinander verknüpften Bildschirmen, so daß z.B. über die Auswahl einzelner

1) Anmerkung: Nach Aussagen von Herrn H. Huber gibt es etwa 50 verschiedene Dialogsprachen für On-Line Datenbanken.

Menüpunkte von den Grunddaten einer Firma ("G") zu den Beteiligungsverhältnissen ("B") oder den aktuellsten Nachrichten ("N") gewechselt werden kann. Auf diese Weise erhält der Benutzer schrittweise ein vollständiges Bild zu der betreffenden Firma. Andererseits können auch direkte Abfragen nach bestimmten Kriterien erfolgen (z.B. sämtliche Verwaltungsratsposten zu einer bestimmten Person).

GENOSSENSCHAFTLICHER INFORMATIONS SERVICE (GIS)
In den deutschen Genossenschaftsbanken wurde im Jahre 1988 der Datenbankdienst "GIS" geschaffen, welcher auf der Satteliten-übertragungstechnik basiert. Die Satellitentechnik erweist sich dabei, etwa im Vergleich zu öffentlichen Netzen (z.B. DATEX-P), insbesondere bei der gleichzeitigen Verteilung von Daten, die von einer Stelle (hier: GIS Info Center) an mehrere Empfänger abgesandt werden, als besonders effizient. Ziel dieser Entwicklung war die Bereitstellung von Realtime-Informationen aus sämtlichen weltweiten Geld-, Devisen- und Wertpapiermärkten sowie die Verteilung von verbundinternen Daten des Genossenschaftsbankensektors. Das Prinzip der Informationsbereitstellung an die angeschlossen Genossenschaftsbanken basiert auf mehreren Informationskomponenten, die der GIS-Datenbankdienst in Absprache mit den Genossenschaftsbanken festlegt. Das hinter der Informationsbereitstellung stehende Bausteinprinzip soll - je nach Geschäftssituation und Wunsch der einzelnen Genossenschaftsbank - einen bedarfsgerechten, selbst kombinierbaren Informationsbezug ermöglichen. Darüber hinaus möchten die Genossenschaftsbanken durch die zentrale Bündelung und Aufbereitung der Daten eine größtmögliche Kostenreduktion im Vergleich zur eigenen Informationssammlung und -aufbereitung ermöglichen. Externe Datenlieferanten sind derzeit die Datenbanken "DATASTREAM" und "REUTERS". Zu den internen, über diesen Datenbankdienst verteilten Verbunddaten gehören allgemeine Informationen sowie Empfehlungen und Angaben zu Produkten und Konditionen, die von den entsprechenden genossenschaftlichen Institutionen (z.B. DG-BANK-Gruppe) zur Verfügung

gestellt werden. Für diese Verbundinformationen sind etwa 5.000 Informationsseiten vorgesehen.[1]

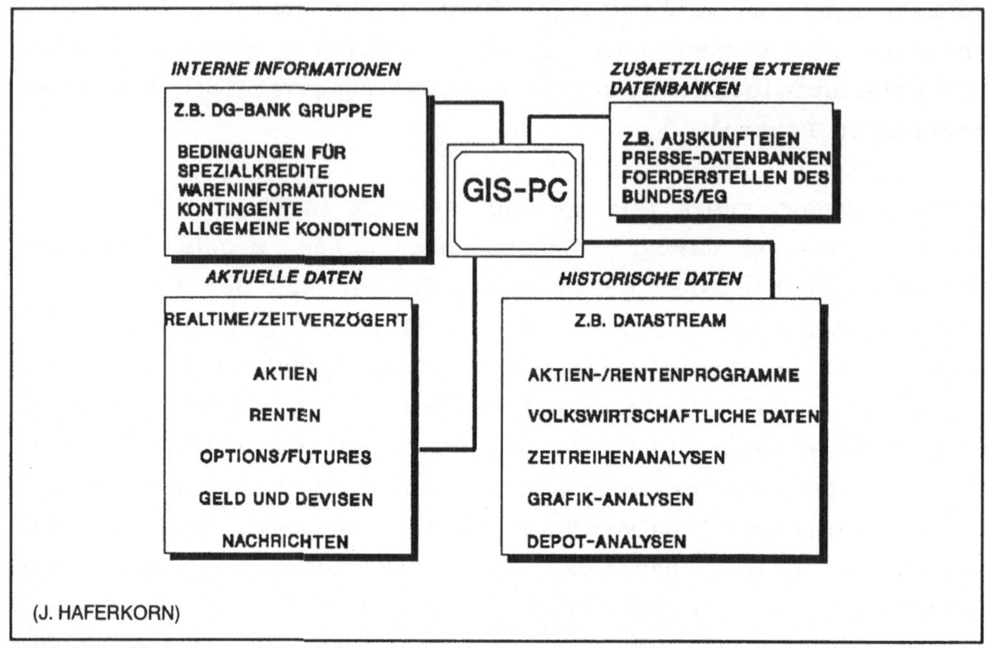

Abb. 31: GIS-Informations-Dienste

Abbildung 31 verdeutlicht die Zusammensetzung der innerhalb des GIS-Service bereitgestellten Informationsarten. In einer weiteren Ausbaustufe planen die Genossenschaftsbanken eine Integration des GIS-Datenbank-Service in die interne Sachbearbeitung, wie z.B. für die Abwicklung von Wertpapiertransaktionen.[2] Des weiteren ist ein Zugriff auf andere von den Genossenschaftsbanken gewünschte externe Datenbanken vorgesehen, sofern dies vorher vereinbart wird.[3]

1) Mogk H.G. (Satellit), S. 43 ff.

2) o.V. (Genossenschaftsbanken), S. 88.

3) GIS (Hrsg.)(GIS), o.S.; Tempelmann C. (Informationsservice), S. 21 f.

2.6.2.5.2 Electronic Mail (EM)

Die Teilnahme am EM-Verkehr erfordert, sei es auf Basis privater (z.B. General Electric) oder öffentlicher (z.B. TELEBOX der Deutschen Bundespost) Dienste die Einrichtung "elektronischer" Briefkästen (engl. "mailbox"). Auf diese Weise können die angeschlossenen Teilnehmer auf effiziente Weise Informationen austauschen, ohne daß sie an den Ort oder die tatsächliche Anwesenheit des Kommunikationspartners gebunden sind. Für die Abwicklung des Postverkehres fungiert der elektronische Briefkasten als zentrale Anlaufstelle und besorgt die Verwaltung bzw. Steuerung der eingehenden Kommunikationswünsche. Innerbetrieblich kann der elektronische Austausch von Nachrichten über ein lokales PC-Netz abgewickelt werden, innerhalb dessen der Server-PC die Verwaltung von elektronischen Nachrichten sowie Absende- und Empfangsfunktionen für die angeschlossen Anweder übernimmt.[1] Textbox 21 faßt die wesentlichen Ziele der Einrichtung von EM-Systemen in der Kreditwirtschaft zusammen.[2]

Für die bankbetriebliche Unternehmenskommunikation liegen die Vorteile eines EM-Systems u.a. in der Unabhängigkeit der Informationsabfrage und -versendung, die grundsätzlich - bei entsprechender Autorisierung - von jedem mit dem EM-System verbundenen PC-Arbeitsplatz erfolgen kann. Im außerbetrieblichen EM-Verkehr können schließlich andere Banken, Kunden, Nichtkunden und Geschäftspartner eingebunden werden. Darüber hinaus besteht die Möglichkeit, den Bankmitarbeiter im Außendienst über einen tragbaren PC in den EM-Verbund zu integrieren, so daß dieser jederzeit eine Kommunikationsverbindung zu seiner Bank besitzt und damit gegenüber dem Kunden verhandlungsfähig bleibt.[3]

---

1) Blohmeyer-Bartenstein H.P./Both R. (Computer-Netzwerke), S. 215 f.; Durr M. (Netzwerke), S. 182.

2) Chorafas D.N./Steinmann H. (Technology), S. 242 ff.; Kunze Chr. (Verbundkommunikation), S. 264 f.; Morgan Bank (Hrsg.)(OFFICE SERVICES), S. 3 ff.; SBG (Hrsg.) (MOSS), S. 2 f.

3) Flemming G. (Sparkassen-Mailbox), S. 290 ff.

ZIELE VON EM-SYSTEMEN IN DER KREDITWIRTSCHAFT

- Aufbau schneller, direkter und weltweiter Kommunikationswege
- Unabhängigkeit der Bankkommunikation von örtlichen und zeitlichen Restriktionen
- Substitution der herkömmlichen Telefon-Kommunikation
- Integration von Daten für die individuelle Weiterverarbeitung (z.B. Spreadsheet)
- Schaffung einer mit zusätzlichen Diensten (z.B. Telex) anreicherbaren Informations-und Kommunikationsstruktur

Box 21: Ziele von EM-Systemen in der Kreditwirtschaft

So bietet z.B. die Schweizerische Bankgesellschaft den Mitarbeitern über das Management and Office Support System (MOSS) ein EM-System auf Basis des bankeigenen weltweiten Informations- und Kommunikationsnetzes "UBINET" an.[1] Mit Hilfe dieses Kommunikationssystems, dessen Hauptarbeitsbereiche Abbildung 32 vorstellt, können die Endbenutzer kürzere, mit einem eingebauten Texteditor erstellte Mitteilungen (Abbildung:"Note") sowie Dokumente bzw. Dateien miteinander austauschen, die aus Grafiken, Texten oder Spreadsheets bestehen können. Während die empfangenen Mitteilungen nicht veränderbar sind, können die übermittelten Dateien von den Benutzern individuell weiterverarbeitet werden. Über ein spezielles sog. "File Cabinet", innerhalb dessen sämtliche in der Vergangenheit sowohl versendete als auch empfangene Kurzmitteilungen und Dateien abgespeichert sind, kann jederzeit eine gezielte Abfrage - z.B. nach der eingegangenen Post oder den an einem Tag versendeten und empfangenen Dokumente - erfolgen. Dazu sind auf einem sog. "Status-Dokument" (nicht abgebildet), welches als Logbuch dient, bestimmte Anmerkungen einsehbar, ob die versendete Nachricht vom Empfänger abgeholt ("Delivered"), noch

1) SBG (Hrsg.)(MOSS), S. 2 f.; dgl. (Hrsg.)(PS/PC), S. 1 ff.

nicht abgeholt ("Scheduled) oder bei der Kommunikation eine falsche Adressierung ("Request Purged") vorgenommen wurde. Sofern der User eine Antwort zu einer bestimmten Kurzmitteilung erstellen möchte setzt das EM-System automatisch die beim Nachrichtenempfang bereits abgespeicherte Adresse ein. Für den Aufbau des EM-Verkehrs können die Bankmitarbeiter auch über einen speziellen Arbeitsbereich Namensabkürzungen für deren Adressaten definieren. Eine häufig genutzte Systemfunktion besteht ferner in der Erstellung von Verteilerlisten, deren Daten abgespeichert und für wiederkehrende Kommunikationsvorgänge wieder aufgerufen werden können.

```
PS/PC:2        PERSONAL SERVICES/PC Version 1.3 - 013003S

                              MAIN TASKS

       1  Receive             Receive mail or status
       2  Send                Send mail
       3  Note                Create and send a note
       4  File Cabinet        Work with File Cabinet
       5  Directory           Work with nicknames or distribution lists
       6  User Defaults       Work with user defaults


         Tab to a choice and press [<-┘]
Message:  Or type the number or the first letter of a choice

Status: Host Trace OFF  Local Trace OFF  Communications Link To NONE
F1 Help                            F7 DOS          F9 Discon F10 Exit
```

Abb. 32: EM-System - Schweizerische Bankgesellschaft

Als weiteres Beispiel für die Nutzung von EM-Systemen sei die in der deutschen Sparkassenorganisation eingerichtete "GEONET"-Mailbox angeführt, die eine Verbindung zwischen dem Deutschen Sparkassen- und Giroverband und anderen Organisationen im

Sparkassenbereich schafft.[1] Schon in der Anfangsphase der EM-Installation ergab sich bei den Anwendern im Rahmen des Dokumentenversands ein Zeitvorteil von 3 bis 4 Tagen, wenn man alle externen und internen Postwege berücksichtigte.[2] Im Dialog mit dem Mailbox-Dienst können die Endbenutzer u.a. auch Übersichten zu den Adressen anderer Teilnehmern abrufen, verschiedene Sprachen für die Rechnerkommunikation auswählen sowie Spezialdienste (z.B. Übersetzungen, Datenbanknutzung) in Anspruch nehmen.[3]

Ein durch die verwendete EM-Software gut lösbarer Aspekt liegt in der Handhabung von Nachrichten mit einer besonderen Dringlichkeitsstufe. So können EM-Nachrichten im Empfangsmodus als einfache Meldung, die lediglich auf die Ankunft einer Nachricht hinweist, erscheinen; andererseits können die Mitteilungen auch unmittelbar auf den PC-Bildschirm des Empfängers fließen, sofern dieser seinen Computer angeschaltet hat.[4]

Zu einem vielfach ungelösten Problem bei der Benutzung von EM-Systemen gehört die Tatsache, daß die verschickte Post oft verspätet oder überhaupt nicht von den Empfängern gelesen wird.[5] Eine diesbezüglich im Jahre 1989 durchgeführte Untersuchung in der Schweizerischen Bankgesellschaft ergab, daß innerhalb eines vorbestimmten Benutzerkreises eine große Anzahl von Mitarbeitern selbst nach über 1000 Stunden ihre Post nicht abgeholt hatte. Dementsprechend wurde z.B. die Weitergabe des Benutzerpasswortes an einen Stellvertreter während der Ferienzeit empfohlen, um die

---

1) Nowak R. (Stufenkonzept), S. 269 ff.

2) Blahusch H. (Vorgehen), S. 281.

3) Flemming G. (Sparkassen-Mailbox), S. 291 f.

4) Flemming G. (Sparkassen-Mailbox), S. 291.; Morgan Bank (Hrsg.)(OFFICE SERVICES), S. 3.

5) Panko R.R. (End User Computing), S. 716.

Effizienz des EM-Systems sicherzustellen.[1] Andere in der Literatur erwähnte Lösungsvorschläge zur Vermeidung von nicht gelesenen Nachrichten zielen darauf ab, automatische Weiterleitungsmechanismen nach Ablauf einer bestimmten Verweilzeit an eine andere Person (z.B. Stellvertreter) in Gang zu setzen.[2] Bei dieser Organisationsform erlauben EM-Systeme die Einrichtung von lesenden, ändernden oder vernichtenden Zugriffsformen, je nach Autorisierung des zu vertretenden Mitarbeiters.[3]

2.6.2.5.3 Bulletin-Board-Systeme (BBS)

Neben EM-Systemen können auch betriebsinterne Bulletin-Board-Systeme die unternehmensweite Kommunikation in Kreditinstituten unterstützten. Im Vergleich zu EM-Anwendungen handelt es sich bei dieser Kommunikationsform grundsätzlich um ein von mehreren Mitarbeitern gleichzeitig einsehbares zentrales Informationssystem, welches auch mit dem Begriff des "schwarzen Brettes" oder des "Informationsmarktplatzes"[4] in Verbindung gebracht wird. Eine weitgehende Funktionsübereinstimmung mit einem EM-System liegt allerdings dann vor, wenn die EM-Nachrichten an Verteilerlisten gekoppelt sind.[5] Im Vergleich zu EM-Systemen handelt es sich bei BBS um eine weitgehend organisierte Kommunikationsform in einer unbeschränkten oder geschlossen definierten Benutzergruppe, innerhalb derer die angeschlossenen Teilnehmer gegebenfalls auch verschiedene betriebsinterne oder externe Daten- und Informa-

---

1) o.V. (Post), S. 20.

2) Flemming G. (Sparkassen-Mailbox), S. 292.; Panko R.R. (End User Computing), S. 717.

3) DATA GENERAL (Hrsg.)(CEO), o.S.

4) Vallone C. (Bulletin-Board-Systeme), S. 42.

5) Panko R.R. (End User Computing), S. 719.

tionsdienste nutzen können.[1] Dabei bieten die in Banken genutzten BBS eine Vielzahl von Vorteilen, die Textbox 22 zusammenfaßt sind.

VORTEILE VON BULLETIN-BOARD-SYSTEMEN

- Unterstützung der Gruppenkommunikation und des Wissenstransfers bei Zeit- und Ortsunabhängigkeit
- Verbesserung der Produktivität unternehmensinterner Besprechungen durch vorausgehende Meinungsaustauschprozesse
- Effizientere Koordination von Projekten durch jederzeitige Einsehbarkeit der Projektdaten z.B. in Hinblick auf den Projektfortschritt
- Steigerung der Kommunikation mit bestimmten Kundengruppen der Bank, die für einzelne Informationseiten autorisiert sind

Box 22: Vorteile von Bulletin-Board-Systemen

Bulletin-Board-Systeme können sowohl im Rahmen von sog. "value-added"-Informationdiensten (z.B. Compuserve)[2] als auch im eigenen - an dieser Stelle im Vordergrund der Betrachtung stehenden - Hoheits- bzw. Verantwortungsbereich des Kreditinstituts aufgebaut und genutzt werden. Vereinfacht ausgedrückt konfrontiert das Bulletin-Board die für seine Benutzung autorisierten Endbenutzer mit verschiedenen, von anderen Abteilungen bzw. Bankmitarbeitern eingespielten Informationsseiten und stellt, wie z.B. im Hause der Morgan Bank, eine Alternative zur Telefax-und Electronic-Mail-Kommunikation dar.

Im Hinblick auf den geschäftlichen Einsatz von BBS finden sich allerdings in der Literatur auch Hinweise, daß die Nutzung dieser Applikation einige Probleme mit sich bringt, weil einerseits mangelnde Möglichkeiten zur Kontrolle bzw. Regelung dieser Kommunikationsform bestehen und andererseits über BBS der im geschäftli-

---

1) Steig D.B. (Linking), S. 20.

2) Nastansky L. (Einführung), S. 42.; Vallone C. (ComNet), S. 31 ff.

chen Alltag notwendige Konsens bei bestimmten Entscheidungen nicht herbeigeführt werden kann.[1]

Ein guter Weg in Richtung einer weitgehenden Kontrolle dieses Kommunikationsmediums wurde in der Morgan Bank beschritten. Dort sind jeweils bestimmte Personen ("guardians"), welche durch die für die jeweiligen Informationseiten verantwortliche Abteilung ("sponsoring department") bestimmt werden, für die laufende Pflege (z.B. Aktualität) der Informationseiten zuständig. Darüber hinaus legt die verantwortliche Abteilung, je nach Sensitivität der BBS-Seiten, detaillierte Listen für die autorisierten Benutzerkreise an und nimmt das Änderungswesen zur Neuaufnahme und des Ausschlusses von Bankmitarbeitern aus dem BBS-Verbund vor.[2] Der Aufbau von BBS-Seiten von den dafür autorisierten Anwendern erfolgt über einen integrierten Texteditor.

Die Mitarbeiter der Morgan Bank verfügen weltweit über das bankeigene "Global Data Network" (GDN), welches auf internationaler Basis durch den Time-Sharing-Dienst "Tymnet" betreut wird, einerseits über einen Mix von allgemein zugänglichen und andererseits über verschiedene, streng vertrauliche, für einen geschlossen Benutzerkreis vorbereitete Informationsseiten. Zur schnellen Handhabung bietet das BBS den Benutzern Suchfunktionen nach bestimmten Schlüsselworten an und es können Übersichten zu den generellen Informationsinhalten der insgesamt bereitstehenden BBS-Seiten abgerufen werden.

So steht sämtlichen Mitarbeitern über das BBS (Vgl.Abb.33) eine elektronische, in der Regel die letzten 10 Ausgaben umfassende Hauszeitschrift zur Verfügung ("MORGAN TODAY") und darüber hinaus über weitere Menüpunkte jeweils technische und funktionale Beschreibungen der durch den Information Center in der Morgan Bank betreuten Hard-und Software ("INFORMATION CENTER"). Über den

---

1) Panko R.R. (End User Computing), S. 718.

2) Morgan Bank (Hrsg.)(OFFICE SERVICES), S. 8.; dgl. (Hrsg.)(Morgan Information Center), S. 23 ff.

Menüpunkt "MORGANNET SERVICES REQUESTS STATUS" können Anfragen und Wünsche eingeben werden, wie z.B. zur Implementierung bestimmter Hard-und Softwareprodukte im Rahmen bestimmter Projekte (z.B. Pilotinstallationen). Die dort einfließenden Anfragen werden mit Kommentaren von Seiten der Empfänger versehen, wobei der Anfragende jeweils feststellen kann, wie weit sein Wunsch bisher von der zuständigen Stelle bearbeitet wurde. Für diesen Fall sind die für bestimmte Hard- und Softwarekomponenten in der Bank zuständigen bzw. fachlich versierten Bankmitarbeiter mit deren Kontaktadresse hinterlegt. Auf weiteren BBS-Seiten stehen schließlich Informationen zu den Nutzern des BBS ("INTERNATIONAL USERS"), zu Fragen der Datensicherheit ("DATA SECURITY") bis hin zu Übersichten zu den angebotenen Weiterbildungskursen in der Bank ("TRAINING") bereit.

```
HELP CALL 3-4413          BULLETIN BOARD SELECTION MENU        02/15/89
-----------------------------------------------------------------------

Type number and press ENTER ==>
or press corresponding PF Key

                 1. INTERNATIONAL USERS

                 2. MORGAN TODAY

                 3. DATA SECURITY

                 4. MORGANNET SERVICES REQUESTS STATUS

                 5. TRAINING

                 6. INFORMATION CENTER

HELP CALL 3-4413        BULLETIN BOARD ARTICLE DISPLAY      02/15/89  10:04 ES
------------------------------------------------------------------------------
Title  :  LC COURSE SCHEDULE FOR: MARCH - APRIL  1989
Author :  CLC REGISTRAR                                      Date :  02/10/89
------------------------------------------------------------------------------
                                    Intermediate           3/30
                                    Dataeasé               4/27
  Introduction to Symphony
   3/16          4/5


  * Advanced Symphony               Introduction to        3/15&23
                                    dBase III Plus         4/12&19


  Business Graphics:                Introduction to        3/21(AM)
  Freelance Plus                    Local Area             4/25(AM)
   3/23 (PM)      4/18(AM)          Networks
   3/30 (AM)      4/27(PM)
                                    * Introduction to
  Freelance Upgrade                 the PS/2
```

Abb. 33: BBS - Morgan Bank (Einstiegsmenü + BBS-Informationsseite)

2.6.2.5.4 Andere Kommunikationsdienste

Abgesehen von den vorgenannten Kommunikationssystemen gibt es eine Vielzahl von Kommunikationsdiensten, die bisher auf unterschiedlichen Endgeräten genutzt wurden, wie z.B. die Postdienste[1] oder der S.W.I.F.T.-Verkehr[2] zwischen den Banken. Bedingt durch die Ausbaufähigkeit und Multifunktionalität des PC's stehen diese Dienste gegebenfalls an einem PC-Arbeitsplatz in der Bank zur Verfügung und treten damit neben andere Datenverarbeitungsprozesse und Kommunikationsdienste.

S.W.I.F.T.

Über den S.W.I.F.T.-Verkehr, der derzeit als Standard für die weltweite Banken-Kommunikation gilt, können eine Vielzahl von Nachrichten (z.B. Zahlungsanweisungen) zwischen den Banken ausgetauscht werden. Mit bezug auf das im Einsatz befindliche Programmangebot ist z.B. für das Auslandsgeschäft und für die Abwicklung des diesbezüglichen Zahlungsverkehrs in vielen PC-Programmen eine Kopplung mit dem S.W.I.F.T.-Verkehr vorgesehen, so daß unmittelbar bei der Erfassung von Zahlungsaufträgen der jeweilige Zahlungsempfänger avisiert werden kann und das PC-Programm die Umsetzung des Auftrags in das entsprechende S.W.I.F.T.-Format vornimmt.[3]

Als S.W.I.F.T.-Nachrichten kommen u.a. Kundenüberweisungen, Bankenüberträge, Akkreditiv- und Wertpapieraufträge in Frage. In diesem Fall übernimmt der PC die Verifikationsprüfung und Autorisierung der im S.W.I.F.T.-Netz ausgetauschten Nachrichten.

---

1) Anmerkung: Auf die ebenfalls durch die Deutsche Bundespost angebotenen sog. "Dateldienste", die in Verbindung mit PC's genutzt werden können (z.B. Datenkaufbau) soll an dieser Stelle nicht näher eingegangen werden, da von dieser Thematik vor allem technische Aspekte der Datenfernübertragung berührt werden. Vgl. dazu: Deutsche Bundespost (Hrsg.)(Dateldienste), S. 3 ff.

2) S.W.I.F.T. = Society for Wordwide Interbank Financial Telecommunications

3) ICOBS ((Hrsg.)(Auslands-Dokumentengeschäft), S. 17.; WANG (Hrsg.)(DOKA/VS), o.S.

Dazu unterhält der Computer ein Verzeichnis der eingehenden und noch zu einem bestimmten Termin zu versendenden Nachrichten. Zur Prüfung des Kommunikationsverkehrs über das S.W.I.F.T.-Netz wird ferner eine spezielle Datenbank geführt, die u.a. die Versuche von nicht autorisierten Handlungen durch andere Bankmitarbeiter protokolliert.[1]

```
 BABY-CORONA  REPORT CB61     REPORT OF MATCHED ITEMS                 / 12.41        DATE 88.09.23    PAGE     1


ACCOUNT: DEMO-1              ATS    DEMO ACCOUNT ONE

           AMOUNT C/D  OR VALUE    OUR REFERENCE    THEIR REFERENCE  SUBFIELD 9/NARRATIVE            DATED    OPR REMARK

        100.000,00  D   TH 86.10.24 OUR-260000                        COND-4                          86.10.20 B43 *A**V*
NARRATIVE: CLASS-1
         99.999,90  C   OU 86.10.25 OUR-260000                        COND-4                          86.10.20 B43 *A**V*
NARRATIVE: CLASS-1
************************************************************************************************************************
        100.000,00  D   TH 86.10.24 OUR-270000                        COND-4                          86.10.20 B43 *A**V*
NARRATIVE: CLASS-1
         99.989,90  C   OU 86.10.25 OUR-270000                        COND-4                          86.10.20 B43 *A**V*
NARRATIVE: CLASS-1
************************************************************************************************************************
         50.000,00  D   TH 86.10.29 OUR-330000                        COND-5                          86.10.20 B43    *V*
NARRATIVE: CLASS-1
         50.000,00  D   TH 86.10.29 OUR-330000                        COND-5                          86.10.20 B43    *V*
NARRATIVE: CLASS-1
        100.000,00  C   OU 86.10.27 OUR-330000                        COND-5                          86.10.20 B43    *V*
NARRATIVE: CLASS-1
************************************************************************************************************************
```

Abb. 34: Matching-Report - "CORONA"

Ein besonderes Leistungsmerkmal von PC-gestützten S.W.I.F.T.-Systemen besteht in dem sog. "Matching-Verfahren", welches Abbildung 34 vorstellt und innerhalb dessen auf der Basis vordefinierter Parameter (z.B. Buchungstag) die Konsolidierung einzelner Zahlungsposten erfolgt und damit eine effiziente Liquiditätssteuerung möglich ist. Über ein mit der S.W.I.F.T.-Anwendung verbundenes Datenbanksystem können die Benutzer ferner Informationen abrufen und Berichte, u.a. zu den noch nicht konsolidierten

1) Czernin-Morzin A. (S.W.I.F.T.), Abschnitt 13 f.; IBM (Hrsg.)(MERVA/2), o.S.; MANAGEMENT DATA (Hrsg.)(CORONA), S. 1 ff.

Zahlungspositionen, einzelnen Betragsgrößen oder Buchungstage, erstellen.[1]

BILDSCHIRMTEXT (BTX)

Mit Hilfe des BTX-Systems der Deutschen Bundespost können die Banken einerseits andere Kommunikationsdienste ansprechen (z.B. Telex) als auch externe Daten (z.B. Wertpapierkurse) beziehen[2], wobei der in der Vergangenheit bestandene zeitintensive Aufbau von BTX-Bildschirmseiten durch neue diensteintegrierende Netze (z.B. ISDN) vermieden werden soll. Andere, von den Banken genannte interne Applikationsbereiche liegen im schaltergestützten SB-Verkehr, dem Angebot von Lernprogrammen, der Anbindung kleinerer Zweigstellen an die Filiale sowie den über dieses Kommunikationsmedium möglichen Zugängen zum S.W.I.F.T.-Verkehr. In bezug auf die Textkommunikation bietet der BTX-Dienst Vorteile, wenn der Nachrichtenaustausch nicht mehr als eine Seite beträgt. In diesem Fall fungiert eine zentrale BTX-Zentrale vergleichbar mit einer Mailbox als Koordinationsstelle für den Nachrichtenaustausch. Abgesehen von Teletexanschlüssen besteht auch die Möglichkeit Mailbox- sowie Telex- und Telefax-Dienste über den BTX-Dienst zu nutzen.[3] Dabei wird insbesondere die Übertragung von Grafiken in Verbindung mit BTX durch die neuen Möglichkeiten des ISDN-Netzes gefördert.[4] Auch für die Belange des Außendienstes läßt sich der BTX-Dienst als "Bulletin-Board-System" nutzen, um zeit- und ortsunabhängig Informationen auszutauschen.[5]

1) MANAGEMENT DATA (Hrsg.)(CORONA), S. 37.

2) Dieter J. (Intelligenz), S. 49.; Jobst P. (Bewegung), S. 22 ff.; Käberich G. (Bildschirmtext), S. 21.

3) Land Nordrhein-Westfalen (Hrsg.)(Telekommunikationsdienste), S. 51.

4) Land Nordrhein-Westfalen (Hrsg.)(Telekommunikations-Produkte), S. 39.

5) Grenz E. (Jahre 2000), S. 17.

Unabhängig davon, in Verbindung mit welchen Informationsarten BTX tatsächlich genutzt wird, kann der PC im Rahmen dieses Dienstes u.a. folgende, in Textbox 23 vorgestellte Funktionen übernehmen.[1]

PC-BTX-FUNKTIONEN

- o Aufbereitung und Verwaltung von BTX-Seiten
- o Automatische Anwahl des gewünschten Informationsanbieters
- o Selektion einzelner BTX-Seiten nach bestimmten Kriterien
- o Vorbereitung von Kommunikationsvorgängen zu bestimmten Zeiten an vordefinierte Empfänger
- o Übertragung von Daten

Box 23: PC-BTX-Funktionen

TELEX/TELETEX/TELEFAX

Während TELEX und TELETEX schon seit einiger Zeit in Verbindung mit PC's nutzbar ist, legte die Deutsche Bundespost vor kurzem auch den gesetzlichen Grundstein für die Verknüpfung der Telefaxkommunikation mit dem PC. Sämtliche der oben genannten Postdienste ermöglichen die Textkommunikation, wobei der Telefax-Dienst auch den Austausch von Mischdokumenten unterstützt, die z.B. mit Grafiken angereichert sind.[2]

Für den Betrieb des TELEX-Dienstes, der sich vor allem für den "ad-hoc"-Kommunikationsverkehr in knapper unkomplizierter Form eignet[3] schreibt die Deutsche Bundespost zur jederzeitigen Aufrechterhaltung der Dienstfunktionalität zwei voneinander

1) Dietrich D./Metzendorf H. (Computer), S. 265 ff.; DSGV (Hrsg.) (Rahmenbedingungen), S. 27.; Kauffels F.-J. (Alternativen), S. 52 f.; Moos A./Steinbuch P.A. (Mikrocomputer), S. 44 ff.

2) Deutsche Bundespost (Hrsg.)(Textkommunikation), S. 2 ff.

3) Deutsche Bundespost (Hrsg.)(Textkommunikation), S. 5.

unabhängige Telexanschlüsse vor[1], so daß sich aus organisatorischer Sicht die Verknüpfung von mehreren PC's über ein lokales Netzwerk anbietet, damit bei Ausfall eines PC's der andere die Telex-Funktion übernehmen kann[2]. Wichtige Funktionen des PC's im TELEX-Verkehr bestehen in der Konvertierung von Texten in das TELEX-Format, der Versendung von Rundschreiben an mehrere Adressaten sowie - bei Nichterreichen eines Teilnehmers - der automatischen wiederholenden Anwahl.[3]

Der TELETEX-Dienst kann als verbesserte Form des nur auf einen begrenzten Zeichenvorrates ausgerichteten TELEX-Dienstes aufgefaßt werden und ermöglicht die Versendung kompletter Geschäftsbriefe oder Formulare, so daß er sich u.a. in Verbindung mit Textverarbeitungsprogrammen anbietet.[4] Darüber hinaus besteht die Möglichkeit, Datenübertragungen zwischen PC und Host über den TELEX-Dienst abzuwickeln.[5]

In Verbindung mit TELEFAX können die Teilnehmer originalgetreue Dokumente (z.B. Urkunden) austauschen, die z.B. mit Grafiken oder handschriftlichen Notizen ergänzt sind. PC-Applikationen erlauben dort die direkte Übertragung von erstellten Dokumenten in die Fernkopie-Einrichtung, so daß aufwendige Neuerfassungen vermieden werden können.[6] Bei diesem Dienst sieht die Deutsche Bundespost ein Anwendungspotential von etwa 20 Prozent bezogen auf die gesamte Bürokommunikation.[7]

---

1) Deutsche Bundespost (Hrsg.)(TELEX), S. 13.

2) Mutschler S. (Art), S. 28.

3) Mutschler S. (Art), S. 28 f.; o.V. (Tele-Dienste), S. 42.

4) Deutsche Bundespost (Hrsg.)(Textkommunikation), S. 2 f.; dgl. (Hrsg.)(Teletex), S. 7.; o.V. (Sekretariat), S. 9.

5) Kauffels F.-J. (Alternativen), S. 52.

6) Deutsche Bundespost (Hrsg.)(Textkommunikation), S. 7.

7) Deutsche Bundespost (Hrsg.)(Telefax), S. 2.

VIDEOKONFERENZ

Durch die Verbreitung von diensteintegrierenden Netzen (z.B. ISDN) ist möglicherweise zu erwarten, daß in der Zukunft wirtschaftlichere Integrationsmöglichkeiten des Videokonferenz-Verkehrs am multifunktionalen PC-Arbeitsplatz bestehen.[1] So hat beispielsweise die Schweizerische Bankgesellschaft bereits Pilotinstallationen auf diesem Gebiet vorgenommen, die eine direkte Bedienung derartiger Systeme durch den Bankmitarbeiter an seinem Arbeitsplatz vorsehen.[2] Trotzdem werden der Durchführung von Videokonferenzen z.T. noch schlechte Chancen eingeräumt, weil Versuche in größeren Firmen zu dem Ergebnis kamen, daß viele Manager eine Geschäftsabwicklung auf emotionaler Ebene bzw. unter physischer Anwesenheit der Geschäftspartner bevorzugen.[3]

---

1) Kreiss W. (Business), S. 44 ff.

2) Chorafas D.N./Steinmann H. (High Technology), S. 244.

3) Grenz E. (Jahre 2000), S. 20.

2.6.2.6 Zeit-/Projekt-Management

Aus Sicht der Schweizerischen Bankgesellschaft stellt das computergestützte Terminmanagement einen wesentlichen Erfolgsfaktor in einer postindustriellen Gesellschaft dar, so daß dessen Nutzung durch sämtliche Mitarbeiter angestrebt wird. Bei der Benutzung der Terminplanung sollen vor allem Deadlines (deutsch: Stichtage) hervorgehoben und die Angestellten unternehmensweiten Disziplinierungsregeln unterworfen werden.[1]

Grundsätzlich können Funktionen des betrieblichen Zeitmanagements für die Koordination und Planung von Projekten und Terminen auch in PC-Programme, z.B. für das Informationsmanagement, die Tabellenkalkulation oder den elektronischen Postverkehr, eingebunden sein. So ergeben sich in Informationsmanagement-Systemen (z.B. dBase) über den Datentyp "Datum" gezielte Selektionsmöglichkeiten[2], die in anderen Programmen (z.B. Agenda) bis zu "mitdenkenden" Kalenderplanungen gehen, die eine Eingabe umgangssprachlicher zeitbezogener Retrieval-Befehle (z.B. "in two weeks") erlauben und eine Erkennung des genauen Datums vornehmen. Im letzten Fall kann sogar bei der Eintragung von Wiedervorlagen (z.B."every Wednesday") der PC automatische Terminerinnerungen zusammen mit der Vorlage des dazu gehörigen Kurztextes (bis 350 Zeichen) auslösen.[3] Aus ergonomischer Sichtweise sollten in einer Retrievalumgebung für das Zeitmanagement sogar der laufende Arbeitsfortschritt kontrolliert und mittels einer Abbildung der schon abgeschlossenen Arbeitsschritte sichtbar gemacht werden.[4]

Der Faktor "Zeit" und dessen optimale Nutzung ist von größter Bedeutung, da die Manager nach einer empirischen Untersuchung

---

1) Chorafas D.N./Steinmann H. (Technology), S. 241 f.

2) Fuhrmann P.H./Buck G.F. (management decision), S. 85.

3) Nastansky L. (PIM), S. 13.

4) Freiburg D. (Dokumenten-Retrievalsystemen), S. 29 f.

einen großen Teil ihrer Arbeit mit terminierten Tätigkeiten verbringen, die der Koordination und Abstimmung dienen.[1] Diesbezüglich wurde auch festgestellt, daß insbesondere die Unternehmensleitung, die Führungskräfte sowie die im Unternehmen befindlichen Sekretariate der Verwaltung von Terminplänen eine hohe Relevanz beimessen[2]. Eng verbunden mit der Verwendung der i.d.R. knappen Ressource "Zeit" sind vor allem Opportunitätskostenbetrachtungen und Fragen nach der Produktivität, so daß ein computergestütztes Zeitmanagement auch Informationen zu Zeitaufwänden für bestimmte Aufgaben liefern sollte. So kann z.B. ein Spreadsheet-System die für bestimmte Tätigkeiten aufgewendeten Zeiten aufsummieren und prozentuale Zeitanteile von Teilaufgaben an der gesamten, zur Verfügung stehenden Arbeitszeit sowie anteilige Kostenberechnungen zum Zeitaufwand für bestimmte Personenkreise vorzunehmen.[3]

Abbildung 35 zeigt eine PC-gestützte Wochen-Terminplanung, wie sie im Rahmen des Büroinformationssystems "SOFI" angeboten wird. Dort kann der Endbenutzer u.a. mitarbeiterbezogene Wochenübersichten zusammen mit Angaben zum Gesprächspartner und einer Kurzinformation über einen entsprechenden Termin verwalten.[4]

Mit Bezug auf die Zusammenarbeit in einer Unternehmung kann der PC zu einer effizienten Termin- und Konferenzplanung beitragen und die vor bestimmten Zusammenkünften notwendigen telefonischen und schriftlichen Koordinationsaufgaben verringern. Dies gilt insbesondere für bei Terminänderungen, der Evaluation von Einschiebemöglichkeiten sowie der Berücksichtigung bestimmter Prioritäten.[5]

---

1) Picot A./Reichwald R. (Forschungsprojekt), S. 30.

2) Scheer A.-W. (Fachabteilungen), S. 20.

3) Fuhrmann P.H./Buck G.F. (management decision), S. 76 ff.

4) ADV/ORGA (Hrsg.)(SOFI), S. 11.

5) Stone R. (Büro), S. 78.

```
-------------------------------------------------------------------------
I SOFI:  Wochenseite 11.87   Schönbrunn, Heinz  1              26. 2.1987 I
---+-----------------------+---------------------+-----------------------+
   I                       I                     I                       I
UhrI Montag          9. 3. I Dienstag      10. 3. I Mittwoch       11. 3. I
===+=======================+=====================+=======================+
 8 o                       o                     o                       o
   I                       I                     I                       I
 9 o  9.00 bsp ------------o                     o                       o
   I Vertrieb              I                     I                       I
   I Baumgart              I                     I  9.30 BSP ------------I
   I Geschäftsführung      I                     I VERTRIEB              I
10 o---------------- 10.30 o 10.00 bea z.Wv. -------o Rahn               o
   I                       I BETRIEBSANALYSE     I Vertrieb              I
 2 I 10.30 tel ------------I Le                  I---------------- 10.30 I
   I Betriebsanalyse       I Geschäftsführung    I                       I
11 o Maier  3              o---------------- 12.00 o 11.00 tel z.Wv. -------o
   I Wirtschafts-Revision 4 I                    I VERTRIEB              I
   I---------------- 10.30 I                     I Dahn                  I
   I                       I                     I Büromaschinen Ameland KI
12 o                       o                     o---------------- 11.00 o
   I                       I                     I                       I
   I                       I                     I                       I
   I                       I                     I                       I
---+-----------------------+---------------------+-----------------------+
```

Abb. 35: Wochenplanung - SOFI

So wird z.B. in der Morgan Bank eine weitgehend flexible Termin- und Ressourcenplanung mit gegenseitig autorisierbaren Einblickmöglichkeiten in Kalenderplanungen sowie Delegationen derer an Stellvertreter angeboten. Weitere Leistungsmerkmale dieses Systems liegen in den automatischen Planungen der an einem bestimmten Ort zu einer gewünschten Zeit frei verfügbaren Konferenzräume sowie gleichzeitigen Einblendmöglichkeiten der täglichen, wöchentlichen und monatlichen Kalenderplanung unter Berücksichtigung von arbeitsfreien Tagen (z.B. Feiertage).[1]

PROJEKTMANAGEMENT

Eng verbunden mit Zeitmanagementfunktionen, wenn auch z.T. von wesentlich komplexerem Funktionsumfang als herkömmliche Terminplanungen, sind PC-gestützte Projektplanungshilfen, wie sie z.B. in der Morgan Bank (Project Manager Workbench)[2] oder bei der Schweizerischen Bankgesellschaft (z.B. Time Line)[3] den Mitarbeitern angeboten werden.

---

1) Morgan Bank (Hrsg.)(OFFICE SERVICES), S. 6.

2) Morgan Bank (Hrsg.)(Morgan Information Center), S. 17.

3) o.V. (Time Line), S. 16.

Projektplanungshilfen können überall dort eingesetzt werden, wo sich die zu bearbeitenden Aufgaben in mehrere Teilschritte zerlegen lassen, wie bei der Planung von Produkteinführungen oder Veranstaltungen. Neben der Terminplanung nimmt der Computer dort eine detaillierte Kostenzuordnung mit mehreren Kostenarten und Ressourcen (z.B. erforderliche Mitarbeiter) vor. Anschließend berechnet er unter Berücksichtigung von vorgegebenen Terminen und bestimmter Abhängigkeiten zwischen verschiedenen Tätigkeiten einen zeitlich optimierten Durchführungsplan.[1] Gleichzeitig lassen sich sog. "kritische Pfade" bei Verwendung der Netzplantechnik ermitteln, die angeben, an welchen Stellen der Projektplanung Verzögerungen von Einzeltätigkeiten zu negativen Auswirkungen auf die ursprünglich festgelegte Projektdauer führen können.[2]

Der Vorteil einer computergestützten Projektplanung kommt vor allem bei Neuüberarbeitungen von Projektplänen zum Tragen, da bei Änderungen der Planungsparameter eine unmittelbare Neuberechnung von z.B. Netzplänen erfolgt.[3] So können mit der in der Schweizerischen Bankgesellschaft eingesetzten Projektplanungshilfe "Time Line", die mit sog. "GANTT-Diagrammen" verschiedene Tätigkeiten in anschauliche Balkendarstellungen überführt, jederzeit Berichte über den Projektverlauf mit Soll-Ist-Abweichungen abgerufen werden.[4] Der Funktionsumfang von "Time Line" erlaubt sogar einen automatischen Ausgleich von bereitstehenden Ressourcen und zeigt gegebenfalls Engpässe, unter Zuhilfenahme von Histogrammdarstellungen auf (Vgl. Abb. 36).[5]

---

1) Schwab U. (Werkzeuge), S. 43 ff.

2) Herbert H.-P. (Zeit), S. 53.

3) Martens F. (Terminüberwachung), S. 58.

4) o.V. (Time Line), S. 16.

5) Herbert H.-P. (Zeit), S. 56 f.

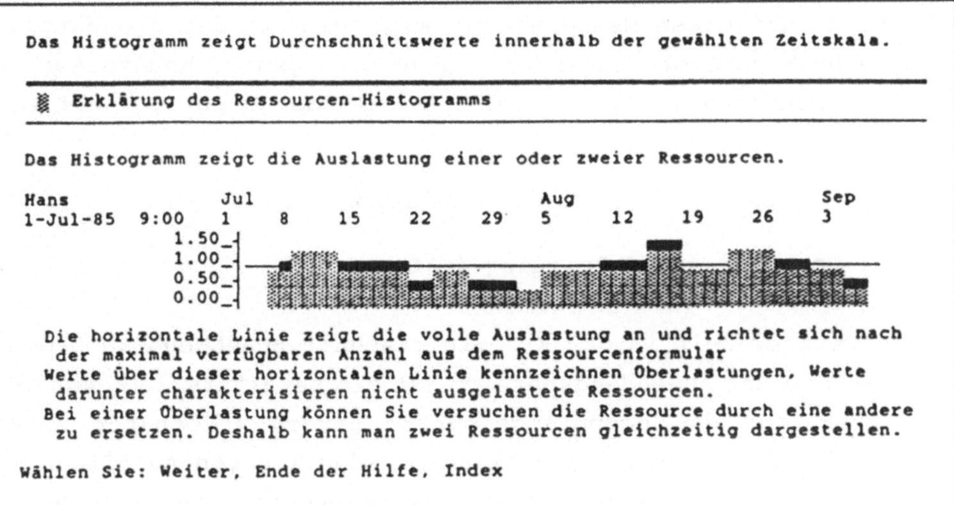

Abb. 36: Ressourcen-Ausgleichsplanung "Time Line"

Insgesamt betrachtet unterscheiden sich die angebotenen Projektplanungs-Werkzeuge u.a. nach der Anzahl der schon vorbereiteten Berichtsarten, den Darstellungsmöglichkeiten des Projektverlaufs (z.B. verschiedene Netzplantechniken) und den maximal möglichen Ressourcen-und Kostenzuteilungen pro Projekt.[1] Im Gegensatz zu anderen Endbenutzer-Werkzeugen (z.B. Datenbankmanagement-Systeme) haben sich jedoch noch keine orientierungsfähigen Standardprodukte herausgebildet[2], und oft sind die Voraussetzungen für deren Einsatz in Form eines disziplinierten Projektmanagements nicht in ausreichendem Maße bei den Anwendern gegeben[3]. So muß im allgemeinen vor der Arbeit mit einem Projektplanungsprogramm eine genaue Festlegung des Projektes in Hinblick auf dessen einzelne Tätigkeiten und eine manuelle Eingabe von z.B. Ressourcen-Größen erfolgen. PC-Programme, wie das in der SBG eingesetzte "Time Line", helfen jedoch dem Benutzer bei der Projektplanung durch eine automatisierte und logisch aufgebaute Einspielung verschie-

1) Herbert H.-P. (Zeit), S. 56 f.; Martens F. (Termininüberwachung); o.V. (Olympia), S. 48 ff.

2) Schwab U. (Werkzeuge), S. 43.

3) Panko R.R. (End User Computing), S. 530.

dener Planungsmasken sowie Erklärungen zu einzelnen Planungsschritten. Auf diese Weise können sich auch in der Projektplanungstechnik ungeübte Anwender - ohne z.B. genaue Kenntnisse in der Netzplantechnik - in kurzer Zeit mit dem Programm vertraut machen.[1]

2.6.2.7 Computer Aided Learning (CAL)

Ein in letzter Zeit in der Kreditwirtschaft zunehmend an Bedeutung gewinnender Anwendungsbereich ist die Bereitstellung von PC-Programmen für das computergestützte Lernen ("Computer Aided Learning"), das zu einer erheblichen Reduktion von Ausbildungszeiten und -kosten führen kann.[2] Dementsprechend lag ein Schwerpunkt der CeBIT Messe in Hannover im Jahre 1989, die unter dem Motto "Innovative Bank-Finanz-Systeme" stand, auf dem Gebiet computergestützter Lernsysteme.

Ein wesentlicher Faktor, der zu einer steigenden Nachfrage nach derartigen Applikationen beiträgt, sei es in fertiger Form oder als Entwicklungspaket bzw. Autorensystem, ist der sich abzeichnende Trend zu Allfinanzangeboten in der Kreditwirtschaft und dem daraus erwachsenden Ausbildungsbedarf. Auch laufende Gesetzesänderungen (z.B. zur staatlichen Vermögensbildungsunterstützung) in einzelnen Ländern und die steigende Komplexität von Bankprodukten sind als Ursachen anzuführen. Die Kreditinstitute versprechen sich durch den Einsatz von Lernsystemen insbesondere eine höhere Lernmotivation und bessere Lernergebnisse, als sie mit herkömmlichen Methoden erzielt werden können. Das Haupteinsatzgebiet von Lernprogrammen liegt in der Vermittlung von bankbetrieblichen Grundkenntnissen, die etwa 40 bis 50 Prozent des

1) Herbert H.-P. (Zeit), S. 53 ff.

2) Meall L. (Video), S. 161.

Ausbildungsumfanges ausmachen, so daß damit keinesfalls herkömmliche kommunikative Trainingsmethoden ersetzt werden sollen.[1] In Hinblick auf das Angebot von Lernprogrammen z.B. in den Genossenschaftsbanken ist eine Integration der bereitstehenden Lernsoftware in ein umfassendes Schulungskonzept vorgesehen, welches auf einheitlichen PC-gestützten und didaktisch aufbereiteten Lernhilfen basiert.[2]

Textbox 24 vermittelt einen Ausschnitt der derzeit im Kreditwesen verbreiteten Lernprogramme, die teilweise mit benutzerfreundlicher "Touch Screen"-Technik bedienbar sind.[3]

Die Eignung von Lernprogrammen wird vor allem in den Bereichen gesehen, in denen der Einsatz des Computers in Verbindung mit verschiedenen Darstellungsmedien (z.B. Video) zur Verbesserung der Anschaulichkeit von Lerninhalten führen kann.[4] Im Vergleich zu herkömmlichen Lernmethoden (z.B. Vortrag) gewähren Lernprogramme eine weitgehende Unabhängigkeit von der Lernzeit. Sie können sowohl zu einem einheitlichen Wissenstand beitragen als auch ein individuelles, dem Wissensstand des Anwenders anpaßtes

---

1) McLeod M. (Lessons), S. 40 ff.

2) Eichhorn J./Willig G. (CUL), S. 50 f. Anmerkung: Das Betriebswirtschaftliche Institut der Kreditgenossenschaften (BIK, Frankfurt) bietet eine umfassende über 60 interaktive Lernprogramme beinhaltende Produktpalette unter dem Namen "CAVIS-MULTI-MEDIA-SOFTWARE" (Computer-und Audio-Visuell unterstützte Interaktive Schulungsprogramme) zusammen mit einem Autorensystem den betreuten Genossenschaftsbanken an.

3) Gemäß den diesbezüglich im Jahre 1989 durchgeführten Interviews sowie folgenden Literaturquellen: Ambros H. (Vorstandsmitteilung 54/88), S. 3 ff.; DG-Verlag (Hrsg.)(Wissen), S. 2 ff.; dgl. (Hrsg.)(Fakten), S. 2.; dgl. (Hrsg.)(Quellensteuer), S. 2.; Dresdner Bank AG (Hrsg.)(Selbstlernprogramm), o.S.; ; GENERALE BANK (Hrsg.) (Computer Based Training), S. 1 ff.; GRZ (Hrsg.)(Bankensonderschau), S. 8 ff.; Peters A. (Revolution), S. 41.; Prenzel D./Zahner D. (Unterricht), S. 54.; THE COURSEWARE GROUP (Hrsg.)(Banking), o.S.

4) Prenzel D./Zahner D. (Unterricht), S. 53.

EINSATZGEBIETE VON LERNPROGRAMMEN

- KREDITGESCHÄFT
  Kreditbedarfsermittlung, Sicherheitenbeurteilung, Kreditabwicklung, Kredit-arten-Training (z.B. Wechsel/Akkreditive), Finanzierungsmodelle, Bilanzanalyse und -interpretation, Beurteilung von Geschäftsstrategien (z.B. Fusionen)

- WERTPAPIERGESCHÄFT
  Börsenhandel, Wertpapierverwaltung (z.B. Beleihungswertermittlung, Rentabilitätsvergleiche von Anlageformen (z.B. Sparformen), Technische Wertpapieranalyse, Verständnis-Training für Wertpapierrisiken (z.B. Währungsrisiko), Finanzinstrumente (z.B. swaps), Strategie-Schulung (z.B. Arbitrage), Steuerfragen (z.B. Quellensteuer)

- ANDERE EINSATZGEBIETE
  Volkswirtschaftliche Preisbildung, Zahlungsbilanz-Verständnis, Konjunkturzyklen, Fremdsprachen-Training, Prüfungsvorbereitung, Einsatz- und Nutzenaufklärung zu Computerapplikationen (z.B. Elektronische Post), Jahresabschlußrechnung, Kostenrechnung, Bank- und Unternehmensspiele, Zahlungsverkehrsabwicklung

Box 24: Einsatzgebiete von Lernprogrammen

Lernen ermöglichen.[1] Ein besonderer Vorteil des Einsatzes von Lernsoftware besteht darin, daß der Anwender die Lerngeschwindigkeit selbst bestimmen und einzelne Lernschritte bei Bedarf wiederholen kann.[2]

Soweit das Lernprogramm die Interaktion mit dem Lernenden vornimmt, unterstützt die Lernsoftware nicht nur den eigentlichen Lernprozess, sondern übernimmt zugleich Koordinationsfunktionen im Rahmen des Trainingsprozesses.[3] In diesem Fall nimmt das Programm die Rolle eines Tutors an und ersetzt den physischen Lehr-

1) Peters A. (Revolution), S. 39.

2) Issing L.J./Tober K. (Autorensysteme), S. 1.

3) Panko R.R. (End User Computing), S. 183.

körper, indem es Hilfestellungen an den Lernenden gibt und Informationen über den Lernfortschritt bereitstellt.[1]

Wie eine Studie des Arbeitsbereiches Medienforschung der Freien Universität Berlin zeigt, können durch den Einsatz von Autorensystemen (z.B. MAVIS, PC-AUTOR) Lernprogramme auch von in der Programmierung unerfahrenen Lehrpersonen erstellt werden und zwar unter Kombination verschiedenster Darstellungsformen, wie Bilder, Grafik, Text, Video sowie mittels Tonunterstützung. Dazu gehört auch die Einfügung mehrerer Fragearten (z.B. Multiple-Choice-Fragen) und die Bestimmung der verschiedenen Systemverzweigungen, die sich dem Wissen, den Lerngewohnheiten sowie dem Lerntempo des Anwenders anpassen.[2] Soweit es sich um interaktive Videoapplikationen (Dialogvideo) handelt, können damit insbesondere kognitive Trainingseffekte erzielt werden, wie z.B. das Lernen von Verhaltensmustern im Geschäftsverkehr mit dem Kunden. Auf diesem Gebiet führt die Einspielung von Videoszenen in Verbindung mit den Antworten des Lernenden zu den systemseitig angebotenen Handlungsalternativen ein "Optimalverhalten" im Rahmen einer simulierten Kundenberatung herbei.[3] Der Vorteil der Videotechnik besteht darin, daß damit die Lernprogramme z.B. durch beliebige Veränderung der Bildsequenzen aktualisierungsfreundiger werden.[4] Zusätzlich sind mit dieser Technik mehrere tausend Bilder im direkten Zugriff, so daß eine hohe Flexibilität in bezug auf die Steuerung der Benutzerinteraktion gegeben ist.[5]

Ein wesentliches Merkmal von Lernprogrammen besteht darin, dem Benutzer auf spielerische Weise die Erarbeitung verschiedener Lerngebiete zu ermöglichen, deren Ergebnisse anschließend für

---

1) Camstra B. (Computerunterstützte Schulung), S. 214 f.

2) Issing L.J./Tober K. (Autorensysteme), S. 6 ff.

3) Peters A. (Revolution), S. 39 f.

4) Zeissler M./Reitz M. (Büffeln), S. 167.

5) Meall L. (Video), S. 161.

Problemlösungen im täglichen Bankgeschäft verwendbar sind. Ein gutes Beispiel für derartige Lernhilfen sind PC-gestützte Banken- sowie Industrie- und Handelsimulations-Planspiele, wie sie z.B. in der Sparkassenorganisationen eingesetzt werden. Mit diesen PC-Programmen können in einer Gruppe von Mitarbeitern miteinander konkurrierende Entscheidungsprozesse über mehrjährige Planungsperioden durchgespielt werden. Dabei gibt das Lernprogramm jeweils Rückmeldungen zu den Auswirkungen einzelner Entscheidungen an die Beteiligten und fördert damit das Verständnis über bestimmte reale Wirkungszusammenhänge (z.B. Konjunkturbestimmungsfaktoren).[1]

FRONT OFFICE TRAINING

Ein interessantes Projektbeispiel für den Einsatz des computerunterstützten Lernens auf PC-Basis wurde von der "ORDINA COURSEWARE" für eine bevorstehende Fusion zweier Sparkassen auf der CeBIT Messe in Hannover im Jahre 1989 vorgestellt.[2] Ziel der Einführung eines Lernsystems war es, die Mitarbeiter der einen Bank auf die Übernahme der für das Schaltergeschäft konzipierten Abwicklungs- und Beraterprogramme der anderen Bank vorzubereiten. Dabei ging es u.a. um die Vermittlung der richtigen Anwendungsmöglichkeiten in Abhängigkeit von den Geschäftsvorfällen im Schalterbereich, die im Gegensatz zur bisherigen Abwicklung standen. Besondere Priorität wurde auf die Wissensschulung der Bankmitarbeiter über nicht mehr bestehende und neue Applikationen gelegt, um sicherzustellen, daß die Nutzung der zu übernehmenden Programme optimal bzw. ohne Nachteile für die Kundenbeziehung erfolgt. Das zusammengestellte computergestützte Trainingsprogramm umfaßt einen einleitenden Videofilm (etwa 3 Minuten), das Studium zu allgemeinen Einführungsaspekten (etwa 60 Minuten), ein interaktives Training zu den vorausgegangenen Einführungsfragen und zu den Funktionen der bereitgestellten Computerhardware (etwa 150 Minuten) sowie ein spezielles Studium der Unterschiede zwischen dem alten und neuen Computersystem (etwa 80 Minuten). Das

1) Ashauer G. (Schulung), S. 88.; Wagner R. (Unternehmensplanspiele), S. 48 ff.

2) ORDINA COURSEWARE (Hrsg.)(Front Office Training), o.S.

gesamte Programm wird schließlich durch ein Fertigkeitstraining zu verschiedenen Anwendungen an Hand von Fallbeispielen (etwa 150 Minuten) und einen abschließenden Ausdruck der wichtigsten durch die Fusion hervorgebrachten Neuerungen abgerundet. Im Rahmen des interaktiven Trainings stellt das Lernsystem dem Benutzer verschiedene Fragen unterschiedlichen Schwierigkeitsgrades, so daß, je nach Beantwortung der präsentierten Fragen gemäß dem Wissensstand des Bankmitarbeiters auf einen anderen Schwierigkeitsgrad umgeschaltet wird. In bezug auf den vorbereiteten Computerdialog im Anwendungsteil sind die Fallbeispiele so ausgewählt, daß die Unterschiede zur alten Applikationsumgebung im Schalterbereich hervortreten. Außerdem wurden die Anwendungsfälle nach deren Komplexität und Häufigkeit gewichtet und zu den dort gestellten Fragen grundsätzlich nur eine mögliche Antwort hinterlegt.

KOMPLEXE FINANZINSTRUMENTE

Ein weiteres, besonders fortschrittliches interaktives Lernprogramm, das auf der Videotechnik basiert und von der Wirtschaftsprüfungsgesellschaft PRICE WATERHOUSE Bankmanagern und Bank-Trainees angeboten wird, trägt den schon auf seine Bedeutung hinweisenden Produktnamen "Risky Business".[1] Kern dieses PC-Lernprogrammes ist ein Videodialog, der verschiedenste Geschäftssituationen in Form von Kurzgeschichten bereitstellt, welche mit dem Management von Finanzrisiken verbunden sind. Dabei beeinflußt der Ablauf des Dialoges zwischen Lernendem und dem Lernsystem bzw. die Beantwortung der über das Lernprogramm präsentierten Fragen den Ablauf der verschiedenen abgespeicherten Videoszenen. Begleitend zu den Videoszenen erfolgt über vier verschiedene, logisch aufeinander folgende Betrachtungsebenen die Lernstoffvermittlung zu verschiedensten Finanzinstrumenten (z.B. swaps) und die Beurteilung der damit in Verbindung stehenden Kredit-, Währungs- und Zinsrisiken. Durch die ständige Interaktion mit dem System soll der Lernende in mehreren Schritten zu einer Risikobewertung in bezug auf die zur Verfügung stehenden Finanzinstrumente kommen, wobei das System dem Anwender die mit jeder Entscheidung ver-

1) Meall L. (Video), S. 161 ff.; Price Waterhouse et alteri (Hrsg.)(Business), o.S.

knüpften positiven und negativen Aspekte aufzeigt sowie den Lernfortschritt sichtbar macht. Die Bearbeitung des Lernprogrammes kann je nach Lernschnelligkeit und Wissensstand des Anwenders zwischen 4 und 15 Stunden in Anspruch nehmen. Dabei kann der Bankmitarbeiter jederzeit über einen einblendbaren Fahrplan feststellen, welche Bereiche des Programmes er bereits bearbeitet hat. Einziger Nachteil dieses Lernprogrammes ist, daß es sich - im Unterschied zu anderen Lernsystemen - nicht dem Wissensstand des Benutzers anpaßt und folglich auch bei hohem Wissensniveau sämtliche Lektionen durchgearbeitet werden müssen.

Ob die Banken in Zukunft ihre Lernprogramme selbst entwickeln werden, bleibt vorerst noch ungewiß. Sicher ist, daß die didaktische Aufbereitung des Lernprogrammes sowie die Kenntnis des Lernstoffes erhebliche intellektuelle Fähigkeiten voraussetzen. Für Banken kommt derzeit allenfalls der Einsatz vorgefertigter Lernprogramme als auch Kooperationen - wie sie bereits im Genossenschaftsbereich anzutreffen sind - in Frage.[1]

2.6.3 Bestandesaufnahme und Entwicklungstendenzen

Ein wichtiger Aspekt des derzeitigen PC-Einsatzumfeldes des PC's ist, daß dessen Applikationsprofile sowohl dem edv-unerfahrenen Endbenutzer, wie auch dem EDV-Spezialisten ein weitreichendes Betätigungsfeld offerieren. Aus diesem Grund läßt sich kein spezifisches Endbenutzerprofil für PC-Software-Werkzeuge ausmachen.

Bei den vorgestellten, im bankinternen Einsatz befindlichen PC-Applikationen, herrscht ein verstärkter Trend zur engen Verzahnung einzelner Applikationsfelder. Die Einsatzformen des PC's richten sich dabei jeweils nach der spezifischen Anwendung, so daß arbeitsplatznahe (z.B. Informationsmanagement), abteilungsbezogene (z.B. Electronic Mail) ebenso wie externe (z.B. externe

1) Fricke R. (Lernhelfer), S. 53 f.; Peters A. (Revolution), S. 42.

Datenbanken) Informations- und Kommunikationsprozesse am Arbeitsplatz gebündelt sind.

Der praktische Bezugsrahmen für dieses integrative Applikationsumfeld ergibt sich aus der Arbeitsteilung zwischen einzelnen Büroarbeitern und Rechnern mit verteilten Daten und Programmen. Innerhalb dieses Prozesses fließen die Ergebnisse anderer Mitarbeiter und EDV-Systeme in die arbeitsplatzbezogene PC-Anwendung, so daß ein aufeinander abgestimmter Arbeitsverbund ensteht, der auch mit den Begriffen des "Workgroup-Computing" oder "Computer Supported Cooperative Work" bezeichnet wird.[1]

Die arbeitsplatznahen Informationsverarbeitungsprozesse können in Zukunft durch die Nutzung diensteintegrierender Netze (z.B. ISDN) über die Einbeziehung von unternehmensexternen Daten ergänzt werden. Über die Zusammenführung zuvor getrennter Kommunikationsdienste am Arbeitsplatz kann eine integrierte Bild-, Daten-, Sprach- und Textkommunikation erfolgen.[2] Die Verbindung dieser durch die Nachrichtentechnik bereitgestellten Informationsarten mit der innerbetrieblichen Individuellen Datenverarbeitung (IDV) eröffnet gute Möglichkeiten zum Aufbau von Multimedia-Anwendungen.[3] Über den Einbezug dieser externen Daten und Dienste kann das aufgezeigte "Work-Group"-Konzept erweitert werden.

Damit jedoch die Vorteile des multifunktionalen Arbeitsplatzes genutzt werden können und eine Zusammenführung sämtlicher Informationsarten ohne Medienbrüche erfolgen kann, muß eine Vereinheitlichung der zwischen einzelnen Anwendungen sowohl lokal als auch überbetrieblich ausgetauschten Daten erfolgen.[4]

---

1) Nastansky L. (Einführung), S. 29 f.

2) Kleinke G. (Endgeräte), S. 94 f.; Land Nordrhein-Westfalen (Hrsg.)(Telekommunikationsdienste), S. 71 ff.

3) Wichers T. (ISDN-Anwendungen), Block V, S. 16 f.

4) Werren Chr. (Arbeitsplatz), S. 55 f.

In Zukunft ist davon auszugehen, daß der PC zu einer universellen Applikationsplattform wird, die je nach Bedarf auf lokale oder unternehmensexterne Daten bzw. Dienste zugreift. Abbildung 37 zeigt die Zusammenführung verschiedenster Informationsarten am multifunktionalen PC-Arbeitsplatz.[1]

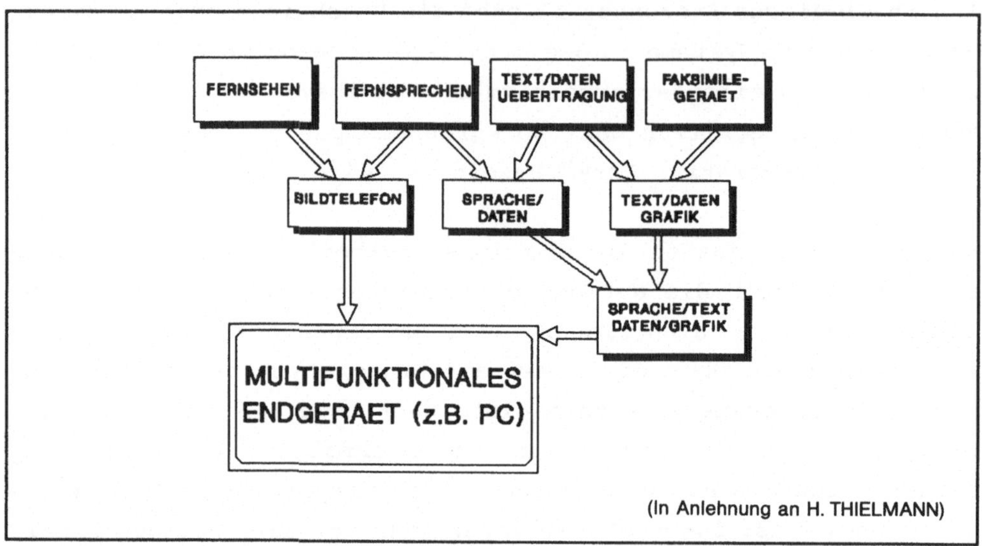

Abb. 37: Multifunktionaler PC-Arbeitsplatz

Ein wichtiger Akzeptanzfaktor zur Unterstützung der aufgezeigten Integrationsformen im multifunktionalen PC-Anwendungsumfeld besteht in der Anpassung von PC-Programmen an das natürliche und gewohnte Arbeitsumfeld des Büroarbeiters. Erst durch die benutzerfreundliche Gestaltung der Mensch-Computer-Schnittstelle können breite Anwendungskreise - von der Sekretärin über den Sachbearbeiter bis hin zum Bankmanager - durch die im Bürobereich bereitgestellten Endbenutzer-Werkzeuge erfaßt werden.

Auf diesem Gebiet müssen die zuständigen EDV-Bereiche in den Banken die Voraussetzungen für ein benutzerfreundliches Applikationsprofil schaffen, wie dies durch die in dieser Arbeit aufge-

1) Thielmann H. (ISDN-Endgeräte), o.S.

zeigten visuellen Bedienungskonzepte (z.B. Schreibtisch-Metapher) möglich ist.[1]

Mit Bezug auf die Entwicklung von Benutzeroberflächen seien die Forschungen auf dem Gebiet adaptiver Systemoberflächen angeführt, die auf Basis einer Auswertung der Benutzer-Computer-Interaktion selbst die Oberflächenbeschaffenheit ändern und sich den Bedürfnissen des Endbenutzers anpassen. Dazu gehören auch Hinweise auf noch unbekannte Software-Werkzeuge oder das Angebot von aufgabenbezogenen Hilfestellungen von seiten des Computers, wie z.B. automatische Fehlerkorrekturen.[2]

Möglicherweise wird in der Zukunft die Mensch-Computer-Schnittstelle eine ganz andere Beschaffenheit haben als wir sie heute in Form des Bildschirms kennen. Gemäß den neuesten Überlegungen könnte der moderne Arbeitsplatz in naher Zukunft mit einer flachen, durch einen Bildschirm aufgebauten Arbeitsplatte, ausgestattet sein, welche auf bislang verwendeten Eingabemedien (z.B. Tastatur) verzichtet und dem Endbenutzer gewohnte Bürowerkzeuge (z.B. Stift) anbietet.[3]

---

1) Karcher H.B. (Trendanalyse), S. 33.; Ventura A. (Visualisierung), S. 73 f.; Werren Chr. (Arbeitsplatz), S. 57.

2) Paetau M. (Kommunikationsbarriere), S. 29.; Schmidthäusler F.J. (Ergonomie), S. 62.

3) Hunkeler H.P. (Büros), S. 83.

3 Spezifische Einsatzgebiete von PC's in Kreditinstituten

3.1 Investment Banking

3.1.1 Handelsunterstützung

3.1.1.1 Einführung

Der Einsatz modernster Computertechnologie ist für die Abwicklung der zumeist transaktionsorientierten und schnellen Handelsgeschäfte von großer Bedeutung.[1] Dies gilt vor allem im internationalen Bankgeschäft, weil dort der Wettbewerb zwischen den Banken am stärksten ausgeprägt ist und die Kunde-Bank-Verbindung nur durch eine günstige Konditionsgestaltung aufrechterhalten werden kann.[2]

Gemäß einer Studie des Computerherstellers Sun Microsystems soll das jährliche Investitionsvolumen amerikanischer Wertpapierhäuser für die Anschaffung leistungsfähiger Handelssysteme bis zum Jahre 1991 eine Summe von 450 Millionen Dollar umfassen.[3] Die enormen

---

1) Die in diesem Kapitel aufgezeigten Funktionen von computergestützten Handelssystemen beruhen neben den dort aufgeführten Literaturangaben auf den diesbezüglich durchgeführten Interviews im Jahre 1989 mit folgenden Damen und Herren:

- Herrn CR. CONDE (DEVON SYSTEMS, Frankfurt/Zürich)
- Herrn V. EHMER (HYPO-BANK, München)
- Herrn M. GERDIEN (FRONT CAPITAL SYSTEMS, Frankfurt)
- Herrn K. HERUD (IBM, Frankfurt)
- Herrn W. HIERL (HYPO-BANK, München)
- Frau J. MILLNER (INFORMATIK-FORUM, Aachen)
- Herrn A. ROSEN (HYPO-BANK, München)
- Herrn CHR. SCHMITZ (HYPO-BANK, München)
- Herrn R. SCHUSTER (INASYS, Bonn)
- Herrn J. SCHÖLER (INFOSOFT, München)
- Frau P. WILDEMANN (VERTEX BUSINESS SYSTEMS, Düsseldorf)
- Herrn W. LANGNICKEL (GENERAL ELECTRICS, Frankfurt)

2) Huschke H. (Wettbewerbsimpuls), S. 34.

3) Schmerken I. (securities), S. 34.

Investitionsvolumina in computergestützte Handelstechnologien konnte in bezug auf einzelne Banken auch für die Bundesrepublik Deutschland von dem in Frankfurt ansässigen Beratungsunternehmen DIEBOLD Deutschland bestätigt werden, nach deren Meinung sich die Anschaffungskosten für einzelne Wertpapierhandels und -abwicklungssysteme in einer Größenordnung von mehreren hundert Millionen DM bewegen können.[1]

Die fortschreitende Computerisierung des Börsenhandels führt zu einer funktionalen Erweiterung des Händlerarbeitsplatzes, indem zu der schon bestehenden Ausstattung in Form von Informationsdiensten und zahlreichen Programmen zur Analyse und Bewertung von Handelsgeschäften der elektronische Verbund zu einer Vielzahl von Börsenplätzen tritt. Von dieser Seite betrachtet ist die lokale Computerunterstützung des Wertpapierhandels eng mit der Computerisierung des Handels an den Börsen verbunden.[2]

National wie auch international gesehen, wird die Verbindung zwischen Händlern und Börsenplätzen durch weitgefächerte Telekommunikationssnetze ermöglicht, die einerseits die notwendige Informationsbasis am Händlerplatz bereitstellen und andererseits die Voraussetzungen für den Börsenhandel schaffen.[3] Die eingesetzten Handelssysteme basieren größtenteils auf einer zentralen Computerapplikation, die den Informationsfluß sowie die Handelsaktivitäten zwischen den angeschlossenen und regional verteilten Händlerarbeitsplätzen koordiniert.

Eng verbunden mit der Computerisierung des Wertpapierhandels ist einerseits die Einführung von Transport- und Clearingsystemen (order-routing-Systeme) und andererseits die Schaffung von Handelsmöglichkeiten über Computer-zu-Computer-Verbindungen, welche

1) Gemäß einem Interview mit Herrn J. Wurmbach (DIEBOLD Deutschland, Frankfurt) im Jahre 1988.

2) Loistl O. (Wertpapiermanagement), S. 36.

3) Schneider-Gädicke K.-H. (Informationstechnologien), S. 32 ff.

auch als "bid-and-ask-Systeme" bezeichnet werden.[1] Die letzteren gewinnen eine immer größere Bedeutung auf den Finanzplätzen und können als Fortentwicklung bisher bestehender Börseninformationssysteme aufgefaßt werden.[2] Die bestehenden Börsensysteme sollen den weltweiten Wertpapierhandel unterstützen, indem die Börsenaufträge ohne Verzögerung und rund um die Uhr von einem Börsensystem zu einem anderen weitergegeben werden können, bis das Handelsgeschäft abgeschlossen ist.[3]

Auf europäischer Ebene wurde die Umsetzung weltweiter Handelsnetze mit der Gründung des Projektes "Interbourse Data Information System" (IDIS) aufgegriffen, welches sich mit den von der "International Organization for Standardization" (ISO) entwickelten Datenstandards für den Wertpapierhandel beschäftigt. Ziel dieses Projektes ist es - mit Blick auf die wachsende Globalisierung des Wertpapiergeschäftes - eine Einigung über einheitliche Datenformate für international gehandelte Wertpapiere zu erzielen. Damit sollen die Voraussetzungen für weltweite Informations-, Handels- und Clearingsysteme geschaffen werden.[4]

3.1.1.2 Ausstattung von Händlerarbeitsplätzen

Die am Händlerarbeitsplatz befindliche technische Infrastruktur ist darauf ausgerichtet, Geschäftsmöglichkeiten so früh wie möglich zu erkennen. In Hinblick auf die anwachsende Computerisierung des weltweiten Wertpapierhandels verfügt der Händler über eine Vielzahl von dezentral abrufbaren Informations- und Kommunikationsdiensten, so daß die äußere Beschaffenheit seines Arbeitsplatzes gut mit der Arbeitsplatzausstattung eines Flugzeugpiloten

1) Meinz Th. (Börsengeschäftsabwicklung), S. 30 ff.; Schüller B. (Entwicklungsmöglichkeiten), Abschnitt 2

2) Schneider-Gädicke K.-H (Informationstechnologien), S. 32 f.

3) Schüller B. (Entwicklungsmöglichkeiten), Abschnitt 2

4) Kessler J.-R. (Internationale Normen), S. 92 ff.; dgl. (Gemeinsamen Markt), S. 33 ff.

vergleichbar ist.[1] Textbox 25 zeigt die an einem Händlerarbeitsplatz bereitstehenden allgemeinen Funktionsmerkmale, die durch Händlersysteme unterstützt werden.

ALLGEMEINE FUNKTIONSMERKMALE DES HÄNDLERARBEITSPLATZES

- Externe realtimeorientierte Informations- und Kommunikationsdienste (z.B. Reuters/ Telerate/Swift/Telex)
- Interne Informations- und Kommunikationsdienste (z.B. Limitenüberwachung-/Volumensrichtlinienführung)
- Realtime-Decision-Support(z.B.Preiskalkulation/Kennzahlen/GraphischeProblemdarstellung/GuV-Rechnung)
- Automatisierte Handelsanbahnung, Abrechnung und Dokumentation von Handelsgeschäften mit der Anbindung an weltweite Clearing- und Abwicklungssysteme
- Positionsführung (z.B. nach offenen und geschlossene Positionen/Handelsinstrumenten/ Kunden- sowie Bankgeschäften)
- Individuelle Gestaltungs- und Selektionsmöglichkeiten des Informationsangebotes über die Fenster-Technik

Box 25: Allgemeine Funktionsmerkmale des Händlerarbeitsplatzes

Durch die Bereitstellung von computergestützten Rechenmöglichkeiten unter Zuhilfenahme von vordefinierten oder selbst aufgebauten Formelsystemen können nahezu beliebig viele Finanzinstrumente kalkuliert werden. Die Funktionalität der angebotenen Händlersysteme ist zum Teil sehr unterschiedlich, so daß die Banken in der Regel über mehrere Monate hinweg gezielte Analysen zur Bewertung des Leistungsumfangs dieser Systeme vornehmen müssen, bis der Entschluß für den Kauf eines Handelssystems gefällt wird. Bei der Auswahl von Handelssystemen kommt vor allem den durch das System unterstützten Handelsgeschäften sowie die Integrationsbeziehung zwischen Front- und Back-Office für eine gleichzeitige

1) Schneider-Gädicke K.-H. (Informationstechnologien), S. 33.

Verbuchung der getätigten Handelsgeschäfte eine große Bedeutung zu.

3.1.1.2.1 Handling

Die Schnelligkeit von Handelsgeschäften stellt besondere Anforderungen an die Bedienbarkeit der zur Anwendung kommenden Handelssysteme. Damit die dort zur Verfügung stehenden Arbeitsplatzfunktionen insbesonders in zeitkritischen Handelssituationen schnell nutzbar sind, verfügen die Händler über eine Vielzahl von Ein- und Ausgabemedien.[1] Zur effizienten Nutzung der aus dem Händlersystem abrufbaren Dienste in Form von allgemeinen Informationen (z.B. Kursfeststellungen), Auswertungen (Preise) und der Durchführung von Geschäftstransaktionen bieten Handelssysteme den Händlern Funktionstasten an, deren inhaltliche Belegung selbst aufgebaut werden kann.[2] Auf diese Weise findet der Händler eine weitgehend offene, an seine speziellen Bedürfnisse anpaßbare Systemstruktur vor. Unter Berücksichtigung der beinahe unbeschränkten Varianten von Handelsgeschäften respektive Finanzinstrumenten stellen die Hersteller von Händlersystemen spezielle Tastaturen zur Verfügung, die eine besonders große Anzahl von Funktionstasten auf sich vereinen können. Das Handelssystem "VALUTA-IDS" z.B. erlaubt die Verwendung von achtzig Funktionstasten pro Händlerarbeitsplatz, die bei Bedarf noch um ein Vielfaches dieser Grundausstattung erweiterbar sind. Damit der Händler in hektischen Handelssituationen den Überblick hinsichtlich der inhaltlichen Belegung seiner Funktionstasten behält, ermöglicht dieses Handelssystem jederzeit eine Anzeige des Inhaltes der bereitstehenden Funktionstasten.[3]

---

1) Brupbacher W./Gier H.-P. (Risikoüberwachung), S. 47 f.; Schöler J. (Geld- und Devisenhandel), Abschnitt 116

2) Informatik-Forum (Hrsg.)(Devisenhandelssystem), S.4.; Infosoft (Hrsg.)(Arbitrage Management System), S.13.; Schöler J. (Geld- und Devisenhandel), Abschnitt 116 ff

3) Informatik-Forum (Hrsg.)(Devisenhandelsystem), S. 3.

Neben programmierbaren Tastaturen werden alternativ oder auch zusätzlich Digitalisierungstabletts (Vgl. Abb. 38) sowie berührungsintensive Bildschirme (engl. "Touch-Screens") am Arbeitsplatz des Händlers angeboten.[1] Gerade die Nutzung von Digitalisierungstabletts unterstützt den Händler bei schnellen Abfragen und Eingaben von Daten in Verbindung mit den verschiedensten Informations-und Kommunikationsdiensten. Dabei muß dieser nur die bereits vordefinierten Kontrahenten, Handelsplätze oder Währungen antippen, so daß zeitaufwendige Tastatureingaben entfallen. Für den Einsatz von berührungsintensiven Bildschirmen verfügen viele Händlersysteme über Anschlußmöglichkeiten von bis zu vier Bildschirmen.

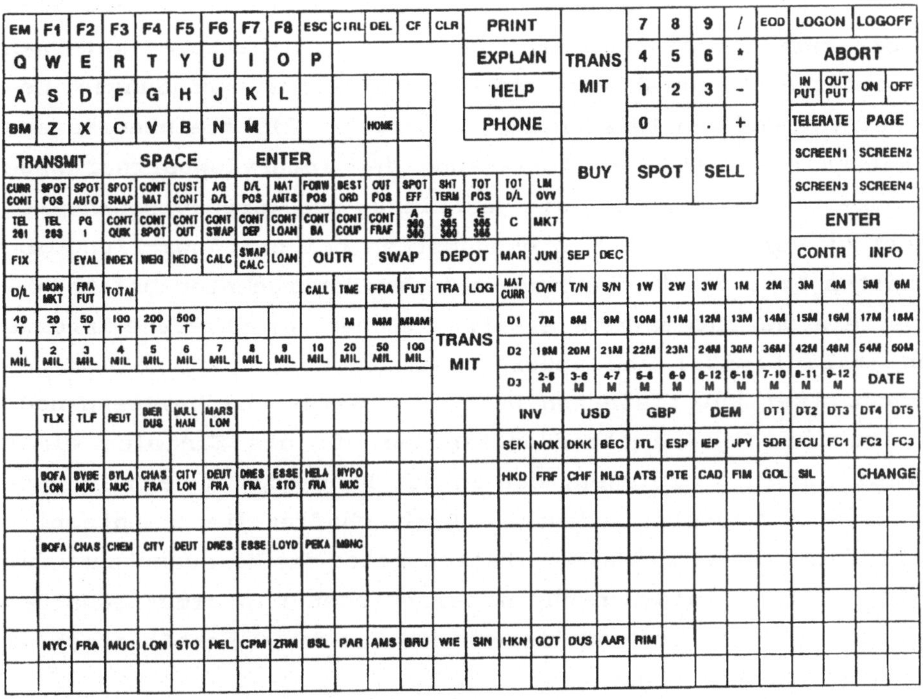

EM F1 F2 F3 F4 F5 F6 F7 F8 ESC CTRL DEL CF CLR PRINT TRANSMIT 7 8 9 / EOD LOGON LOGOFF
Q W E R T Y U I O P EXPLAIN 4 5 6 * ABORT
A S D F G H J K L HELP 1 2 3 - IN PUT OUT PUT ON OFF
BM Z X C V B N M HOME PHONE 0 . + TELERATE PAGE
TRANSMIT SPACE ENTER BUY SPOT SELL SCREEN1 SCREEN2
CURR CONT SPOT POS SPOT AUTO SPOT SWAP CONT MAT CUST CONT AG D/L D/L POS MAT AMTS FORW POS BEST ORD OUT POS SPOT EFF SHT TERM TOT POS TOT D/L LIM OVV SCREEN3 SCREEN4
TEL 261 TEL 263 PG 1 CONT QUIK CONT SPOT CONT OUT CONT SWAP CONT DEP CONT LOAN CONT BA CONT COUP CONT FRAF A 360 360 B 365 360 E 365 365 C MKT ENTER
FIX EVAL INDEX WEIG HEDG CALC SWAP CALC LOAN OUTR SWAP DEPOT MAR JUN SEP DEC CONTR INFO
D/L MON MKT FRA FUT TOTAL CALL TIME FRA FUT TRA LOG MAT CURR O/N T/N S/N 1W 2W 3W 1M 2M 3M 4M 5M 6M
10 T 20 T 50 T 100 T 200 T 500 T M MM MMM TRANSMIT D1 7M 8M 9M 10M 11M 12M 13M 14M 15M 16M 17M 18M
1 MIL 2 MIL 3 MIL 4 MIL 5 MIL 6 MIL 7 MIL 8 MIL 9 MIL 10 MIL 20 MIL 50 MIL 100 MIL D2 19M 20M 21M 22M 23M 24M 30M 36M 42M 48M 54M 60M
D3 2-5 M 3-6 M 4-7 M 5-8 M 6-9 M 6-12 M 6-18 M 7-10 M 8-11 M 9-12 M DATE
TLX TLF REUT BIER DUS MULL HAM MARS LON INV USD GBP DEM DT1 DT2 DT3 DT4 DT5
SEK NOK DKK BEC ITL ESP IEP JPY SDR ECU FC1 FC2 FC3
BOFA LON BVBE MUC BYLA MUC CHAS FRA CITY LON DEUT FRA DRES FRA ESSE STO HELA FRA HYPO MUC HKD FRF CHF NLG ATS PTE CAD FIM GOL SIL CHANGE
BOFA CHAS CHEM CITY DEUT DRES ESSE LOYD PEKA MGNC
NYC FRA MUC LON STO HEL CPM ZRM BSL PAR AMS BRU WIE SIN HKN GOT DUS AAR RIM

Abb. 38: Digitalisierungstablett - "A.M.S."

Eine wichtige zukunftsweisende Technik besteht in der Unterstützung der Geschäftsabwicklung durch sprachliche Eingabeformen von

1) Informatik-Forum (Hrsg.)(Devisenhandelssystem), S. 4.; Infosoft (Hrsg.)(Arbitrage Management System), S. 13.; Schneider-Gädicke K.-H. (Informationstechnologien), S. 33.; Schöler J. (Geld- und Devisenhandel), Abschnitt 116

Seiten des Händlers.[1] Trotzdem die sprachliche Eingabe als eine der effizientesten und fortschrittlichsten Formen der Benutzerinteraktion bezeichnet wird, gilt sie nach Aussagen der Hersteller von Händlersystemen z.T. noch als umstrittenes Kommunikationsmedium. Einzelne Handelssysteme können zwar schon einige hundert akustische Befehle oder Wörter verarbeiten, jedoch ist deren Leistungsfähigkeit oft durch äußere Störfaktoren, wie z.B. Lärm oder zu undeutliche Eingaben geschmälert.

3.1.1.2.2 Kommunikationsverbindungen

Ein wesentliches Charakteristikum von Händlerarbeitsplätzen sind die dort bereitstehenden zum Teil schon vorbereiteten internen sowie externen Informations- und Kommunikationsverbindungen. Gerade der Verbund von Telefon und Computer in diensteintegrierenden Netzen eröffnet nach Auffassung der Interviewpartner neue Möglichkeiten in Bezug auf die Gestaltung des Wertpapierhandels. So verfügt der Händler in diesen Netzen bei der Abwicklung von Geschäften bzw. der Verhandlung mit dem Kontrahenten bei Abnahme des Telefons automatisch einerseits über verschiedene interne Daten (z.B. Limite) und andererseits über die von seinem Gesprächspartner autorisierten Daten. Im Geld- und Devisenhandel z.B. ist für die Entscheidungsfindung oft das Einholen einer Vielzahl von Informationen, die in der Bank oder außerhalb verteilt sind, von größter Bedeutung. Dort schaffen diensteintegrierende Informations- und Kommunikationsnetze die Voraussetzung für die gleichzeitige Zusammenführung verschiedener Informationsarten am Händlerarbeitsplatz und liefern die für den Geschäftsabschluß notwendige Informationstiefe.[2]

Zur Unterstützung und gleichzeitigen Überwachung der Handelstätigkeit an den weitverstreuten internationalen Wertpapier- und

---

1) Brupbacher W./Gier H.-P. (Risikoüberwachung), S. 48.; Chorafas D.N./ Steinmann H. (Technology), S. 107.

2) Weide E. (Banken-Kommunikation), S. 47.

Devisenmärkten spielt vor allem die Bereitstellung einer leistungsfähigen, internationalen Netzwerkstruktur eine bedeutende Rolle.[1] Im internationalen Geschäft bildet das Netzwerk die Basis für den Verbund regional verteilter Geld- und Kapitalmärkte und führt die Aktivitäten der Geld-, Devisen- und Wertpapierhändler über ein gemeinsames Transportmedium zusammen.

Die einzelnen Händlerarbeitsplätze im Handelsraum sind i.d.R. durch ein PC-Netzwerk miteinander verbunden.[2] In diesem Arbeitsverbund kann der Verbindungsaufbau zu entfernten Netzteilnehmern bzw. -diensten über spezielle, auch durch einen PC unterstützbare, Kommunikationseinheiten erfolgen. Je nach Anzahl der integrierten Informations- und Kommunikationsdienste kommen auch mehrere PC's für den Aufbau der Kommunikationsverbindungen zum Einsatz.[3] Abbildung 39 zeigt eine typische Systemkonfiguration in einem Händlerarbeitsraum.[4]

Im Rahmen eines Arbeitsverbundes verschiedener Handelsplätze über ein PC-Netzwerk können einzelne PC's auch für die Sammlung von Handelsaufträgen und deren Weiterleitung eingesetzt werden. Das z.B. in der Bayerischen Hypotheken- und Wechsel-Bank installierte Handels- und Orderabwicklungssystem "Hybdis" (Hypo Bond Dealing Information System), welches den Währungsrentenhandel unterstützt, basiert auf einem speziellen Kommunikations-PC, der die Verbindung einzelner Händlerarbeitsplätze im PC-Netz zum Telexverkehr herstellt. Auf dem Kommunikations-PC werden die Telexe zwischengespeichert und automatisch zu vorgegebenen Börsenzeiten an verschiedene Handelspartner, gegebenfalls unter mehrmaligem

1) Huschke (Wettbewerbsimpuls), S. 33 ff.; Weide E. (Banken-Kommunikation), S. 46 f.

2) Brupbacher W./Gier H.-P. (Risikoüberwachung), S. 48.; Chorafas D.N./Steinmann H. (Technology), S. 301 f.; IBM (Hrsg.)(RDX II), o.S.; Informatik-Forum (Hrsg.)(Devisenhandelssystem), S. 2 f.

3) Herud K. (Anforderungen), Abschnitt 9; Schöler J. (Geld- und Devisenhandel), Abschnitt 116 ff.

4) Infosoft (Hrsg.)(A.M.S.), S. 12.

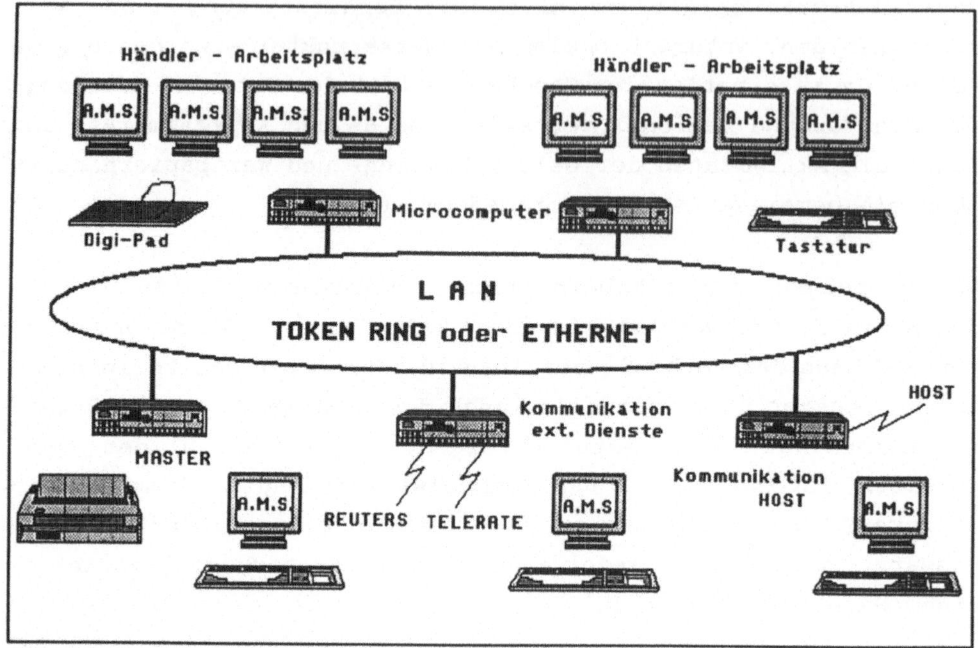

Abb. 39: Konfiguration von Händlerarbeitsplätzen - "A.M.S."

Anwählen, weitergeschickt. Für die Verbindung von "Hybdis" mit dem für die Hypo-Bank in New York tätigen Brokerhaus ABD Securities soll ferner eine Electronic-Mail-Verbindung geschaffen werden. In diesem Fall sollen die Ausführungsanzeigen für die in den USA abgewickelten Handelsgeschäfte automatisch in den Briefkasten der Händlergemeinschaft einfließen.[1]

Eine ganz andere Art von Kommunikationsverbindung hat sich in den USA auf dem Gebiet der Informationsabfrage von Investmentpreisen im Wertpapierhandel herausgebildet. Dort kommen z.T. sprachliche Erkennungs- und Übermittlungsverfahren zum Einsatz, die den Broker weitgehend von der Beantwortung telefonischer und ausschließlich auf die Preiserkundung abzielender Abfragen entlasten sollen. Die angebotenen PC-Applikationen sind mit der Workstation des Händlers verbunden und nehmen die ihm zugeleiteten Anrufe, vergleichbar mit den Funktionen eines Anrufbeantworters, entgegen. Nach Eingabe der für die Preisfeststellung gewünschten

1) Achatz H. (Mehrplatzsystem), S. 32.

Wertpapiere durch den Anrufenden gibt das Händlersystem automatisch die derzeit aktuellen Kursfeststellungen des Brokers an den Anrufenden weiter.[1]

3.1.1.3 Steuerung von Handelsgeschäften

3.1.1.3.1 Informationsselektion und -aufbereitung

Zur Schaffung einer optimalen, auf den einzelnen Händlerarbeitsplatz zugeschnittenen Informationsbasis und damit eines effizienten Entscheidungsumfeldes zur Handelsvorbereitung werden die durch externe Kurs- und Nachrichtendienste eingespielten Informationen von den Händlersystemen zum Teil automatisch selektiert und anschließend in entsprechende Bildschirmseiten übertragen. Insgesamt stehen die Börsenseiten entweder automatisch oder aber nach gezielter Ansteuerung über bestimmte Kürzel zur Verfügung. Die meisten Händlersysteme offerieren komfortable Blätterfunktionen, die insbesonders in hektischen Handelssituationen einen schnellen Wechsel zwischen mehreren Bildschirmseiten zulassen.

Für die schnelle Überleitung von handelsrelevanten Kursinformationen und Börsennachrichten kommen im Handelsgeschäft vor allem Broadcastingsysteme (z.B. Reuters) zum Einsatz. In diesem Fall fließen die Informationen am laufenden Band und damit ohne Eingriff des Händlers in das Handelssystem und werden dort zu bestimmten Informationsarten weiterverarbeitet.[2]

Abbildung 40 zeigt den Aufbau eines Informationsfilters, der am Händlerarbeitsplatz zur Unterstützung der gezielten Selektion und Weiterverarbeitung von Wertpapierdaten und Nachrichten einsetzbar ist. Die Installation des Filters erfolgt z.B. auf dem Server-PC eines PC-Netzwerkes, welcher die Verbindung zu internen

1) Schmerken I. (Voice), S. 34.

2) Schätzle R./Cate P.M.ten (Anlageberatung), S. 16.; Wirsching O./Bock W. (Wertpapier-Datenbank), S. 18 f.

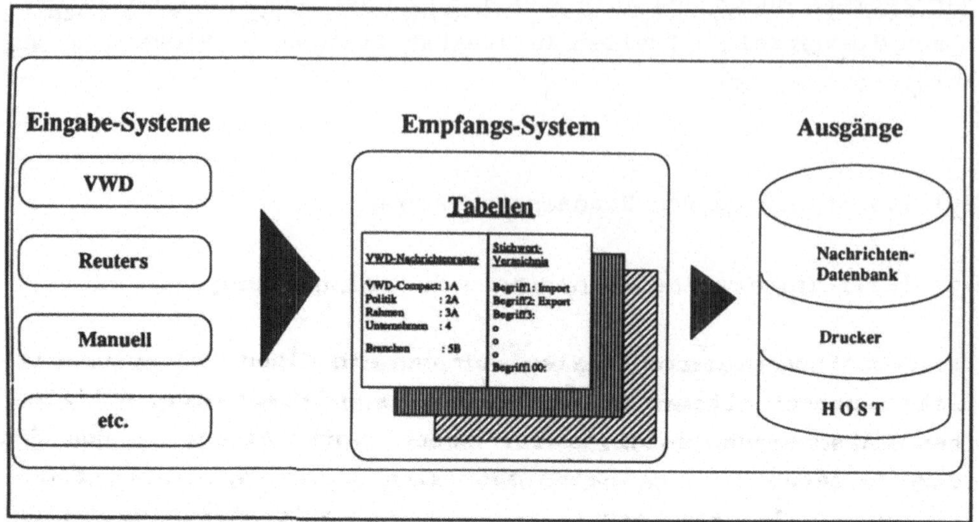

Abb. 40: Informationsfilter - "FIS"

und externen Daten- und Informationslieferanten herstellt. Nach der automatischen Einspielung verschiedener Informationsarten in das lokale Netzwerk erfolgt deren Selektion nach individuellen Stichworten und/oder vorbestimmten Nachrichtenrastern. Anschließend fließen die gefilterten Informationen in diverse, von den Händlern selbst zu definierende Ausgänge. Insgesamt stehen auf diesen Filter bis zu 20 verschiedene Ausgänge bereit, so daß die einmal angelieferten Marktdaten mehrfach nutzbar sind. Als Bestimmungsorte für die vorselektierten Informationsarten kommen beispielsweise persönliche Nachrichtendatenbanken (z.B. für die "Chemische Industrie"), andere weiterverarbeitende PC-Programme (z.B. Tabellenkalkulation), weiterführende Kommunikationskanäle (z.B. Großrechnernetz) oder bestimmte Peripheriegeräte (z.B. Drucker) in Betracht.[1]

Abgesehen von der gezielten Steuerung des gewünschten Informationsangebotes offerieren viele Handelssysteme auch individuelle Aufbereitungsfunktionen für die zur Geschäftsabwicklung notwendi-

---

1) inasys (Hrsg.)(Finanz-Informations-Systems), o.S.

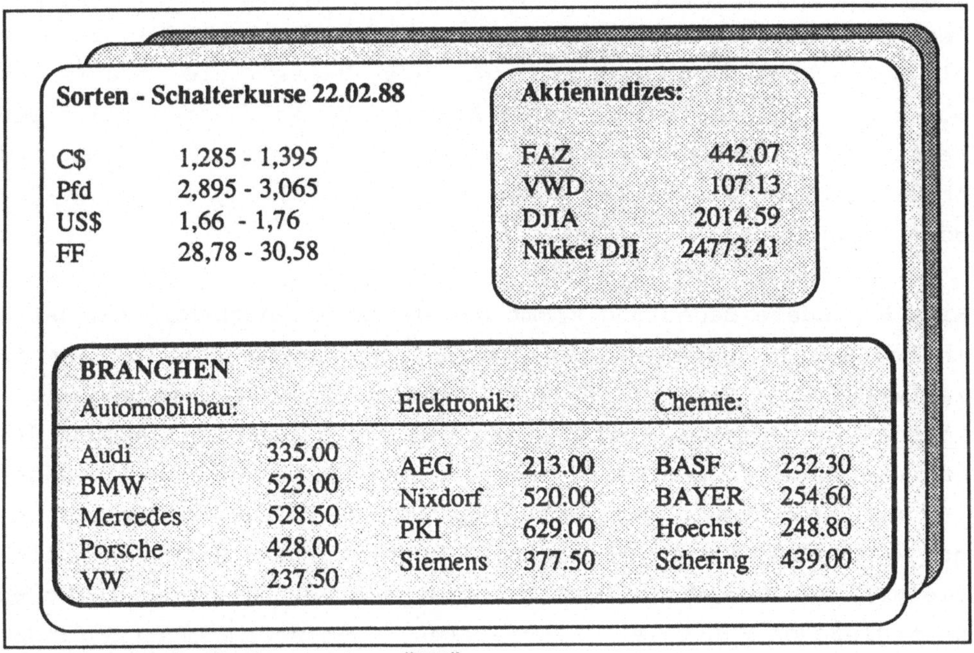

Sorten - Schalterkurse 22.02.88

C$	1,285 - 1,395
Pfd	2,895 - 3,065
US$	1,66 - 1,76
FF	28,78 - 30,58

Aktienindizes:

FAZ	442.07
VWD	107.13
DJIA	2014.59
Nikkei DJI	24773.41

BRANCHEN

Automobilbau:		Elektronik:		Chemie:	
Audi	335.00	AEG	213.00	BASF	232.30
BMW	523.00	Nixdorf	520.00	BAYER	254.60
Mercedes	528.50	PKI	629.00	Hoechst	248.80
Porsche	428.00	Siemens	377.50	Schering	439.00
VW	237.50				

Abb. 41: Individuelle Börsenseite - "FIS"

gen Informationsseiten.[1] In diesem Fall können mit Unterstützung der Fenstertechnik verschiedene Informationsquellen aus den bereitstehenden Daten- und Informationsdiensten zusammengeführt und auf einer Bildschirmseite miteinander gemischt werden. Damit die Informationsblätter jederzeit abrufbar sind, versieht der Händler diese mit einem Namen und speichert sie in seiner persönlichen Datenbank ab. Sobald nun neue Marktinformationen eintreffen, übernimmt das Handelssystem die automatische Aktualisierung der geschaffenen Börsenseiten. Abbildung 41 zeigt eine individuell aufgebaute Börsenseite mit dem Handelssystem "Finanz-Informations-System" der Softwarefirma inasys.[2] Dabei kann der Händler auch einstellen, aus welchen Informationsquellen (z.B. Reuters) und zu welchen Zeitpunkten der Aktualisierungsprozess ablaufen

---

1) Chorafas D.N./Steinmann H. (Technology), S. 107.; Front Capital Systems (Hrsg.)(Pricing Watch), S. 20 ff.; Herud K. (Anforderungen), Abschnitt 9; IBM (Hrsg.)(information advantage), o.S.; IBM (Hrsg.)(RDXII), o.S.; Telekurs (Hrsg.)(Invest Decision System), o.S.

2) inasys (Hrsg.)Finanz-Informations-System), o.S.

soll. Das Handelssystem "OPTAS" erlaubt z.B. über ein komfortables Menüsystem unter Zuhilfenahme der Fenster- und Maustechnik die Definition verschiedener sog. "User-Pages", die jeweils aus mehereren Einzelseiten bestehen können. Mit einem speziellen Selektionsmodul können die Händler mehrere Wertpapierformen zur Aktualisierung einstellen sowie deren Darstellung (z.B. Lay-Out oder Sortierung) auswählen.[1]

Eine besondere Bedeutung kommt der direkten Übernahme von Daten in bestehende Applikationen und Informationsseiten zu, die in zeitkritischen Situationen zur Ausnutzung von Arbitragemöglichkeiten eine wichtige Vorbedingung ist. In diesem Fall stehen die basierend auf diesen Daten vorgenommenen Berechnungen dem Händler auf "Knopfdruck" zur Verfügung. Im z.B. Geld- und Devisenhandel werden auf Grund der realtime übermittelten Marktdaten eine Vielzahl von Berechnungen zu den Austauschverhältnissen zwischen verschiedenen Währungen (cross-rates), des wertmäßigen Umfanges der Kassa-, Termin- und Gesamtpositionen usw. durch das Handelssystem "im Hintergrund" vorgenommen. Mit dem Händlersystem "Arbitrage Management System" (A.M.S.) können unter anderem Berechnungen für bis zu 200 verschiedene Währungen und eine Vielzahl von Finanzinstrumenten erfolgen, deren Ergebnisse schon nach etwa 0,5 bis 1 Sekunde dem Händler bereitstehen. Mit Hilfe von farblichen Gestaltungsmöglichkeiten und der Einblendung von Uhrzeiten zu den dargestellten Berechnungen/Kursen ist der Händler in der Lage, jeweils die aktuellsten Marktdaten sofort zu erkennen. Zusätzlich nimmt "A.M.S." auf Grund der eingelieferten Kursfestellungen eine automatische Berechnung von Arbitragemöglichkeiten vor und zeigt diese dem Händler an.[2]

Ein anderes, von der TELEKURS AG vertriebenes Händlersystem mit dem Namen "Invest Decision System" (INDES) kennzeichnet jeweils die übertragenen Kursfeststellungen, indem Kurse, die im

1) Front Capital Systems (Hrsg.)(Pricing Watch), S. 20 ff.

2) Infosoft (Hrsg.)(A.M.S.), S. 8 ff.; Schöler J. (Geld- und Devisenhandel), Abschnitt 116 ff.

Vergleich zum Vortag an Wert verloren haben, mit roter Farbe und gestiegende Kursfeststellungen eine grüne Farbgebung erhalten. Dazu können sämtliche vom Händler gewünschten Börsenkurse nach den Preiskriterien, "Letzter", "Geld", "Brief", "Mittelkurs" und "Zeit" in einen Ticker übertragen werden. In diesem Fall wandern die aktuell eingespielten Kurse im Endlosverfahren von links nach rechts über den Händlerbildschirm, so daß dieser jederzeit die ihn interessierenden Kursfeststellungen im Blickfeld hat.[1] Andere Handelssysteme wiederum verfügen über altersbedingte Farbgebungen für Kursfeststellung, indem Kursübergänge in eine andere Altersgruppe auch eine Änderung der Farbe zur Folge haben.[2]

Eine weitere Gestaltungsmöglichkeit, die durch viele Handelssysteme unterstützt wird, erlaubt die gezielte Überwachung von Nachrichten in einem dafür vorgesehenen Nachrichtenfenster, welches jeweils die aktuellsten Nachrichten in Form von Headlines (Überschriften) mit der dazugehörigen Uhrzeit und nach deren jüngsten Erscheinungsdatum sortiert und auf dem Bilschirm darstellt. Von diesen Überschriften kann der Händler dann bei Bedarf auch in die dazu abgespeicherten ausführlichen Nachrichtentexte überwechseln.[3] Mit Hilfe der von Handelssystemen offerierten Aufbereitungsfunktionen für Nachrichten kann der Händler eine individuellen Nachrichten-Mix aus verschiedensten weltweit verteilten Nachrichtenquellen zusammenstellen und damit eine an seine speziellen Bedürfnisse angepaßte "elektronische" Zeitung entwerfen.

---

1) Telekurs AG (Hrsg.)(Invest Decision System), o.S.

2) Bülow D. (Devisenhändler), S. 46.

3) inasys (Hrsg.)(Finanz-Informations-System), o.S.; Telekurs AG (Hrsg.)(Invest Decision System), o.S.

3.1.1.3.2 Geschäftseingabe

Zur Eingabe von Handelsgeschäften verfügt der Händler schon über vorbereitete Erfassungsformulare für alle handelbaren Wertpapiere und Währungen. Für die Unterstützung der Auftragserfassung sind in vielen Handelssystemen umfangreiche Plausibilitäts- und Syntaxkontrollen implementiert, um fehlerhafte Eingaben weitgehend zu vermeiden. Dazu gehört z.B. die Prüfung der Übereinstimmung von Referenzbank und Währung, der Vergleich von Kurslimiten mit aktuellen Kursfestsetzungen, die Kontrolle der betragsmäßigen Übereinstimmung von Käufen und Verkäufen einer bestimmten Wertpapiergattung sowie das automatische Aufdecken falscher Kurseingaben durch Vorgabe von Kursschwankungsbreiten oder standardisierten Eingabevorschriften.[1] Beim Ausfüllen der Erfassungsmaske werden den Händlern darüber hinaus verkürzte Eingabemöglichkeiten, inhaltliche Beschreibungen zu einzelnen Eingabefelder sowie akustische Signale für verbindlich auszufüllende Felder, angeboten. Einige Computersysteme für den Handel erlauben sogar den Aufbau eigener Erfassungsmasken zusammen mit der Defintion von obligatorischen und freiwilligen Eingabefeldern, so daß im Prinzip für jedes einzelne Geschäft eine spezielle Geschäftserfassung vorbereitet werden kann. Sobald nun ein Handelsgeschäft erfaßt und durchgeführt wurde, erfolgt dessen Abspeicherung unter einer Kontraktnummer sowie die Erstellung eines Händlerzettels und unmittelbare Verrechnung der damit verbundenen Kosten und Gebühren.[2]

Abbildung 42 zeigt die Handelsoberfläche des Wertpapierhandelssystems "OPTAS", welche zur direkten Eingabe von Handelsgeschäften unter Zuhilfenahme der Maustechnik und Tastatur dient. Mit Hilfe der Maustechnik aktiviert der Händler sämtliche für den Geschäftsabschluß erforderlichen schon vorbereiteten Parameter.

---

1) Banking Software Partners (Hrsg.)(TRADE), S. 10.; Infosoft (Hrsg.)(A.M.S.), S. 23.; Schöler J. (Geld- und Devisenhandel), Abschnitt 116 ff.

2) Banking Software Partners (Hrsg.)(TRADE), S. 10.; Schöler J. (Geld- und Devisenhandel), Abschnitt 116.

Während einige Eingabefelder selbsterklärend sind und damit direkt mit der Maus berührt werden können (z.B. Buy), verlangt "OPTAS" bei anderen Feldern (z.B. Price) nach Ansteuerung mit der Maus eine diesbezügliche Eingabe über die Tastatur.[1]

TRADE ENTRY KB
Time : 16:51
Date : 881018
ID : VOLVOK310
Price: 34.00
QTY : 10
Buy: ◉ Sell: ○
0
10
50
100
Fee: ◉ MM
○ Ag./Princ.
○ None
Portfolio : CLIENT
Define Set def. New PF.

RUTGER	MY_OWN
SVEN	CLIENT
URBAN	MM_2
NISSE	MM_1
PETER	ANDERS

Messages: CONFIRM TRADE
BUY 10 VOLVOK310
AT 34.00 IN CLIENT
SEND REENTER ABORT

Bei dem Devisenhandelssystem "VALUTA-IDS" kann der Händler schon verschiedene Vorkehrungen zur Vorbereitung von wiederkehrenden Geschäftsabschlüssen treffen. Dazu gehört der Aufbau von Funktionstasten für bestimmte Geschäftspartner und/oder Währungsarten. In diesem Fall entfallen bei der Geschäftsausübung aufwendige manuellen Eingaben, so daß sich der Händler nur noch auf wesentliche Eingabebestandteile (z.B. Abschlußsumme) konzentrieren muß. Die definierten Funktionstasten respektive Handelsabschlüsse können schließlich unter einem individuellen Namenskürzel abgespeichert werden, um dieses bei Erreichen eines gewünschten Limits bzw. einer bestimmten Marktkonstellation aufzu-rufen. Nach Betätigung der Funktionstaste oder Antippen einer bestimmten Stelle auf dem Digitalisierungstablett überträgt das PC-Programm sämtliche vordefinierte Handelsparameter (z.B. Geschäftspartnern und/oder Währungen) auf das Erfassungsformular. Bei der Geschäfteingabe über Digitalisierungstablett oder Touch Screen spielt sogar die Reihenfolge der Eingabe keine Rolle, so daß der Händler mit beliebigen Daten des Geschäftsabschlusses beginnen kann, während das Handelssystem diese automatisch in das richtige Feld überträgt.[2]

1) Front Capital Systems (Hrsg.)(OPTAS), o.S.

2) Informatik-Forum (Hrsg.)(Devisenhandelsystem), S. 4.

3.1.1.3.3 Kontroll-Mechanismen

Unmittelbar verbunden mit der Geschäftseingabe ist die Kontrolle von im Innen- und Außenverhältnis mit den Händlern vereinbarten Handelsobergrenzen respektive Limite, wie dies z.B. im Geld- und Devisenhandel üblich ist. Durch die Vorgabe von Handelsbeschränkungen sollen Risiken, die sich aus der Konzentration von Geschäftsabschlüssen auf einzelne Kontrahenten und/oder Währungen ergeben, begrenzt werden.[1]

Bei Anbahnung eines Geschäftes zeigen computergestützte Händlersysteme sofort die aktuellen Limite an, machen den Händler auf Überschreitungen aufmerksam und melden diese gegebenfalls an eine übergeordnete Stelle. Im Verhältnis zu anderen Händlern gehört dazu auch die Versendung von Warnhinweisen, sofern zwei oder mehrere Händler gleichzeitig auf das Limit desselben Kontrahenten zugreifen.[2] Praktisch gesehen kann die Limitüberwachung durch den Computer entweder durch spezielle optische Kennzeichnung auf dem Händlerbildschirm und/oder durch eine akustische Warnmeldung erfolgen.

Zur Implementierung eines weltweiten Überwachungssystems für Handelsgeschäfte bietet sich der Verbund von PC-gestützten Händlerarbeitsplätzen mit einem zentral geführten Informationssystem an. Aufgabe dieses Informationssystems ist es, alle Händlerpositionen zu verwalten und bei veränderten wirtschaftlichen Rahmenbedingungen sowie Einschätzungen der Risiken Anpassungen von Limiten vorzunehmen.[3] Auf lokaler Ebene in einem Händlerarbeitsraum kann Überwachung der Limite auch einem PC übertragen wer-

1) Brupbacher W./Gier H.-P. (Risikoüberwachung), S. 47 f.; Heger O.H. (Risiken), S. 276 ff.; Herud K. (Anforderungen), Abschnitt 9.

2) Informatik-Forum (Hrsg.)(Devisenhandelssystem), S. 6 f.; Schöler J. (Geld- und Devisenhandel), Kapitel 116 ff.

3) Brupbacher W./Gier H.-P. (Risikoüberwachung), S. 47.; General Electric (Hrsg.) (Global Risk Management), o.S.; Heger O.H. (Risiken), S. 278.; Huschke H. (Wettbewerbsimpuls), S. 35 f.; IBM (Hrsg.)(WELIS), o.S.

den, der die Limite der im Netzwerk zusammengeschlossenen Händler verwaltet.[1]

Das Devisenhandelssystem "PABA" z.B. generiert im Rahmen der Limitverwaltung eine Vielzahl von Übersichten zur Limitüberwachung nach Ländern, Währungen und Kunden, verbunden mit einer automatischen Nachführung der Positionsbestände für bestimmte Devisengeschäfte. Bei der Durchführung von Devisentermingeschäften nimmt der Computer eine Erinnerung vor Fälligkeit einzelner Devisenkontrakte vor und generiert Übersichten zu den wichtigsten Daten der vorgenommenen Devisengeschäfte. Dazu gehören u.a. nach Terminen sortierte Aufstellungen pro Währungstermingeschäft sowie Risikoberechnungen (KWG-Grundsatz Ia) gemäß den gesetzlichen Vorschriften der Deutschen Bundesbank.[2]

LIMITVERWALTUNG - "PABA"

- o Währungslimite
  - Gesamtposition
  - Kassaposition
  - Terminposition
- o Limite nach verschiedenen Ländern
- o Kunden- und Kontrahentenlimite
  - Tageslimit
  - Exekutionslimit
  - Gesamtlimit

Box 26: Limitverwaltung - "PABA"

Bei der Bayerischen Hypotheken-und Wechsel-Bank, deren Rentenhandel in 23 verschiedenen Währungen abgewickelt wird, übernimmt das auf dem PC installierte Händlersystem "Hybdis" die regelmäßige Anforderung der für die getätigten Wertpapiergeschäfte zu beschaffenden Devisen. Dazu erstellt der PC eine Liste zu sämtlichen für den Handel notwendigen Währungen, die an den Großrechner weitergeleitet und der Devisenabteilung zur Verfügung gestellt wird. Für offene bzw. nur teilweise ausgeführte Geschäfte verwaltet das Handelssystem zur Kontrolle ein gesondertes Konto. Dort werden diejenigen Aufträge abgespeichert, deren Erfüllung mehrere

1) Infosoft (Hrsg.)(A.M.S.), S. 23.; Informatik-Forum (Hrsg.) (Devisenhandelssystem), S. 2.; Schöler J. (Geld- und Devisenhandel), Abschnitt 116 ff.; Telekurs AG (Hrsg.) (Invest Decision System), o.S.

2) ACTIS (Hrsg.)(PABA), S. 5 ff.

Tage in Anspruch nimmt. In dem Fall wo die Auftragsausführung gemäß den Usancen des jeweiligen Landes einige Tage in Anspruch nimmt, können die Händler jederzeit Informationen über den Stand der Auftragsausführung abrufen. Darüber hinaus nimmt das Handelssystem eine Sortierung der Handelsaufträge nach deren Ausführungsstatus vor und gibt Auskunft darüber, ob die Order bereits weitergeleitet sind bzw. die erforderlichen Devisen beschafft wurden. Für die Durchführung des Rentenhandels nimmt "Hybdis" ferner eine automatische Zusammenstellung aller Ordereingänge vor, faßt gleichlautende Order zu größeren Positionen zusammen und prüft, inwieweit die Wertpapieraufträge durch den Bestand an eigenen Papieren von der Bank gedeckt werden können oder in welcher Höhe entsprechende Zusatzgeschäfte notwendig sind.[1]
Eine wichtige Funktion von Handelssystemen besteht in der Überwachung von Feiertagen, die als nicht valutarelevante Termine gelten.[2] Zur Abstimmung von Feiertagen führen Händlersysteme einen speziellen Feiertagskalender, der bei Eingabe des Kalenderjahrs und der Länderbezeichnung, die in dem jeweiligen Land geltenden Feiertagsregelungen bei der Valutafestsetzung beachtet.

Die Kontrolle von Handelsgeschäften wird schließlich durch ein umfangreiches Berichtswesen abgerundet, dessen Inhalte Textbox 27 für einige ausgewählte Berichtsarten darstellt. Die dort aufgeführten Berichte sind in den bereitgestellten Handelssystemen schon vordefiniert, wobei die Händlergemeinschaft bei Bedarf unter Zuhilfenahme eines Reportgenerators auch ein individuell auf deren Bedürfnisse zugeschnittenes Berichtswesen aufbauen kann.

---

1) Achaz H. (Mehrplatzsystem), S. 32.

2) Banking Software Partners (Hrsg.)(TRADE), S. 7.; Bülow D. (Devisenhändler), S. 33 f.

STANDARDISIERTES BERICHTSWESEN
IM WERTPAPIERHANDEL

- Ausgeführte/Offene Lieferungen
- Ausgeführte/Offene Zahlungen
- Realisierte/Unrealisierte Gewinne und Verluste
- Salden- und Buchungsbestätigungen
- Nachweis von Slipausdrucken/Abrechnungsdrucken/Telexe
- Reziprozitätsstatistik
- Außenwirtschaftsverkehrsbericht
- Order- und Transaktionstatistik

Box 27: Standardisiertes Berichtswesen im Wertpapierhandel

3.1.1.4 Ausgewählte Börsenhandelssysteme

3.1.1.4.1 NASDAQ

Schon in den siebziger Jahren wurde in den USA das elektronische Kommunikations- und Quotierungssystem NASDAQ (National Association of Securities Dealers Automated Quotation) für den ganztägigen außerbörslichen Aktienhandel geschaffen, welches damals etwa 500 Handelshäuser über Datenfernübertragungsnetze miteinander verbunden hat. Mit der Einführung des NASDAQ-Systems sollten die in den 60er Jahren bestehenden Probleme, der meist unverbindlich ausgetauschten als auch zeitlich schon weit zurückliegenden Preisfeststellungen, gelöst werden.[1] Ausgestattet mit Personal Computern als Endgeräte des NASDAQ-Systems[2] können die regional verstreuten Investmentbanken den elektronischen Börsenhandel und sämtliche Abwicklungsformalitäten ohne physische Präsenz an einem Börsenplatz vornehmen.[3] Zur Effizienzverbesserung des Börsenhandels stehen über den NASDAQ-PC verschiedene Aktualisierungs- und Über-

1) Schwark E. (Wertpapierhandelssysteme), S. 38 ff.

2) NASDAQ (Hrsg.)(Specifications), o.S.

3) NASD (Hrsg.)(SOES), o.S.; NASD (Hrsg.) (Trade Acceptance), o.S.

wachungsfunktionen[1] als auch individuelle Gestaltungsmöglichkeiten von Börsenseiten zu Verfügung[2]. Dabei werden u.a. neu festgestellte NASDAQ-Kurse durch eine Blinkfunktion angezeigt und das Erreichen bestimmter, durch den Händler festgelegter, Limite mit farblichen Hervorhebungen der entsprechenden Kurse markiert. Auf weiteren Bildschirmseiten stehen dem Händler Informationen zu den an einem Handelstag zustandegekommenen Preisen und Umsätzen bereit, die jeweils im Endlosverfahren (Ticker) in das Handelssystem einfließen. Über eine Nachrichtendatenbank können darüber hinaus sämtliche Tagesnachrichten (z.B. Unternehmensmeldungen) der Börse nach bestimmten Selektionskriterien abgerufen und in individuell gestaltbare Bildschirmseiten eingebunden werden.

Ingesamt betrachtet läßt sich das NASDAQ-System in 3 Benutzerstufen unterteilen, die den Teilnehmern unterschiedliche Informationen und Dienste offerieren.[3] Der Service der ersten Benutzerstufe steht allen NASDAQ-Benutzern offen und wird oft in Verbindung mit den Informationsdiensten anderer Informationslieferanten (z.B. Telerate) gebündelt. Zum Informationsangebot dieser Benutzerstufe gehören u.a. die höchsten, tiefsten oder letzten während eines Börsentages festgestellten Kursfestellungen sowie die aggregierten Handelsvolumina jeder NASDAQ-Aktie. Auf der zweiten Ebene wird den durch die National Assocoation of Securities Dealers (NASD) autorisierten Händlern eine Übersicht mit allen verbindlich einzustellenden Angebots-und Nachfragekursen angeboten, die nach den "besten" Kursfeststellungen sortiert sind. Zusätzlich können dort zur Unterstützung des Portfolio-Managements technische Marktinformationen (z.B. NASDAQ-Financial-Index) als auch statistische Angaben zu den Tagesgewinnern oder -verlierern in bezug auf die gehandelten NASDAQ-Aktien abgerufen werden. Die dritte Benutzerstufe ermöglicht schließlich die automatische und

1) NASD (Hrsg.)(Quality), S. 12.

2) NASDAQ (Hrsg.)(Workstation Service), o.S.

3) NASDAQ (Hrsg.)(Level 2/3 Services), o.S.; Schwark E. (Wertpapierhandelssysteme), S. 38.

interaktive Abwicklung von Börsengeschäften und ist ausschließlich den bei der NASD registrierten Wertpapierhändlern, die sich zur Teilnahme am automatisierten Handel verpflichtet haben, zugängig.

Für die automatische Handelsabwicklung im Rahmen der dritten Benutzerstufe wurde das sog. "Small Order Execution System" (SOES) im Dezember 1984 eingeführt. Ziel dieses System ist es, die Händler vor allem von der Abwicklung kleinerer Börsenaufträge zu entlasten und damit bessere Rahmenbedingungen zur telefonischen Aushandlung größerer Handelsgeschäfte zu schaffen. Neben preislich offenen Börsenaufträgen können dort auch limitierte Orders dem zentralen Börsencomputer zur Abwicklung übergeben werden.[1] Die maximalen Ordergrößen für das SOES-System können dabei, je nach Marktcharakteristik der gehandelten Aktien, einen Umfang von 200, 500 oder 1.000 Stück umfassen.[2] Unabhängig von der Größe der Kauf- und Verkaufsorders für Aktien wurde zusätzlich auf der dritten Benutzerstufe ein sog. "Order Confirmation Transaction"-Modul (OCT) geschaffen, welches den Handel über Computer-zu-Computer-Verbindungen unterstützt. Die Kontaktaufnahme zu einem speziellen Händler erfolgt in diesem Fall nicht mehr über das Telefon, sondern direkt über den NASDAQ-PC. Dabei wird die herkömmliche interaktive Kommunikationsbeziehung, wie sie beim Telefonverkehr besteht, weitgehend beibehalten. Praktisch bedeutet dies, daß der Inhalt der für den Handel vorbereiteten Bildschirmmaske auch dem Kontrahenten angezeigt wird. Dieser kann dort sein Einverständnis oder die Ablehnung zu den entsprechenden Konditionen des Handelsgeschäftes durch "Knopfdruck" bekanntgeben. Um die Verhandlungsfähigkeit der Geschäftspartner zu unterstützen, berücksichtigt das System auch teilweise akzeptierte Kauf- bzw. Verkaufsbedingungen sowie die Möglichkeit zu neuen Handelsvorschlägen durch die Gegenpartei.[3]

---

1) NASD (Hrsg.)(SOES), o.S.

2) NASD (Hrsg.)(Quality), S. 8.

3) NASD (Hrsg.)(Order Confirmation), o.S.; NASD (Hrsg.)(Quality), S. 11 ff.

3.1.1.4.2 SEAQ

Im Oktober 1986 wurde an der Londoner Börse neben den regulativen Änderungen im Börsenhandel das computergestützte Handelssystem SEAQ (Stock Exchange Automated Quotation) nach dem Vorbild des in den USA installierten NASDAQ-Systems eingeführt und damit auch auf diesem Finanzplatz einer Verlagerung des Börsenhandels aus der traditionellen Präsenzbörse in die Handelshäuser der Banken Vorschub geleistet.[1] Der Zugang zum SEAQ-System erfolgt über die Informationssysteme der Londoner Börse (z.B. den Videotex-Service "TOPIC"). Der TOPIC-Dienst stellt allen angeschlossenen Teilnehmern neben den Preisfeststellungen der nationalen und internationalen Handelshäuser[2] auch die neuesten Firmennachrichten[3] sowie Informationen über Aktionäre mit Anteilen an britischen Aktiengesellschaften, die einen Prozentsatz von 25 Prozent übersteigen, zur Verfügung[4].

Die über den Händler-PC abrufbaren Aktieninformationen können in die folgenden drei, nach der Intensität des Handels eingestuften, Anlagekategorien unterteilt werden:[5]

* Alpha-Aktien, als die am häufigsten gehandelten Werte, deren verbindliche Preisfeststellungen über das Informationssystem TOPIC innerhalb von fünf Minuten übermittelt werden. Für Aktien dieser Kategorie stehen neben den Preisfeststellungen auch die Handelsvolumina zur Abfrage bereit.

---

1) Schwark E. (Wertpapierhandelsysteme) S. 26 f.; The International Stock Exchange (Hrsg.)(SEAQ), S. 3.

2) The International Stock Exchange (Hrsg.)(Quotations System), o.S.; The International Stock Exchange (Hrsg.)(SEAQ), S. 4 f.

3) The International Stock Exchange (Hrsg.)(CNS), o.S.

4) The International Stock Exchange (Hrsg.)(SHAREWATCH), o.S.

5) The International Stock Exchange (Hrsg.)(SEAQ), S. 4.; The International Stock Exchange (Hrsg.)(Quotations System), o.S.

* Beta-Aktien, mit mittlerer Handelsintensität, deren Preisfeststellungen ebenfalls verbindlich sind. Für diese Aktienkategorie erfolgt jedoch im Gegensatz zu Alpha-Aktien keine Mitteilung zu den getätigten Handelsgeschäften.

* Gamma-Aktien, bei denen es sich um selten gehandelte Aktien handelt, deren Preisfeststellungen - mit Ausnahme des Handels von größeren Mengen - unverbindlich und damit nur indikativ sind.

Im Gegensatz zum NASDAQ-System zeichnet sich das in London eingesetzte Börsensystem dadurch aus, daß der Geschäftsabschluß noch vorwiegend im Wege des Telefonhandels herbeigeführt wird. Damit nutzen die Händler ihre Arbeitsplatzcomputer ausschließlich als Informationsterminal. Praktisch bedeutet dies, daß für den am Telefon ausgehandelten Preis, nachdem er über das SEAQ-System abgerufen wurde, immer noch ein Verhandlungsspielraum in Bezug auf die endgültige Preisfestsetzung besteht. Dies trifft vor allem dann zu, wenn der über die Workstation eingespielte "Bildschirmpreis" sich zum Zeitpunkt des Telefonverkehrs nicht mehr auf dem aktuellsten Stand befindet. Die Vorteile des SEAQ-Systems liegen deshalb vorwiegend in der schnellen Bereitstellung von Marktinformationen und damit in der Verkürzung der Zeitspanne zwischen Informationsgewinnung und Durchführung des Geschäftsabschlusses.[1]

Seit 1988 wird als Ergänzung zu SEAQ ein weiteres computergestütztes Börsensystem mit dem Namen "SEAQ Automatic Execution Facility" (SAEF) angeboten. Damit können zum ersten Mal Geschäftsabschlüsse in Alpha- und Beta-Aktien bis zu einer Größenordnung von 1.000 Stück über den Händler-PC und damit ohne Telefonkontakt vorgenommen werden. Sobald sich der elektronische Handel als stabil erweist, soll das maximale Handelsvolumen jedoch auf 5.000 Aktien pro Geschäftsabschluß ausgeweitet werden.[2] Nachdem die Händler ihre, auch limitierbaren, Orders in

---

1) Schwark E. (Wertpapierhandelssysteme), S. 36 f.

2) o.V. (Questions), S. 1 f.

das SEAF-System eingegeben haben, stimmt der zentrale SAEF-Computer alle Aufträge miteinander ab, führt diese zum "besten" Preis aus und versendet Bestätigungen über den Handelsabschluß an die beteiligten Parteien. Die Eingabe der Geschäfte durch den Händler kann mit oder ohne Angabe einer Gegenpartei erfolgen. Im ersten Fall berücksichtigt der SAEF-Computer die bevorzugte Andienung des Geschäftes an einen bestimmten Handelspartner.[1]

3.1.1.4.3 SOFFEX

Im Frühjahr 1988 wurde in der Schweiz die SOFFEX (Swiss Options and Financial Futures Exchange) für den Handel in Futures und Options in Betrieb genommen.[2] Hierbei handelt es sich um ein vollautomatisiertes Handels- und Clearing-System, welches den angeschlossenen Marktteilnehmern den Zugang zum Handel gewährt, ohne daß dazu die Anwesenheit an einem Börsenring oder die Benutzung des Telefons notwendig ist. Die Teilnahme am Computerhandel ist für alle Händler in Futures und Option verpflichtend, so daß keine Geschäfte außerhalb des SOFFEX-Systems vorgenommen werden dürfen.[3]

Die Aufnahme des Handels erfolgt durch eine von der SOFFEX zur Verfügung gestellte Handels- und Kommunikationssoftware, die in den Handelsräumen neben die schon bestehende Arbeitsplatzausstattung des Händlers tritt und über eine On-Line-Verbindung mit dem zentralen SOFFEX-Computer kommuniziert.[4] Die als "Market-Maker" bezeichneten Teilnehmer an der SOFFEX-Börse haben sich dazu ver-

---

1) The International Stock Exchange (Hrsg.)(SAEF), o.S.

2) Anmerkung: Die Konzeption der SOFFEX wurde auch für die Schaffung der deutschen Terminbörse (DTB) verwendet, so daß die hier getroffenen Aussagen größtenteils auch auf deutsche Verhältnisse übertragbar sind. Vgl. dazu: o.V. (Options & Futures), S. 7.; Rosen v.R. (Terminbörse), S. 28.

3) SBV (Hrsg.)(Schweizer Aktien), S. 20.; SOFFEX AG (Hrsg.)(Anlagestrategien), S. 9.

4) Kuster H. (Elektronik), S. 40.

pflichtet, laufend verbindlich geltende Kauf- und Verkaufskurse in das zentrale Computersystem einzustellen. Sobald ein Geschäftsauftrag durch den Händler eingegeben wird, vergleicht der zentrale Börsencomputer dessen Spezifikationen mit den Offerten der Market-Maker und nimmt bei inhaltlicher Übereinstimmung einen automatischen Abgleich vor. Neben der Berücksichtigung von Geld- und Briefkursen können auch verschiedene Limite eingeben werden.[1] Zu jedem Auftrag vergibt das Börsensystem anschließend eine Auftragsnummer und hält das Datum sowie Uhrzeit des Handels fest, um ein höchstmögliches Maß an Sicherheit zu garantieren. Während des Handels wird außerdem das Marktgeschehen einer laufenden Überwachung unterzogen, indem geprüft wird, ob die Market-Maker auch ihre Geld- und Briefkurse tatsächlich in den SOFFEX-Computer einstellen. Auf diese Weise soll die Liquidität des Marktes jederzeit sichergestellt werden.[2] Nach Abschluß eines Handelsgeschäfts schließt sich die Erfüllung und damit das Clearing der getätigten Geschäfte an. Dazu nimmt der Börsencomputer u.a. die Abrechnung des Geschäftes und die tägliche Überprüfung der erforderlichen Margendeckung vor. Die Berechnung der Marge hat seine Ursache darin, daß die SOFFEX bei jedem Geschäft das Erfüllungs- und Kreditrisiko für die beteiligten Banken übernimmt. Aus diesem Grund fordert sie vor Abschluß eines ungedeckten Verkaufsgeschäftes - also dann, wenn der Kunde eine Option verkauft, ohne die zugrundeliegenen Titel zu besitzen - eine Einlage in Form einer Marge von den beteiligten Banken.[3]

3.1.1.4.4 Elektronische Börse Schweiz

Auch das in der Schweiz eingeführte EDV-Konzept "Elektronische Börse Schweiz" (EBS) soll den Wertpapierhandel vom Händlerar-

---

1) SBV (Schweizer Aktien), S. 20.; SOFFEX AG (Hrsg.)(Anlagestrategien), S. 9 f.

2) SBV (Hrsg.)(Schweizer Aktien), S. 20 f.

3) SBV (Hrsg.)(Schweizer Aktien), S. 19 ff.; SOFFEX AG (Hrsg.)(Anlagestrategien), S. 11.

beitsplatz in der Bank ermöglichen und damit den physischen Präsenzhandel ersetzten. Mit dem Startschuß vom 25. Oktober 1989 hat sich der Zürcher Effektenbörsenverein, wenn auch mit knapper Mehrheit, für eine in den kommenden zwei Jahren einzuführende Computerisierung des Handels in festverzinslichen Wertpapieren ausgesprochen.[1] In diesem Fall ist der Händler über ein öffentliches Telekommunikationsnetz mit dem zentralen EBS-Computer verbunden. Da die "EBS" den elektronischen Handel mit Basiswerten unterstützt, trägt dieses System zur Abrundung des bestehenden Computerhandels über die SOFFEX bei.

Praktisch gesehen tritt die EBS-Anwendung neben andere Börsenhandelssysteme und die Nutzung von externen Datendiensten am Händlerarbeitsplatz, die über eine einheitliche Benutzeroberfläche angesprochen werden können. Aus Sicht der Bedienung des "EBS"-Systems kommt die Mehrfenstertechnik in Verbindung mit einer Mausunterstützung zum Einsatz. In diesem Fall steht dem Händler einerseits ein Fenster zur Initiierung des automatischen Handels zur Verfügung; andererseits kann dieser zur Adressierung bestimmter Händler ein weiteres Fenster mit Informationen zu den verfügbaren EBS-Handelspartnern aktivieren. In beiden Fällen müssen die gewünschten Eckdaten für den automatischen Handel, sowie die Auswahl eines bestimmten EBS-Händlers mit der Maustechnik aktiviert werden.[2]

Ausgehend von seinem Arbeitsplatz kann der Händler über die Verbindung zum elektronischen Handel seine Börsenorder auch unter Berücksichtigung von Limiten direkt über Knopfdruck an den zentralen EBS-Computer weiterleiten. Ein wichtiges Merkmal des EBS-Handels besteht darin, daß bis zu einer Abschlußsumme von 250.000 Schweizer Franken ein genereller Börsenzwang eingeführt werden soll. In diesem Fall gehen sämtliche Aufträge nach genauen im EBS-Computer implementierten Handelsregeln sämtlichen EBS-Händlern zu. Wenn dahingegen das Angebot des Händlers die oben

1) o.V. (Kompromiß), S. 33.

2) Kuster H. (versus SOFFEX), S. 136.

erwähnte Volumensgrenze überschreitet, kann auch eine Auftragsweiterleitung an bestimmte, individuell ausgewählte EBS-Händler erfolgen.[1]

Für die automatische Initiierung von Handelsgeschäften ermittelt das zentrale Computersystems einen Preis, zu dem die größte Menge an Kauf- und Verkaufsaufträgen abgewickelt werden kann. Darüber hinaus führt das zentrale Börsensystem für jeden angeschlossenen EBS-Händler ein Auftragsbuch, welches von den EBS-Händlern über deren Arbeitsstation jederzeit einsehbar ist und u.a. Auskunft zu den noch nicht ausgeführten Aufträgen gibt.[2]

3.1.1.5 Bewertung

Die auf dem Markt angebotenen Wertpapierhandelssysteme sind durch deren große Multifunktionalität gekennzeichnet. Dies bedeutet, daß eine Vielzahl von internen und externen Daten sowie Informationen am Händlerarbeitsplatz zusammenfließen. Soweit die Börsengeschäfte über einen zentralen Börsencomputer abgewickelt werden, erfüllt der Händler-PC allenfalls Terminalfunktionen im Verhältnis zum zentralen Börsencomputer.

Viele Handelssysteme unterstützten eine ganze Reihe von internationalen Wertpapierformen, Produktinnovationen und Finanzierungstechniken zusammen mit zahlreichen Handelswährungen. Der offene, mit vielen Informationsdiensten verbundene Händlerarbeitsplatz wird dabei durch fortschrittliche Eingabemedien, wie z.B. Touch-Screens gefördert, da mit diesem Medium im Vergleich zur physisch beschränkten Tastaturbelegung unbegrenzt viele Daten- und Kommunikationsverbindungen zu anderen Markteilnehmern aufgebaut werden können.

---

1) o.V. (Modernisierung), S. 35.

2) o.V. (Modernisierung), S. 35.

Zur wirksamen Entscheidungsunterstützung kommt der Nutzung digitaler und damit direkt durch den Computer lesbarer Informationsquellen eine zunehmende Bedeutung zu. Im Vergleich zu seitenorientierten Informationsdiensten können diese Daten ohne Neueingabe sofort von anderen Rechenprogrammen verarbeitet werden und damit eine schnelle Entscheidungsgrundlage für den zumeist von Hektik geprägten Handel schaffen. Dazu gehört auch die sofortige Integration dieser Informationen in "private" Bildschirmseiten, die dazu beitragen können, den Handelserfolg des Händlers entscheidend zu verbessern.[1]

Eine besondere Rolle zur effizienten Unterstützung der Handelstätigkeiten kommt einer integrierten Informationsverarbeitung zu, indem nach Abschluß eines Handelsgeschäfts weitere interne Verarbeitungen (z.B. Abwicklung und Verbuchung) stattfinden. Um die Voraussetzung für eine derartige Anwendungsumgebung zu schaffen, müssen vor allem einheitliche Datenformate z.B. für Handelsverträge vorliegen.[2]

Dort, wo es um die Handelsunterstützung in einem zumeist hektischen Geschäftsumfeld geht, kann der Computer den Händler wesentlich entlasten, da durch den Verbund zwischen PC-gestützten Händlersystemen und dem zentralem Großcomputer eine größere Unabhängigkeit des Händlers von empfangsabhängigen Meldungen (z.B. Telexe) sowie die Voraussetzung für einen jederzeitigen und aktuellen Einblick in die jeweiligen Händlerpositionen gegeben ist. Darüber hinaus kann die Verwaltung der früher manuell durch den Händler geführten Positionsbücher und Kundenkarteien auf den Computer übertragen und damit ein erhebliches Rationalisierungspotential freigesetzt werden.[3]

1) Schmerken I. (securities), S. 32.

2) Chorafas D.N./Steinmann H. (Technology), S. 88 ff.

3) Brupbacher W./Gier H.-P. (Risikoüberwachung), S. 47 f.

Die Einführung computerunterstützer Börsensysteme bewirkt eine grundsätzliche Veränderung der Handelstechnik, die sich in einer Verlagerung des Handels von ehemals physischen Börsenplätzen in die Räume der Banken manifestiert. Aus der Sicht des Händlers bedeutet der elektronische Verbund zur Börse zunächst einmal verlängerte Annahmezeiten, verbunden mit schnelleren Überleitungsmöglichkeiten der Börsenaufträge. Dazu kommt auch die jederzeitige Übersicht über das Börsengeschehen und den Bearbeitungsstand der zur Börse weitergeleiteten Handelsgeschäfte. Letzeres kann maßgeblich zu einer größeren Verarbeitungssicherheit beitragen.[1]

Die höchste Stufe der Börsencomputerisierung besteht darin, daß der Computer für einzelne, bisher noch vornehmlich kleinere Geschäfte, die Besorgung des Ausgleichs zwischen Angebot und Nachfrage übernimmt. Dort werden die traditionellen Handelsaktivitäten, wie sie über Jahrhunderte bestanden, gänzlich aufgegeben. Die Einführung von automatischen Abwicklungssystemen soll dabei die Konzentration des Börsenhändlers auf die Analyse größerer Handelsgeschäfte fördern und gleichzeitig die Wettbewerbsbedingungen von kleineren und damit personalmäßig geringer ausgestatteten Handelshäusern verbessern.[2]

Die bisher auf nationaler Ebene bestandenen Börsensysteme gehen derzeit vermehrt über entsprechende Telekommunikationsnetze einen Verbund mit anderen Börsensystemen und Informationsdiensten ein. Ein Beispiel für die Verbundbeziehungen zu anderen Informationssystemen ist die Einbindung von SEAQ-Informationen in den NASDAQ-Service.[3] In Hinblick auf die Kooperationen zwischen verschiedenen Börsensystemen sei der Verbund des NASDAQ-Systems mit den Börsen in London und Singapur angeführt. Dort bestehen Pläne zur Zusammenführung der regional bestehenden automatischen Abwick-

1) Schüller B. (Entwicklungsmöglichkeiten), Abschnitt 2

2) Bayley M.G. (Regulation), S. 70.

3) The International Stock Exchange (Hrsg.)(SEAQ International), o.S.

lungssysteme.[1] Sowohl die Integrationsbestrebungen mit anderen Informationsdiensten als auch Börsensystemen führen zu einer zunehmenden Globalisierung des Börsenhandels, so daß in Zukunft davon auszugehen ist, daß sämtliche Informationsdienste und Börsensysteme, unabhängig von der Lokalität des Händlers, an einem Arbeitsplatz zur Verfügung stehen.

Eine Untersuchung der National Association of Securities Dealers (NASD) zur Einführung von computerisierten Börsenssysteme kam zu dem Ergebnis, daß mit der verpflichtenden Teilnahme der Händler zum Handel besonders in krisenhaften Börsensituationen die Liquidität und Funktionalität des Wertpapiermarktes aufrechterhalten werden kann.[2] Da jedoch trotz Computerunterstützung in der Vergangenheit, wie z.B. nach dem "Big Bang" an der Londoner Börse, z.T. große Probleme bei der Abwicklung von Börsenordners vorherrschten, richten sich die Wunschvorstellungen der Marktteilnehmer vor allem auf Handels-Applikationen, die eine zuverlässige Abwicklung der Börsenaufträge unterstützen. Erst auf diese Weise können die bisher erzielten Vorteile beim Computerhandel erhalten bleiben und das Vertrauen der Marktteilnehmer in die Leistungsfähigkeit dieser Systeme gestärkt werden.[3]

Aus Sicht einzelner nationaler Börsenplätze muß die Schaffung von Voraussetzungen für effiziente computergestützte Handelsmöglichkeiten vor allem mit Blick auf den steigenden Wettbewerb zwischen den Finanzplätzen betrachtet werden. Dort könnte in den Fällen, in denen ausländische und grenzüberschreitende Wertpapierbörsen in Folge deren Computerisierung leistungsfähiger sind, ein Abwandern von Börsengeschäften befürchtet werden.[4] Von dieser Seite betrachtet können die eingeführten Börsensysteme, denen auf

1) NASD (Hrsg.)(Quality), S. 17 f.

2) NASD (Hrsg.)(Quality), S. 5 ff.

3) Meinz Th. (Börsengeschäftsabwicklung), S. 28 ff.

4) Schneider-Gädicke K.-H. (Informationstechnologien), S. 34.

Grund ihrer zukunftsweisenden Infrastruktur auch gerne der Charakter einer "Finanzinnovation" zugeschrieben wird[1], einen wichtigen Meilenstein zur Verbesserung der Attraktivität eines Finanzplatzes setzen. So hoffen z.B. die Befürworter einer Computerböse in der Schweiz, daß mit Einführung des Computerhandels eine Aufwertung des dortigen Finanzmarktes stattfindet und eine Verbesserung der Liquidität und Transparenz des Marktes erreicht werden kann.[2]

1) Kuster H. (SOFFEX), S. 38.

2) o.V. (Modernisierung), S. 35.

3.1.2 Depotverwaltung

3.1.2.1 Einführung

Die Führung von Portefeuilles, bestehend aus verschiedensten Anlageformen, kann grundsätzlich entweder im Eigengeschäft oder aber für den Kunden vorgenommen werden. In beiden Fällen ist die Handelsabteilung der Bank involviert, wenn es um die Beschaffung und Veräußerung von Vermögenswerten geht, so daß zwischen Portefeuilleverwaltung und Wertpapierhandel eine enge Verbindung besteht. Die enge Verknüpfung beider Bereiche gilt auch z.T. für die Beschaffenheit der auf dem Softwaremarkt offerierten PC-Programme zur Depotverwaltung, welche abgesehen von reinen Verwaltungsaufgaben auch auf den Wertpapierhandel zugeschnitten sind.[1]

Im Vergleich zu PC-Applikationen für die Wertpapier-Analyse, deren primärer Zweck der Suche nach Anlagealternativen dient, verfolgen die hier vorgestellten Depotverwaltungsprogramme das Ziel, dem Verwalter eine Übersicht über die betreuten Vermögenswerte zu geben.[2] Die in der Wertpapier-Analyse gewonnenen - Erkenntnisse fließen allderings in die Vermögensverwaltung ein,

---

1) Die in diesem Abschnitt vorgestellten Funktionen zur Depotverwaltung basieren auf einer Auswertung der folgenden PC-Programme, die den Entwicklungsstand im Jahre 1989 wiedergeben:

- Chris Data (Hrsg.)(P.I.S.), o.S.
- Computer Centrum Westküste (Hrsg.)(Börsen-Computer-System), o.S.
- ComStock (Hrsg.)(Depot), o.S.
- Höll (Hrsg,)(IWP), S. 1 ff.
- inasys (Hrsg.)(Finanz-Informations-System), o.S.
- ISCS (Hrsg.)(IAM), o.S.
- MFA (Hrsg.)(INVEST), S. 1 ff.
- Multichart (Hrsg.)(Multichart), o.S.
- Neue Wirtschaftspresse (Hrsg.)(Winchart), o.S.
- Rux L. (Hrsg.)(COMPUCHART), o.S.
- C.S.S.J.& E. Stiefelmeyer (Hrsg.)(Chartmaster), o.S.
- SYSCO (Hrsg.)(HASY), S. 1 ff.
- Wertpapier-Service A.R. (Hrsg.)(PMS I/PMS II), S. 3 ff.

2) Nielen M. (Portfolio-Analyse-System), S. 619 ff.; Weber F. (Geld), S. 24 ff.

so daß es eine Vielzahl kombinierten Analyse- und Depotverwaltungsprogrammen auf dem Markt gibt.

INSTRUMENTE ZUR PORTEFEUILLEVERWALTUNG

	DESKRIPTIVE DEPOTUEBERWACHUNG	ANALYTISCHE DEPOTUEBERWACHUNG
VERGANGENHEIT	- *Gesamtperformance* - *Detailperformance* - *Depotgeschichte*	- *Performancemessung im Vergleich zu anderen Depots* - *Performancemessung im Marktvergleich*
GEGENWART	- *Depotuebersicht* - *Depotverteilung* - *Depotbestaende* - *Offene Auftraege* - *Depotabfragen*	- *Einhaltung der allg. Anlagerichtlinien* - *Einhaltung der Kundeninstruktionen* - *Limitenüberwachung*
ZUKUNFT	- *Ertragsprojektion* - *Fälligkeiten* - *Verpflichtungen* - *Terminüberwachung*	- *Sensitivitätsanalyse* - *Simulationen*

Quelle: SWISS SOFT (Hrsg.) (IPM), o. S.

Abb. 43: Instrumente der Portefeuilleverwaltung

Abbildung 43 zeigt eine Systematisierung der durch PC-Programme in der Depotverwaltung unterstützbaren Funktionen, die je nach Programm unterschiedlich ausgeprägt sein können.

Sofern kleinere Banken die Verwaltung ihrer Kundendepots bisher ohne Computerunterstützung und damit möglicherweise auf Basis manuell geführter Kundenkarteien durchgeführt haben, eröffnen Depotverwaltungsprogramme die Möglichkeit, in kurzer Zeit ohne aufwendige Suchprozesse die persönlichen Depotwerte des Kunden zusammenzustellen.[1]

Abgesehen von reinen Verwaltungstätigkeiten besteht ein wichtiger Aufgabenbereich der Depotverwaltung und insofern der angebotenen

1) Glogowski E./Münch M. (Finanzdienstleistungen), S. 154.; Nielen M. (Portfolio-Analyse-System), S. 619.; Pfeiffer W. (Dienste), S. 301.

PC-Programme darin, eine Abstimmung der Anlagepolitik mit den Möglichkeiten des Kunden und in Übereinstimmung mit seinen an den Depotverwalter gerichteten Anlageinstruktionen herbeizuführen. Diese Aufgabe kann als iterativer Prozess aufgefaßt werden, der seinen Ausdruck in der laufenden Analyse und Überwachung der Kundenbeziehung findet, deren Ergebnisse schließlich in die Portefeuilledokumentation einfließen. Die Abstimmung zwischen Bank und Kunde bezüglich der vereinbarten Anlagerichtlinien findet ihren Ausdruck in verschiedenen Strategievarianten, die auf die Bedürfnisse und Neigungen der Kundschaft abgestimmt sind.[1]

Grundsätzlich können die Banken innerhalb der Depotverwaltung für den Kunden passive und andererseits aktive Strategien verfolgen. Das **passive Portefeuillemanagement** stützt sich vor allem auf die Vermeidung des mit einer Wertpapieranlage (z.B. Obligation) verbundenen Zinsrisikos, so daß die Suche nach Anlageformen mit einem höheren Renditeertrag in den Hintergrund tritt. In Bezug auf die Begrenzung des Zinsänderungsrisikos und den damit möglichen Wertverlusten eines Portefeuilles, streben die Investoren dort eine Erhaltung der zum Investitionszeitpunkt vereinbarten Anlagerendite. Beim **aktiven Portefeuillemanagement** bildet dagegen die Maximierung der Portefeuillerendite auf Basis der gegenwärtigen und zukünftig erwarteten Kapitalmarktsituation den Schwerpunkt der strategischen Anlageplanung für den Kunden.[2] Beide Strategien können durch Computerprogramme zur Depotverwaltung sinnvoll unterstützt werden, indem je nach den Zielsetzungen des Kunden eine Steuerung der Performance oder des Risikos vorgenommen wird.[3]

---

1) Bank Julius Bär (Hrsg.)(Aktive Vermögensverwaltung), S. 14.; Kuntner J. (Vermögensverwaltung), S. 40.; Swiss Soft (Hrsg.)(IPM), o.S.; Vogel M. (Portfolio-Management), S. 31.

2) Jones Ch. P. (Investments), S. 206 ff.; Vogel M. (Portfolio-Management), S. 23 ff.

3) Zürcher Kantonalbank (Hrsg.)(Portfefeuille-Analyse), S. 21 ff.

3.1.2.2 Aufbau

Der Aufbau einer computerunterstützten Vermögensverwaltung ist wesentlich durch die Einrichtung von Daten- und Kommunikationsverbindungen zu interen und externen Informationssystemen bestimmt. Im Vergleich zu anderen Applikationen, wie z.B. im Wertpapierhandel, ist die Anbindung an Realtime-Datendienste keine notwendige Vorbedingung für die Verwaltung von Portefeuilles, sondern es reichen vielfach On-Line-Verbindungen zu externen Informationslieferanten aus, um zu gegebener Zeit eine Aktualisierung der geführten Depots vorzunehmen.[1] Darunter fallen erstens On-Line-Verbindungen zur Übernahme von Wertpapierkursen verbunden mit beschreibenden Wertpapierdaten aus externen Datenbanken und zweitens die Überleitung von bereits vorhandenen Datenbeständen (z.B. Stammdaten) aus dem Großrechner der Bank.

Abbildung 44 vermittelt einen Eindruck zu zwei verschiedenen Varianten für den Aufbau einer Depotverwaltung.[2] Im ersten Fall verfügt das auf dem Server-PC eines lokalen Netzwerkes befindliche Depotverwaltungsprogramm über einen redundanten Datenbestand aus dem Großrechner (Depotschatten-Datenbank) und bezieht die aktuellen Kursdaten von einem externen Datenbankservice. Dort müssen, bedingt durch die Verbindung des PC-Netzes mit dem Großrechner, die in der Bank schon bestehenden Depotdaten nicht mehr erfaßt werden. Im zweiten Fall, als reine PC-Lösung, müssen die zur Depotverwaltung notwendigen Kunden -und Wertpapierdaten durch den Vermögensverwalter selbst aufgebaut werden.

Sofern eine manuelle Datenerfassung, z.B. zur Aufnahme von neuen Kunden erfolgt, stehen dem Depotverwalter i.d.R. vorbereitete Eingabemasken zur Verfügung. Die folgenden Datenklassen zählen zum wesentlichen Grundgerüst für die in der Vermögensverwaltung

1) Schätzle R./Cate P.M.ten (Anlageberatung), S. 36.

2) inasys (Hrsg.)(Finanz-Informations-System), o.S.

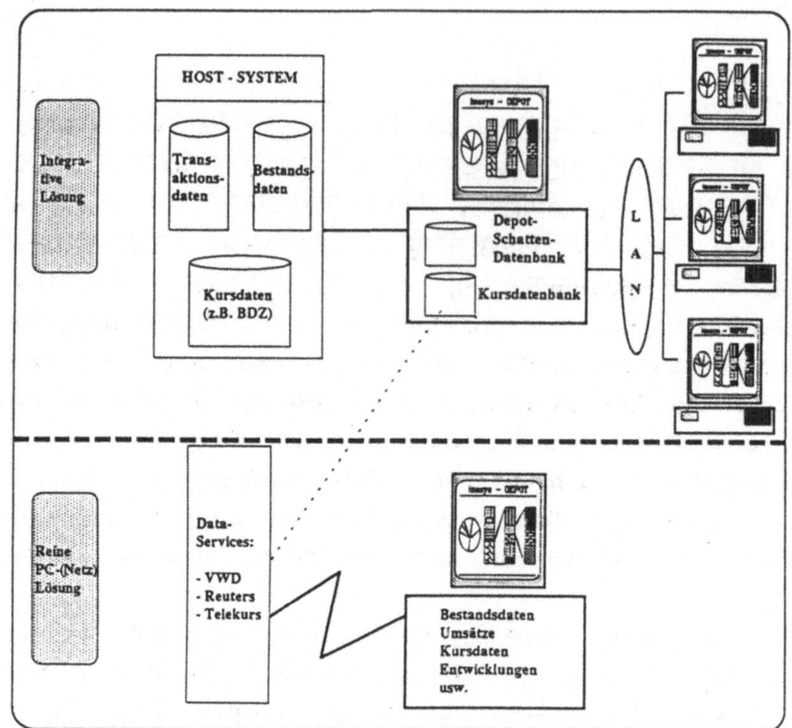

Abb. 44: Aufbauvarianten für die Depotverwaltung

generierten Depotauswertungen.[1]

KUNDENDATEN

Neben den allgemeinen Angaben zur Person und Adresse des Kunden werden dort die Anzahl der Kundendepots und verwahrten Vermögenswerte gespeichert. Ferner werden Informationen über die vereinbarten Depotstrukturierungen in Form von Sollvorgaben und die Wünsche des Investors in Hinblick auf den Inhalt sowie die Periodizität der Depotdokumentation bereitgehalten. Einige Depotverwaltungsprogramme erlauben sogar die Führung von unstrukturierten Kundendaten über eine sog. "Notizzettel"-Funktion, indem sie dem Vermögensverwalter einen Texteditor zur Eingabe individueller Kundeninformationen anbieten.

1) Gemäß einer Auswertung der eingangs erwähnten PC-Programme zur Depotverwaltung sowie: Relin A./Voss K. (Datenverarbeitung), S. 224 ff.

DEPOTDATEN

Die Depotdaten können sich auf ein oder mehrere bei der Bank geführten Depots beziehen. Sie umfassen Angaben zur Depotbezeichnung, Buchführungswährung, Depotführungsart, Steuercode oder den mit dem Depot in Verbindung stehenden Kreditlimite. Zu den Depotdaten gehören auch die den Bestand verändernden Daten in Form von Ein- und Ausbuchungen sowie die aktuellen und dispositionsfähigen Liquiditätssaldi. Des weiteren können die Depotdaten Angaben zu dem für das Depot zuständigen Bankmitarbeiter und den Zugriffsberechtigungen abspeichern.

WERTPAPIERDATEN

Vermögensverwaltungssysteme können neben den herkömmlichen Anlagewerten, wie Aktien und festverzinsliche Wertpapiere auch andere Wertpapier- bzw. Vermögensarten, wie z.B. Geld- und Kreditguthaben, Termingeschäfte, Doppelwährungsanleihen, Immobilienwerte führen. Die Beschaffung der Wertpapierdaten in Form von Kursen und anderen Informationen erfolgt durch den Zugriff auf externe Datenbanken. Die Telekurs AG in der Schweiz bietet z.B. in Verbindung mit deren Datenbank INVESTDATA den Vermögensverwaltern neben aktuellen Kurs- und Wirtschaftsinformationen auch sämtliche Wertpapierverwaltungsdaten für das in der Bank aufzubauende Vermögensverwaltungssystem an.[1] Über die Datenbank VALORDATA kann der Vermögensverwalter auf ein internationales Wertpapierverzeichnis und eine Vielzahl von Wertschriftenverwaltungsinformationen zugreifen. Während über das internationale Wertschriftenverzeichnis u.a. Informationen über alle Wertpapiere einer Gesellschaft abgerufen werden können, gibt der zweite Teil der VALORDATA-Datenbank Auskunft über Emissions- und Umtauschdaten, Termine für Dividendenausschüttungen, bevorstehende Hauptversammlungen sowie Verfalldaten von bestimmten Anleihen. Eine andere, in der Bundesrepublik Deutschland angebotene Datenbank für den Aufbau einer Depotverwaltung stellt das "Wertpapier-Service-System" (WSS) der Börsen-Daten-Zentrale (BDZ) Frankfurt dar, welche dem Vermögensverwalter über 600 Einzelinformationen

---

1) Telekurs AG (Hrsg.)(INVESTDATA), o.S.; Telekurs AG (Hrsg.)(VALORDATA), S. 5 ff.; Wirsching O./Bock W. (Wertpapier-Datenbank), S. 19.

pro Wertpapiergattung zur Verfügung stellt. Dort können von den Banken verschiedene Informationssegmente, die sich in Stamm-, Termin- und Kursdaten unterscheiden, angesprochen werden.[1]

3.1.2.3 Dokumentationswesen

PC-Programme zur Vermögensverwaltung unterstützen den Bankmitarbeiter beim Aufbau von standardisierten und individuell abgestimmten Vermögensdokumentationen. Aus der Sicht des EDV-unkundigen Depotverwalters spielt vor allem die Implementierung eines relationalen Datenbanksystems, verbunden mit einer benutzerfreundlichen Anwendungsumgebung eine bedeutende Rolle. Damit soll der Anwender in die Lage versetzt werden jederzeit über die Änderung der Datenstruktur die Depotdokumentation an seine Bedürfnisse oder die des Kunden anzupassen.[2]

Als gutes Beispiel für eine anwenderfreundliche Entwicklungsumgebung für den Aufbau einer PC-gestützten Depotverwaltung ist der von der Softwarefirma "inasys" angebotene Listengenerator.[3] Der Benutzer kann dort sowohl das Layout als auch den Inhalt der Depotdokumentation selbst bestimmen. Zur eigenen Definition von Depotberichten wählt der Vermögensverwalter den Programmpunkt "Listendefinition" aus und kann anschließend auf einer vorbereiteten Erfassungsmaske, die Abbildung 45 zeigt, den Berichtsnamen als auch die Spaltennummer, -anzahl und -breite sowie die Zeilenbreite des gewünschten Depotberichtes eingeben. Der jeweilige Spalteninhalt respektive die zur Berechnung des Spalteninhaltes notwendigen Rechenschritte können ebenfalls vom Benutzer selbst definiert werden.

Darüber hinaus stehen den Vermögensverwaltern auch die von den Anbietern von Depotverwaltungsprogrammen mitgelieferten Dokumen-

---

1) Hewel R. et alteri (WSS), Abschnitt 121 ff.

2) Loistl O. (Ertragsgestaltung), S. 16.; Swiss Soft (Hrsg.)(IPM), o.S.

3) inasys (Hrsg.)(Finanz-Informations-System), o.S.

```
VERMÖGENSVERWALTUNG                                        (C) inasys

          Änderung der Listendefinition von Liste: 1

Name der Liste : Ertrags- und Gewinnübersicht
Spalten-Nummer : 20     Spaltenanzahl : 20  gesamte Zeilenbreite : 225
               Auswahl des Spalteninhalts
               --------------------------

    1...Wertpapierstammdaten
    2...Währungsdaten
    3...Kursdaten
    4...Wert-Analyse
    5...Gewinn/Verlust-Analyse
    6...Anleihespezifika
    7...Ertrags-Analyse
    8...Sonstiges

Spaltenbreite      :  6      Spaltenüberschrift : WKN

F1 Hilfe F2 zeigen F3 zurück F5 einfügen F6 löschen  F8 speichern  F10 drucken
```

Abb. 45: Listendefinition - "FIS"

tationsvorgaben zur Verfügung. Die Vorgabe von standardisierten Depotberichten und -analysen gehört zum Leistungsumfang vieler Depotverwaltungsprogramme und entlastet den Benutzer weitgehend vom Aufbau eigener Berichte.

Ein wichtiges Anforderungskriterium für die Führung der Depotdokumentationen sind Suchmöglichkeiten über sog. "Kreuzreferenzen" bzw. "Referenzlisten".[1] Darunter versteht man Abfragen, die dem Depotmanager Antwort darauf geben, welches Wertpapier sich in welchen Mengen in welchem Kundendepot befindet. Auf diese Weise ist es möglich, bei Änderungen der Anlagestrategie oder besonderen Informationen zu bestimmten Wertpapieren die betreffenden Kunden direkt zu benachrichtigen. Eine andere Abfragefunktion

1) Kuntner J. (Vermögensverwaltung), S. 38.; Schätzle R./Cate P.M.ten (Anlageberatung), S. 33. ff.

INHALTE DER DEPOTDOKUMENTATION

- **Globale Depot- und Vermögensaufstellungen**
  Einzelne Depots/Konsolidierte Vermögenslage
  Frei wählbare Bewertungswährung und Zeitpunkt
  Gegliedert nach Strukturmerkmalen (z.B. Anlagewährung)
  Prozentuale/Absolute Anteile der Strukturmerkmale am gesamten Vermögen

- **Detaillierte Bestandsübersichten**
  Einstandskurse/aktuelle Kurse
  Bestände pro Aktie und Nominalwerte pro Obligation
  Dividendendaten pro Aktie/Kupons pro Obligation
  Fälligkeitsdaten für Obligation
  Kurslimite
  Bewertungsziffern (z.B. Ratingcodes)
  Bewertungswährung einzelner Vermögenswerte
  Termindaten (z.B. Spekulationsfrist)

- **Erträgnisaufstellungen**
  Einzelne Depots, konsolidierte Ertragszusammenstellungen
  Frei wählbare Bewertungswährung und Zeitraum
  Aufgliederung nach Ertragskomponenten (z.B. realisierter Gewinn)
  Erfolgsaufteilung nach Strukturmerkmalen (z.B. Branche)
  absolute/prozentuale Gesamtertragszuwächse

- **Transaktionsübersichten**
  Transaktionen pro Depot/Wertpapier
  Frei wählbare Perioden
  Transaktionen nach Merkmalen (z.B. Vermögensarten)
  Kauf-/Verkaufsangaben und vereinbarte Limite
  Kauf- und Valutadaten
  Anzahl/Nominalwerte
  Einstandspreise in Original-/Bewertungswährung
  Transaktionsspesen (z.B. Börsenumsatzsteuer)

- **Liquiditätsübersichten**
  Einzelne Depots , konsolidierte Liquiditätszusammenstellungen
  Vergangene und zukünftige Perioden in Monate/Jahre
  Erträge pro Wertpapierart (z.B. Aktien)
  Fälligkeiten von Zins- und Dividendenterminen

Box 28: Inhalte der Depotdokumentation

besteht in der Generierung sog. "Spartenlisten".[1] In diesem Fall kann der Depotmanager nach selbst definierten Kriterien bestimmte Sparten aus seinem Depotbestand herausfiltern, um z.B. Dokumentationen über das Gesamtengagement in bestimmten Branchen oder Wertpapierarten zu erstellen.

Insgesamt betrachtet können Depotdokumentationen nicht nur bezüglich ihres Aufbaus und Inhaltes sondern auch in Hinblick auf die Berichtsperiode und die Bewertungswährung den Wünschen des Kunden angepaßt werden. Einen Eindruck zum Inhalt der von Depotverwaltungsprogrammen angebotenen Standarddokumentationen vermittelt Textbox 28.[2]

3.1.2.4 Aufgaben und Instrumente der Depotverwaltung

3.1.2.4.1 Performance-Messung

Die Berechnung der Depotperformance kann auf verschiedenen Komponenten beruhen, welche sich nach der Berücksichtigung von geldmäßigen Zu- und Abflüssen, bestimmten Wertpapierarten (z.B. Futures) sowie Kreditvereinbarungen (z.B. Lombardkredite) bestimmen. Ferner stehen mit der Performanceberechnung die Abgrenzung von Zinsen, Teilerfolgen, erfolgsneutralen sowie kostenbedingten Beträgen in Beziehung, deren Aufspaltung ohne Computerunterstützung nur mit aufwendigen Hilfsbuchhaltungen durchgeführt werden könnte.[3]

---

1) Chris Data (Hrsg.)(P.I.S.), o.S.

2) Gemäß einer Auswertung der eingangs erwähnten PC-Programme zur Depotverwaltung.

3) Jost Chr. (Performance-Messung), o.S.

AUFSPALTUNG DER DEPOTPERFORMANCE

Die Aufspaltung der Depotperformance kann durch PC-Programme für beliebig definierte Zeiträume, einzelne Transaktionen als auch für bestimmte Depots, individuelle Zusammenstellungen von Depots oder das gesamte Vermögen erfolgen.[1] Eine weit verbreitete Methode zur Ermittlung der mit dem Kundendepot verbundenen Anlageperformance besteht darin, die während einer ausgewählten Betrachtungsperiode insgesamt aufgelaufenen Gewinne und Verluste dem mittleren eingesetzten Kapital gegenüberzustellen. Daraus berechnet der Computer ein prozentuales Performanceergebnis in Form einer Anlagerendite.[2] Bei dieser Berechnung berücksichtigt der Computer die während des Betrachtungszeitraumes angefallenen Ein- und Auszahlungen, wie z.B. die zugeflossenen Dividenden, anteiligen Stückzinsen, Tilgungen als auch die mit der Depotführung verbundenen Kostenarten gemäß deren Anteil am Ertrag des Depots. Zur Steigerung der Aussagekraft wird die Gesamtrendite häufig noch nach bestimmten Merkmalen, wie z.B. einzelnen Anlageformen, Branchen, Fälligkeiten aufgeschlüsselt.[3] Eine weitergehende Performanceanalyse kann durch Aufspaltung des Depotertrages in dessen kurs-, zins- und währungsbedingte Erfolgsbestandteile erfolgen. In diesem Fall ermittelt das Programm, in welchem Ausmaß das gesamte Erfolgsergebnis von den in der Vergangenheit stattgefundenen Wechselkursschwankungen oder anderen erfolgbestimmenden Faktoren beeinflußt wurde. Andere Erfolgsanalysen können schließlich durch die Aufspaltung der Depotzugewinne in die Komponenten realisierter sowie buchmäßiger Gewinn und Verlust

1) Cramer J. (Privatkundengeschäft), S. 9.; ISCS (Hrsg.)(IAM), o.S.; Swiss Soft (Hrsg.)(IPM), o.S.

2) Höll (Hrsg.)(IPW), S. 11.; Nielen M. (Portfolio-Analyse-System), S. 620.; o.V. (Börsenprogramm), S. 34.

3) Höll (Hrsg.)(IWP), S. 39.; Pott G. (Vermögensverwaltung), S. 75.; Swiss Soft (Hrsg.)(IPM), o.S.

erfolgen, welche wiederum in kurs-, zins- und währungsbedingte Komponenten differenzierbar sind.[1]

Eine Berechnung der Gesamtperformance unter Berücksichtigung verschiedenster Erfolgskomponenten offeriert das Depotverwaltungsprogramm "Portfolio-Information-System" (P.I.S.).[2] Mit Hilfe dieses Programmes ist eine Auffächerung der PerformanceStruktur eines oder mehrerer Kundendepots sowohl auf tabellarische als auch auf graphische Weise durchführbar. Die in Abbildung 46 abgebildete Performanceanalyse kann sowohl für die laufende (d.h. ab letztem Zwischenabschluß) als auch die gesamte Periode (z.B. Quartal/Monat) erfolgen. Zusätzlich können mit "P.I.S." Performanceanalysen pro Portfolio (einzeln/konsolidiert), pro Position (einzeln/konsolidiert) und für einzelne Sparten vorgenommen werden. Die Auswertung zeigt eine Gesamtportfolio-Analyse für die laufende Periode, die auf einer Gegenüberstellung der Depotwerte zu Anfang und zum Ende der ausgewiesenen Betrachtungsperiode basiert. Die dort berechneten Ertragsanteile sind jeweils um die während der Berichtsperiode stattgefundenen Kapitalrückzüge und -einlagen bereinigt. Der auf diese Weise berichtigte Depotwertzuwachs wird anschließend einem durchschnittlichen, nach der retrograden Zinsstaffelmethode bewerteten Kapital gegenübergestellt. Bei Anwendung der retrograden Zinsstaffelmethode nimmt das PC-Programm für die Dauer und die Höhe einer jeden Depotbewegung eine entsprechende Gewichtung vor. In der rechts befindlichen Spalte nimmt "P.I.S." für sämtliche Teilkomponenten der Gesamtperformance eine Hochrechnung auf Jahresbasis vor, die davon ausgeht, daß sich das Wertpapierdepot kontinuierlich weiterentwickelt. Von dieser Seite betrachtet handelt es sich um eine theoretische Renditebetrachtung, da keinesfalls sicher ist, ob die Annahme einer gleichmäßigen Weiterentwicklung in der Zukunft zutrifft. Falls gewünscht können die ausgewiesenen Depotbewertungen zum Bewertungsstichtag auch die nicht realisierten Erfol-

1) ISCS (Hrsg.)(IAM), o.S.; Nielen M. (Portfolio-Analyse-System), S. 620.; Pfeiffer W. (Dienste), S. 301.

2) Chris Data (Hrsg.)(P.I.S.), o.S.

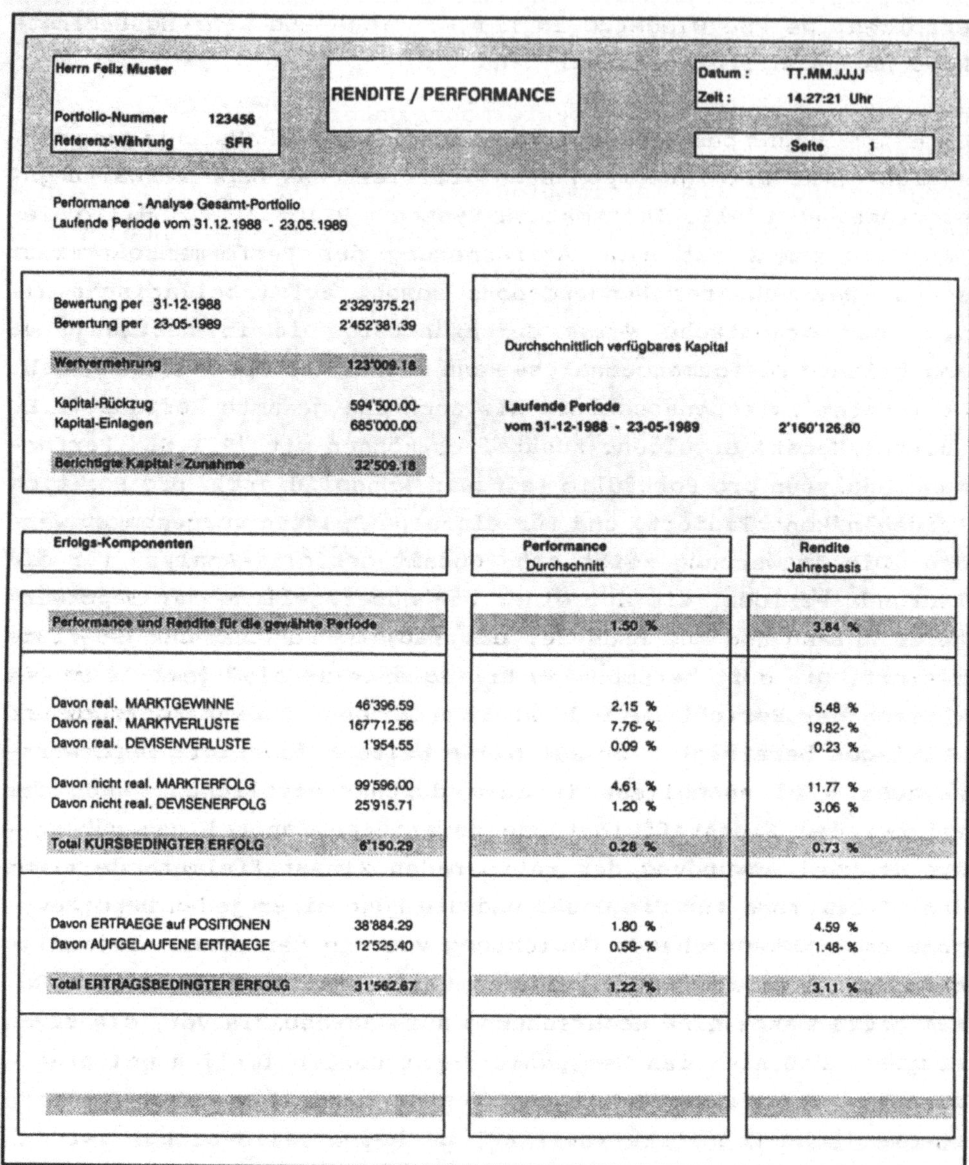

Herrn Felix Muster

Portfolio-Nummer 123456
Referenz-Währung SFR

RENDITE / PERFORMANCE

Datum : TT.MM.JJJJ
Zeit : 14.27:21 Uhr

Seite 1

Performance - Analyse Gesamt-Portfolio
Laufende Periode vom 31.12.1988 - 23.05.1989

Bewertung per 31-12-1988	2'329'375.21
Bewertung per 23-05-1989	2'452'381.39
Wertvermehrung	123'006.18
Kapital-Rückzug	594'500.00-
Kapital-Einlagen	685'000.00
Berichtigte Kapital - Zunahme	32'509.18

Durchschnittlich verfügbares Kapital

Laufende Periode vom 31-12-1988 - 23-05-1989: 2'160'126.80

Erfolgs-Komponenten		Performance Durchschnitt	Rendite Jahresbasis
Performance und Rendite für die gewählte Periode		1.50 %	3.84 %
Davon real. MARKTGEWINNE	46'396.59	2.15 %	5.48 %
Davon real. MARKTVERLUSTE	167'712.56	7.76- %	19.82- %
Davon real. DEVISENVERLUSTE	1'954.55	0.09 %	0.23 %
Davon nicht real. MARKTERFOLG	99'596.00	4.61 %	11.77 %
Davon nicht real. DEVISENERFOLG	25'915.71	1.20 %	3.06 %
Total KURSBEDINGTER ERFOLG	6'150.29	0.28 %	0.73 %
Davon ERTRAEGE auf POSITIONEN	38'884.29	1.80 %	4.59 %
Davon AUFGELAUFENE ERTRAEGE	12'525.40	0.58- %	1.48- %
Total ERTRAGSBEDINGTER ERFOLG	31'562.67	1.22 %	3.11 %

Abb. 46: Performance-Analyse - "P.I.S."

ge sowie aufgelaufene Zinsbeträge aus festverzinslichen Wertpapieren enthalten.

VERGLEICHS-MASSSTÄBE

Eine andere Möglichkeit zur Integration geeigneter Beurteilungskriterien in Hinblick auf den erwirtschafteten Portefeuilleertrag und das mit der Anlage verbundene Risiko besteht darin, die Erfolgsbeiträge eines Kundedepots der Entwicklung externer Vergleichsmaßstäbe (z.B. Marktindices) gegenüberzustellen.[1]

PC-Programme für die Depotverwaltung erlauben die unmittelbare Integration externer Performancevergleichsmaßstäbe, so daß die Entwicklung bestimmter Teilmärkte der eigenen Anlageperformance gegenübergestellt werden kann. So kann z.B. durch Depotverwaltungsprogramme zu bestimmten Gliederungsgruppen der Portefeuillestruktur (z.B. Währung, Branche) für den Performancevergleich ein Index oder Anlagefond eingeblendet werden.

Ein in der Bundesrepublik Deutschland bekannter Vergleichsmaßstab zur Bewertung der Performance eines Wertpapierdepots wird von der BHF-Bank in Form des BHF-Bank-Performanceindex angeboten.[2] Mit Hilfe des Performanceindex kann ein Performancevergleich für festverzinsliche Wertpapiere, der täglich von der BHF-Bank neu berechnet wird, erfolgen. Über entsprechende Telekommunikationsnetze kann der BHF-Bank-Performanceindex als Vergleichsmaßstab in andere Depotverwaltungsprogramm eingebunden und den dort erwirtschafteten Erträgen gegenübergestellt werden.

Die in Abbildung 47 dargestellte Performance-Vergleichsrechnung basiert auf dem Depotverwaltungsprogramm "IWP" der Softwarefirma HÖLL und stellt - abgesehen von dem BHF-Bank-Performanceindex auch andere nationale (z.B. FAZ-Index) sowie internationale Indices den im Depot befindlichen Vermögenswerten gegenüber.[3]

Über das im eigenen Hause der BHF-Bank eingesetzte Depotverwaltungsprogramm "RENSYS" verfügt der Depotverwalter zur Performancebeurteilung sogar über ein individuell modifizierbares Performanceberechnungsverfahren mit dessen Hilfe verschiedene Annah-

---

1) Jones Ch. P. (Investments), S. 637 ff.; Loistl O. (Wertpapiermanagement), S. 28.

2) Wertschulte J.F./Meyer Th. (Rentenmarktindexkonzept), S. 65 ff.

3) Höll (Hrsg.)(IWP), S. 43.

PROG: WPINFAnzeige **TT.MM.JJ
PERFORMANCEVERGLEICH Gesamtbestand **SS:MM

Marktindices Ref.- Periode: 01-Jan-88 04-Aug-88

	Ant % Aktien	Ant % Renten	Aktien Index	Renten Index	Perform in %	Index in %	Abweichung in %
Deutschland	60,00	20,00	FAZ	BHF	19.8	25,4	- 5,6
USA	50,00	50,00	MSCI USA	MSCI USA	25,4	32,2	-7
Gesamt	65,00	20,00	MSCI Wld	MSCI Wld	21,3	35,7	-14,4

Abb. 47: Performance-Vergleichsrechnung - "IWP"

men über den Zeitpunkt der Realisation von Kursgewinnen/-verlusten und Zinseinnahmen getroffen werden können. Dazu gehört auch die Bestimmung des Wiederanlageverhaltens für Zins- und Tilgungsbeträge.[1] Für den Bereich der Bund, Bahn- und Postanleihen sowie Bundesobligationen kann die Beurteilung des Anlageerfolges noch verfeinert werden, als dort die Möglichkeit besteht, für alle in Frage kommenden (Rest)-Laufzeiten Performancevergleiche mit dem entsprechenden Marktsegment durchzuführen.[2]

Abgesehen von externen Marktindices bieten Depotverwaltungsprogramme auch interne Vergleichsmöglichkeiten mit anderen Depots an.[3] In diesem Fall selektiert der Computer diejenigen Depots, deren Struktur mit dem zu bewertenden Depot weitgehend überein-

1) BHF-Bank (Hrsg.)(Analysesystem), S. 16.; BHF-Bank (Hrsg.)(RENSYS), 2. Teil, S. 2.

2) BHF-Bank (Hrsg.)(RENSYS), 2. Teil, S. 4 f.; BHF-Trust (Hrsg.) (Chart Service), S. 11.

3) Chris Data (Hrsg.)(P.I.S.), o.S.; Cramer J. (Privatkundengeschäft), S. 9.; ISCS (Hrsg.)(IAM), o.S.; Wertpapier-Service A.R. (Hrsg.)(PMS), S. 32.

stimmt, stellt die Performanceentwicklung beider Depots gegenüber und ermittelt die Performanceabweichung.

3.1.2.4.2 Risiko-Analysen

Die in der Literatur vertretene Auffassung, daß die Beurteilung des Portefeuilleertrages u.a. eng mit der Betrachtung des Anlagerisikos zusammenhängt[1], wird in der Depotverwaltung, abgesehen von traditionellen Analyseverfahren (z.B. Technische Wertpapieranalyse), durch eine gezielte Bewertung der Depotstruktur Rechnung getragen. Damit sollen die Schwerpunkte der Anlagetätigkeit und die Risiken, welche sich aus der Konzentration des Anlagevermögens auf bestimmte Strukturmerkmale ergeben, aufgedeckt werden.

Mit Hilfe des PC's können im Rahmen der Strukturanalyse und des Einsatzes sog. "Asset-Allocation-Modelle" (Portefeuille-Strukturierungs-Modelle) unter Berücksichtigung mehrerer Anlageformen optimale Strukturverteilungen berechnet werden. Diese z.T. sehr komplexen Verfahren basieren auf Korrelationsrechnungen, welche - vereinfacht ausgedrückt - die Übereinstimmung des Kursverhaltens zwischen verschiedenen Anlageformen untersuchen und diejenigen Anlageformen aufzeigen, welche eine negative Korrelation aufweisen. Bei optimaler Abstimmung der Korrelation heben sich die Ertragsschwankungen der verschiedenen Anlageformen weitgehend auf, so daß theoretisch betrachtet ein risikoloses Portefeuille und damit eine bestmögliche Verteilung des vorhandenen Anlagekapitals möglich ist. Sofern mehrere Anlageformen hinsichtlich ihrer Korrelation miteinander zu vergleichen sind, nimmt der Rechenaufwand überproportional zu, so daß die Zuhilfenahme eines Computerprogrammes unentbehrlich ist.[2]

---

1) Jones Ch. P. (Investments), S. 624.

2) Jost Chr. (Softwaretrends), o.S.; Zürcher Kantonalbank (Hrsg.)(Portefeuille-Analyse), S. 9.

STRUKTURMERKMALE

Im allgemeinen können Depotverwaltungsprogramme ein Wertpapierportefeuille nach den verschiedensten Strukturmerkmalen, von denen die wichtigsten in Textbox 29 aufgeführt sind, untersuchen.[1]

ANALYSEKRITERIEN DER DEPOTSTRUKTUR

o Branchen	o Fälligkeiten
o Länder	o Schuldnerkategorien/Gattungen
o Währungen	o Wertpapierarten

Box 29: Analysekriterien der Depotstruktur

Abbildung 48 zeigt eine graphische Strukturanalyse unter Betrachtung der Strukturmerkmale, "Wertpapierart", "Währung", "Branche" und "Gattung".[2] Zur Aufschlüsselung der Depotstruktur gliedert der Computer das Wertpapierportefeuille in Reihenfolge der vom Depotverwalter ausgewählten Strukturmerkmale. Die Tortengrafik zeigt eine Gliederung des Depots nach "Wertpapierarten". Die weiter rechts stehenden Säulengrafiken nehmen weitere Differenzierungen der Depotstruktur in die Strukturmerkmale, "Währung", "Branche" und "Gattung" vor. Wie ersichtlich nimmt das Programm bei der Strukturanalyse stets bestimmte Ausprägungen eines Merkmales zum Ausgangspunkt für weitere Strukturbetrachtungen. Die ganz rechts stehende Säule gibt schließlich Auskunft über sämtliche Aktiengattungen, welche die ausgewählten Strukturausprägungen, "Wertpapierart" (Aktie), "Währung" (DEM) und "Branche" (Kfz) gleichzeitig erfüllen.

Eine andere, vergleichbare Strukturanalyse auf numerische Weise offeriert das Depotverwaltungsprogramm "Integrated Asset Manage-

---

1) inasys (Hrsg.)(Finanz-Informations-System), o.S.; ISCS (Hrsg.)(IAM), o.S.; SKA (Hrsg.)(AIS), o.S.; SYSCO (Hrsg.) (HASY), o.S.

2) inasys (Hrsg.)(Finanz-Informations-System), o.S.

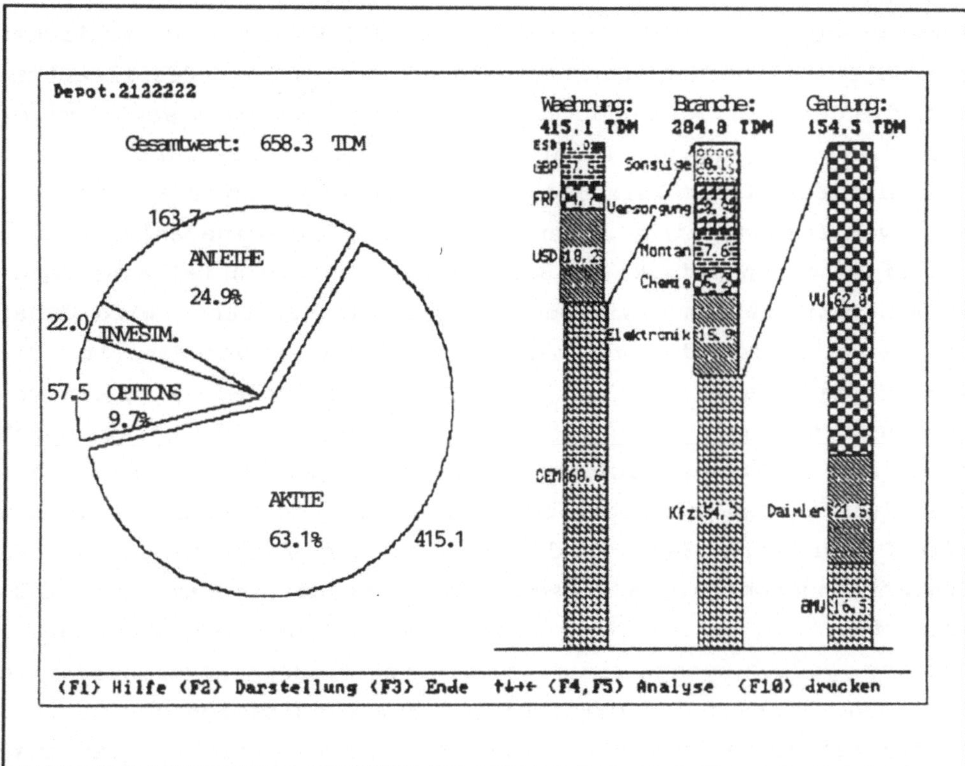

Abb. 48: Depotstruktur-Analyse - "FIS"

ment".[1] Dort können sämtliche Vermögenswerte eines Investors und die damit verbundenen Risikostrukturen in Form einer Matrixbetrachtung analysiert werden. In diesem Fall spaltet das Depotverwaltungsprogramm die Vermögensstruktur in jeweils zwei Strukturmerkmale gleichzeitig auf und ermittelt einen prozentualen Wert am Gesamtvermögen des Depotinhabers. Damit kann der Depotverwalter Aussagen treffen, in welcher Größenordnung sich der Anteil aller z.B. in US-Währung (1. Merkmal) notierten Aktien (2. Merkmal) im Verhältnis zum gesamten Depot bewegt. Insgesamt stehen dort zur Strukturanalyse die Strukturpaare, "Anlagekategorie/Anlagewährung", "Branche/Land" sowie "Schuldnerkategorie/Land" für die Analyse der Depotstruktur zur Auswahl.

1) ISCS (Hrsg.)(IAM), o.S.

IMMUNISIERUNG

Eine wichtige Steuerungsgröße in Hinblick auf eine möglichst optimale Absicherung bzw. Immunisierung des Portefeuilleertrages, die durch einige Depotverwaltungsprogramme unterstützt wird, ist die Ermittlung von Duration-Kennziffern.[1] Die Duration kann als mittlere Kapitalbindungsdauer in Jahren aufgefaßt werden, die vom Anleger eingehalten werden muß, um seine Anlage gegen das Zinsänderungsrisiko in Bezug auf zukünftig anfallende Cash-Flow-Ströme zu immunisieren. Zum Durationzeitpunkt wird dabei eine Liquidation des Wertpapierportefeuilles unterstellt. Die während der, durch die Duration definierten Anlagezeit, eintretenden Zinsschwankungen können theoretisch betrachtet durch gegenläufige Kursentwicklungen exakt ausgeglichen werden. Als Beispiel für den durch die Duration bewirkten kompensatorischen Effekt sei eine Senkung des allgemeinen Zinsniveaus in der Zukunft angenommen. In diesem Fall sinkt der Wiederanlagezinssatz für die zukünftigen Zins- und Tilgungszahlungen einer Anleihe. Jedoch können die geschmälerten Wiederanlagezinserträge über den Zeitraum der Duration bis zur Liquidation des Wertpapierportefeuilles durch Kurssteigerungen in gleicher Höhe ausgeglichen werden.[2]

Für die Anpassung der Duration an die jeweilige Risikostruktur des Anleihenportefeuilles unterstützt z.B. das Depotverwaltungsprogramm "RENSYS" das sog. **Duration-Matching.** Beim Duration-Matching nimmt der Computer eine Abweichungsanalyse zwischen der ermittelten Duration und dem gewünschten Anlagezeitraum des Investors vor. Soweit die aktuell bestimmte Duration-Zahl nicht mit dem gewünschten Anlagezeitraum des Investors übereinstimmt, zeigt "RENSYS" ein Zinsänderungsrisiko an. Im folgenden kann nun der Depotverwalter durch Anpassung der Duration an den gewünsch-

1) BHF-Bank (Hrsg.) (Analysesystem), S. 6.; inasys (Hrsg.)(Finanz-Informations-System), o.S.; Jones Ch.P. (Invest ments), S. 208.; Zürcher Kantonalbank (Hrsg.)(Portefeuille-Analyse), S. 44.; Vogel M. (Portfolio-Management), S. 26.

2) Loistl O.(Wertpapiermanagement), S.277 ff.; Uhlir H./Steiner P.(Wertpapieranalyse), S. 67 ff.

ten Anlagehorizont ein gegen Zinsänderungen immunisiertes Portefeuille aufbauen. Dazu werden in schrittweisen Simulationsvorgängen unterschiedlich beschaffene Wertpapiere ein- und ausgewechselt und damit das Wertpapierportefeuille in dessen Beschaffenheit (Zahlungsstromstruktur) solange angepaßt werden, bis die Duration-Kennziffer genau dem gewünschten Anlagehorizont des Investors entspricht.[1]

3.1.2.4.3 Anlagerichtlinien-Kontrolle

Die Beurteilung des Anlageerfolges muß die Einhaltung der mit dem Kunden vereinbarten oder selbst gesteckten Ziel miteinschließen. Dies bedeutet, daß die Bewertung eines wie auch immer beschaffenen Portefeuilleertrages nur dann positiv ausfallen kann, wenn die auferlegten Anlagerichtlinien beachtet wurden.[2] Eine gebräuchliche Formulierung zur Bestimmung von Anlagerichtlinien ist die Vorgabe bestimmter Sollprozentsätze für einzelne Strukturmerkmale des Wertpapierportefeuilles.[3] In diesem Fall besteht die Aufgabe des Computers darin, die gewünschten Prozentsätze abzuspeichern, um anschließend bei jeder Transaktion zu überprüfen, inwieweit die mit dem Kunden vereinbarte Sollstruktur mit der tatsächlichen Depotstruktur unter Berücksichtigung des neuen Geschäftes übereinstimmt und gegebenfalls Über- und Unterschreitungen der vereinbarten Richtlinien anzuzeigen.[4]

Das bereits erwähnte Depotverwaltungsprogramm "Integrated Asset Management" (IAM) knüpft zur Überprüfung der Anlagerichtlinien an die mit dem Kunden vereinbarten Prozentsätze für bestimmte Merkmalspaare an und markiert Abweichungen von mehr als zehn Prozent der vereinbarten Sollverteilung von der tatsächlichen

---

1) BHF-Bank (Hrsg.)(Analysesystem), S. 6.; BHF-Bank (Hrsg.)(RENSYS), 3. Teil, S. 3.

2) Jones Ch. P. (Investments), S. 624.

3) Pfeiffer W. (Dienste), S. 301.

4) Cramer J. (Privatkundengeschäft), S. 9.; ISCS (Hrsg.)(IAM), o.S.

```
ISCS                              230390      Risikostruktur          33 (CC)
-----------------------------------------------------------------------------
IAM NR 1032008 /  1032008        Depot 1032008                        in SFR
Bewertung am 23.03.90 Bank 131 CANTRADE         Totalwert          12'162'640

Obligationen                        Tot      Teil      Soll  Notwendige Veraend.
                      Aktueller Wert  in %
Total                      3'718'350  30.6   100.0     50.0            2'362'970
US$                        2'219'703  18.3    59.7     50.0            3'861'617
HFL                        1'498'647  12.3    40.3

-----------------------------------------------------------------------------
0/9=ENDE/1=KATEGORIEN/2=WAEHRUNGEN                                   WAHL?
```

Abb. 49: Anlagerichtlinien-Kontrolle - "ISCS"

Struktur automatisch auf dem Bildschirm des Depotverwalters. (Vgl. Abb. 49) Als weitere Information liefert das Programm denjenigen Investitionsbetrag, der notwendig ist, um wieder eine Übereinstimmung der tatsächlichen mit der vereinbarten Depotstruktur herbeizuführen.

Ein anderes Verfahren zur Überprüfung der mit dem Kunden vereinbarten Zielsetzungen in Hinblick auf die zu erwirtschaftende Rendite und die gewünschte Risikostruktur eröffnet der Einsatz von computergestützten Optimierungsverfahren.[1] Mit Hilfe des Depotverwaltungsprogrammes "P.I.S." z.B. kann eine gezielte Überwachung der mit dem Kunden vereinbarten Strukturvorgaben erfolgen. Kern dieses Optimierungsverfahrens ist die Bildung einer sog. "Soll-Strategie" nach fünf frei bestimmbaren Depotgliederungskriterien (z.B. Anlagekategorie, Währung, BVG-Richtlinien), die auf jedes Depot angewendet werden können. Über einen Soll-

1) Jost Chr. (Softwaretrends), o.S.; Schätzle R./Cate P.M.ten (Anlageberatung), S. 72 ff.

Ist-Vergleich können schließlich entweder für jedes einzelne Kriterium, für Kriterienpaare oder den gesamten Kriteriensatz Abweichungen von den vereinbarten Zielsetzung berechnet werden. In einem speziellen Simulationsteil zeigt das Programm Möglichkeiten für die Erreichung der gewünschten Soll-Struktur auf. Zusätzlich kann der Depotverwalter zu jedem Kriterium ein individuelles Überwachungslimit für nicht realisierte Gewinne und Verluste einstellen, bei deren Überschreiten eine diesbezügliche Anzeige am Bildschirm erfolgt.[1]

3.1.2.4.4 Liquiditäts-Steuerung

Computerprogramme können für den Depotverwalter die Führung eines Kassenkontos vornehmen und jederzeit die aktuelle Liquidität auch unter Berücksichtigung mehrerer Währungen berechnen. Neben der Abrechnung von Kauf- und Verkaufsaufträgen erfolgt über dieses Konto auch die Verrechnung von Dividenden- und Zinserträgen.[2] Von besonderer Bedeutung ist, daß die Liquiditätsüberwachung nicht nur die aktuellen Liquiditätssalden, sondern auch die schon erteilten, aber noch nicht verbuchten Aufträge berücksichtigt.[3] Die aktuelle Liquidität wird damit um diejenigen Beträge bereinigt, über die bereits disponiert wurde. Neben der aktuellen Liquidität kann auch die zukünftige Liquiditätsplanung durch Depotverwaltungsprogramme unterstützt werden.[4] Auf diesem Gebiet liefert der Computer Liquiditätsübersichten zu den laufenden Portefeuilleerträgen für bestimmte, im vorhinein einzustellende Perioden und zeigt gegebenfalls fällige Kapitalrückzahlungen, wie z.B. für festverzinsliche Wertpapiere als auch Verpflichtungen aus fest vereinbarten Termingeschäften, auf.

---

1) Chris Data (Hrsg.)(P.I.S.), o.S.

2) Kwasniok Th. (IBM PC), S. 9.; Swiss Soft (Hrsg.)(IPM), o.S.

3) ISCS (Hrsg.)(IAM), o.S.

4) ISCS (Hrsg.)(IAM), o.S.; Nielen M. (Portfolio-Analyse-System), S. 619 f.; SYSCO (Hrsg.)(HASY), S.3.

: Cashflow BHF-BANK per 10. Mai 1989 Seite (2) F F S :

Portfolio: BHF-BANK
Alle Anleihen

MONAT/JAHR	LAUFZEIT	KURS + TILGUNGEN	ZINSEINKOMMEN	T O T A L
Kurswert und Stckzinsen:				
5/1989	0.00	-215317.500	-6912.396	-222229.891
Zins- und Tilgungszahlungen:				
6/1989	0.08	+0.000	+1462.500	+1462.500
7/1989	0.17	+0.000	+675.000	+675.000
8/1989	0.25	+0.000	+900.000	+900.000
9/1989	0.33	+0.000	+1312.500	+1312.500
10/1989	0.42	+0.000	+1525.000	+1525.000
11/1989	0.50	+0.000	+350.000	+350.000
12/1989	0.58	+0.000	+662.500	+662.500
1989	total :	+0.000	+6887.500	+6887.500
1/1990	0.67	+0.000	+3225.000	+3225.000
2/1990	0.75	+0.000	+2775.000	+2775.000
3/1990	0.83	+0.000	+900.000	+900.000
4/1990	0.92	+0.000	+1125.000	+1125.000
5/1990	1.00	+0.000	+825.000	+825.000
6/1990	1.08	+0.000	+1462.500	+1462.500
7/1990	1.17	+0.000	+675.000	+675.000
8/1990	1.25	+0.000	+900.000	+900.000
9/1990	1.33	+0.000	+1312.500	+1312.500
10/1990	1.42	+0.000	+1525.000	+1525.000
11/1990	1.50	+0.000	+350.000	+350.000
12/1990	1.58	+0.000	+662.500	+662.500
1990	total :	+0.000	+15737.500	+15737.500

Abb. 50: Cash-Flow-Statistik - "RENSYS"

Abbildung 50 zeigt die im Rahmen des Depotverwaltungsprogrammes "RENSYS" angebotene Cash-Flow-Statistik. Dort nimmt der Computer für jede einzelne Anleihe sowie das gesamte Wertpapierportefeuille eine über mehrere Jahre monatliche Berechnung zu den Zins-und Tilgungszahlungen vor. Bei Betrachtung eines Portefeuilles, welches aus mehreren Wertpapieren besteht, wird damit der gesamte Wertpapierbestand als eine "fiktive" Anleihe mit ungleichen Zins-und Tilgungszahlungen aufgefaßt.[1] Die dargestellte Cash-Flow-Statistik gibt dem Investor Aufschluß darüber, zu welchen zukünftigen Terminen Tilgungs- und Zinszahlungen einsetzen bzw. diesbezügliche Schwerpunkte liegen und weist jeweils am Ende eines Anlagejahres die kummulierten Zins- und Tilgungszahlungen aus. Gegebenfalls kann die Analyse auch in eine grafische Darstellung überführt werden, damit die Tilgungsschwerpunkte des Portefeuilles über dessen gesamte Anlagedauer zur Erkennung von Liquiditätsengpässen besser hervortreten. In Bezug auf die Nutzung von Performancezugewinnen im Rahmen einer aktiven Portefeuillestrategie kann der Investor mit der Cash-Flow-Statistik die Wiederanlageschwerpunkte so steuern, daß in Hochzinsphasen höhe Fälligkeiten bestehen und in Niedrigzinsphasen möglichst große Wiederanlageschwerpunkte vermieden werden. Andererseits unterstützt die Cash-Flow-Statistik den Depotverwalter bei der Vorbeugung von Liquiditätsengpässen des Kunden. In diesem Fall kann dieser den Zeitpunkt für die über den Anlagezeitraum anfallenden Cash-Flow-Ströme den zukünftigen Zahlungsverpflichtungen des Investors anpassen, indem er schrittweise im Simulations-Modus durch Ein- und Auswechseln von Wertpapieren die Tilgungs- bzw. Zinszahlungsschwerpunkte verschiebt, bis diese gerade mit den erwarteten Zahlungsverpflichtungen sowohl in ihrer Höhe als auch bezüglich des Entstehungszeitpunktes zusammenfallen.

Im Rahmen der Liquiditäts-Steuerung können Depotverwaltungsprogramme die zukünftigen Cash-Flows auch nach deren Währung, Herkunft usw. klassifizieren und bei Bedarf die Liquidität sowohl für einzelne Depots als auch für das gesamte Vermögen des Kunden bestimmen. So besteht z.B. mit Hilfe des Depotverwaltungsprogrammes "P.I.S." die Möglichkeit verschiedene Liquiditätsübersichten zu den verwalteten Portfolios zu erstellen, die nach den Kriterien, "Kunde" und "Währung" sortierbar sind. Die Abbildung 51 zeigt eine monatliche und auf die Gesamtperiode eingestellte Cash-Flow-Projektion sortiert nach Währungen, deren Cash-Flow-Beträge je-

1) BHF-Bank (Hrsg.)(RENSYS), S. 3. Teil, S. 1.

Kapital früheste Rückzahlung und Erträge mit Quellensteuerabzug SFR

Pro Monat nach Währungen		Betrag	Devisen	Total SFR
Juli 1989	SCHWEIZER FRANKEN	162.50		162.50
	TOTAL Juli 1989			162.50
August 1989	YEN	26'875.00	1.26	338.62
	TOTAL August 1989			338.62
September 1989	SCHWEIZER FRANKEN	6'380.75		6'380.75
	TOTAL September 1989			6'380.75
Oktober 1989	DEUTSCHE MARK	125.00	89.50	111.87
	TOTAL Oktober 1989			111.87
November 1989	SCHWEIZER FRANKEN	3'653.00		3'653.00
	TOTAL November 1989			3'653.00
	GESAMT-TOTAL	01.05.1989 - 31.12.1989		10'646.75

Gesamtperiode nach Währungen				
01.05.1989 - 31.12.1989	SCHWEIZER FRANKEN	10'196.25		10'196.25
	YEN	26'875.00	1.26	338.62
	DEUTSCHE MARK	125.00	89.50	111.87
	GESAMT-TOTAL			10'646.75

Abb. 51: Liquiditätsanalyse nach Währungen - "P.I.S."

weils automatisch über den Wechselkurs in die Heimatwährung umgerechnet werden.[1] Zur kurzfristigen Liquiditätsplanung kann der Depotverwalter außerdem in diesem Programm für zeitlich limitierte Titel und Anlagen Fälligkeitslisten auf einen bestimmten Fälligkeitstermin erstellen lassen, die auch eine Berücksichtigung von Kündigungs- und Auslosungsterminen bei der zukünftigen Liquiditätssteuerung einschließen.

1) Chris Data (Hrsg.)(I.P.S.), o.S.

3.1.2.4.5 Termin- und Kursüberwachung

Computerprogramme können für den Depotverwalter die Führung von Terminen vornehmen und diese auf Abfrage oder sogar automatisch anzeigen.[1] Ein Beispiel für die Terminüberwachung, welches von vielen Depotverwaltungsprogrammen angeboten wird, ist die Überwachung der 6-monatigen, in der Bundesrepublik Deutschland geltenden Spekulationssteuerfrist. Zum Aufbau dieses Instrumentariums selektiert der Computer alle eingehenden Wertpapierkäufe nach ihrem Kaufdatum und verwaltet diese logisch getrennt voneinander. Sobald nun der Vermögensverwalter einen Wertpapierkauf anzeigt, stellt das Programm fest, ob das zum Verkauf stehende Wertpapier unter Berücksichtigung der Spekulationsfrist steuerpflichtig ist.[2] Bei einigen PC-Programmen werden sogar steuerfreie und steuerpflichtige Wertpapiere in unterschiedlichen Farben dargestellt. Abbildung 52 zeigt die durch das Depotverwaltungsprogramm "FIS" offerierte Auflistung der im Depot befindlichen Wertpapiere mit dem frühestmöglichen Termin, zu dem Verkäufe der entsprechenden Anlagewerte ohne Fälligkeit der Spekulationssteuer vorgenommen werden können. Neben Steuerterminen können durch den Computer auch andere Termine, wie bevorstehende Hauptversammlungen, Rückzahlungstermine von Obligationen sowie Bezugsrechts-, Dividenden- und Zinstermine etc. überwacht werden.[3] So gibt es bereits Depotverwaltungsprogramme (z.B. Chartmaster), die dem Vermögensverwalter eine automatische Terminverfolgung für bis zu 14 Termine anbieten.[4]

In Hinblick auf die mit dem Kunden vereinbarten Kurse zum Kauf oder Verkauf von Wertpapieren besteht die Möglichkeit, eine Über-

---

1) ISCS (Hrsg.)(IAM), o.S.; Jobst P. (Chartmaster), S. 604.; Jobst P. (Rechner), S. 123; Wertpapier-Service A.R. (Hrsg.) (PMS), S. 33.

2) Loistl O. (Ertragsgestaltung), S. 15.

3) Cramer J. (Privatkundengeschäft), S. 9.; ISCS (Hrsg.)(IAM), o.S.; Pfeiffer W. (Dienste), S. 300.; Wertpapier-Service A.R. (Hrsg.)(PMS), S. 33.

4) Jobst P. (Renditen), S. 68.

VERMÖGENSVERWALTUNG (C) inasys

Depot-Nr	Knd-Nr	Name	Bewertungsdatum: 05.04.90
2122222	222222	INASYS	

Bezeichnung	A-KURS-DM	EINSTNDW-DM	TAGESW.-DM	GEW/VERL-DM	%-GV-DM	STR-FREI
VW	617.00	77031.07	185100.00	105607.10	137.10	23.11.88
Jaguar	*2362.62	26263.59	70878.60	43672.37	166.28	02.10.88
Schering 83/90	560.00	14996.84	56000.00	40258.36	268.45	13.12.88
RWE St.	494.00	22697.92	49400.00	26045.06	114.75	02.09.86
Herlitz St	345.00	16719.45	34500.00	17321.70	103.60	19.09.88
Dresdner 83/90	261.00	9981.00	26100.00	15771.88	158.02	13.09.88
Daimler	930.00	30399.00	46500.00	15482.55	50.93	13.06.88
Thyssen	319.00	16820.78	31900.00	14654.95	87.12	02.09.86
Siemens	795.10	35870.82	47706.00	11200.69	31.23	18.04.90
BMW	610.00	21481.96	30500.00	8612.39	40.09	23.05.88
▶AEG	328.50	25457.97	32850.00	7020.59	27.58	13.03.90
Fondak	87.86	10848.38	17572.00	6489.92	59.82	13.10.88
AEG	328.50	27175.63	32850.00	5166.64	19.01	11.10.88
BASF	309.10	11637.75	15455.00	3611.70	31.03	11.08.88
Co Bank	296.50	12716.91	14825.00	1910.91	15.03	13.03.90
SUMME:		739640.86	1024819.05	271898.71		

F2 Liste F3 Zurück F4 Sort F5 Eff.Typ F6 Währ. F7 Bran. F8 Mandant F10 Drucken

Abb. 52: Spekulationssteuerfrist-Überwachung - "FIS"

wachung der Kurslimite auf das Computersystem zu übertragen.[1] In diesem Zusammenhang versetzen Depotverwaltungsprogramme den Depotverwalter in die Lage, sämtliche Depotbestände auf bestimmte Kursmarken zu untersuchen. Aus Sicht der Verlustbegrenzung einer Anlage bietet sich bei der Depotverwaltung z.B. die Eingabe von Stop-Loss-Marken an, die eine frei wählbare Kurszone - in Prozent des Kurswertes - angeben, welche von dem betrachteten Wertpapier nicht unterschritten werden sollte. Während einige Depotverwaltungsprogramme ausschließlich eine feste Bestimmung der Stop-Loss-Marken in Form eines bestimmten Kurses anbieten, besteht bei anderen die Möglichkeit, flexible Kursmarken zu verwenden. Die Einrichtung einer flexiblen Stop-Loss-Marke bedeutet, daß die Verlustzone den Kurssteigerungen eines Wertpapieres automatisch folgt. Sobald nun die in Prozent festgelegte Kurszone unterschritten wird, markiert der Computer diesen Vorfall entweder auf

1) Horn M.H. (Elektronik), S. 97.; ISCS (Hrsg.)(IAM), o.S.; Jobst P. (Profi), S. 146.; o.V. (Börsenprogramm), S. 34.; Saccaro M. (Wertpapierberatung), S. 199.; Schätzle R./Cate P.M.ten (Anlageberatung), S. 33.

speziellen Abweichungslisten oder sendet sogar ein akustisches Warnsignal zum Depotverwalter. Einige PC-Programme bieten sogar eine beschleunigende Anpassung der Stop-Loss-Marken an die ansteigende Wertpapierkursentwicklung an. Dies bedeutet, daß der nicht zu unterschreitende Verlustzonenbereich mit zunehmender Kurssteigerung immer mehr in die Nähe des Marktkurses rückt, bis sich schließlich auf einem als "ausreichend" betrachteten Kursniveau eine Verkaufssituation einstellt.[1]

3.1.2.4.6 Simulations-/Sensitivitätsanalysen

Bestandteil vieler Depotverwaltungsprogramme ist die Möglichkeit, Simulationen bzw. "Wenn-dann-Spiele" vorzunehmen.[2] Grundsätzlich kann auf diesem Gebiet die "Transaktionssimulation" und die "Umweltsimulation" unterschieden werden.[3] Mit Hilfe der ersten Simulationsart sollen Aussagen über die Auswirkungen von fiktiven Kauf- und Verkaufsstrategien auf die Depot- und Ertragsstruktur gemacht werden. Auf diese Weise kann der Depotverwalter in Sekundenschnelle prüfen, welche Auswirkungen Umschichtungstransaktionen in andere Währungen oder Branchen bzw. eine Reduktion oder Aufstockung bestimmter Anlageformen für das Wertpapierportefeuille mit sich bringen. Die simulierten Strategieergebnisse können anschließend der tatsächlichen Portefeuillesituation gegenübergestellt werden und möglicherweise zu einer Änderung der verfolgten Anlageziele beitragen.[4]

Abgesehen von Transaktionssimulationen offerieren die auf dem Markt angeboten Computerprogramme auch Umweltsimulationen, die auf die Verarbeitung von Marktdaten (z.B. Kursniveau) ausge-

---

1) Horn M.H. (Elektronik), S. 97.; o.V. (Börsenprogramm), S. 34.

2) Cramer J. (Privatkundengeschäft), S. 9.; ISCS (Hrsg.)(IAM), o.S

3) Kuntner J. (Vermögensverwaltung), S. 39.

4) Wyss U.B. (Portfolio-Manager), S. 51 f.

richtet sind. Viele Computerprogramme ermöglichen dabei umfangreiche Simulationen, welche die Auswirkungen kombinierter Einflüsse von angenommenen Wertschriften- und Wechselkursänderungen auf ein bestimmtes Depot aufzeigen. Mit diesen auch als "Sensitivitätsanalysen" bezeichneten Simulationsverfahren können dann Aussagen hinsichtlich der Gesamtstabilität eines Depots getroffen werden.[1]

Das PC-Programm "P.I.S." z.B. erlaubt die Bildung von kombinierten und kumulierten Szenarien. Mit Hilfe einer kombinierten Sensitivitätsanalyse kann der Depotverwalter feststellen, welche ertragsbedingten Auswirkungen (Absolut/Prozent) eine Kurssenkung um x-Prozent für ein in Deutschland (Land) emittiertes Rentenpapier (Anlagekategorie) im öffentlichen Bereich (Branche) für das Wertpapierdepot bedeutet. Dahingegen können bei kumulierten Szenarien beliebig viele Einflußfaktoren in Hinblick auf das gesamte Anlageportefeuille vorgegeben werden. In diesem Fall ermittelt das Programm z.B. welche absoluten und prozentualen Ertragsauswirkungen die x-prozentige Senkung einer bestimmten Währungskategorie (z.B. Dollar), eine x-prozentige Steigerung der Aktienmärkte und eine x-prozentige Preissteigerung der Edelmetallmärkte sich auf das Anlageportefeuille ergeben. Damit kann der Depotverwalter feststellen, ob die zum Teil entgegengesetzten Preisentwicklungen von unterschiedlichen Anlagemärkten eine Kompensation des Depotwertes herbeiführen können.[2]

---

1) Chris Data (Hrsg.)(I.P.S.), o.S.; Swiss Soft (Hrsg.)(IPM), o.S.; Jost Chr. (Softwaretrends), o.S.

2) Chris Data (Hrsg.)(P.I.S.), o.S.

3.1.2.5 Bewertung

Für den Bereich der Depotverwaltung kann ein ausgeprägter Trend zur Integration mit anderen Computersystemen, wie zur Abwicklung von Transaktionen und der Analyse von Wertpapieren festgestellt werden. Von dieser Seite betrachtet kann die EDV als "Mittel zum Zweck" für die gegenseitige Durchdringung dieser ehemals getrennten Arbeitsgebiete aufgefaßt werden.[1] Besonders vorteilhaft in Hinblick auf die Nutzung der ohnehin in den Banken bestehenden Kundendaten erscheint die von fast allen Softwareherstellern angebotene PC-Host-Verbindung für den Aufbau einer Depotverwaltung, mittels derer eine Doppelerfassung von Daten (z.B. Stammdaten) weitgehend vermieden werden kann.

Ein weitere, unter dem Stichwort "Electronic Banking" sich abzeichnende Entwicklung bei Computerprogrammen zur Vermögensverwaltung besteht in der Bereitstellung bzw. Übertragung von Depotverwaltungsfunktionen an den Kunden. Auf diesem Gebiet gibt es mittlerweile Depotverwaltungs-Applikationen, die auf Basis von Selbstbedienungseinheiten z.B. in den Schalterhallen der Bank und unter Eingabe der persönlichen Identifikationsnummer eigenständige Portefeuillebetrachtungen und Dispositionsmöglichkeiten zulassen. Ein weiteres Beispiel für die Übertragung von Depotverwaltungsaufgaben an den Kunden ist die in der Schweiz über den Schweizerischen Bankverein im On-Line-Verkehr angebotene Depotverwaltungs-Dienstleistung "SwisPortfolio".[2] Mit Hilfe dieser Applikation zur Portefeuilleverwaltung soll insbesonders institutionellen Kunden die Möglichkeit zur selbständigen Analyse und Aufbereitung der bei der Bank geführten Depots ermöglicht werden. Ein anderes, von der Schweizerischen Kreditanstalt angebotenes Portefeuilleverwaltungsprogramm mit dem Namen "Anlage-Informations-System" (AIS) erlaubt sogar, abgesehen von der Bewertung der bei der SKA geführten Depots, die Führung von Depots bei anderen Banken. Auf diese sog. "fiktiven" Depots können dann die

1) Kuntner J. (Vermögensverwaltung), S. 37.

2) Stich H.M. (SwisPortfolio), S. 16 f.

innerhalb von "AIS" bereitstehenden Analyseinstrumente angewandt werden. Dazu sind sämtliche sowohl im eigenen Hause als auch in anderen Banken geführte Portefeuilles in eine Gesamtübersicht integrierbar.[1]

Mit Blick auf die Vielzahl von Vermögensanlageformen müssen PC-Programme zur Depotverwaltung als "offenes" System konzipiert werden. Die Bewertung dieser Programme sollte sich deshalb danach messen, inwieweit sämtliche Vermögenswerte in das Verwaltungssystem Eingang finden. Das Fehlen einzelner Vermögensformen, wie z.B. Terminkontrakten, würde nämlich schon zu einer Verfälschung der Ertrags- und Risikostrukturen führen, so daß die durch den Computer ermittelten Strukturmerkmale unvollkommen wären.[2]

Ein weiteres Kriterium, welches zur Beurteilung einer computergestützten Vermögensverwaltung herangezogen werden muß, ist die sichere Abspeicherung der Kunden- und Depotdaten. Bei diesen Daten handelt es sich - etwa im Vergleich zu allgemeinen Daten aus der Wertpapieranalyse - um sehr sensible und vertrauliche Informationen, die oft nur einem begrenzten Kreis von Bankmitarbeitern anvertraut sind. In diesem Zusammenhang wird der Nutzen einer Vermögensverwaltung an den implementierten Datensicherungsmaßnahmen in Form von z.B. Codewörtern und Zugriffshierarchien gemessen werden müssen.[3] Gute Depotverwaltungsprogramme sollten aus diesem Grund eine Abspeicherung der Kundendaten in sog. "Alias-Dateien" vornehmen. In diesem Fall arbeiten die Vermögensverwalter mit Decknamen, solange sich die Daten auf der Festplatte des PC's befinden. Dazu gehört auch die strikte Trennung von Kundendaten und Depotinformationen, damit diese Informationen

---

1) Wyss U.B. (Portfolio-Manager), S. 49 ff.

2) Swiss Soft (Hrsg.)(IPM), o.S.

3) Glogowski E./Münch M. (Finanzdienstleistungen), S. 154.; Jobst P. (Programm), S. 141.; Swiss Soft (Hrsg.)(IPM), o.S.

nicht von unberechtigter Stelle miteinander verknüpft werden können.[1]

Aus Sicht des Vermögensverwalters wird die Übertragung der Vermögensdokumentation auf den Computer zu einer wesentlichen Entlastung von Routinearbeiten führen. Dies bedeutet, daß die manuelle Erstellung von Depotdokumentationen, verbunden mit umfangreichen Suchprozessen, weitgehend entfällt.[2] Der Vermögensverwalter kann damit seine Aufmerksamkeit der Umsetzung von Anlageempfehlungen gemäß den mit dem Kunden vereinbarten Anlagerichtlinien widmen. Die jederzeitige und schnelle Abrufmöglichkeit von Vermögensinformationen über die Ertrags- und Strukturkomponenten erhöht den Informationsstand des Vermögensverwalters und versetzt diesen in die Lage, mehr Kundendepots als bisher intensiv zu betreuen.[3] Eine besondere Bedeutung erfahren die durch Depotverwaltungsprogramme unterstützten Such- und Überwachungsmöglichkeiten vor allem in hektischen Marktsituationen, die mit kurzfristigen Umstrukturierungen einhergehen können. Dort führt der schnelle Zugriff des Portefeuilleverwalters über komfortable Kreuzreferenzen zu einer verbesserten Handlungsfähigkeit. Am deutlichsten wird der Einfluß des Computers, wo bestimmte, vormals durch den Verwalter selbst durchgeführte Überwachungsaufgaben wie z.B. die Beobachtung von Kursmarken oder Terminen vollständig auf das Depotverwaltungsprogramm übertragen werden können.

Eine wichtige, erst durch den Computer rationell lösbare Aufgabe, ist die Ermittlung der Depotperformance nach unterschiedlichsten Komponenten sowie der mit dem Kunden vereinbarten Anlagerichtlinien. Die damit mögliche genauere Untersuchung der Anlagetätigkeit wird zu einer kritischeren Einschätzung der Leistung des Anlageberaters führen. Damit könnten möglicherweise die bisher gewachsenen Strukturen sowie die bestehenden Marktanteile

---

1) Schätzle R./Cate P.M.ten (Anlageberatung), S. 34.

2) Pott G. (Vermögensverwaltung), S. 75.

3) Nielen M. (Portfolio-Analyse-System), S. 619.; Swiss Soft (Hrsg.)(IPM), o.S.

in Frage gestellt werden. In diesem Fall stehen die Ergebnisse der Anlagetätigkeit auch dem Kunden sofort zur Verfügung, so daß nahezu täglich eine Beurteilung der Depotverwaltung in Hinblick auf die mit dem Verwalter vereinbarten Depotmerkmale vorgenommen werden kann.

Mit Bezug auf die Kunde-/Bank-Beziehung wird die Beurteilung des Vermögensverwalters auch davon abhängen, ob bestimmte Sonderwünsche, wie z.B. die Berechnung von steuerrelevanten Gewinnen durch das Depotverwaltungsprogramm, erfüllt werden können [1] und die Verständlichkeit der Dokumentation für den Kunden gewährleistet ist. Das Verständnis in die Struktur und Zusammensetzung des Depots kann dabei gut durch die graphischen Fähigkeiten des PC's unterstützt werden, so daß Veränderungen in der Depotstruktur oder Performance deutlich hervortreten.[2]

Eine besondere Bedeutung in Hinblick auf den zukünftigen Einsatz von Computerprogrammen in der Depotverwaltung könnte sich aus der Nutzung von Expertensystemen ergeben. So gibt es bereits auf dem Gebiet der Anlageberatung eine Vielzahl von Applikationen, die auf der Grundidee der sog. "Portfolio Selection Theorie" beruhen, jedoch größtenteils noch nicht in der bankbetrieblichen Praxis realisiert sind und deshalb allenfalls Pilotcharakter besitzen.[3] Sämtliche dieser Expertensystemansätze versuchen, auf der Basis von strategischen Zielvorstellungen des Anlegers (z.B. Rendite/ Risiko) sowie verschiedensten Anlagebedingungen (z.B. Einmalanlage/Kapitalerhaltung) und unter Einbezug mehrerer Anlageinstrumente eine Optimierung der Portefoliostruktur vorzunehmen. Vor allem bei Berücksichtigung verschiedenster Anlageformen eröffnen Expertensysteme gute Voraussetzungen, da sie für jede Anlageform eine unterschiedliche Analysemethodik in ihrer Regel- und

1) Pott G. (Vermögensverwaltung), S. 75.

2) Loistl O. (Wertpapiermanagement), S. 54.

3) Janssen M./Pfeiffer R. (Slot-Maschinen), S. 41 ff.; Kuntner J. (Vermögensverwaltung), S. 40 ff.; Loistl O. (Wertpapiermanagenent), S. 59 ff.; Schätzle R./Cate P.M.ten (Anlageberatung), S. 61 ff.

Wissensstruktur abbilden und darüber hinaus auch fundamentale, technische und psychologische Faktoren einbeziehen können.

3.1.3 Analyse von Wertpapieren

3.1.3.1 Einführung

Wertpapieranalyseverfahren eignen sich zur Beurteilung von Anlagestrategien und der Vorhersage zukünftiger Kursverläufe. Beide Ziele sollen durch die Betrachtung der bisher stattgefundenden Kurs- bzw. Preisentwicklungen eines Wertpapieres erreicht werden. Der Versuch, auf Grund des vergangenen Börsengeschehens Aussagen über zukünftige Kurs- und Preisverläufe zu machen, geht maßgeblich auf den Erfinder des Dow Jones Index, CHARLES H. DOW, zurück. Die nach seinem Namen benannte Dow-Theorie wurde in der folgenden Zeit Basis für eine Vielzahl von insbesonders technischer Wertpapieranalyseverfahren, deren Anhänger im allgemeinen Sprachgebrauch als "Chartisten" bezeichnet werden.[1] Charakteristikum dieser Analyseverfahren, mit bezug auf die in diesem Kapital vielfach im Vordergrund stehende technische Wertpapieranalyse ist, etwa im Gegensatz zur langfristig ausgerichteten Fundamentalanalyse, eher die kurzfristige Orientierung an der Kurs- und Preisentwicklung auf den Wertpapierhandelsplätzen[2], so daß sich die Analysetätigkeit schwerpunktmäßig der Aufspürung von konkreten Hinweisen für das richtige "Timing" einer Kauf- bzw. Verkaufsaktion zuwendet.[3] Bei der Ausgestaltung von Wertpapieranalysesystemen müssen vor allem die immer wieder neuen Erscheinungsformen von Finanzinstrumenten berücksichtigt werden, um dem Benutzer einen möglichst großen Freiheitsgrad bei der Aufstellung von eigenen Berechnungen und Bewertungen anzubieten.[4]

---

1) Trenner D. (Anlegerverhalten), S. 235.; Weber F. (Geld), S. 23.

2) Teufel G.(Analysemethoden), S. 23.; Trenner D. (Anlegerverhalten), S. 235.

3) Jones Ch.P. (Investments), S. 396.

4) Schmerken I. (securities), S. 36.

In bezug auf die zur Wertpapieranalyse notwendigen Daten in Form von Kurs- und Preisfeststellungen, haben unter Berücksichtigung der schnellen Vornahme von Handelsgeschäften, wie beispielsweise Arbitragestrategien, vor allem Realtime-Informationsdienste eine große Bedeutung. Von dieser Seite betrachtet, stehen etwa im Vergleich zur Datenüberleitung über On-Line-Verbindungen im Rahmen des Depotverwaltungsgeschäftes, eher teure Standleitungen für die Datenüberspielung im Broadcasting-Verfahren im Vordergrund.[1]

In diesem Abschnitt soll der Einsatz des PC's für Analysezwecke am Beispiel der "Einzelwertanalyse" aufgezeigt werden, die neben andere, auch durch PC-Programme unterstützbare Analyseverfahren, die mit dem Begriff der "Gesamtmarktanalyse" verknüpft sind, tritt. Dazu gehören z.B. die Betrachtung des allgemeinen Börsenklimas oder der Beziehungen zwischen Kursverläufen und Indizes.[2] Auf die Vielzahl der über einhundert mathematisch-statistischen Indikatoren für verschiedene Analysezwecke[3] soll in dieser Arbeit nicht im Detail eingegangen werden, zumal jeder Investor häufig eine eigene und persönliche Sammlung derselbigen benutzt[4], die er für seine Bedürfnisse am besten geeignet hält und nach seiner persönlichen Wertschätzung interpretiert[5].

---

1) Janssen M./Pfeiffer R. (Slot-Maschinen), S. 41.; Loistl O. (Wertpapiermanagement), S. 6.

2) Vgl. dazu: Bank J. Vontobel & Co. AG (Hrsg.)(Analyse), S. 44 ff.; Mühlbradt F.W. (Anlagestrategien), S. 135 ff.; Schubert E. (Fundamentalanalyse), S. 15.; Teufel G. (Analysemethoden), S. 23 ff.; Trenner D. (Anlegerverhalten), S. 237.

3) Horn M.H. (Elektronik), S. 96.; Vgl. dazu: Bank J. Vontobel & Co. AG (Hrsg.) (Analyse), S. 44 ff.; Loistl O. (Wertpapiermanagement), S. 146 ff.; Trenner D. (Anlegerverhalten), S. 235 ff. Anmerkung: Ein großer Teil der dort benannten Indikatoren und Verfahren für die Wertpapieranalyse wird ebenfalls durch die meisten PC-Programme zur Wertpapieranalyse abgedeckt.

4) Loistl O. (Wertpapiermanagement), S. 80.

5) Märkl L. (Technische Analyse), S. 28.

3.1.3.2 KAPS - Kursanalyse- und Prognosesystem

Der Betrieb des von der inasys Gesellschaft für Informations-und Analyse-Systeme entwickelten PC-Programm "KAPS"[1], als Bestandteil einer umfassenden Wertpapieranalyse-Applikation mit dem Namen "Finanz-Informations-System" (FIS) basiert auf einer Mehrplatzkonfiguration aus lokal vernetzen PC-Arbeitsplätzen und der Einbindung einer Vielzahl von anderen Endgeräten, wie z.B. Kurstafeln und Präsentationsmonitoren. Ein wesentliches Ziel bei der Konzeption dieses Programmes war die Integration der Wertpapier-Analyse in das "Kundeninformationssystem" (KIS), welches zur Aufbereitung des Selbstbedienungsangebotes für den Bankkunden dient. Die durch "KAPS" unterstützten Wertpapieranalysen mit der Darstellung von Kursbildern basieren einerseits auf intern abgespeicherten, von den Analysten selbst gepflegten Kursdaten und andererseits auf Kursfeststellungen, die über externe Datenbanken einfließen.

ERSTELLUNG VON KURSBILDERN (CHARTS)
Basierend auf den eingespielten Kurs- und Preisfestsetzungen baut "KAPS" beispielsweise für Aktien oder festverzinsliche Wertpapiere verschiedene, in der Chartanalyse häufig benutzte Darstellungsformen in Form von Linienschaubildern, Balkendiagrammen sowie Point & Figure-Darstellungen auf.[2] Abbildung 53 zeigt einen Linienchart, für dessen Darstellung der Computer die täglichen Schlußkurse zu einer Linie verbindet. In dessen Kopfzeile befinden sich jeweils Angaben zur Kursart, dem Namen der

---

1) Die Darstellung des PC-Programmes "KAPS" basiert, abgesehen von den aufgeführten Literaturangaben, auf den diesbezüglich geführten Interviews mit Herrn U. SPETHMANN und Herrn R. SCHUSTER (inasys, Bonn) im Jahre 1989.

Anmerkung: Der Funktionsumfang des gesamten PC-Programmes "Finanz-Informations-System" (FIS) geht weit über den in dieser Fallstudie vorgestellten Funktionsumfang hinaus und wird durch Depotanalysen, die Bewertung von Optionsscheinen, Rentenmarktanalysen, u.v.m., abgerundet. Vgl. dazu: inasys (Hrsg.)(Finanz-Informations-System), o.S.

2) Bank J. Vontobel & Co.AG. (Hrsg.)(Analyse), S. 22 ff.; Mühlbradt F.W. (Anlagestrategien), S. 131.; Teufel G. (Analysemethoden), S. 30.

Zeitreihe sowie zum Börsenplatz und des Betrachtungszeitraumes, während am Rande des Charts stets die Bezugswährung aufgetragen wird. Die Statuszeile gibt schließlich Hinweise zur Art des Kursbildes, der Anzahl der für den Aufbau des Charts eingelesenen Kursfeststellungen und die vom Anwender ausgewählte Skalierung.

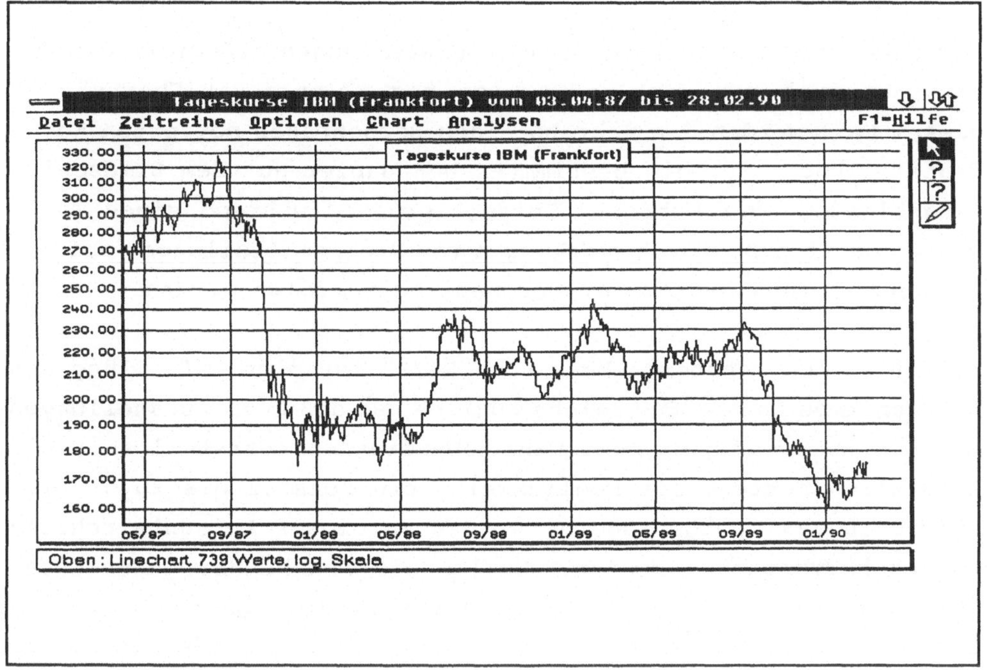

Abb. 53: Linien-Chart

Bei der Bestimmung des Betrachtungszeitraumes auf der horizontalen Zeitachse kann der Anwender - neben Tagesdaten zur Analyse kurzfristiger Zeiträume - auch aggregierte Kursbetrachtungen in Form von Wochen- oder Monatskursen vornehmen, um Aussagen über langfristige Trendentwicklungen zu fällen.[1] Insgesamt berücksichtigt "KAPS" pro Kursbild maximal 750 Kursfeststellungen, so daß beispielsweise bei Auswahl von wöchentlichen Schlußkursen ein Zeitraum von ca. 15 Jahren überschaubar wird. Je nach gewünschtem Kursbild und Auswertungszweck werden dazu die Höchst-, Tiefst-, Eröffnungs- oder Ultimokurse aus den jeweils relevanten Datenbanken auf den PC übertragen. In vertikaler Richtung stehen dem

1) Loistl O. (Wertpapiermanagement), S. 92 f.

Analyst zwei verschiedene Massstäbe in Form einer arithmetischen (absoluten) und logarithmischen (relativen) Skalierung zur Verfügung. Der Vorteil der logarithmischen Skalierung besteht darin, daß damit Kursentwicklungen von Aktien mit unterschiedlichem Kursniveau einem direkten Vergleich unterzogen werden können.[1]

Abgesehen von historischen Chart-Darstellungen offeriert das PC-Programm auch die Einblendung von sog. "Intra-Day-Charts". In diesem Fall werden die während eines Börsentages notierten Kursfeststellungen für ein bestimmtes Wertpapier auf dem Bildschirm eingeblendet. Bei mehreren Kursnotierungen während eines Tages können damit z.B. die Auswirkungen von Pressemitteilungen auf die Kursentwicklung bestimmter Wertpapiere verfolgt werden.

Mit Hilfe der Fenstertechnik von "KAPS" ist eine Aufteilung des Bildschirmes in zwölf Bereiche möglich, so daß Kursfeststellungen von bis zu zwölf Börsenplätzen nebeneinander darstellbar sind. Zusätzlich besteht die Möglichkeit, pro Fenster bis zu 5 Kursentwicklungen zu überlagern, so daß marginale Kursunterschiede sofort hervortreten können.[2] Sollte die Anzahl der gewünschten Charts einmal nicht auf eine Bildschirmseite passen oder aus Gründen der Übersichtlichkeit auf verschiedene Bildschirmseiten verteilt werden, stehen dem Anwender komfortable Blätter-Funktionen zu Verfügung, mit denen er zwischen verschiedenen Charts respektive Bildschirmseiten wechseln kann.

Für die gezielte Untersuchung der aufgebauten Charts bietet "KAPS" dem Analysten eine Linealfunktion an, die das genaue Ablesen von Kursfeststellungen unterstützt. In diesem Fall erscheint auf dem Bildschirm eine vertikale Linie, die zu beiden Seiten über den Chart bewegt werden kann. Während dieses Vorganges zeigt der Computer zu allen Schnittpunkten dieser Linie mit dem Chart die dazu gehörigen Kurswerte in einem speziellen Bildschirmfenster an. Sollten einzelne Kursverläufe auf dem Kurs-

---

1) Abel U./Reich H. (IBM PC), S. 36.; Welcker J. (Aktienanalyse), S. 25 f.

2) inasys (Hrsg.)(Finanz-Informations-System), o.S.

bild schwer erkennbar sein, steht den Wertpapieranalysten zusätzlich eine sog. "ZOOM"-Funktion bereit, mittels deren Ausschnitte eines Charts markiert, in ein anderes Fenster übertragen und anschließend vergrößert werden können.[1] Zur weiteren Bearbeitung von Kursbildern offeriert das Programm schließlich noch einen Texteditor mit dessen Hilfe an beliebigen Stellen des Charts individuelle Anmerkungen vorgenommen werden können, sowie eine spezielle Funktion mittels derer die erstellten Charts beliebig auf dem Bildschirm positionierbar sind.

TRENDLINIENMETHODE

Bei der Trendlinienmethode soll an Hand des charakteristischen Kursverlaufes respektive sog. "Formationen" eines Kursbildes der Trend erkannt und für rechtzeitige Kauf- und Verkaufstransaktionen genutzt werden. Die Bestimmung von Trendlinien tritt neben andere, zur Trendanalyse verwendete Verfahren, die ebenfalls durch "KAPS" aufgebaut werden können, wie die Betrachtung von Konsolidierungs-, Umkehr- und Ausbruchsformationen.[2] Bei **Trendlinien** handelt es sich um aufwärts oder abwärts gerichtete Kursbewegungen, die Aufschluß über den Trendverlauf geben sollen.[3] Zur Unterstützung der Einzeichnung von Trendlinien in das Kursbild bietet "KAPS" dem Analysten einen elektronischen Zeichenstift an, mittels dessen, unterstützt durch die Maustechnik, an jeder gewünschten Stelle auf dem Chart Trendlinien freihändig eingezeichnet werden können (Vgl. Abb. 53 rechts oben). Zur Konstruktion einer aufwärts gerichteten Trendlinie steuert der Anwender mit der Maus zwei Tiefstpunkte des Charts an, die der Computer anschließend auf Knopfdruck zu einer Trendlinie verbindet. Wichtig ist, daß die Trendlinie den Chart nicht schneiden darf, sondern nur seine Höchst- bzw. Tiefstpunkte tangiert. Sobald nun eine ansteigende Trendlinie von der Kursent-

1) inasys (Hrsg.)(Finanz-Informations-System), o.S.

2) Vgl. dazu: Bank J. Vontobel & Co.AG (Hrsg.)(Analyse), S. 25 ff.

3) Bank J. Vontobel & Co.AG (Hrsg.)(Analyse), S. 25 f.; Trenner D. (Anlegerverhalten), S. 242.

wicklungslinie nach unten durchstoßen wird, liegt eine Trendänderung nahe, die einen Verkauf der im Portefeuille befindlichen Wertpapiere anzeigt. Umgekehrt liegt bei einer abfallenden Trendlinie, verbunden mit einem nach oben gerichteten Durchbruch der Kurslinie, ein Kaufsignal vor.

Zur Trendanalyse kann der Analyst auch bestimmte Trendlinien einzeichnen, die einen Kursbereich markieren, der über einen längeren Zeitraum bestehen bleibt und damit nicht gravierend über- oder unterschritten wird. Man spricht in diesem Zusammenhang auch von psychologisch bedingten Kursbarrieren, an denen die Marktteilnehmer Kauf- oder Verkaufslimite eingestellt haben. Diese Linien werden auch als **Unterstützungs- und Widerstandslinien** bezeichnet. Während Widerstandslinien eine gewisse Stabilität gegenüber Kurssteigerungen aufweisen, markieren Unterstützungslinien einen Kursbereich der gegenüber weiteren Kursabschwächungen relativ stabil erscheint. Ein Überschreiten der Widerstandslinie spricht nach den Regel der Charttechnik für einen Wertpapierkauf, während ein Fallen des Kurses unter die Unterstützungslinie den Verkauf eines Wertpapieres nahelegt.[1]

Eine weitere Methodik der Trendlinienanalyse besteht darin, **Trendkanäle** (Vgl. Abb. 54) und damit bestimmte Kursbereiche auf dem Chart zu markieren, in denen auf- und abwärts gerichtete Kursschwankungen auftreten.[2] Dieser durch die Trendlinien begrenzte Kursbereich kennzeichnet die maximale Schwankungsbreite vergangener Kursfeststellungen während eines vordefinierten Zeitraumes. Zur Darstellung von Trendkanälen zeichnet der Anwender über die Ansteuerung von zwei Punkten mit seiner Maus eine erste Trendlinie ein. Anschließend veranlaßt er durch Markierung eines dritten Punktes die Bildung einer zu dieser Trendlinie

1) Bank J. Vontobel & Co.AG. (Hrsg.)(Analyse), S. 28.; Mühlbradt F.W. (Anlagestrategien), S. 162 ff.; Teufel G. (Analysemethoden), S. 32.; Trenner D. (Anlegerverhalten), S. 245.

2) Bank J. Vontobel & Co. AG (Hrsg.)(Analyse), S. 27.; Teufel G. (Analysemethoden), S. 36.; Trenner D. (Anlegerverhalten), S. 242.

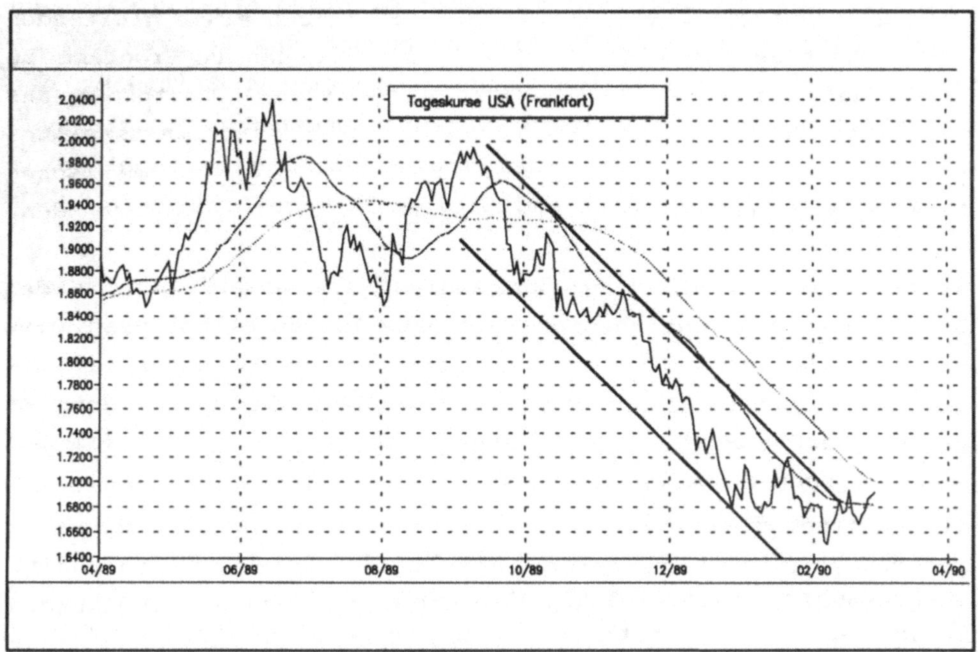

Abb. 54: Trendlinienanalyse - Trendkanal

parallelen zweiten Trendlinie. An den Grenzen des auf diese Weise eingezeichneten Trendkanales können sich nun für den Investor kurzfristige Tradingmöglichkeiten eröffnen. In diesem Fall empfiehlt sich z.B. ein Wertpapierkauf, wenn das entsprechende Wertpapier die untere Trendlinie erreicht und ein Verkauf, sofern die historische Kursentwicklung in die Nähe der oberen Begrenzungslinie rückt.[1]

GLEITENDE DURCHSCHNITTE

Über die Bildung gleitender Durchschnitte für eine bestimmte Anzahl vergangener Kursfeststellungen, die in Abbildung 55 für den Selbstbedienungsbereich als gepunktete Linien dargestellt sind, sollen kurzfristige Schwankungen von Wertpapierkursen geglättet und damit der Aufwärts- oder Abwärtstrend eines Wertpa-

1) Bank J. Vontobel & Co.AG (Hrsg.)(Analyse), S. 27.; Mühlbradt F.W. (Anlagestrategien), S. 165.

pieres herausgefiltert werden.[1] Zur Ermittlung eines gleitenden Durchschnittes für z.B. 90 Tage berechnet das PC-Programm zu jedem auf der horizontalen Achse betrachteten Zeitpunkt das arithmetische Mittel für die 90 vorausgehenden Kursfeststellungen. Die sich damit für jeden Tag ergebenden arithmetischen Mittelwerte werden anschließend zu einer 90-Tage-Linie verbunden.

Mit Hilfe von "KAPS" kann der Analyst die Anzahl der in den Durchschnitt einzubeziehenden Kursfestellungen selbst bestimmen oder auf die schon vorgegebenen Standardeinstellungen des PC-Programmes zugreifen. Zur Bestimmung der Länge des Durchschnittes müssen jedoch auch bestimmte Annahmen über die Charakteristik des zu untersuchenden Wertpapiermarktes getroffen werden. Schnellere Wertpapiermärkte erfordern z.B. eine kürzere Durchschnittsbetrachtung, da mit steigender Anzahl der in den Durchschnitt einbezogenen Werte die Reaktionsfähigkeit dieses Indikators abnimmt und somit kurzfristige Schwankungen der Zeitreihe nicht mehr erkannt werden können[2], andererseits erfordert die Betrachtung mittel- bis längerfristiger Trendentwicklungen mehrere Tage umfassende Durchschnittsberechnungen[3].

Bei der Analyse mit gleitenden Durchschnitten liegt ein Kaufsignal vor, wenn die im Chart aufgetragenen Kurse die waagerecht verlaufende Durchschnittslinie von unten nach oben durchstoßen. Umgekehrt spricht das Absinken der Kurse unter die Gleitende Durchschnittslinie nach den Auffassungen der Chartisten für den Verkauf des entsprechenden Wertpapieres.[4]

---

1) Bank J. Vontobel & Co.AG (Hrsg.)(Analyse), S. 7.; Teufel G. (Analysemethoden), S. 38.; Trenner D. (Anlegerverhalten), S. 240.

2) Horn M.H. (Elektronik), S. 96.

3) Mühlbradt F.W. (Anlagestrategien), S. 143.

4) Mühlbradt F.W. (Anlagestrategien), S. 143.; Trenner D. (Anlegerverhalten), S. 240.

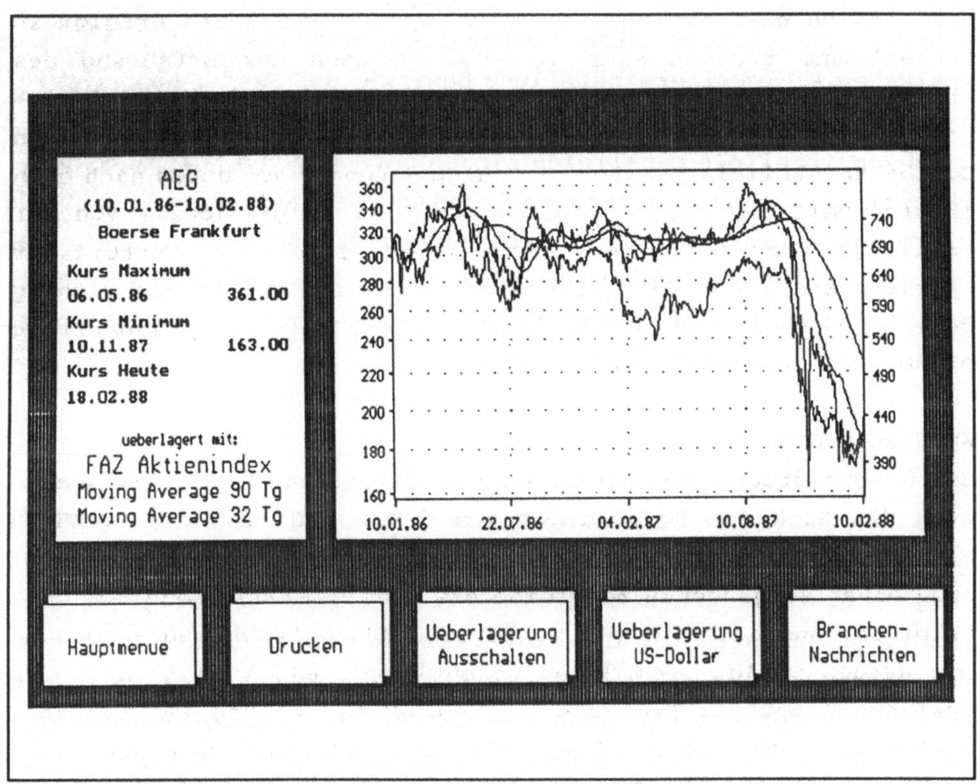

Abb. 55: Selbstbedienungsbereich - Gleitende Durchschnitte

Besonders wirkungsvoll in Hinblick auf eine möglichst realitätsnahe Berechnung von gleitenden Durchschnitten ist das durch "KAPS" unterstützte Verfahren der **exponentiellen Glättung.**[1] Bei dieser Analyse fließen zur Durchschnittsberechnung nicht alle vorausgehenden Kurse gleichgewichtig in den gleitenden Durchschnitt ein, sondern die letzten Kursfeststellungen erfahren auf Grund deren Aktualität eine stärkere Gewichtung.[2] Zur Vermeidung von falschen Trendwendeinformationen bei nur vorübergehenden Kreuzungen der Kursentwicklung mit der gleitenden Durchschnittslinie können die Analysten eine Filteroption einstellen, die durch zwei die gleitende Durchschnittslinie umgebende parallele

1) inasys (Hrsg.)(Finanz-Informations-System), o.S.

2) Loistl O. (Wertpapiermanagement), S. 101 f.

Linien sichtbar wird.[1] Die Größeneingabe des Filters erfolgt in Prozent und richtet sich vornehmlich nach der Erfahrung des Analysten.[2] Die Filtereinstellung bewirkt, daß Kauf-/Verkaufssignale nur dann berücksichtigt werden, wenn die zur gleitenden Durchschnittslinie parallelen Linien entweder von unten nach oben (Kaufsignal) oder von oben nach unten (Verkaufssignal) von der bisherigen Kursentwicklung durchstoßen werden. Der Vorteil der Filterfunktion besteht darin, daß damit die Anzahl von richtig gedeuteten Kauf- und Verkaufssignalen und damit der Anlageerfolg erheblich verbessert werden kann.[3]

KURSPROGNOSEN

Zur Unterstützung von Kursprognosen offeriert "KAPS" dem Analysten das nach den Forschungen von G.E.P. BOX und G.M. JENKINS benannte BOX/JENKINS-Verfahren, mit dessen Hilfe aus der Entwicklung einer vergangenen Zeitreihe bzw. des Bildungsprozesses derselbigen, Aussagen für die zukünftige Kursentwicklung vorgenommen werden sollen. Gemäß den wesentlichen Bestandteilen dieses Verfahrens spricht man auch von der ARIMA (= Auto-Regressiver-Integrierter-Moving-Average)-Zeitreihenanalyse.[4] Zunächst versucht der Analyst in einer ersten Phase ein allgemeines Prognosemodell zur Erklärung der vorliegenden Zeitreihe aufzustellen. Die Identifikation eines geeigneten Modelles wird durch den grafischen Aufbau von zwei für das ARIMA-Verfahren wichtigen statistischen Kenngrößen (hier: Acf./Pacf.) unterstützt[5], deren Verlaufsmuster im unteren Teil der Abbildung 56 dargestellt sind.

1) Mühlbradt F.W. (Anlagestrategien), S. 143 f.

2) Loistl O. (Wertpapiermanagement), S. 99.

3) Bank J. Vontobel & Co.AG (Hrsg.)(Analyse), S. 11.; Teufel G. (Analysemethoden), S. 38.

4) Loistl O. (Wertpapiermanagement), S. 175.

5) Anmerkung: Acf= Autokorrelationsfunktion/Pacf = Partielle Autokorrelationsfunktion; Vgl. dazu Loistl O. (Wertpapiermanagement), S. 175 ff.

Die einwandfreie Interpretation dieser Größen hängt sehr stark vom Wissensstand des Anwenders über die Bedeutung der Verlaufsmuster dieser Kenngrößen ab, so daß der PC nur bedingte Hilfestellungen anbieten kann.[1] Besonders hilfreich erweist sich das PC-Programm allerdings bei der Berechnung von Modellparametern respektive der die Zeitreihe optimal beschreibenden Größen, da dort eine Vielzahl von komplexen und langwierigen Rechenschritten stattfinden. Bis zur endgültigen Festlegung eines Prognosemodelles erfolgen in dieser Phase zahlreiche Variationen der in das Modell eingehenden Bestimmungsfaktoren, die in einer angemessenen Zeit nur durch den Computer durchführbar sind.[2]

Die durch "KAPS" generierten Prognosezeitpunkte richten sich jeweils nach der zeitlichen Beschaffenheit der in das Prognosemodell einfließenden Kursfeststellungen. Wird das PC-Programm z.B. mit Tagesdaten versorgt, erstreckt sich die Prognose auf zukünftige Tageszeitpunkte. Der obere Teil von Abbildung 56 zeigt eine Kursprognose mit einem Prognoseursprung vom 08.01.1988, die auf täglichen Kursfeststellung basiert.

Um eine objektive Beurteilung der erzeugten Prognose zu ermöglichen, präsentiert das PC-Programm dem Analyst eine "Wahrscheinlichkeitsschere", welche die prognostizierte Kurszeitreihe umlagert und mit einer statistischen Sicherheit von 95 Prozent angibt[3], in welchem Umfang sich die prognostizierte Kursentwicklung bei Änderung der in der Vergangenheit bestehenden und in das Modell eingegangenen Bestimmungsfaktoren maximal nach oben bzw. unten verschieben kann. (Vgl. Abb. 56) Wenn das auf Basis der oben erwähnten Kenngrößen des BOX-/JENKINS-Verfahrens ausgewählte Prognosemodell nicht optimal ist, öffnet sich die Wahrscheinlichkeitsschere mitunter sehr stark. Dies bedeutet dann, daß die

---

1) Loistl O. (Wertpapiermanagement), S. 180.

2) Loistl O. (Wertpapiermanagement), S. 56.; Löderbusch B. (Modelle), S. 84 f.

3) Anmerkung: Dies bedeutet, daß die getroffene Kursprognose mit 95-prozentiger Wahrscheinlichkeit innerhalb dieses Bereiches liegen wird.

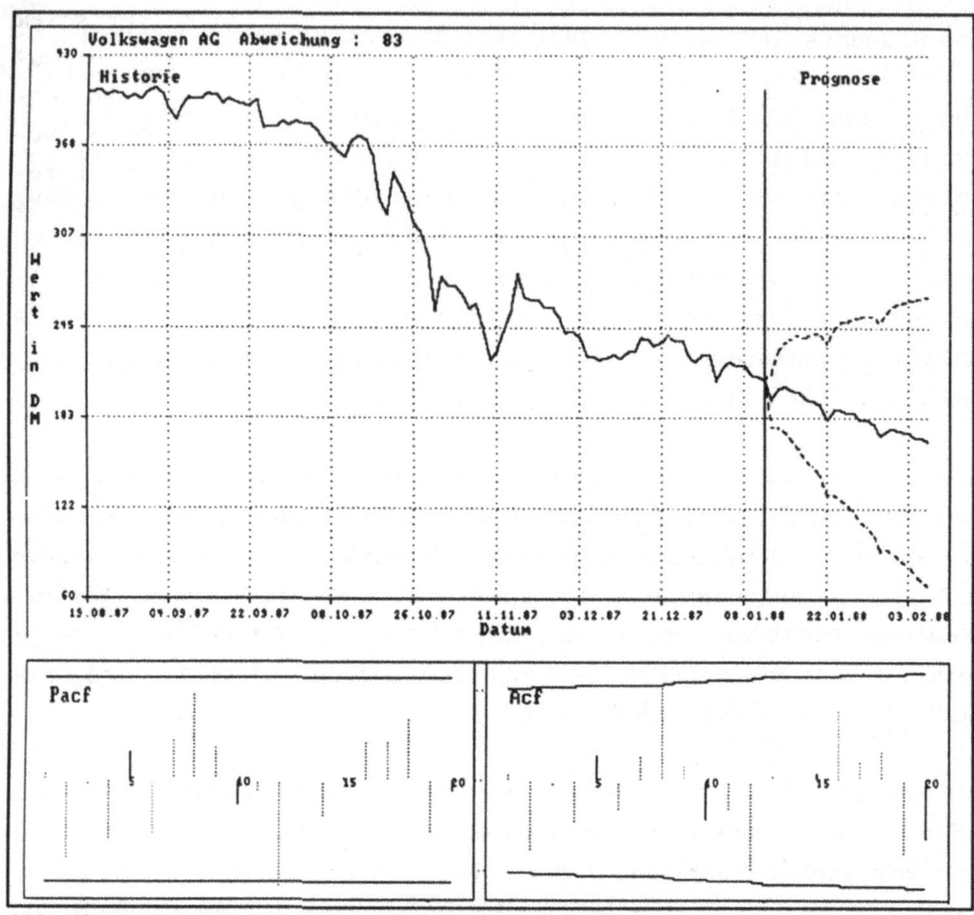

Abb. 56: Kursprognose nach dem BOX/JENKINS-Verfahren

prognostizierte Kursentwicklung und damit auch das gefundene Prognosemodell mit einer großen Unsicherheit behaftet ist und deshalb ein Modell mit enger gefaßten Wahrscheinlichkeitsschere zu bevorzugen wäre. Andererseits weist auch der zeitliche Verlauf der Wahrscheinlichkeitsschere den Analysten auf wichtige Zusammenhänge hin, da mit zunehmendem Prognosehorizont eine Öffnung derselbigen beobachtet werden kann. Dies läßt sich dadurch erklären, daß die in der Vergangenheit geltenden Bestimmungsfaktoren einer Zeitreihe, bedingt durch Struktureinbrüche, an Gewicht verlieren können und damit auch der Unsicherheitsfaktor der getroffenen Kursprognose steigt. Sollte die tatsächliche Kursentwicklung einmal außerhalb des durch die Wahrscheinlichkeitsschere umgebenen Prognosebereiches fallen, muß der Analyst die Aufstellung eines neuen Modelles in Erwägung ziehen, da in diesem Fall eine Trendänderung naheliegt.[1]

3.1.3.3 RENSYS - Steuerung von Renten-Portefeuilles

Zielgruppe des in der BHF-Bank eingesetzten Rentenmarktanalysesystems "RENSYS"[2] ist die Beratung institutioneller Kunden und gehobener Privatkunden. Als Teil des von der BHF-Bank entwickelten Gesamtkonzeptes mit dem Namen "Integrated Liquidity Investment Management" (ILIM)) soll dieses PC-Programm auch den Kunden der Bank über entsprechende Telekommunikationswege zur Verfügung stehen. In diesem Fall übernimmt die BHF-Bank die Wartung und Pflege als auch diverse Schulungsmaßnahmen, um den Anwendern das notwendige Hintergrundwissen zur Bewertung von Obligationenportefeuilles zu vermitteln.[3] "RENSYS" wird seit einiger Zeit auch zur Intensivierung der Kundenbeziehungen im Außendienst der Bank eingesetzt. Dazu sind die Kundenberater mit tragbaren Personal Computern ausgestattet, um Rentenportefeuilleanalysen vor Ort zusammen mit dem Kunden durchzuführen. Technisch-organisatorisch betrachtet basiert "RENSYS" auf einem Arbeitsverbund zwischen PC und Großrechner. Je nach Programmversion sieht das PC-Programm einen Ein- oder Mehrplatzbetrieb vor. Mit Hilfe des Großrechners werden die zur Portefeuilleanalyse notwendigen Wertpapierdaten

---

1) Loistl O. (Wertpapiermanagement), S. 56.

2) Die Darstellung des PC-Programmes "RENSYS" basiert, abgesehen von den aufgeführten Literaturangaben, auf den diesbezüglich geführten Interviews mit Herrn J. FLÖCK und Herrn CHR. KUZINSKI (BHF-Bank, Frankfurt) geführten Gespräche im Jahre 1989.

<u>Anmerkung</u>: Der Funktionsumfang von "RENSYS" geht weit über die in dieser Fallstudie vorgestellten Funktionen hinaus und wird durch interaktive Rentenmarktanalysen für einzelne festverzinsliche Wertpapiere, Kontrollen des Anlageerfolges, technische Analyseverfahren, u.v.m., abgerundet. Vgl. dazu: BHF-Bank (Hrsg.) (Analysesystem), S. 16 ff.

3) BHF-Bank (Hrsg.)(Analysesystem), S. 20.

von der Börsen-Daten-Zentrale (BDZ) in Frankfurt im Wege der Datenfernübertragung beschafft und zusammen mit den auf dem internen Großrechner befindlichen Portefeuilledaten in das PC-Programm übertragen. Täglich neu festgestellte Kurse als auch geänderte oder neue Gattungsinformationen werden durch ein automatisches Up-Date in das Analyseprogramm überspielt. Neben dem Kommunikationsprogramm befindet sich auf dem Großrechner auch eine von der BHF-Bank seit 1970 selbst gepflegte Datenbank[1], die den PC-Usern zur Verfügung steht und mehr als 30.000 Wertpapiere respektive Zeitreihen verwaltet. Auf PC-Ebene besteht allerdings auch die Möglichkeit, eine eigene Zeitreihenverwaltung über das dezentral nutzbare Datenbankverwaltungssystem aufzubauen. Dabei können über 1.000 Zeitreihen bestehend aus bis zu 1.000 Kurswerten gepflegt werden.[2]

BARWERT-/RENDITEBERECHNUNG

Von zentraler Bedeutung für die Bewertung festverzinslicher Wertpapiere ist die Schaffung einer einheitlichen Bewertungsgrundlage über die Renditeberechnung.(Vgl.Abb. 57) Dazu werden die zukünftig anfallenden Zins- und Tilgungszahlungen für die im Portefeuille befindlichen Werte kalkuliert und mit einem einheitlichen Marktzinssatz abdiskontiert. Die Summe der abdiskontierten Zahlungsströme ergibt dann den Barwert des gesamten Investments, der dem heutigen Marktpreis bzw. der Rendite des Portefeuilles entspricht.[3] Dazu müssen die erforderlichen Wertpapierdaten, die sich auf den Kupon, die Tilgung und die Laufzeit der betreffenden Anleihen beziehen, in die individuelle Datenbank des PC-Anwenders geladen werden. Anschließend wählt der Benutzer das entsprechende Kürzel für die gewünschte Berechnungsmethode aus. Dabei unterstützt "RENSYS" sowohl die in der Bundesrepublik Deutschland zur Anwendung kommenden Renditemethoden nach

1) Cramer J. (Privatkundengeschäft), S. 9.

2) BHF-Bank (Hrsg.)(Analysesystem), S. 20.

3) BHF-Bank (Hrsg.)(Analysesystem), S. 4.; BHF-Bank (Hrsg.)(RENSYS), 3.Teil, S. 1 f.; Jones Ch. P. (Investments), S. 186.; Uhlir H./Steiner P. (Wertpapieranalyse), S. 5 f.

Braess-Fangmeyer, Moosmüller und AiBD (Association of internatio-nal Bond Dealers) als auch andere in den USA und Großbritannien verwendete Berechnungsvarianten[1], die sich vor allem in Bezug auf die Behandlung von unterjährigen Laufzeiten und der Häufigkeit von Zinszahlungen während eines Jahres unterscheiden[2].

```
GESAMTFÄLLIGE ANLEIHE                      113462                     BHF-IIS
------------------------------------------------------------------------------
VALUTA: 21.04.1988  R-METHODE: B1  ZINSTAGE: 360/360
------------------------------------------------------------------------------
          Kurs ......................:       99.0000
          Nominalzins ...............:        6.1250 %  Lfd.Verz:   6.187%
          Zinstermin per ............:   20.03.         Zinstermine p.a.:1
          Gesamtfällig per [TT.MM.JJJJ]  20.03.1998
          Nächstmögliche Kündigung per:  00.00.0000  zum Kurs    100.0000
          Rückzahlungskurs ..........:      100.0000

          ESt-Satz (Privatanleger) ...:       0.0000 %
          Quellensteuersatz .........:        0.0000 %
          Währungserwartung .........:        0.0000 % p.a.
          Wiederanlageverzinsung .....:       0.0000 % p.a.  (0 = Rendite)
          Restlaufzeit ...:      9.9139 Duration ...:        7.7013 Jahre
          Rendite ...................:        6.2612 % p.a.  Vola:   0.454
------------------------------------------------------------------------------
(C)lear,(V)aluta/Parm,(E)dit,(R)endite,(H)copy,(L)ist,(X)=CallYield      ( B )
(K)urs,(Z)insstruktur-Kurs,(A)rbitrage-Kurs,(P)ensGesch,(B)reakEven,     <ESC>
```

Abb. 57: Renditeberechnung

Eine weitere Verfeinerung der Renditeberechnung besteht darin, die vorzeitige Kündigungsmöglichkeit einer Anleihe und die diesbezüglichen Auswirkungen auf die Renditeberechnung zu berücksichtigen. Dort besteht die Möglichkeit einen vor Endfälligkeit befindlichen Rückzahlungstermin auszuwählen. Gerade im Bereich der DM-Auslandsanleihen gibt es nämlich eine Vielzahl von Wertpapieren, die vorzeitig aufgekündigt werden können, so daß dort eine Renditeberechnung auf den Zeitpunkt ihrer rein "theoretischen" Endfälligkeit nicht sinnvoll ist.[3] Zusätzlich können für die Barwert- und Renditeermittlung von Fremdwährungsanleihen bei "RENSYS" entsprechende Währungskurse einbezogen werden, so

1) BHF-Bank (Hrsg.)(RENSYS), 1. Teil, S. 3.

2) Loistl O. (Wertpapiermanagement), S. 268 ff.

3) BHF-Bank (Hrsg.)(RENSYS), 4. Teil, S. 7.

daß auch ausländische Anleihen respektive Portefeuilles mit einheimischen Investments in Obligationen über den Barwert bzw. die Rendite vergleichbar sind.[1]

ABWEICHUNGS-ANALYSE

Im Anschluß an die Renditeberechnung bildet "RENSYS" die für einzelne Laufzeitbereiche ermittelten Renditen in einer Zinsstrukturkurve ab. Falls für ein und dieselbe Laufzeit eines bestimmten Marktsegmentes unterschiedliche Einzelrenditen vorliegen, ermittelt das PC-Programm mit Hilfe der Regressionsrechnung einen Durchschnittsrenditewert für diesen Laufzeitbereich.[2] Grundgedanke der Abweichungsanalyse ist die Erzielung von Performancezugewinnen durch Umstrukturierung des bestehenden Wertpapierportefeuilles. Durch Gegenüberstellung der durchschnittlichen Renditewerte mit den Renditen der im Depot befindlichen Anleihen oder anderen, auf dem Kapitalmarkt im Umlauf befindlichen Anleihen des gleichen Marktsegmentes führt "RENSYS" einen Renditevergleich herbei.[3]

Die in Abbildung 58 dargestellte Zinsstrukturkurve für das Marktsegment der Bundesanleihen zeigt, ob bei Berücksichtigung eines bestimmten Laufzeitbereiches, die in die Analyse einbezogenen Wertpapiere über- oder unterbewertet erscheinen. Diese Erkenntnisse können dann entweder zu einer "reinen Kaufentscheidung" für ein Wertpapier mit hoher Rendite des betreffenden Marktsegmentes oder aber zu Umschichtungen im Depot führen. Im letzten Fall werden überbewertete bzw. zu teure Wertpapiere gegen unterbewertete und damit im Vergleich zur durchschnittlichen Marktrendite preiswerte Anleihen desselben Marktsegmentes ausgewechselt.[4] Liegt also z.B. das Kuponkreuzchen stellvertretend für ein

---

1) BHF-Bank (Hrsg.)(ILIM), S. 4 f.

2) BHF-Bank (Hrsg.)(ILIM), S. 9.

3) BHF-Bank (Hrsg.)(Analysesystem), S. 8 ff.

4) Vogel M. (Portfolio-Management), S. 29.

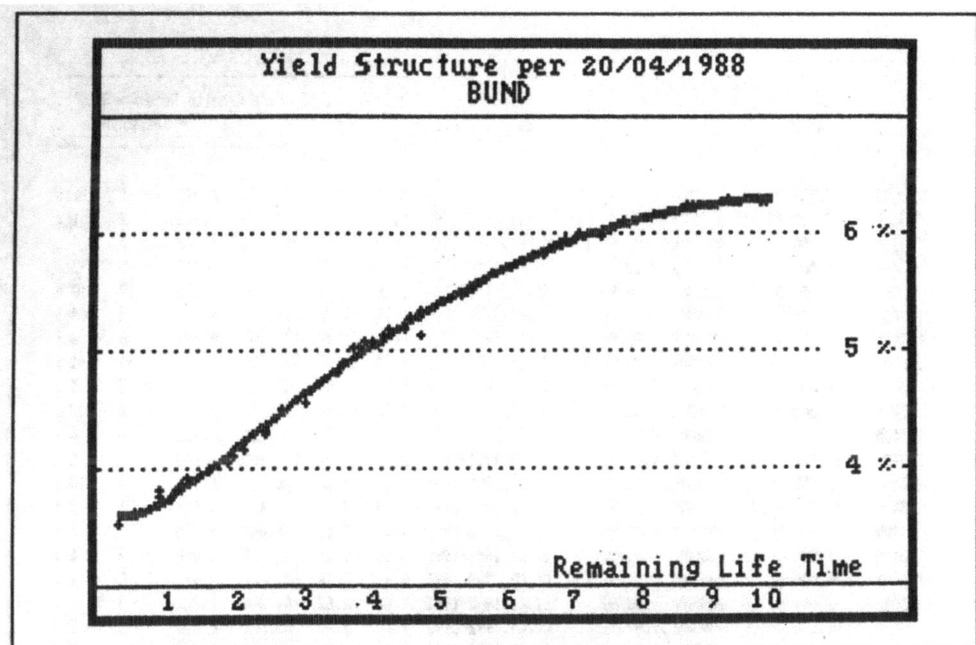

Abb. 58: Zinsstrukturkurve

bestimmtes Wertpapier unter der Zinsstrukturkurve, ist die betreffende Anleihe überbewertet. Dies bedeutet, daß die Anleihe verkauft und unter Beibehaltung des Investitionsvolumens gegen ein anderes, besser rentierendes festverzinsliches Wertpapier ausgewechselt werden sollte. Umgekehrt spricht eine Positionierung des Renditekreuzchens überhalb der Zinsstrukturkurve für eine Unterbewertung der analysierten Anleihe.[1]

Die von "RENSYS" ermittelte Tabelle zur Zinsstruktur in Abbildung 59 gibt Aufschluß über die quantitative Abweichung der aktuellen Wertpapierrendite von der berechneten durchschnittlichen Rendite auf der Zinsstrukturkurve. Beispielsweise läßt sich für die Anleihe mit der Wertpapierkennummer 110080 eine Überbewertung erkennen, als deren aktuelle Rendite mit 6,851 Prozent genau 12 Basispunkte unter der durchschnittlichen Marktrendite liegt und deshalb einen negativen Wert annimmt. Dies bedeutet, daß der aktuelle Preis für diese Anleihe als zu hoch angesehen werden

1) BHF-Bank (Hrsg.)(ILIM), S. 9 f.

(2)

:WP-No. :	Kupon %	ZsTerm	Wertpapier	Tilgungs- Zeit von-bis	Laufzeit (J a h r e)	Durat	Kurs	Rendite %	Rend-Abw - Basispunkte	KrsPt: -:
:110098	7.500	01.09.	BUNDANL.V.79/89 II	01.09.1989-1989	0.31	0.31	100.150	6.593	3	1 :
:110099	7.750	01.11.	BUNDANL.V.79/89 II	01.11.1989-1989	0.47	0.47	100.350	6.672	2	1 :
:110100	7.750	01.01.	BUNDANL.V.80/90 I	01.01.1990-1990	0.64	0.64	100.500	6.716	0	0 :
:113400	10.000	01.04.	BUNDANL.V.80/90	01.04.1990-1990	0.89	0.89	102.650	6.743	-3	-3 :
:110083	5.750	01.05.	BUNDANL.V.78/90	01.05.1990-1990	0.98	0.98	99.200	6.596	-19	-18 :
:113401	8.250	01.07.	BUNDANL.V.80/90	01.07.1990-1990	1.14	1.07	101.400	6.853	4	4 :
:113415	7.750	01.11.	BUNDANL.V.82/90 I	01.11.1990-1990	1.48	1.40	101.000	6.907	5	6 :
:113402	8.250	01.11.	BUNDANL.V.80/90 II	01.11.1990-1990	1.48	1.40	101.750	6.853	-1	-1 :
:113403	9.000	01.02.	BUNDANL.V.81/91	01.02.1991-1991	1.73	1.64	103.150	6.917	3	5 :
:113419	7.500	01.06.	BUNDANL.V.83/91 III	01.06.1991-1991	2.06	1.86	100.950	6.963	6	10 :
:113405	10.250	01.07.	BUNDANL.V.81/91	01.07.1991-1991	2.14	1.88	106.250	6.955	4	8 :
:113406	10.750	01.09.	BUNDANL.V.81/91	01.09.1991-1991	2.31	2.04	107.700	6.946	3	5 :
:113407	10.000	01.12.	BUNDANL.V.81/91 II	01.12.1991-1991	2.56	2.30	106.700	6.974	4	10 :
:113408	9.750	01.01.	BUNDANL.V.82/92 I	01.01.1992-1992	2.64	2.39	106.400	6.947	1	3 :
:113409	9.750	01.03.	BUNDANL.V.82/92 II	01.03.1992-1992	2.81	2.56	106.800	6.955	1	3 :
:113410	9.500	01.04.	BUNDANL.V.82/92	01.04.1992-1992	2.89	2.65	106.350	6.968	2	6 :
:113411	9.000	01.05.	BUNDANL.V.82/92 I	01.05.1992-1992	2.97	2.74	105.250	6.971	2	6 :
:113412	8.500	01.06.	BUNDANL.V.82/92	01.06.1992-1992	3.06	2.62	104.000	6.982	3	8 :
:113413	9.000	01.08.	BUNDANL.V.82/92 II	01.08.1992-1992	3.22	2.77	105.550	6.975	2	5 :
:113414	8.750	01.09.	BUNDANL.V.82/92	01.09.1992-1992	3.31	2.87	104.950	6.974	2	5 :
:113416	7.750	01.12.	BUNDANL.V.82/92 II	01.12.1992-1992	3.56	3.15	102.250	6.967	0	1 :
:113417	7.500	01.01.	BUNDANL.V.83/93 I	01.01.1993-1993	3.64	3.25	101.550	6.961	-0	-1 :
:113418	7.500	01.03.	BUNDANL.V.83/93 II	01.03.1993-1993	3.81	3.41	101.750	6.932	-4	-12 :
:110080	6.000	01.03.	BUNDANL.V.78/93 II	01.03.1993-1993	3.81	3.48	97.150	6.851	-12	-37 :
	8.250	01.06.	BUNDANL.V.83/93 I	01.06.1993-1993	4.06	3.37	104 [illegible]			
	8.000	01.07.	BUNDANL.V.83/93	01.07.1993-1993	4.14	3.[illegible]				
	[illegible]250	01.08.	BUNDANL.V.83/93 II	01.08.1993-1993	4.22					
	[illegible]	01.10.	BUNDANL.V.83/93 III	01.10.1993-1993	4[illegible]					
		[illegible].11.	BUNDANL.V.83/93 IV	01.11.1993-199[illegible]						
		[illegible].	BUNDANL.V.83/93 V	01.12.199[illegible]						
			[illegible]UNDANL.V.84/94 I	01.0[illegible]						
			[illegible]NL.V.84/94 II	[illegible]						

Abb. 59: Abweichungs-Analyse

kann. Die weiter rechts befindliche Tabellenspalte gibt schließlich Auskunft darüber, wie sich der Kurs der Anleihe verändert, wenn die Rendite dieses Wertpapieres auf die durchschnittliche Zinsstrukturrendite ansteigt. Für die oben benannte Anleihe würde demnach eine Renditesteigerung um 12 Basispunkte zu einem Kursverlust von 37 Pfennig führen.

SWITCHING-ANALYSE

Sollen die in der Abweichungs-Analyse gewonnenen Erkenntnisse über die Renditeabweichung einzelner Anleihen von der durchschnittlichen Marktrendite (= Zinsstrukturkurve) für Umtauschaktionen genutzt werden, bleibt immer noch die Frage offen, welches Papier des betrachteten Marktsegmentes gegen ein im Depot befindliches Papier ausgewechselt werden kann. Dort geht es also darum, welche Tauschgeschäfte ohne strategische Veränderung des Wertpapierportefeuilles und damit unter Bewahrung bestimmter Anleihecharakteristika (z.B. gleicher Anleiheschulder) eine Maximierung des Portefeuilleertrages herbeiführen können.[1]

RANDBEDINGUNGEN FÜR DIE SWITCHING-ANALYSE

- Maximale Kuponabweichung der für den Umtausch vorgesehenen Wertpapiere (hier: 3.000 Prozent)
- Gewünschter Mindestrenditezugewinn in Basispunkten, ab dem eine Tauschoperation für sinnvoll angesehen wird (hier: Minimum - 10 Basispunkte)
- Maximale Abweichung der Duration/Laufzeit zwischen den zu tauschenden Wertpapieren (hier: 6 Monate)
- Kalkulierte Kosten für die Umtauschaktion (hier: 0.10 Prozent)

Box 30: Randbedingungen für die Switching-Analyse

Durch die mit "RENSYS" durchführbare Switching-Analyse soll der Investor zu einer optimalen Entscheidungsfindung bei der Durchführung von Umtauschgeschäften innerhalb eines vordefinierten Marktbereiches geführt werden. Als Randbedingungen für die Bestimmung der Tauschvorschläge, die in Textbox 30 aufgeführt sind, legt der Analyst mehrere Parameter respektive Selektionskriterien fest, die das PC-Programm für jede Anleihe des definierten Marktsegmentes überprüft und anschließend für überbewer-

1) Vogel M. (Portfolio-Management), S. 28.

tete und damit umtauschwürdige Wertpapiere einen oder mehrere Tauschvorschläge unterbreitet.[1]

Abbildung 60 zeigt drei verschiedene Umtauschvorschläge für das in der Abweichungsanalyse als unterbewertet klassifizierte Wertpapier mit der Kennummer "110080". In diesem Analyseteil weist "RENSYS" zu jedem Tauschvorschlag den damit erzielbaren maximalen Kursvorteil in Pfennigbeträgen aus. Für den ersten Tauschvorschlag ergibt sich demnach ein Nettokursgewinn von 32 Pfennig, wenn sich die Rendite der jeweils ein- und ausgewechselten Anleihen in Zukunft auf die durchschnittliche Renditekurve zubewegt.

(1)

Kupon-Dif: 3.000 Lauf/Dur-Diff: 6 Mon Kosten: 0.10 Minimum: 10 $ Rendite-Vorteil:

	WP-Nummer	Nominal Zins %	N a m e	Kurs	Rendite %	Laufzt -- Jahre	Durat --	Rendite-Diff: Net-Krsvortl:
aus:	110080	6.000	BUNDANL.V.78/93 II	97.150%	6.851%	3.81	3.48	12
in :	113414	8.750	BUNDANL.V.82/92	104.950%	6.974%	3.31	2.87	32
aus:	110080	6.000	BUNDANL.V.78/93 II	97.150%	6.851%	3.81	3.48	12
in :	113416	7.750	BUNDANL.V.82/92 II	102.250%	6.967%	3.56	3.15	28
aus:	110080	6.000	BUNDANL.V.78/93 II	97.150%	6.851%	3.81	3.48	12
in :	113421	8.000	BUNDANL.V.83/93	103.500%	6.973%	4.14	3.47	27

Abb. 60: Switching-Analyse

SZENARIO-TECHNIK

Die Szenario-Technik des durch "RENSYS" unterstützten Portefeuillemanagements hebt sich von der strengen Einhaltung bestimmter performanceoptimaler Parameter, wie sie in der Abweichungs-Analyse formuliert werden, ab und verfolgt je nach Trendeinschät-

1) BHF-Bank (Hrsg.) (Analysesystem), S. 10 f.; BHF-Bank (Hrsg.)(RENSYS), 4. Teil, S. 13.

zung wechselnde Anlagestrategien, wobei jedoch immer das Ziel im Vordergrund steht, denjenigen Laufzeitbereich auszuwählen, der eine maximale Rendite für das Wertpapierportefeuille verspricht.[1] Zur Konstruktion von Zinsszenarien muß der Investor die von ihm getroffen Zinsannahmen in das PC-Programm eingeben. Anschließend berechnet "RENSYS" eine Performancekurve - die aus Sicht des unterstellten Anlagehorizontes - sämtliche für einzelne Laufzeitbereiche resultierende Performanceergebnisse aufzeigt. Durch den Analysten können im Rahmen der Szenario-Analyse bis zu drei verschiedene Zinserwartungen respektive Zinsstrukturen für die zukünftige Zinsentwicklung eingegeben werden, wie z.B. eine Normalerwartung sowie eine pessimistische und optimistische Zinsannahme. Ferner besteht die Möglichkeit für jedes Zinsszenario eine bestimmte Eintrittswahrscheinlichkeit bzw. Gewichtung vorzugeben.[2] Anschließend berechnet das PC-Programm zu jedem Szenario die Einzelperformance und für alle Szenarien zusammen eine durchschnittliche Performance, die sämtliche Einzelperformanceergebnisse gemäß deren Eintrittswahrscheinlichkeiten berücksichtigt.[3]

Die für eine Zinserwartung durchgeführte Szenario-Analyse in Abbildung 61 zeigt, daß für einen Anlagehorizont von 3 Monaten, bei ansteigenden Zinsen ein Engagement in kürzerfristigen Wertpapieren lohnenswert erscheint, wenn der Investor die gegen Ende der Betrachtungsperiode stark sinkenden Performancewerte vermeiden möchte. Die durch "RENSYS" aufgezeigte performancemaximale Laufzeit im Bereich von sieben Jahren ist darauf zurückzuführen, daß der Kurs- bzw. Wiederverkaufswert im langfristigen Laufzeitbereich bei steigenden Zinssätzen stärkeren Schwankungen im Vergleich zu kürzerfristigen Anleihen ausgesetzt ist.[4] Die höchste Performance wird deshalb tendenziell in kürzeren Laufzeitberei-

---

1) Jones Ch. P. (Investments), S. 208.; Vogel M. (Portfolio-Management), S. 29 f.

2) Vgl. dazu: Vogel M. (Portfolio-Management), S. 30.

3) BHF-Bank (Hrsg.) (ILIM), S. 13 f.; BHF-Bank (Hrsg.)(RENSYS), 5. Teil, S. 4.

4) Jones Ch. P. (Investments), S. 210.; Uhlir H./ Steiner P. (Wertpapieranalyse), S. 15.

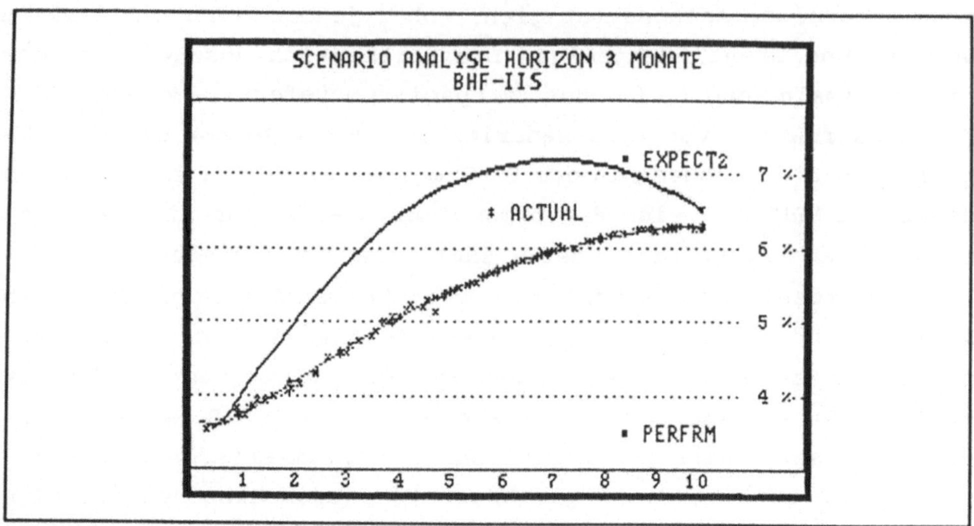

Abb. 61: Szenario-Analyse

chen liegen, da dort die Kursverluste kleiner ausfallen und damit die Performance des Portefeuilles nicht so sehr beeinträchtigt wird. In diesem Fall wird der performancemaximierende Investor vor allem im Maximum der erwarteten Performancekurve und damit im Laufzeitbereich von sieben Jahren entsprechende Wertpapierkäufe vornehmen.

In Hinblick auf die Betrachtung einzelner Szenarien offeriert "RENSYS" zusätzlich eine Risikobetrachtung, die den "Performanceunsicherheitsgrad" bezogen auf verschiedene Laufzeitbereiche aufzeigt.[1] Die in Abbildung 62 vorgestellte Tabelle verdeutlicht, daß sich bei zunehmender Restlaufzeit tendenziell ansteigende Performancewerte bei gleichzeitig zunehmender Performanceunsicherheit (Risiko +/-) ergeben. In diesem Fall muß der Anleger überlegen, ob sich eine Steigerung der Gesamtperformance durch Bewegung in einen anderen Laufzeitenbereich lohnt, wenn dadurch die Schwankungsbreite der Performance und damit sein Anlagerisiko zunimmt. Dies bedeutet mit anderen Worten, daß er abwägen muß, wieviel Risiko respektive Schwankungsbreite für welchen Performancezugewinn in Kauf genommen werden soll.

1) BHF-Bank (Hrsg.)(ILIM), S. 14.

GOVBONDS

Szenario-Analyse

Aktuell Laufzeit	Aktuell Rendite	Erwartung (50%)	Erwartung (40%)	Erwartung (10%)	Performance Erwartung			Perf Ø	Risiko +/-
0.25	6.52	7.24	6.15	6.25					
0.50	6.67	7.28	6.20	6.36					
0.75	6.75	7.30	6.22	6.42	6.63	7.17	7.12	6.89	0.27
1.00	6.81	7.31	6.24	6.47	6.46	7.53	7.37	6.98	0.52
1.25	6.85	7.31	6.26	6.51	6.31	7.88	7.59	7.07	0.76
1.50	6.88	7.31	6.27	6.55	6.17	8.23	7.79	7.16	0.99
1.75	6.90	7.31	6.29	6.58	6.04	8.57	7.95	7.24	1.20
2.00	6.92	7.31	6.30	6.61	5.92	8.90	8.10	7.33	1.41
2.25	6.93	7.30	6.31	6.64	5.81	9.22	8.22	7.42	1.60
2.50	6.94	7.30	6.32	6.67	5.71	9.52	8.32	7.50	1.78
2.75	6.95	7.30	6.33	6.69	5.62	9.82	8.40	7.58	1.96
3.00	6.96	7.29	6.34	6.72	5.54	10.10	8.45	7.65	2.12
3.25	6.97	7.29	6.34	6.74	5.46	10.38	8.49	7.73	2.27
3.50	6.97	7.28	6.35	6.77	5.38	10.64	8.50	7.80	2.41
3.75	6.98	7.28	6.36	6.79	5.31	10.89	8.49	7.86	2.55
4.00	6.98	7.27	6.37	6.81	5.25	11.13	8.46	7.92	2.67
4.25	6.99	7.27	6.37	6.84	5.19	11.36	8.41	7.98	2.79
4.50	6.99	7.26	6.38	6.86	5.13	11.58	8.34	8.03	2.90
4.75	6.99	7.26	6.39	6.88	5.07	11.79	8.25	8.07	3.00
5.00	6.99	7.26	6.40	6.91	5.02	11.98	8.14	8.12	3.10
5.25	6.99	7.25	6.40	6.93	4.97	12.17	8.01	8.16	3.22
5.50	6.99	7.25	6.41	6.95	4.92	12.36	7.86	8.19	3.33
5.75	6.99	7.24	6.41	6.97	4.88	12.53	7.70	8.22	3.45
6.00	7.00	7.24	6.42	7.00	4.83	12.69	7.52	8.24	3.56
6.25	7.00	7.24	6.43	7.02	4.79	12.85	7.33	8.27	3.66
6.50	7.00	7.23	6.43	7.04	4.75	12.99	7.11	8.28	3.77
[illegible]	7.00	7.23	6.44	7.06	4.71	13.13	6.88	8.30	3.87
			[illegible]	[illegible]	[illegible]			8.30	3.97
									4.07

Abb. 62: Ertrag-/Risiko-Bewertung

3.1.3.4 Bewertung von Optionsgeschäften

Ein gutes Beispiel für die Durchführung computergestützter Handelsgeschäfte, auch in Hinblick auf die stattgefundene Einführung der computergestützten Terminbörsen in Deutschland und der Schweiz, ist die Preis- und Strategiebestimmung beim Handel mit

Optionen.[1] Gerade beim Handel mit Optionen sind die Anforderungen an eine Realtime-Datenübertragung, bedingt durch die starke Empfindlichkeit und Volatilität des Marktes besonders hoch.[2] Mit Hilfe des PC's können in diesem Marktsegment eine Vielzahl von Berechnungen ausgeführt werden, die sich einerseits auf standardisierte Berechnungsmodelle und andererseits auf individuell konzipierte Handelstechniken stützen.[3]

Für die Preisberechnung von Optionsgeschäften unterstützten Computerprogramme die gebräuchlichsten Berechnungsmodelle (z.B. Black/Scholes), die sich u.a. danach richten, ob eine Bewertung von amerikanischen oder europäischen Optionen erfolgen soll. So müssen für die Bewertung von Optionen auf Aktien mit Hilfe des PC's verschiedene Faktoren berücksichtigt werden, die sich aus der Option selbst, dem zugrundeliegenden Basisobjekt (z.B. Aktie) und anderen ökonomischen Größen bestimmen.[4] Abgesehen von standardisierten Preis-Modellen können die Händler auch mit dem ihnen zur Verfügung stehenen Formelvorrat individuelle bzw. eigene Preisberechnungen vornehmen. Komplexe Preis-Modelle (z.B. Binomial-Modell) können dabei sehr leicht die Kapazität eines Realtime-Computersystems übersteigen[5], so daß diese Berechnungen im Batch-Verfahren vorgenommen werden müssen.

---

1) Anmerkung: Die Darstellung der durch PC-Programme im Rahmen des Optionshandels unterstützbaren Funktionen basiert, abgesehen von den aufgeführten Literaturangaben, auf den diesbezüglich durchgeführten Interviews im Jahre 1989 mit folgenden Damen und Herren:

- Herrn CR. CONDE (DEVON SYSTEMS, Frankfurt/Zürich)
- Herrn M. GERDIEN (FRONT CAPITAL SYSTEMS, Frankfurt)
- Herrn R. SCHUSTER (INASYS, Bonn)
- Frau P. WILDEMANN (VERTEX BUSINESS SYSTEMS, Düsseldorf)

2) Schätzle R./Cate P.M.ten (Anlageberatung), S. 44.

3) Devon Systems (Hrsg.)(EMS), o.S.; Front Capital Systems (Hrsg.)(OPTAS). o.S.; inasys (Hrsg.)(Finanz-Informations-System), o.S.

4) Jones Ch.P. (Investments), S. 456 f.

5) Front Capital Systems (Hrsg.)(Pricing Watch), S. 33.

Textbox 31 führt die wesentlichsten genannten Leistungskriterien von Computerprogrammen auf, welche den Handel mit Optionen unterstützten.

COMPUTERGESTÜTZTE FUNKTIONEN IM OPTIONSHANDEL

- Berechnung von Optionspreisen
- Ermittlung und Überwachung von Risikokennzahlen
- Bestimmung aller realisierbaren Kombinationen von Grund- und Termingeschäften
- Unterstützung der gebräuchlichsten Gewinn- und Absicherungsstrategien
- Graphische Darstellung alternativer Risiko- und Ertragsstrukturen
- Durchführung von Arbitragegeschäften
- Gewinn- und Verlustberechnung einzelner und aggregierter Optionsgeschäfte
- Standardisierte und individuelle Berichterstellung

Box 31: Computergestützte Funktionen im Optionshandel

PREIS- UND RISIKOBESTIMMUNG

Handelssysteme für Optionen können durch den Händler schon für die Optionspreisberechnung vorprogrammiert werden, so daß die Zuordnung von unterschiedlichen Preisformeln zu verschiedenen Optionsarten bzw. individuell bestimmten Gruppen von Optionen möglich ist.[1] Das Handelssystem "OPTAS" beispielsweise führt eine Berechnung von Optionspreisen nach sämtlichen im Optionshandel gebräuchlichen Modellen durch.[2]

1) Devon Systems (Hrsg.)(EMS), o.S.; Front Capital Systems (Hrsg.)(OPTAS), o.S.

2) Front Capital Systems (Hrsg.)(OPTAS), o.S.

Bei der Optionspreisbestimmung nach der häufig verwendeten "Black/Scholes"-Formel, deren Bestimmungsfaktoren Textbox 32 zeigt, können bis auf den letzten Wert sämtliche Daten sofort über das Handelssystem auf Basis der extern im Broadcasting-Verfahren eingespielten Marktdaten bereitgestellt werden.

BESTIMMUNGSFAKTOREN NACH "BLACK/SCHOLES"

- o Höhe des aktuellen Aktienkurses
- o Basispreis der Option
- o Restlaufzeit
- o Zins p.a. für risikolose Anlagen
- o Volatilität des Aktienkurses

Box 32: Bestimmungsfaktoren nach "Black/Scholes"

Die Schwankungsbreite bzw. Volatilität des Aktienkurses muß der Händler gemäß seiner Erfahrung und der bisherigen historischen Kursentwicklung des der Option zugrundeliegenden Basiswertes (z.B. Aktie) bestimmen. "OPTAS" kann in diesem Fall auf Basis verschiedener Volatilitätsannahmen mehrere Optionspreise bestimmen und diese für die Evaluation von Absicherungs- und Gewinnstrategien einander gegenüberstellen. Zur Beurteilung der Kursvolatilität zeigt das Handelssystem über dessen Zusatzmodul "CHART WATCH" dem Händler die historische Kursentwicklung auf graphische Weise an (z.B. Liniencharts), so daß die den Optionen zugrundeliegende Wertentwicklung der Basisobjekte leicht verfolgt werden kann. Dazu berechnet das Programm, sobald neue Marktdaten einfließen, für jeden in die "Black/Scholes"-Formel einfließenden Parameter bestimmte Risikokennzahlen, die zusammen mit den Optionspreisen und den Preisen für die zugrundeliegenden Basisobjekte auf individuell definierten Bildschirmfenstern darstellbar sind.[1] Sämtliche für die Optionspreisbestimmung relevanten Faktoren (z.B. Kursvolatilität) können anschließend über "what-if"-Analysen in verschiedenen Simulationsläufen geändert werden.

1) Front Capital Systems (Hrsg.)(Pricing Watch), S. 15.

WATCH - /OPTIONS/NES ZH — KB

Date: 881018 Volat: 12.00 Hedge: ☐

Intrate: 3.50 Future: ☐

Name	+/-	Bid	Ask	Last	High	Low	Volume
NES__ZH		8705	8730	8720	8725	8720	

Name	ImpVol	Bid	Ask	ImpVol	Last	High	Low	Theor	Delta
J 7500		1205	1240		1140	1140	1140	1222.8	1.00
J 8000		710	725		720	720	720	723.0	1.00
J 8500		212	225	13.80	215	215	215	224.0	0.98
J 9000		0.5	5	19.55	2	2	2	0.2	0.01
V 7500		0.1	3.5						
V 8000	24.11	0.1	4		2	2	2		
V 8500		1.1	4.5	16.63	5	5	5	0.8	-0.02
V 9000		260	305	32.00	290	290	290	280.0	-1.00
K 8000		720	740		750	750	750	744.6	0.99
K 8500	13.06	290		16.13	290	290	290	282.0	0.79
K 9000	12.98	45	50	13.60	46	46	46	37.4	0.22

Abb. 63: Pricing Watch - "OPTAS"

Abbildung 63 zeigt einen Ausschnitt des Realtime-Systems von "OPTAS" mit den An- und Verkaufskursen ausgewählter Optionsgeschäfte und deren Risikoparameter. Die im oberen Teil des Bildschirmausschnittes aufgeführten Angaben für den Bewertungstag ("Date"), die Kursvolatilität ("Volat") und den Zinssatz für risikofreie Anlagen ("Intrate") können direkt für die Durchführung von Simulationsläufen und damit zur Berechnung theoretischer Optionspreise verwendet werden.[1] Mit Hilfe der dort ausgewiesenen Risikokennzahl "Delta" ermittelt "OPTAS", wie sich der ermittelte Optionspreis bei Veränderung des Aktienkurses verhält. In diesem Fall gibt der Delta-Wert an, um wieviel Einheiten sich der vom Computer berechnete Optionspreis verändert, wenn sich der Preis des zugrundeliegenden Wertpapieres (Basisobjekt)

1) Front Capital Systems (Hrsg.)(Pricing Watch), S. 16 f.

um eine Einheit verändert.[1] Je größer nun der Delta-Faktor ausfällt, desto höher ist das mit dem Optionsgeschäft verbundene Risiko und damit die Gefahr einer vorzeitigen Ausübung der Option.

Zur gezielten Risikoüberwachung können Computersysteme im Rahmen des Optionshandels auch Performanceberechnungen für noch nicht durchgeführte Optionsgeschäfte, Warn-Reports bei Erreichen des letzten Handelstages einer Option, Sortierfunktionen zur Erleichterung der Preisüberwachung, Angaben zu fehlenden Optionspeisen sowie die je nach Art der Option unterschiedlichen Kommissionen und Gebühren berücksichtigen.[2]

In bezug auf die Preisbestimmung im Handel mit Optionen muß allerdings festgestellt werden, daß die berechneten Preise zum größten Teil auf theoretischen Annahmen beruhen und nur unter den vereinfachten Bedingungen des jeweiligen Preismodelles gelten.[3] Dazu kommt, daß es unter Berücksichtigung der eingestellten, z.T. individuellen Annahmen bei den Bestimmungsfaktoren von Optionspreisen oft mehrere "richtige" Preisfestellung von unterschiedlichen Händlern für ein und denselben Terminkontrakt geben kann.

OPTIONS-STRATEGIEN

Durch Kombination verschiedener Optionskontrakte mit bestimmten Grundgeschäften sind nun eine Vielzahl von Strategien möglich, die nach dem Risikoverhalten und Gewinnstreben der beteiligten Handelspartner systematisiert werden können und - sofern sie

---

1) Front Capital Systems (Hrsg.)(Pricing Watch), S. 34 f.

2) Chorafas D.N./Steinmann H. (Technology), S. 330.; Devon Systems (Hrsg.)(EMS), o.S.; Front Capital Systems (Hrsg.)(OPTAS), o.S.

3) Abel U. et alteri (neue Dimension), S. 54 f.; Loistl O. (Wertpapiermanagement), S. 314 f.

nicht schon Eingang in die Literatur gefunden haben - auf dem Erfindungsgeist der Marktteilnehmer basieren.[1]

Für die gebräuchlisten Strategieformen unterstützen Computerprogramme deren Bildungsarten, so daß der Händler nur noch die gewünschte Strategie eingeben muß. Anschließend berechnet der Computer alle auf dem Markt möglichen Kombinationen aus Grundgeschäft und Terminkontrakt für die eingestellte Handelsstrategie und gibt zu jedem Handelsgeschäft unter Zugrundelegung der geltenden Kosten den dafür aufzuwendenden Betrag an.[2] Dazu gehört auch z.B. bei der Durchführung von Absicherungsgeschäften (engl. "Hedging"), sofern zu einem Wertpapierportefeuille keine identischen, für die Absicherung in Frage kommenden Wertpapiere auf dem Markt sind, die Bestimmung von weitgehend ähnlichen Optionskontrakten unter Zuhilfenahme von mathematisch-statistischen Verfahren (z.B. Regressionsanalyse).[3]

Zur leichteren Auswahl von geeigneten Strategien unterstützten Computerprogramme für den Optionshandel den Händler durch graphische Darstellungen von Risiko- und Ertragsstrukturen. Dabei weist jede Optionsstrategie eine charakteristische Risikostruktur auf, die mittels einer Grafik sofort erkennbar ist.[4] Die Grafik in Abbildung 64 stellt eine kombinierte Handelsstrategie ("Bottom Straddle")[5] vor und zeigt dem Händler mögliche Handelsgewinne/-

---

1) Abel U. et alteri (neue Dimension), S. 90.; Loistl O. (Wertpapiermanagement), S. 289 ff.

2) Devon Systems (Hrsg.)(EMS), o.S.; Front Capital Systems (Hrsg.)(OPTAS), o.S.

3) Anmerkung: Die Übereinstimmung zwischen Grundgeschäft (z.B. Aktie) und Option bestimmt sich u.a. aus der Gleichförmigkeit der Kursentwicklung, die mit einer Regressionsanalyse bewertet werden kann.

4) Loistl O. (Wertpapiermanagement), S. 289 ff.; Schätzle R./Cate P.M.ten (Anlageberatung), S. 44 f.

5) Anmerkung: Ein Bottom Straddle besteht aus je einer gekauften Kauf- und Verkaufsoption.

verluste in Abhängigkeit vom Kurs des zugrundeliegenden Basisgeschäftes auf.[1]

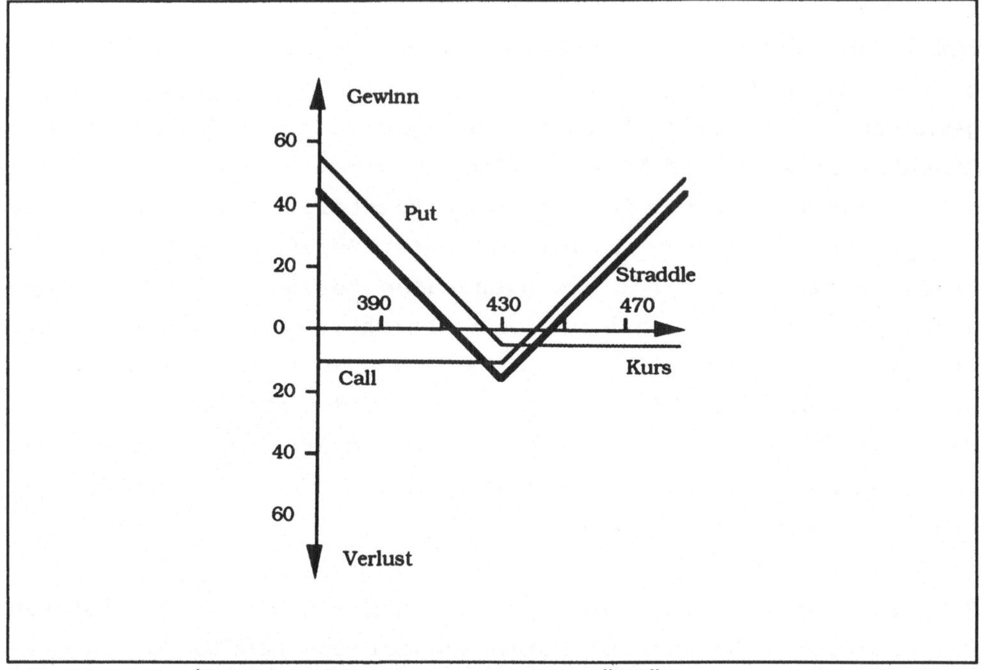

Abb. 64: Risiko-/Ertragsstruktur: Bottom Straddle - "FIS"

Für die Absicherung von Aktien-Portefeuilles im Rahmen von "Hedging-Strategien" können Computerprogramme ferner die Anzahl und die Art der in Frage kommenden Kontrakte angeben und das verbleibende Restrisiko bestimmen.

Über die laufend aktualisierten Preise und Risikokennzahlen kann der Händler eine Überwachung des getätigten Absicherungsgeschäftes vornehmen und, falls notwendig, die durch das Absicherungsgeschäft aufgebauten Positionen anpassen. Bei Absicherungsstrategien müssen nämlich bei einer Änderung der Basispreise stets eine neue Anzahl von notwendigen Optionskontrakten zur Kompensation der Wertschwankungen ermittelt werden. Dort gibt der Computer dem Händler jeweils bei Preisänderungen der abzusichernden Wertpapierbestände Vorschläge zur Neuanpassung der Kontraktanzahl. Dazu

1) inasys (Hrsg.)(Finanz-Informations-System), o.S.

gehört auch bei eratischen Preisschwankungen zwischen Basisobjekt und Terminkontrakt das Aufzeigen von anderen Kombinationen aus Grund- und Termingeschäft mit günstigeren Preiskorrelationen.

3.1.3.5 Simulations-/Indikatorprogramme

Eine wesentliche Unterstützung der Analysetätigkeit kann sich durch Einbezug von computergestützten Bewertungen in Form von Kauf- und Verkaufsvorschlägen ergeben. Diese häufig, im Zusammenhang mit Simulations- oder Indikatorprogrammen genannten und auf dem PC durchführbaren Applikationen, können für einzelne Finanzinstrumente auf Basis einer optimierten Sammlung von Börsenindikatoren gewinnträchtige Handelstechniken bestimmen. In diesem Fall ermittelt das Handelssystem auf Basis bestimmter markttechnischer Indikatoren günstige Kauf- oder Verkaufszeitpunkte bzw. geeignete Handelsstrategien.[1] Über die Zusammensetzung des dem Handelssystem zugrundeliegenden optimierten Indikatorsatzes hüllen sich jedoch die meisten Anbieter in Schweigen.[2] Von besonderem Vorteil bei Berücksichtung der fast unbegrenzten Handelsstratgien sind dabei die durch computergestützte Handelssysteme angebotenen Selektionsmöglichkeiten, so daß z.B. nur Handelsstrategien mit einem bestimmten Mindestgewinn berücksichtigt werden können.[3]

Die Erfolgsbestimmung von Handelsstrategien, die auf einem optimierten Indikatorsatz beruhen, wird als "Backtracking" bezeichnet und läßt sich in zwei wesentliche Schritte zerlegen. Zunächst berechnet der Computer auf Basis historischer Kursdaten einen ersten Indikatorsatz, der in einem sich anschließenden Rechenverfahren solange angepaßt wird, bis sich durch Gegenüberstellung

---

1) Anders B.M. (Handelssystemen), S. 29.; Horn M.H. (Elektronik), S. 102 ff.; Jobst P. (Zeitvorsprung), S. 106; o.V. (Tips), S. 12.

2) Gemäß den diesbezüglich durchgeführten Anfragen sowie: Jobst P. (Rechner), S. 121 f.; o.V. (Börsenprogramm), S. 31.

3) Schätzle R./Cate P.M.ten (Anlageberatung), S. 47.

mit den vergangenen Kursfeststellungen eine gewinnmaximale Indikatorsammlung ergibt. Im zweiten Schritt testet der Händler mit seinem Computer die Güte und damit die Gewinnmöglichkeiten des auf diese Weise aufgebauten Handelssystems in einer anderen entweder zurückliegenden oder aktuellen Zeitperiode. Der Vergleich mit anderen Zeitperioden soll gewährleisten, daß die ermittelte Handelstechnik auch ohne Einbezug der beim Optimierungsprozess verwendeten Zeitreihen, Gewinn hervorbringt.[1]

BACK TRACK

Ein aus dem amerikanischen Raum stammendes Indikatoroptimierungsprogramm mit dem schon auf das oben bezeichnete Verfahren hinweisenden Namen "Back Track" basiert auf über 50 sog. "Systemstudien", welche die Zusammensetzung und das Marktverhalten bestimmter technischer Marktindikatoren wiedergeben.[2] Insgesamt erlaubt "Back Track" die Verknüpfung von bis zu fünf Indikatoren zum Aufbau einer Handelsstrategie. Neben kurzfristigen Marktindikatoren besteht die Möglichkeit, auch fundamentalanalytische Informationen (z.B. Unternehmensgewinneinschätzungen) in den Indikatormix aufzunehmen und damit auch langfristige Handelssignale zu berücksichtigen. Bei der Durchführung einer Handelsstrategie kann "Back Track" bis zu 16 verschiedene Stop-Arten und 12 verschiedene Order-Strategien (z.B. "Nächster Eröffnungskurs") durchrechnen. Dazu gehört auch die Auswertung von Testergebnissen nach deren Rangfolge in bezug auf verschiedene Bewertungskriterien (z.B. durchschnittlicher Gewinn pro Tag) sowie der automatische Ausdruck von Handelsempfehlungen. Abgesehen von den schon durch die Systemstudien vordefinierten Handelsindikatoren kann der Händler auch mittels eines Formelgenerators ein eigenes Handelssystem aufbauen.

---

1) Horn M.H. (Elektronik), S. 103.; Schätzle R./Cate P.M.ten (Anlageberatung), S. 46 f.

2) Anders B.M. (Handelssystemen), S. 29 ff.

BÖRSEN-COMPUTER-SYSTEM

Ein weiteres PC-Programm zur Optimierung von Anlagestrategien mit dem Namen "Börsen-Computer-System" nimmt ebenfalls eine Generierung von konkreten Kauf- und Verkaufssignalen vor.[1]

Long Short Phasenanalyse : Stopliste vom 24-06-1988

Nr.	Wertpapier	Signal	Kurs	
1	FAZ-Index	halte die Long - Position!		
2	DowJ-Industrial	halte die Long - Position!		
3	Hoesch	halte die Long - Position!		
4	Hoechst	Verkaufe wenn der Kurs unter	251.39	fällt!
5	Volkswagen	halte die Long - Position!		
6	Siemens	halte die Long - Position!		
7	Veba	halte die Long - Position!		
8	Nixdorf	halte die Short - Position!		
9	Allinaz	halte die Long - Position!		
10	Dt. Bank	halte die Long - Position!		
11	84-Commerzbank	halte die Long - Position!		
12	Canon	halte die Short - Position!		
13	BBC-Zuerich	halte die Long - Position!		
14	Ciba-Geigy	halte die Long - Position!		
15	Elektrowatt	Kaufe wenn der Kurs über	3072.07	steigt!
16	Sony	Kaufe wenn der Kurs über	77.99	steigt!
17	Schweizer Bankges.	halte die Long - Position!		
18	Toshiba	halte die Long - Position!		
19	Am. T & T	Kaufe wenn der Kurs über	24.84	steigt!
20	General Motors	halte die Long - Position!		
21	Banc America	halte die Long - Position!		
22	C Gold Dec 1988	Verkaufe wenn der Kurs unter	420.24	fällt!
23	C Kaffee Sep 1988	Verkaufe wenn der Kurs unter	127.92	fällt!

Anzahl Wertpapiere :	23
davon short :	5
long :	18
Ergebnis Long :	23.73%
Ergebnis Short :	22.19%

Abb. 65: Stop-Liste - "Börsen-Computer-Programm"

Das dort implementierte Optimierungsverfahren wurde über einen Entwicklungszeitraum von etwa 10 Jahren geschaffen und beruht auf der rückwirkenden Analyse optimierter gleitender Durchschnittswerte für bestimmte Wertpapiere. Die mit dem "Börsen-Computer-System" verbundene Indikatorsammlung wird im 50-Tage-Turnus laufend an die Marktverfassung angepaßt, so daß sich abzeichnende Änderungen an den Finanzmärkten berücksichtigt werden können. Das "Börsen-Computer-Programm" bestimmt jeweils aus den optimierten Indikatoren unter Berücksichtigung der aktuellen Kursentwicklung sowohl in graphischer als auch tabellarischer Form optimale Halte-, Kauf- und Verkaufsstrategien.

1) Computer Centrum Westküste (Hrsg.)(Börsen-Computer-Programm), o. S.; Krogmann J./Meier P. (Anlageerfolg), S. 1037.

Die in Abbildung 65 aufgeführte tabellarische Auswertung zeigt eine "Stop-Liste", die auf der Optimierung von 23 ausgewählten Wertpapieren basiert. Wie ersichtlich ermittelt das Simulationsprogramm für 18 Wertpapiere eine Kaufposition ("halte die Long-Position!"/"Kaufe wenn der Kurs über ... steigt!") und für fünf weitere Wertpapiere eine Verkaufsposition ("Halte die Short-Position!"/"Verkaufe wenn der Kurs unter ...fällt!"). Die Abschlußzeile der Stop-Liste zeigt eine aggregierte Zusammenfassung der kauf- und verkaufswürdigen Wertpapiere mit den möglichen maximalen Gewinnen in Prozent des Depotwertes.

THE VOLATILITY BREAKOUT SYSTEM

Ein weiteres, durch die Analysefirma Bulls & Bears vertriebenes Handelssystem mit dem Namen "The Volatility Breakout System" (VBS) wurde speziell für den Handel in volatilen Futures-Märkten geschaffen.[1] Unter Berücksichtigung einer Testperiode von drei Jahren gibt dieses Handelssystem auf Basis eines Optimierungsverfahrens konkrete Handelsempfehlungen, die sich auf zwei bis fünf ausgewählte Marktindikatoren (z.B. Kurs-Volatilität) stützen. Für bestimmte Handelsportfolios, wie z.B. mit festverzinslichen Wertpapieren, geben die Hersteller dieses Programmes einen optimierten Indikatorsatz mit Gewinnaussichten in einer Größenordnung von über 50 Prozent vor.

Abbildung 66 zeigt die Benutzeroberfläche für die Entwicklung eines optimierten Indikatorsatzes für das Marktsegment der Treasury-Bonds zusammen mit einer Handelempfehlung. Zur Optimierung jeweils die Indikatoren P2 und P3 variiert und bei Konstanz der restlichen Indikatoren eine Gewinn-und Verlustrechnung vorgenommen. Auf diese Weise kann der Anwender verschiedene Indikatorkombinationen hinsichtlich deren Profitabilität austesten.

Besonders erwähnenswert ist, daß zu den jeweils für den nächsten Börsentag ausgegebenen Handelsempfehlungen auf "Knopfdruck" die dahinterstehende Logik offengelegt wird und sich damit ein

1) Technical Trading Strategies (Hrsg.)(Volatility Breakout), o.S.

```
Volatility Breakout System 2.1  Parameter Summary  Tue 15 Dec 1987 6:34 PM  pg 1
TR  T-Bonds  800101  to  871215                              Slippage = $100

Min Profit    $ 100000                 Min Profit/Loss ratio      3.0
Max Drawdown $   6000                  Min Profit/Drawdown ratio 20.0
```

R	P1	P2	P3	P4	P5	# t	% w	whp	$ total	$/trad	P/L	IntrDD	P/DD	OpnPrf
A	2	95	95	22	0	116	59	0	117319	1011	4.1	-5037	23.3	562
A	2	95	100	22	0	106	64	0	126700	1195	5.3	-3587	35.3	531
A	2	95	105	22	0	97	66	0	124594	1284	5.5	-3400	36.6	500
A	2	100	95	22	0	112	61	0	115219	1029	4.1	-5100	22.6	562
A	2	100	100	22	0	102	66	0	124850	1224	5.4	-3650	34.2	531
A	2	100	105	22	0	93	67	0	123056	1323	5.6	-4900	25.1	500
A	2	105	95	22	0	106	63	0	117831	1112	4.7	-5162	22.8	562
A	2	105	100	22	0	96	68	0	128794	1342	6.4	-3712	34.7	531
A	2	105	105	22	0	87	70	0	128094	1472	6.8	-3569	35.9	500

```
Volatility Breakout System 2.1   Trading Instructions    Tue 15 Dec 1987 6:04 PM
SP  S&P 500  871116  to  871215                               Slippage = $100

S&P 500  0388       Last date read: 871215       Close = 245.50  up .70
     System is currently long from 871214 at 237.40.    Open Profit = 4050

Market is too volatile to enter a new trade.

Place one covering order:

Order #1: Sell one SP on a stop at 247.10 or 2.30 below the open,
          whichever is lower.
```

Abb. 66: Optimierungsbetrieb/Handelsempfehlung - "VBS"

Lerneffekt beim Händler einstellt, der das Vertrauen in die Funktionalität des Handelssystems erhöht. Ein anderes Leistungskriterium von "VBS" liegt darin, daß es sich jeweils automatisch der aktuellen Marktvolatilität anpaßt, so daß mit steigenden Preisschwankungen die Einstiegspunkte (stops) für Handelsgeschäfte entsprechend verlängert werden.

3.1.3.6 Bewertung

In bezug auf die Rationalisierung der Analysetätigkeit tragen PC-Programme in den Bereichen der technischen Chartanalyse zu einer erheblichen Arbeitserleichterung bei, indem z.B. die früher mit großem Zeitaufwand manuell erstellten Charthefte, nunmehr direkt am Arbeitsplatz interaktiv produzierbar sind. Auf diese Weise können die Informationsbedürfnisse des Bankmitarbeiters sofort befriedigt werden.[1] Die verbunden mit der Computerisierung

1) Weber F. (Geld), S. 24.

einhergehenden Rationalisierungspotentiale gelten um so mehr, wenn der Investor eine Vielzahl von Kauf-, Halte- und Verkaufsstrategien betrachten möchte, bevor er eine Anlageentscheidung fällt.[1]

Ein besonderer Vorteil in Hinblick auf die Arbeitserleichterung des Analysten ergibt sich daraus, daß die einmal erstellten Analyseverfahren bzw. Berechnungsmethoden abgespeichert und später auf "Knopfdruck" wieder bereitstehen. Dazu kann gegebenenfalls die Aktualisierung von Analysen mit den neuesten Kurs- und Preisfestsetzungen an den Computer übertragen werden, so daß für die Analyse stets die aktuellsten Kursbilder oder Preisberechnungen vorliegen.

Zur Erkennung von Handelsstrategien können die vorgestellten Wertpapieranalyseprogramme über die Berechnung verschiedenster Indikatoren und Verfahren allenfalls unterstützende Hilfsfunktionen leisten. So gilt beispielsweise für die Durchführung von Strategien im Rahmen des Handels mit Optionen, daß dort der Computer zwar konkrete Vorschläge für Kombinationen aus Optionen und Basisgeschäften geben kann; die Beurteilung dieser Vorschläge sowie die Überwachung der damit verbundenen Risikostrukturen bleibt jedoch dem Händler überlassen. Der Computer kann dort allenfalls über die Gestaltung des informatorischen Umfeldes, verbunden mit der laufenden schnellen Berechnung von Preisen und Kennzahlen die notwendigen Voraussetzungen zur Beurteilung von Handelsgeschäften schaffen.[2] Dazu kommt, daß mit Blick auf die Strategiefindung im Optionshandel die von den Händlern entwickelten Strategien und Verhaltensweisen oft "Spielarten" darstellen, die auf dem Einfallsreichtum eines Individuums beruhen und folglich durch ein Computerprogramm nur unvollständig vorhergesagt werden können.

---

1) Horn M.H. (Elektronik), S. 97.

2) Schätzle R./Cate P.M.ten (Anlageberatung), S. 29.

In Hinblick auf die konkrete Unterstützung von gewinnbringenden Anlagestrategien in festverzinslichen **Obligationen** überzeugen vor allem die durch das Rentenanalysesystem "RENSYS" offerierten Vorschläge für die Vornahme von Tauschgeschäften. Dort übernimmt der Computer die Suche nach geeigneten Tauschpapieren auf den z.T. schwer überschaubaren Kapitalmärkten und deckt die für Performancezugewinne in einem bestimmten Laufzeitbereich bestehenden Kursdifferenzen zwischen vergleichbaren Wertpapieren auf. Die Nutzung der Switching-Analyse bei der BHF-Bank hat gezeigt, daß vor allem in denjenigen Märkten gute Erfolge erzielbar sind, die eine hohe Liquidität aufweisen und problemlose Umtauschaktionen auch in größeren Positionen zulassen. Sofern allerdings die Liquidierbarkeit von Anleihen durch die Kapitalmarktsituation gestört ist und folglich ein Marktrisiko besteht, ist es keineswegs sicher, ob die vorgeschlagenen Wertpapiere verkauft bzw. beschafft werden können. Als Voraussetzung muß demnach für die Realisation von Tauschgeschäften immer eine ausreichende Marktbreite gegeben sein.[1]

Zur Erkennung von Handelssignalen beispielsweise im Rahmen der **technischen Wertpapieranalyse** mit verschiedenen Verfahren (z.B. Trendlinienmethode) kann der Computer ebenfalls nur Hilfsfunktionen leisten, bedingt durch die weitgehend erfahrungsbestimmten Aussagen in diesem Bereich.[2] Dies bedeutet, daß trotz Einsatz des Computers immer ein gewisser Interpretationsspielraum bestehen bleibt. Die richtige und rechtzeitige Wahrnehmung von Signalen und damit das "Timing" der Anlagestrategie hängt deshalb von der Erfahrung des einzelnen Bankmitarbeiters ab und kann nicht von vornherein bei jedem Analysten gleichermaßen vorausgesetzt werden. Zusätzlich wird die Einschätzung verschiedenster Analyseverfahren dadurch erschwert, daß diese - selbst bei glei-

---

1) Vogel M. (Portfolio-Management), S. 28.

2) Bank J. Vontobel & Co.AG (Hrsg.)(Analyse), S. 58.; Märkl L. (Technische Analyse), S. 28.; Mühlbradt F.W. (Anlagestrategien), S. 172.; Teufel G. (Analysemethoden), S. 50.

chen Marktbedingungen - einander widersprechende Signale liefern können. In diesem Fall muß der Analyst beurteilen, welches Signal ihm am zuverlässigsten erscheint.[1]

Die Aufnahme des **BOX/JENKINS**-Verfahren in die Wertpapieranalyse erweitert den Leistungsumfang der weitgehend auf heuristischen und nicht wissenschaftlich nachprüfbaren Konzepten der technischen Wertpapieranalyse um direkte und damit objektiv nachvollziehbare Kursbestimmungen. So sind praktisch erstmals konkrete Kursfeststellungen für zukünftige Zeitpunkte möglich.[2] Auch wenn die Durchführung von Kursprognosen nützlich erscheint, müssen deren Grenzen dem Analysten bewußt sein. Dazu gehört vor allem die Erkenntnis über die zeitliche Gültigkeit von Voraussagen zur zukünftigen Kursentwicklung. In diesem Zusammenhang vertritt **LOISTL** die Auffassung, daß mit Bezug auf die Analyse von Wertpapieren (z.B. Aktien) eher kurzfristige Prognosen auf Basis des BOX/JENKINS-Verfahrens zu bevorzugen sind. Als Grund führt er die auf den Wertpapiermärkten z.T. bestehenden starken Kursschwankungen an, die zu häufigen Änderungen der Modellparameter führen und deshalb einen längeren Prognosezeitraum unzweckmäßig erscheinen lassen.[3]

Zur Wahrnehmung von Geschäftsmöglichkeiten über die vorgestellten **Simulations- und Indikatorprogramme** muß das Angebot mit einer gewissen Skepsis betrachtet werden. Dies trifft vor allem dann zu, wenn sich die mit diesen Programmen verbundenen Werbemaßnahmen auf die Angabe von Erfolgsquoten und sich damit auf die in der Vergangenheit erzielten Gewinne stützen.[4] Deshalb muß beim Einsatz von Simulationsprogrammen immer den getroffen Annahmen und deren Wahrscheinlichkeit Beachtung geschenkt werden. Deswei-

1) Mühlbradt F.W. (Anlagestrategien), S. 172.

2) Haskamp C.H. (Aktienkursprognose), S. 70.; Loistl O. (Ertragsgestaltung), S. 10.; dgl. (Wertpapiermanagement), S. 193.

3) Loistl O. (Ertragsgestaltung), S. 13.

4) Schätzle R./Cate P.M.ten (Anlageberatung), S. 47 f.; Weber F. (Geld), S. 28.

teren beruht in vielen Fällen die Handelsweise der Marktteilnehmer und damit die Kursentwicklung auf psychologischen Faktoren, so daß der Händler auch ein gewisses "Börsenfeeling" haben muß, um gute Geschäftsabschlüsse zu tätigen.[1] Vielfach kann die Suche nach Indikatoren für die zukünftige Kursentwicklung aussichtslos sein, da die aktuellen Kursfeststellungen selbst schon Frühindikatoren der zukünftigen wirtschaftlichen Entwicklung sind.[2]

Als problematisch einzuschätzen ist in jedem Fall die vollständige Computerisierung des Wertpapierhandels, wie dies z.B. beim sog. "Programmhandel" gegeben ist, der für die großen Kursschwankungen internationalen Finanzplätzen als auch die Kursstürze während des Börsencrash verantwortlich gemacht wird.[3]

Dennoch ist das Angebot an konkreten Handelsvorschlägen durch den Computer dann als positiv zu bewerten, wenn sich der Analyst nicht blind darauf verläßt und deren Grenzen stets vor Augen hat. Unter Beachtung dieser Prämisse liegt der Vorteil des Computers in einer gewissen Standardisierung der Anlageentscheidung. Die Suche nach der endgültigen Anlagestrategie sollte jedoch immer auf eine Vielzahl von Indikatoren gestützt sein und auch fundamentalanalytische Erkenntnisse mitberücksichtigen.

Ein wichtiges zukünftiges Einsatzgebiet des Computers in der Wertpapieranalyse kann sich aus der Nutzung von Expertensystemen ergeben. Beispiele dafür sind die auf komplexen Regelstrukturen basierende Generierung von Handelsvorschlägen im kurz- und langfristigen Handelsgeschäft[4], die Markt- und Risikobewertung von komplexen Finanzinstrumenten, Vorhersagen von Wechselkursen sowie die Unterstützung von Absicherungsgeschäften im Handelsbe-

---

1) Weber F. (Geld), S. 26.

2) Loistl O. (Wertpapiermanagement), S. 14.; Maroudas N. (Indikatoren), S. 105.

3) Brupbacher W./Gier H.-P. (Risikoüberwachung), S. 48.; Loistl O. (Wertpapiermanagement), S. 21.; Schneider-Gädicke K.-H. (Informationstechnologien), S. 35.

4) Loistl O. (Wertpapiermanagement), S. 59 ff.

reich[1]. Dazu gehören auch Expertensysteme, die bereits den Handel mit Optionen unter Berücksichtigung der Kurserwartung, Risikotoleranz und Renditevorstellung des Investors unterstützen. Auf Basis dieser Zielsetzungen können derartige Programme Handelsvorschläge und Informationen zu z.T. sehr komplexem Optionsstrategien (Doppelstrategien) liefern.[2]

1) Chorafas D.N./Steinmann H. (High Technology), S. 354.

2) Schätzle R./Cate P.M.ten (Anlageberatung), S. 61 ff.

3.2 Commercial Banking

3.2.1 Kreditsachbearbeitung

3.2.1.1 Einführung

Die Kreditbearbeitung und - verwaltung gehört zu einem typischen Arbeitsfeld in der Bank, welches unter Berücksichtigung der bestehenden Ineffizienzen von Informations- und Kommunikationsbeziehungen gute Voraussetzungen für Rationalisierungsmaßnahmen eröffnet.[1] So ergaben z.B. die Ergebnisse einer Gemeinkosten-Wertanalyse, die von der IBM für den Arbeitsbereich der Kreditsachbearbeitung durchgeführt wurde, erhebliche Produktivitätspotentiale, deren Ausschöpfung durch den Einsatz der individuellen Datenverarbeitung und damit der Nutzung von Informations- und Kommunikationstechnologien möglich ist. Dafür sprachen insbesonders die bei der Abwicklung von Kreditengagements bestehenden Normierungsmöglichkeiten für die stets wiederkehrenden und damit leicht automatisierbaren Arbeitsabläufe.[2]

Inhaltlich setzt die Computerunterstützung in der Kreditsachbearbeitung vor allem bei der Ausführung von Routinetätigkeiten in Form von Schreib-, Rechen-, Verwaltungs-, Informations- und

---

1) Zur Erörterung der Einsatzmöglichkeiten von Personal Computern für die Kreditsachbearbeitung standen folgende Herren als Gesprächsparter im Jahre 1989 zur Verfügung:

- o Herr B. BRACHTL (IBM, Stuttgart)
- o Herr K. GROB (BIK, Frankfurt)
- o Herr M. FISCHER (DIGITAL EQUIPMENT, Braunschweig)
- o Herr W. FREERKS (GRZ, Lehrte)
- o Herr W. FREI (BANK JULIUS BÄR, Zürich)
- o Herr R. HELLER (WÜRTTEMBERGISCHER GENOSSENSCHAFTSVERBAND, Stuttgart)
- o Herr H. MAISCHEN (GRZ, Lehrte)
- o Herr G. SCHAD (IBM, Stuttgart)

2) IBM (Hrsg.)(Projekt CSB Kredit), S. 1 f.; Kreissparkasse Esslingen-Nürtingen (Hrsg.)(Kredit), o.S.

Kommunikationsaufgaben an, die mit den folgenden in Textbox 33 aufgeführten Schwachstellen verbunden sind.[1]

SCHWACHSTELLEN DER KREDITSACHBEARBEITUNG

- Mehrmalige Überarbeitung von Korrespondenzvorgängen
- Mehrfache Erfassung von Kunden- und Geschäftsangaben
- Aufwendige Archivierungsprozesse
- Mangelhafte Kontrolle von Limiten und Terminen
- Zeitintensive Analyse und Informationssuche

Box 33: Schwachstellen der Kreditsachbearbeitung

Der hohe Aufwand für die Abwicklung von Kreditengagements und die Ineffizienzen in der Sachbearbeitung wurden in zahlreichen Studien für die Kreditwirtschaft nachgewiesen. So veranschlagte z.B. die Schweizerische Volksbank in einer Untersuchung für das Kreditgeschäft pro Kredit einen durchschnittlichen Zeitaufwand von etwa 9 Arbeitsstunden und konnte im Zusammenhang mit den oben aufgezeigten Schwachstellen Rationalisierungspotentiale in einer Größenordnung zwischen 10 und 15 Prozent ausmachen.[2]

Zu vergleichbaren Ergebnissen kamen auch Untersuchungen in der Deutschen Sparkassenorganisation, die für den Zeitraum zwischen der Neuakquisition eines Firmenkredites bis zu dessen Bewilligung Liegezeiten von bis zu 16 Arbeitstagen ermittelten, welche im Verhältnis zu einer effektiven Bewilligungszeit von zwei- bis dreieinhalb Stunden pro Kreditengagement - ohne Einbezug von Liegezeiten - standen. Darüber hinaus deckten die Sparkassen erhebliche Mißverhältnisse bei der Aufgabenverteilung in den Kreditabteilungen auf, die ebenfalls Anstöße zu einem verstärkten Computereinsatz gaben. Abbildung 67 verdeutlicht den im Rahmen

1) Bill K. (Automaten), S. 43.; Bock W./Lengacher H.P. (Akquisition), S. 33 ff.

2) Bill K. (Automaten), S. 43 f.

dieser Untersuchung festgestellten hohen prozentualen Anteil von Sachbearbeitungsfunktionen im Kreditgeschäft.[1]

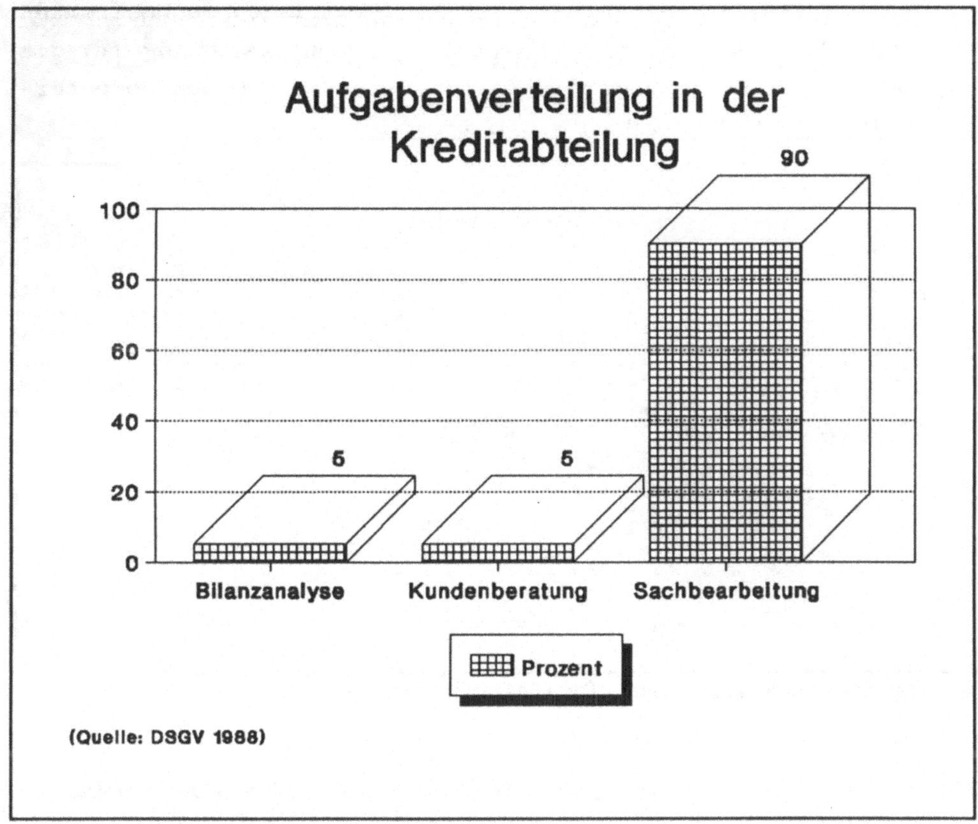

Abb. 67: Aufgabenverteilung in der Kreditabteilung

So kann z.B. mit Hilfe von Expertensystemen die Abwicklung von Kreditengagements unterstützt werden, indem die Antragsbearbeitung weitgehend durch Fragenkomplexe gestützt und der Kreditsachbearbeiter damit auf Bearbeitungsfehler aufmerksam gemacht wird.[2] Andere Anwendungen, die eine aufgaben- oder bedingungsabhängige Automatisierung bestimmter Arbeitsschritte in verschiedenen Phasen der Kreditbearbeitung einschließen, geben dem Bankmitarbeiter einen jederzeitigen Überblick über den aktuellen Stand

1) Kunze Chr. (Herausforderungen), S. 229.

2) Miller A. (Credit Rating Systems), o.S.

der Bearbeitung von Kreditfällen. Dazu gehört z.B. die Generierung umfangreicher Listen mit Hinweisen für weitere Sachbearbeitungsschritte und für automatische Wiedervorlagen zu bestimmten Terminen. Abbildung 68 stellt eine Vorgangsunterstützung für die Abwicklung von Kreditengagements vor, wie sie von der Computerfirma DIGITAL EQUIPMENT entwickelt wurde.[1]

Abzuwickelnde Aufgaben

Nr.		Aufgabe	Ausf.Datum	Status	SB	Wiederv.Dat
1	0010	Anforderung von Unterlagen	15.Mrz.1989	AUSGEF	SA	15.Apr.1989
2	0030	Beschlussvorlage erstellen	15.Mrz.1989	AUSGEF	SA	15.Apr.1989
3	0031	Beschlussergebnis erfassen	15.Mrz.1989	AUSGEF	SA	15.Apr.1989
4	0040	Kreditvertrag erstellen		NEU	SA	
5	0050	Kundenanschreiben zum Kreditvertrag		NEU	SA	

Abb. 68: Kreditsachbearbeitung - DIGITAL EQUIPMENT

Einige Computerapplikationen, wie "Comvor-Plus" von der Computerfirma NIXDORF sehen sogar explizit die Integration verschiedenster Beraterprogramme (z.B. Baufinanzierung) und Kommunikationsdienste in die Kreditsachbearbeitung vor. Im Rahmen der Kommunikationsanwendung können z.B. Schufaauskünfte mit der Kreditsachbearbeitung verknüpft werden.[2] Besonders vorteilhaft erscheint auch die Führung bei der Kreditbearbeitung in juristischen Problemen. Auf diesem Gebiet wurde z.B. auf der CeBIT Hannover Messe im Jahre 1989 eine durch die Computerfirma IBM zusammen mit der Kreissparkasse Esslingen-Nürtingen geschaffene PC-Lösung vorgestellt, die eine Sammlung von "elektronisch" hinterlegten

1) DIGITAL EQUIPMENT (Hrsg.)(Vorgangsbearbeitung), o.S.; o.V. (Projekt CSB Kredit), S. 4 f.

2) Nixdorf AG (Hrsg.)(Comvor-Plus), S. 5.; dgl. (Hrsg.)(Bankware), S. 11.

Gesetzesparagraphen, Richtlinien und allgemeinen Bearbeitungshinweisen enthält. In diesem Fall kann der Sachbearbeiter jederzeit bei der Abwicklung von Kreditfällen per "Knopfdruck" Hilfestellungen aufrufen und in verschiedenen Texten "blättern".[1]

COMPUTERGESTÜTZTE FUNKTIONEN IN DER KREDITSACHBEARBEITUNG

- Aktenführung
- Kreditberechnungen (z.B. Beleihungswerte)
- Berichtswesen/Statistiken
- Bürokommunikation (z.B. S.W.I.F.T.)
- Kontroll- und Überwachungsprozesse (z.B. Wiedervorlage)
- Aufbereitung und Zusammenstellung von Kreditengagements
- Automatisierte Vorgangsbearbeitung

Box 34: Computergestützte Funktionen in der Kreditsachbearbeitung

Die Angebote für PC-Lösungen auf dem Gebiet der Kreditsachbearbeitung in den Banken sind sehr vielfältig und erfassen neben Computerprogrammen zur Unterstützung einzelner **Kreditgeschäfte** (z.B. Akkreditive/Wechsel)[2] eine Fülle von Anwendungen, die eine **umfassende Kreditsachbearbeitung** unter Einbezug sämtlicher bekannter Kreditformen vornehmen[3]. Die in Textbox 34 aufgeführten Aufgaben verdeutlichen den Umfang der durch PC-Programme unterstützbaren allgemeinen Funktionen im Rahmen der Kreditsachbearbeitung. Stellvertretend für viele Ansätze zur Computerunterstüt-

1) IBM (Hrsg.)(Projekt CSB Kredit), S. 4.

2) Vgl. dazu z.B. folgende PC-Lösungen: Bank Julius Bär (Hrsg.)(Kreditüberwachung), S. 1 ff.; Dresdner Bank AG (Hrsg.)(dreaval), o.S.; GAD (Hrsg.)(Wechselprogramm), o.S.; SGB (Hrsg.)(Akkreditiv-Verwaltung), S. 1 ff.

3) Vgl. dazu z.B. folgende PC-Lösungen: GAD (Hrsg.)(Kreditprotokolle), o.S.; GRZ (Hrsg.)(CSB-Kredit), o.S.

zung in der Kreditsachbearbeitung soll im folgenden Abschnitt das PC-Programm "CSB-Kredit" vorgestellt werden, welches zur Gruppe derjenigen Applikationen gehört, die sämtliche im Kreditbereich üblichen Kreditformen verwalten.

3.2.1.2 CSB-KREDIT - Kreditsachbearbeitung

3.2.1.2.1 Übersicht

Das Programm "CSB-Kredit" wurde von 4 norddeutschen Prüfungsverbänden zusammen mit der Genossenschafts-Rechenzentrale Norddeutschland (GRZ, Lehrte), des Württembergischen Genossenschaftsverbandes (WGV, Stuttgart) und anderen, neu hinzugekommenen Genossenschaftsinstituten entwickelt.[1] Durch die Einführung von "CSB-Kredit" bezwecken die Genossenschaften vor allem eine langfristige Senkung des Personal- und Sachkostenaufwandes, welcher nach Auffassung der Interviewpartner im Vergleich zu anderen Banken in Deutschland und in Hinblick auf die im Genossenschaftssektor vorherrschende funktionale Arbeitsteilung tendenziell höher liegen soll. Die hohe Kostensituation wird ferner durch die institutsspezifisch bedingte Struktur des Kreditgeschäftes begründet, welche sich vor allem durch arbeitsintensive kurzfristige Kreditengagements, verbunden mit einer großen Umschlaghäufigkeit bzw. Mengenorientierung auszeichnet. Darüber hinaus erwähnten die Genossenschafts-Banker die bisher ungenügenden Überwachungsmöglichkeiten der Kreditgeschäftstätigkeit, die zusammen mit den z.T. bestehenden Ineffizienzen bei der Abwicklung von Routinegeschäften in der Vergangenheit zu hohen Risikokosten in Folge eingetretener Insolvenzen führten.

---

1) Die Darstellung des PC-Programmes "CSB-Kredit" beruht einerseits auf der zur Verfügung gestellten Programmversion 3.0, sowie den diesbezüglich geführten Interviews im Jahre 1989 mit folgenden Herren:

- Herr W. FREERKS (GRZ, Lehrte)
- Herr R. HELLER (WGV, Stuttgart)
- Herr H. MAISCHEN (GRZ, Lehrte)

Die Einführung von "CSB-Kredit" vollzieht sich in mehreren hintereinandergeschalteten und zum Teil noch nicht bei allen Volks- und Raiffeisenbanken realisierten Stufen.[1] Ein wesentliches Ziel von "CSB-Kredit" liegt in der Schaffung einer integrierten PC-Lösung unter Einbezug bestehender lokaler und entfernter Daten sowie Informationen. Dies schließt auch die zukünftige Hinzunahme neuer PC-Programmmodule, welche von den Verbundpartnern (z.B. Rechenzentralen) beigesteuert werden, ein, so daß "CSB-Kredit" stets für eine offene und erweiterbare PC-Applikation steht.

Sofern "CSB-Kredit" mit anderen EDV-Diensten zusammenarbeitet, fungiert der Personal Computer als On-Line-Terminal und dient beispielsweise als Empfangsstation für schon vorhandene Datenbestände aus der zentralen Stammdatenverwaltung[2] oder bestimmter Informationsdienste anderer Verbundunternehmen des Genossenschaftssektors[3]. Bei sämtlichen Verbindungen zu lokalen und entfernten Daten- und Informationsbeständen arbeiten die Genossenschaftsbanken an einer einheitlichen Benutzeroberfläche, um die Benutzerfreundlichkeit und damit Akzeptanz der PC-Lösung insgesamt zu fördern.

Insgesamt gesehen standen bei der Konzeption dieses Programmes die folgenden, in Textbox 35 aufgeführten Grundprinzipien in Hinblick auf die Schaffung eines integrierten multifunktionalen Arbeitsplatzes im Vordergrund.[4]

Ein weiteres, insbesonders in Hinblick auf die Akzeptanz des Programmes förderliches Ziel besteht darin, daß die Rechenzentralen eine begleitende Betreuung der Genossenschaftsbanken bei der

---

1) GRZ (Hrsg.)(Bankensonderschau), S. 13 ff.; o.V. (Weiterentwicklungen), S. 11.

2) RWG/WGV (Hrsg.)(Sachbearbeitung), S. 3.

3) GRZ (Hrsg.)(GRZ), S. 17.; o.V. (Andrang), S. 24.

4) GRZ (Hrsg.)(Schulungsunterlagen), o.S.; RWG/WGV (Hrsg.) (Sachbearbearbeitung), S. 2 ff.

KONZEPTION - "CSB-KREDIT"
o Einmalige Eingabe jedes für die Kreditbearbeitung notwendigen Sachverhalts
o Verwendung fremder Datenbestände für die CSB-Anwendung
o Gleichzeitige Verwendung der erfaßten Daten in allen CSB-Auswertungen
o Einheitliche und verbindliche Verschlüsselungssystematik der in "CSB-Kredit" verwendeten Daten
o IndividuelleWeiterverarbeitungsmöglichkeitensämtlicher"CSB-Kredit"-Daten mit anderen Programmen (z.B. Symphony)

Box 35: Konzeption - "CSB-Kredit"

Einführung von "CSB-Kredit" vornehmen.[1] So bietet die GRZ Norddeutschland beispielsweise ein umfassendes Beratungs- und Schulungskonzept mit dem Namen "Kredit" an, welches sämtliche organisatorisch relevanten Phasen erfaßt und den Genossenschaftsbanken konkrete Hilfestellungen bei der Planung geeigneter Aufbau- und Ablaufstrukturen gibt. Dazu gehören auch Einweisungen in das technische Umfeld des Personal Computers, die Diskussion verschiedener Übernahmemodelle für die bestehenden physischen Datenbestände sowie auf einzelne Institute abgestimmte Kosten-Nutzenanalysen.

3.2.1.2.2 Aufbau

Im Jahre 1988 wurde für "CSB-Kredit" erstmals eine netzwerkfähige PC-Lösung vorgestellt, so daß alle im Mehrplatzbetrieb miteinander verbundenen Kreditsachbearbeiter mit einem gemeinsamen Kunden- und Geschäftsdatenbestand arbeiten können.[2] Die Wirtschaftlichkeit des Netzwerkbetriebes für die Kreditgeschäftsabwicklung

1) GRZ (Hrsg.)(Zukunft), S. 22 f.; GRZ (Hrsg.)(zukunftsorientierte Bankleistungen), S. 9 f.; RWG/WGV (Hrsg.)(Sachbearbeitung), S. 17.

2) GRZ (Hrsg.)(Zukunft), S. 17.; RWG/WGV (Hrsg.)(Sachbearbeitung), S. 12.

erfolgt jeweils von den betreuenden Rechenzentralen mittels einer Informations- und Kommunikationsanalyse, so daß nur in bestimmten Fällen eine Mehrplatzversion für die Kreditbearbeitung empfohlen wird.[1] Durch den Mehrplatzbetrieb können bestimmte Arbeitsvorgänge, wie z.B. der Ausdruck umfangreicher Werbebriefe oder die tägliche Datensicherung dem zentralen Server-PC übertragen werden.[2]

Bei Installation eines Netzwerkes sind im Rahmen von "CSB-Kredit" besondere organisatorische Sicherheitsvorkehrungen getroffen worden, die einen gleichzeitigen Zugriff mehrerer Kreditsachbearbeiter auf den Datenbestand einschränken. Dazu gehört bei der Bearbeitung eines Kunden die Sperrung der Kundendaten für andere Netzwerkmitglieder. Bei der Bearbeitung von Kreditnehmereinheiten, welche aus mehreren haftungsmäßig verbundenen Kunden bestehen können, erfolgt sogar die Sperrung des gesamten damit verbundenen Datenbestandes.[3] Die Sperrung von Teilen des Datenbestandes erfordert z.T. erhebliche Umstellungen der persönlichen Arbeitsweise der Kreditsachbearbeiter, so daß z.B. zeitaufwendige Antragsprüfungen von Kreditnehmereinheiten auf unkritische Zeitpunkte (z.B. Abendstunden) verlegt sowie diesbezügliche Absprachen mit denjenigen Kreditsachbearbeitern getroffen werden sollten, die bei vorübergehenden Datensperrungen möglicherweise auf die Bearbeitung ihres Kreditengagements verzichten müssen.

Das Programm "CSB-Kredit" wurde auf Basis des relationalen Datenbankmanagementsystems dBase als Template entwickelt. Zur Nutzung der über dBase zur Verfügung stehenden Auswertungsmöglichkeiten muß, mit Ausnahme der automatisch überspielten Daten aus der Groß-EDV (z.B. juristische Stammdaten), zunächst eine manuelle Dateneingabe durch den Anwender erfolgen.

---

1) GRZ (Hrsg.)(Kreditberatungsbericht), S. 43 ff.

2) GRZ (Hrsg.)(Zukunft), S. 17 f.

3) GRZ (Hrsg.)(CSB-Kredit), Kap. 95.3., S. 1 ff.; GRZ (Hrsg.) (Zukunft), S. 17.

Für den Aufbau des Programmes wurden sämtliche für eine ganzheitliche Kreditsachbearbeitung relevanten Sachverhalte berücksichtigt. Dies bedeutet, daß sich die Konzeption der Eingabemasken weitgehend nach den bisher in den Genossenschaftsbanken verwendeten Formularen und Unterlagen richtet. Für die auf den verwendeten internen Dokumenten vermerkten Kreditsachverhalte sind bei "CSB-Kredit" umfangreiche Abkürzungsverzeichnisse hinterlegt, die ebenfalls beim Aufbau dieser PC-Applikation von den eingebenden Sachbearbeitern zu beachten sind. Dazu gehören beispielsweise Angaben zu Berufs- und Branchenzugehörigkeiten[1] oder zur Bedeutung bestimmter Kreditgeschäfte (z.B. Finanzierung laufender Baukosten)[2].

Sämtliche für die Dateneingabe relevanten Datenmasken wurden nach logischen Kriterien, welche sich nach dem üblichen Arbeitsablauf der Kreditsachbearbeitung richten, aufgebaut. Zur Optimierung der Dateneingabe nimmt "CSB-Kredit" Plausibilitätsprüfungen (z.B. schlüssige Kostenaufteilung) vor und gibt an einigen Stellen Eingabevorschläge. Für den Aufbau des Datenbestandes sind die Kredit- und Geschäftsdaten bis auf sog. "Textmehrzweckfelder" durch die vordefinierte CSB-Datenstruktur festgelegt. Dies bedeutet, daß nur die zwingende Einhaltung sämtlicher Datenstrukturen und Inhalte die durch "CSB-Kredit" verfügbaren Auswertungsmöglichkeiten bei der späteren Sachbearbeitung sicherstellt.

Abgesehen von den durch "CSB-Kredit" vordefinierten Feldinhalten gibt es auch sog. "Individualfelder", deren Inhalt durch die Anwender selbst bestimmbar ist. Dort empfehlen die Rechenzentralen den Genossenschaftsbanken die Aufstellung interner Regelungen, damit der sachliche Hintergrund bzw. die Nutzung dieser Felder einer einheitlichen und für alle Mitarbeiter verständlichen Datenbasis unterliegt. Beispiele für derartige Regelungen sind die Abstimmung der zu vergebenden Mitarbeiternummern mit den im Organigramm einer Bank festgelegten Nummerierungen sowie der

1) GRZ (Hrsg.)(CSB-Kredit), Kap. 10-0, S. 18 ff.

2) GRZ (Hrsg.)(CSB-Kredit), Kap. 20-0, S. 10 ff.

Bindung von Mitarbeiternummern an die für die Sachbearbeitung jeweils verantwortlichen Bankmitarbeiter[1] oder den für einen bestimmten Kunden- bzw. Marktbereich zuständigen Kundenberater[2].

Sämtliche durch "CSB-Kredit" vorgeschriebene Datenstrukturen und Feldinhalte sind zusammen mit der Programmbeschreibung auf einer Diskette erhältlich, so daß sie zur Orientierung über den am Arbeitsplatz befindlichen PC eingesehen werden können. Für zusätzliche durch die Bank selbst definierten Datenfelder (Individualfelder) besteht die Möglichkeit zur Ergänzung des Datenverzeichnisses.

3.2.1.2.3 Inhalte der Kreditdokumentation

Insgesamt besteht "CSB-Kredit" aus vier logisch getrennten und nach sachlichen Kriterien aufgebauten Datenbanken, welche sich aus Stamm- und Bewegungsdaten zusammensetzen und die Kunden-, Konten-, Sicherheiten- und Bemerkungsdatenbank umfassen. Zur Auffächerung der wesentlichen, in den ersten drei Datenbanken abgelegten Informationen sei auf die nachfolgenden drei Textboxen verwiesen. Dort wurde unter Berücksichtigung der z.T. im Jahre 1989 schon realisierten maschinellen Übernahme einzelner Daten aus anderen EDV-Systemen eine besondere Kennzeichnung mit einem Sternchen (*) vorgenommen. Die automatische Übernahme von Daten trägt dem Grundsatz der gemeinsamen Nutzung einmal vorhandener Daten und damit einer Vermeidung mehrfacher Eingaben Rechnung. So können die CSB-Kredit-Anwender in den Genossenschaftsbanken über die Anbindung an deren Rechenzentralen etwa 20 Prozent des für den Aufbau von "CSB-Kredit" benötigten Datenvolumens automatisch aus den dort befindlichen Kunden- und Kontendateien übernehmen.[3]

---

1) GRZ (Hrsg.)(CSB-Kredit), Kap. 10-0, S. 36.

2) GRZ (Hrsg.)(CSB-Kredit), Kap. 10-0, S. 39.

3) GRZ (Hrsg.)(Bankensonderschau), S. 14.

KUNDENDATENBANK

- **Persönliche Kundeninformationen**
  - Kundennummer *
  - Verschiedene Kundenadressdaten *
  - Berufs- und Branchengruppenschlüssel *
  - Kreditsachbearbeiter *
  - Kundenberaternummer *
  - Zweigstelle *
- **Wirtschaftliche Verhältnisse**
  - Unterlagen (z.B. Handelbilanz) *
  - Nettoeinkommen/Ertrag *
  - Freies Kreditnehmervermögen *
  - Nachweisdatum *
- **Kreditnehmereinheiten**
  - Zuordnungsart (z.B. § 19 KWG)
  - Kreditnehmereinheitennummer *
- **Beschlussinformationen**
  - Protokollnummer
  - Bearbeitungsdatum
  - Beschlußdatum
  - Beschlußgremium
- **Termine**
- **Individualfelder**

Box 36: Kundendatenbank

KUNDENDATENBANK

In dieser Datenbank liegen die persönlichen Kundendaten, bei denen es sich größtenteils um schon vorhandene Stammdaten, welche aus dem Großrechner der Rechenzentrale in die PC-Umgebung fließen, handelt. Eine Besonderheit dieser Datenbank besteht in der Erfassung von sog. "Kreditnehmereinheiten" bzw. Haftungsverbindungen, die aus mehreren Kunden bestehen. Dort unterstützt "CSB-Kredit" eine Zuordnung von maximal 20 Kunden zu einer Kreditnehmereinheit und ermöglicht in umgekehrter Reihenfolge die Zuordnung eines Kunden zu maximal 5 unterschiedlichen Kreditnehmereinheiten.[1] Bei der Bildung von Kreditnehmereinheiten wählen die Banken jedoch nicht immer ein eindeutiges rechtliches Bildungskriterium (z.B. nach § 19 KWG), so daß sich u.U. zwischen einzelnen Banken Abweichungen bei der Zusammenfassung und Beurteilung von haftungsmäßig verbundenen Kunden ergeben können, die auf subjektiven Auffassungen beruhen.

KONTENDATENBANK

Ein wichtiges Kriterium für den Aufbau der Kontendatenbank besteht in der Unterscheidung verschiedener Kredittypen (z.B. Realkredit), die wiederum Oberbegriff für sämtliche durch "CSB-Kredit" unterstützten Kreditarten (z.B. Diskontkredit) sind.[2] Für die Vielzahl der möglichen Verwendungszwecke bzw. Bedeutungsinhalte für einzelne Kreditarten wurde in dieser Datenbank ein detailliertes Verzeichnis hinterlegt. Ziel der Kontendatenbank ist es, zusammen mit dem Buchungswesen der Bank, eine Übersicht über die jeweilige Höhe der zugesagten und beanspruchten Kredite einschließlich der gewährten Konditionen zu geben. Dabei berücksichtigt "CSB-Kredit" die Abspeicherung verschiedener Zeitpunkte für Konditionen, Salden und Kreditbewilligungen, um eine Historie und damit Rekonstruktionsmöglichkeit für diese Informationsarten aufzubauen.[3] Eine andere wesentliche Eigenschaft der Kontendatenbank liegt in der getrennten Abspeicherung von maximal 4 Kreditlimiten, die allerdings nur bei bestimmten Kontoarten (z.B. Kontokorrent) vorgesehen ist. Dort verwaltet die Datenbank zu jedem Limit jeweils verschiedene Zinssätze, Laufzeiten und Bewilligungstermine, auch unter Berücksichtigung von bankinternen und offenen Kreditlinien sowie von Überziehungslimiten.[4]

---

1) GRZ (Hrsg.)(CSB-Kredit), Kap. 10-0, S. 53 ff.

2) GRZ (Hrsg.)(CSB-Kredit), Kap. 20-0, S. 7 ff.

3) GRZ (Hrsg.)(CSB-Kredit), Kap. 20-0, S. 1.

4) GRZ (Hrsg.)(CSB-Kredit), Kap. 20-0, S. 49 f.

KONTENDATENBANK

- **Kundenummer** *
- **Kontennummer** *
- **Kredittypen**
  Realkredite
  Obligoübernahmen
  Bürgschaftsverpflichtungen
  ...
- **Kreditarten**
  Kontokorrent
  Darlehen
  Diskontkredite
  Beteiligungen
  ...
- **Kontoarten** *
  Kontokorrent
  Durchlaufende Kredite
  Darlehen
  Bürgschaften
  Wechselobligo

- **Kürzungssätze nach § 13 KWG für Großkreditgrenzen**
- **Standardkonditionen** *
- **Nominalzinssätze**
- **Effektivzinssätze** *
- **Habenumsätze und Salden** *
- **Termine**
- **Limite** *
- **Individual-/Textmehrzweckfelder**

Box 37: Kontendatenbank

SICHERHEITENDATENBANK

In der Sicherheitendatenbank erfolgt die Abspeicherung einer Vielzahl von Kreditsicherheiten verbunden mit Aussagen zu deren Beschaffenheit, Wert als auch den durch den Kreditnehmer erbrachten Existenznachweisen in Form von beispielsweise Urkunden. Bei sämtlichen Sicherheitstypen sind die Erfassungsmasken vor allem an rechtlichen Sachverhalten orientiert, um eine möglichst vollständige Kreditsicherung zu gewährleisten. Für komplexe juristische Sachverhalte (z.B. Grunddienstbarkeit) sind in dieser Datenbank ausführliche Erklärungstexte hinterlegt. Bis auf die AGB-

SICHERHEITENDATENBANK
o **Kundennummer** *
o **Sicherheitennummer** *
o **Sicherheitentypen**
Grundpfandrechte
Bürgschaften
Abtretungen/Verpfändungen von Lebensversicherungen
Abtretungen/Verpfändungen von sonstigen Rechten
Sicherungsübereignungen
Kommunaldeckungen
Mithaftende Wechselverpflichtungen
Pfandrechte nach den AGB's *
o **Bewertungsansätze**
o **Termine**
o **Sicherheitensonderinformationen**

Box 38: Sicherheitendatenbank

Pfandrechte, welche sich rechnerisch aus den Salden der in der Bank geführten und damit pfändbaren Guthaben- und Depotkonten ergeben, muß der Kreditsachbearbeiter zum Aufbau dieser Datenbank sämtliche Daten manuell eingeben.[1] Abgesehen von den allgemeinen Sicherheitsinformationen nimmt "CSB-Kredit" eine Verwaltung von bis zu 99 verschiedenen Sicherheitssonderinformationen für jede einzelne Sicherheit vor, wie z.B. die Abspeicherung von speziellen Verrechnungsansätzen (z.B. Abschreibungen). Dazu gehört auch die Verbuchung von Grundpfandrechten, zu denen jeweils mehrere eigene und fremde Einzelrechte für dasselbe Pfandobjekt geführt werden können.[2]

BEMERKUNGSDATENBANK

Eine besondere Stellung in der "CSB-Kredit"-Anwendung nimmt die Bemerkungsdatenbank ein, welche dem Kreditsachbearbeiter als Hilfsdatei dient. Dort können sämtliche Sachverhalte in Form von Texten abspeichert werden, die über die gegenwärtige Dateistruk-

---

1) RWG/WGV (Hrsg.)(Sachbearbeitung), S. 6.

2) GRZ (Hrsg.)(CSB-Kredit), Kap. 30-0, S. 3.

tur und die Feldinhalte nicht erfaßbar sind oder unter Berücksichtigung der jeweiligen Ausbaustufe von "CSB-Kredit" noch nicht berücksichtigt wurden.[1] Insgesamt nimmt diese Datenbank zu allen Konten, Sicherheiten, Kunden, eigenen/fremden Rechten sowie den eingetragenen Kreditverrechnungsverfahren maximal 9 Bemerkungen - bestehend aus fünf Textzeilen - auf, so daß die Aussagekraft der Kreditverwaltung erheblich gesteigert werden kann.[2]

3.2.1.2.4 Das Prinzip der Elektronischen Kreditakte

Ein wichtiges Ziel von "CSB-Kredit" ist die Schaffung einer sog. "elektronischen" Kreditakte, deren Informationen aus verschiedensten "CSB-Kredit"-Datenbanken sowie anderen Datenbanken und Programmen automatisch auf dem Bildschirm des Kreditsachbearbeiters zusammenfließen. Bei sämtlichen Auswertungen besteht grundsätzlich die Möglichkeit, die Informationsmenge einerseits über programmierte Abfragefunktionen und andererseits über individuelle "ad-hoc"-Abfragen in Hinblick auf die speziellen Informationsbedürfnisse abzustimmen. Damit ist gewährleistet, daß der Abfragende zu jedem Zeitpunkt selbst entscheidet, wieviel Informationen er für die Bewerkstelligung seiner konkreten Aufgabenstellung benötigt.

Für häufig wiederkehrende Abfragen werden die Arbeitsabläufe bei "CSB-Kredit" über eine komfortable Menüsteuerung unterstützt, so daß der Anwender keine komplizierten Datenbankabfragesprachen beherrschen muß. Dabei sind jeweils für die einzelnen "CSB-Kredit"-Datenbanken mit den persönlichen Kreditnehmer-, Konten- und Sicherheiteninformationen spezielle Abfragemasken hinterlegt, die sich nach den erfahrungsbedingt häufigsten Abfragewünschen der Kreditsachbearbeiter richten. Der Aufbau dieser Masken ist z.T. mehrstufig und umfaßt stets verschiedene Abfragevorschläge, die

1) GRZ (Hrsg.)(CSB-Kredit), Kap. 01-0, S. 1.; RWG/WGV (Hrsg.)(Sachbearbeitung), S. 6.

2) GRZ (Hrsg.)(CSB-Kredit), Kap. 40-0, S. 1.

der Anwender durch Eingabe des entsprechenden Menüpunktes auslösen kann. Die Vornahme von "ad-hoc"- Abfragen nach eigenen Selektionskriterien richtet sich nach der Abfragelogik des dem PC-Programm zugrundeliegenden Datenbankmanagementprogrammes. In diesem Fall unterstützt "CSB-Kredit" den gleichzeitigen Zugriff auf mehrere Datenbanken, mehrstufige Sortierungen mit verschiedenen Prioritäten sowie die Bildung von Zwischen- und Endsummen.[1]

Besonders erwähnenswert ist die im Jahre 1989 in Aussicht gestellte Einführung eines dialogorientierten Abfrage- und Auswertungssystems, welches als Zusatz für "CSB-Kredit" dient und auch EDV-unerfahrenden Sachbearbeitern Auswertungen nach eigenen Wünschen gestatten soll.[2] Die auf der CeBIT Hannover-Messe 1988 erstmals vorgestellte Lösung mit dem Namen "Individuelle Datenverarbeitung" (IDV) ermöglicht einerseits eine benutzerfreundliche Erstellung von Datenextrakten aus "CSB-Kredit" und deren Übernahme in weiterverarbeitende PC-Programme (z.B. Symphony); andererseits kann der Anwender über dieses Zusatzmodul Daten aus verschiedenen PC-Programmen und sogar aus dem Großrechner miteinander verknüpfen und diese in andere Computerprogramme direkt übertragen. Für häufig wiederkehrende Auswertungen besteht die Möglichkeit, Makros zu definieren, so daß bei späteren Abfragen die einzelnen Abfrageschritte nicht erneut eingegeben werden müssen.

Ein wichtiger Meilenstein zur Verwirklichung der "elektronischen" Kreditakte stellt der zur CeBIT Hannover-Messe 1988 vorgestellte Prototyp für die Archivierung und Verwaltung von Kreditunterlagen auf Bildplatte dar.[3] Die Abspeicherung auf Bildplatte ermöglicht eine langfristige Archivierung von fertiggestellten Kreditunterlagen in Form von Urkunden, Protokollen und Verträgen. Dabei werden die Dokumente mit einem Scanner und der entsprechenden Software als PC-Datei abgelegt. Das von der GRZ vorgestellte

1) GRZ (Hrsg.)(Bankensonderschau), S. 13.; RWG/WGV (Hrsg.)(Sachbearbeitung), S. 10.

2) GRZ (Hrsg.)(Zukunft), S. 20.

3) GRZ (Hrsg.)(Zukunft), S. 20 f.

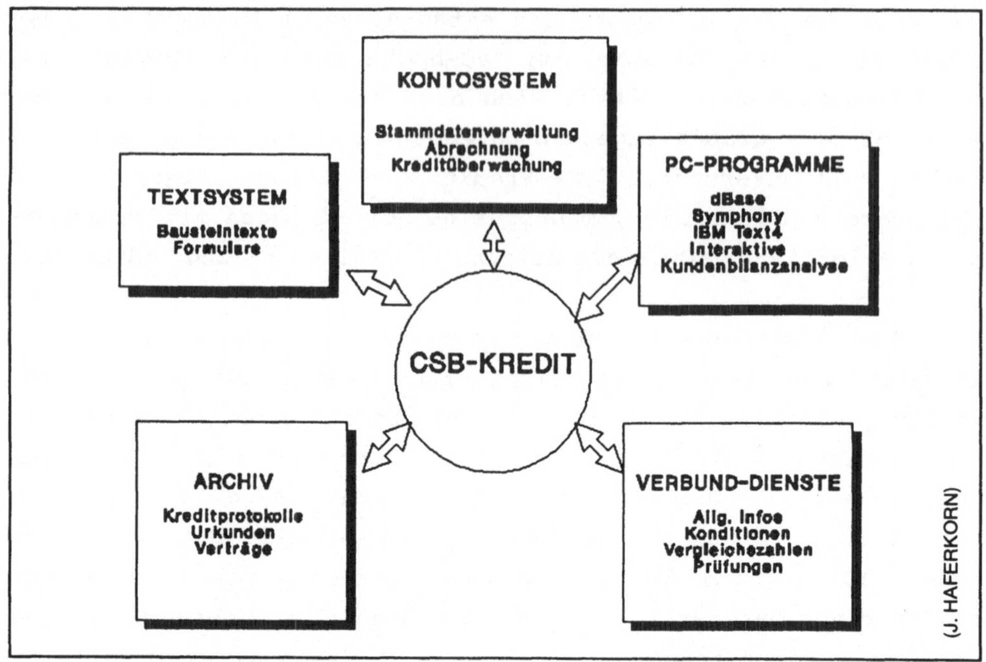

Abb. 69: Elektronische Kreditakte

Archivierungssystem ermöglicht dem Kreditsachbearbeiter unter anderem das komfortable Wiederauffinden eingelesener Dokumente sowie Möglichkeiten zur Veränderung der Größe dieser Schriftstükke. Damit möchten die Genossenschaftsbanken vor allem den papiergebundenen Informationsfluß in den Kreditabteilungen abbauen und den elektronischen Austausch von Informationen auch auf unformatierte Formate (z.B. Notizen) erweitern.

Zusätzlich können die in der "elektronischen" Kreditakte bedindlichen CSB-Daten über bestimmte Schnittstellen auch mit einer Vielzahl von Daten und Informationen aus anderen Anwendungen (z.B. Textverarbeitung) und Datenbanken (z.B. Großrechner) ergänzt werden. Abbildung 69 verdeutlicht die damit insgesamt entstehenden wechselseitigen Beziehungen zwischen "CSB-Kredit" mit anderen Daten, Diensten und Programmen im Genossenschaftsbankensektor, auf die in den nächsten Kapiteln noch näher eingegangen werden soll.

3.2.1.2.5 Kreditprotokollerstellung

Zentrales Informationsmittel für die Kreditbearbeitung ist das Kreditprotokoll, dessen Erstellung zur ersten Entwicklungsstufe von "CSB-Kredit" gehört. Das Kreditprotokoll ist die Grundlage für eine Vielzahl anschließender Verarbeitungsschritte (z.B. Kreditbeschlußfassung). Inhaltlich erfaßt das Kreditprotokoll sämtliche für die Kreditbeurteilung notwendigen Informationen, verbunden mit einer Vielzahl von Berechnungen, die entweder durch "CSB-Kredit" oder andere verbundene Programme bzw. Dienste angeliefert werden.

Gemäß dem schon erwähnten Prinzip der "abgestuften Information" bei der Informationsabfrage kann auch im Rahmen der Kreditprotokollerstellung gemäßt einem Bausteinprinzip über menügesteuerte Abfragemasken der Inhalt desselbigen individuell festgelegt und damit die Intensität der Informationsdarstellung gesteuert werden.[1] Dazu gehören Möglichkeiten zur Darstellung von Kurzprotokollen mit komprimierten Angaben oder aber lange Kreditprotokollversionen, die neben einer Kundenkreditzusammenstellung auch Übersichten zu den einzelnen Konten und Sicherheiten des Kunden abbilden.[2] Die Protokollerstellung kann dabei entweder für einen Einzelkunden oder eine vorher definierte Kreditnehmereinheit erfolgen.[3] Dazu verfügt der Kreditsachbearbeiter noch über die Optionen, bei der textlichen Kreditbeurteilung auf dem Kreditprotokoll bereits vorformulierte Stellungnahmen aus anderen Protokollen in das gerade bearbeitete Protokoll zu übertragen, sowie den am Ende befindlichen Unterschriftenblock in Hinblick auf dessen Aufteilung und Inhalt abzuändern.[4] Außerdem können die in

---

1) GRZ (Hrsg.)(Zukunft), S. 18.

2) o.V. (Weiterentwicklungen), S. 11.

3) GRZ (Hrsg.)(CSB-Kredit), Kap. 83-0, S. 3 ff.

4) RWG/WGV (Hrsg.)(Sachbearbeitung), S. 7.

"CSB-Kredit" eingegebenen Bermerkungen in Form von Textzeilen in das Kreditprotokoll als Ergänzung aufgenommen werden.

KREDIT-BERECHNUNGEN

- o Kreditlinien zur Beanspruchung
- o Beanspruchte Kredite
- o Freie Sicherheiten
- o Wertansätze für Sicherheiten unter Berücksichtigung von bestimmten Abschlägen (z.B. Abschreibungen) und Vorlasten
- o Kreditrestbestände in Abhängigkeit von vorgegebenen Tilgungsraten und-terminen
- o Mehrere Berechnungsweisen für die Bereitstellungsprovision
- o Effektivzinssätze

Box 39: Kredit-Berechnungen

Neben Informationsübernahmen und - zusammenstellungen aus den entsprechenden Datenbanken übernimmt "CSB-Kredit" bei der Kreditprotokollerstellung eine Vielzahl von Berechnungen in Abhängigkeit von bestimmten, beim Aufbau der Datenbanken vorgenommenen Eingaben (z.B. Prozentsätze/Tilgungsraten) vor, die in Textbox 39 für ausgewählte Berechnungswerte aufgeführt sind.

Bei der Erstellung des Kreditprotokolles nimmt das PC-Programm eine automatische Umsetzung sämtlicher vergebener Abkürzungsschlüssel, wie beispielsweise zu Branchen- und Berufsgruppenbezeichnungen oder zum Verwendungszweck einzelner Kreditarten vor. Zusätzlich vergibt "CSB-Kredit" automatisch Protokollnummern in aufsteigender Reihenfolge, um zu gewährleisten, daß zu jedem Kunden nur eine Protokollnummer existiert. Sofern der Kreditsachbearbeiter eine Kreditvorlage für Kreditnehmereinheiten erstellen möchte, ordnet das Programm jedem Kunden dieselbe

Institut 1944 Kreditprotokoll-Nr. 0/ [illegible] Seite 1
Volksbank Niedersachsen eG
58 120 FIL 100 BER 110

Kunde 10550: Heidi Hagen, Technikstr. 10, 2208 Glückstadt
Rechtsform: Vollkaufmann (im HR eingetr. Einzelkaufm.)
Beruf/Branche: Einzelhandel
Geburts-Datum: 23.04.57, Mitglieds-Nr.: 9910550, Mitglied seit: 30.03.86, Kunde seit: 30.05.86

Kredite in DM:

Konto-Nr.	Kredit-art	Verwendungszweck	Laufzeit oder Befristung	Vorbeschluß vom 05.11.88 bewilligt	Veränderung bewilligt	Neuer Beschluß bewilligt	Neuer Beschluß beansprucht	Kürz. satz in %
10550310	KK	Geschäftskonto	30.06.88	400.000	0+	400.000	132.910	
10550451	Darlfri	Ladeneinrichtung	31.12.88	35.000	0+	35.000	20.000	
10550361	RK	Reale Sicherung 20 KWG	31.12.88	200.000	0+	200.000	130.000	100.00
* Kunden-Endsumme				635.000	0+	635.000	282.910	
Kürzungen nach § 13 KWG				200.000	0+	200.000	130.000	

Konditionen:

Konto-Nr.	Zinssatz/ Standardk	Auszahlung in %	Bearb-Geb in %	Effektiv zinssatz	Festzins bis	(T)ilg (R)ate (A)nnuität	Ratenfälligkeit	Termin 1.Rate	Tilgungsverrechnung
10550310	15.0000		0.0000	15.2000	. .				
10550451	7.0000		0.0000	7.1000	. .		. . .		
10550361	1.2000		2.0000	0.0000	. .				

Bemerkungen zu Konto 10550310:

ZI.LII=15 %
ZI.LIII=15.5 %
ZI.LIIII=16 %
Kred.Prov=2 %
Ums-Prov=1.5 %

Bemerkungen zu Konto 10550361:

Dieses Konto führt die Bank als Realkredit, da es durch entsprechende Sicherheiten unterlegt ist. Das Aval dient der Sicherung von Ansprüchen der IBM gegen Frau Hagen aus Lieferungen an sie. Die Bearbeitungsgebühr von 2 % gilt nur für den Teilbetrag von 30000 DM.

Sicherheiten in DM:

Sicherheitennr. Sicherheitenart	Beschreibung	V	Nominal-Wert	Bewertung
100 GRD	Grundstück, Technikstr. 10 2208 Glückstadt Heidi Hagen, Größe qm: 1610, , W/Nfl qm: 570 Bel-Wert: 1000000, Ans: 100%, Bel-Gr: 1000000, Val: 400000, FR: 486000		500.000	400.000
200 Abtr.Off	Kapitallebensversicherung, VS-Tod: 100000, VS-Erleben: 100000 RW: 15000, Ans.: 100%, Bel-Gr: 15000, Val: 15000		15.000	15.000
500 VollE	Raum-SÜ Waren, Elektronikerzeugnisse, Dat:13.08.86, AF:120000 Bel-Wert: 120000, Ans: 50%, Bel-Gr: 60000, Val: 120000		120.000	60.000
300 Verpf.	Sparguthaben (allgemein), ges. Sparkonto Bel-Wert: 30250, Ans: 100%, Bel-Gr: 30250, Val: 30000		30.000	30.000
Summe der bewerteten Sicherheiten				505.000

Bemerkungen zu Sicherheit 100:

III/3 KSK 200' III.4 uns 150'
III/6 KSK 180' III.5 uns 50'

	Vorbeschluß	Veränderung	Neuer Beschluß
Blankokredite auf Beanspruchung	130.000	0+	130.000
Blankokredite auf Bewilligung	130.000	0+	130.000

Kreditunterlagen gemäß § 18 KWG:

Art des letzten Nachweises: H-Bilanz | Netto-Ertrag in TDM: 250
Jahr des letzten Nachweises: 1985 | Freies Vermögen in TDM: 795

Beurteilung der persönlichen und wirtschaftlichen Verhältnisse des Kunden:

Frau Hagen ist selbständige Kauffrau. Ihr Geschäft entwickelte sich in der letzten Zeit sehr positiv. Die privaten Entnahmen waren mit 40 TDM gering. Durch die positive Ertragslage konnte eine erhebliche Verbesserung des Eigenkapitals erreicht werden. Für das folgende Jahr ist jedoch mit einer erheblichen Steuernachzahlung zu rechenen.

Unterschrift: ....

Vorstand | Aufsichtsrat

ja/nein	Unterschrift	Datum	Der Antrag wird genehmigt/abgelehnt/zurückgestellt
			Sitzung vom
			Unterschrift

Datenerfassung: | Kontrolle:

Abb. 70: Kreditprotokoll (Original der Abbildung siehe Seiten 542 u. 543.)

Protokollnummer zu.[1]

Von besonderer Bedeutung bei der Kreditprotokollerstellung ist die programmgestützte Vorgabe bestimmter Arbeitsabläufe. Dazu gehört ein Kontrollverfahren, welches prüft, ob der Kreditsachbearbeiter sämtliche für das Kreditengagement relevanten Sachverhalte auch tatsächlich vor der endgültigen Beschlußfassung durch die Kompetenzträger in der Bank bearbeitet hat. In diesem Fall prüft "CSB-Kredit" das Bearbeitungsdatum sämtlicher Konten und Sicherheiten auf Identität und nimmt als Ausgangsbasis für die Identitätsprüfung das Bearbeitungsdatum des ersten aufgerufenen-Kontos.[2] Bei abweichendem Bearbeitungsdatum und damit unvollständiger Bearbeitung einzelner Konten bzw. Sicherheiten bezogen auf den letzten Bearbeitungstermin, erfolgt eine Mitteilung durch das Programm an den Kreditsachbearbeiter. In diesem Fall kann das Kreditprotokoll erst nach Bearbeitung der noch fehlenden Konten und Sicherheiten erstellt werden.[3] Sobald nun das Kreditprotokoll zum Ausdruck freigegeben bzw. in die Druckdatei eingestellt wurde, erfolgt eine Sperrung des Kreditnehmers für sämtliche Änderungen bis zur endgültigen Beschlußfassung. Auf dieses Weise können nachträgliche Manipulationen verhindert und eine lückenlose Dokumentation von Kreditengagements sichergestellt werden. Erst nach der Kreditbeschlußfassung mittels der durch "CSB-Kredit" vorgesehenen Kennungen "Genehmigt", "Genehmigt mit Auflagen", "Abgelehnt" oder "Neue Beschlußfassung erforderlich" erfolgt eine Aufhebung der Bearbeitungssperre.

1) GRZ (Hrsg.)(CSB-Kredit), Kap. 83-0, S. 9.; RWG/WGV (Hrsg.)(Sachbearbeitung), S. 7.

2) GRZ (Hrsg.)(CSB-Kredit), Kap. 83-0, S. 6.

3) Anmerkung: Ob die Bearbeitung von Konten und Sicherheiten jedoch nach sachlich richtigen Maßstäben erfolgt, kann das Programm nicht überprüfen.

3.2.1.2.6 Formular- und Texterstellung

Die Aufnahme der Text- und Formularbearbeitung stellt einen weiteren Schritt zur Rationalisierung von Kreditsachbearbeitungsaufgaben dar. Über die Verbindung zu dem Textsystem "CSB-Text", welches praktisch gesehen direkt unter der "CSB-Kredit"-Benutzeroberfläche aufrufbar ist, kann der Anwender in Verbindung mit den abgespeicherten Daten Bausteinbriefe erstellen. Die Nutzung der integrierten Text- und Datenverarbeitung ermöglicht vor allem die schnelle Abwicklung von umfangreichen Briefversendungen, z.B. für Werbemaßnahmen, Bürgenbenachrichtigungen, Rückkaufswertanforderungen oder Mahnungen im Verkehr mit dem Kunden. Dabei können gerade im Kreditgeschäft nach einer Untersuchung in den Genossenschaftsbanken etwa 70 bis 80 Prozent des dort bearbeiteten Schriftgutes über EDV-gestützte Textverarbeitungsfunktionen rationalisiert werden.[1]

Die Mischung von Textbausteinen mit CSB-Kredit-Datenbeständen wird über eine komfortable Menüführung, die Abbildung 71 zeigt, unterstützt. In diesem Fall präsentiert das Programm zunächst die in Frage kommenden Textbausteine zu einem bestimmten Thema, die anschließend durch den Anwender durch Tastaturbestätigung ausgewählt und in einer gewünschte Reihenfolge in vordefinierte Felder des Dokumentes eingefügt werden können. Mit dem ebenfalls aus der "CSB-Kredit"-Anwendung aufrufbaren Textverarbeitungsprogramm "IBM Text4" kann anschließend eine individuelle Weiterverarbeitung der kombinierten Texte mit zusätzlichen Anmerkungen und die Umsetzung des Briefes in das endgültige Format erfolgen.[2]

Als Textbausteinsammlungen stehen dem Kreditsachbearbeiter z.B. die Texthandbücher des RWG (Rheinisch-Westfälischer-Genossenschaftsverband) oder des Deutschen Genossenschafts-Verlages zur Auswahl, welche sich nach Auffassung der Interviewpartner inhaltlich ergänzen können. Dort sind mehrere hundert Bausteintexte

---

1) RWG/WGV (Hrsg.)(Sachbearbeitung), S. 13.

2) RWG/WGV (Hrsg.)(Sachbearbeitung), S. 13 f.

```
RWG        ****   C S B  -  K R E D I T   ****     12.01.89  14:13
PCDVA030.1 ***********   Textverarbeitung   ***********
Kunde:         50501 | THB:         Kredit II          | Ernst Fröhlich
Konto:      50501011 | Kapitel:        3   TVS:  1004  | Zimmerei
                     | Thema: Krediteinräumung,-erhöh. | Am Dachtrauf 5
Kreditberater:   110 | -ermäßigung Kontokorrentkredite | 7140 Glückstadt
------------------------------------------------------------------------
Baust. | Stichwort             | Einfügung
------------------------------------------------------------------------
  0100 | Adresse               | Herr
       |                       | Ernst Fröhlich
       |                       | Am Dachtrauf 5
       |                       | 7140
       |                       | Glückstadt
  0200 | Bezugszeichenzeile    | *Ihre Zeichen*
       |                       | *Ihre Nachricht*
       |                       | Bauer
       |                       | 0711/2012-314
       |                       | *Tag*
------------------------------------------------------------------------
Bausteine ok (j/n) oder Funktionstaste: J

                    H = Hilfe                 M = Hauptmenü
```

Abb. 71: Bausteinverarbeitung

sowie juristisch geprüfte Mustertexte und Formulare zu sämtlichen Sachgebieten des Kreditgeschäftes enthalten. Die Bereitstellung der Texte für "CSB-Kredit" erfolgt auf elektronische Weise in Form von Disketten, so daß die Schriftstücke sofort zur Verfügung stehen und damit dem Anwender umfangreiche Erstellungs-, Erfassungs- und Korrekturarbeiten erspart bleiben. Bei der Installation eines Mehrplatzbetriebes unter "CSB-Kredit" würden diese Texte auf dem zentralen Server-PC abgelegt und könnten dort von allen Mitarbeitern abgerufen werden.

3.2.1.2.7 Kreditsteuerung und -überwachung

Abgesehen von standardisierten bzw. programmierten Sachbearbeitungsaufgaben, wie sie bei der Kreditprotokoll- sowie Text- und Formularerstellung anfallen, verfügt "CSB-Kredit" über flexible "ad-hoc"- Auswertungsmöglichkeiten, die ablauforganisatorisch in die Überwachung des Kreditengagements eingebettet werden können. Damit sind vor allem die in den Banken verwendeten Kreditstatistiken gemeint, welche eine strukturelle und inhaltliche Auffächerung des Kreditgeschäftes nach verschiedenen Gesichtspunkten vornehmen. Die planmäßige Betrachtung der Risikostruktur des einzelnen Kredites als auch des gesamten Kreditportfolios verbunden mit dessen aktueller Überwachung macht eine EDV-Unterstützung unverzichtbar. Dies gilt mit Bezug auf die Kreditsachbearbeitung sowohl für die der Kreditvergabe vorgelagerten als auch nachgelagerten Aufgaben.[1]

Insgesamt können mit den zur Verfügung stehenden Abfragemöglichkeiten von "CSB-Kredit" eine Vielzahl von Statistiken für eine gezielte Kreditüberwachung erzeugt werden. Von besonderer Bedeutung für die Überwachung von Kreditengagements im Rahmen der Kreditsachbearbeitung ist die durch "CSB-Kredit" über den PC-Host-Anschluß geschaffene Verknüpfung mit dem Kontosystem der Bank (Vgl. Abb. 69), welche u.a. eine bessere Liquiditätsplanung gewährleistet. Der Grund dafür liegt darin, daß mit diesem Anschluß quasi "ohne Umweg" bzw. über einen geschlossenen Arbeitsablauf neben einer Auswertung der zugesagten Kredite auch die in Anspruch genommenen Kreditbeträge sofort ermittelt bzw. in entsprechende Statistiken überführt werden können.[2]

In diesem Zusammenhang bieten die genossenschaftlichen Rechenzentralen den "CSB-Kredit"-Anwendern bestimmte Auswertungsmodule auf Basis der PC-Programme Symphony oder dBase als zusätzliche Dienstleistung an, mit denen die CSB-Daten weiterverarbeitet werden können.[3] Andererseits kann der Anwender auch über die frei definierbaren Individualfelder innerhalb der Datenbanken eigene dBase-Auswertungen nach seinen Wünschen vornehmen.[4] Textbox 40 stellt einige auf Basis des dBase-Funktionsvorrates möglichen

1) Falter M. (Kreditgeschäft), S. 770 ff.

2) Falter M. (Kreditgeschäft), S. 251.

3) RWG/WGV (Hrsg.)(Sachbearbeitung), S. 10 f.

KREDIT-STATISTIKEN
o Einzelwertberichtigungen auf Kunden- und Konzernebene
o Limitüberschreitungen
o Gezahlte Zinsen und getilgte Kreditbeträge
o Fehlende Unterlagen (z.B. Bilanzen)
o Bürgenkarteien
o Neukreditstatistiken nach Kreditarten und Zweigstellen
o Intensität Kreditgeschäft nach bewilligten Krediten
o Kreditgeschäftsstruktur nach beanspruchten Krediten
o Kreditgeschäftsstruktur nach Branchen/Berufsgruppen

Box 40: Kredit-Statistiken

Kreditstatistiken vor[1], während Abbildung 72 eine dBase-Analyse der vergebenen Neukredite nach Zweigstellen zeigt, die im Rahmen der erwähnten Ergänzungsauswertungen von seiten der genossenschaftlichen Rechenzentralen den betreuten Genossenschaftsbanken angeboten wird.

Neben individuellen lokalen Auswertungsmöglichkeiten tragen auch verstärkte Integrationsbemühungen zu einer Verbesserung der Kreditsachbearbeitung und insbesonders der Überwachung von Kreditengagements bei. Dazu gehört der Verbund von "CSB-Kredit" mit anderen vorgelagerten Programmen und/oder bestimmten Verbundpartnern des Genossenschaftssektors, die ihre Ergebnisse der Kreditsachbearbeitung zur Verfügung stellen. (Vgl. Abb. 69)

Mit Blick auf den Verbund zu anderen Anwendungen soll beispielsweise eine Prüfung der wirtschaftlichen Verhältnisse nach § 18

1) GRZ (Hrsg.)(Schulungsunterlagen), o.S.; RWG/WGV (Hrsg.)(Sachbearbeitung), S. 10 f.; o.V. (Weiterentwicklungen), S. 11.

Institut 4711 | Neukreditstatistik nach Zweigstellen | Seite 1
Demobank eG | | 01.06.89
Testbank der RWG | Beschlußdatum vom 01.04.89 bis 11.05.89 |

Zwgs	Ber	Kontonummer	Name	Kredit-art	Veränderung	Bewilligung	Gesamtengagement
0	0	103559205	Anna Mofa	Darl	12.000	12.000	112.000
	0	103559000	Anna Mofa	KK	100.000	100.000	112.000
	Summe Berater 0:				****112.000	****112.000	***********
Summe Zweigstelle Nr. 0					****112.000	****112.000	***********
10	120	10500200	Petra Fischer	Vz.LBS	40.000	40.000	150.000
	120	10500197	Petra Fischer	Aval.DGH	100.000	100.000	150.000
	120	10510001	Klaus Weber	KK	20.000	20.000	60.000
	120	10510206	Klaus Weber	Darl	20.000	20.000	60.000
	120	10510192	Klaus Weber	Aval	20.000	20.000	60.000
	120	10500006	Petra Fischer	KK.Übz.	10.000	10.000	150.000
	120	10100008	Mehmet Mais-Chen	KK	10.000	20.000	35.000
	Summe Berater 120:				****220.000	****230.000	***********
Summe Zweigstelle Nr. 10					****220.000	****230.000	***********
Gesamtsumme					****332.000	****342.000	***********

Abb. 72: Neukreditstatistik nach Zweigstellen

des Kreditwesengesetzes für die Kreditwürdigkeitsbeurteilung von gewerblichen Kunden über eine automatische Überleitung von Ergebnisdaten einer vorgeschalteten Bilanzanalyse des ebenfalls in den Genossenschaftsbanken eingesetzen PC-Programmes "Interaktive Kunden-Bilanz-Analyse" (IKBA) vorgenommen werden.[1] Auf diese Weise stehen die zur Beurteilung von Firmenkunden relevanten Bilanz- und Erfolgszahlen sowie bestimmte Kennziffern sofort für die Kreditbeschlußfassung bereit und müssen nicht über zeitaufwendige "Umwege" besorgt und in die "CSB-Kredit"-Anwendung eingegeben werden.

Ein anderes Beispiel, welches den Verbundaspekt der Kreditsachbearbeitung mit anderen Diensten und Programmen in den Vordergrund stellt, ist die schon realisierte Zusammenarbeit von "CSB-Kredit"-Anwendern mit der Deutschen Genossenschafts-Hypothekenbank (DG HYP). In diesem Fall verfügt der Kreditsachbearbeiter unter der Benutzeroberfläche von "CSB-Kredit" über die PC-

1) GRZ (Hrsg.)(CSB-Kredit), Kap. 10-0, S. 47.; o.V. (Weiterentwicklungen), S. 11.

Anwendung "HYPOFIX", welche die Antragsbearbeitung von Baufinanzierungen erleichtert.[1] Nach Erfassung der Darlehensanträge in diesem Programm erfolgt die Versendung der Daten über das genossenschaftliche Verbundnetz direkt an die Deutsche Genossenschafts-Hypothekenbank. Dort findet dann eine Überprüfung des Kreditengagements statt, verbunden mit einer umgehenden Stellungnahme über eine Electronic-Mail-Anwendung an den Kreditsachbearbeiter in der Genossenschaftsbank.

Insgesamt gehen die betreuenden Rechenzentralen davon aus, daß der Nutzen von "CSB-Kredit" unter Berücksichtigung des Verbundes mit anderen Diensten und Programmen vor allem durch die Schaffung bundesweiter Möglichkeiten beispielsweise zur Berechnung von Gesamtobligos unter Einbezug aller Geschäfte eines Kreditnehmers im Genossenschaftssektor erweiterbar ist. Bisher konnte nämlich eine computergestützte Risikoerfassung z.T. nur über die lokal abgespeicherten Daten vorgenommen werden. Dazu gehört auch die Schaffung einheitlicher, zentral gesteuerter Verarbeitungsgrundsätze bei einzelnen Kreditgeschäften (z.B. Buchung/ Zinsberechnung) und die Vornahme von Kontrollaufgaben, wie z.B. die Überwachung von eingeräumten Kreditlimiten oder ausbleibenden Zahlungseingängen.[2]

Besonders erwähnenswert sind die z.T. bei "CSB-Kredit" schon realisierten automatischen Formen der Kreditüberwachung, die vom Großrechner ausgeführt werden. Dazu gehört die Nachweissteuerung selbstgenutzter Sicherheiten (z.B. Sicherungsübereignung/Abtretung von sonstigen Rechten) zu vertraglich vereinbarten Terminen[3] und die Überprüfung von Ablauffristen für Bürgschafts- oder Wechselverpflichtungen[4]. Im Bereich der automatischen Kreditüber-

---

1) GRZ (Hrsg.)(GRZ), S. 27.; Otten H. (Baufinanzierung), S. 52 ff.; o.V. (Andrang), S. 24.

2) GRZ (Hrsg.)(zukunftsorientierte Bankleistungen), S. 12 ff.

3) GRZ (Hrsg.)(CSB-Kredit), Kap. 35-0, S. 10.

4) GRZ (Hrsg.)(CSB-Kredit), Kap. 32-0, S. 12.

wachung soll die Verwendung des dBASE-Datentypes "Datum" in Zukunft zur Realisation einer automatischen Wiedervorlage von unter anderem Kreditbeschlüssen dienen.

3.2.1.2.8 Bewertung

Das hier vorgestellte PC-Programm "CSB-Kredit" zeichnet sich durch ein hohes Maß an Integration, bedingt durch dessen Öffnung zu anderen Datenbanken und Programmen aus. Die bestehenden lokalen und öffentlichen Kommunikationsmöglichkeiten für den Austausch von Daten führen zur Schaffung eines multifunktionalen Kreditarbeitsplatzes, der sämtliche Informationen mit Relevanz für die Kreditsachbearbeitung unter einer Benutzeroberfläche bündelt. Damit erscheint das Gesamtsystem dem Anwender logisch als eine Einheit mit gleichen Anforderungen und Arbeitsweisen, unabhängig davon, wo die Daten bzw. Informationen gespeichert sind. Die Multifunktionalität wird zusätzlich durch individuelle Weiterverarbeitungsmöglichkeiten auf Basis der durch das Datenbankmanagementsystem dBASE bereitgestellten Funktionen erweitert.

Im Vergleich zur bisherigen Informationsverarbeitung im Kreditgeschäft bewirkt der lokale als auch entfernte Kommunikationsverbund eine stärkere Effizienz des persönlichen Arbeitsflusses, da der Kreditsachbearbeiter seine Arbeit nicht mehr so oft unterbrechen muß, um beispielsweise Akten zu besorgen oder Informationen von anderen Stellen einzuholen. Damit kann insgesamt gesehen eine weitgehend geschlossene Sachbearbeitung stattfinden, unnötige Kommunikationsbeziehungen zwischen den Mitarbeitern reduziert und damit die eingangs bereits erwähnten Schwachstellen in Form von Liege-, Warte- und Wegezeiten bei der Bearbeitung von Kreditanträgen abgebaut werden.

Gemäß den durchgeführten Studien der GRZ in den Kreditabteilungen der Genossenschaftsbanken bewirkt der Informations- und Kommunikationsverbund von "CSB-Kredit" auch einen intensiven Zusammenschluß von Sachbearbeitungs- und Beratungstätigkeiten. Der Grund für die Verbindung dieser ehemals in Back- und Front-Office angesiedelten und damit getrennten Bereiche liegt einerseits darin, daß die Daten für die Kreditsachbearbeitung nunehr auch dem Kundenberater zur Verfügung stehen und deshalb eine personelle Trennung nicht mehr notwendig erscheint; andererseits führt die Zusammenfassung beider Bereiche zu einem beträchtlichen Zeitvorteil, bedingt durch die sofortigen Weiterverarbeitungsmöglichkeiten von Informationen aus dem Back-Office im Rahmen der Kundenberatung. Als besonders vorteilhaft stellten die genossenschaftlichen Rechenzentralen die ebenfalls durch die Integration bewirkte engere Zusammenarbeit von früher teils informationstechnisch außenstehenden Stellen, wie beispielsweise der Kredit-Revision und des Vorstandsbereiches, heraus.

Die vorgestellte Anwendung überzeugt vor allem durch deren Mehrstufigkeit bei der Informationsabfrage und der Kreditprotokollerstellung, die nach Auffassung der interviewten Genossenschaftsbanken eine Vermeidung von bisher bestehenden Ineffizienzen in Folge von Über- bzw. Unterinformationen bewirkt. Andererseits fördern die Möglichkeiten zu Bildung abgestufter Informationsflüsse den natürlichen Arbeitsablauf eines Kreditsachbearbeiters, der sich in der Regel von allgemeinen zu spezielleren Informationen im Rahmen der Kreditbearbeitung fortbewegt. Die Zusammenführung verschiedenster Informationsquellen am Arbeitsplatz erhöht vor allem die Auskunftskompentenz des Kreditsachbearbeiters sowohl intern als auch gegenüber dem Kunden. Der Verbund mit Spezialinstituten, wie der Deutschen Genossenschafts-Hypothekenbank schafft ferner eine größere Sicherheit bei der Beurteilung von Krediten in den Zweigstellen der Genossenschaftsbanken.

Mit Hilfe der elektronischen Abspeicherung von Daten bzw. Kreditunterlagen erreichen die Genossenschaftsbanken insgesamt gesehen eine gute Voraussetzung für eine vollständige Dokumentation der rechtlichen Ansprüche gegenüber dem Kunden. Zusätzlich kann damit in Hinblick auf die Auskunftsbereitschaft einer Bank nach Auffassung der Interviewpartner die in der Vergangenheit oft gegebene einseitige Abhängigkeit von einzelnen Bankmitarbeitern, welche über bestimmte Daten verfügen, vermieden werden. Dort schafft eine elektronische Lösung gute Voraussetzungen, daß selbst bei Ausfall eines Mitarbeiters die jederzeitige Beurteilung von Kreditengagements, einmal abgesehen von persönlichen Einschätzungen, sichergestellt ist. Sofern die Kreditsachbearbeitung auf schon vorgebeben Textbausteinen basiert, eröffnet sich zudem, juristisch gesehen, eine verbesserte Qualität des Schriftverkehrs mit dem Kunden.[1] Nachteilig wirken sich allenfalls die von den Rechenzentralen erwähnten Manipulationsmöglichkeiten genormter Schriftstücke über die individuelle Textverarbeitungskomponente aus, die zu einer Verminderung der juristischen Qualität führen kann.

Trotz der aufgezeigten Rationalisierungsvorteile und Qualitätsverbesserungen im Rahmen der Kreditsachbearbeitung kann die erfolgreiche Realisation von "CSB-Kredit" einschließlich der Teilnahme an zukünftigen Weiterentwicklungen nur unter bestimmten organisatorischen Maßnahmen erreicht werden. Dazu gehört vor allem die einheitliche Festlegung von Datenstrukturen und Feldinhalten im gesamten Genossenschaftssektor sowie deren Einhaltung durch die Kreditsachbearbeiter. Auf diesem Gebiet arbeiten die Genossenschaftsbanken bereits an einer gemeinsamen Datenbasis, die zu einer einheitlichen Darstellung von Kreditengagenments führen soll.[2]

Ein wesentliches, nicht zu unterschätzendes Hemmnis bei der Einführung von "CSB-Kredit" könnte der Aufwand für die Übertragung der bestehenden Datenbestände auf den Computer bedeuten. In diesem Fall müssen nämlich viele schon vorhandene Daten aus den schriftlichen Unterlagen der Bank zusammengesucht und anschließend manuell eingegeben werden. Gemäß den Untersuchungen der Rechenzentralen können an einem Tag die Inhalte von maximal vier bis sechs Kreditakten auf den PC übertragen werden[3], so daß

---

1) Kunze Chr. (Herausforderungen), S. 230.

2) GRZ (Hrsg.)(GRZ), S. 27.

3) GRZ (Hrsg.)(Bankensonderschau), S. 34.

sich je nach Umfang des Aktenvolumens erhebliche Arbeitsbelastungen mit negativen Auswirkungen auf die Akzeptanz des PC-Programmes ergeben können.

Ein anderes innerbetriebliches Problem könnte sich aus der Kontrolle der richtigen Eingabe und Pflege von "CSB-Kredit"-Daten ergeben. In diesem Zusammenhang muß betont werden, daß diese Aufgaben z.T. der Verantwortung des einzelnen Sachbearbeiters unterstellt sind und deshalb die Qualität des Datenbestandes, je nach angewandter Sorgfalt, differieren kann. Der Nutzen von "CSB-Kredit" ist deshalb dort von den organisatorischen Kontrollmaßnahmen für die Dateneingabe und -pflege abhängig und kann nicht bei sämtlichen Banken, die dieses Programm nutzen, gleichermaßen vorausgesetzt werden.

3.2.2 Prospektive Kreditsteuerung und -überwachung

3.2.2.1 Einführung

Gegenwärtig nutzt die Deutsche Sparkassenorganisation ein umfassendes Kreditinformations- und -überwachungssystem[1], welches sich auf die Ergebnisse eines in den Jahren 1978 bis 1983 mit der Universität Stuttgart-Hohenheim durchgeführten Forschungsprojektes zur Früherkennung von Kreditrisiken stützt[2].

Die in Zusammenhang mit dem obengenannten Forschungsprojekt angeregten Verfahren für die Prüfung der Kreditwürdigkeit sollen dazu beitragen, die bisher vergangenheitsbezogene Beurteilung von Kreditnehmerverhältnissen zu einem dynamischen und zukunftsorientierten Steuerungsinstrument auszubauen. Die Beurteilung der Kreditwürdigkeit basiert nämlich nach eigenen Erfahrungen der Sparkassenorganisation vorwiegend auf der Analyse vergangener Jahresabschlüsse, die zum Teil den Kreditsachbearbeitern erst verspätet vorliegen und darüber hinaus vielfältige Manipulationsmöglichkeiten von seiten der zu beurteilenden Unternehmung eröffneten.

---

1) Die im folgenden aufgezeigten Funktionen von ausgewählten PC-Programmen des Kreditinformations- und -überwachungssystems der Deutschen Sparkassen beziehen sich, abgesehen von den aufgeführten Literaturangaben, auf diesbezügliche Präsentationen der Sparkassenorganisation anläßlich der CeBIT Hannover-Messe vom 8.3.1989 bis zum 15.3.1989, sowie die im Jahre 1988 und 1989 durchgeführten Interviews mit folgenden Damen und Herren:

- Herrn R. NOWAK (DSGV, Bonn) zu den ALLGEMEINEN EINSATZBEREICHEN des PC's in Verbindung mit den Sparkassen-Time-Sharing-Diensten (STS)

- Herrn A. REUTER (DSGV, Bonn) zur UNTERNEHMER-/UNTERNEHMENSBEURTEILUNG sowie PORTFOLIO-ANALYSE

- Frau M. HENKEMEYER (DSGV, Bonn) und Herrn R. WIEDENHÖFER (Stadtsparkasse, Köln) zur FINANZ- UND ERFOLGSPLANUNG

2) DSDD (Hrsg.)(Kreditüberwachungssystem), S. 4.

Mit den in diesem Kapitel vorgestellten PC-Programmen für die prospektive Kreditwürdigkeitsprüfung als Teil des umfassenden Kreditinformations- und -überwachungsystems der Deutschen Sparkassenorganisation möchten die Sparkassen eine jederzeitige Beurteilung der aktuellen Kreditwürdigkeit insbesondere unter Einbezug der zukünftigen Unternehmensentwicklung erreichen.

Nach Auffassung der Sparkassenorganisation führt die Verwertung von Kreditsicherheiten oft nicht den gewünschten Ausgleich für eingetretende Verluste herbei, so daß die Aufgabe der Kreditwürdigkeitsprüfung, abgesehen von der Beurteilung vergangener Bilanzen und der bereitgestellten Sicherheiten, vor allem darin liegt, geeignete Beurteilungsverfahren zu schaffen, die Aufschluß geben, ob die vergebenen Kredite aus den zukünftigen Erlösen einer lebensfähigen Unternehmung zurückgeführt werden können.[1]

Besondere Bedeutung kommt den computergestützten Verfahren zur Kreditbeurteilung in Hinblick auf die Erkennung von latenten und damit nicht sofort erkennbaren Krisensymptomen zu. Dort hat sich gezeigt, daß die Analyse von vergangenen Jahresabschlüssen bei weitem nicht ausreicht, um beispielsweise Führungsschwächen im Unternehmensmangagement oder bedrohliche externe Einflußfaktoren auf die Unternehmungsentwicklung auszumachen. Die hier vorgestellten PC-Programme sollen dazu beitragen, Schwachstellen, welche mit Hilfe von finanzwirtschaftlichen und zumeist statisch orientierten Analyseinstrumenten (z.B. Bilanzanalyse) erst sehr spät an konkreten Zahlen belegt werden können, aufzudecken.

Der Einbezug von außerbetrieblichen Einflußfaktoren in einige PC-Programme für die Unternehmensbeurteilung, die oft von der Unternehmung selbst nicht beeinflußbar sind (z.B. Konjunkturlage/Zinssätze) soll die Beteiligten in die Lage versetzten, entsprechende Unternehmensstrategien rechtzeitig zu formulieren und damit aus

---

1) DSDD (Hrsg.)(Kreditüberwachungssystem), S. 4.; Falter M. (Kreditgeschäft). S. 506.; König U.-K. (Finanzplanung), S. 412.

eigener Initiative einen Beitrag zur Förderung der Kreditwürdigkeit leisten zu können.[1]

Sämtliche PC-Programme sind unabhängig von der Größe und Geschäftstätigkeit der zu analysierenden Unternehmung einsetzbar und ermöglichen sowohl für Personen- als auch Kapitalgesellschaften eine gezielte Kreditwürdigkeitsprüfung.

Aus technisch-organisatorischer Sicht sind die nachfolgenden PC-Programme, wie Abbildung 73 verdeutlicht, gute Beispiele für Verbundanwendungen und damit PC-Lösungen, die mit anderen Diensten sowie Programmen zusammenarbeiten bzw. deren Ergebnisse umsetzen.

Zu den außerhalb der PC-Umgebung befindlichen Informationslieferanten gehören einerseits die zentralen Dienste des sog. "Sparkassen-Time-Sharing" (STS) sowie des externen Prognosedienstes der Financial Economics Research International GmbH (FERI). Der Verbund zu den STS-Diensten ist bei jeder Sparkasse schon vorbereitet und erfolgt ortsunabhängig über den öffentlichen Datenfernübertragungsweg, wobei der PC die Funktion eines Terminals übernimmt.[2]

Der Verbund zur FERI GmbH ist dahingegen nicht von vornherein bei jeder Sparkasse schon eingerichtet, sondern setzt einen speziellen Nutzungsvertrag mit dieser Gesellschaft voraus. Die Übertragung der dort bereitstehenden Daten findet in regelmäßigen Zeitabschnitten statt, die sich dem Aktualisierungsrhythmus der dort aufbereiteten Prognosedaten anpassen. Sofern zwischen der Sparkasse und der FERI GmbH keine direkte Verbindung über die öffentlichen Datenfernübertragungswege besteht, erfolgt die Übernahme der dort bereitgestellten Daten in die PC-Umgebung mittels Diskettenversand. Für die Besorgung von planungsrelevanten Daten führen die Sparkassen auch Datenbankrecherchen im Verbund mit einigen großen europäischen Datenbankanbietern (z.B. DATA-STAR)

1) DSDD (Hrsg.)(Kreditüberwachungssystem), S. 4.; Sparkasse (Hrsg.)(Planung), o.S.

2) Falter M. (Kreditgeschäft), S. 67.

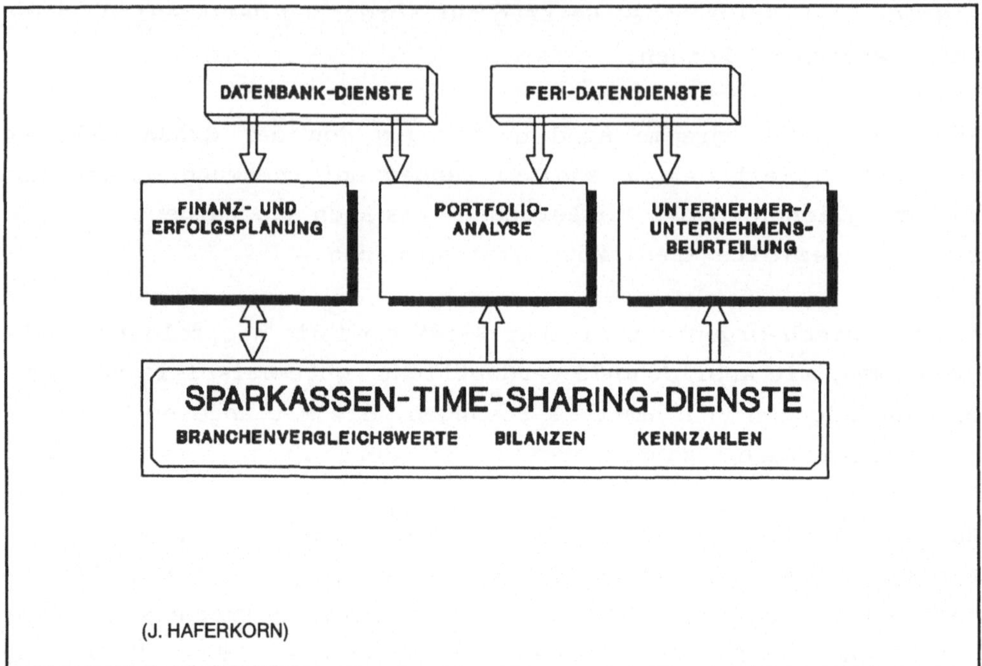

Abb. 73: Verbund zwischen PC und anderen Diensten/Programmen

durch. Insgesamt betrachtet stehen Informationen aus etwa 3500 verschiedenen Datenbanken zu einer Vielzahl von Themen zur Verfügung, die auch über den am Arbeitsplatz befindlichen PC abgerufen werden können.[1]

Sowohl die zentral verfügbaren STS-Dienste als auch die lokal bereitstehenden PC-Funktionen am Arbeitsplatz des Kreditsachbearbeiters können weitgehend über eine einheitliche Benutzeroberfläche angesprochen werden, die auch den Zugang zu Kommunikationsdiensten, wie beispielsweise BTX oder Telex erlaubt.

1) Sparkasse (Hrsg.)(Planung), o.S.

3.2.2.2 Unternehmer-/Unternehmensbeurteilung (UUB)

3.2.2.2.1 Übersicht

Die Unternehmer-/Unternehmensbeurteilung dient zur Erfassung von Führungsschwächen der Unternehmensführung und der Beurteilung von außerbetrieblichen Einflußfaktoren mit Relevanz für den Fortbestand der Unternehmung. Theoretisch betrachtet basiert das PC-Programm auf dem Verfahren der "Mustererkennung", mit dessen Hilfe die Ausprägungen bestimmter Bonitätskriterien und deren Relevanz für die Kreditbeurteilung beurteilt werden sollen.[1] Die Mustererkennung ist ein weitverbreitetes Analyseinstrument zur Kreditbeurteilung mit Hilfe unterschiedlichster Bonitätskriterien, die sowohl persönliche, innerbetriebliche als auch externe Faktoren umfassen können. Dabei kann der Aufbau und die Durchführung des Analyseverfahrens besonders gut mit dem Computer unterstützt werden, dessen Aufgabe unter anderem darin besteht, die komplexen Abhängigkeiten zwischen einzelnen Bonitätskriterien zu ermitteln. In diesem Zusammenhang untersuchte der Sparkassen- und Giroverband in der Vergangenheit die Bonitätskritieren einiger hundert Kreditengagements, die sich aus guten und schlechten Krediten in Hinblick auf die erfolgte Kreditzurückführung zusammensetzten. Daraus wurden für jedes Bonitätsriterium Insolvenz-Eintrittswahrscheinlichkeiten bzw. Gewichtungsfaktoren ermittelt, die das Computerprogramm zur Beurteilung gegenwärtiger Kreditengagements verwendet. Die ermittelten Wahrscheinlichkeitszahlen geben an, wann eine negative Ausprägung des entsprechenden Bonitätsmerkmales - statistisch gesehen - zu einer Insolvenz des Unternehmens führen kann.

Textbox 41 faßt die wesentlichen, im folgenden vorgestellten Leistungsmerkmale der Unternehmer-/Unternehmensbeurteilung zusammen. Insgesamt besteht die "UUB" aus 14 elektronisch hinterlegten Beurteilungsseiten bzw. Checklisten, die über ihre jeweiligen Nummern in beliebiger Reihenfolge angewählt und anschließend vom

1) Heno R. (Kreditwürdigkeitsprüfung), S. 121 ff.

LEISTUNGSUMFANG - "UUB"

- o Beurteilung des Managements
- o Analyse des betriebs- und finanzwirtschaftlichen Bereiches (z.B. Bilanzanalyse)
- o Bestimmung von Anzeichen für eine Unternehmens-/Unternehmergefährdung
- o Branchenbeurteilung (FERI)
- o Bestimmung der Wettbewerbssituation (FERI)
- o Textinterpretation mit Stärken-/Schwächenprofil

Box 41: Leistungsumfang - "UUB"

Kreditanalysten bearbeitet werden können. Bis auf alphabetische Eingaben und die Nutzung der "ESC"-Taste ist das Programm vollständig über den Nummernblock bedienbar und damit sehr benutzerfreundlich.

3.2.2.2.2 Funktionsumfang

Der Aufbau einer Unternehmer-/Unternehmensbeurteilung erfolgt mit Bezug für die ersten drei Analysebereiche durch die Bewertung verschiedenster Bonitätskriterien mit Hilfe von ja/nein-Zuordnungen, Enthaltungen sowie einer vorgegebenen Punkteskala. Dort nimmt das Programm für jedes klassifizierte bzw. bewertete Bonitätsmerkmal auf Basis der hinterlegten Insolvenzwahrscheinlichkeiten eine positive oder negative Bewertung vor.

Abbildung 74 zeigt stellvertretend für die ersten drei Analysebereiche der Unternehmer- und Unternehmensbeurteilung einen Ausschnitt der Checkliste zur **Managementbeurteilung**. Zur Managementbeurteilung gehört sowohl die Aufstellung eines Polaritätsprofils als auch auf weiteren - nicht abgebildeten - Bildschirmseiten die

Erfassung von fachlichen Qualifikationen und sonstigen personenbezogenen Angaben zu den Führungskräften eines Unternehmens.

Bei der Aufstellung des Polaritätsprofils nimmt der Bankmitarbeiter an Hand von Gegensatzpaaren eine Beurteilung des Unternehmensmanagements mit einer von 1 bis 5 nummerierten Punkteskala vor. Nach Bewertung sämtlicher Bonitätsmerkmale weist das PC-Programm diejenigen Charakterzüge des Unternehmers aus, die logisch nicht miteinander vereinbar sind (z.B. diszipliniert - geltungsbedürftig).[1]

POLARITÄTSPROFIL KENN-NR.: 11 / 0 TEIL-IND. : 0
SEITE: 1 DATUM : 00.00.00 / 00:00 GESAMT-IND.: 0

1.	ZIELSTREBIG	-	ORIENTIERUNGSLOS	1 2 [3] 4 5
2.	SACHLICH	-	UNSACHLICH	[1] 2 3 4 5
3.	RISIKOBEREIT	-	RISIKOSCHEU	1 2 [3] 4 5
4.	AUFGESCHLOSSEN	-	STARRSINNIG	1 2 3 [4] 5
5.	LERNFÄHIG	-	LERNUNFÄHIG	1 [2] 3 4 5
6.	LERNWILLIG	-	LERNUNWILLIG	1 2 3 [4] 5
7.	FORTSCHRITTLICH	-	RÜCKSTÄNDIG	1 2 3 [4] 5
8.	DELEGATIONSBEREIT	-	NICHT DELEGATIONSBEREIT	1 2 3 4 5
9.	IDEENREICH,EIGENINITIATIV	-	IDEENARM	1 2 3 4 [5]
10.	REALITÄTSBEWUSST	-	REALITÄTSFERN	1 2 3 [4] 5
11.	ENTSCHEIDUNGSFÄHIG	-	ENTSCHEIDUNGSSCHEU	1 2 [3] 4 5
12.	VORSICHTIG,ABWÄGEND	-	LEICHTFERTIG	1 [2] 3 4 5
13.	ANPASSUNGSFÄHIG	-	SCHWERFÄLLIG	1 2 3 [4] 5
14.	DURCHSETZUNGSFÄHIG	-	NICHT DURCHSETZUNGSFÄHIG	1 [2] 3 4 5
15.	RÜHRIG,DYNAMISCH	-	TRÄGE,UNBEWEGLICH	1 2 3 4 [5]
16.	VERANTWORTUNGSBEWUSST	-	VERANTWORTUNGSLOS	1 2 [3] 4 5
17.	ZUVERLÄSSIG	-	UNZUVERLÄSSIG	1 [2] 3 4 5
18.	NICHT GELTUNGSBEDÜRFTIG	-	GELTUNGSBEDÜRFTIG	1 2 3 4 [5]
19.	DISZIPLINIERT,MASSVOLL	-	HEMMUNGSLOS,VERSCHWEND.	1 2 3 4 5

[1] EINGEBEN [2] ÄNDERN [3] RECHNEN [4] DRUCKEN [5] LÖSCHEN [6] DATEI [ESC]

Abb. 74: Checkliste "Polaritätsprofil"

Bei der Erfassung von **betriebs- und finanzwirtschaftlichen Schwachstellen** eines Unternehmens im zweiten Analysebereich wird der Kreditsachbearbeiter durch insgesamt 30 Fragen geleitet.

1) <u>Anmerkung</u>: Bei der Beurteilung einer Unternehmung mit mehreren Geschäftsführern bzw. Vorstandsmitgliedern wird nach Aussagen der Sparkassenorganisation jeweils die wichtigste Person in Hinblick auf die strategische Entscheidungskompetenz untersucht.

Bedingt durch die mit diesen Fragen verbundene Komplexität sind dort spezielle Hilfsfunktionen vorgesehen. Dazu gehören z.B. Hinweise auf andere, ebenfalls in den Sparkassen zur Kreditwürdigkeitsprüfung heranzuziehende Analyseverfahren (z.B. Finanz- und Erfolgsplanung), aber auch nähere Erklärungen über die Zusammensetzung bestimmter Kennzahlen.[1]

Auf weiteren "Seiten" der Unternehmer- und Unternehmensbeurteilung schließt sich die Bestimmung von **Anzeichen für eine bevorstehende Unternehmensgefährdung** mittels 28 empirisch getesteter Insolvenzkriterien an.[2] In diesem Teil des PC-Programmes wurden unter Berücksichtigung des Schwerpunktes der Unternehmer/Unternehmensbeurteilung zur Erkennung von Unternehmenskrisen zusätzlich akustische Warnsignale implementiert, die den Kreditsachbearbeiter bei Nichtbeachtung eines Eingabefeldes zur Eingabe auffordern.

Die folgende Bewertung zur **Branchen- und Wettbewerbssituation** basiert auf den Prognosedaten der FERI GmbH.[3] Durch Anschluß der Sparkasse an diesen externen Datenlieferant stehen ausgewählte makroökonomische Daten für 80 Wirtschaftszweige hinsichtlich ihrer zukünftigen Entwicklung bereit. Dazu gehören Prognosedaten aus 51 Branchen des verarbeitenden Gewerbes, 3 Branchen des Baugewerbes und 26 Branchen des Einzelhandels. Auf Basis dieser Daten nimmt der Computer anschließend eine automatische Branchenprognose[4] und eine Bewertung der Wettbewerbsituation vor. Abbildung 75 stellt, stellvertretend für die Branchenbeurteilung des PC-Programmes, einen Ausschnitt des dort relevanten Kriterienkataloges für die Bestimmung der Marktattraktivität vor. In der ganz rechts befindlichen Spalte sind die überspielten Prognose-

1) DSGV (Hrsg.)(Unternehmensbeurteilung), Pkt. 6.1.1, S. 2.

2) DSGV (Hrsg.)(Unternehmensbeurteilung), Pkt. 3.4.2, S. 3.

3) DSDD (Hrsg.)(Kreditüberwachungssystem), S. 15.

4) Anmerkung: Gemäß dem Stand vom Dezember 1988 wird eine mittelfristige Branchenprognose bis zum Jahre 1993 zur Verfügung gestellt.

```
MARKTATTRAKTIVITÄT        KENN-NR.:            11 /  0    TEIL-IND.   :   0
SEITE:   11               DATUM   :  00.00.00 / 00:00     GESAMT-IND.:   0

 1. ZUKÜNFTIGES REALES WACHSTUM                 | 0 1 2 3 4[5]6 7 8 9 10  -  46
 2. UMSATZVOLUMEN                               | 0 1 2 3 4 5 6 7 8 9 10  -   0
 3. STELLUNG IM MARKTLEBENSZYKLUS               | 0 1 2 3 4 5 6 7 8 9 10  -   0
 4. WETTBEWERBSINTENSITÄT - INLAND              |[0]1 2 3 4 5 6 7 8 9 10  -   1
 5. WETTBEWERBSINTENSITÄT - AUSLAND             | 0 1 2 3 4 5 6 7 8[9]10  -  86
 6. RENTABILITÄT DER BRANCHE                    | 0 1 2 3 4[5]6 7 8 9 10  -  51
 7. SPIELRAUM FÜR DIE PREISPOLITIK              | 0 1 2 3[4]5 6 7 8 9 10  -  44
 8. TECHNOLOGISCHES NIVEAU                      | 0 1 2 3 4 5 6 7 8 9 10  -   0
 9. SCHUTZFÄHIGKEIT KNOW HOW                    | 0 1 2 3 4 5 6 7 8 9 10  -   0
10. MARKTEINTRITTSKOSTEN                        | 0 1 2 3 4 5 6 7 8 9 10  -   0
11. KONKURRENZDRUCK AUS DEM AUSLAND (INLAND)    | 0 1 2 3[4]5 6 7 8 9 10  -  38
12. KONKURRENZDRUCK AUS DEM AUSLAND (AUSLAND)   | 0 1 2 3[4]5 6 7 8 9 10  -  39
13. HUMANKAPITAL                                | 0 1 2 3 4 5 6 7 8 9 10  -   0
14. SUBSTITUIERBARKEIT                          | 0 1 2 3 4 5 6 7 8 9 10  -   0
15. SAISONABHÄNGIGKEIT                          | 0 1[2]3 4 5 6 7 8 9 10  -  19
16. VERHALTENSSTABILITÄT DER ABNEHMER           | 0 1 2 3 4 5 6 7 8 9 10  -   0
17. ANZAHL DER ABNEHMER                         | 0 1 2 3 4 5 6 7 8 9 10  -   0
18. PREISELASTIZITÄT                            | 0 1 2 3 4 5 6 7 8 9 10  -   0
19. KONJUNKTURABHÄNGIGKEIT                      | 0 1 2 3 4 5 6 7 8[9]10  -  89

[1] STAMMDATEN   [2] ANALYSEWERTE   [3] ENDE   [4] HINTERGRUND E/A        [ESC]
```

Abb. 75: Branchenbewertung "Marktattraktivität"

zahlen der FERI GmbH eingeblendet. Wie man sieht, werden jedoch nicht alle möglichen Beurteilungskriterien für eine Bewertung der Marktattraktivität durch den FERI-Prognosedienst abgedeckt (z.B. Umsatzvolumen = 0). Dort hat der Anwender die Möglichkeit, eigene Werte einzugeben, die dann zusammen mit den extern bereitgestellten Prognosedaten durch das Programm bei der Branchenprognose berücksichtigt werden.[1]

Den Abschluß der "UUB" bildet die in den folgenden zwei Abbildungen gezeigte Gesamtbewertung, zusammen mit einer textlichen Interpretation hinsichtlich der festgestellten Schwachstellen des Unternehmens. Im Rahmen der Gesamtbewertung berechnet der Compu-

1) Anmerkung: Diese Aussagen gelten analog für die Bewertung der Wettbewerbssituation.

ter zu den ersten drei Analysebereichen jeweils einen Teilindikator sowie einen Gesamtrisiko-Index.[1]

UNTERNEHMENSBEURTEILUNG - SPARKASSE ÜBERALL

LFD.-ANALYSE-NR.: 0 - GEDRUCKT AM : 26.09.88 / 15:55:22

S T A M M D A T E N

1. KURZLEITZAHL (BLZ)	37099
2. BEARBEIT. STELLE (OE)	13
3. MEHRFACHSCHLÜSSEL	22051027591
4. KONTO-NUMMER	11
5. FIRMEN-NAME	Max Schlecht
6. RECHTSFORM	6
7. RECHTSFORMÄND. (JAHR)	0
8. RECHTSFORM (ALT)	0
9. GRÜNDUNG (JAHR)	1960
10. HAUPTTÄTIGKEIT	H.v.Seilerwaren
11. BRANCHENCODE (HT)	27591
12. NEBENTÄTIGKEIT	Sonst.Textilgewerbe
13. MUTTERGESELLSCHAFT	0
14. KONZERN	0
15. GESAMTENGAGEMENT	0
16. GESAMTENGAGEMENT TDM	0
17. - DAVON BLANKO TDM	0

TEILINDIKATOR 1	=	100.00	-Management-
TEILINDIKATOR 2	=	236.22	-Betriebswirtschaft-
TEILINDIKATOR 3	=	140.95	-Unternehmensgefährdung-
GESAMTINDIKATOR	=	189.13	

MITTELFRISTIGE FERI-BRANCHENPROGNOSE	=	47.00
WETTBEWERBSSITUATION DES UNTERNEHMENS	=	24.00

GESAMTINDIKATOR:	0 - 25	Unternehmen unzweifelhafter Bonität (1)
	26 - 50	gutes Unternehmen (2)
	51 - 75	Durchschnittsunternehmen (3)
	76 - 100	gefährdetes Unternehmen (4)
	101 u.m.	akut gefährdetes Unternehmen (5)

Mittelfr. Branchensituation bzw. Wettbewerbssituation =
1 - 33 schlecht; 34 - 66 mittel; 67 - 100 gut.

Abb. 76: Gesamtanalyse "Sparkasse Überall"

1) Anmerkung: Beide Berechnungen werden allerdings auch bei unvollständigem Ausfüllen der Checklisten durchgeführt, um sich dem Kenntnisstand des Kreditsachbearbeiters bzw. den verfügbaren Informationen anzupassen. In diesem Fall weist das PC-Programm allerdings auf nicht beantwortete Fragen hin.

Zur Ermittlung der Teilindikatoren nimmt das Programm die zu Anfang schon erwähnten implementierten Eintrittswahrscheinlichkeiten als Grundlage. Danach führt eine hohe Eintrittswahrscheinlichkeit zusammen mit einer negativen Merkmalsbewertung auf der Checkliste auch zu einem entsprechend negativen Einfluß bei der Berechnung des Teilindikators. Für die Ermittlung des Gesamtrisiko-Indikators aus den drei Teilindikatoren verwendet das Programm spezielle Algorithmen, die bewirken, daß unter bestimmten Umständen nicht alle drei Teilindikatoren respektive deren Ausprägungen gleichgewichtig zählen.[1] Als Beispiel wurde in den durchgeführten Interviews auf die programmgesteuerte Berechnung des Gesamtindikators in Abhängigkeit von der Rechtsform einer Unternehmung hingewiesen. Danach soll im Rahmen der Beurteilung eines Einzelunternehmers selbst bei positiver Beurteilung der Managementqualitäten (Teilindikator 1) eine negative Ausprägung der betriebswirtschaftlichen Unternehmenssphäre (Teilindikator 2) zu einem stark negativen Einfluß auf die Berechnung des Gesamtrisiko-Indikators führen. Als Begründung wurde angeführt, daß der Einzelunternehmer den aus betriebswirtschaftlicher Sicht bestehenden schlechten Zustand in seiner Firma selbst zu verantworten hat und deswegen eine gleichgewichtige Berücksichtigung der positiven Managementbeurteilung logisch nicht mit einer schlechten Beurteilung des zweiten Teilindikators vereinbar ist. Besondere Bedeutung mißt das PC-Programm im Rahmen der Ermittlung des Gesamtrisiko-Indikators den von seiten des Kreditsachbearbeiters vergebenen Bewertungen zu den Anzeichen einer Unternehmensgefährdung (Teilindikator 3) bei. Dort ermittelt die "UUB" bei negativen Punktezahlen für den Teilindikator 3 selbst bei positivem Managementprofil (Teilindikator 1) und einer guten betriebswirtschaftlichen Beurteilung (Teilindiaktor 2) einen negativen Gesamtrisiko-Indikator. Auf diese Weise wird der Zielsetzung der Unternehmer-/Unternehmensbeurteilung in Hinblick auf die Erkennung von

---

1) Anmerkung: Diese Algorithmen werden vom DSGV nicht offengelegt, weil damit einer Anpassung der Unternehmensbeurteilung an die verwendeten Algorithmen Vorschub geleistet würde, welche zu einer bewußten Verfälschung der Kreditbeurteilung führen könnte.

Frühwarnsymptomen einer Unternehmensgefährdung Rechnung getragen.

AUTOMATISCHE TEXTINTERPRETATION

- Die bereits erkennbare Unternehmensgefährdung erfordert, daß zeitnahe Informationen über die wirtschaftliche Situation erstellt und vorgelegt werden. Ebenso wie die negative Unternehmensentwicklung insgesamt dürfte auch die verspätete Vorlage des Jahresabschlusses auf die mangelnde kaufmännische Unternehmensführung zurückzuführen sein. Auf Offenlegung der wirtschaftlichen Verhältnisse drängen! Gehen Sie nicht auf oberflächliche Argumente ein und lassen Sie sich bezüglich der angeforderten Unterlagen nicht auf später vertrösten. Hat die Firma etwas zu verbergen, Angst, die Bilanz vorzulegen? Gehen Sie davon aus, daß die Bilanz dann im allgemeinen noch schlechter ausfällt, als Sie vermuten!

- Engagement auf Ausfallrisiko prüfen!

- Bei branchenbedingt mangelnder Kapazitätsauslastung zeigt die Firma Schwächen in der kaufmännischen Unternehmensführung, die wahrscheinlich in der Person des Unternehmers begründet sind. Möglichkeiten zur Verbesserung der Wettbewerbsfähigkeit, zur Ausschöpfung von Innovations- und Rationalisierungspotentialen, des Absatzes und die Aufnahme neuer Produkte oder die Änderung der bisherigen Sortiments-/Einkaufspolitik sind zu untersuchen.

- Evtl. Portfolio-Analyse anbieten!

- Warum gab es Änderungen im Vertrieb?

- Nachforschen!

Box 42: Automatische Textinterpretation

Die in Abbildung 76 vorgestellte Auswertung macht deutlich, daß bei der analysierten Unternehmung sowohl hinsichtlich der Ausprägung des Gesamtrisiko-Indikators als auch in bezug auf die Branchen- und Wettbewerbsbewertung eine akute Gefährdung und damit Beeinträchtigung der Kreditwürdigkeit vorliegt. Auch die in der Textbox 42 vorgestellte Textinterpretation basiert analog zur Berechnung der Indikatoren auf komplexen Kausalitäten, die in Abhängigkeit von bestimmten Merkmalsausprägungen im voraus definierte Textbausteine generieren. Auch in diesem Bereich wurde nach Aussagen des DSGV ein Schwerpunkt in der Produktion von Textbausteinen, die den Kreditsachbearbeiter auf die Gefährdung des Unternehmens und damit auf eine negative Ausprägung des Teilindikators 3 hinweisen, gelegt. Abgesehen von einer Schwachstellenbeurteilung und Aussagen zur Unternehmensgefährdung liefert das PC-Programm im Rahmen der Textanalyse auch konkrete Hinweise, die den Kreditsachbearbeiter auf die Benutzung anderer durch die Sparkassenorganisation verfügbarer Analyseinstrumente (z.B. Portfolio-Analyse) aufmerksam machen.[1]

3.2.2.3 Finanz- und Erfolgsplanung

3.2.2.3.1 Übersicht

Die Finanz- und Erfolgsplanung wird in den Sparkassen schwerpunktmäßig zur Beurteilung von Investitionskrediten, bei deren Gewährung Zins- und Tilgungszahlungen über einen langen Zeitraum zu erbringen sind, eingesetzt. Nach Auffassung der Sparkassenorganisation soll dieses Analyseinstrument die zukünftige Erfüllung von Kreditverpflichtungen über die auf den Absatzmärkten erzielbaren Erlöse eines Unternehmens sicherstellen.[2] Andererseits soll die Planung stabiler, zukünftiger Bilanz- und Erfolgsstrukturen auch zur Förderung des strukturellen Bilanzgleichgewichtes, der Verbesserung des unternehmerischen Handlungsspielraumes sowie einer Aufwertung der Kreditwürdigkeit des Unternehmens beitragen.[3]

Die Durchführung einer dynamischen, zum Teil auf mehrere Planjahre ausgerichteten Finanzplanung wird in starkem Maße durch die Nutzung des Computers unterstützt, der die Auswirkungen verschiedener Planungsrechnungen zusammen mit entsprechenden

1) Falter M. (Kreditgeschäft), S. 510.

2) DSDD (Hrsg.)(Kreditüberwachungssystem), S. 11.

3) Probst H. (Instrument), S. 13 ff.

Planungsprämissen auf das Finanzwesen einer Unternehmung in kürzester Zeit aufzeigt.[1]

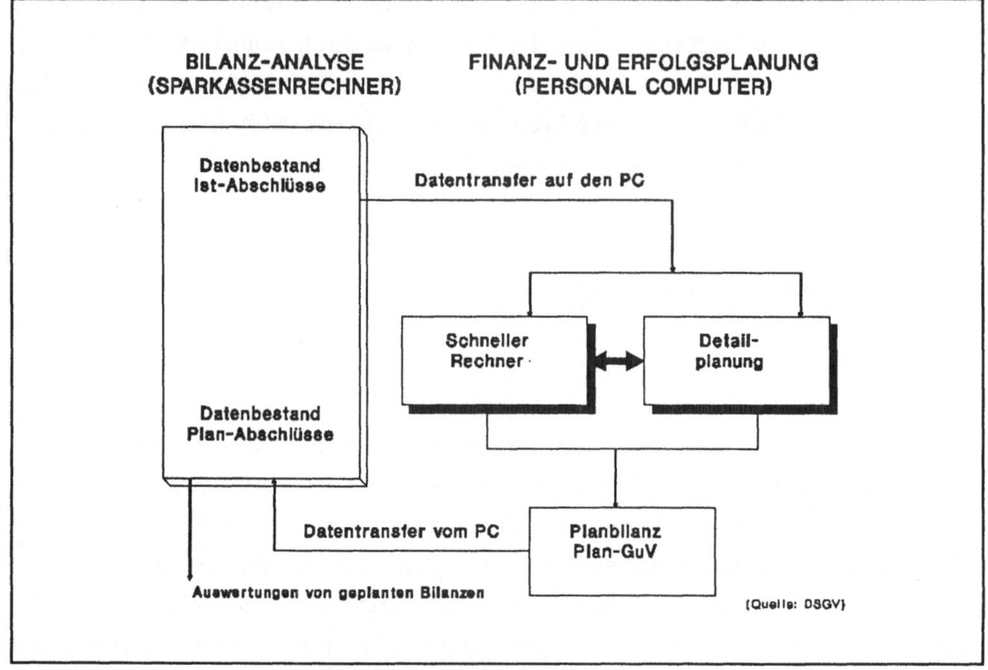

Abb. 77: Aufbau der Finanz- und Erfolgsplanung

Abbildung 77 zeigt den Aufbau der Finanz- und Erfolgsplanung insbesondere in bezug auf den bestehenden wechselseitigen Arbeitsverbund zu den STS-Diensten der Sparkassenorganisation. Zwischen dem Sparkassengroßrechner respektive den STS-Diensten und der dezentral eingesetzten Finanz-und Erfolgsplanung findet ein Transfer der schon in der Sparkassenorganisation bzw. in dem Sparkassengroßrechner[2] vorhandenen Jahresabschlüsse in das PC-Programm statt. In umgekehrter Richtung fließen die geplanten Jahresabschlüsse in den Großrechner, damit sie dort mit dem bereitstehenden Bilanzanalyseverfahren ausgewertet werden

1) Falter M. (Kreditgeschäft), S. 487.; Probst H. (Unternehmenskontrolle), S. 21.

2) Anmerkung: Gemäß dem Stand von 1989 sind dort etwa 700 Branchen mit insgesamt 800.000 Jahresabschlüssen aus den vergangenen drei Jahren abgespeichert gewesen.

können.[1] Dazu kann der Kreditsachbearbeiter je nach Ausstattung seines Arbeitsplatzes die über den Sparkassengroßrechner zugeleiteten Planbilanzen mit dem Zusatzprogramm "EBIL-GRAPH" aufbereiten.[2] So bietet z.B. die Stadtsparkasse Köln ihren Firmenkunden graphische Auswertungen der Unternehmensstruktur für deren interne Präsentationszwecke (z.B. für Versammlungen) an. Insgesamt können, unter Berücksichtigung des Arbeitsverbundes mit dem Sparkassengroßrechner, die in Textbox 43 aufgeführten Analysen in Hinblick auf die zukünftige Bilanz- und Erfolgsstruktur einer Unternehmung erfolgen.[3]

Das Finanzplanungsprogramm der Sparkassen ermöglicht einerseits die Durchführung mehrerer Alternativrechnungen und andererseits an Hand von wahrscheinlich eingestuften Bilanz- und Erfolgsrechnungen eine zukunftsgerichtete Anschlußplanung über beliebig viele Planjahre. Für beide Planungsvarianten kann der Kreditsachbearbeiter zusammen mit dem Kunden entweder eine Detailplanung oder eine Grobplanung mit Hilfe des Schnellen Rechners vornehmen. Abbildung 77 stellt die Verbindung zwischen Detail- und Grobplanung innerhalb der Finanzplanung sowie die Datenaustauschbeziehungen zum Sparkassengroßrechner vor.

ANALYSEBEREICHE DER
FINANZ- UND ERFOLGSPLANUNG

* Erfolgs- und Bilanzrechnungen
* Break-Even-Analysen
* Finanzierungsrechnungen
* Kennzahlenauswertungen
* Branchenvergleichsrechnungen
* Punktebewertungsverfahren

Box 43: Analysebereiche der Finanz- und Erfolgsplanung

1) DSDD (Hrsg.)(Kreditüberwachungssystem), S. 13.; Falter M. (Kreditgeschäft), S. 488.

2) DSDD (Hrsg.)(Kreditüberwachungssystem), S. 5.

3) DSDD (Hrsg.)(Kreditüberwachungssystem), S. 11.; Sparkasse (Hrsg.)(Dienstleistungen), o.S.

Das PC-Programm verfügt über insgesamt 16 Eingabemasken, die verschiedene Eingabemöglichkeiten anbieten. Dazu gehört die Eingabe absoluter Werte, prozentualer Anteilswerte oder Steigerungsraten. Darüberhinaus wird der Anwender bei der Eingabe einerseits durch eine "Taschenrechnerfunktion" für Nebenrechnungen und andererseits durch logische Plausibilitätskontrollen (z.B. Nichtnegativität einzelner Planungswerte) unterstützt.[1] Besonders hilfreich sind die - jedoch nicht abgebildeten - unterschiedlichen Farbeinstellungen des Programmes für PC-Berechnungsergebnisse (hellgrün) sowie die aus dem Sparkassengroßrechner übernommenen Werte vergangener Bilanzanalysen (blau). Auf diese Weise kann der Anwender jederzeit die Herkunft und Bedeutung von Zahlen erkennen, so daß er sich in einem weitgehend transparenten System befindet.[2]

3.2.2.3.2 Funktionsumfang

Der Einstieg in die Finanzplanung erfolgt besonders bei planungsunerfahrenen Anwendern über den Schnellen Rechner. (Vgl. Abb.77) Dort erfolgt zunächst nach Eingabe einiger Mindestplandaten[3] in etwa 45 Sekunden eine automatische Abarbeitung sämtlicher Eingabemasken, die bei der Nutzung der Detailplanung sonst manuell bearbeitet werden müßten. Abbildung 78 zeigt die in diesem Planungsabschnitt relevanten wesentlichen Planungsgrößen. Damit liefert das Programm schon sehr schnell eine erste Informations- bzw. Diskussionsgrundlage, die zusammen mit mehreren Planvarianten zu einer Verbesserung der Planungserfahrung beitragen kann und damit einen leichteren Einstieg in die Detailplanung ermöglicht. Im Bereich des Schnellen Rechners unterstellt das Programm

---

1) Anmerkung: Auf inhaltliche Planungshilfen wurde mit Hinweis auf die Individualität jeder Finanz- und Erfolgsplanung verzichtet.

2) DSGV (Hrsg.)(Finanzplanung), Pkt. 3.4.5, S. 1.

3) DSGV (Hrsg.)(Finanzplanung), Pkt. 3.5.3, S. 1 ff.; Anmerkung: Bei diesen Daten handelt es sich um erfahrungsgemäß wichtige Eingaben für eine sinnvolle Finanz- und Erfolgsplanung.

für die vom Anwender nicht explizit geänderten Planungsgrößen eine kontinuierliche Unternehmensentwicklung und berücksichtigt bestimmte Voreinstellungen.[1]

00 Festlegung wesentlicher Planungsgrößen (C) DSD/DSGV 1988

Planungsgrößen	Vorjahreswerte	Erhöhung in %	Erhöhung Betrag	Minderung in %	Minderung Betrag	Planwert
Umsatz						
- Menge	11689		0		0	11689
- Preis	1.00		0.00		0.00	1.00
Bestände						
- Unf. Erzeugn.	0	0.00	0	0.00	0	0
- Fert.Erzeugn.	406	4.68	19	0.00	0	425
dav. bez.Waren			0		0	0
Material-aufwandsquote	52.47					52.47
Personalaufwand	3000	0.00	0	0.00	0	3000
- Gehälter			0		0	0
- Löhne			0		0	0
- Provisionen			0		0	0
Summe	0					

Gewerbesteuer-Hebesatz d. Gemeinde

Ausschüttung in % des ausschüttungsfähigen Betrages

F1 Hilfe F3 Ende F4 schnell F6 löschen F10 weiter <┘ rechnen

Abb. 78: Mindestplangrößen - "Schneller Rechner"

Inhaltlich handelt es sich bei den Voreinstellungen um Anteilswerte (z.B. Materialaufwandsquote), absolute Werte (z.B. Umsatz des vorausgehenden Planungsabschnittes) sowie Einstellungen, denen bestimmte betriebswirtschaftliche Auffassungen zugrundeliegen. Zum letzten Bereich gehört beispielsweise, daß der Computer aus Vorsichtsgründen außerordentliche Erträge eines Vorjahres nicht ins Planjahr überträgt, während außerordentliche Aufwendungen in gleicher Höhe automatisch für das zu planende Jahr angesetzt werden. Ein weiteres Beispiel für die in diesem PC-Programm implementierten Voreinstellungen ist die Berücksichtigung einer nominellen Substanzerhaltung und damit eine automatische Reinvestition sämtlicher für die Planungsperiode ermittelten Abschreibungsbeträge. Die Voreinstellungen können jederzeit während des Planungsprozesses aufgerufen werden, so daß sich der Anwender niemals in einer "black-box" befindet und auf diese Weise stets die Hintergründe für die vom Programm berechneten

1) DSGV (Hrsg.)(Finanzplanung), Pkt. 3.5, S. 1.

Planwerte erkennen kann. Textbox 44 vermittelt einen Eindruck zu der im Rahmen der Schnellplanung für die Berechnung von Umsatzzahlen implementierten Voreinstellung.

VOREINSTELLUNGEN - UMSATZ-PLANUNG

Maske Nr. 1: UMSATZ-PLANUNG

Voreinstellungen V:
Es wird der gleiche Bruttoumsatz wie im Vorjahr bei unverändertem Preisniveau (Preis = 1) unterstellt. Für die Berechnung der Erlösschmälerungen wird das Verhältnis zwischen Erlösschmälerungen und Bruttoumsatz des Vorjahres verwendet. Somit ergibt sich als Voreinstellung für den Nettoumsatz ebenfalls der Vorjahreswert.
...

Voreinstellungen P:
Mit Ausnahme des Betrages für die Erlösschmälerungen werden alle Daten aus der letzten Planung übernommen. Der Betrag für die Erlösschmälerungen wird mit Hilfe des zugeordneten Prozentsatzes neu gerechnet.

Box 44: Voreinstellungen - Umsatz-Planung

Während nun "vor den Augen" des Planenden der Schnelle Rechner sämtliche Planungsdaten bzw. Voreinstellungen bearbeitet, kann jederzeit über "Knopfdruck" in die Detailplanung übergewechselt werden. Dies geschieht beispielsweise in den Fällen, in denen eine berechnete Plangröße bzw. die dahinterstehende Voreinstellung nicht mit den Planvorstellungen des Anwenders korrespondiert. In diesem Fall kann in der Detailplanung unmittelbar eine Korrektur erfolgen. Das PC-Programm sorgt anschließend für eine rückkopplungsfreie Anpassung aller durch diese individuelle Änderung wiederum indirekt betroffenen Bilanz- und Erfolgspositionen.[1] Dies bedeutet, daß beispielsweise nach dem Überschreiben einer bestimmten Voreinstellung (z.B. Materialaufwandsquote) sofort im schnellen Rechner eine Anpassung aller von diesem Wert abhängigen Planungsgrößen (z.B. Verbindlichkeiten aus Lieferungen und Leistungen) stattfindet.

1) DSDD (Hrsg.)(Kreditüberwachungssystem), S. 14.

Sofern der Anwender über die Detailplanung in den Planungsprozess einsteigt, muß er die sonst durch den Schnellen Rechner bearbeiteten Eingabemasken manuell bearbeiten. Dabei ist er an eine zwingende Reihenfolge gebunden, die sich nach betriebswirtschaftlich logischen Planungsschritten ausrichtet. Dies bedeutet, umgesetzt in den Planungspozess, daß zunächst beispielsweise eine Umsatzplanung erfolgen muß, bevor andere von dieser Planungsgröße abhängige Bilanz- oder GuV-Positionen, wie z.B. die Materialaufwandsquote, geplant werden können.

EINGABEMASKEN - DATAILPLANUNG

- Umsatzplanung
- Anlagevermögen
- Gesamtleistung, Kundenforderungen und -anzahlungen
- Betriebsaufwand und RHB-Stoffe
- Eigenkapital
- Zins-Aktiva
- Sonstige Erträge
- Darlehen von Kreditinstituten
- Verbindlichkeiten gegenüber Kreditinstituten
- Verbindlichkeiten und eigene Anzahlungen
- Außerordentlicher Aufwand
- Gewerbesteuer
- Jahresergebnis,Körperschaftssteuer u. Einkommenssteuer
- Ergebnisverwendung
- Kapitalkonten
- Rückstellungen und sonstige Verbindlichkeiten

Box 45: Eingabemasken - Detailplanung

Textbox 45 stellt die im Rahmen der Finanz- und Erfolgsplanung für die Detailplanung angebotenen Eingabemasken dar. Wie der Name schon andeutet, zeichnet sich die Detailplanung im Gegensatz zur Grobplanung mit Hilfe des Schnellen Rechners durch einen hohen Grad an Genauigkeit bei der Bestimmung einzelner Plangrößen für die Finanz- und Erfolgsrechnung aus. Der Feinheitsgrad des Programmes erlaubt vor allem die Berechnung komplexer Investitionsrechnungen mit umfangreichen Zins- und Tilgungsströmen, verschiedenen Darlehensarten sowie sehr genauen Umsatzplanungen bis in einzelne Produktgruppen und Branchen.[1]

PLANUNGSARTEN

Wie schon angedeutet, sind sowohl über den Schnellen Rechner als auch im Rahmen der Detailplanung Alternativ- und Anschlußplanungen möglich. Für beide Planungsarten können über die Schnittstelle zur Bilanzanalyse auf dem Sparkassengroßrechner Branchenvergleiche, Kennzahlen, Breakeven- und Strukturanalysen sowie Punktebewertungen vorgenommen werden.

In Hinblick auf die Bildung von mehrjährigen **Anschlußplanungen** weisen die Sparkassen darauf hin, daß es sich dort im Vergleich zu anderen PC-gestützten Finanzplanungsprogrammen keinesfalls um eine Fortrechnung der Vergangenheit auf Basis bestimmter Trendextrapolationsverfahren handelt.[2] Als Begründung führen die Sparkassen die Probleme einer Übertragung vergangener Entwicklungszyklen auf zukünftige Planperioden an. Von dieser Seite betrachtet überträgt das Finanzplanungssystem in der Sparkassenorganisation bis auf wenige Ausnahmen immer die Werte aus der vorausgehenden Periode in die neue Planungsperiode und berücksichtigt eine erhöhende Wertfortschreibung nur dann, wenn diese explizit vom Planenden angesetzt wird.

Bei der **Alternativplanung** können für das erste Planungsjahr beliebig viele Planvarianten in kürzester Zeit durchgeführt werden, da das Programm die Voreinstellungen des vorausgehenden Planungsablaufes übernimmt und somit die Plandaten, die man beibehalten möchte, nicht nochmals eingegeben werden müssen.[3] Die hohe Elastizität in Hinblick auf Veränderungen einzelner Daten verbunden mit einer sofortigen Neukalkulation erleichtert dabei beson-

---

1) DSGV (Hrsg.)(Finanzplanung), Pkt. 3.6, S. 1 ff.

2) Anmerkung: Ein PC-Planungsprogramm, welches auf einem Extrapolationsverfahren basiert bietet die Deutsche Bank AG ihren Kunden an; Gemäß den Interviews mit Herrn W. ALBRECHT (Deutsche Bank, Frankfurt) im Jahre 1988.

3) DSGV (Hrsg.)(Finanzplanung), Pkt. 1.2, S. 2 f.

!FIRMENKENN-NUMMER:
!PLANUNG FUER DAS JAHR: 1989
!PLANUNG DER ERFOLGSRECHNUNG

	GJ 1987	ABW.	GJ 1988	ABW.	PLANUNG 1
BILANZART	1		7		8
BRUTTOUMSATZ	9871	8.0	10661	8.4	11553
ERLOESSCHMAELERUNGEN	190	7.9	205	8.3	222
NETTOUMSATZ	9681	8.0	10456	8.4	11331
BESTANDSERHOEHUNG	0	.0	0	999.9	69
BESTANDSVERMINDERUNG	196	83.7	360	-100.0	0
AKTIV.EIGENLEISTUNGEN	0	.0	0	.0	0
GESAMTLEISTUNG	9485	6.4	10096	12.9	11400
MATERIALAUFWAND	2704	2.4	2770	12.9	3128
ROHERTRAG POSITIV	6781	8.0	7326	12.9	8272
ROHERTRAG NEGATIV	0	.0	0	.0	0
BETEILIGUNGSERTR.	0	.0	0	.0	0
ZINSERTRAEGE	2	.0	2	.0	2
ANDERE O. ERTRAEGE	21	.0	21	.0	21
PERSONALAUFWAND	3871	3.2	3995	3.3	4125
PLANMAESS. AFA	513	19.3	612	-3.4	591
ZINSEN, DISKONTAUFW.	239	8.8	260	-11.5	230
GEW./LOHNSUMMENSTEUER	140	58.6	222	48.6	330
MIETEN UND LEASING	54	5.6	57	12.3	64
SONSTIGER AUFWAND	1218	6.4	1296	13.0	1464
BETRIEBSERGEBNIS POS.	769	17.9	907	64.4	1491
BETRIEBSERGEBNIS NEG.	0	.0	0	.0	0
AO ABSCHR.AUF ANLAGEN	0	.0	0	.0	0
SONSTIGER AO AUFWAND	328	-81.7	60	.0	60
AO ERTRAEGE	97	-100.0	0	.0	0
EEV-STEUERN	0	.0	0	.0	0
BILANZERGEBNIS POS.	538	57.4	847	68.9	1431
BILANZERGEBNIS NEG.	0	.0	0	.0	0

Die Berechnungen des Modells beruhen auf Planzahlen, die grundsaetzlich mit einer gewissen Prognoseunsicherheit behaftet sind. Eine Gewaehr fuer die Richtigkeit der Rechenergebnisse, insbesondere was die Uebereinstimmung mit spaeteren Ist-Werten betrifft, kann nicht uebernommen werden.

Abb. 79: Alternativplanung

ders gleitende Planungsformen und damit ein schrittweises "Herantasten" über eine Vielzahl von "Wenn-Dann"-Fragestellungen, die innerhalb kürzester Zeit durch den Schnellen Rechner bearbeitet werden können.[1]

Die Schnittstelle des PC-Programmes zur Einzelbilanzanalyse auf dem Sparkassengroßrechner ermöglicht dabei den Transfer von zwei

1) DSGV (Hrsg.)(Finanzplanung), Pkt. 1.1, S. 2.

vergangenen Jahresabschlüssen, die zusammen mit den Alternativplänen und einer prozentualen Abweichungsanalyse auf einer Bildschirmseite gezeigt werden können. Damit ist der Anwender in der Lage, einzelne Planungsergebnisse sowohl miteinander als auch mit vergangenen Perioden unmittelbar zu vergleichen.[1] Abbildung 79 zeigt eine Erfolgsrechnung für das Jahr 1989 mit einer Alternativplanung, die den über den Sparkassengroßrechner bereitgestellten Bilanzdaten der Jahre 1987 und 1988 gegenübergestellt ist und damit unmittelbare Vergleiche mit der Vergangenheit zuläßt. Bei der Alternativplanung können grundsätzlich beliebig viele Planungsalternativen (Planung 2 usw.) mit den Bilanzwerten aus der Vergangenheit verknüpft werden, so daß der Planende immer die Unterschiede zwischen verschiedenen Planvarianten erkennt.

Nach Abschluß der Alternativenplanung erfolgt die Auswahl einer oder mehrerer für wahrscheinlich gehaltenen Planungsalternativen und deren Überführung in eine mehrjährige Anschlußplanung. Bei diesem Schritt fließen die ausgewählten Planungsvarianten in den Schnellen Rechner und werden über Voreinstellungen, gegebenfalls verbunden mit individuellen Ergänzungen (z.B. Umsatzerwartungen) in einen mehrjährigen Plan umgesetzt. Auch bei der Anschlußplanung können wieder mehrere Planungsjahre nacheinander geschaltet und mit vergangenen Referenzjahren verglichen werden. Für den Vergleich verschiedener Planungsjahre erstellen die Sparkassen mit Hilfe des Zusatzprogrammes "EBIL-GRAPH" auch Spezialgraphiken (z.B. Radarcharts), so daß Trendbrüche in der zukünftigen Unternehmensentwicklung leichter erkennbar werden.[2] Abbildung 80 zeigt eine Radar-Grafik, die auf den Ergebnissen einer Finanzplanung aufbaut und die Unternehmensentwicklung in komprimierter Form für drei aufeinanderfolgende Planjahre auffächert.

1) DSDD (Hrsg.)(Kreditüberwachungssystem), S. 11.

2) Stadtsparkasse Köln (Hrsg.)(Ebilgraph), o.S.

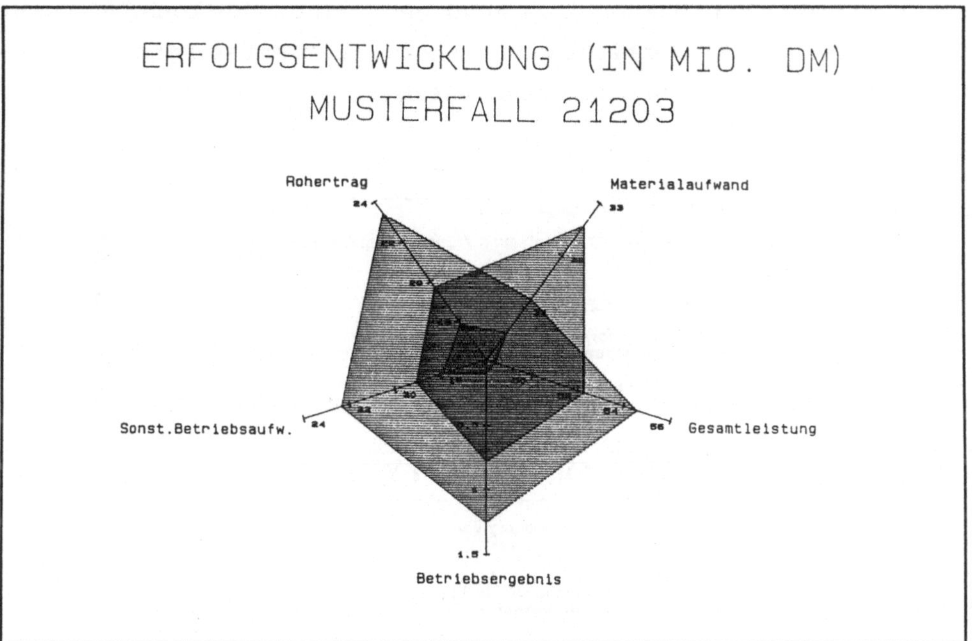

Abb. 80: Radar-Grafik - Unternehmensentwicklung

3.2.2.4 Portfolio-Analyse

3.2.2.4.1 Übersicht

Im Jahre 1989 wurde auf der CeBIT Messe in Hannover erstmals die PC-unterstützte Portfolio-Analyse von der Deutschen Sparkassenorganisation vorgestellt und damit das Angebot der Sparkassen an computerunterstützten Beratungsdienstleistungen erweitert.

Die Portfolio-Analyse stellt einen neuen Baustein der in den Firmenkunden- und Kreditabteilungen der Sparkassen verwendeten Analyseverfahren zur Kreditwürdigkeitsprüfung dar, so daß auch in diesem Fall vergleichbar mit der Finanz- und Erfolgsplanung Beratungs-und Kreditprüfungsaufgaben eng verknüpft sind.[1] Nach Abschluß der Analyse bekommt der Kunde deren Ergebnisse in Form

1) Reuter A./ Schleppegrell J. (Firmenkundengeschäft), S. 317 f.; Tiedeken K./Schneider H.-U. (Sparkassenorganisation), S. 125.

einer mehrseitigen Dokumentation ausgehändigt. Abbildung 81 zeigt die Verbindung der Portfolio-Analyse zu bestimmten Daten-und Informationslieferanten und deren Ziele.[1]

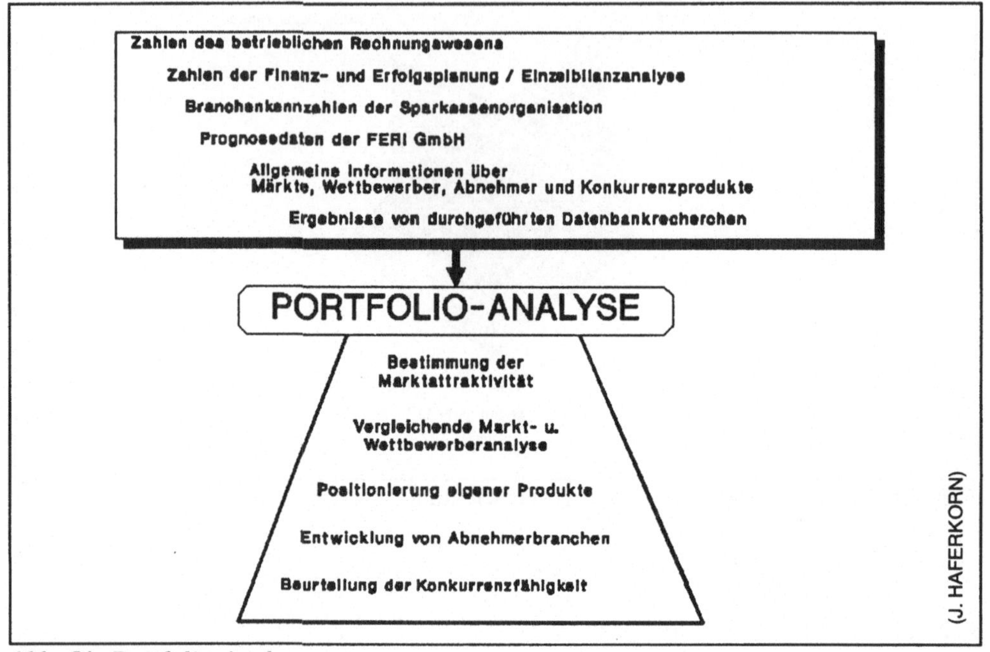

Abb. 81: Portfolio-Analyse

Die Erstellung von Portfolios am PC erfolgt auf Basis einer Vielzahl von Informationen, die einerseits aus anderen EDV-Anwendungen des Kreditinformations- und -überwachungssystems der Sparkassenorganisation kommen und andererseits auf Gesprächen mit dem Kunden zusammen mit den zur Verfügung gestellten betrieblichen Daten, beispielsweise aus dem Rechnungswesen, beruhen (z.B. Kostenstrukturen/Produktgruppen). Einige Daten in Form von Ergebnisdaten, Marktzahlen und speziellen Kennzahlen werden über vorbereitete Schnittstellen des PC-Programmes zu anderen edv-gestützten Analyseinstrumenten eingebracht und weiterverarbeitet. Soweit die Portfolio-Analyse der Sparkasse auf die schon vorliegenden Daten im STS-Betrieb (z.B. Bilanzauswertungen) zugreift, löst sie sich weitgehend von subjektiven Einschätzungen der

1) Sparkasse (Hrsg.)(Planung), o.S.

Unternehmenssituation und erlaubt damit quantitativ fundierte Aussagen.[1]

Zu den vorgeschalteten, unmittelbar mit der Portfolio-Analyse verbundenen Anwendungen gehören die im Rahmen der Portfolio-Analyse direkt nutzbaren Zahlen aus Bilanzanalysen vergangener und zukünftiger Jahresabschlüsse sowie die Daten des FERI-Prognosedienstes.[2] Wichtige Informationen, insbesondere zur Beurteilung von z.B. bestimmten Herstellungsverfahren oder marktbedingten Absatzchancen können von externen Datenbankdiensten über die am Arbeitsplatz bereitstehenden Kommunikationsverbindungen beschafft werden.

3.2.2.4.2 Funktionsumfang

Die Portfolio-Analyse erlaubt eine dialoggestützte Aufbereitung von Unternehmensprofilen sowie Branchen-, Produktlebenszyklus-, Wettbewerber- und Zeitreihen-Portfolios. Die Durchführung sämtlicher Analysen erfolgt dabei auf Basis von sog. "Strategischen Geschäftseinheiten" (SGE's). Zu deren Bildung erfaßt der Firmenkundenberater am PC zusammen mit dem Kunden dessen Produkte, verdichtet diese zu Produktgruppen und ordnet die entstehenden Produktgruppen wiederum einem bestimmten Abnehmerkreis zu.[3] Das PC-Programm kann maximal 20 SGE's erfassen und anschließend bearbeiten. Nach Bildung der Strategischen Geschäftseinheiten erfolgt im nächsten Schritt auf Basis einer vorgegebenen Punkteskala die Bestimmung der Konkurrenzsituation für sämtliche SGE's.
Abbildung 82 zeigt in einer Profildarstellung den Vergleich der Merkmalsausprägungen von bestimmten SGE's mit dem Hauptkonkurrenten.

---

1) Reuter A./Schleppegrell J. (Firmenkundengeschäft), S. 317 ff.; Sparkasse (Hrsg.) (Dienstleistungen), o.S.

2) Sparkasse (Hrsg.)(Dienstleistungen), o.S.; dgl. (Hrsg.)(Planung), o.S.

3) Reuter A./Schleppegrell J. (Portfolio-Analyse), o.S.; Sparkasse (Hrsg.) (Dienstleistungen), o.S.

M 1.6.1 RELATIVE WETTBEWERBSSITUATION DER STRATEGISCHEN GESCHÄFTSEINHEITEN

Kriterien: * SGE >	G	1	2	3
1 Innovationskraft/Know How	2	2 :	* :	*
2 Betriebsorganisation	3	* :	* :	*:
3 Betriebsausstattung	2	* :	* :	:*
4 Kostenvorteil	3	* :	* :	*:
5 Standort	2	* :	* :	:*
6 Produktqualität	3	*	*	: *
7 Produktgestaltung/Design	5	* :	* :	*:
8 Sortimentsbreite u.-Tiefe	2	*:	*:	*:
9 Vertriebsstärke/Kd.Dienst	6	*:	*:	*
10 Termintreue/Lieferbereit.	3	* :	*	:*
Summe		125,0	146,0	268,0
Durchschnitt		2,7	3,1	5,8

Speicher Nr. ... : 2 = Jahr .... : 1987
<S>oll, <I>st .. : I SGE .... : 1 Ventile/Steinbauindustrie
<Z>ahl, <P>rofil : P im Vergleich zu : 2 Hydraulikfabrik STA

Datum : 09.04.88 Bearbeiter : DSCH Kurzbez. : GI01

Abb. 82: Profildarstellung

Im Rahmen der Profildarstellung können auf einer Bildschirmseite bis zu drei Konkurrenten zusammen mit dem eigenen Unternehmen analysiert werden. Die doppeltgepunktete Mittellinie gibt die Position des Hauptkonkurrenten wieder. Relativ dazu wird die Position des untersuchten Unternehmens eingeblendet. Danach besteht in bezug auf die jeweils betrachtete SGE rechts von dieser Linie ein relativer Wettbewerbsvorteil, während die links befindlichen Sternchen auf Schwachstellen im Verhältnis zum untersuchten Hauptkonkurrenten hinweisen. Sobald sich der Anwender nun mit dem als helles Rechteck dargestellten Cursor des Programmes auf die dort ausgewiesenen Sternchen bewegt, zeigt das PC-Programm die quantitative Ausprägung des betreffenen Merkmales (z.B. Innovationskraft/Know How) und liefert eine diskussionsfähige Zahlenbasis zur strategischen Unternehmensplanung.

Abgesehen von Profildarstellungen können nun ausgewählte Daten aus einer vorgeschalteten Finanz- und Erfolgsplanung bzw. Bilanzanalyse oder den bereits erwähnten FERI-Diensten in die Portfolio-Analyse überführt werden. Als Beispiel soll an dieser

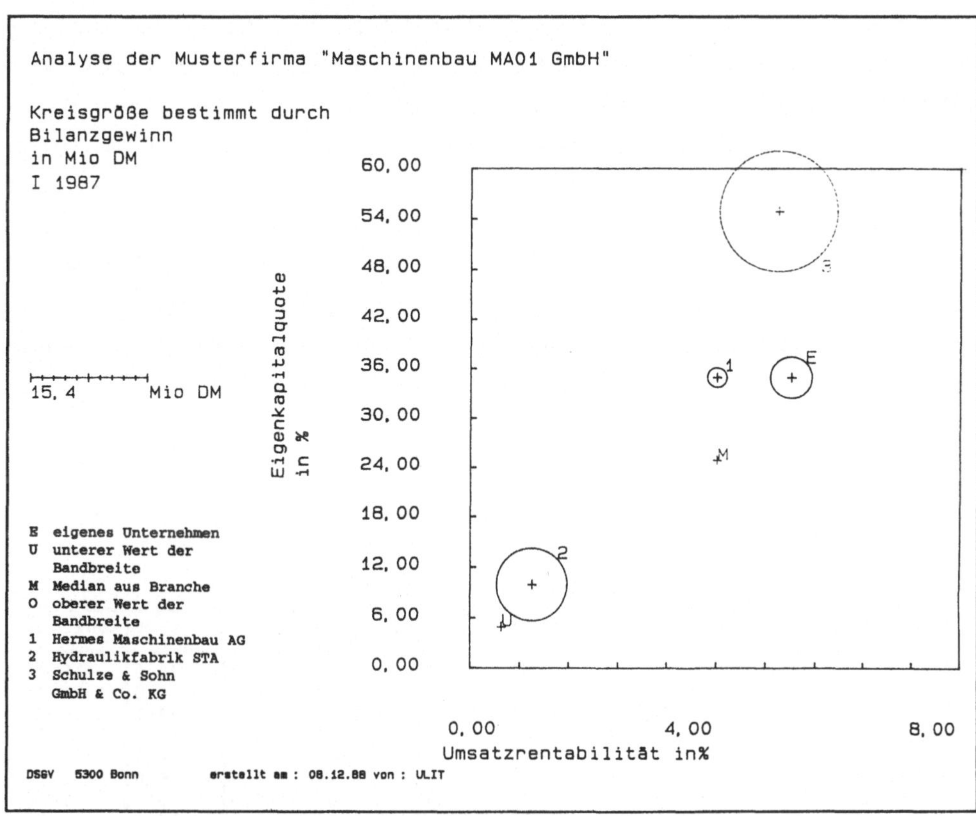

Abb. 83: Wettbewerber-Portfolio

Stelle zunächst die Erstellung des in Abbildung 83 vorgestellten **Wettbewerber-Portfolios** herangezogen werden. Diese Analyseform basiert auf den Zahlen einer Einzelbilanzanalyse und verschiedenen Branchenvergleichswerten, die aus dem Sparkassengroßrechner kommen und eine solide quantitative Datenbasis zur fundierten Unternehmensbeurteilung darstellen.[1] Die dargestellte Analyse zur Wettbewerbssituation zeigt die Stellung des eigenen Unternehmens (E) in bezug auf die überspielten quantitativen Kennzahlenwerte "Umsatzrentabilität in %" (X-Achse), "Eigenkapitalsquote in %" (Y-Achse) zusammen mit dem "Bilanzgewinn in Mio DM" als Kreisdarstellung im Vergleich zu den diesbezüglichen Merkmalsausprägungen der drei stärksten erfaßten Konkurrenten (1/2/3). Zusätzlich ermöglicht die Portfolio-Analyse eine vergleichende Bewertung der

1) Reuter A./Schleppegrell J. (Portfolio-Analyse), o.S.

Branchensituation über die im Sparkassenbilanzdatenpool vorliegenden Branchenvergleichswerte, die ebenfalls über den STS Verkehr bereitstehen.[1] Gegenwärtig enthält der zentral auf dem Sparkassengroßrechner verfügbare Bilanzdatenpool ca. 600.000 Bilanzen von etwa 190.000 Firmenkunden. Aus dieser Datenmenge werden jährlich etwa 100.000 Bilanzen für die Bildung von Branchenvergleichswerten ausgewertet. Die auf diese Weise ermittelten Branchenwerte können in die Portfolio-Analyse für die Bewertung von etwa 660 ausgewählte Branchen genutzt und den selbst erhobenen Unternehmens-und Konkurrenzdaten gegenübergestellt werden.

M 1.11.6 STAMMBLATT WETTBEWERB: EBIL - KENNZAHLEN (ALT)

Kennzahl: * Wettbewerber >	Eig.Unt	Bradi U	Bradi M	Bradi O	Konk. 1	Konk. 2
1 Materialaufwandsquote	35,0	32,0	51,0	75,0	25,0	38,0
2 Personalaufwandsquote	40,0	23,0	42,0	51,0	24,0	22,0
3 Abschreibungs-Aufw.-Quote	30,0	9,0	15,0	32,0	29,0	8,0
4 Sachabschreibungsquote	15,0	4,0	11,0	22,0	15,0	8,0
5 Zinsaufwandsquote	3,0	3,0	8,0	11,0	8,0	2,0
6 Mietaufwandsquote	1,0	3,0	4,0	7,0	6,0	2,0
7 Umsatzrentabilität	6,5	0,4	5,0	9,0	3,5	1,0
8 Cash-Flow-Rate	25,0	14,0	25,0	32,0	24,0	12,0
9 Return on Investment	3,5	0,5	2,5	6,0	2,0	5,0
10 Gesamtkapitalverzinsung	6,0	1,5	5,0	8,0	4,0	3,0
11 Anlagendeckung	45,0	20,0	50,0	60,0	40,0	22,0
12 Liquiditätsverhältnis	40,0	25,0	52,0	65,0	55,0	32,0
13 Kurzfr. Verschuldungsrate	25,0	18,0	35,0	45,0	36,0	20,0
14 Nettoverschuldungsfaktor	25,0	9,0	35,0	36,0	10,0	16,0

Abb. 84: Bilanz-Kennzahlen

Abbildung 84 führt die in diesem Zusammenhang von dem Portfolioprogramm berechneten statistischen Maßzahlen[2] in Form eines unteren (Bradi U) und oberen (Bradi O) Branchenquartilswertes

1) DSDD (Hrsg.)(Kreditüberwachungssystem), S. 9.; Sparkasse (Hrsg.)(Planung), o.S.

2) Anmerkung: "Bradi" steht für die Dienstleistung BRANCHENDIENSTE des Sparkassengroßrechners.

zusammen mit dem Branchenmedian (Bradi M) auf, welche auf den Werten schon vorhandener Sparkassenbilanzen beruhen. Zur Quantifizierung der Portfolio-Analyse besteht die Möglichkeit, jederzeit die konkreten Zahlen aus der "quasi im Hintergrund" befindlichen Bilanzanalyse aufzurufen und diese in die Diskussion der Portfolio-Darstellung mit dem Kunden einzubeziehen.

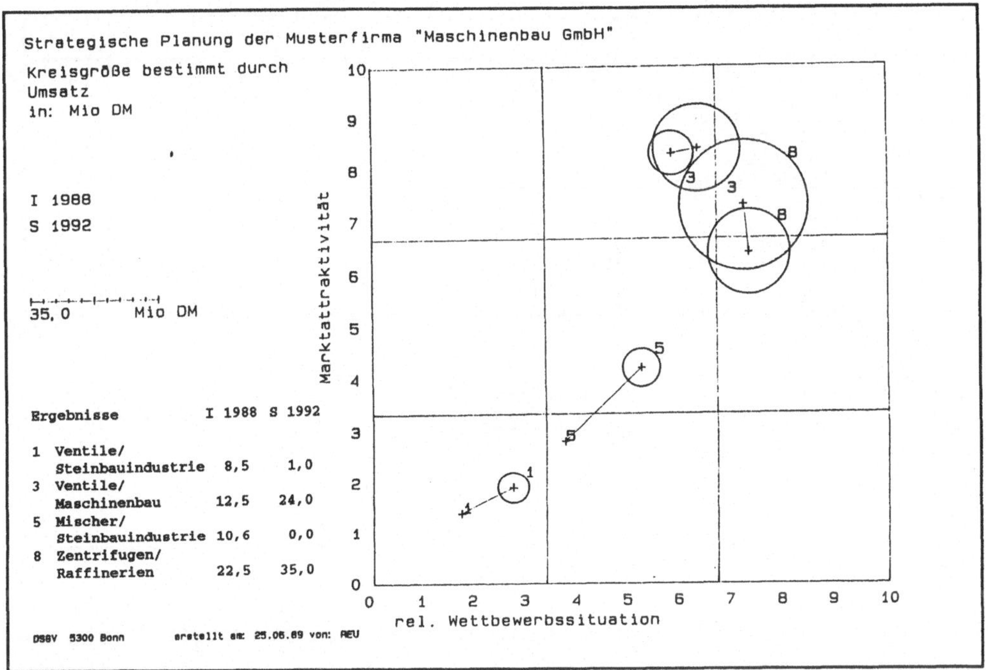

Abb. 85: Zeitreihen-Portfolio

Die nachfolgende Analyse zeigt abschließend ein sog. **"Zeitreihen-Portfolio"** für einen Betrachtungszeitraum von 1988 bis 1992. Dort sind die Veränderungen der strategischen Bewertungskriterien "rel. Wettbewerbssituation" (X-Achse) und "Marktattraktivität" (Y-Achse) zusammen mit den Zahlen für den erwarteten "Umsatz in Mio." für verschiedene Strategische Geschäftseinheiten (1,3,5,8) der betrachteten Unternehmung aufgeführt und deren Ausprägungen jeweils für die Jahre 1988 (I) und das Planungsjahr 1992 (S) einander gegenübergestellt. Während die Bewertung der strategischen Positionen "Marktattraktivität" und "rel. Wettbewerbsstärke" innerhalb des Portfolio-Programmes mit Hilfe der extern bereitstehenden Prognosedaten des FERI-Dienstes erfolgt, (vgl.

Abb. 86) können die erwarteten Umsatzzahlen aus einer bereits durchgeführten Finanz-und Erfolgsplanung in die Portfolio-Analyse übertragen werden.

M 1.9.2 BRANCHENBEURTEILUNG FINANCIAL & ECONOMIC RESEARCH INSTITUTE

Kriterien: * Branchen >	1	2	3	4	5	6	7
1 Nettoproduktionsindikator	27	95	66	58	64	31	84
2 Inländ.Wettbewerbsfähigk.	41	41	70	30	51	54	69
3 Sektorale Lohnquote	34	17	68	46	47	66	69
4 Spielraum f. Preispolitik	57	42	42	68	53	55	60
5 Saisonabhängigkeit	62	36	46	76	61	45	44
6 Ausl.Wettbewerbsfähigkeit	54	72	72	73	73	72	72
7 Importquote	13	1	53	100	78	45	59
8 Exportquote	49	100	63	10	45	71	52
9 Konjunkturabhängikeit	73	1	63	64	57	1	82
10 Gesamtindikator	41	49	60	55	57	50	66

Jahresspeicher: 3 = Jahr .... : 1988
Monatsspeicher: 8 = Monat .... : August
Branche .... : 1 Herst. v. Bekleidung
Datum : 15.09.88 Bearbeiter : REU Kurzbez. : GI01

Abb. 86: Branchenbeurteilung - "FERI"

Für sämtliche Portfolios besteht schließlich die Möglichkeit interaktiv am PC eine individuelle Gestaltung vorzunehmen. Dies bedeutet, daß beispielsweise der Maßstab eines Kreisausschnittes und die Achsendimensionierungen beliebig verändert werden können, um selbst kleinere Merkmalsausprägungen sichtbar zu machen. Darüber hinaus können bei der Skalierung von Achsenabschnitten negative Werte als auch bestimmte Größenordnungen (z.B. Eigenkapitalquote > 30 Prozent) berücksichtigt werden. Fall gewünscht kann der Anwender auch eine individuell bestimmbare Felderaufteilung für das jeweilige Portfolio auswählen, so daß etwa 4- oder auch 9-Felder-Darstellungen zur Analyse Strategischer Geschäftseinheiten möglich sind.[1]

1) Reuter A./Schleppegrell J. (Portfolio-Analyse), o.S.

Diese Beispiele zur Portfolio-Analyse mögen ausreichen, um sowohl die Benutzerfreundlichkeit und Flexibilität des PC-Programmes als auch dessen Verbund zu anderen EDV-gestützten Diensten innerhalb und außerhalb der Sparkassenorganisation zu verdeutlichen. Beim Aufbau von Portfolio-Analysen empfehlen jedoch die Sparkassen in Hinsicht auf die beinahe unbegrenzten Darstellungs- und Verknüpfungsmöglichkeiten verschiedenster Kennzahlen sowie strategischer Erfolgspositionen eine "logische" Standardvorgehensweise, die den Begleitmaterialien zur Portfolio-Analyse beiliegt. Damit soll erreicht werden, daß sich der Kreditsachbearbeiter und Firmenkundenbetreuer nur auf sinnvolle Portfoliosichtweisen beschränken, die sich an gebräuchliche betriebswirtschaftliche Planungspozesse anlehnen. Dazu gehören z.B. Empfehlungen, nach denen zunächst eine Portfolio-Analyse mit Umsatzgrößen erfolgen sollte, gefolgt von ergänzenden Analysen, die auch Deckungsbeiträge berücksichtigen. Diese Maßnahme ist vor allem unter Beachtung des zumeist beträchtlichen Zeitaufwandes von mehreren Tagen für die Erhebung der betriebsinternen Daten zu den Strategischen Geschäftseinheiten sinnvoll.

3.2.2.5 Bewertung

Der Einsatz von PC-Programmen im Rahmen des Kreditinformations- und überwachungssystems der deutschen Sparkassenorganisation beruht vor allem auf dem Verbund mit zentral verfügbaren Time-Sharing-Anwendungen (STS-Dienste) sowie externen Informationslieferanten. Von dieser Seite aus betrachtet zeichnet sich der Arbeitsplatz des Kreditsachbearbeiters durch eine weitgehende Offenheit und Integrationsausprägung zu anderen Diensten und Programmen aus.

Sämtliche PC-Programme überzeugen vor allem durch ihre Systematik bei der Beurteilung von Kreditrisiken, die den bisher sehr unterschiedlichen Beurteilungsmaßstäben bei der Kreditwürdigkeitsprüfung Rechnung trägt.[1] Die gedankliche Aufbereitung von zukunftsbezogenen Beurteilungsfaktoren löst einen intensiven Lernprozess aus, der zu einer verbesserten Einschätzung der Kreditwürdigkeit durch die Bank beiträgt. Darüber hinaus führt die Vereinheitlichung der Kreditprüfung zu einer größeren Transparenz der im Sparkassensektor getroffenen Kreditentscheidungen. Auf diese Weise können die nach Untersuchungen der Sparkassenorganisation für ein und dieselbe Kreditnehmereinheit sehr verschiedenen Kreditbeurteilungen[2], die bis zu drei Bonitätsstufen - bei Zugrundelegung der objektiven Sachlage - voneinander abweichen können, vermieden werden. Dazu gehört auch eine Abkehr von der Verwendung bestimmter Lieblings-Kennziffern, die ebenfalls nach Untersuchungen der Sparkassen zu unterschiedlichen Kreditbewilligungen in der Vergangenheit führten. In Hinblick auf die Qualität der Kreditwürdigkeitsprüfung überzeugt der Mix von Programmen insgesamt vor allem durch dessen zukunftsorientierte Ausrichtung und den Einbezug von empirischen Bonitätskriterien (z.B. Managementqualität) sowie quantitativen Daten (z.B. Kennzahlen). Die Implementierung von empirischen Bonitätskriterien beruht weitgehend auf den Erfahrungen der Sparkassen bzw. deren Mitarbeiter bei der Gewährung von Krediten und der Erfassung von Insolvenzanzeichen. In Hinblick auf die quantitativen Datenbestände, die u.a. zur Erstellung von Branchenvergleichen dienen, läßt sich eine steigende Qualität der Branchenbeurteilung bei zunehmender Anzahl von Bilanzen ausmachen. Damit steht insgesamt gesehen eine weitgehend qualitative Datenbasis zur Verfügung, die jedoch bei der abschließenden Kreditbeurteilung stets mit den persönlichen Erfahrungen der Kreditsachbearbeiter verbunden werden muß.

Während die vorgestellte Unternehmer- und Unternehmensbeurteilung bzw. deren Ergebnisse ausschließlich interne Verwendung im Rahmen der Kreditwürdigkeitsprüfung finden, markiert der Einsatz

---

1) DSDD (Hrsg.)(Kreditüberwachungssystem), S. 15.; Falter M. (Kreditgeschäft), S. 509 f.

2) Schröder G.A. (Kreditinformationssystem), S. 302.

von PC-Programmen zur Finanz- und Erfolgsplanung sowie für die Portfolio-Analyse eine neue Marschrichtung der Sparkassenorganisation. In diesem Bereich fließen die Erkennung von Kreditrisiken und der Verkauf von Bankberatungsleistungen zusammen. Durch den Aufbau von Beratungsdiensten möchten die Sparkassen ihre Wettbewerbsposition ausbauen und den Wünschen mittelständischer Firmen nach betriebswirtschaftlicher Betreuung Rechnung tragen.[1] Da in vielen Firmen die Voraussetzungen für computergestützte Planungen z.T. noch nicht gegeben sind[2], können die Sparkassen auf diesem Gebiet als fachkundige Vermittler eine intensive Kundenbeziehung aufbauen. Abgesehen von der bankeigenen Nutzung dieser Instrumente zur Kreditwürdigkeitsprüfung trägt vor allem die Finanz- und Erfolgsplanung sowie die Portfolio-Analyse zu einer besseren Beurteilung von Investitionen und externer wirtschaftlicher Rahmenbedingungen (z.B. Wettbewerb) bei und verbessert damit die Erfolgschancen des Kunden auf den Absatzmärken.

Aus betriebswirtschaftlicher Sicht überzeugt die Finanz- und Erfolgsplanung vor allem durch deren Vollständigkeit bei der Erfassung sämtlicher planungsrelevanten Daten und die strikte Anlehnung an gesetzliche Bilanz- und GuV-Richtlinien[3]. Die kürzlich erfolgte Aufnahme von einigen in der Praxis gewünschten Sonderberechnungen im Steuerbereich verbessert die Aussagekraft dieses Planungsinstrumentes zusätzlich.[4] Noch nicht befiedigend gelöst wurde allerdings, im Vergleich zu anderen PC-gestützten Finanz- und Erfolgsplanungssystemen, die Integration einer unterjährigen Liquiditätsanalyse. Dort gibt es bereits PC-Programme, die monat-

---

1) Scholdei H. (Investitionen), S. 103.

2) Falter M. (Kreditgeschäft), S. 487.

3) Anmerkung: Mit einem speziellen Datenumsetzungsprogramm konnte sichergestellt werden, daß vergangene Bilanzauswertungen dem seit Januar 1986 geltenden neuen Bilanzrichtliniengesetz nachträglich angepaßt werden und damit wieder eine Vergleichbarkeit von Bilanzen vor dem 1.1.1986 mit jüngeren Jahresabschlüssen sichergestellt ist.

4) DSGV (Hrsg.)(Finanzplanung), Pkt. 1, S. 3.; Wiedenhöfer R. (Kunden), S. 237.

liche Liquiditätsveränderungen aufdecken[1] und eine gezielte Abstimmung von beanspruchten Krediten und bereitgestellten Kreditlinien, zusammen mit entsprechenden grafischen Auswertungen der freien und überzogenen Kreditlinien ermöglichen[2]. Wünschenswert wäre auch eine programmgestützte Abweichungskontrolle und eine ursachenbezogene, graphische Finanzanalyse, wie sie z.B. von der Schweizerischen Kreditanstalt im Rahmen der Finanzplanung dem Kunden angeboten wird.[3]

Besonders interessant gestalten sich die zusätzlichen Verdienstmöglichkeiten mit den vorgestellten PC-Programmen zur Finanz- und Erfolgsplanung sowie Portfolio-Analyse. So können nach Absatz der angebotenen Beratungsleistungen - verbunden mit der Bestimmung eines zukünftigen Kapitalbedarfs - aus den gewonnenen strategischen Überlegungen Kreditgeschäfte mit dem Kunden abgeschlossen werden. Andererseits eröffnen sich in Hinblick auf den Verkauf von Beratungsdienstleistungen für die Sparkassen beträchtliche Provisionseinnahmequellen. So verlangt die Stadtsparkasse Köln für die Finanz- und Erfolgsplanung zusammen mit einer Bilanzanalyse pro Beratertag etwa eine Provision von 1.000 DM.[4] In Zukunft erwägt die Sparkassenorganisation sogar den Verkauf des Finanzplanungsprogrammes an den Kunden. Dort wird allerdings der Verbindungsaufbau zur Bilanzanalyse auf dem Sparkassengroßrechner und damit die Erstellung und Auswertung von Bilanzen weiterhin in den Händen der Sparkassen bleiben.

Trotz der aufgezeigten Vorteile darf jedoch die inhaltliche und methodische Komplexität der in diesem Abschnitt vorgestellten Analyseinstrumente nicht unterschätzt werden. Dort müssen die Bankmitarbeiter unter Berücksichtigung der bisher eher im retro-

---

1) Deutsche Bank AG (Hrsg.)(Einjahresplanung), S. 4.

2) GFU/Volksbank Münster (Hrsg.)(FIPLAN), S. 6.

3) SKA (Hrsg.)(CS TELFIN), S. 8.+ 14.; Gemäß einem Interview mit Herrn P. EBERLE (SKA, Zürich) im Jahre 1989.

4) Gemäß dem Stand vom September 1989.

graden Bereich verankerten Kreditwürdigkeitsprüfung ihren Wissensstand durch betriebswirtschaftliche Kenntnisse verbessern.[1] Gerade bei der Handhabung von Planungsinstrumenten, wie der Finanz-und Erfolgsplanung sowie der Portfolio-Analyse, welche sich mit strategischen, z.T. sehr vielschichtigen Fragestellungen, befassen und eine Reihe von außerbetrieblichen Einflußfaktoren (z.B. Wettbewerbssituation) einbeziehen, muß der Kreditfachmann in unternehmerischen und makroökonomischen Problemen gut geschult sein.[2] Zur Erfüllung dieser Voraussetzungen setzt beispielsweise die Stadtsparkasse Köln im Kredit-und Firmenkundengeschäft mittlerweile speziell geschulte, sog. "Technologieberater" ein, die betriebsspezifische Probleme zusammen mit dem Kunden lösen sollen.

In Zukunft strebt die Sparkassenorganisation eine computergestützte Kreditkontrolle an, die einen Vergleich von Unternehmensplandaten mit Branchendurchschnittsplanwerten herbeiführt, wie dies derzeit mit vergangenen Bilanzabschlüssen vorgenommen wird. Die Integration von Vergleichsplanwerten in die Unternehmensplanung soll eine bessere Kontrolle der eingegebenen Planwerte im konkreten Einzelfall bewirken. Zu den zukünftigen Erweiterungen gehört auch eine intensivere Zusammenarbeit mit den Prognosediensten der FERI GmbH. In diesem Zusammenhang sollen die bisher zur Verfügung gestellten makroökonomischen Daten künftig auch durch sparkasseneigene Daten ergänzt werden. Damit möchten die Sparkassen eine Auswertung der schon vorliegende Zahlen (z.B. Umsatzzahlen oder Bilanzgewinne) in der eigenen Organisation erreichen und die Qualität des Prognose-Dienstes insgesamt verbessern.

Darüber hinaus verfolgt die Sparkassenorganisation das Ziel, ihr Kreditinformations- und -überwachungssystem bzw. die dort bereitstehenden Computerprogramme intensiver miteinander zu verknüpfen. Dadurch können sämtliche Analyseinstrumente bzw. deren Ergebnisse

---

1) Scholdei H. (Investitionen), S. 100.

2) Reuter A./Schellegrell J. (Firmenkundengeschäft), S. 321.; Wiedenhöfer R. (Kunden), S. 236.

"auf Knopfdruck" bereitstehen und Gesamtrisikoabfragen nach bestimmten Kriterien (z.B. Firmengröße) durchgeführt werden. Als Ergebnis stehen dann dem Kreditfachmann Analysen des gesamten Kreditportfolios nach differenzierten Risikogesichtspunkten zur Verfügung.[1]

1) Falter M. (Kreditgeschäft), S. 67.; Kunze Ch. (Herausforderungen), S. 232.; Schröder G.A. (Kreditinformationssystem), S. 310.

3.2.3 Kreditinformationssysteme

3.2.3.1 Wirtschaftliche Kreditwürdigkeitsprüfung

3.2.3.1.1 Einführung

Derzeit setzen deutsche und Schweizer Banken eine Vielzahl von PC-Programmen zur Prüfung der wirtschaftlichen Kreditnehmerverhältnisse sowohl im Geschäft mit Privat- als auch Firmenkunden ein.[1] Grundsätzlich bieten sich zur Prüfung wirtschaftlicher Kreditnehmerverhältnisse einerseits Verfahren der **Fundamentalanalyse** und andererseits **technische Analyseverfahren** an. Soweit es sich um Fundamentalanalysen handelt, nimmt der Kreditsachbearbeiter an seinem PC die Erstellung und Bewertung der Kundenbilanz zusammen mit verschiedenen Kennziffern vor und vergleicht diese mit anderen Bilanzdaten vergangener Jahresabschlüsse des Kunden im zeitlichen Verlauf. Dahingegen lehnt sich die technische Kreditnehmeranalyse vielfach an das Verfahren der Diskriminanzanalyse an, dessen Aufgabe darin besteht, signifikante Merkmale aufzuspüren, welche Rückschlüsse auf die Kreditwürdigkeit oder Kreditunwürdigkeit eines Kreditnehmers zulassen.[2]

Mit Hilfe der Diskriminanzanalyse können diejenigen Kundenmerkmale extrahiert werden, welche wesentlich zur Beurteilung der Kreditrückführung beitragen können. Diese Merkmale stehen dann den Kundenberatern zur Verfügung und werden in einen entsprechenden

---

1) Als Gesprächspartner für den Bereich der wirtschaftlichen Kreditwürdigkeitsprüfung mit Hilfe von PC-Programmen standen folgende Damen und Herren im Jahre 1989 zur Verfügung:

- Herr K. GROB (BIK, Frankfurt)
- Herr P. EBERLE (SKA, Zürich)
- Frau A. HERTACH (SBG, Zürich)
- Herr K.H. LOHSE (SPSS, München)
- Herr A. REUTER (DSGV, Bonn)
- Herr R. WIEDENHÖFER (Stadtsparkasse, Köln)
- Herr G. WILLIG (DG-Verlag, Wiesbaden)

2) Berger K.-H. (Risiken), S. 257.

Scoring-Bogen aufgenommen. Während das Kreditscoring zunächst in den USA eingeführt wurde und mittlerweile fast die Hälfte der dort getroffenen Kreditentscheide im Konsumentenkreditgeschäft unterstützt[1], fand dessen Einführung beispielsweise in der Bundesrepublik erst gegen Mitte der siebziger Jahre - zunächst unter maßgeblicher Führung der Versandhaus-Branche - statt, bis diese Verfahren schließlich auch in der Kreditwirtschaft eingeführt wurden[2].

Die Fundamentalanalyse von Bilanzen kann vorteilhaft mit Hilfe von Spreadsheet-Systemen vorgenommen werden, welche - abgesehen von der vielfach gewünschten und darüberhinaus gesetzlich vorgeschriebenen, tabellenorientierten Aufbereitung sämtlicher Bilanzpositionen - auch verschiedenste Kennziffern berechnen können. Bedingt durch die Flexibilität von "What-If"-Fragestellungen können jederzeit die Interdependenzen zwischen einzelnen Bilanzpositionen und Kennzahlen aufgezeigt werden.[3]

Eine bedeutende Verbesserung der Bilanzanalyse ergibt sich durch Vergleiche von Bilanzen und Kennzahlen mit der durchschnittlichen Branchenentwicklung, weil auf diese Weise gezielte Aussagen über die Stärken oder Schwächen des Kreditnehmers gegenüber seinen Konkurrenten möglich sind.[4] Auf diesem Gebiet nutzen derzeit vor allem die Großbanken und die Sparkassen die Möglichkeiten eines integrierten PC-Host-Verbundes, indem die dezentral auf dem PC erfaßten Bilanzdaten nach Weitergabe an den Großcomputer dort in eine Branchenauswertung fließen, welche je nach

---

1) Ventker R. (Kreditscoring), S. 28.

2) Siegel B./Degener R. (Mengenkreditgeschäft), S. 8.; Anmerkung: Es verwenden jedoch nicht alle Banken Kreditscoring-Verfahren, mit der Begründung, daß damit eine nicht gewünschte Automatisierung des Kreditentscheidungsprozesses einhergeht.

3) Becker J. (Bilanzanalyse), S. 31 ff.; Kakaraot-Handtke E. (Produktivitätsschub), S. 4 ff.; Lam Ch.H./Hempel G.H. (applications), S 26.; Ludlow W.J. (Entering), S. 25 ff.; Mavrovitis B.P. (More), S. 19 ff.

4) Gassner F. (Bankgeschäfte), S. 72.; Lam Ch.H./Hempel G.H. (applications), S 26.; o.V. (Kreditberatung), S. 2.

Größe des Bilanzdatenpools auf mehreren hunderttausend abgespeicherten und bereits analysierten Bilanzen vergangener Jahresabschlüsse aufbaut.[1] Einige Banken verwenden jedoch die mit dem Computer ermittelten Vergleichswerte nur für den internen Gebrauch und stellen diese damit nicht dem Kunden zur Verfügung. So basiert z.B. der in den Sparkassen angebotene Branchendienst auf über 600 Branchen und Sparten, die nach unterschiedlichen Rechtsformen und Unternehmensgrößen sortiert sind und damit gezielte Positionierungen der berechneten Kennzahlen in Hinblick auf die einzelne Unternehmung zulassen.[2] Die auf dem Sparkassenrechner abgespeicherten Branchenkennzahlen werden in diesem Fall automatisch mit der am PC-Arbeitsplatz aufgebauten Bilanzanalyse verknüpft und können dem Kunden ausgehändigt werden.

Die angebotenen Bilanzanalyseprogramme können auch unterschiedliche Auswertungsverfahren, je nach bilanzrechtlicher Vorschrift (z.B. Gesamtkostenverfahren) sowie Bewegungsbilanzen zur Beurteilung der Kapitalflüsse in Form von Vermögenszuwächsen-und -minderungen während des Bilanzjahres durchführen.[3] Einige Banken erstellen sogar umfassende Bilanz-Expertisen, verknüpft mit extern angeforderten und speziell aufbereiteten Zahlen (z.B. Bundesbankstatistiken) sowie Erklärungen zu einzelnen Kennzahlen.[4] Andere PC-Applikationen zur Bilanzanalyse erlauben wiederum umfangreiche graphische Analysen zur Aufdeckung von Abweichungen sowie eine ursachenbezogene Darstellung von einzelnen, im Zeitablauf analysierten Kennzahlen, die dem Analysten die Zusammenhänge verdeut-

1) BIK (Hrsg.)(IKBA), o.S.; Dresdner Bank AG (Hrsg.)(MABILA), o.S.; Sparkasse (Hrsg.) (Branchendienste), o.S; Sparkasse (Hrsg.) (Einzelbilanzanalyse), o.S.; Sparkasse (Hrsg.)(Planung), o.S.

2) Tiedecken K./Schneider H.-U. (Sparkassenorganisation), S. 124.

3) Stadtsparkasse Köln (Hrsg.)(Ebil), S. 3 f.

4) BIK (Hrsg.)(IKBA), o.S.; o.V. (Kreditberatung), S. 2.

lichen sollen.[1] Der Detaillierungsgrad von Bilanzanalyseprogrammen kann sogar bis zur Aufschlüsselung einzelner Erfolgspositionen über verschiedene Kontengruppen für z.B. Konzerndebitoren, Verkaufserlöse gehen und auch spezielle Verbuchungsvorgänge (z.B. Abschreibungen, stille Reserven) einschließen, so daß eine sehr genaue Darstellung der retrograden Bilanzsituation möglich ist.[2]

Derzeit gibt es auch schon einige Anwendungen von Expertensystemen im Bereich der Kreditwürdigkeitsprüfung[3], die durch eine starke Einbindung von erfahrungsbedingtem Wissen sowie der Berücksichtigung von z.B. bankpolitischen Grundsätzen bei der Kreditentscheidung gekennzeichnet sind. Auf diesem Gebiet gibt es sehr komplexe Computer-Applikationen, die aus mehreren Teilbereichen bestehen können, innerhalb derer z.B. Analysen der Geschäftsverbindung und Branchenbeurteilungen erfolgen können. So gibt es bereits Expertensystemansätze, die auf Basis von fragengestützten Dialogen mit dem Kunden schon nach 100 Fragen Treffsicherheiten in einer Größenordnung von 70 bis 80 Prozent in Hinblick auf die tatsächliche Meinung des Kreditexperten erreichen.[4] Interessante Expertensystemanwendungen in Verbindung mit PC-Systemen konnten z.B. von der Softwarefirma EXPERTEAM realisiert werden. Dazu gehört u.a. die Beurteilung von Hypothekenkrediten unter Berücksichtigung von wertmindernden Faktoren (z.B. Ortslage) und die Ermittlung eines unter Risikoaspekten optimalen Darlehensbetrags.[5] Ein weiteres Beispiel zur Unterstützung von Expertensystemen bei der Kreditbeurteilung ist der Verbund dezentraler PC's in den Bankfilialen mit einer zentralen Datenbank,

---

1) Hauschildt J. (Erfolgs- und Finanz-Analyse), S. 17 ff.; SKA (Hrsg.)(CS TELFIN), S. 6 ff.; o.V. (Vorkenntnisse), o.S.

2) SBG (Hrsg.)(SBG-Bilanz), S 17 ff.

3) Badior A. (Bonitätsanalyse), S. 35 ff.; Millner A. (Credit Rating Systems), o.S.; o.V. (Ergebnisse), S. 3 f.

4) Guggisberg U. (Kreditentscheid), S. 64 f.

5) ExperTeam (Hrsg.)(Wissen), o.S.

die nach Eingabe bestimmter Daten zu natürlichen oder juristischen Personen Antworten zu deren Kreditwürdigkeit erteilt.[1]

3.2.3.1.2 Scoring-Verfahren

Zur Bewertung von Kreditnehmerverhältnissen mit Scoring-Verfahren können einerseits mathematisch-statistische Verfahren und andererseits Expertensysteme eingesetzt werden.[2] Als Einsatzgebiete eröffnen sich sowohl die Bereiche des Konsumenten- und Mengenkreditgeschäftes als auch die Beurteilung von Firmenkunden. Praktisch gesehen wird beim Kreditscoring jedem Kunden eine Punktebewertung zugerechnet, die einen negativen oder positiven Kreditentscheid herbeiführen kann. Die Entwicklung von Scoring-Verfahren basiert auf der Analyse vergangener Kreditnehmerverhältnisse und deren Auswertung nach signifikanten Bonitätsmerkmalen, wie beispielsweise bei Privatkunden den persönlichen Kreditnehmerqualifikationen (z.B. Ausbildung) oder speziellen wirtschaftlichen Kriterien (z.B. Einkommen), deren Einzelpunktbewertungen jeweils zu einer Gesamtpunktzahl addiert werden. In diesem Fall ist die für eine positive Kreditentscheidung erforderliche Anzahl von Punkten schon in das Computerprogramm einprogrammiert, so daß nach Erfragung oder interner Erhebung der Basisdaten für die Kreditanalyse eine weitgehende Automatisierung des Kreditentscheidungsprozesses möglich erscheint.[3]

DISKRIMINANZANALYSE

Ein gutes Beispiel für den Einsatz eines mathematisch-statistischen Verfahrens für den Aufbau eines Kreditscoring-Systems ist das von der Softwarefirma SPSS Software entwickelte PC-Modell, welches auf der Diskriminanzanalyse basiert. In diesem Fall bestimmt der Kreditsachbearbeiter aus bereits abgewickelten Kre-

1) Expertech (uses), S. 2.

2) Ringlstetter F. et alteri (Ratenkredite), S. 611.

3) Berger K.-H. (Risiken), S. 256 ff.

ditengagements ausgewählte Bonitätsmerkmale (z.B. Alter) und ordnet diese den Beurteilungsstufen, "Würdig", "Unsicher" und "Unwürdig" zu. Dies bedeutet, daß zunächst auf Grund des als bekannt vorausgesetzten Zahlungsverhaltens für sämtliche Kreditengagements, unabhängig ob diese erfüllt oder nicht erfüllt wurden, eine individuelle Bewertung der Bonitätskriterien nach den oben genannten Beurteilungsstufen erfolgt. Auf diese Daten, zusammen mit der Ausprägung soziodemographischer (z.B. Alter) und anderer Kundenmerkmale (z.B. Anzahl Kreditkarten) wird anschließend mit dem PC die Diskriminanzanalyse angewendet, deren Ergebnisse Textbox 46 zusammenfaßt.[1]

ERGEBNISSE DER DISKRIMINANZANALYSE

- Bestimmung derjenigen Kundenmerkmale, die in Bezug auf die ausgewählten Kreditwürdigkeitsstufen am stärksten signifikant sind.
- Generierung mehrerer mathematischer Funktionen, die zur Einstufung von Neuanträgen eingesetzt werden können.
- Überprüfung des entwickelten Scoring-Modelles nach den Anteilen der im nachhinein als richtig einzustufenden Beobachtungen

Box 46: Ergebnisse der Diskriminanzanalyse

Ein wesentlicher Vorteil des Computers liegt darin, daß verschiedene Scoring-Modelle durchgespielt werden können, und damit in mehreren Schritten durch den Benutzer ein optimales Punktebewertungsverfahren bestimmt werden kann. Zur Bewertung einzelner Modelle berechnet das Programm schließlich verschiedene statistische Kenngrößen (z.B. Korrelationskoeffizient) sowie graphische Schaubilder (Histogramme), die auf eine starke oder schwache Abhängigkeit ausgewählter Bonitätssmerkmale in Hinblick auf die Kreditwürdigkeit abzielen. Dazu gehört auch auf Grund einer ausgewählten Modell-Funktion die Erstellung eines Ergebnisberichtes, der angibt, wieviel Prozent der eingegangenen Kreditfälle auf

1) SPSS (Hrsg.)(SPSS Software), S. 16.

Grund der definierten Kundenmerkmale durch das Scoring-Programm als richtig erkannt wurden. Auf diese Weise liegen dem Kreditsachbearbeiter konkrete Anhaltspunkte vor, in wie weit das ausgewählte Modell richtige Entscheidungen trifft und damit auch zur Bewertung von zukünftigen Kreditanträgen anwendbar ist.

So kann das Diskriminanzverfahren, verbunden mit der Aufstellung von kritischen Punktezahlen auch im Rahmen der Bilanzanalyse angewendet werden. Dabei prüft der Computer mehrere Kennzahlen für zuvor gebildete Gruppen von Unternehmen, die in der Vergangenheit insolvent geworden sind und ermittelt eine Bewertungsformel, die aus verschiedenen Kennzahlenausprägungen besteht. Mit Hilfe dieser Formel werden anschließend verdächtig eingestufte Unternehmen bewertet bzw. die entsprechende Punktezahl berechnet, welche das Unternehmen als kreditwürdig oder kreditunwürdig klassifiziert.[1]

Als Beispiel sei das von der Sparkassenorganisation auf der Diskriminanzanalyse basierende Kreditprüfungssystem "Statistische Bilanzanalyse" (STATBIL) angeführt. Damit werden ausgesuchte Kennzahlen der aufbereiteten Bilanzen nach fünf verschiedenen Bonitätsstufen bewertet und den im Terminalverkehr angeschlossenen PC-Arbeitsplät-

KENNZAHLEN ZUR STATISTISCHEN BILANZANALYSE

- Ertragskraft
- Kapitalbindung
- Mittelfr. Liquidität
- Personalkostenintensität
- Vorratsintensität
- Schuldentilgungskraft
- Überschuldungsrisiko
- Barliquidität

Box 47: Kennzahlen - Statistische Bilanzanalyse

1) Hauschildt J. (Erfolgs- und Finanz-Analyse), S. 7 f.

zen bereitstellt.[1] Neben einem Gesamtindex berechnet "STATBIL" verschiedene Teilpunktezahlen, die in Textbox 47 ausgeführt sind. Die Punktbewertungen können auch im Zeitverlauf graphisch dargestellt werden, so daß der Kreditanalyst schnell erkennen kann, wann eine Unternehmung in der Vergangenheit in Hinblick auf bestimmte Kennzahlen Schwächen aufgewiesen hat. Zusätzlich hat die Sparkassenorganisation auf Basis der Diskriminanzanalyse eine Kontodatenanalyse aufgebaut, welche die Kontoverbindung der Kreditnehmer nach 14 ausgesuchten Kriterien untersucht, um signifikante Unterschiede von guten und schlechten Kundenbeziehungen herauszufiltern. Auch hierbei stehen fünf verschiedene Bonitätspunktzahlen bereit, die angewandt auf bestimmte Kennzahlen (z.B. Wechselbelastungen zu Sollumsätzen) im zeitlichen Verlauf darstellbar sind.[2]

EXPERTENSYSTEME

Mit Bezug auf den Einsatz von Kreditscoring-Modellen können auch Expertensysteme verwendet werden, die ebenfalls auf Basis vorher definierter Bonitätsmerkmale konkrete Handlungsempfehlungen für den Kreditentscheidungsprozess liefern. Ein Beispiel für den Einsatz von Expertensystemen bei der Vergabe von Privatkrediten ist das von der SIEMENS AG konzipierte Kreditentscheidungssystem "KESS", dessen Auswertung Textbox 48 vorstellt.[3]

Bei dieser Applikation, die nach Aussagen der Firma Siemens auch auf PC-Basis lauffähig ist, konnte, abgesehen von der Erhebung verschiedenster persönlicher Kundenmerkmale (z.B. Haushaltsrechnung), die Kreditbewertung in eine Modellrechnung für Ratenkredite sowie eine interne Kreditabwicklung eingebunden werden. Die Integration der Modellrechnung, die Abbildung 87 zeigt, ermöglicht eine Abstimmung der Kreditwürdigkeitsprüfung mit verschiedenen Kriterien, wie beispielsweise des gewünschten Kre-

---

1) Schröder G.A. (Kreditinformationssystem), S. 304 f.

2) Schröder G.A. (Kreditinformationssystem), S. 306 f.; o.V. (Konten), S. 190.

3) SIEMENS AG (Hrsg.)(Expertensystemgrundtool), S. 1.; dgl.(Hrsg.)(KESS), o.S.

EXPERTENSYSTEM "KESS"

o FINANZIELLE VERHÄLTNISSE:
"Die Prüfung der vorliegenden Überdeckung ergab, daß die Finanzlage für die Kreditvergabe ausreichend ist"

o PERSÖNLICHES UMFELD:
"Die Punktebewertung ergab 19"
"Das Ergebnis läßt eine Kreditvergabe zu"

o SCHUFA-AUSKUNFT:
"Es bestehen laut SCHUFA-Auskunft Risiken, die bei im übrigen guten Prüfungsergebnissen tragbar sind"

>> GESAMTBEWERTUNG:
"Der Kredit kann vergeben werden, Bedingung ist die Zustimmung der Filialleitung"

Box 48: Expertensystem "KESS"

ditbetrages, der Laufzeit oder Ratenhöhe. Als Ergebnisse der Kreditbearbeitung liefert "KESS" eine Beurteilung des persönlichen Umfeldes, der finanziellen Verhältnisse sowie der Schufa-Auskunft des Kreditnehmers. Sämtliche Ergebnisbereiche werden dabei einerseits mit Punktezahlen (Bewertung des persönlichen Umfeldes) und andererseits durch die Ausgabe vordefinierter Textbausteine sowohl seperat als auch in aggregierter Form ausgegeben. Die Hinzunahme textlicher Erklärungen zur Punktbewertung trägt entscheidend zu einer besseren Transparenz der durch "KESS" vorgenommenen Kreditbewertung bei. Besonders vorteilhaft in Hinblick auf die Integration der Kreditabwicklung ist die aufgrund der Punktezahl respektive Kreditbewertung vorgenommene automatische Durchführung bestimmter Sachbearbeitungsschritte. Dazu gehört z.B. die Erstellung von Mitteilungen an das deutsche Kreditauskunftsunternehmen SCHUFA oder die Verfassung einzelner logisch folgernden Arten von Kreditverträgen (bei positivem Punkt-Ergebnis) oder Absageschreiben (bei negativem Punkt-Ergebnis).[1]

---

1) SIEMENS AG (Hrsg.)(Expertensystemgrundtool), S. 2.

Modellrechnung: RATENKREDIT				KESS
	Fall 1:	Fall 2:	Fall 3:	Fall 4:
Kreditbetrag (DM)	20000	20000		
Laufzeit (Monate)	60	56		
Zinssatz (% p.m.)	0.35	0.35	0.35	0.35
Gebühr (%)	2.0	2.0	2.0	2.0
Zinsanteil (DM)	4200	3920		
Gebührenanteil (DM)	400	400		
Gesamtkredit (DM)	24600	24320		
1. Rate (DM)	410	450		
Folgeraten (DM)	410	434		
Eff.Zins mit Geb. (% p.a.)	8.8293	8.9084		
Eff.Zins ohne Geb. (% p.a.)	8.0759	8.0963		

Funktionsauswahl: _
(b = Berechnen, e = Ende, u = Übernahme+Ende)

Abb. 87: Modellrechnung - "KESS"

Innerhalb der Modellrechnung kann der Kreditsachbearbeiter mehrere Kreditfälle durchspielen, indem er Variationen des Kreditbetrages, der Laufzeit, des Zinssatzes sowie bestimmter Gebühren und Ratenhöhen vornimmt. Auf diese Weise können die Rahmenbedingungen, welche für den Kreditentscheid relevant sind, schrittweise verändert und damit möglicherweise eine positive Kreditentscheidung herbeiführt werden.

Ein anderes Expertensystem zum Einsatz im Mengengeschäft der Banken, welches ebenfalls auf einer Punktbewertung basiert, wurde in der Stadtsparkasse Paderborn entwickelt.[1] Kern dieses Scoring-Verfahrens ist eine Checkliste, die auf verschiedensten Bonitätskriterien beruht. Textbox 49 gibt einen Überblick zu den dort implementierten Bonitätsklassen, zusammen mit der Regelverknüpfung für den EC-Karten-und Scheckverkehr. Insgesamt berücksichtigt das Expertensystem fünf verschiedene Bonitätspunkteklassen, die anhand bestimmter Bonitätsmerkmale (z.B. Limitüberziehung) automatisch im Fragendialog mit dem Kunden berechnet werden. Als Ergebnis erhält der Kreditsachbearbeiter, abgesehen von Punktbewertungen, u.a. Informationen zur aktuellen Überziehung, den

1) o.V. (Kreditvergabe), o.S.

PUNKTBEWERTUNG NACH BONITÄTSKLASSEN

(1): Kein Kredit, keine Überziehung, keine Schecks, Konto ist nur auf Guthabenbasis zu führen - nach einem halben Jahr Einordnung = (2)

(2): Kein Kredit, keine offizielle Überziehung, Ausgabe von Euro-Schecks, Konto ist nur auf Guthabenbasis zu führen, Einräumung eines internen Kredits 4000 DM
- wenn halbes Jahr keine Überziehung über 1000 DM = (3)
- ...

(3): Mit Kreditlimit, keine Überziehung, Ausgabe von Schecks, Sicherheiten sind vorhanden,
- bei ständiger Überziehung von über 25 % des Limits in einem Zeitraum von 3 Monaten = (1)
- ...

(4) Der Kunde kann in einem bestimmten Rahmen das Limit überziehen, ...
- Bankangestellte entscheidet, ob der Kunde = (5) erhält
- ...

(5) Einräumung eines Blankokredits
- Überschreiten des Kredites um ein Vielfaches = (4)

REGELUNG DES SCHECK- UND EC-KARTEN-VERKEHRS

- Generelle Ausgabe von EC-Karte/Schecks, wenn Bonitätsklasse = (2),(3),(4),(5)
- Einziehung von EC-Karte/Schecks, wenn Bonitätsklasse = (1)
- Kunde ist minderjährig, wenn Geburtsdatum bis heutiges Datum kleiner 18 Jahre >> Dies führt zu Bonitätsklasse = (1)

Box 49: Punktbewertung nach Bonitätsklassen

bereitstehenden Sicherheiten sowie den ausgegebenen EC-Karten- und Scheckvordrucken.

3.2.3.1.3 IKBA - Interaktive Kunden-Bilanz-Analyse

Im Jahre 1989 wurde vom Betriebswirtschaftlichen Institut der Kreditgenossenschaften (BIK) ein Expertensystem zur Bilanzanalyse vorgestellt, welches eine Bonitätsbeurteilung anhand von drei vergangenen Geschäftsabschlüssen vornimmt. Als Grund für die Entwicklung dieses Bilanzanalyseprogrammes wurde die bestehende Unsicherheit einzelner Bankmitarbeiter bei der Interpretation von Bilanzen bzw. Kennzahlen angeführt. Mit Hilfe des neuen Beurteilungsverfahrens möchte das BIK die Kreditwürdigkeitsprüfung bei allen Banken des Genossenschaftssektors auf eine einheitliche und anspruchsvolle Basis stellen. Nach Aussagen des BIK baut das Expertensystem auf über 800 Verarbeitungsregeln und etwa 2000 Einzeldaten auf. Nach Untersuchungen in den Genossenschaftsbanken fand die Bilanzanalyse als Expertensystem eine positive Resonanz, die maßgeblich dadurch unterstützt wurde, daß dessen Interpretationen in 80 Prozent aller Fälle von den Kreditanalysten für zutreffend eingestuft wurden.[1]

Zur Beurteilung der Firmenbilanz erstellt das Expertensystem verschiedene Einzelbewertungen sowie eine gesamtunternehmensbezogene Expertise. Besonders interessant in Hinblick auf die technisch-organisatorische Realisation ist die Einbindung des Expertensystems in eine schon bestehende EDV-Umgebung, die sich aus dem Großrechner der Genossenschaftsbanken und einer PC-gestützten Bilanzanalyse zusammensetzt.[2] Beide Anwendungen transferieren Daten in Form von Bilanzwerten und Kennzahlen automatisch in das Expertensystem, welches eine Auswertung des übermittelten Datenmaterials nach bestimmten Regeln vornimmt. Während aus der Großrechnerumgebung durchschnittliche Branchenwerte zum Branchenvergleich bereitgestellt werden, erfolgt auf dem PC die Erstellung der Firmenbilanz über das bislang in den Genossenschaftsbanken eingesetzte PC-Programm "Interaktive Kunden-Bilanz-Analyse". Damit können schon bestehende Bilanzdaten aus vorgelagerten EDV-

---

1) o.V. (Ergebnisse), S. 4.

2) Willig G. (Erfahrungsbericht), S. 5.

ANALYSESCHWERPUNKTE - "IKBA"

- Vermögensstruktur
  - Anlageintensivität
  - Umlaufvermögensaufteilung
- Kapitalrelationen
  - Bewertung der gegenwärtigen im Vergleich zur gewünschten Eigenkapitalausstattung
- Liquiditätslage
  - Debitoren-/Kreditorenziele
  - Umschlagshäufigkeit
  - Liquiditätsentwicklung
- Rentabilitätsstruktur
  - Gesamtkapitalrendite
  - Erweiterter Cash Flow
  - Tilgungsdauer
  - Umsatzrendite
- Finanzierungsstruktur
- Kapitaldienstermittlung

Box 50: Analyseschwerpunkte - "IKBA"

Systemen direkt in die Expertensystemumgebung einfließen und müssen nicht nochmals eingegeben werden.[1]

Ziel der Expertensystemanwendung ist es, das bereits mit den verdichteten Kennzahlen verbundene "abgeleitete" Wissen in eine verbale Beschreibungen der betriebswirtschaftlichen Situation des zu beurteilenden Unternehmens umzusetzen. Dabei sollen im Rahmen der Analyse positive und negative Abweichungen und deren Interdependenzen für den Anwender transparent werden.[2]

Textbox 50 vermittelt eine Übersicht zu den Einzelbewertungen der Bilanzanalyse. Bis auf die Ermittlung der Kapitaldienstfähigkeit

1) Dube J. (Genossenschaftsbanken), Abschnitt 16 ff.; Meyer H.-D. (Prüfung), S. 17.

2) Meyer H.-D. (Prüfung), S. 9 f.

werden sämtliche Analysen mit Hilfe von Branchen- und Zeitvergleichen sowie über die Bestimmung von Haupteinflußfaktoren durchgeführt. Der Zeitvergleich für drei vergangene Bilanzen stellt die Entwicklung von einem zum anderen Jahr heraus; darüber hinaus formuliert das System für sämtliche Analyseschwerpunkte eine globale Trendaussage für den betrachteten Zeitraum. Zur Ermittlung von Haupteinflüssen sucht das Expertensystem nach Faktoren, die maßgeblich für die Veränderung einzelner Bilanzausprägungen gewesen sind. Die folgende Textbox 51 zeigt einen Auszug aus der abschließenden Gesamtbewertung, zusammen mit einer Einzelanalyse für die Rentabilitätsstruktur (hier: Gesamtkapitalrendite), welche auf drei vergangenen Geschäftsjahren basiert.

Bei der Gesamtbewertung nimmt das Expertensystem nach Aussagen des BIK keinesfalls eine Aneinanderreihung der schon in den Einzelanalysen festgestellten Fakten vor, sondern formuliert nochmals eine gänzlich neue Sichtweise, die nur noch auf wesentliche Merkmale der Firmenbilanz Bezug nimmt.

Nach Abschluß der Bilanzanalyse besteht die Möglichkeit, im Dialog mit dem System die Kapitaldienstfähigkeit des Unternehmens für das kommende Jahr zu ermitteln.[1] Im Rahmen dieses Arbeitsprozesses erstellt das Expertensystem auf Grundlage verschiedener Planwerte (z.B. geplante Umsatzerwartung), die vom Kreditsachbearbeiter zusammen mit dem Kunden einzugegeben sind, Vorschläge zur Erreichung einer ausreichenden Kapitaldienstfähigkeit, wie z.B. über Veränderungen der Tilgungsmodalitäten (z.B. Tilgungstreckung).

1) Willig G. (Erfahrungsbericht), S. 4.

GESAMTBEWERTUNG

- Das Unternehmen ist aufgrund der letzten Bilanz als umlaufintensiv einzustufen.
- Die Anlagenfinanzierung ist gegeben.
- Die Eigenkapitalausstattung weist keine geordneten Verhältnisse auf. Die Entwicklung der Eigenkapitalausstattung war jedoch positiv.
- Die Liquiditätssituation kann aufgrund des Branchenvergleiches im letzten Jahr als noch befriedigend beurteilt werden. Das Kreditorenziel sowie die Umschlagshäufigkeit entwickelten sich positiv.
- In der Gesamtbewertung ist die Ertragslage befriedigend, obwohl die Entwicklung negativ war.
- Die finanziellen Verhältnisse des Unternehmens erscheinen befriedigend.

EINZELBEWERTUNG: GESAMTKAPITALRENDITE

Die Gesamtkapitalrendite ist nicht befriedigend, da sie deutlich unter dem Branchendurchschnitt liegt. Im Zeitvergleich über drei Jahre hat sie sich rückläufig entwickelt. Die Entwicklung der Gesamtkapitalrendite im letzten Geschäftsjahr geht überwiegend auf die Abnahme des Betriebsergebnisses zurück.

Box 51: Gesamtbewertung/Einzelbewertung: Gesamtkapitalrendite

3.2.3.1.4 DRESS - Dresdner Bank Spreadsheet

Das PC-Programm "DRESS" (Dresdner Bank Spreadsheet) wurde von der Dresdner Bank zunächst unter Berücksichtigung der internen Mitarbeiterwünsche nach einer maschinellen Jahresabschlußanalyse geschaffen. Mittlerweile bietet die Dresdner Bank dieses PC-Programm auch ihren Firmenkunden im Rahmen eines umfassenden Angebotes von elektronischen Bankdienstleistungen in ihrem Electronic-Banking-Center zum Kauf an. Der Bedarf nach einem Computerprogramm, insbesonders zur Aufstellung und Bewertung von Jahresabschlüssen ausländischer Gesellschaften, ist durch eine Reihe von Einsatzfeldern skizziert, die mit den verstärkten Internationalisierungsbestrebungen deutscher Unternehmen sowie den verbesserten Publizitätspflichten im Ausland geprägt sind und in Textbox 52 vorgestellt werden.[1]

EINSATZMÖGLICHKEITEN "DRESS"

- o Beurteilung der Kreditwürdigkeit von ausländischen Geschäftspartnern
- o Analyse ausländischer Konkurrenten
- o Unterstützung von Akquisitionsbestrebungen
- o Weitergabe der eigenen in ausländische Verhältnisse übersetzten und umgerechneten Bilanz an ausländische Geschäftspartner
- o Analyse eigener Beteiligungen auch im Vergleich zur Konkurrenz

Box 52: Einsatzmöglichkeiten - "DRESS"

Grundsätzlich gibt "DRESS" dem Analysten eine Gliederungsunterstützung für die Jahresabschlußanalyse von in- und ausländischen Banken, Finanzierungsgesellschaften sowie Nichtbanken. Dabei erfolgt die Bilanzanalyse ausländischer Gesellschaften in Abstimmung mit den landesspezifischen Bilanzierungsvorschriften, so daß auch bei ausländischen Gesellschaften ein einheitlicher formaler Bewertungsmaßstab erzielbar ist. Bedingt durch die internationale Tätigkeit der Dresdner Bank sind in "DRESS" sechs Landessprachen berücksichtigt, mit denen der Anwender, jeweils unabhängig voneinander, die Analyse von Jahresabschlüssen steuern kann. Dazu gehört auch eine in drei Sprachen mögliche Menüführung inklusive einer Fülle von mehrsprachigen Hilfstexten. So kann der Anwender beispielsweise eine deutsche Menüführung auswählen, seine Eingabe in englischer Sprache vornehmen und den Ausdruck des Jahresabschlusses in französischer Sprache bestimmen.

1) Dresdner Bank AG (Hrsg.)(Bilanzen), o.S.; Dresdner Bank AG (Hrsg.)(Code), S. 7.

Zum Aufbau der Jahresabschlußanalyse präsentiert das PC-Programm dem Anwender etwa 100 zusammengefaßte Eingabepositionen für die Erfassung der Bilanz- und Erfolgsrechnung sowie wesentlicher Finanzmittelbewegungen. Die Verwendung von groben Eingabepositionen führt dazu, daß der Analyst teilweise selbst entscheiden muß, welche der ihm vorliegenden Zahlenangaben zu welcher Eingabeposition paßt. Allerdings stellt "DRESS" für nicht eindeutig zuordnungsfähige Zahlen aus den vorliegenden Geschäftsabschlüssen auch frei belegbare Zeilen zur Verfügung. Dort muß der Kreditsachbearbeiter eine textliche Spezifikation (z.B. "Forderungen an Kunden) eingeben, bevor das Programm diesbezügliche Eingaben beachtet, so daß stets die Interpretationsfähigkeit bzw. die Aussagekraft des Jahresabschlusses gewährleistet ist. Durch die Zulassung von individuell belegbaren Zeilen und damit einer gewissen Flexibilität und Offenheit trägt das PC-Programm den vielseitigen und oft im Wandel befindlichen internationalen Bilanzierungsmöglichkeiten Rechnung.[1]

Beim Aufbau der Jahresabschlußanalyse wird der Analyst, wie bereits angedeutet, durch nützliche Hilfsfunktionen begleitet. Dazu gehören die zu jeder Bilanzposition elektronisch hinterlegten inhaltlichen Hilfstexte (vgl. Textbox 53) sowie einige Rechenhilfen. Die Hinterlegung von Hilfstexten in Form von Interpretationen zu einzelnen Bilanzpositionen und Kennziffern basiert größtenteils auf dem "know-how" der Dresdner Bank im internationalen Kreditgeschäft. Zu den rechnerischen Hilfsfunktionen zählt sowohl die programmgestützte Überprüfung der wertmäßigen Übereinstimmung von Aktiv- und Passivseite mit entsprechenden Differenzausweisen als auch die Bereitstellung einfacher Taschenrechnerfunktionen, die den Analysten von umständlichen Nebenrechnungen entlasten. Über die Taschenrechnerfunktion werden Additions- und Subtraktionsverfahren angeboten, die bei der verknüpften Eingabe von mehreren Werten für eine Bilanzposition in der Praxis verwendet werden. Darüberhinaus kann der Analyst die

1) Dresdner Bank AG (Hrsg.)(Code), S. 5.; Dresdner Bank AG (Hrsg.)(Jahresabschlüsse), o.S.

ihm vorliegenden Jahresabschlüsse über die Eingabe von Wechselkursen in verschiedene Währungen umrechnen und damit Jahresabschlüsse in unterschiedlichen Bezugswährungen erstellen lassen.

INTERPRETATIONSHILFE - "DRESS"

VERSCHULDUNGSGRAD

Position 55 : Position 90

Diese Kennzahl veranschaulicht das Gewicht der Verschuldung im Verhältnis zur Fähigkeit des Unternehmens, liquide Mittel zu erwirtschaften. Sie gibt die Anzahl Jahre an, die unter sonst gleichen Umständen benötigt werden, die Nettoverschuldung aus dem betrieblichen Cash-flow zurückzuzahlen. Obwohl diese Kennziffer höchst theoretisch ist (selbst ohne Wachstum müßte das Unternehmen mindestens reinvestieren), ist es nützlich, die Ziffer im Zeitvergleich zu analysieren (Rückgang bedeutet Verbesserung) oder im Vergleich mit anderen Unternehmen der Branche (niedrige Ziffer bedeutet relativ größere finanzielle Stärke). Wenn die Kundenanzahlungen, denen Leistungsverpflichtungen des Unternehmens gegenüber stehen, ein besonders großes Gewicht haben, z.B. bei Unternehmen des Maschinen- und Anlagenbaus, kann diese Kennziffer leicht überzeichnet sein. In solchen Fällen empfiehlt sich eine zusätzliche Ermittlung des Verschuldungsgrades ohne den Überschuß der Pos. 31 über Pos. 1 außerhalb des Gliederungsschemas.

Box 53: Interpretationshilfe "DRESS"

Insgesamt können jeweils bis zu vier Jahresabschlüsse in einfacher Form einander gegenübergestellt werden, wobei das PC-Programm u.a. die prozentualen Strukturanteile einzelner Bilanzpositionen an der Gesamtbilanzsumme ermittelt. Zur Förderung des Vergleiches mehrerer aufeinander folgender Jahresabschlüsse nimmt "DRESS" außerdem eine auf die älteste Bilanz zurückweisende Zeitreihenanalyse sowie eine Veränderungsanalyse mit absoluten und relativen Veränderungszahlen vor.[1]

Bei dem in Abbildung 88 vorgestellten Ausschnitt zur Jahresabschlußanalyse handelt es sich um eine Zeitreihenbetrachtung,

1) Dresdner Bank AG (Hrsg.)(Code), S. 5.; Dresdner Bank AG (Hrsg.)(dress), o.S.

A U S D R U C K N O C H N I C H T G E P R Ü F T — Nichtbanken

Indiziert — Datum des Ausdrucks: 1.06.89

B I L A N Z — k o n s o l i d i e r t

Konto-Nr.: 09 999 999 / — Kurzname:

Niederlassung: ohne Angaben Gesellschaft: — Gruppe:

Land: BR Deutschland — Branche: Kfz, Kfz-Karosserien, Omnibusse, Lkw's

	in Mil. JPY 12 Monate	28.02.85	%	28.02.86	%	28.02.88	%		%
1	Kasse, Bank, börsengängige Wertpapiere	139.968	9,07	85	7,15	0	0,00		
2	Wechsel- und Warenforderungen	132.092	8,56	96	7,61	0	0,00		
3	Scheck								
4	Liquides Umlaufvermögen	272.060	17,64	90	14,76	0	0,00		
5	Vorräte : Roh-, Hilfs- und Betriebsstoffe	58.174	3,77	118	4,11	0	0,00		
6	Unfertige Erzeugnisse	10.968	0,71	131	0,87	0	0,00		
7	Fertigerzeugnisse	343.348	22,26	104	21,54	0	0,00		
8									
9	Anzahlungen								
10	Gesamtumlaufvermögen	684.550	44,38	100	41,29	0	0,00		
11	Sonstige Forderungen / Aktiva	133.875	8,68	116	9,34	0	0,00		
12	Langfristige Ausleihungen								
13	Forderungen an verbundene Unternehmen	96.804	6,28	61	3,53	0	0,00		
14	Noncurrent receivables	10.216	0,66	109	0,67	0	0,00		
15	Rechnungsabgrenzungsposten, kurzfristig								
16	Sonstige Aktiva	240.895	15,62	93	13,53	0	0,00		
17	Gebäude und Grundstücke	375.031	24,32	122	27,47	0	0,00		
18	Maschinen und Inventar	515.923	33,45	120	37,26	0	0,00		
19	Anlagen im Bau	51.464	3,34	88	2,73	0	0,00		
20	Less accumulated depreciation	-421.966	-27,36	114	-28,98	0	0,00		
21	Beteiligungen und sonstige Finanzanlagen	96.481	6,26	116	6,70	0	0,00		
22	Materielles Anlagevermögen, netto	616.933	40,00	122	45,18	0	0,00		
23	Goodwill, Patente, Lizenzen etc.								
24	Rechnungsabgrenzungsposten, langfristig	7.490	0,49	170	0,77	0	0,00		
25									
26	B i l a n z s u m m e	1.549.868	100,49	108	100,77	0	0,00		
27	Kurzfristige Bankverbindlichkeiten	107.491	6,97	76	4,92	0	0,00		
28	Sonstige								
29	Tilgungen langfr. Darlehen innerh. 1 Jahr	14.884	0,97	71	0,63	0	0,00		
30	Wechsel- und Warenverbindlichkeiten	324.409	21,03	125	24,47	0	0,00		
31	Kundenanzahlungen								
32	Kurzfr. Rückstell./RAP (Gehälter,Zinsen etc.)	117.026	7,59	105	7,40	0	0,00		
33	Verbindl. ggü. verbundenen Unternehmen								
34	Steuerrückstellungen	23.580	1,53	64	0,91	0	0,00		
35	Employee and other deposits	31.419	2,04	103	1,94	0	0,00		
36	Kurzfristige Verbindlichkeiten insgesamt	618.809	40,12	108	40,27	0	0,00		
37	Vorrangige langfristige Verbindlichkeiten	181.855	11,79	117	12,82	0	0,00		
38									
39	Abfind.-/Pensionsverb.u.sonst.langfr.Rückst.	4.006	0,26	66	0,16	0	0,00		
40	Langfristige Verbindlichkeiten insgesamt	185.861	12,05	116	12,97	0	0,00		
41	Steuerabgrenzungsposten	17.155	1,11	167	1,72	0	0,00		
42	Unversteuerte Sonderrücklagen								
43	Nachrangige Verb. u. rückzahlb. Vorzugsaktien								
44	Minderheitsanteile konzernfremder Gesellsch.								
45									
46	Summe Zeilen 41 bis 45	17.155	1,11	167	1,72	0	0,00		
47	Stamm- u. Vorzugsaktien, Grundkap., Einlagen	54.582	3,54	102	3,36	0	0,00		
48	Gesetzliche Rücklagen, Rücklagen aus Agio	122.398	7,94	106	7,79	0	0,00		
49	Neubewertungsrücklagen								
50	Freie Rücklagen, Einbeh. Gewinne / Verluste	545.126	35,34	125	40,89	0	0,00		
51	Adjustment from foreign currency translation	5.937	0,38	-1.745	-6,23	0	0,00		
52	Bereinigtes Eigenkapital	720.553	46,72	104	45,03	0	0,00		
53	B e r e i n i g t e B i l a n z s u m m e	1.542.378	100,00	108	100,00	0	0,00		
54	Liquidität II	65.741	4,26	26	1,01	0	0,00		
55	Nettoverschuldung	660.696	42,84	116	45,94	0	0,00		
56	Fremdwährungsaktiva								
57	Fremdwährungspassiva								
58	Eventualverbindlichkeiten			99.999.999	2,74				
59	- davon aus z.Diskont weitergegeb. Wechseln								
60	Leasingverpflichtungen								

Abb. 88: Zeitreihenanalyse

welche auf einer bereits abgespeicherten Bilanz aus dem Jahre 1985 basiert und eine konsolidierte Bilanz darstellt. Darüber hinaus können über "DRESS" auf Grund der vorliegenden Daten ebenfalls konsolidierte Erfolgsrechnungen, die wesentliche Finanzmittelbewegungen aufzeigen, erstellt werden.

Für die interne Weiterverarbeitung von Jahresabschlüssen sind in "DRESS" bestimmte Kontroll- bzw. Prüfverfahren implementiert. So kann der Analyst beispielsweise unvollkommene Jahresabschlüsse mit wertmäßigen Unstimmigkeiten der Aktiv- und Passivseite erstellen; jedoch weist das Programm in diesem Fall automatisch auf dem Ausdruck die Fehlerhaftigkeit des Jahresabschlusses aus. Ein weiteres, mit Auswirkung auf den Arbeitsablauf verbundenes und in "DRESS" implementiertes Prüfverfahren bezieht sich auf das in den Banken geltende sog. "Vieraugenprinzip". Dort verlangt das PC-Programm nach Bearbeitung bzw. Ausdruck eines Jahresabschlusses eine zweite Bearbeitung durch einen weiteren Mitarbeiter. Solange der Jahresabschluß nicht von einem weiteren Mitarbeiter bearbeitet wurde und damit dem Programm keine zweite Mitarbeiternummer vorliegt, nimmt "DRESS" eine diesbezügliche Anmerkung ("AUSDRUCK NOCH NICHT GEPRÜFT") auf der Jahresabschlußanalyse vor.

Für die Verwaltung von Jahresabschlüssen besteht ferner die Möglichkeit, Inhaltsverzeichnisse bzw. Kurzübersichten nach verschiedenen Selektionskriterien zu erstellen und mit den Datenbeständen Sortierungen vorzunehmen, so daß der Bestand an Bilanzen in verschiedener Hinsicht untersucht werden kann. Als Selektionskriterien stehen u.a. Branchen- und Länderbezeichnungen sowie Kennziffern und Jahresabschlußpositionen bereit, die auch im Rahmen der Abfrage miteinander kombiniert werden können.[1]

---

1) Dresdner Bank AG (Hrsg.)(Code), S. 10.; Dresdner Bank AG (Hrsg.)(Jahresabschlüsse), o.S.

3.2.3.1.5 Bewertung

Der Einsatz von computerunterstützten Verfahren zur Prüfung der Kreditwürdigkeit führt zu einer verstärkten Standardisierung bei der Beurteilung von Kreditengagements. Dies gilt sowohl für die Vergabe von Krediten in Verbindung mit dem Scoring-Verfahren als auch bei der Bilanzanalyse. Ein wesentlicher, durch die Standardisierung herbeigeführter Vorteil liegt in der Vermeidung einseitiger Kreditnehmerbeurteilungen, da der Kreditentscheidungsprozess stets auf einer eindeutigen Grundlage in Form von Punktebewertungen und Bilanzdaten basiert, die sämtlichen Mitarbeitern zur Verfügung steht.

BILANZANALYSE
Ein wichtiger, häufig von dem Bankpraktikern angeführter Grund für den Einsatz des Computers zur Analyse von Bilanzen ist die programmgestützte, vollständige Erfassung von Bilanzdaten. Die Übernahme der Bilanzerfassung auf den Computer, verbunden mit deren Programmierung wird dabei weitgehend durch die gesetzlich vorgegebenen Gliederungsvorschriften für Jahresabschlüsse unterstützt. Ein weiterer Grund, der für die Einführung computergestützter Bilanzanalyseverfahren spricht, ist der Wunsch vieler Banken nach einer Qualitätsverbesserung der Bilanzanalyse. Dazu gehört die schnelle Berechnung einer Vielzahl von aussagekräftigen betriebswirtschaftlich fundierten Kennziffern sowie die programmgestützte Gegenüberstellung von mehreren zurückliegenden Jahresabschlüssen. Sofern der Analyst mehrere Bilanzen in einer vorgegebenen Zeit erfassen muß, sprechen für die computerunterstützte Bilanzanalyse vor allem die Rationalisierungspotentiale bei der Aufstellung von Bilanzen und der Berechnung von Kennzahlen. So steht in der Regel unmittelbar nach Erfassung der Basisdaten die komplette Bilanz zusammen mit der Erfolgsrechnung zur Verfügung.

Die Offenheit der in den Banken verwendeten Bilanzanalyseprogramme erlaubt dabei flexible Vergleichsmöglichkeiten von unterschiedlichen Jahresabschlüssen sowie die Erweiterung der Analyse um beispielsweise zusätzliche Kennzahlen. Im Hinblick auf die

Bestimmung geeigneter Kennzahlen spielen vor allem betriebswirtschaftliche Überlegungen und Erfahrungswerte eine wichtige Rolle. Auf diesem Gebiet muß eine regelmäßige Überprüfung der verwendeten Kennzahlen auf deren Problemrelevanz stattfinden. Diese betriebswirtschaftliche Überprüfung gilt um so mehr bei der Verwendung von Expertensystemen, da dort Wirkungszusammenhänge, die in der Vergangenheit gegolten haben, bei veränderten Rahmenbedingungen in der Zukunft nicht mehr gelten müssen und bei unkritischer Übernahme der falschen Empfehlungen fatale Folgen entstehen können.

Ein weiterer wichtiger Aspekt der computergestützten Aufstellung von Bilanzen liegt in den damit einhergehend möglichen, besseren Überwachungsmöglichhkeiten. Dazu können unmittelbar auf Grund der eingegebenen Bilanzdaten und aufgestellten Bilanzen Abweichungs- und Strukturanalysen auch unter Zuhilfenahme von graphischen Darstellungen erfolgen. Damit Bilanzanalyseprogramme den Kreditsachbearbeiter bei seiner Arbeit unterstützten können, scheint es in jedem Fall wünschenswert, dort wo Unsicherheiten bei der Definition einzelner Bilanzpositionen oder der Interpretation von Kennzahlen eintreten können, den Analysten durch entsprechende Hilfestellungen entweder in schriftlicher oder elektronisch abgelegter Form zu unterstützten. Dazu gehört auch die regelmäßige Schulung bei der Interpretation von Bilanzen, auf die selbst bei Einsatz eines Expertensystems nicht verzichtet werden sollte.

Ein anderer Aspekt, der zu einer verbesserten Computerbilanzanalyse beitragen könnte, wäre eine verstärkte Ausrichtung der Berechnungen auf ursachenbezogene Darstellungen, welche die Interdependenzen zwischen einzelnen Bilanzpositionen offenlegen, wünschenswert. Auf diese Weise können Bilanzstrukturabweichungen oder Veränderungen einzelner Kennzahlen besser erkannt werden. Dort eröffnen Computerprogramme, welche optische Baumstrukturen (z.B. "Du-Pont-Control-System") anbieten, die auf die Zusammenhänge verschiedener Bilanzpositionen und Kennzahlen eingehen, gute Möglichkeiten für die schnelle Erkennung von kritischen Schlüsselinformationen.[1]

SCORING-MODELLE

Der Einsatz von Scoring-Verfahren kann, wie gezeigt wurde, sowohl im Mengenkreditbereich mit Privatkunden als auch mit Geschäftskunden stattfinden. Dort müssen allerdings jeweils für unterschiedliche Kreditarten (z.B. Privat-/Geschäftskredit) auch verschiedene Modelle bereitstehen. Der Grund dafür liegt vor allem in den je nach Kreditart stark unterschiedlichen Bonitätsmerkmalen. Als Beispiel wurde - auch in den durchgeführten Interviews - auf die Dominanz von individuellen Merkmalen (z.B. verheiratet/ ledig) bei der Gewährung von persönlichen Krediten hingewiesen, welche im Gegensatz zu eher an betriebswirtschaftlichen Meßgrößen (z.B. Ertragslage) orientierten Kriterien bei Geschäftskreditvergaben stehen.[2] Dabei können Expertensysteme für das Kreditscoring im Vergleich zu statistisch-mathematischen Punktebewertungs-Verfahren vor allem kreditnehmerindividuelle Merkmale unter Zuhilfenahme komplexer Frage-Antwort-Dialoge berücksichtigen, indem sie nach Beantwortung einzelner Fragen entweder bestimmte Fragen auslassen oder in andere Fragenkomplexe an den Kreditantragssteller verzweigen.[3]

In Hinblick auf den Einsatz von computergestützten Scoring-Modellen überzeugen die von den Banken entwickelten Lösungen, etwa im Gegensatz zu einfachen Bilanzanalyseverfahren, vor allem durch die im allgemeinen schnelle Herbeiführung von Handlungsempfehlungen nach Eingabe und Berechnung weniger ausgesuchter Daten.[4] Damit die geschaffenen Punktbewertungsverfahren befriedigende Ergebnisse liefern, bedarf es jedoch einer laufenden Überprüfung

1) Hauschildt J. (Erfolgs- und Finanz-Analyse), S. 17 ff.; o.V. (Vorkenntnisse), o.S.; SKA (Hrsg.)(CS TELFIN), S. 14 ff.

2) SPSS (Hrsg.)(SPSS Software), S. 16.

3) Ringlstetter F. et alteri (Ratenkredite), S. 616.

4) Ventker R. (Kreditscoring), S. 29 f.

der den Modellen zugrundeliegenden Wirkungszusammenhänge, da die Umweltbedingungen und Verhaltensweisen der Kreditnehmer einem laufenden Wandel unterworfen sind.[1] In diesem Zusammenhang ist es wichtig zu erkennen, daß die in der Vergangenheit geltenden Bestimmungsfaktoren für eine Kreditnehmerinsolvenz nicht zwangsläufig auch in der Zukunft gelten müssen und derartige Verfahren immer nur auf Insolvenzkennzeichen aggregierter Unternehmen basieren, so daß dem Einzelfall nicht ausreichend Rechnung getragen wird. Weitere kritische Anmerkungen betonen, daß möglicherweise die Nachricht über die schlechte Punktzahl für ein Unternehmen erst eine Krise herbeiführen kann (sog. "selffullfilling prophecy"). Weitere Mängel von computergestützten Scoring-Verfahren bestehen darüber hinaus in unvollständigen Kennzahlensammlungen und Ursache-Wirkungs-Zusammenhängen, sowie der Berücksichtigung von nicht genügenden Krisentypen und Insolvenzanzeichen im Hinblick auf die Insolvenzdiagnose.[2]

Eine wichtige Vorbedingung zur erfolgreichen Umsetzung eines computergestützten Scoring-Verfahrens besteht in der entsprechenden Schulung von Bankmitarbeitern in Bezug auf die sorfältige Anwendung der dort verwendeten EDV-Schlüssel für die Kennzeichnung von verschiedenen Merkmalsausprägungen sowie der laufenden Überprüfung der kompletten Erfassung sämtlicher scoringrelevanter Antragsdaten. Gerade die detaillierte und vollständige Eingabe sämtlicher Daten in den Computer ist von größter Wichtigkeit, wenn es um die Erstellung der Kontrollberichte geht, die eine regelmäßige Überprüfung des Scoring-Modells herbeiführen und damit die Frage beantworten, ob das computerunterstützte Scoringsystem - ex-post betrachtet - die richtigen Hinweise zur Bestimmung der Kreditwürdigkeit getroffen hat und damit tatsächlich insolvent gewordene Kreditnehmer im voraus erkannt wurden.[3]

---

1) Siegel B./Degener R. (Mengenkreditgeschäft), S. 458.; Ventker R. (Kreditscoring), S. 28 f.

2) Hauschildt J. (Erfolgs- und Finanz-Analyse), S. 8 f.

3) Ventker R. (Kreditscoring), S. 29 ff.

3.2.3.2 Kreditberatungs- und -finanzierungsprogramme

Derzeit bieten deutsche und Schweizer Banken eine umfassende Palette von PC-gestützten Beratungs- und Finanzierungsprogrammen im Kreditgeschäft an, die sich sowohl um die Gunst der Privat- als auch Firmenkunden bemühen. Bezeichnend für das Angebot von PC-gestützten Kreditberatungsdienstleistungen sind die von einigen deutschen Großbanken speziell eingerichteten lokalen Beratungszentren, wie z.B. des "Electronic-Banking-Center" im Hause der Dresdner Bank Frankfurt, die eine Fülle von PC-Lösungen für verschiedene Finanzierungswünsche und Kreditformen anbieten. Die meisten dieser Programme sind als Insellösungen konzipiert, die in Form von Disketten den Filialen zugeleitet werden und unter laufender Pflege der Hauptstelle stehen.[1]

Der Leistungsumfang derartiger PC-Lösungen umfaßt sowohl die Aufstellung von Tilgungsplänen, die Durchführung von Produktvergleichen unter Einbezug von Konkurrenzangeboten als auch eine Vielfalt von Kreditprogrammen für die Beurteilung von Spezialfinanzierungen, wie z.B. Baufinanzierungen, Forfaitierungs-und Exportkreditgeschäfte sowie Investitionskreditberechnungen unter Einbezug öffentlicher Fördermittel. So können PC-Programme für die Beurteilung von **Exportkreditgeschäften** die Finanzierungskosten für die wichtigsten Finanzierungsformen (Forfaitierung/ Lieferantenkredit/Bestellerkredit) auch unter Einschluß von Exportkreditversicherungen kalkulieren. Am Ende der Kreditberatung steht für den Kunden der kostendeckende Exporterlös bei gegebenem Auftragswert und Finanzierungskosten sowie Kostenvergleiche von alternativen Finanzierungsformen bereit.[2] Während im Rahmen der **Baufinanzierung** vor allem die mehrjährigen Belastungsvergleiche unter Berücksichtigung unterschiedlicher Finanzierungsbausteine und bereits vorhandener Bausspar- und Versicherungsverträgen für

1) Brückner H-J. (Kundenservice), S. 12 f.

2) Deutsche Bank AG (Banking-Service), o.S.; Dresdner Bank AG (drefex), o.S.; Zapp H. (Computer-Integrated Banking), S. 538.

eine Computerunterstützung sprechen[1], überzeugen bei der Beurteilung von Fördermöglichkeiten für Investitionskredite vor allem die schnellen Suchmöglichkeiten nach Förderprogrammen und deren Einbindung in detaillierte Finanzierungspläne.[2] Auf diesem Gebiet ist z.B. die Deutsche Bank mit ihrem PC-Programm "db-select" in der Lage, aus über 400 Förderprogrammen, die für den Bund, die Länder sowie die Europäische Gemeinschaft bestehen, die richtigen Fördermöglichkeiten für den Kunden auszuwählen.[3]

Sämtlichen Beratungs- und Finanzierungsprogrammen gemeinsam ist deren hohe Flexibilität in Bezug auf die Kalkulation der vom Kunden gewünschten Kreditparameter, so daß beliebige Variationen von Nominalbeträgen, Tilgungssätzen, Laufzeiten, Ratensummen und Restschulden in wechselseitiger Beziehung mit den effektiven Konditionen des Effektivzinses und des Auszahlungsbetrages vorgenommen werden können. Dies schließt auch die Berücksichtigung von Verbundfinanzierungen aus mehreren Finanzierungsarten (z.B. Annuitäten-/Abzahlungsdarlehen) sowie die Berücksichtigung revolvierender Kreditformen ein, so daß ein optimaler Finanzierungsplan entsteht.[4] Damit können die speziellen finanziellen Gegebenheiten beim Kunden in Hinblick auf das gewünschte, verfügbare Einkommen bzw. seine zukünftige Liquiditätslage berücksichtigt werden. Nach Abschluß der Kreditberatung und Finanzierungsberechnung erhält der Kunde auf Wunsch einen rechtlich unverbindlichen Ausdruck der Auswertung ausgehändigt.

---

1) Cramer J. (Privatkundengeschäft), S. 7 f.; GAD (Hrsg.)(Baufinanzierung), o.S.; Gassner F. (Bankgschäfte), S. 15 ff.; Schaarschmidt L./Schleser E. (Kreditangebote), S. 4 ff.

2) Dresdner Bank AG (Hrsg.)(drefin), o.S.; Gassner F. (Bankgeschäfte), S. 52 ff.; Gudera B. (OEMI), S. 251 ff.

3) Zapp H. (Unternehmen), S. 21.

4) Rheinischer Sparkassen- und Giroverband (Hrsg.)(DELFI), S. 1 ff.; Rheinischer Sparkassen- und Giroverband (Hrsg.)(NIKE), o.S.; Siemens AG (GILLARDON), o.S.

3.2.3.2.1 LeaseConcept - Leasing-Finanzierung

Das Leasinggeschäft stellt für Firmen, Selbständige und Privatkunden eine interessante Variante zur Finanzierung von Wirtschaftsgütern, wie beispielsweise Kraftfahrzeugen oder Maschinen dar.[1] Als Gründe für den Abschluß von Leasingverträgen gelten die flexiblen Möglichkeiten der Vertragsgestaltung (z.B. vorzeitige Kündigung) als auch die durch diese Finanzierungsform verbesserten Liquiditätsverhältnisse des Leasingnehmers. Mit dem hier vorgestellten, PC-gestützten Leasingprogramm möchte die zum Deutsche Bank Konzern gehörende Gesellschaft für Finanzierungs- und Absatzförderung (GEFA) sowohl den Mitarbeitern ihrer Muttergesellschaft als auch denjenigen gewerblichen Kunden, welche das Leasinggeschäft im eigenen Hause zur Absatzförderung betreiben möchten, eine umfassende Beratungsdienstleistung anbieten. Das PC-Programm "LeaseConcept" soll darüberhinaus durch die Mitarbeiter der GEFA gesprächsbegleitend eingesetzt werden und zur Verkaufsförderung mittels umfangreicher Argumentationshilfen beitragen. Besonders interessant ist die marketingfördernde Einbettung des PC-Produktes in ein für den Kunden der Bank sichtbares sog. "GEFA-Kommunikations-Center". Dabei handelt es sich um einen leicht beförderbaren Beratungsstützpunkt, welcher über Werbeplakate auf das GEFA-Programm aufmerksam macht und den Personal Computer zusammen mit der dazugehörigen Software aufnimmt. Gegen Bezahlung einer Nutzungsgebühr stellt die GEFA den Beratungsstützpunkt den Filialen der Deutschen Bank zur Verfügung.

Das PC-Programm der GEFA gliedert sich in einen allgemeinen Informationsteil und einen speziellen fragengestützten Kommunikationsbereich, der auf die spezifischen Wünsche des Kunden eingeht und eine Vielzahl von Informationen im Sachzusammenhang bereitstellt. Letzteres bedeutet, daß der Kundenberater Informationen zu verschiedenen konkreten Leasingobjekten, wie beispielsweise Hardware- und Softwarausstattungen oder Maschinen und Kraftfahr-

---

1) Die hier dargestellte PC-Applikation beruht auf einer Auswertung der diesbe- diesbezüglich durchgeführten Interviews mit Frau M. KREUZER (GEFA, Wuppertal) im Jahre 1989.

zeugen erhält, welche als Argumentationsstütze zum Verkauf der Leasingdienstleistung dienen sollen.[1]

INFORMATIONSSTRUKTUR "LeaseConcept"

o Die GEFA
o Leasing von A bis Z
o Was ist Leasing ?
o Warum Sie leasen sollten
o Leasing-Vertragsformen
o Leasing/Steuern

o Leasing von Hardware
o Wie Hardware-Leasing für Sie aussehen kann
o Was es für Sie zu tun gilt
o Vertragsformen
o Vertragsbedingungen

o Software-Leasing
...
o KFZ-Leasing
...
o Maschinen-Leasing
...

Box 54: Informationsstruktur "LeaseConcept"

Die allgemeinen Informationen können dem Kunden in schriftlicher Form ausgehändigt werden. Zur Bewahrung der jederzeitigen Aktualität von hinterlegten Leasinginformationen (z.B. Konditionen, gesetzliche Regelungen) erfolgt ein regelmäßiger Diskettenversand mit den neuesten Daten im Rahmen des mit der GEFA abgeschlossenen Nutzungsvertrages. Textbox 54 vermittelt einen Eindruck zur allgemeinen Informationsstruktur des PC-Programmes "LeaseConcept".

Eine besondere Entlastung von zeitaufwendigen Routinearbeiten für den Bankmitarbeiter bietet die mit diesem Programm steuerbare Vertragsausfertigung inklusive bestimmter Anlagen (z.B. Versicherungsverträge). Die durch "LeaseConcept" kalkulierten Leasingra-

1) GEFA (Hrsg.)(LeaseConcept), S. 17 ff.

ten können auf diese Weise direkt in den Vertrag bzw. in die verschiedenen Angebotsformulare zur Durchführung umfangreicher Werbeaktionen übertragen werden.

Im Rahmen des Beratungsteiles von "LeaseConcept" kann der Kundenberater objektbezogene Leasing-Wünsche, wie z.B. zur Anschaffung eines Kraftfahrzeuges, mit Hilfe einer programmgesteuerten Präsentation von Fragen mit dem Kunden abarbeiten. Zur Durchführung dieses Frage-Antwort-Dialoges steht dem Berater eine detaillierte Menüführung sowie eine Maussteuerung zur Verfügung. Innerhalb dieses objektbezogenen Fragenkataloges fragt "LeaseConcept" nach sämtlichen, erfahrungsgemäß üblichen und wichtigen, mit dem Kunden auszuhandelnden Vertragsbedingungen und bietet eine Reihe von inhaltlichen Hilfen an. Dazu gehört beispielsweise die Abstimmung der gewünschten Vertragslaufzeit mit den vertraglich vorgegebenen und durch das Alter des Leasingobjektes bestimmten Laufzeiten[1] oder die in Abhängigkeit von vorausgegangen Kundenangaben in Frage kommenden Laufzeiten und Verträge für bestimmte Leasingobjekte und -finanzierungen. Während des Fragendurchlaufes kann der Berater auch spezielle Informationen zu einzelnen Vertragsarten, die nach praktischer Erfahrung der GEFA erklärungsbedürftig sind, abrufen. Textbox 55 zeigt exemplarisch den Inhalt einer Kurzinformation, die in diesem Beratungsteil des PC-Programmes zum Abruf bereitsteht.

Gegen Ende der Beratung berechnet "LeaseConcept" ein speziell auf die Bedürfnisse des Kunden (z.B. gewünschte Ratenhöhe) kalkuliertes Leasingangebot, welches auch diverse Sonderfälle, wie den Einschluß von Berlin-Förderungsmaßnahmen[2] oder individuelle Vertragsgestaltungen, wie Mietvorauszahlungen, Rabattleistungen sowie Liefertermine mitberücksichtigt.

1) GEFA (Hrsg.)(LeaseConcept), S. 52.

2) GEFA (Hrsg.)(LeaseConcept), S. 59.

KURZINFORMATION "LeaseConcept"

VERTRAG AUF UNBESTIMMTE ZEIT

o bietet Möglichkeit zu kündigen, um sich bei Bedarf von dem Leasingobjekt zu trennen.

o Leasing-Nehmer hat Kündigungsrecht erstmals zum 24. Monat

o bietet feste Abschlußzahlungen bei Kündigung und erleichtert somit die Planbarkeit des Budgets

o nach Kündigung: Abschlußzahlung mit Anrechnung des Verwertungserlöses (90%) wird ein neuer, gleichartiger Leasingvertrag abgeschlossen

- volle Anrechnung des Verwertungserlöses auf Abschlußzahlung
- und/oder Bonus auf Neuvertrag

Kernelement: Flexibilität/Beteiligung am Verwertungserlös

Box 55: Kurzinformation "LeaseConcept"

3.2.3.2.2 dremobil - Mobilien-Finanzierung

Das PC-Programm "dremobil", welches zum Angebot elektronischer Bankdienstleistungen der Dresdner Bank gehört, ermöglicht über die in der Finanzmathematik eingesetzte Barwertmethode eine Bewertung von einander gegenübergestellten Finanzierungsalternativen in Form von Kredit- und Leasingvereinbarungen.[1] Ziel von "dremobil" ist die Vornahme eines neutralen Kostenvergleiches unter besonderer Berücksichtigung der steuerlichen Auswirkungen alternativer Finanzierungsformen.[2] Über den Einsatz des Computers sollen die bisher in den Banken angewandten groben Näherungsver-

1) Die hier dargestellte PC-Applikation beruht auf einer Auswertung der diesbezüglich durchgeführten Interviews mit Herrn U. GOERTZ (Dresdner Bank, Frankfurt) und Herrn W. SCHREIBER (Dresdner Bank, Frankfurt) im Jahre 1989.

2) Dresdner Bank AG (Hrsg.)(Mobilien-Finanzierungen), o.S.

fahren zur Ermittlung der Vorteilhaftigkeit von Finanzierungen auf eine genauere Basis gestellt und gleichzeitig eine Vielzahl von alternativen Berechnungen in kürzester Zeit durchgeführt werden.

DARLEHEN

Faellig bis Datum	GEWERBEKAPITALSTEUER Bemessungs-basis	Steuer-erhoehung	GEWERBEERTRAGSSTEUER Bemessungs-basis	Steuer-minderung	KOERPERSCHAFTSSTEUER Bemessungs-basis	Steuer-minderung	Summe der steuerlichen Wirkungen	Belastung nach Steuern
30.12.1987	0.00	0.00	22876.72	3812.79	21940.65	12286.76	-16099.55	3903.89
30.12.1988	39625.00	317.00	23446.06	3907.68	22667.45	12693.77	-16287.82	8970.30
30.12.1989	29125.00	233.00	22652.53	3775.42	21296.64	11926.12	-15476.42	8362.65
30.12.1990	18625.00	149.00	629.94	104.99	1005.89	563.30	-531.66	3180.21

Eingesetztes Eigenkapital : 5000.00
Kosten Darlehen vor Steuern : 77812.50 Nach Steuern : 29417.05
Barwert Darlehen vor Steuern : 67672.54 Nach Steuern : 28367.97

Ende der Vergleichsrechnung Gillardon Finanzprogramm

Abb. 89: Kalkulation "Darlehen"

Für den Einbezug von Kreditfinanzierungen führt "dremobil" eine Wirtschaftlichkeitsrechnung für Annuitätendarlehen sowie Darlehen mit Tilgungen in gleichen Raten oder gegen Laufzeitende durch. Dazu gehört auch der rechnerische Einbezug von Lebensversicherungen, die zur Tilgung eines Darlehens dienen sollen. Im Rahmen der Tilgungsrechnung können die Auswirkungen von unterschiedlichen Zinsätzen oder Laufzeiten auf die Vorteilhaftigkeit des Kreditangebotes auch unter Berücksichtigung erwarteter Folgezinssätze und Disagio-Abschläge simuliert werden. Abbildung 89 zeigt den Umfang einer durch "dremobil" bereitgestellten Darlehensberechnung.

Zur Kalkulation von Leasingverträgen, welche Abbildung 90 vorstellt, kann "dremobil" mit mehreren Leasingraten, die im Zeitab-

LEASING

Faellig bis Datum	Leasingraten	Gebuehren	Restwert	Gewerbeertragssteuer Minderung	Bemessbasis Koerpersch. steuer	Koerpersch. steuerminderung	Belastung nach Steuern
30.12.1987	21768.05	0.00	0.00	3628.01	18140.04	10158.42	7981.62
30.12.1988	26121.65	0.00	0.00	4353.61	21768.05	12190.11	9577.94
30.12.1989	26121.65	0.00	0.00	4353.61	21768.05	12190.11	9577.94
30.12.1990	4353.61	0.00	0.00	725.60	3628.01	2031.68	1596.32

Kosten Leasing vor Steuern : 78364.96 Nach Steuern : 28733.82
Barwert Leasing vor Steuern : 68024.05 Nach Steuern : 27972.16

Ende der Vergleichsrechnung Gillardon Finanzprogramm

Abb. 90: Kalkulation "Leasinggeschäft"

lauf in ihrer Höhe variieren können, rechnen. Die Kalkulation des Leasinggeschäftes richtet sich ferner nach den veranschlagten Leasinggebühren, dem ermittelten Restwert des Leasingobjektes und den vereinbarten Vertragsausgestaltungen (z.B. Erwerb des Leasingutes nach Ablauf der Leasingzeit).

Die ermittelten Zahlenreihen bzw. Barwerte können bei beiden Finanzierungsalternativen mit und ohne steuerlicher Auswirkung ausgewiesen werden. Dazu werden jeweils die verschiedenen Steuerarten zusammen mit den möglichen Steuerersparnissen durch "dremobil" aufgeführt. Sowohl für die Kredit- als auch die Leasingfinanzierung können die Wirtschaftlichkeitsberechnungen auf monatlicher, viertel-, halb- oder jährlicher Basis erfolgen.

Da sich die steuerlichen Gegebenheiten bei Freiberuflern, Personen- und Kapitalgesellschaften zum Teil erheblich voneinander unterscheiden, sieht "dremobil" dort seperate Vergleichsrechnungen vor. Für die Ermittlung der steuerlichen Auswirkungen sind in diesem Fall sowohl verschiedene Steuerarten (z.B. Einkommenssteuer) bzw. -sätze als auch unterschiedliche Abschreibungsvarianten (z.B. lineare Abschreibung) für die zu berücksichtigenden Wirtschaftsgüter hinterlegt. Neu hinzukommende Vorschriften für die Steuerberechnung in Folge von Gesetzesänderungen werden jeweils über einen Diskettenversand den Filialen der Dresdner Bank zugeleitet.

Eine Besonderheit von "dremobil" besteht in der Durchführung von "Sensitivitätsrechnungen", mit deren Hilfe diejenigen preisbestimmenden Faktoren einer Finanzierungsalternative bestimmbar sind, die den wirtschaftlichen Vorteil der einen oder anderen Finanzierungsalternative herbeiführen. Dies bedeutet, daß beispielsweise das Programm eine Antwort auf die Fragestellung gibt, wie hoch der Preisnachlaß beim Kauf eines Wirtschaftsgutes sein müßte, damit die Kreditfinanzierung ebenso günstig wie ein Leasing-Angebot beurteilt werden kann.[1]

Damit die Rechenschritte bei der Steuerberechnung leichter nachvollziehbar sind, gibt das PC-Programm die Bemessungsbasis für die Steuerberechnung an und weist auf Wunsch zu jeder Spalte des Computerausdrucks genaue Erläuterungen der durchgeführten Rechenschritte aus, die dem Kunden nach Abschluß der Beratung übergeben werden.

3.2.3.2.3 OPTIFI - Immobilien-Finanzierung

Das hier stellvertretend für viele Computerapplikationen zur Immobilienfinanzierung vorgestellte PC-Programm "OPTIFI"[2] wird in mehreren süddeutschen Raiffeisen- und Volksbanken zur Finanzierungberatung für den Immobilienerwerb und die Kalkulation von

1) Dresdner Bank AG (Hrsg.)(Mobilien-Finanzierungen), o.S.

2) Die hier dargestellte PC-Applikation beruht auf einer Auswertung der diesbezüglich durchgeführten Interviews mit Herrn B. HAMBRECHT, (ALF Gesellschaft für Softwarewareentwicklung und -vertrieb, Leingarten) im Jahre 1989 und der bereitgestellten Demo-Version.

Umschuldungen eingesetzt. Durch "OPTIFI" können mehrere Finanzierungsformen auch in kombinierter Weise bei der Ausarbeitung des Finanzierungsvorschlages für den Kunden berücksichtigt werden.

Zur Eingabe der notwendigen Daten für die Kalkulation eines Finanzierungsvorschlages stehen dem Anwender verschiedene Eingabemasken zur Verfügung, zwischen denen er nach Belieben wechseln kann. Bei Vornahme der Eingabe führt das Programm den Anwender sowohl mit Eingabevorschlägen als auch durch die Angabe von "Mußfeldern", die eine Eingabe verbindlich vorschreiben. Zu den notwendigen Eingabedaten gehören neben allgemeinen persönlichen Daten vor allem die für eine Baufinanzierung spezifischen Angaben, wie z.B. die damit verbundenen Objektkosten als auch die bei dieser Finanzierungsart relevanten steuerlichen Sachverhalte (z.B. Abschreibungsformen). Den durch "OPTIFI" präsentierten Eingabemasken liegen jeweils bestimmte Annahmen über die derzeit gültigen steuerlich anzusetzenden Freibeträge für Immobilienfinanzierungen vor, die sowohl im "Hintergrund" bei der Eingabe als auch der anschließenden Berechnung automatisch berücksichtigt werden. In einigen Eingabereichen verzweigt das Programm in ausführliche Checklisten, um z.B. die Datenerfassung für Bausparverträge oder ausgehandelte Darlehensformen zu ermöglichen. Für sämtliche Eingabemasken stellt "optifi" ferner eine "Taschenrechnerfunktion" bereit, welche nach Aussagen des Herstellers vor allem für Nebenrechnungen im steuerlichen Eingabeteil Verwendung findet. Die mit dem Taschenrechner ermittelten Zwischenergebnisse können schließlich automatisch in die gewünschten Eingabefelder übertragen werden.

FINANZIERUNGFORMEN

- Eigenmittel
- Annuitätendarlehen
- Tilgungsdarlehen
- Bauspardarlehen
- Lebensversicherungen
- Staatliche Fördermittel
- Sonderdarlehen

Box 56: Finanzierungsformen

01.01.1980 | Bausparvertrag 1 Institut: Schwäbisch Hall | 04:05:56
Kunde: Muster | Berater: oo | Datei: MUSTER von 1 auf 1

Datenbank-Fenster Bausparkassen

	Kenn	Bauspark.	Trf.	Rate	Einz.	Guzi.	Bwz	Dazi.	Til.	Ausz
Bausparsu	1__	Aachener B	A	4.2	40	3		5	7	100
Abschlußg	__2	Aachener B	A	4.2	40	3		4	8	95
mon. Spar	__3	Aachener B	F	4.2	40	2.5		4.5	7.5	100
Mindestei	__4	Aachener B	N	3.5	50	4		6	8.4	100
Guthabenz	__5	Aachener B	N	3.5	50	2.5		3.5	10.9	95
Zielbewer	__6	Aachener B	T	4.2	40	3		5	7	100
oder Zute	_30	AHW BSK	A3	5	40	3		5	7	100

F3=Ende mit übernahme Bild
Darl.-Zin
Auszahlung % _100 Agio % __2
Lebensvers.-Beitrag Prom./J _3.6 Auffülldarl. DM ______
Lebensvers.-Zuschlag Prom./M ___0 Zwi.fin./BVD DM _100000 = eff. DM 100000
Wohnungsbauprämie DM/J ___0 Annuitätenzuschußdarlehen j,n

Zwischenfinanzierung/BVD Institut xyz__________

Betrag	Zins	Verrech.	Vorfäll.	Auszhl.	Gebühr	fest	Zins n. fest
DM _100000	% _6.5	jhvm v	Tage __0	___98	___0	J _3	___0

Abb. 91: Erfassung - Bausparverträge mit Datenbank-Fenster

Besonders interessant in Hinblick auf die mit "OPTIFI" verbundenen Leistungskriterien ist dessen Verbindung zu mehreren Datenbanken, in denen die Konditionen für Bausparverträge, Hypothekendarlehen, Lebensversicherungen und zu staatlichen Förderprogrammen für den Abruf bereitstehen[1], wobei das PC-Programm jedoch auch die eigenverantwortliche Führung von Konditionendatenbanken vorsieht.

Der Aufruf der bereitstehenden Datenbanken erfolgt mittels "Fenstertechnik" z.B. aus der laufenden Bearbeitung eines Bausparvertrages. Auf diese Weise erhält der Anwender Zugriff zu etwa 260 verschiedenen Bausparvertragsarten inklusive der damit verbundenen Konditionen. (Vgl. Abb. 91) Zur Auswahl geeigneter Konditionen kann der Anwender in den Datenbanken "blättern" und schließlich den gewünschten Vertrag über eine Tastaturbestäti-

1) Anmerkung: Diese Datenbanken können von den Banken in Form von Disketten bei der Softwarefirma zusätzlich erworben werden.

gung in den Erfassungsbereich des PC-Programmes übertragen. Anschließend muß der Anwender nur noch einige Ergänzungsangaben vornehmen (z.B. Vertragssumme, voraussichtlicher Zuteilungstermin) damit "OPTIFI" die Bewertungszahl sowie die Regelsparrate für den betreffenden Vertrag berechnen kann.

AUSWERTUNGSBEREICHE - "OPTIFI"

- Zins- und Tilgungspläne für sämtliche Finanzierungsmittel (z.B. Annuitätendarlehen)
- Ansparpläne für Bausparverträge
- Brutto- und Nettobelastungen unter Einbezug aller Fremdmittel
- Ein- und Ausgabenspiegel mit frei verfügbaren Mitteln
- Ausweis der Steuerschulden mit/ohne Immobilienerwerb
- Vermögensentwicklungen mit Abschreibungsplänen
- Ermittlung von staatlichen Förderungshilfen

Box 57: Auswertungsbereiche -"OPTIFI"

Abgesehen von den durch die Erfassungsmasken angebotenen detaillierten Checklisten besteht auch die Möglichkeit zur Vornahme einer Schnellberechnung, die nur die wichtigsten Angaben zu dem betreffenden Bauinvestitionsvorhaben aufnimmt und nach etwa 15 Minuten einen Finanzierungsvorschlag erstellt.[1] Da in diesem Arbeitsbereich ausschließlich mit wenigen Informationseingaben gearbeitet wird, setzt das PC-Programm dort selbstständig eine Vielzahl von Angaben über bereits voreingestellte und stark vereinfachte Planungsparameter. Dazu gehört z.B. bei Bausparverträgen die Annahme einer Mindesteinzahlung von 40 Prozent und eine 100-prozentige Auszahlung der Bausparsumme.[2]

Eine weitere, insbesondere die Dateneingabe unterstützende Funktion ist die durch "OPTIFI" bereitgestellte Rückwärtsrechnung. Dort kann für diejenigen Kunden, die über die für sie tragbaren Objektkosten keine konkrete Vorstellung besitzen und demzufolge die betreffenden Eingabemasken zusammen mit dem

1) ALF (Hrsg.)(OPTIFI), S. 11.

2) ALF (Hrsg.)(OPTIFI), S. 37.

Kundenberater nicht ausfüllen können, unter Berücksichtigung bestimmter Annahmen ein optimaler Objektpreis ermitteln werden.[1] Als Eingaben verlangt "OPTIFI" in diesem Arbeitsbereich die gewünschte monatliche Belastung nebst Angaben zum geschätzen Aufwand je Quadratmeter Wohnfläche, dem prozentualen Grundstücksanteil, den erzielbaren Mieten sowie den eigenen Mietkosten.

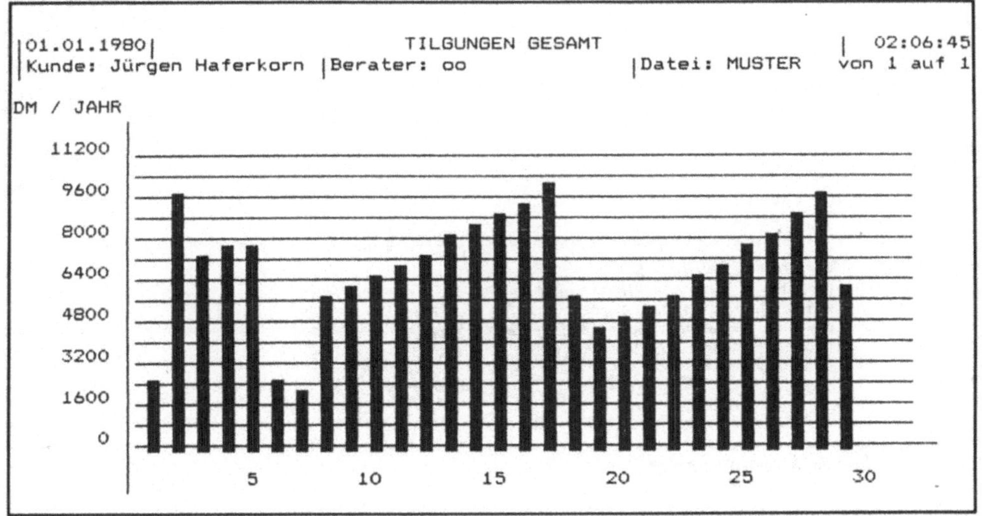

Abb. 92: Tilgungen - Gesamt

Nach Eingabe sämtlicher Finanzierungsformen in Form von Eigenkapital- und Fremdfinanzierungsmitteln weist "OPTIFI" den Anwender auf den noch zu finanzierenden Restbetrag hin. Für die Schließung der Finanzierungslücke können bis zur sechs frei wählbare Darlehensarten, ein Festdarlehen sowie bis zu drei aufeinander folgende Bausparverträge verwendet werden.[2] Neben Detailauswertungen für die ersten zwei Jahre berechnet das PC-Programm auch den Finanzierungsverlauf für bis zu maximal 45 Jahre, verbunden mit einer Aufstellung der jeweils anfallenden

1) ALF (Hrsg.)(OPTIFI), S. 35 f.

2) ALF (Hrsg.)(OPTIFI), S. 15 ff.

Zins- und Tilgungszahlungen entweder auf jährlicher oder unterjähriger Basis. (Vgl. Abb. 92)

01.01.1980 Gegenüberstellung der Ergebnisse 02:14:53
Betrachtung über die gesamte Laufzeit

		1. Berechnung (hier kann ein	1. Berechnung (hier kann ein	1. Berechnung (hier kann ein
Gesamtlaufzeit	Jahre	45	29	4
Objektwert	DM	528047	487546	430392
Bruttoausgaben	DM	390695	390695	70830
Steuervorteil	DM	-42728	22057	22996
Mieten / LV-Übersch. etc.	DM	321311	188654	19068
Nettoaufwand	DM	112112	179984	28766
eingesetzte Eigenmittel	DM	144000	144000	144000
Gesamter Kapitaleinsatz	DM	256112	323984	172766
bezogen auf Objektwert	%	49	66	40
Mietwert eigene Wohnung	DM	0	0	0
Vermögenszuwachs	DM	271935	163562	257626
bezogen auf Kapitaleinsatz	%	106	50	149

Abb. 93: Vergleichsrechnung

Sämtliche Berechnungen von "OPTIFI" können graphisch ausgewertet und auch im Vergleich zu anderen Finanzierungsalternativen einander gegenüberstellt werden. Bei der graphischen Auswertung über Balkendiagramme sind neben der in Abbildung 92 vorgestellten Gesamt-Tilgungsrechnung auch Einzelauswertungen für Zins- und Tilgungsverläufe zu einzelnen Finanzierungsformen möglich. Für die Gegenüberstellung verschiedener Finanzierungsalternativen berücksichtigt "OPTIFI" bis zu 6 Varianten und vergleicht jeweils drei Finanzierungen gleichzeitig, während der Anwender sukzessiv zusätzliche Finanzierungsvarianten hinzunehmen kann. Abbildung 93 zeigt eine Gegenüberstellung von drei verschiedenen Finanzierungsvarianten mit unterschiedlichen Angaben zur Gesamtlaufzeit und des Objektwertes.

3.2.3.2.4 GENO-STAR - Förderprogramm-Selektion

Ein fortschrittlicher Weg in Hinblick auf den Einsatz von Expertensystemen im Kreditberatungs- und -finanzierungsgeschäft wurde von der Westdeutschen Genossenschafts Bank (WGZ), Düsseldorf, in den Jahren 1988/89 aufgrund eines zusammen mit der Technischen Universität Berlin und anderen Genossenschaftsbanken geschaffenen "wissensbasierten" Beratungsdienst geschaffen.[1] Als Zielgruppe für diese Anwendung wurden die gewerblichen Kunden mit dem Wunsch nach individuell auf deren Bedürfnisse zugeschnittene Finanzierungen unter Berücksichtigung von öffentlichen Kreditfinanzierungshilfen genannt.

Die Inanspruchnahme öffentlicher Fördermittel in Form von Krediten und Zuschüssen ermöglicht dem Kunden eine zinsgünstige und zum Teil nicht rückzahlbare Finanzierung für bestimmte Investitionsvorhaben. Das Angebot an Fördermitteln von seiten der Bundesländer, des Bundes und einzelner Städte zeichnet sich durch eine große Vielfalt aus, so daß unter Berücksichtigung der sehr unterschiedlichen Förderzwecke und -bedingungen dessen Gesamtheit kaum noch von den Antragstellern und Kundenberatern überblickt werden kann. Aus diesem Grund schien der Einsatz eines Computerprogrammes vor allem unter wirtschaftlichen Gesichtspunkten notwendig. Sofern man zusätzlich noch die Fördermöglichkeiten in anderen Ländern der Europäischen Gemeinschaft in den Auswahlprozess einbezieht, erhöht sich die Komplexität bei der zielgerechten Kombination geeigneter Förderprogramme. Anstoß für diese Expertensystementwicklung war vor allem die Schaffung einer flächendeckenden Beratungskompetenz unter Einbezug sämtlicher Genossenschaftsbanken. Das Expertensystem soll selbst auf diesem komplexen Arbeitsgebiet weitgehend unerfahrenen Bankmitarbeitern die

1) Die hier dargestellte PC-Applikation beruht auf einer Auswertung der diesbezüglich durchgeführten Interviews mit Frau E. STRASSBURGER (WGZ-Bank, Düsseldorf) im Jahre 1989.

Erbringung einer professionellen Beratungsleistung ermöglichen.[1]

In Zukunft wird "GENO-STAR" sämtlichen im On-Line-Verkehr angeschlossenen Genossenschaftsbanken zur Verfügung gestellt. Darüber hinaus ist an einen Einsatz des Programmes über portable PC`s im Wege des Außendienstes am Standort des Kunden gedacht. In beiden Fällen sind die Teilnehmer über öffentliche Datenfernübertragungsnetze mit dem Großrechner der WGZ-Bank verbunden.

Technisch-organisatorisch betrachtet wurde das System auf einem Großrechner mit Hilfe von etwa 1.100 Regeln aufgebaut. Die dort befindliche Wissensbasis wurde durch die langjährige Erfahrung der Genossenschaftsbanken bei der Durchleitung und Selektion von Förderkrediten für Ihre Kundschaft gewonnen. Inhaltlich besteht "GENO-STAR" aus einer Informationsdatenbank, die eine umfassende Übersicht zu allen möglichen Förderprogrammen für die gewerbliche Wirtschaft, Landwirtschaft und den Wohnungsbau enthält sowie eines Expertenssystemteils. Während im Informationsteil von "GENO-STAR" sehr allgemeine Informationen zu öffentlichen Finanzierungsprogrammen bereitstehen, offeriert der Expertensystemteil konkrete Hilfestellungen für die Auswahl und Kombination der für den Kunden richtigen Förderprogramme. Textbox 58 zeigt eine Übersicht zu den wesentlichen Leistungskritereien des Expertensystems "GENO-STAR".[2]

Zu Beginn der Beratung stellt das System an den Antragsteller eine Reihe von Fragen, die miteinander verknüpft sind, so daß immer nur "sinnvolle" bzw. auf den individuellen Fall abgestimmte Fragen präsentiert werden. Dies bedeutet z.B., daß "GENO-STAR" bei der Antragsprüfung zwar einen Existenzgründer zu seiner fachlichen Qualifikation befragt, jedoch bei einer juristischen Gesellschaft niemals Fragen nach deren Berufserfahrung stellt. In diesem Fall "lernt" das System folglich aus der vorausgehen-

1) Piel H. (Dimension), S. 45 f.

2) WGZ-Bank (Hrsg.)(Staatshilfen-Ratgeber), S. 1 ff.

den Beantwortung einzelner Fragen und stellt nur noch die im weiteren Zusammenhang logischen Fragen.

AUSWERTUNGSBEREICHE - "GENO-STAR"

INFORMATIONSDATENBANK

- Förderbare Verwendungszwecke
  - Existenzerweiterung-/gründung/sicherung
  - Umweltschutzmaßnahmen
  - Forschungs- und Entwicklungsprojekte
- Spezielle Informationen zu einzelnen Förderprogrammen
  - Förderlisten für einzelne Fördergebiete
  - Konditionenspiegel für bestimmte Förderprogramme
  - Kurzbeschreibungen
  - Original-Richtlinientexte
  - Hinweise zur bisherigen Bewilligungspraxis

EXPERTENSYSTEM-DIENSTE

- Individueller Fragendialog
- Programmauswahl gemäß der gängigen Bewilligungspraxis
- Maximierung/Optimierung möglicher Finanzierungshilfen
- Berücksichtigung von eigenen Mitteln und Bankkrediten
- Ausgabe eines Finanzierungs- und Kapitaldienstplanes
- Konkrete Hinweise zur Antragstellung

Box 58: Auswertungsbereiche - "GENO-STAR"

Das Kernstück der "GENO-STAR"-Applikation besteht schließlich in der "intelligenten" Aufbereitung und Kombination sämtlicher Fördermöglichkeiten, indem zunächst sich gegenseitig ausschließende Anträge eliminiert werden. Anschließend ermittelt das Expertensystem unter Berücksichtigung des gewünschten Verwendungszweckes (z.B. Wohnungsbau) und des günstigsten Zinssatzes einzelner Förderprogramme einen Finanzierungsvorschlag mit dem größten wirtschaftlichen Nutzen für den Kunden. Bei diesem Selektionsprozess berücksichtigt "GENO-STAR" zusätzlich eine größtmögliche Verteilung des gewünschten Investitionsbetrages auf die zinsgünstigsten Programme. Damit wird erreicht, daß bei der Aufstellung des Finanzierungsplanes stets die günstigsten Förderprogramme bis zur Höchstgrenze ausgeschöpft werden.[1] Abbildung 94 zeigt einen Finanzierungsplan mit den selektierten Förderprogrammen, der verbleibenden Fremdmittelbelastung sowie einem Kapitaldienstplan für die ersten vier Jahre. Der Tilgungsplan wurde auf Basis der bekannten Konditionen ermittelt und basiert auf einer jährlichen Zins- und Tilgungsrechnung.

Volksbanken Raiffeisenbanken Spar- und Darlehnskassen 25.08.1989
KAPITALDIENSTPLAN für : Manfred Mustermann
Investitionssumme : 100000 DM

	Summe	ERP AUSB	BFP 2	KFW-MITT
Kredithöhe		30000	12500	35250
Zinssatz		6.500%	5.750%	6.500%
1. Jahr				
Tilg				
Zins	4960	1950	719	2291
2. Jahr				
Tilg				
Zins	4960	1950	719	2291
3. Jahr				
Tilg		3750	937	4406
Zins	14053	1950	719	2291
4. Jahr				

Volksbanken Raiffeisenbanken Spar- und Darlehnskassen 25.08.1989
Finanzierungsplan für: Manfred Mustermann

	Investitionssumme	Beteiligung	Antragstelleranteil
GmbH	100000 DM	50 %	
			50000 DM

Eigenkapital	Bar	Werte	Eigenleistung	Gesamt
	15000 DM	0 DM		15000 DM

Förderprogramm	Person	Unternehmen
ERP-Ausbildungsplätzeprogramm		30000 DM
BFP-Nr.2	12500 DM	
KFW-Mittelstandsprogramm		35250 DM
Verbleibender Finanzierungsbedarf		7250 DM
Fremdmittelanteil		85000 DM

Abb. 94: Auswertung - "GENO-STAR"

1) Friedrichs H. /Bomert A. (Ausnutzung), S. 17.

3.3 Bankwirtschaftliche Führungsinformationssysteme

3.3.1 Finanzwirtschaftliche Führungssysteme

3.3.1.1 Einführung

Zur Planung, Steuerung und Kontrolle finanzwirtschaftlicher Planungsgrößen setzen Kreditinstitute, einmal abgesehen von zentralen Applikationen auf dem Großrechner, mit Vorliebe PC-gestützte Spreadsheetsysteme (z.B. LOTUS 1-2-3, OPEN ACCESS) als templates ein.[1] Als wesentliche Gründe für den Einsatz dieser Werkzeuge wurden von den Interviewpartnern die zur Verfügung stehende Makrotechnik, verbunden mit umfassenden finanzmathematischen Formelsammlungen angeführt. Dazu gehören auch die für Simulationsberechnungen nützlichen, schnellen flexiblen Rechenmöglichkeiten sowie die durch solche PC-Programme unterstützte "elektronische", tabellenorientierte Arbeitsoberfläche. Insbesonders die letzte Eigenschaft paßt sich nach allgemeiner Auffassung vieler befragten Bankmitarbeiter weitgehend den Arbeitsgewohnheiten im finanzwirtschaftlichen Führungsbereich an.

Die im finanzwirtschaftlichen Führungsbereich vorgenommenen Analysen stützen sich vornehmlich auf das Zahlenmaterial des bankbetrieblichen Rechnungswesens, welches sich aus betriebswirt-

1) Die einleitenden Ausführungen zum PC-Einsatz im finanzwirtschaftlichen Führungsbereich beziehen sich, sofern nicht anders vermerkt, auf die diesbezüglich geführten Interviews im Jahre 1989 mit folgenden Herren:

- Herr U. CHRISTMANN (FIDUCIA AG, Karlsruhe)
- Herr B. DIECKHÖHNER (BVR, Bonn)
- Herr P. FRIGGEMANN (Kreissparkasse, Osnabrück)
- Herr K. GROB (BIK, Frankfurt)
- Herr K. KLERX (Bank für Sozialwirtschaft, Köln)
- Herr B. KNAUTH (Stadtsparkasse, Landau i.d. Pfalz)
- Herr D. KUKLIK (GAD, Münster)
- Herr R. LINNENBRINK (Thurn & Taxis Bank, München)
- Herr P. SOMMERHALDER (Schweizerische Bankgesellschaft, Zürich)
- Herr K. STEINBRINK (Stadtsparkasse, Köln)
- Herr K.-J. WELTER (Stadtsparkasse, Köln)
- Herr G. WILLIG (Deutscher Genossenschafts-Verlag, Wiesbaden)

schaftlichen und organisatorischen Gründen (z.B. Aktualität/ Datenvolumen/Sicherheit) auf dem zentralen Großrechner befindet. Dies bedeutet, daß der Personal Computer vor allem der bankbetrieblichen Buchhaltung vor- und nachgelagerte Aufgaben übernimmt, indem die auf dem Großrechner abgespeicherten Daten, gegebenfalls über einige Zwischenschritte, zur weiteren Bearbeitung in die PC-Umgebung übertragen werden.

Während in einigen Banken im finanzwirtschaftlichen Führungsbereich schon eine automatische Selektion und Übernahme von zentralen Datenbeständen aus dem bankbetrieblichen Rechnungswesen in die dezentral geschaffenen PC-Applikationen stattfindet, herrschen in anderen Banken noch manuelle Übertragungsverfahren und damit erhebliche Medienbrüche vor. Ferner zeigten die durchgeführten Interviews, daß eine große Anzahl von finanzwirtschaftlichen Analysen, die auch für eine PC-Verarbeitung geschaffen wären, bedingt durch die mangelhaften Datenübertragungsprozesse zur Zeit noch auf dem Großrechner laufen. Dazu gehören z.B. Vergangenheitsanalysen verbunden mit einer Vielzahl von statistischen Berechnungen. Die Ergebnisse dieser auf der Großechner-Ebene bereitgestellten Auswertungen finden schließlich in Form von regelmäßig ausgedruckten Managementberichten (z.B. Soll-Ist-Vergleich) in den Kreditinstituten ihre Verbreitung.

Ein anderer Aspekt, der den Einsatz von Personal Computern im finanzwirtschaftlichen Führungsbereich derzeit noch beeinträchtigt, ist der für finanzwirtschaftliche Verarbeitungszwecke unzureichende Informationsgehalt einer Vielzahl von Großrechnerdaten, der sich vor allem aus der traditionellen Ausrichtung sämtlicher Bankenbuchhaltungssysteme auf die Erstellung des Jahresabschlusses ergibt. Dies führt beispielsweise dazu, daß die Banken zur Steuerung des laufenden Bankgeschäftes nicht über die notwendigen, stichtagsbezogenen Bilanz- und Ergebnisbestände verfügen. Einen Ausweg aus diesem Informationsengpaß versprechen sich die befragten Interviewpartner durch den Aufbau von relationalen Datenbanken, die nicht nur Informationen zu bestimmten buchungstechnischen Terminen liefern, sondern vor allem die für finanzwirtschaftliche Simulations- und Planungsprozesse wichtigen

Zwischenergebnisse zu sämtlichen gewünschten Zeitpunkten bereitstellen.

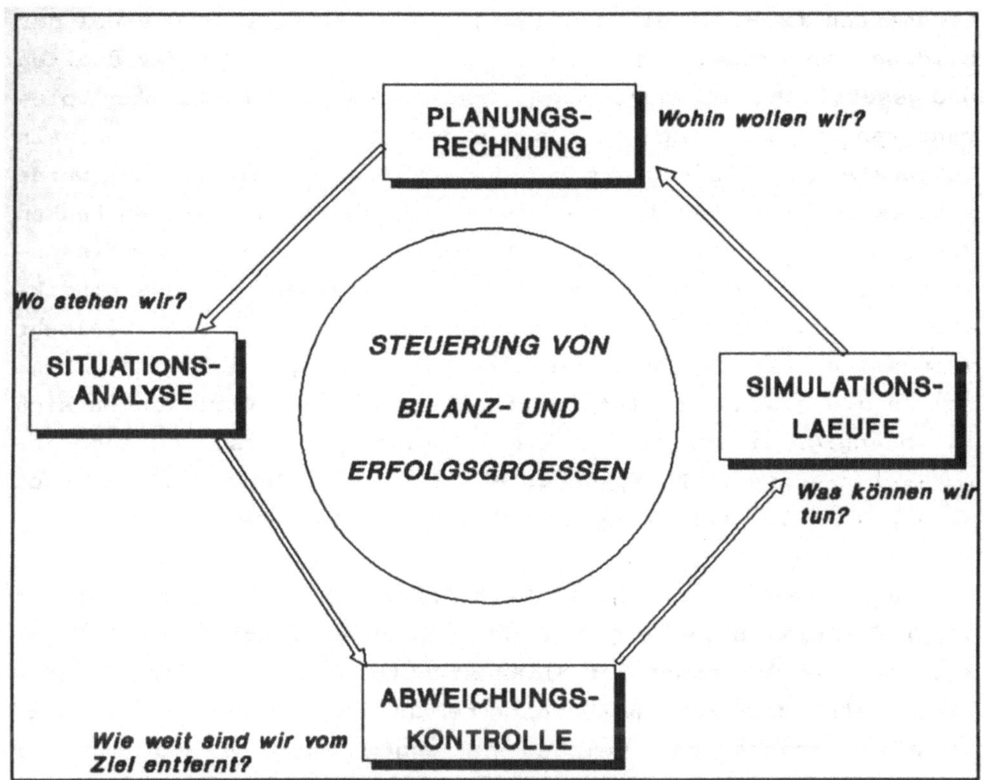

Abb. 95: Analyseformen im finanzwirtschaftlichen Führungsbereich

Die betriebswirtschaftliche Zielsetzung für den Aufbau von finanzwirtschaftlichen Führungsystemen liegt nach einheitlicher Auffassung vieler Interviewparter darin, ein Frühwarnsystem zu schaffen, welches eine umfassende Überwachung der liquiditäts- und finanziell-orientierten Bereiche einer Bank ermöglicht.
Damit sollen vor allem die zukünftigen Chancen und Risiken, welche sich aus geplanten Bilanz- und G&V-Rechnungen ergeben, im zeitlichen Verlauf und unter Zuhilfenahme ausgewählter Frühindikatoren aufgedeckt werden. Abbildung 95 zeigt die im finanzwirtschaftlichen Führungsbereich vorherrschenden globalen Fragestellungen, die zu einer optimalen Steuerung zukünftiger Bilanz- und Erfolgsgrößen beitragen sollen.

Zu den für den finanzwirtschaftlichen Führungsbereich am häufigsten genannten Frühindikatoren gehören externe Daten (z.B. Geld- und Kapitalmarktzinssätze) sowie bankspezifische Informationsarten (z.B. Liquiditätslage). Dazu zählen auch die bei der Bildung von Frühwarnindikatoren berücksichtigten individuellen und gesetzlichen Bewertungsmaßstäbe zusammen mit bestimmten Toleranzgrenzen die, eingebaut in die jeweilige PC-Applikation, als Eckpunkte zur finanzwirtschaftlichen Planung dienen. So wurde z.B. im Verlaufe der durchgeführten Interviews von vielen Banken darauf hingewiesen, daß es keineswegs "ein" einheitliches finanzwirtschaftliches Führungssystem und dazu passende Frühwarnindikatoren gibt. Der Aufbau solcher Systeme bestimmt sich vielmehr vornehmlich nach den Anforderungen der Führungskräfte in den Banken an die gewünschte Informationsdarstellung. Dort können sich in Abhängigkeit von der Fachverantwortung unterschiedliche Informationsarten (z.B. Kostenarten) als auch mehrstufige, je nach Hierarchiestufe verschiedene Detaillierungsgrade ergeben.

Zum Kernbereich finanzwirtschaftlicher Führungssysteme gehört unter Berücksichtigung der in den Banken eingesetzten PC-Applikationen die Steuerung der Bilanzstruktur und damit die im bankwirtschaftlichen Führungsbereich bekannten Verfahren des Bilanzstruktur-Managements, welches in engem Zusammenhang mit der Steuerung bankspezifischer Risiken steht.[1] Für die Steuerung von Zinsänderungsrisiken wird in den Banken häufig die Zinsbindungsbilanz[2] eingesetzt, welche grundsätzlich die Bestimmung von Zinsänderungsrisiken aus festverzinslichen Bilanzpositionen, die sich aus unterschiedlichen Zinsbindungsfristen der einander gegenübergestellten Aktiv- und Passivpositionen ergeben, vornimmt. In diesem Fall können bei Veränderungen des allgemeinen Marktzinsniveaus unterschiedliche Zinsbindungen der Aktiv- und Passivseite

1) Schierenbeck H. (Bankmanagement), S. 198 ff.

2) Andere gleichbedeutende in der Kreditwirtschaft verwendete Begriffe für die Zinsbindungsbilanz sind "Ablaufbilanz", "Festzinsbilanz" und "Zinsänderungsbilanz".

zu Beeinträchtigungen der Zinsspanne und damit zu Ertragsrisiken führen.[1]

METHODEN DES BILANZSTRUKTUR-MANAGEMENTS

- Bestandsanalysen nach unterschiedlichen Detaillierungsgraden zur Strukturanalyse
- Trendanalysen durch Gegenüberstellung von Stichtags- und Durchschnittsbeständen für bestimmte Zeitpunkte/Zeiträume
- Vergleichsrechnungen auf interner (z.B. Filialen) und externer (z.B. Konkurrenzinstitute) Basis in Hinblick auf beispielsweise Liquiditäts- oder Rentabilitätsausprägung
- Kennzahlensysteme zur liquiditäts-finanziellen Situationsbestimmung
- Simulations- und Optimierungsverfahren mit individuellen und globalen Datenvariationen zur Bestimmung "optimaler" Bilanzstrukturen
- Hochrechnungen unter Berücksichtigung vergangener Bilanz-und Erfolgsrechnungen sowie externer Einflußgrößen (z.B. Zinssätze) für mehrere Planungsjahre

Box 59: Methoden des Bilanzstruktur-Managements

Mit den auf diesem Gebiet verfügbaren PC-Programmen kann der Finanz-Controller über die Steuerung einzelner oder globaler Bilanz- und Erfolgsgrößen die Ergebnis- und Risikostruktur der Bank beeinflussen und damit eine gezielte Planung sowohl unter rentabilitäts- als auch sicherheitspolitischen Gesichtspunkten vornehmen.[2] Die Textbox 59 vermittelt einen Überblick zu den für die Steuerung der Bilanzstruktur eingesetzten Methoden. Die dort aufgeführten Analysen können je nach den Funktionen der jeweiligen PC-Applikation in Business-Grafiken (z.B. Balkendiagramme)

1) Schierenbeck H. (Bankmanagement), S. 213 ff.

2) Lam Ch.H./Hempel G.H. (applications), S. 63 ff.; Schierenbeck H. et alteri (Bank-Controlling), S. 187 ff.

überführt werden, um gegenwärtige Schwachstellen sowie zukünftige Planungslücken im Zeitverlauf abschätzen zu können.[1]

3.3.1.2 BMS - Banken-Management-System

3.3.1.2.1 Aufbau

Die von der Gesellschaft für Automatische Datenverarbeitung (GAD, Münster) den Genossenschaftsbanken angebotene PC-Applikation mit dem Namen "Banken-Management-System" zur Gesamtbank-Planung gliedert sich in die drei Bereiche, Mehrjahres-, Grob- und Fein-Planung, die logisch miteinander verknüpft sind.[2]

Bei der hier vorgestellten Applikation handelt es sich um den Baustein eines umfassenden EDV-Paketes, welches neben den an dieser Stelle vorgestellten, zukunftsorientierten Planungsrechnungen auch vergangenheitsbezogene Schwachstellenanalysen der Bankbilanz über einen Zeitraum von bis zu fünf Jahren ermöglicht. Textbox 60 vermittelt einen Ausschnitt zu den in der Schwachstellen-Analyse dieses Programmes angebotenen Funktionen.

Nach Darstellung der GAD setzen bislang etwa 260 Genossenschaftsbanken "BMS" als template auf ihren mit SYMPHONY ausgestatteten Personal Computern ein. Die Aufgabe der GAD besteht unter anderem darin, die Beratung, Programmpflege und Schulung vorzunehmen

---

1) Diese Aufstellung bezieht sich auf folgende analysierte PC-Programme für die Steuerung des finanzwirtschaftlichen Führungsbereiches:

- o BIK (Hrsg.)(FINCON), S. 1 ff.
- o GAD (Hrsg.)(BMS/DBC), o.S.
- o FIDUCIA AG (Hrsg.)(Controlling-Software), S. 2 ff.
- o NIXDORF AG (Hrsg.)(GI-MIS), o.S.
- o P+S SOFTWARE (Hrsg.)(Automatische Bank Analyse), o.S.
- o SPARKASSE LANDAU (Hrsg.)(ZIRI), S. 1 ff.

2) Anmerkung: Die Vorstellung des PC-Programmes "Banken-Management-System" (BMS) basiert, sofern nicht anders vermerkt, auf den diesbezüglich geführten Interviews mit Herrn D. KUKLIK (GAD, Münster) im Jahre 1989.

SCHWACHSTELLENANALYSE

- BILANZ-ANALYSEN
  - * Betriebsvergleiche
    - -Strukturanalyse der Aktiva und Passiva
    - -Strukturanalyse der Eigenen Mittel
    - -Analyse des Kundenvolumens (Privat-/Firmenkunden)
    - -Ermittlung von horizontalen Kennzahlen (z.B: Anlage-Faktor)
    - -Zinsertragsbilanzanalyse (Aktiva/Passiva)
    - -Satzmargenanalyse (z.B: Geldmarkt-Marge)
  - * Zeitvergleiche zum Vorjahr
    - -Einfache Bestands- und Volumenveränderungen bezogen zum Bilanzvolumen
    - -Veränderungen durchschnittlicher Bilanzpositionen
    - -Zinsdifferenzanalyse nach Volumen und Zinssatz
    - -usw.
- G&V-ANALYSEN
  - * Betriebsvergleiche
    - -Rentabilität (z.B: optimales Aktivgeschäftsvolumen)
    - -Produktivität (z.B: Bilanzvolumen:Mitarbeiter)
  - * Zeitvergleiche
    - -Änderungen von Aufwands- und Erfolgsgrößen
    - -Änderungen der Rentabilität und Produktivität
- KUNDEN-ANALYSEN
  - * Kundengruppenanalyse (z.B: Industriezweige)
  - * ABC-Analysen mit Hilfe von Lorenzkurven
    - -Einlagen
    - -Kredite
- BERATER-ANALYSEN (z.B. Beraterbilanz)
- ZWEIGSTELLENRECHNUNGEN

Box 60: Schwachstellenanalyse

und damit die Voraussetzungen für den optimalen Betrieb des PC-Programmes sicherzustellen.

Die Philosophie der Gesamtbank-Planung baut auf einem strengen Top-Down-Ansatz auf, da jeweils diejenigen betriebswirtschaftlichen Größen zuerst geplant werden, die durch den Finanz-Controller am leichtesten bestimmbar sind. Bei diesem Vorgehen wird das Jahresergebnis einer Bank in Anlehnung an die interne Logik der Bilanz- und G&V-Rechnung als Residualgröße aufgefaßt. Ziel des PC-Programmes ist es, mit Hilfe der oben genannten logisch miteinander verknüpften Planungverfahren, ein von Seiten der Bank optimales Jahresergebnis herbeizuführen.[1]

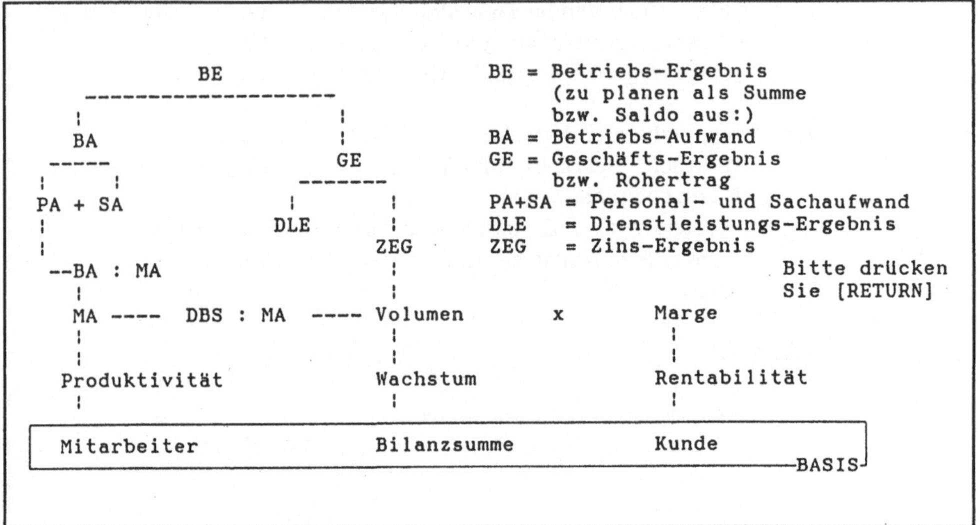

Abb. 96: Philosophie - "BMS"

Praktisch beginnt der Top-Down-Ansatz mit der Bestimmung des für die Zukunft notwendigen Betriebsergebnisses und setzt sich mit der Grob-und Fein-Planung der das Betriebsergebnis beeinflussenden Aufwands- und Erfolgsgrößen fort. Die Philosophie von "BMS" baut darauf auf, daß diejenigen Bestimmungsfaktoren des aus Sicht der Bank fixierten Betriebsergebnisses zuerst geplant werden, die am einfachsten ermittelt werden können. Abbildung 96 verdeutlicht die Logik dieses Planungsprozesses, nach dem in einem ersten Planungsschritt zunächst eine Bestimmung des Betriebsaufwandes (BA) erfolgen sollte, der im Vergleich zum Geschäftsertrag (GE) als zweiter Bestimmungsfaktor des Betriebsergebnisses (BE) einfacher zu planen ist. In bezug auf die Planung des Betriebsaufwandes (BA) kann wiederum der Sachaufwand (SA) nach der Logik von "BMS"

1) Klewin R./Marusev A.W. (Führungsinstrument), S. 23.

sofort bestimmt werden. Daraus folgt für den weiteren Planungsprozess, daß der Personalaufwand (PA), bestimmt durch die Anzahl der "Mitarbeiter" (MA), zur ersten variierbaren Planungsgröße des PC-Modelles wird. Für den rechten Ast der Abbildung 96 ergibt sich im Verlaufe des weiteren Planungsprozesses eine leichtere Planbarkeit des Dienstleistungsergebnisses (DLE), während das Zinsergebnis (ZEG) in den variablen Planungsteil des PC-Programmes einfließt. Das Zinsergebnis wird anschließend in die direkt planbaren Steuerungsgrößen "Volumen" und "Marge" aufgespalten, die zu weiteren Planvariablen des "Banken-Management-Systems" werden.[1]

3.3.1.2.2 Funktionsumfang

Der Einstieg in den Planungsprozess erfolgt über die Mehrjahres-Planung, deren Aufgabe darin besteht, eine Festlegung der betriebswirtschaftlich gewünschten Determinanten zur Ermittlung des "strukturellen Gewinnbedarfs" für fünf aufeinanderfolgende Planungsjahre vorzunehmen. Bei dieser Gewinngröße handelt es sich um den zur langfristen Existenzsicherung erforderlichen Mindestgewinn unter Berücksichtigung des in kommenden Jahren angestrebten Bilanzwachstums und der damit verbundenen Risikostruktur.[2]

Das PC-Programm "BMS" gibt in der Ausgangssituation für die Mehrjahres-Planung einen Sollwert von drei Prozent des Bilanzvolumens für das erforderliche Betriebsergebnis vor. Dieser Wert kann jedoch vom Anwender jederzeit überschrieben werden, falls er sich als unrealistisch erweist.[3] Sofern der Finanz-Controller eine genaue Bestimmung der Determinanten des notwendigen Betriebsergebnisses vornehmen möchte, kann er entweder aus dem zugehörigen

1) Klewin R./Marusev A.W. (Führungsinstrument), o.S.; Marusev A.W. (Banken-Management-System), S. 23.

2) Schierenbeck H. (Bankmanagement), S. 280.

3) GAD (Hrsg.)(BMS/DBC), S. 226.; Klewin R./Marusev A.W. (Führungsinstrument), S. 23.

Benutzerhandbuch ein vordefiniertes Arbeitsblatt übernehmen oder aber auf seinem persönlichen SYMPHONY-Arbeitsblatt ein eigenes Planungs-Modell für die Mehrjahres-Planung bestimmen.

Die Abbildung 97 zeigt die durch "BMS" offerierte Standardeinstellung mit den betriebswirtschaftlichen Determinanten des zukünftig gewünschten Betriebsergebnisses. Sämtliche der dort aufgeführten Aufwandsgrößen müssen demnach durch das zukünftige Betriebsergebnis gedeckt werden. Anschließend zerlegt der Finanz-Controller das auf diese Weise bestimmte Betriebsergebnis in einen fixen sowie variablen und damit von der Bilanzsumme direkt abhängigen Bestandteil.[1]

	A	B	C	D	E	F	G	H
1	0,0%<-Ubergabe des Prozentsatzes für den variablen BE-Anteil							
2	3600 <-Ubergabe des fixen Bestandteils des BE (im Folgejahr)							
								SCHNITTSTELLE
4								
5				1984	1985	1986	1987	1988
6								
7	AfA-Sach							
8	Risiko-Abschreibung							
9	+-a.o.							
10								
11	EEV-Steuern			0	0	0	0	0
12								
13	Dividende							
14	Rücklagenzuführung							
15	"Sünden" der Vergangenheit							
16								
17								
18								
19								
20								
								MODELL

Abb. 97: Mehrjahres-Planung

Nach Auffassung der GAD sollten die größten Anstrengungen der Bank bei der Bestimmung des Betriebsergebnisses und damit in der Mehrjahres-Planung erfolgen, da sämtliche Planungsschritte auf dem dort bestimmten Betriebsergebnis aufbauen. Als Begründung wurde angeführt, daß in diesem Bereich vorgenommene Fehleinschätzungen zu den Determinanten des Betriebsergebnisses in vielen Fällen zur frühen Beendigung der Gesamtbank-Planung führen und

1) GAD (Hrsg.)(BMS/DBC), S. 226.

damit den Planungsprozeß über die Grob-Planung bis zur Fein-Planung der Bilanzstruktur unterbrechen. In dem hier vorgestellten Fallbeispiel soll von einem absoluten Betriebsergebnis in Höhe von 3.600 TDM ausgegangen werden, welches nunmehr für die folgende Planungsperiode als Plankonstante fortgeschrieben wird.

GROB-PLANUNG

Zu Beginn der Grob-Planung ermittelt "BMS" unter Berücksichtigung sämtlicher Bestimmungsfaktoren für das als notwendig ermittelte Betriebsergebnis eine mittelfristige G&V-Struktur (institutsbezogene mfr. Struktur) und stellt diese den Strukturwerten der Gewinn-und Verlustrechnung aus der Vorperiode gegenüber.[1] (Vgl.Abb.98) Der Vorteil dieses SYMPHONY-Macros liegt darin, daß damit für den Planungsprozeß schon konkrete Planstrukturwerte vorliegen, an denen sich die am Planungsprozess beteiligten Bankmitarbeiter orientierten können.

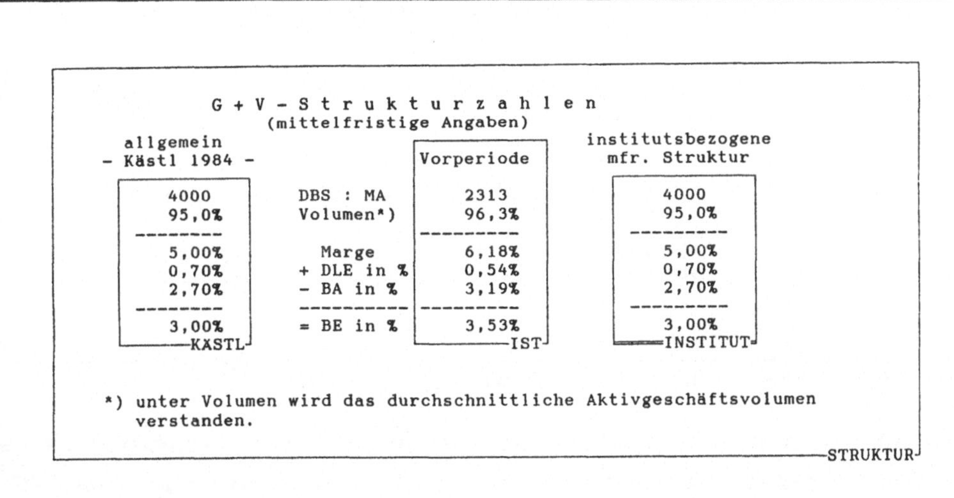

Abb. 98: G&V-Strukturfortschreibung

Aus den gewonnenen Strukturwerten berechnet "BMS" die absoluten Bestimmungsgrößen des Betriebsergebnisses, nämlich den Betriebsaufwand (3545), das Dienstleistungsergebnis (545) sowie die zur

1) GAD (Hrsg.)(BMS/DBC), S. 236.

weiteren Planung maßgeblichen Planvariablen, Mitarbeiteranzahl (29), Volumen (109072) und Marge (6,03). (Vgl.Abb.99) Die letztgenannten Planvariablen stehen in der vorgenannten Reihenfolge stellvertretend für die finanzwirtschaftlichen Ziele Produktivität, Rentabilität und Wachstum in den Genossenschaftsbanken. Bei der Bestimmung des zukünftigen Geschäftsvolumens (= Bilanzvolumen) geht "BMS" von einem 10-prozentigen Bilanzsummenwachstum, einer inflationsbedingten Kostensteigerung von ebenfalls 10 Prozent sowie einer konstanten Kundenmarge aus.[1] Die dort berechnete Planvariable für die Bilanzsumme in Höhe von 109.072 TDM beinhaltet somit eine unter Kostenaspekten angestrebte Substanzerhaltung der Bankbilanz.

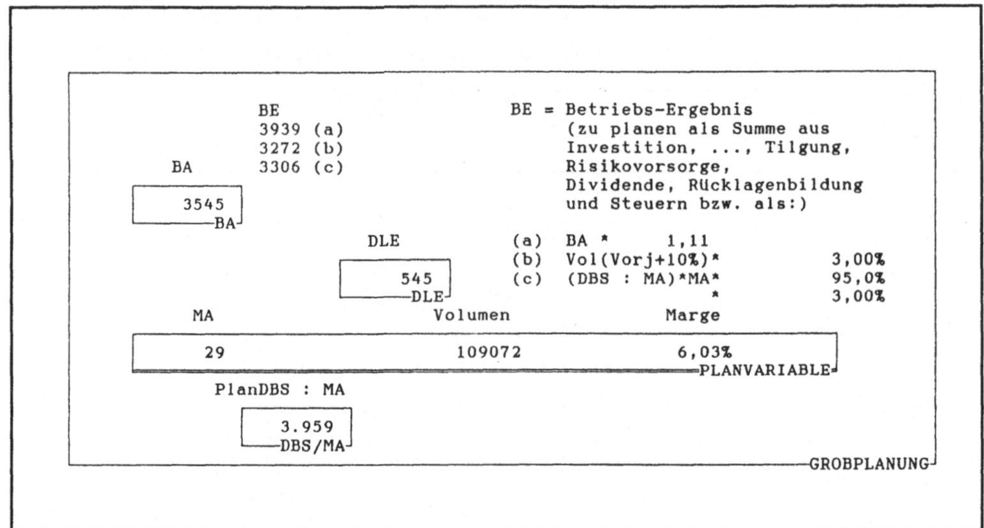

Abb. 99: Grob-Planung in absoluten Zahlen

Demnach kann eine effektive Steigerung des Betriebsergebnisses in den Folgeperioden nur erreicht werden, wenn die durch das PC-Programm vorgeschlagene Bilanzsumme jeweils um mehr als 10 Prozent gesteigert wird, eine Fixkostenreduktion (Mitarbeiter) stattfindet oder eine Erhöhung der mit den Kunden ausgehandelten Konditionen (Marge) erfolgt. Die absoluten Zahlen der Grob-Planung können nun vom Finanz-Controller entweder für sich

1) GAD (Hrsg.)(BMS/DBC), S. 238.

genommen oder gleichzeitig vor dem Hintergrund des angestrebten Gewinnbedarfs verändert werden.

Den Zusammenhang der miteinander verküpften Planvariablen in Hinblick auf die Erzielung des gewünschten Betriebsergebnisses verdeutlicht die ebenfalls im Rahmen der Grob-Planung bereitstehende Break-Even-Analyse.[1] Mit Hilfe der Break-Even-Analyse kann der Finanz-Controller bei Annahme eines konstanten Betriebsaufwandes und Dienstleistungsergebnisses sowie den in der Mehrjahres-Planung festgelegten fixen und variablen Bestandteilen des Betriebsergebnisses den Schwellenwert zur Bilanzsumme, welcher zum gewünschten Betriebsergebnis führt, erkennen. (Vgl.Abb.100) Auf Grund der vorliegenden Planungsgrößen liegt der Break-Even-Punkt bei einem Bilanzvolumen von 109.453 TDM. In diesem Fall müßte also in der nächsten Periode eine Volumenserhöhung auf 109.453 TDM erfolgen, um das in der Mehrjahres-Planung ermittelte Betriebsergebnis in Höhe von 3.600 TDM zu erreichen.

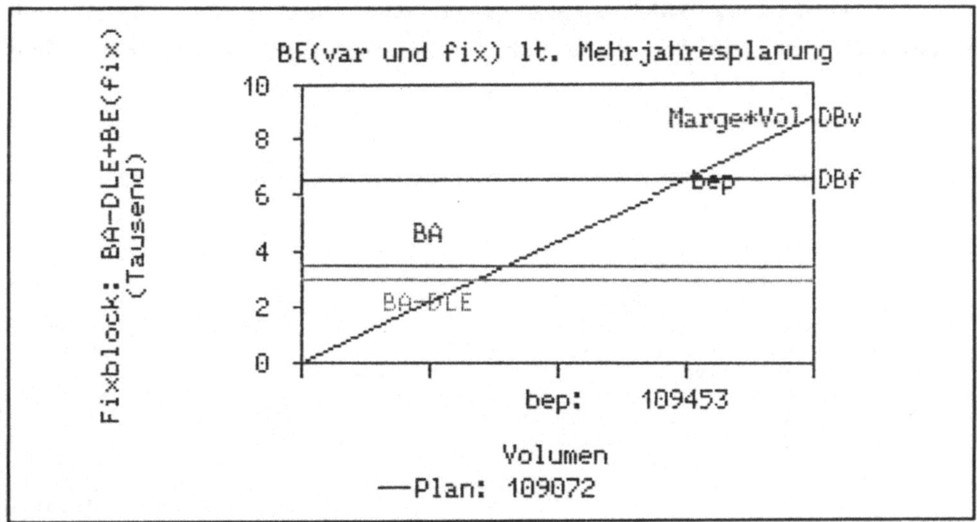

Abb. 100: Break-Even-Analyse

Da während des Planungsprozesses der Betriebsaufwand und das Dienstleistungsergebnis in Anlehnung an die Philosophie des hier

1) Klewin R./Marusev A.W. (Führungsinstrument), S. 23 f.

betrachteten Planungsmodelles als konstante Werte stellvertretend für ein unverändertes Anspruchsniveau der jeweiligen Bank stehen, können für die weitere Steuerung ausschließlich die Planvariablen "Mitarbeiter", "Volumen" und "Marge" verwendet werden. Erst wenn durch die simulative Veränderung dieser Planungsgrößen das gewünschte Betriebsergebnis nicht erreichbar ist, sollte der Finanz-Controller eine Veränderung des bislang konstanten Betriebsaufwandes und Dienstleistungsergebnisses anstreben.[1]

Zur Erzielung des gewünschten Betriebsergebnisses offeriert "BMS" im Rahmen der Grob-Planung verschiedene Kombinationsstrategien zu den drei Planvariablen, so daß nicht unter allen Bedingungen das durch die Break-Even-Analyse ermittelte Bilanzvolumen angestrebt werden muß. In diesem Fall kann der Finanz-Controller beispielsweise zwei Planvariable konstant halten und die dritte verändern oder auch an mehreren Planvariablen gleichzeitig schrittweise Simulationen vornehmen.

Die in Abbildung 101 dargestellte Min-/Max-Analyse berechnet unterhalb der für die folgende Zeitperiode geplanten absoluten

```
Plan-"Konstante" (in TDM)               Plan-Variable (Anzahl, TDM, %)

       BA         BE         DLE                        MA   Volumen      Marge
---------*********----------                   ----------------------------
      3545       3600        545                        29    109072      6,03%
---------*********----------                   ============================
1 abhängige, 2 unabh. Variable          MA              29    109072      6,03%
(Unterstellt man hierbei stets          Volumen         29    109453      6,03%
den jeweils schlechtesten Fall,         Marge           29    109072      6,05%
dann hat das zur Folge:)                       ----------------------------
notw.*) Veränderung (je 1 Größe isoliert):               0       381      0,02%
bzw. notwendige*) prozentuale Veränderung:           -0,6%      0,3%       0,3%
bzw. notw.*) DBS/MA (alternative Werte):             4.000     4.000      4.000

Plan-Vorgaben                           Minimum         28    102000      6,00%
für Simulation                          Maximum         29    109072      6,03%
                                                              SIMULATION

*) "notwendig", um das vorgegebene BE trotzdem zu erreichen
```

Abb. 101: Min-/Max-Analyse

1) Marusev A.W. (Banken-Management-System), o.S.

Erfolgsgrößen verschiedene Kombinationsmöglichkeiten zu den Planvariablen "Mitarbeiterzahl" (MA), "Bilanzvolumen" (Volumen) und der mit dem Kunden vereinbarten "Marge". Demnach würde sich das gewünschte Betriebsergebnis von 3.600 TDM beispielsweise bei einer Mitarbeiterzahl von 29, einem Bilanzvolumen von 109.072 TDM sowie einer Kundenmarge von 6,05 Prozent ergeben. Dazu weist das PC-Programm in einem speziellen, weiter unten befindlichen Simulations-Fenster die Ober- und Unterwerte für die mit diesen Planvariablen vorzunehmenden Simulationsrechnungen aus. Diese von der Bank selbst eingestellten Werte können als Kontrollvorgaben aufgefaßt werden, die aufzeigen, ob sich die vorgenommenen Variationen einzelner Planvariablen in einem realistischen Rahmen bewegen.

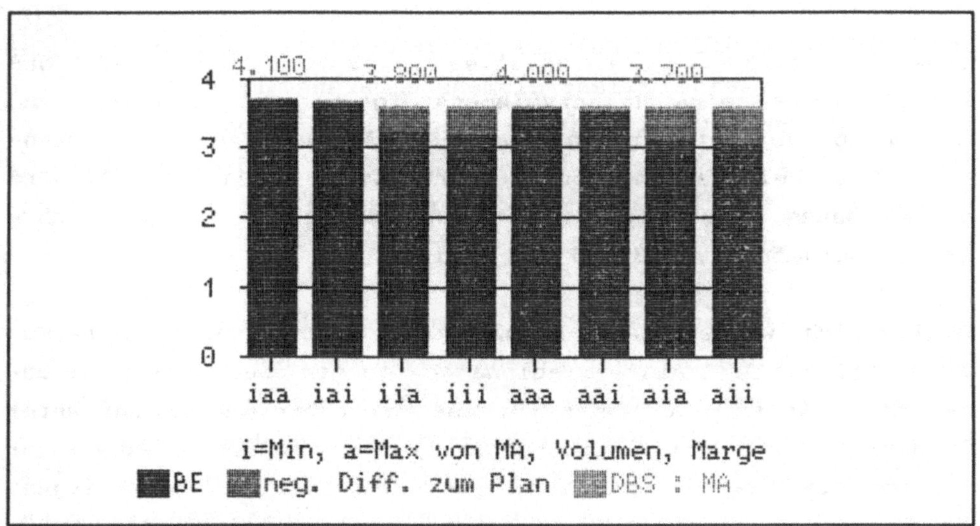

Abb. 102: Abweichungsanalyse "Betriebsergebnisse"

Für sämtliche entweder maschinell durch "BMS" vorgeschlagene als auch selbst eingestellte Min-/Max-Kombinationen erstellt das Planungsprogramm eine grafische Abweichungsanalyse zu dem von seiten der Bank gewünschten Betriebsergebnis. Die Grafik in Abbildung 102 zeigt acht verschiedene Kombinationsstrategien, die den Finanz-Controller auf Planungslücken zum gewünschten Betriebsergebnis hinweisen. Aus der Darstellung kann der Finanz-Controller erkennen, daß beispielsweise die Kombination "Maximum/Mitarbeiter (29), Minimum/Volumen (102.000) und Minimum/Marge (6,00)" (Kombination <aii>) zum schlechtesten Betriebsergebnis führt. Dahingegen erzielt die Planvariablen-kombination "Minimum/Mitarbeiter (28), Maximum/Volumen (109.072) und Maximum/Marge (6,03)" (Kombination <iaa>) eine vollständige Übereinstimmung des in der Mehrjahres-Planung bestimmten Betriebsergebnisses mit dem in der Grob-Planung simulierten Betriebsergebnis.

In einem weiteren Teil der Grob-Planung können die Aussagen zu den möglichen Kombinationen der drei Planvariablen noch gezielter betrachtet werden. Dazu bestimmt "BMS" zu zwei als unabhängig definierten Planvariablen (hier: Marge und Volumen) verschiedene, jeweils optimale Werte für die verbleibende abhängige Variable (hier: Mitarbeiter) und stellt diese einander gegenüber.[1]

Gemäß Abbildung 103 zur Feinanalyse in der Grob-Planung gilt, daß beispielsweise eine Bilanzvolumensteigerung um 8 Prozent und eine Marge von 6,03 Prozent zu einer als "harmonisch" verstandenen Mitarbeiteranzahl von 28 führt. Genau in diesem Fall wird in Anlehnung an die Logik des Planungsmodelles das gewünschte Betriebsergebnis von 3.600 TDM erzielt.

Schließlich werden nach Simulation verschiedenster Min-/Max Kombinationen drei Planvariablenausprägungen übernommen, die unter den gegebenen Annahmen für das Betriebsergebnis und unter Berücksichtigung der institutsspezifischen Gegebenheiten von der Geschäftsleitung als optimal einzustufen sind. In dem vorliegenden Fallbeispiel entschied sich die Planungsrunde für eine Erhöhung des Bilanzvolumens auf 107.000 TDM, eine Reduktion der Mitarbeiteranzahl auf 28 und eine mit dem Kunden zu vereinbarende Zinsmarge von 6,03 Prozent.

FEIN-PLANUNG

Im letzten Planungsschritt, der Fein-Planung, werden nun auf der Ebene einzelner Bilanzpositionen Handlungsstrategien zur Erzie-

---

1) Anmerkung: Als abhängige Planvariable können auch das zukünftige Volumen oder die Marge bestimmt werden.

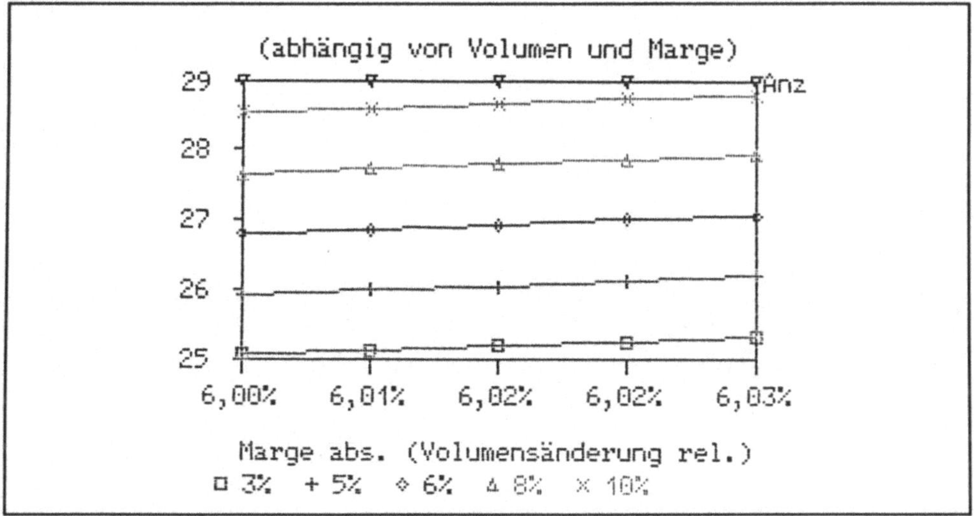

Abb. 103: Fein-Analyse "Anzahl Mitarbeiter"

lung des gewünschten Betriebsergebnisses aufgezeigt. Dort definiert der Finanz-Controller für jeweils zehn Aktiv- und Passivpositionen deren Volumina und Zinssatzdifferenzen, die das geplante Betriebsergebnis aus der Mehrjahres-Planung herbeiführen sollen.[1]

Bevor jedoch die gezielte Beeinflussung einzelner Bilanzpositionen einsetzt, ermittelt "BPM" zunächst automatisch eine Feinstruktur gemäß der aus der Grob-Planung für das globale Bilanzvolumen gewonnenen Zuwachsrate. Dazu wird jede aus dem Vorjahr stammende Bilanzposition völlig strukturerhaltend hochgerechnet. Die über ein SYMPHONY-Macro bewirkte gleichmäßige Fortschreibung der Bankbilanz ist zwar in der Regel realitätsfremd, da sich nicht alle Bilanzpositionen gleichmäßig verändern; die maschinelle Hochrechnung einzelner Bilanzwerte wird jedoch von den Anwenderbanken nach Aussage der GAD als hilfreich empfunden, da damit sofort konkrete Werte vorliegen, die in der Planungsrunde zur Diskussion stehen.[2]

1) Klewin R./Marusev A.W. (Globalplanung), S. 31.

2) Marusev A.W. (Banken-Management-System), o.S.

		Vor-Periode TDM	Plan-Periode TDM	Struktur %	Veränderung zur Vorperiode TDM	%	Zins-Satz-diff.
AKTIVA							
1)	Wechsel	847	800	0,7%	(47)	-5,5%	0,00%
2)	kmf Debitoren	36.782	36.065	31,5%	(717)	-1,9%	0,00%
1+2	kmf Kredite	37.629	36.865	32,2%	(764)	-2,0%	
4)	lf Kredite	39.763	43.186	37,8%	3.423	8,6%	0,00%
3+4	Kredite	77.392	80.051	70,0%	2.659	3,4%	
6)	kmf Wertpapiere	3.928	5.250	4,6%	1.322	33,7%	0,00%

Abb. 104: Volumen-Steuerung

Abbildung 104 zeigt einen Ausschnitt der für die Volumen-Steuerung verwendeten Planungsmaske, die dem Finanz-Controller verschiedene Eingabemöglichkeiten bereitstellt, so daß entweder absolute Volumenswerte (Spalte/PLAN-PERIODE), prozentuale Strukturwerte (Spalte/STRUKTUR) oder absolute/prozentuale Veränderungswerte im Vergleich zur Vorperiode (Spalte/VERÄNDERUNG ZUR VORPERIODE) möglich sind. Im vorliegenden Fallbeispiel wurde von einer Volumensreduktion der Bilanzposition "WECHSEL" von 1.020 TDM (nicht ausgewiesen) auf 800 TDM (Spalte/PLAN-PERIODE) ausgegangen und damit die durch "BPM" vorgenommene Hochrechnung für diese Bilanzposition und die kommende Planungsperiode in Höhe von 1.020 TDM nicht akzeptiert.

Im Anschluß an die Volumen-Planung einzelner Bilanzpositionen überprüft das PC-Programm jeweils, ob unter Berücksichtigung der neuen Volumenswerte sich die Aktiv- und Passivseite der Bilanz noch im Gleichgewicht befindet.[1] (Vgl.Abb.105) Eine Übereinstimmung von Aktiv- und Passivseite wäre unter Berücksichtigung der oben genannten, oft nach Belieben durchgeführten Eingabeformen

1) Klewin R./Marusev A.W. (Globalplanung), S. 31.; Marusev A.W. (Banken-Management-System), o.S.

rein zufällig. Dafür spricht insbesonders, daß die Beteiligten während des Planungsprozesses nicht die bilanzbezogene Übereinstimmung vor Augen haben, sondern vor allem Ihre geschäftlichen Interessen berücksichtigen.

```
1. Abstimmung:                 GuV      Diff.    Aktiva      Diff.   Passiva
Durchschnitts-Volumen      112.632      (110)   112.522      (110)   112.632
2. Abstimmung:             Volumina  Struktur Satzdiff.      Diff.       GuV
Änd. ZEG w/Volumen             561        10                  (7)       578
Änd. ZEG w/Marge                         (10)        (0)      244      (255)
                                                                 ABSTIMMUNG

Die über die Struktur geplanten Bilanzpositionen betragen auf der
          Aktivseite          0,0%
          Passivseite         0,0%
der [jeweiligen] Bilanzsumme.  Da diese Positionen jeweils automatisch
auf Änderungen der Bilanzsumme reagieren, hat eine Änderung in den
absolut geplanten Beträgen eine dementsprechend verstärkte Auswirkung
auf die [jeweilige] Bilanzsumme.  Deshalb genügt es, zur Nullstellung
der Differenzen zwischen GuV-Volumen und Bilanzvolumen die
          Aktivseite um       220            220
          Passivseite um        0          (220)
in den [absolut geplanten] Sockelbeträgen zu verändern.  Welche der
zusätzlichen Eingaben vorgenommen wird, hängt davon ab, welche
Differenz(en) auf Null gestellt werden soll(en).
                                                                   HILFE01
```

Abb. 105: Volumen-/Margen-Planung

Damit jederzeit ein genauer Überblick zu den Auswirkungen einzelner Volumensveränderungen möglich ist, zeigt "BMS" in Abbildung 105 ein Abstimmfenster, welches Aufschluß gibt, wie weit beide Bilanzseiten volumensmäßig noch voneinander entfernt sind. Dazu berechnet das PC-Programm im ersten Abstimmbereich (= 1. Abstimmung) die durchschnittliche Reduktion der Aktivseite über die Dauer einer Planungsperiode (220 TDM : 2 = 110 TDM), die der durchschnittlichen Bilanzdifferenz entspricht. In einem speziellen, kontextbezogenen Hilfe-Fenster unterhalb des in der Abbildung 105 ausgewiesenen Abstimmungsbereiches wird zusätzlich der genaue Betrag ausgewiesen, welcher wieder eine Übereinstimmung beider Bilanzseiten über entsprechende Variationen der Aktiv- und/oder Passivseite herbeiführt. Wie ersichtlich, ergibt sich auf Grund der geplanten Volumensveränderung der Wechselposition für die nächste Planperiode ein durchschnittliches G&V-Volumen in Höhe von 112.632 TDM (1. Abstimmung) und - bedingt durch die Volumens- (578 TDM) und Margen-Änderung (255), eine Zinssergebnisveränderung von 323 TDM[1], die notwendig wäre, um das gewünschte Betriebsergebnis unter den getroffenen Annahmen zu erreichen. Dies bedeutet mit anderen Worten, daß die Bank, um ihr geplantes Betriebsergebnis von 3.600 TDM zu erreichen, sowohl eine Zinsmargenreduktion von 255 TDM als auch eine volumensbedingte Erhöhung des Zinsergebnisses um 578 TDM angestreben muß.

Im zweiten Abstimmbereich von Abbildung 105 berechnet "BMS" nun in der ersten Zeile (Änd. ZEG w/Volumen), welche Auswirkung die durchschnittliche Veränderung der Wechselposition von 110 TDM auf das Zinsergebnis hat. Demnach ergibt sich bei Berücksichtigung der Volumensveränderung insgesamt eine Zinsergebnisreduzierung um 17 TDM (578-561). Dazu ergibt sich bei Betrachtung der durch den Abbau der Wechselposition herbeigeführten Struktureffekte eine Zinsergebnisminderung um 10 TDM, die in dem vorliegenen Beispiel darauf zurückzuführen ist, daß die Bank höherverzinsliche Wechselpositionen mit niedrigverzinslichen Aktivpositionen ausgetauscht hat.

In der nächsten Zeile (Änd. ZEG w/Marge) des zweiten Abstimmbereiches im Rahmen der Fein-Planung wird deutlich, daß bedingt durch die eingetretene Margenreduktion (6,03) eine allgemeine Reduktion des Zinsergebnisses um 255 TDM erfolgte. In diesem Fall muß die Bank ihre Zinsmarge bei der Planung einzelner Bilanzpositionen zunächst um 255 TDM zurücksetzen. Von dieser zinsbedingten Kürzung des Zinsertrages kann jedoch der durch den Abbau der Wechselposition bedingte Zinsverlust abgesetzt werden.

Nach der Volumen-Planung erfolgt die Steuerung von Zinssatzdifferenzen in der Fein-Planung, um die oben ermittelte Reduktion des Zinsergebnisses einzuleiten. Die Steuerung der Zinssätze findet im Anschluß an die Volumensplanung statt und basiert auf demselben Verfahren wie die Steuerung der Volumina. Auch dort bietet "BMS" Abstimmhilfen, so daß der Planende jederzeit

---

1) Anmerkung: Diese Zahl muß in einer manuellen Nebenrechnung ermittelt werden.

überprüfen kann, ob die Reduktion des Zinsergebnisses respektive das in der Mehrjahres-Planung als notwendig bezeichnete Betriebsergebnis über die schrittweisen Simulationsvorgänge erreicht wird.

Der Abstimmungsprozess ist beendet, wenn keine Bilanzdifferenz mehr zwischen Aktiv- und Passivseite besteht und die Änderung des Zinsergebnisses in Folge der Volumensänderung bei Margenplanung vollständig berücksichtigt wurde. Genau in diesem Fall erreicht die Bank im Saldo eine Zinsergebnissteigerung von 323 TDM (578-255) und damit das in der Mehrjahres-Planung ermittelte Betriebsergebnis in Höhe von 3.600 TDM.

3.3.1.3 Zins-, Volumen- und Risikosteuerung

3.3.1.3.1 Aufbau

Der Aufbau von Zinsbindungsbilanzen und die Durchführung von Zinsänderungsanalysen bilden wesentliche Bausteine des finanzwirtschaftlichen Führungsinstrumentariums der Bank für Sozialwirtschaft.[1] Trägersoftware und Entwicklungsbasis für den Aufbau der Zinsbindungsbilanz ist das Tabellenkalkulationsprogramm SuperCalc4. Abgesehen von halbjährlichen statischen Zinsbindungsbilanzen in Anlehnung an die Vorschriften des Bundesaufsichtsamtes für das Kreditwesen (BAK), gestattet das im folgenden vorgestellte Spreadsheet-System für beliebige Zeitabschnitte ab einem Tag entsprechende Zinsergebnis und -risikoauswertungen, die maßgeblich durch den verfügbaren Formelvorrat sowie die von Super-Calc unterstützte Makrotechnik erleichtert werden. Grundsätzlich können mit Hilfe dieser Leistungsmerkmale Zinsbindungsbilanzen über unbegrenzt viele, auch unterschiedlich befristete,

1) Die folgenden Ausführungen zur Funktionalität der Zins-, Volumens- und Risikosteuerung in der Bank für Sozialwirtschaft beziehen sich, sofern nicht anders vermerkt, auf die diesbezüglich geführten Interviews mit Herrn K. KLERX (Bank für Sozialwirtschaft, Köln) im Jahre 1989.

Zeitabschnitte, die jeweils auf Planungsprämissen und -ergebnissen vorausgehender Perioden aufbauen, vorgenommen werden.

Für die Erstellung der Zinsbindungsbilanz müssen zunächst die steuerungsrelevanten Aktiv- und Passivgeschäfte in gleichartigen Bilanzschichten zusammengefaßt werden. Da der Aufbau der in der BFS-Bank eingesetzten Zinsbindungsbilanz sich an die durch das BAK vorgeschriebenen Liquiditätsgrundsätze II und III anlehnt, ist bei ordnungsgemäßer Nutzung des Programmes die Bildung von Aktiv- und Passivschichten nach den dort geregelten gesetzlichen Vorschriften vorzunehmen.[1]

Damit die für "ad-hoc"-Analysen notwendigen Ausgangsdaten in Form von beispielsweise Aktiv- und Passivbeständen zusammen mit deren Beiträgen zum Zinsergebnis unmittelbar bereitstehen und manuelle Eingabeschritte auf ein Minumim beschränkt werden können, sieht die BFS-Bank in der Zukunft eine Verbindung des PC-Programmes zum Großrechner vor. Von dort soll mit Ausnahme weniger, von den Führungskräften selbst zu bestimmenden Planungsparameter (z.B. Wiederanlagevorschriften) ein automatischer Datentransfer in die Zinsbindungsbilanz erfolgen. Textbox 61 gibt eine Übersicht der in das SuperCalc-Arbeitsblatt einzustellenden Planungsparameter zur Aufstellung einer mehrperiodischen Zinsbindungsbilanz.[2]

Die Aufstellung von Zinsbindungsbilanzen für zukünftige Planungsabschnitte wird programmseitig durch eine Volumen- und Zinsautomatik unterstützt (Vgl. Textbox 62 und 63), mit deren Hilfe einerseits die Bestände einzelner Bilanzschichten, sowie die daraus der Bank zufließenden Zinserträge in zukünftigen Perioden gesteuert werden können. Eine besondere Bedeutung kommt der

1) Schierenbeck H. (Bankmanagement), S. 76 f.

2) Anmerkung: Die mit einem Plus-Zeichen (+) gekennzeichneten Planungsparameter zur Aufstellung einer Zinsbindungsbilanz könnten nach Aussagen der Bank für Sozialwirtschaft gegebenfalls durch automatische Datenüberleitungen aus dem Großrechner in die Zinsbindungsbilanz auf dem PC übertragen werden.

PLANUNGSPARAMETER DER ZINSBINDUNGSBILANZ

- Planungsperiode in Tagen
- Automatische Wiederanlage fälliger Beträge (ja/nein)
- Kennung variabel- und festverzinslicher Bilanzpositionen
- Bestände/Zinssätze zum Stichtag (+)
- Fällige Beträge der Folgeperioden (+)
- Neue Renditen auf die jeweiligen Restbestände (+)
- Zinselastizitäten pro Bilanzschichtung
- Neugeschäft in Folgeperioden je Bilanzschicht
- Zinserwartung in Folgeperioden je Bilanzschicht

Box 61: Planungsparameter der Zinsbindungsbilanz

Berücksichtigung von Zinselastizitäten für die Bestimmung variabler Zinsrisiken. Letztere geben an, in welchem Umfang sich das Zinsergebnis der jeweiligen Bilanzschicht bei einer einprozentigen allgemeinen Zinssatzänderung in der Planungsperiode verändert.

VOLUMEN-STEUERUNG

Das PC-Progamm sieht, falls gewünscht, eine automatische Wiederanlage fälliger Aktiv-und Passivbestände vor, so daß das Volumen der Bankbilanz in der Zukunft erhalten bleibt. Zusätzlich berücksichtigt SuperCalc im Rahmen der Volumen-Steuerung globale und individuelle Veränderungen (in Prozent) der Bestände für zukünftige Anschluß- und Neugeschäfte. Die individuelle Volumen-Steuerung erfolgt auf direkte Weise über die Vorgabe von Prozentsätzen für die entsprechenden Bilanzschichten. Dahingegen führt die Einstellung von globalen Bestandesveränderungen im PC-Programm dazu, daß sämtliche Bilanzschichten automatisch um denselben Zuwachsfaktor verändert werden. Im letzten Fall bleibt die zukünftige Struktur der Bankbilanz und damit der Anteil einzelner Bilanzschichten an der Bilanzsumme unverändert.

Box 62: Volumen-Steuerung

ZINS-STEUERUNG

Analog zur Planung der Bilanzvolumina können auch zukünftig erwartete Zinsveränderungen in Form von globalen oder individuellen Vorgaben berücksichtigt werden. Bei Festzinssatzpositionen wirken die globalen und individuellen Zinssatzveränderungen nur auf wiederangelegte und neu eingestellte Bestände. Dahingegen sind variable Bilanzschichten in voller Höhe und somit einschließlich des Bestandes an Altgeschäften aus der Vorperiode von erwarteten Zinssatzveränderungen betroffen. Zusätzlich besteht die Möglichkeit, globale Zinssatz-Steuerungen mit der Eingabe von Zinsanpassungselastizitäten zu verknüpfen. In diesem Fall berechnet das PC-Programm aus dem Produkt von Zinselastizität und globaler Zinssatzveränderung ein Zinsergebnis für die jeweilige Bilanzschicht. Im Gegensatz zu globalen und individuellen Zinssatzveränderungen, die gegebenfalls automatisch in Folgeperioden übertragen werden, bleiben die für eine Planungsperiode fixierten Elastizitätsgrade in Folgeperioden unberücksichtigt, sofern diese nicht erneut durch den Bank-Controller eingegeben werden.

Box 63: Zins-Steuerung

Abbildung 106 zeigt einen Ausschnitt der mit Hilfe von SuperCalc erstellten Zinsbindungsbilanz für eine zukünftige Planungsperiode von 180 Tagen. Dort wurden, abgesehen von der Entscheidung zu gunsten einer automatischen Wiederanlage fälliger Aktiv- und Passivbestände, folgende Annahmen hinsichtlich der zukünftigen Volumens- und Zinssatzanpassungen getroffen:

- Individuelle Bestandesveränderung um 16,39 Prozent für festverzinsliche Aktivbilanzpositionen, sowie globale Bestandesveränderungen in Höhe von 1,000 Prozent für die verbleibenden Aktiv- und Passivschichten.

- Globale Zinssatzveränderung in Höhe von 10 Prozent für sämtliche Aktiv- und Passivbestände, verknüpft mit unterschiedlichen Elastizitiätsgraden für die Passivbestände der Zinsbindungsbilanz (0,50/0,80/0,20) sowie nullwertigen Elastizitätsgraden für sämtliche Aktivbilanzpositionen.[1]

1) Anmerkung: Bei fehlender Eintragung von Elastizitätsgraden geht das PC-Programm von nullwertigen Elastizitäten aus und übernimmt die eingestellten globalen oder individuellen Zinssatzveränderungen.

Als Ergebnis der Planung berechnet SuperCalc zum Ende der Hochrechnungsperiode die durch Bestandesveränderungen und Fälligkeiten sich ergebenden Endbestände für die jeweiligen Aktiv- und Passivschichten. Dazu gehört auch die Ermittlung eines neuen Durchschnittszinssatzes, welcher sich unter Berücksichtigung der Renditen von Altbeständen und den Auswirkungen neu eingestellter, globaler und individueller Zinssätze ergibt. Aus dem neuen Durchschnittszinssatz berechnet SuperCalc schließlich das neue Periodenzinsergebnis. Darüber hinaus ermittelt das Spreadsheet-System für die eingangs definierten Bilanzschichten jeweils alte und neue Strukturanteile, verstanden als Verhältnis des Schichtvolumens zum Gesamtvolumen der betreffenden Bilanzseite. Die Zinsbindungsbilanz in Abbildung 106 zeigt, daß bedingt durch die in der laufenden Planungsperiode vorgenommene Volumen-Steuerung eine Bilanzdifferenz in Höhe von 18.771 TDM entstanden ist, welche von seiten der Bank durch eine Planungskorrektur augeglichen werden muß.

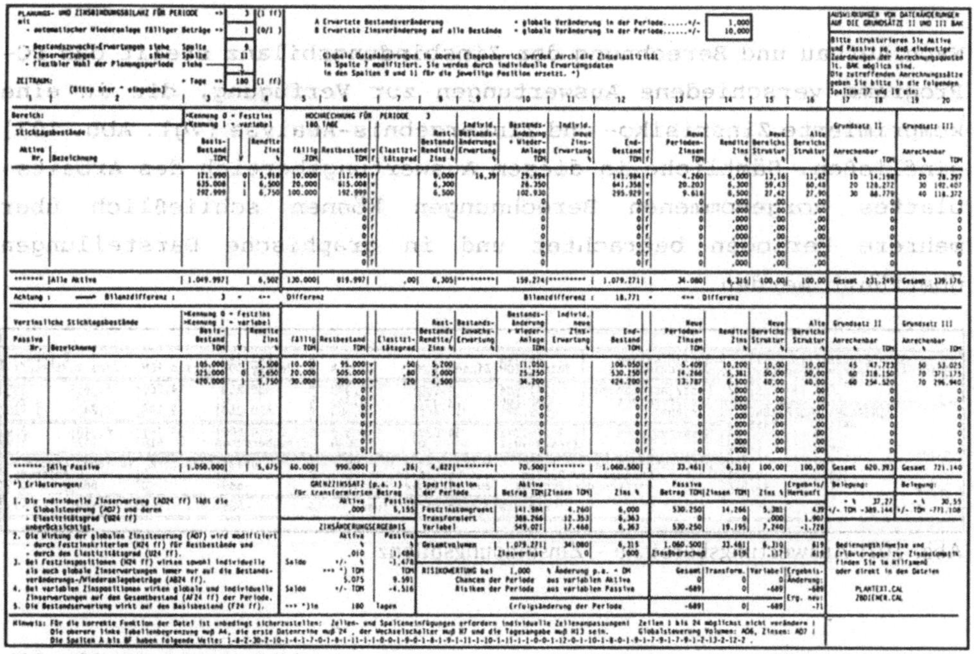

PLANUNGS- UND ZINSBINDUNGSBILANZ FÜR PERIODE 3 – HOCHRECHNUNG FÜR PERIODE 3, 180 TAGE

A Erwartete Bestandsveränderung = globale Veränderung in der Periode ... +/- 1,000
B Erwartete Zinsveränderung auf alle Bestände = globale Veränderung in der Periode ... +/- 10,000

Aktiva	Basis-Bestand TDM	K	Rendite Zins %	fällig TDM	Restbestand TDM	v/f	Elastizitätsgrad	Rest-Bestands Rendite/Zins %	Individ. Bestands-Änderungs-Erwartung %	Bestands-Änderung + Wieder-Anlage TDM	Individ. neue Zins-Erwartung %	End-Bestand TDM	v/f	Neue Perioden-Zinsen TDM	Rendite Zins %	Neue Bereichs Struktur %	Alte Bereichs Struktur %	Grundsatz II %	Grundsatz II TDM	Grundsatz III %	Grundsatz III TDM
	121.990	0	5,918	10.000	111.990	f		6,000	16,39	29.994		141.984	f	4.260	6,000	13,16	11,62	10	14.198	20	28.397
	635.008	1	6,500	20.000	615.008	v		6,300		26.350		641.358	v	20.203	6,300	59,43	60,48	20	128.272	30	192.407
	292.999	1	6,750	100.000	192.999	v		6,500		102.930		295.929	v	9.618	6,500	27,42	27,90	30	88.779	40	118.372
					0	f				0		0	f	0	,000	,00	,00		0		0
					0	f				0		0	f	0	,000	,00	,00		0		0
					0	f				0		0	f	0	,000	,00	,00		0		0
					0	f				0		0	f	0	,000	,00	,00		0		0
					0	f				0		0	f	0	,000	,00	,00		0		0
					0	f				0		0	f	0	,000	,00	,00		0		0
					0	f				0		0	f	0	,000	,00	,00		0		0
					0	f				0		0	f	0	,000	,00	,00		0		0
Alle Aktiva	1.049.997		6,502	130.000	919.997		,00	6,305	*********	159.274	*********	1.079.271		34.080	6,315	100,00	100,00	Gesamt	231.249	Gesamt	339.176

Achtung : ——→ Bilanzdifferenz : 3 = <== Differenz — Bilanzdifferenz : 18.771 = <== Differenz

Passiva	Basis-Bestand TDM	K	Rendite Zins %	fällig TDM	Restbestand TDM	v/f	Elastizitätsgrad	Rest-Bestands Rendite/Zins %	Bestands-Zuwachs-Erwartung %	Bestands-Änderung + Wieder-Anlage TDM	Individ. neue Zins-Erwartung %	End-Bestand TDM	v/f	Neue Perioden-Zinsen TDM	Rendite Zins %	Neue Bereichs Struktur %	Alte Bereichs Struktur %	Grundsatz II %	Grundsatz II TDM	Grundsatz III %	Grundsatz III TDM
	105.000	1	5,500	10.000	95.000	v	,50	5,200		11.050		106.050	v	5.409	10,200	10,00	10,00	45	47.723	50	53.025
	525.000	0	5,650	20.000	505.000	f	,80	5,000		25.250		530.250	f	14.266	5,381	50,00	50,00	60	318.150	70	371.175
	420.000	1	5,750	30.000	390.000	v	,20	4,500		34.200		424.200	v	13.787	6,500	40,00	40,00	60	254.520	70	296.940
					0	f				0		0	f	0	,000	,00	,00		0		0
					0	f				0		0	f	0	,000	,00	,00		0		0
					0	f				0		0	f	0	,000	,00	,00		0		0
					0	f				0		0	f	0	,000	,00	,00		0		0
					0	f				0		0	f	0	,000	,00	,00		0		0
					0	f				0		0	f	0	,000	,00	,00		0		0
					0	f				0		0	f	0	,000	,00	,00		0		0
					0	f				0		0	f	0	,000	,00	,00		0		0
Alle Passiva	1.050.000		5,675	60.000	990.000		,26	4,822	*********	70.500	*********	1.060.500		33.461	6,310	100,00	100,00	Gesamt	620.393	Gesamt	721.140

GRENZZINSSATZ (p.a. %) für transformierten Betrag	Aktiva	Passiva
	,000	5,155
ZINSÄNDERUNGSERGEBNIS	Aktiva %	Passiva %
	,010	1,488
Saldo +/- %		-1,478
==> *) TDM	5.075	9.591
Saldo +/- TDM		-4.516
==> *) in 180 Tagen		

Spezifikation der Periode	Aktiva Betrag TDM	Aktiva Zinsen TDM	Aktiva Zins %	Passiva Betrag TDM	Passiva Zinsen TDM	Passiva Zins %	Ergebnis/Herkunft
Festzinskongruent	141.984	4.260	6,000	530.250	14.266	5,381	439
Transformiert	388.266	12.353	6,363	0	0	,000	1.907
Variabel	549.021	17.468	6,363	530.250	19.195	7,240	-1.728
Gesamtvolumen	1.079.271	34.080	6,315	1.060.500	33.461	6,310	619
Zinsverlust / Zinsüberschuß		0	,000		619	,117	619

RISIKOWERTUNG bei 1,000 % Änderung p.a. = DM	Gesamt	Transform.	Variabel	Ergebnis-Änderung
Chancen der Periode aus variablen Aktiva	0	0	0	
Risiken der Periode aus variablen Passiva	-689	0	-689	-689
Erfolgsänderung der Periode	-689	0	-689	Erg. neu: -71

Hinweis: Für die korrekte Funktion der Datei ist unbedingt sicherzustellen: Zeilen- und Spalteneinfügungen erfordern individuelle Zellenanpassungen! Zeilen 1 bis 24 möglichst nicht verändern! ... die erste Datenreihe muß 24, der Wechselschalter muß H7 und die Tagesangabe muß H13 sein. Globalsteuerung Volumen: AD6, Zinsen: AD7!

Abb. 106: Zinsbindungsbilanz

(Original der Abbildung siehe Seite 541.)

Besonders bemerkenswert ist die Beobachtung der Liquiditätsgrundsätze des Bundesaufsichtsamtes für das Kreditwesen über das hier vorgestellte Spreadsheet-System. Dort berechnet SuperCalc, unter Beachtung der gemäß den gesetzlichen Liquiditätsvorschriften vorgenommenen Bilanzschichtungen für die gesamte Bankbilanz die notwendigen Beträge zur Einhaltung der Liquiditätsgrundsätze und stellt diese den bisher in der Bank thesaurierten Beträgen gegenüber (Spalte 17-20).[1] Nach Auffassung der Bank für Sozialwirtschaft können bei der Zinsbindungsbilanz allerdings auch andere Risiken, wie z.B. das Kreditrisiko gesteuert werden.[2] Dazu müßte jede Bilanzschicht mit einem der Erfahrung entsprechenden oder für wahrscheinlich gehaltenen Risikoprozentsatz gewichtet werden, um das in Folge geplanter Änderungen der Bilanzvolumina entstehende Kreditrisiko abzuschätzen.

3.3.1.3.2 Funktionsumfang

Nach Aufbau und Berechnung der Zinsbindungsbilanz stellt das PC-Programm verschiedene Auswertungen zur Verfügung, die in eine komprimierte Zinsrisiko- und Zinsergebnis-Analyse (Vgl. Abb. 107) einfließen. Sämtliche in diesem Auswertungsbereich des Arbeitsblattes vorgenommenen Berechnungen können schließlich über mehrere Perioden betrachtet und in graphische Darstellungen überführt werden.

GRENZZINSSATZ (p.a. !) für transformierten Betrag	Aktiva	Passiva
	,000	5,155
ZINSÄNDERUNGSERGEBNIS	Aktiva	Passiva
	%	%
	,010	1,488
Saldo +/- %		-1,478
==> *)	TDM	TDM
	5.075	9.591
Saldo +/- TDM		-4.516
==> *)in	180	Tagen

Spezifikation der Periode	Aktiva Betrag TDM	Aktiva Zinsen TDM	Aktiva Zins %	Passiva Betrag TDM	Passiva Zinsen TDM	Passiva Zins %	Ergebnis/ Herkunft
Festzinskongruent	141.984	4.260	6,000	530.250	14.266	5,381	439
Transformiert	388.266	12.353	6,363	0	0	,000	1.907
Variabel	549.021	17.468	6,363	530.250	19.195	7,240	-1.728
Gesamtvolumen	1.079.271	34.080	6,315	1.060.500	33.461	6,310	619
	Zinsverlust	0	,000	Zinsüberschuß	619	,117	619
RISIKOWERTUNG bei 1,000 % Änderung p.a. = DM				Gesamt	Transform.	Variabel	Ergebnis-Änderung:
Chancen der Periode aus variablen Aktiva				0	0	0	
Risiken der Periode aus variablen Passiva				-689	0	-689	-689
Erfolgsänderung der Periode				-689	0	-689	Erg. neu: -71

Abb. 107: Auswertungsbereiche - Zinsbindungsbilanz

1) Schierenbeck H. (Bankmanagement), S. 234 ff.

2) Klerx K./Wild C.-D. (Controlling-Instrument), S. 14.

ZINSRISIKO-AUSWERTUNG

Der berechnete passivische Grenzzinssatz (5,155 %) stellt einen Höchstzinssatz dar, der bei der Beschaffung von Passivmitteln zur Deckung des Transformationsüberhanges (Festzinsüberhang) in Höhe von 388.266 TDM nicht überschritten werden darf. Genau zu diesem Zinssatz, der folglich die maximalen Kosten für die Passivmittelbeschaffung wiedergibt, kann die Bank im Notfall Refinanzierungsmittel aufnehmen. Im umgekehrten Fall eines passivischen Transformationsbetrages berechnet SuperCalc in diesem Analysebereich einen Mindestzinssatz, welcher für die Anlage transformierter Passivmittel, wie z.B. zur Vergabe von Krediten, erzielt werden muß, damit die Zinsspanne der Bank insgesamt positiv bleibt.[1]

In einem weiteren Auswertungsbereich mit der Bezeichnung Risikowertung ermittelt das Spreadsheet-System die mit variabel verzinslichen Bilanzbeständen verbundenen Zinsänderungsrisiken. Dort sind die erwarteten Zinsrisiken und -chancen, die von variablen Aktiv- und Passivpositionen bei einer einprozentigen Zinsveränderung in der laufenden Planungsperiode ausgehen, aufgeführt. Gemäß der vorliegenden geplanten Zinsbindungsbilanz würde demnach eine Zinssatzerhöhung um ein Prozent bei den variabel verzinslichen Passivbeständen ein wertmäßiges Zinsrisiko in Höhe von 689 TDM für die bevorstehende Planungsperiode bedeuten.

Das negative Zinsergebnis ergibt sich u.a. daraus, daß die nullwertigen Zinselastizitäten der Aktivseite sämtliche Zinssteigerungsmöglichkeiten für Aktivpositionen unterdrücken, so daß die eingestellte Zinserhöhung (global: 10 Prozent) keine zusätzlichen Zinseinnahmen für das während der Planungsperiode angesetzte Anschluß- und Neugeschäft bewirkt. Dahingegen führt die globale Zinserhöhung auf der Passivseite in Folge der dort eingetragenen Elastizitätsgrade zu einer partiellen Kostenerhöhung für die vorhandenen bzw. noch zusätzlich für die Deckung der Festzinssatzlücke anzuschaffenden (variablen) Passivmittel.

1) Schierenbeck H. (Bankmanagement), S. 220 ff.

ZINSERGEBNIS-AUSWERTUNG
Unter Berücksichtigung der ermittelten Restzinssätze und den in der laufenden Periode wirksamen Zinsänderungen ermittelt SuperCalc ein Zinsänderungsergebnis in Prozent sowie in absoluten Beträgen für die zukünftige Planungsperiode. In dem Auswertungsbereich zum Zinsänderungsergebnis werden die kummulierten Auswirkungen der global und individuell eingestellten Zinssatzveränderungen auf das Zinsergebnis der gesamten Planungsperiode als durchschnittlicher Zinssatzzuwachs für die Aktiv- und Passivseite bestimmt. Danach konnten die Aktivzinsen einen durchschnittlichen Zuwachs von 0,10 Prozent erzielen, während die Kosten der Passivgeldbeschaffung um durchschnittlich 1,488 Prozent angestiegen sind. Aus diesem Grund ergibt sich insgesamt ein negatives Zinsergebnis in Höhe von 4.516 TDM für die geplante Zinsperiode.

Eine gezieltere Betrachtung in Bezug auf die Zusammensetzung des gesamten Zinsertrages der Bank für die zukünftige Planungsperiode, ermöglicht die durch SuperCalc vorgenommene Aufschlüsselung der Bilanzstruktur in festzinskongruente, transformierte und variable Zinserfolge respektive Schichtenergebnisse. Zur Ermittlung der dort ausgewiesenen Zinsbeträge spaltet das Spreadsheet-System den während einer Planungsperiode erwirtschafteten Zinsüberschuß in konditions- und strukturbedingte Erfolgsbestandteile auf. Die Auswertung macht deutlich, daß ein erheblicher Teil des während der Planungsperiode erwirtschafteten Zinsüberschusses durch Fristentransformation und damit einen Verstoß gegen die "goldene Bankregel" erwirtschaftet wurde. Dieser in der bankwirtschaftlichen Fachliteratur als Strukturbeitrag definierte Zinserfolg ergibt sich bei Voraussetzung einer "normalen" Zinsstruktur da- durch, daß die Bank günstige Passivmittel kurzfristig aufnimmt und diese in längerfristige, hochverzinsliche Kreditgeschäfte transformiert.[1]

Obwohl der bedingt durch die geschäftspolitische Entscheidung zur Fristentransformation erzielte Zinsbeitrag positiv ist, muß

1) Schierenbeck H. (Bankmanagement), S. 85 ff.

die Bank diesen Ergebnisbereich sorgfältig bewerten, da sich unter Berücksichtigung der transformierten Aktiva und nullwertigen Zinsanpassungselastizitäten auf der Aktivseite bei steigenden Zinssätzen eine Verringerung der Zinsspanne und damit ein Zinsänderungsrisiko für die Beschaffung variabel verzinslicher Refinanzierungsgelder ergeben kann.

ERGEBNISFORTSCHREIBUNG DER PERIODEN 1 BIS 9 ===>> Grafikausgabe siehe Fußnote oder Grafikmenü! DATEI : PLANFORT.CAL

Vorgang	Periode 1	Periode 2	Periode 3	Periode 4	Periode 5	Periode 6	Periode 7	Periode 8	Periode 9
Einlagen	TDM	TDM	TDM	TDM	TDM	TDM	TDM	TDM	TDM
Kongruent	110.000	121.990	141.984	144.824	120.342	0	0	0	0
Transformiert	415.000	403.010	388.266	396.031	346.427	0	0	0	0
Variabel	443.000	524.997	549.021	560.002	394.002	0	0	0	0
Gesamt	968.000	1.049.997	1.079.271	1.100.857	860.771	0	0	0	0
Nullkontrolle	0	0	0	0	0	0	0	0	0
Zinsüberschuß	%	%	%	%	%	%	%	%	%
Kongruent *)	,268	,268	,619	,645	,710	,000	,000	,000	,000
Transformiert	,924	,929	,982	,838	,775	,000	,000	,000	,000
Variabel	,874	,879	-,877	,837	,967	,000	,000	,000	,000
Gesamt **)	,317	,827	,117	,922	,504	,000	,000	,000	,000
Zinsüberschuß	TDM	TDM	TDM	TDM	TDM	TDM	TDM	TDM	TDM
Kongruent	148	163	439	234	71	0	0	0	0
Transformiert	1.917	1.872	1.907	829	224	0	0	0	0
Variabel	-402	2.307	-1.728	1.430	89	0	0	0	0
Gesamt	1.663	4.342	619	2.493	384	0	0	0	0
Nullkontrolle	0	0	0	0	0	0	0	0	0
Risiko/Chance bei Zinsänderung im individuell gewählten Umfang	TDM	TDM	TDM	TDM	TDM	TDM	TDM	TDM	TDM
Chance	2.145	0	0	0	0	0	0	0	0
Risiko	0	0	-689	0	0	0	0	0	0
Saldo	2.145	0	-689	0	0	0	0	0	0
Grenzzinssatz	%	%	%	%	%	%	%	%	%
Aktivisch	,000	,000	,000	,000	,000	,000	,000	,000	,000
Passivisch	5,579	5,569	5,155	5,163	5,152	,000	,000	,000	,000
Zinsveränderungen und ihre Auswirkungen in TDM	TDM	TDM	TDM	TDM	TDM	TDM	TDM	TDM	TDM
Aktivisch	6.301	2.680	5.075	2.145	-563	0	0	0	0
Passivisch	7.169	0	9.591	-1.117	-560	0	0	0	0
Ergebnis	-868	2.680	-4.516	3.262	-4	0	0	0	0
Zinsveränderungen und ihre Auswirkungen in %	%	%	%	%	%	%	%	%	%
Aktivisch	,131	,003	,010	-,088	,003	,000	,000	,000	,000
Passivisch	,223	,000	1,488	-,885	-,096	,000	,000	,000	,000
Ergebnis	-,092	,003	-1,478	,797	,098	,000	,000	,000	,000
Belegung der BAK - Grundsätze	%	%	%	%	%	%	%	%	%
Grundsatz II	111,78	115,55	115,12	121,66	121,22	,00	,00	,00	,00
Grundsatz III	74,83	78,95	78,91	80,62	80,06	,00	,00	,00	,00

Abb. 108: Tabellarische Zinsbindungsbilanz-Auswertung

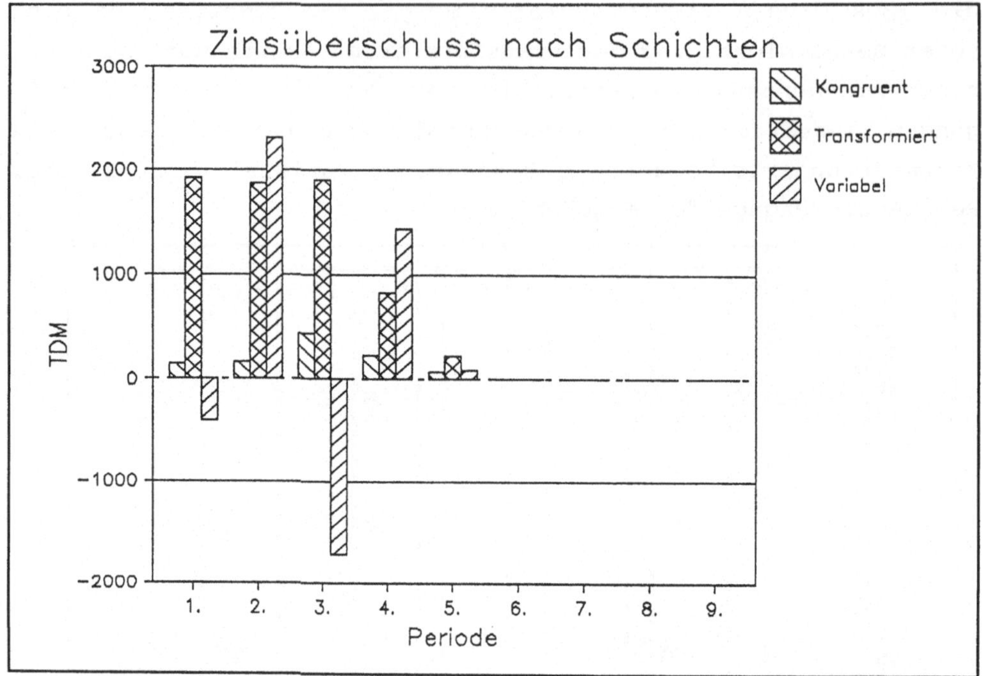

Abb. 109: Zinsbindungsbilanz-Auswertung - "Zinsüberschuß nach Bilanzschichten"

In dem vorliegenden Beispiel konnte der erwirtschaftete Fristentransformationserfolg in Höhe von 1.907 TDM zusammen mit dem positiven Zinsergebnis des Festzinsbereiches (439 TDM) die Kostensteigerungen des variablen Bankgeschäftes (- 1.728 TDM) kompensieren. Damit ergibt sich insgesamt ein Zinsüberschuß in Höhe von 619 TDM respektive eine Steigerung der Zinsspanne um 0,117 Prozent für die laufende Planungsperiode.

Alle in den vorstellten Analysebereichen des SuperCalc-Programmes durchgeführten Auswertungen können schließlich über mehrere Zeiträume betracht und in einer anderen Tabelle einander gegenübergestellt werden, um einen direkten Vergleich zwischen verschiedenen Planungsperioden anzustellen. Dabei sind die durchgeführten Zinsergebnis- und Risikoauswertungen unmittelbar auch in graphischer Form darstellbar. Die nebenstehenden Abbildungen zeigen, bezogen auf eine Planungsperiode von fünf ausgewählten Zeitabschnitten einerseits die tabellarische Auswertung sämtlicher Auswertungsbereiche (Abb. 108) und andererseits die Entwicklung des schichtenbezogenen Zinsüberschusses der Zinsbindungsbilanz (Abb. 109).

3.3.1.4 ZIRI - Zinsrisikoplanung

3.3.1.4.1 Aufbau

Gegenwärtig nutzt die Deutsche Sparkassenorganisation eine Fülle von PC-Programmen zur Planung und Steuerung von Zinsänderungsrisiken, die mit Hilfe des PC-Programmes OPEN ACCESS erstellt wurden und z.T. in ein umfassendes Bilanzstruktur-Management eingebunden sind.[1] Ein wichtiger Grund für die Implementierung von Zinsrisikoanalysen auf OPEN ACCESS ist u.a. die schon bestehende Ausstattung vieler Sparkassen mit diesem von den Deutschen Sparkassendiensten empfohlenen Softwarepaket gewesen. Dadurch konnte einer schnellen und direkten Umsetzung der für die Zinsrisikoanalyse entwickelten PC-Programme insbesonders in anderen Sparkassen Vorschub geleistet werden.

Das PC-Programm **ZIRI** (ZIns-RIisikoanalyse), welches seit 1988 zum sparkasseninternen Softwareangebot innerhalb der dort verfügbaren Softwarebörse gehört, steht stellvertretend für das breite Angebot an PC-Programmen zur finanzwirtschaftlichen Steuerung im Sparkassenbereich. Die Nutzung des von der Spar- kasse Landau entwickelten Führungssystems durch andere Sparkassen setzt jeweils einen entsprechenden Lizenzvertrag voraus.

Ziel von "ZIRI" ist die Bestimmung des Zinsänderungsrisikos aus **festverzinslichen** Bilanzpositionen über einen Zeitraum von 5 Jahren verbunden mit einer unterjährigen Überwachung des festverzinslichen Bankgeschäftes. Das PC-Programm besteht aus mehreren vorbereiteten Tabellen, die per "Knopfdruck" aufrufbar sind und jeweils für sich genommen Simulationsmöglichkeiten bzw. Aussagen zur Zinsrisiko- und Gewinnsituation einer Sparkasse zulassen. Da sämtliche Auswertungsbereiche respektive Tabellen miteinander über sog. "Kanäle" verbunden sind führen die in einer Tabelle vorgenommen Simulationen automatisch zu entsprechenden Änderungen in anderen Tabellen. Bedingt durch die leichten

---

1) Die Vorstellung des PC-Programmes "ZIRI" basiert auf den diesbezüglich geführten Interviews mit Herrn B. KNAUTH (Sparkasse, Landau i.d.Pfalz) im Jahre 1989.

Wechselmöglichkeiten zwischen einzelnen Tabellen kann der Finanz-Controller damit die Analyseergebnisse schrittweise nachvollziehen. Dazu gehört insbesonders auch die Verrechnung von Planungsdaten über mehrere Tabellen verbunden mit Aussagen, inwieweit neu hinzugenommene Daten die Zinsspanne einer Bank beeinflussen. So kann der Finanz-Controller beispielsweise zunächst eine isolierte Festzinsbetrachtung vornehmen und anschließend in anderen Tabellen weitere Planungsdaten eingeben. Zur Durchführung der innerhalb von "ZIRI" angebotenen Simulationsmöglichkeiten empfiehlt die Sparkasse Landau die Benutzung eines speziellen Erfassungsbogens, damit die Analyseergebnisse für die beteiligten Bankmitarbeiter leichter nachvollziehbar sind.[1]

Der Aufbau einer Zinsrisikoplanung erfolgt durch die Eingabe verschiedener geschäftspolitischer und betriebswirtschaftlicher Plan- und Erwartungsdaten, welche durch den z.T. realisierten Verbund von "ZIRI" mit anderen EDV-Systemen auch direkt übernommen werden können. Textbox 64 vermittelt einen Eindruck zum Umfang der für die Zinsrisikoplanung relevanten Daten mit deren Ursprung. So existieren z.B. für die Ermittlung des Gewinnbedarfs im Sparkassenbereich verschiedene auf der Basis von OPEN ACCESS entwickelte PC-Programme, die mit "ZIRI" einen Datenverbund eingehen können, auf die jedoch an dieser Stelle nicht näher eingegangen werden soll.[2]

Von besonderer Bedeutung ist der Verbund von "ZIRI" mit dem in der Sparkassenorganisation nutzbaren **Sparkassenprognosesystem**. In diesem Fall können eine Vielzahl von Planungsdaten an die im Terminalbetrieb angeschlossen Sparkassen und damit direkt in die Zinsänderungsbilanz übertragen werden. Voraussetzung für die Nutzung des Prognosedienstes ist ein entsprechender Nutzungsvertrag sowie die vorherige Einstellung sparkassenindividueller

1) Sparkasse Landau (Hrsg.)(ZIRI), S. 5.

2) Vgl. dazu: Pohl V./Matz H. (Gesamtinstitutssteuerung), S. 256.

Ist-Daten als Ausgangsdatenbasis für die dort durchzuführenden Prognoserechnungen.[1]

PLAN - UND ERWARTUNGSDATEN - "ZIRI"

- **Individuelle Einschätzungen (Finanz-Controller)**
  - Zinsniveauveränderung
  - Gewünschte Zinsspanne
  - Ertrags- und Kostensituation
  - Geplante Investitionen
- **Gewinnbedarfsinformationen (andere PC-Programme)**
- **Prognosedaten (Sparkassengroßrechner)**
  - Durchschnittliche Bilanzsumme
  - Durchschnittliches Bilanzwachstum
  - Betriebsgewinnprognose

Box 64: Plan- und Erwartungsdaten - "ZIRI"

Da der Schwerpunkt von "ZIRI" in der Ermittlung **maximal tragbarer Festzinssatzdeckungslücken** liegt, gehören die Daten der **Gewinnbedarfsrechnung** zur wichtigsten Informationsquelle. Mit diesen Daten kann der Anwender verschiedene Simulationen durchführen und so unterschiedliche, für die Bank tragbare Risikosituationen durchspielen. Der Aufbau des Programmes ist dabei darauf ausgerichtet Möglichkeiten für die Schließung von erwarteten Dekkungslücken bei Variation sämtlicher Plan- und Erwartungsdaten aufzuzeigen.[2] Dazu besteht die Möglichkeit auch sog. **"Quasi-Festzinssatz-Positionen"** in die Risikoanalyse einzubeziehen. Dabei handelt es sich um Bilanzpositionen, die von der gesetzlichen Vorschrift zur Zinsbindungsbilanz nicht erfaßt werden, wie z.B. Festzinsvereinbarungen bei Kontokorrentkrediten oder kündi-

---

1) Anmerkung: Die extern angelieferten Prognosedaten können auch durch den Controller überschrieben werden, wenn sie nicht mit den Vorstellungen der Bank zur zukünftigen Bilanz- und Geschäftsentwicklung übereinstimmen.

2) Hoffmann H. et alteri (Festzinsgeschäfts), S. 208.; Sparkasse Landau (Hrsg.)(ZIRI), S. 21.

gungsbedrohte Einlagen, jedoch aus Vorsichtsgründen ebenfalls einbezogen werden können.

3.3.1.4.2 Funktionsumfang

Zur Steuerung zukünftiger Volumina sind sowohl statische als auch dynamische Betrachtungen unter Einschluß von Prolongationen und Neugeschäften möglich. Für die Zins-Steuerung erlaubt "ZIRI" die Verrechnung von beliebigen globalen Zinssätzen, die alle Aktiv- und Passivpositionen gleichmäßig erfassen. Dazu gehört auch die Eingabemöglichkeit von bis zu drei Elastizitätsmaßen für die Bestimmung variabler Zinsänderungsrisiken.

2.4 TABELLE 4 — Maximal zulässige Deckungslücke unter Beachtung der langfristigen Betriebsgewinnziele
Positiver Wert = Erhöhung Festaktiva; Negativer Wert = Erhöhung Festpassiva

Zeile		1990	1991	1992	1993	1994	
395							
396							
397	2.4 TABELLE 4						
398							
399							
400							
401							
402		1990	1991	1992	1993	1994	
403							
404	errechnete maximale						
405	Veränderung der	28.631	-9.571	-4.927	-1.845	12.867	TDM
406	jeweiligen Deckungslücke						
407							
408	==> Max. Deckungslücke	130.917	91.263	57.289	9.061	-33.885	TDM
409							
410	Veränderung der max.						
411	Deckungslücke zum Vorj.		-39.654	-33.973	-48.228	-42.946	TDM
412							
413							
414							
415	Max. Deckungslücke	11,902	7,902	4,702	0,702	-2,498	% DBS
416							
417	Veränderung in % der		-30,29	-37,23	-84,18	-473,95	%
418	Deckungslücke des Vorjahres						
419							
420		ACHTUNG : Quantifizierung in starkem Maße abhängig von Erwartungsdaten					

Abb. 110: Isolierte Festzins-Analyse

Abbildung 110 zeigt eine isolierte Festzinsbetrachtung für einen Planungsabschnitt von 5 Jahren, die i.d.R. den Einstieg in die Zinsrisikobetrachtung darstellt und noch keine Verrechnung betriebswirtschaftlicher Planungsdaten und zukünftiger Neuabschlüsse/Prolongationen vornimmt. Die maximale Veränderung der Deckungslücke gibt an, um welchen Betrag die im Planungsjahr

vorhandene Deckungslücke tatsächlich höher sein dürfte, damit unter Beachtung der eingestellten Zinsniveauveränderung (hier: 1,25 Prozent) das gewünschte Betriebsergebnis erreicht wird.[1]

422	3 Erfolgsvorausschau mit Festzins-Neugeschäft und Prolongation							
423								
424								
425	3.1 TABELLE 5	Erfolgsvorauschau mit dynamisierten Festzinsblöcken						
426								
427								
428		1990	1991	1992	1993	1994		
429								
430								
431	dyn. DBS	1.100.000	1.155.000	1.218.525	1.291.637	1.356.218	TDM	
432								
433	dyn. Aktiva (BAK)	482.143	515.893	549.426	586.787	625.515	TDM	
434	dyn. Passiva (BAK)	229.857	243.189	256.564	268.879	282.323	TDM	
435								
436	jew. Deckungslücke (BAK)	252.286	272.704	292.862	317.908	343.191	TDM	
437								
438	Quasi-Festzinsaktiva	100.000	105.000	110.775	117.422	123.293	TDM	
439	Quasi-Festzinspassiva	250.000	257.500	265.225	273.182	281.377	TDM	
440								
441	Gesamtfestzinsaktiva	582.143	620.893	660.201	704.208	748.807	TDM	
442	Gesamtfestzinspassiva	479.857	500.689	521.789	542.061	563.700	TDM	
443								
444	Deckungslücke	102.286	120.204	138.412	162.147	185.107	TDM	
445								
446	Risiko bei ZNV	0,116	0,130	0,142	0,157	0,171	% DBS	
447								
448	Zinsspanne nach Risiko	3,264	3,230	3,198	3,163	3,129	% DBS	
449	Nettobedarfsspanne	2,000	2,030	2,050	2,080	2,100	% DBS	
450								
451	Betriebsgewinn	1,264	1,200	1,148	1,083	1,029	% DBS	
452	AO-Ergebnis	-0,462	-0,462	-0,462	-0,462	-0,462	% DBS	(s. Anhang)
453								
454	Gewinn v.St. ohne SSWB	0,802	0,738	0,686	0,621	0,567	% DBS	
455								
456	Veränderung SSWB	0,100	0,100	0,100	0,100	0,100	% DBS	
457								
458	Gewinn vor Steuern	0,702	0,638	0,586	0,521	0,467	% DBS	
459	Steuern auf SSWB	0,156	0,156	0,156	0,156	0,156	% DBS	
460	Gewinnsteuern	0,333	0,294	0,262	0,222	0,190	% DBS	
461								
462	Jahresüberschuß	0,213	0,188	0,168	0,142	0,121	% DBS	
463	mögl. EK-Zuführung	0,213	0,188	0,168	0,142	0,121	% DBS	
464								
465	gepl. EK-Zuführung	0,200	0,200	0,200	0,200	0,200	% DBS	
466								
467	Zielabweichung	0,013	-0,012	-0,032	-0,058	-0,079	% DBS	
468								
469								

Abb. 111: Ergebnisvorschau

Die Analyse verdeutlicht, daß die Sparkasse z.B. für das Planungsjahr 1994 bzw. der dort ausgewiesenen maximalen Deckungslücke in Höhe von - 33.885 TDM Maßnahmen zur Erhöhung ihrer

1) Hoffmann H. et alteri (Festzinsgeschäfts), S. 208.; Sparkasse Landau (Hrsg.)(ZIRI), S. 21.

Passivbestände treffen muß, sofern die für wahrscheinlich gehaltene Deckungslücke über den dort ausgewiesenen Betrag ansteigt.

Im Anschluß an die isolierte Festzinsbetrachtung kann der Finanz-Controller eine mehrjährige Erfolgsvorschau durchführen, die auf den durch den Sparkassenprognoserechner bereitgestellten (z.B. Betriebsgewinn in Prozent der Durchschnittlichen Bilanzsumme) sowie einigen betriebswirtschaftlich gewünschten Rahmendaten beruht. Zusätzlich wird erstmals eine kontinuierliche Weiterentwicklung der Bankbilanz durch Vornahme von Anschluß- und Neugeschäften in zukünftigen Planungsperioden unterstellt. Abbildung 111 zeigt, daß unter Berücksichtigung der eingespielten Plan-und Erwartungsdaten die Deckungslücken in den kommenden Jahren erheblicher größer ausfallen als bei der Durchführung isolierter Festzinsbetrachtungen. In dieser Tabelle kann der Anwender nun eine schrittweise Veränderung sämtlicher Plan- und Erwartungsdaten vornehmen bis die Zielabweichungen zu den dort berechneten Dekkungslücken möglichst klein werden.[1] Die Schließung der Deckungslücke kann in diesem Fall über einzelne oder beliebig kombinierte Plan- und Erwartungsdaten erfolgen. Die Basis-Software OPEN ACCESS ermöglicht in diesem Arbeitsbereich eine sog. "Zielsuche", indem für ein gewünschtes Ergebnis die dazugehörigen Planungsparameter ermittelt werden.[2]

Die nachfolgende Analyse (Vgl. Abb. 112) baut auf den Ergebnissen der isolierten Festzinsbetrachtung und den in der Erfolgsvorschau berechneten Deckungslücken auf. Dort wird also eine **konsolidierte Deckungslücken-Analyse** unter Berücksichtigung der eingestellten Zinsniveauveränderung und den geplanten betriebswirtschaftlichen Daten vorgenommen. In dieser Tabelle kann der Finanz-Controller Ansatzpunkte finden, in welcher Höhe und mit welcher Fristigkeit die insgesamt zu erwartenden Deckungslücken geschlossen werden müssen bzw. Maßnahmen zur Gegensteuerung in den Folgejahren not-

1) Hoffmann et alteri (Festzinsgeschäfts), S. 208.; Sparkasse Landau (Hrsg.)(ZIRI), S. 22.

2) Anmerkung: Die Möglichkeit zur Zielsuche wird in der Programmbeschreibung zu "ZIRI" nicht erwähnt, um einen Selbstbetrug bzw. eine rein theoretisch simulierte Zielanpassung von risikogefährdeten Sparkasseninstituten zu vermeiden.

494							
495	3.3 TABELLE 7	Maximal zulässige Deckungslücke unter Beachtung der langfristigen Betriebsgewinnziele					
496		Positiver Wert = Erhöhung Festaktiva; Negativer Wert = Erhöhung Festpassiva					
497							
498							
499		1990	1991	1992	1993	1994	
500							
501							
502	Veränderung der	28.631	-28.941	-81.122	-153.086	-218.991	TDM
503	Deckungslücke						
504							
505							
506	==> max. Deckungslücke	130.917	91.263	57.289	9.061	-33.885	TDM
507	zu Tabelle 5						
508							
509	Gegenüberstellung des	102.286	120.204	138.412	162.147	185.107	TDM
510	Wertes aus Tabelle 5						
511							

Abb. 112: Konsolidierte Deckungslücken-Analyse

wendig erscheinen.[1] Danach müßte die Sparkasse z.B. für das Planungsjahr 1994 zusätzliche Passivgeschäfte in Höhe von 218.991 TDM abschließen, um den dort zu erwartende Aktivüberhang auszugleichen.

Eine weitere Analyse zeigt, in welcher Höhe eine Zinsanpassung im variablen Zinsbereich erfolgen müßte, um die zukünftig erwarteten Deckungslückenveränderungen unter Berücksichtigung der getroffenen Zinsprognose und den eingestellten betriebswirtschaftlichen Annahmen zu kompensieren. (Vgl. Abb. 113) In diesem Fall würde eine Veränderung der Zinssätze im variablen Zinsbereich die Risiken aus dem nicht zinsbindungsmäßig übereinstimmenden Festzinsgeschäft auffangen. Beispielsweise müßte die Sparkasse z.B. gegen Ende der Planungsperiode (1994) und damit bei einer erwarteten Deckungslückenveränderung in Höhe von 218.991 TDM ihre variabel verzinslichen Aktivpositionen um durchschnittlich 1,63 Prozent nach oben oder die variablen Passivbestände um durchschnittlich 0,96 Prozent unter die erwartete Zinsniveauveränderung (1,25%) anpassen.[2] Während das "ZIRI"-Programm nur die beiden Extremsituationen, also entweder eine

1) Sparkasse Landau (Hrsg.)(ZIRI), S. 23.

2) Sparkasse Landau (Hrsg.)(ZIRI), S. 23.

513							
514	3.4 TABELLE 8	Zum vollständigen Risikoausgleich notwendige Konditionenveränderung					
515		in den variabel verzinslichen Bereichen auf Basis der Tabelle 5					
516							
517							
518		1990	1991	1992	1993	1994	
519							
520							
521	Risiko	0,116	0,130	0,142	0,157	0,171	% der DBS
522							
523	variable Aktiva	517.857	534.107	558.324	587.428	607.411	TDM
524							
525	variable Passiva	620.143	654.311	696.736	749.575	792.518	TDM
526							
527	durchschnittl. Zins-	1,50	1,53	1,56	1,60	1,63	% Zinsveränderung
528	korrektur Aktiva						
529	oder						
530	durchschnittl. Zins-	1,04	1,02	1,00	0,98	0,96	% Zinsveränderung
531	korrektur Passiva						
532							
533	Differenz zur Zinsniv.	0,25	0,28	0,31	0,35	0,38	% Zinsveränderung
534	Veränderung var. Aktiva						
535	oder						
536	Differenz zur Zinsniv.	-0,21	-0,23	-0,25	-0,27	-0,29	% Zinsveränderung

Abb. 113: Risikoausgleich im variablen Zinsbereich

Anpassung der Aktivseite oder der Passivseite darstellt, können jedoch auch kombinierte Zinsänderungsstrategien und damit anteilige Zinsanpassungen auf beiden Seiten der Bilanz durchgespielt werden.

Ob jedoch der hier aufgezeigte kompensatorische Effekt über die Anpassung der variablen Zinssatzkonditionen gegenüber dem Kunden durchsetzbar ist, ohne Volumenseinbußen bzw. Kündigungen hinnehnehmen zu müssen, bleibt offen. Die Wahrscheinlichkeit des Erfolges einer solchen Maßnahme ist dabei um so größer, je näher die vorgeschlagene Zinsanpassung an das zu diesem Zeitpunkt aktuelle Zinsniveau heranreicht, da die Kunden im Vergleich zum Marktzinsniveau relativ geringe Kostensteigerungen (Aktivseite) bzw. Zinssatzreduktionen (Passivseite) hinnehmen müssen.

Die Zinsrisiko-Analyse wird durch eine **Kennzahlenanalyse**[1] sowie eine **Kosten-Nutzen-Bewertung** für die Schließung erwarteter Dec-

1) Sparkasse Landau (Hrsg.)(ZIRI), S. 24 ff.

541	4 KENNZAHLEN					
542						
543						
544	4.1 Dynamische Betrachtung aufbauend auf Tabelle 5					
545						
546						
547	Kritische Zinsniveauveränderung					
548						
549						
550		1990	1991	1992	1993	1994
551						
552						
553	max. ZNV	1,60	0,95	0,52	0,07	-0,23 % ZNV
554						
555						
556						
557	Zinsüberwälzungsfaktor	1990	1991	1992	1993	1994
558						
559						
560	Aktiva	1,20	1,23	1,25	1,28	1,30 Faktor
561						
562	Passiva	0,84	0,82	0,80	0,78	0,77 Faktor
563						
564						
565						

Abb. 114: Kennzahlenanalyse

kungslücken abgerundet[1]. Abbildung 114 zeigt einen Ausschnitt zur Kennzahlenanalyse, die auf den Ergebnissen der vorausgehenden Erfolgsvorschau und damit den erwarteten maximalen Deckungslückenveränderungen aufbaut. Wie schon die konsolidierte Festzinssatzbetrachtung stellt auch die Kennzahlen-Analyse auf die Tragfähigkeit von Zinsniveauänderungen ab. Der berechnete Prozentwert zur **kritischen Zinsniveauveränderung** gibt die "maximal" zu verkraftende Zinsniveauänderung an, ohne daß ein Betriebsgewinnverlust entsteht. Demnach könnte die Sparkasse beispielsweise für das Planungsjahr 1994 einen Zinsrutsch in Höhe von 0,23 Prozent ohne negative Auswirkung auf den geplanten Betriebsgewinn in Kauf nehmen. Der aufgeführte **Zinsüberwälzungsfaktor** gibt an, wie eine eventuelle Ergebnisbeeinträchtigung bedingt durch Aktiv- oder Passivüberhänge, durch den Abschluß variabel verzinslicher Aktiv- oder Passivgeschäfte ausgeglichen werden kann. So bedeutet ein Zinsüberwälzungsfaktor von 1,30 (1994), daß die variabel verzinslichen Aktivpositionen der Bank um das 1,30-fache der erwarteten

1) Sparkasse Landau (Hrsg.)(ZIRI), S. 28 ff.

Zinsniveauveränderung angehoben werden müßten, damit das berechnete Zinsänderungsrisiko, bedingt durch die erwartete Deckungslückenveränderung, den Betriebsgewinn nicht beeinträchtigt. Bei einer Verteuerung der variabel verzinslichen Passiva um 2,0 % und damit einer entsprechenden Kostensteigerung zur Kompensation eines Aktivüberhanges, müßten demnach die variabel verzinslichen Aktiva um 2,6 Prozentpunkte (2,0 % * 1,30) über die allgemeine Zinsniveauveränderung angehoben werden. Je näher der Zinsüberwälzungsfaktor für den Aktivbereich bei "1" liegt, desto wahrscheinlicher wäre der Erfolg einer Kostenüberwälzung auf die Aktivseite, ohne daß von Seiten der Bank Kündigungen hingenommen werden müssen.

215							
216	TEIL 3	Schließung der Deckungslücke (Teile der Deckungslücke) aus ZIRI1, Tabelle 5					
217		mit einer Minusmarge (ohne Berücksichtigung einer evtl. Bilanzsummen-Veränderung)					
218							
219							
220		1990	1991	1992	1993	1994	
221							
222							
223	Deckungslücke (Tab. 5)	102.286	120.204	138.412	162.147	185.107	TDM
224							
225	Schließung von	30,00	30,00	30,00	40,00	40,00	% der Deckungslücke
226	mit einer erwarteten						
227	Minusmarge von	0,50	0,50	0,50	0,50	0,50	%
228							
229							
230	==> gedeckte Lücke	30.686	36.061	41.523	64.859	74.043	TDM
231							
232	restl. Deckungslücke	71.600	84.143	96.888	97.288	111.064	TDM
233							
234	Kosten der Deckung	153	180	208	324	370	TDM
235							
236	==> Minderung Zinsspanne	0,014	0,016	0,017	0,025	0,027	% DBS
237							
238							
239	Verbleibendes Zinsänderungs-						
240	risiko nach Schließung	0,081	0,091	0,099	0,094	0,102	% DBS
241	der Deckungslücke						
242							
243							
244	Minderung des Risikos	0,035	0,039	0,043	0,063	0,068	% DBS
245							
246							
247	Zinsspanne nach						
248	DL-Schließung	3,285	3,253	3,224	3,201	3,170	% DBS
249	und Eintritt ZNV						
250							
251	Zinsspanne ohne DL-Schl.	3,264	3,230	3,198	3,163	3,129	% DBS
252	u. mit Eintritt ZNV						
253							
254							
255	Differenz bei Eintritt	0,021	0,023	0,026	0,038	0,041	% DBS
256	der ZNV zw. Zinsspanne						
257	mit u. ohne DL-Schließung						
258							

Abb. 115: Kosten-Nutzen-Bewertung

Im Rahmen der Kosten-Nutzen-Bewertung verrechnet "ZIRI" eine "negative Zinsmarge", die dem Finanz-Controller Aufschluß über die mögliche relative Zinspannenbeeinträchtigung durch Abschluß nicht laufzeitkongruenter Geschäfte für die Kompensation erwarteter Deckungslücken gibt.[1] In diesem Arbeitsbereich kalkuliert das PC-Programm folglich die relativen Kosten zur Deckung eines Aktivüberhanges mit variabel verzinslichen Passivmitteln.

Abbildung 115 zeigt, daß bei einer 40-prozentigen anteiligen Schließung der für das Planungsjahr 1994 erwarteten Deckungslücke unter Verrechnung einer Minusmarge von 0,5 Prozent eine Minderung der erwarteten Zinsspanne um 0,027 Prozent eintritt. Ferner berechnet "ZIRI" ein verbleibendes Zinsänderungsrisiko und gibt den Nutzen des anteiligen Deckungslückenausgleiches wieder. Der Nutzen des Ausgleiches ergibt sich dabei aus der Differenz zwischen der um die Minusmarge bereinigten Zinsspanne und der bei voller Risikowirkung relevanten Zinsspanne. Solange nun dieser Differenzwert ein positives Vorzeichen - wie in diesem Fall mit 0,102 Prozent der Durchschnittlichen Bilanzsumme - annimmt, lohnt sich rein rechnerisch die anteilige Schließung der Deckungslücke. Ein negativer Differenzwert würde demnach bedeuten, daß die Kosten für die Deckung eines aktivischen/passivischen Festzinsüberhanges zu hoch sind und deshalb das ausgewiesene Zinsänderungsrisiko in Kauf genommen werden sollte.

3.3.1.5 Bewertung

Der Einsatz des Personal Computers im finanzwirtschaftlichen Führungsbereich eröffnet gute Möglichkeiten zur Planung und Steuerung von Bilanz- und Erfolgsgrößen. Die geschaffenen PC-Lösungen treten vor allem neben die vergangenheitsorientierte Bankenbuchhaltung und legen den Grundstein zum Aufbau eines **zukunftsausgerichteten** Rechnungswesens.

---

1) Hoffmann H. et. alteri (Festzinsgeschäfts), S. 215.; Sparkasse Landau (Hrsg.)(ZIRI), S. 28 ff.

Die Verfeinerung von Planungs- und Simulationsrechnungen und damit die effiziente Nutzung von Daten des bankbetrieblichen Rechnungswesens hängt nach Auffassung vieler Interviewpartner auch davon ab, wie schnell die zum Teil noch bestehenden **Engpässe bei der Datenversorgung** beseitigt werden können. Damit trotz bestehender Datenübertragungsprobleme Planungs- und Simulationsrechnungen möglich sind, arbeiten viele PC-Programme schon mit wenigen manuell einzugebenden Ausgangsdaten. So wurde z.B. bei der Entwicklung des PC-Programmes "BMS" zur Gesamtbank-Steuerung eine bewußte Beschränkung des Datenumfanges auf etwa 20 Planungsgrößen vorgenommen. Damit sollte einem breiten Einsatz dieses PC-Programmes in den Volks- und Raiffeisenbanken Vorschub geleistet werden. Andererseits fördert die Vorgabe weniger Eingabedaten auch die Nutzung der angebotenen PC-Lösungen, da z.T. nicht alle Daten in den Banken ohne zusätzliche Anstrengungen beschaffbar sind.

Wie schon zu Anfang angedeutet liegt der Schwerpunkt der im finanziellen Führungsbereich vorzufindenden PC-Applikationen bei der Durchführung von **Planungs- und Simulationsberechnungen.** Auf diesem Arbeitsgebiet bestand bei allen Interviewpartnern eine einheitliche Auffassung über die Vorteilhaftigkeit des PC's in Hinblick auf die Durchführung von "ad-hoc"-Auswertungen bei Variation verschiedenster Planungsparameter und Veränderungen des Planungshorizontes. Dabei werden die durch den PC angebotenen maschinellen Fortschreibungen von Bilanz- und Erfolgsgrößen insgesamt als positiv bewertet. In diesem Fall liefern die im Rahmen des Planungsprozesses automatisch bereitgestellten Fortschreibungswerte für verschiedenste Planungsparameter zunächst eine "sichtbare" Planungsgrundlage, die entweder von den Planenden übernommen oder aufgrund deren Zukunftseinschätzungen variiert werden kann.

Abgesehen von einfachen Planungs- und Simulationsrechnungen können Computerprogramme z.T. sehr komplexe **Optimierungsberechnungen,** basierend auf einer Vielzahl von betriebswirtschaftlichen

Nebenbedingungen, unterstützten und damit nach Variation einzelner oder aggregierter Bilanzpositionen dem Finanz-Controller Handlungsspielräume zur Planung "optimaler" Bilanzstrukturen aufzeigen.[1] Gute Ansätze für derartige Optimierungsverfahren sind die vorgestellten PC-Applikationen zur Gesamtbank-Planung (BPM) sowie die Zinsrisikoanalyse (ZIRI). Während das PC-Programm "BPM" verschiedene gleichwertige Kombinationsmöglichkeiten von Planvariablen zur Erzielung eines gewünschten Jahresgewinnes und unter Berücksichtung voreingestellter Aufwandsgrößen aufzeigt, bietet "ZIRI" mehrere Handlungsmöglichkeiten zur Kompensation von Dekkungslücken.

Ein gutes Beispiel für ein sehr aufwendiges Optimierungsmodell unter Einbezug einer Vielzahl von Abhängigkeiten zur optimalen Allokation von Bankgeschäften, ist das von der Schweizer Beratungsgesellschaft WINTER PARTNERS für den Bankbereich entwickelte Programm "ProfitMaster".[2] Die Komplexität der mit diesem Programm konstruierbaren Optimierungsmodelle kann dabei nach Aussagen des Herstellers die Kapazität herkömmlicher Personal Computer weit übersteigen. Das Optimierungsmodell berücksichtigt Abhängigkeiten zwischen einzelnen Bilanzpositionen, internen Planungsparametern (z.B. Mitarbeiteranzahl) und externen Rahmenbedingungen (z.B. Wechselkurse), die bei partiellen Umstrukturierungen der Bankbilanz beachtet werden. Zusätzlich bietet "ProfitMaster" bis zu 11 verschiedene Zinsrisikoanalysen verbunden mit individuellen Anlagestrategien für die in den Folgeperioden fälligen Gelder an.[3] Dies bedeutet, daß die in Zukunft fälligen Beträge keinesfalls in denselben Konten oder Währungen angelegt werden müssen (Roll-Over), sondern auch sog. "Roll-Across"-Strategien möglich sind. Im letzten Fall stellt der Finanz-Controller zum Teil differenzierte Verteilungsprozentsätze für die Wiederanlage fälliger Beträge auf, die das Programm bei der Planungsrechnung berücksich-

1) Lam Ch.H./Hempel G.H. (applications), S. 25 f.

2) Gemäß einem diesbezüglich geführten Interview mit Herrn W. BRAMMERTZ (Winter Partners, Zürich) im Jahre 1988.

3) Brammertz W. (Griff), S. 22.; Winter Partners (Hrsg.)(ProfitMaster), o.S.

tigt, so daß sehr feine Zinsänderungsanalysen vorgenommen werden können.[1]

Mit Bezug auf die Durchführung von **Zinsergebnis- und Risikoplanungen** mit Hilfe von Zinsbindungsbilanzen eröffnet der Personal Computer neue Analysemöglichkeiten, die weit über die Zielsetzung statischer Zinsbindungsbilanzen, wie sie durch das Bundesaufsichtsamt für das Kreditwesen vorgeschrieben sind, hinausgehen. Dazu gehört die Berücksichtigung variabler Zinsänderungsrisiken über Zinsanpassungselastizitäten, die den erfahrungsgemäß unterschiedlichen Zinsanpassungprozessen einzelner Bilanzpositionen an Veränderungen des allgemeinen Marktzinsniveaus Rechnung trägt und eine genauere Analyse des variablen Zinsänderungsrisikos ermöglicht.[2] Andererseits führen die verschiedenen betrieblichwirtschaftlichen Planungsparameter zu einer insgesamt verbesserten Risikoanalyse. Dazu gehört z.B. die Verknüpfung der Zinsplanung mit der Betrachtung von bankbetrieblichen Risiken (z.B. Liquiditätsrisiko). Auf diesem Gebiet gibt es bereits PC-Programme, die eine Steuerung spezieller Investitionsvorhaben, verbunden mit deren Auswirkung auf die Zinsspanne ermöglichen.[3]

Ein nicht zu unterschätzendes Problem besteht mit Bezug auf sämtliche in diesem Abschnitt vorgestellten PC-Applikationen darin, daß zur Planung zukünftiger Bilanzstrukturen und Risikogrößen bestimmte Annahmen getroffen werden müssen. Hierzu gehört u.a. die Einschätzung zukünftiger Zinsstrukturen, der allgemeinen Marktsituation sowie des Kundenverhaltens. Zur Bestimmung von z.B. Zinselastistizitätsgraden sind bestimmte Annahmen über die je nach Bilanzstruktur und Kundeneinfluß unterschiedlich schnell möglichen Zinsanpassungen notwendig, die zum größten Teil durch die persönlichen Erfahrungswerte einzelner Geschäftbereiche

1) Winter Partners (Hrsg.)(ProfitMaster), o.S.

2) Schierenbeck H. (Bankmanagement), S. 216.

3) Pohl V./Matz H. (Gesamtinstitutssteuerung), S. 254 ff.

bestimmt sind.[1] Darüber hinaus sind die Prognosen und damit die Früherkennung von Veränderungen der Umwelt stark vom zugrundeliegenden Betrachtungszeitraum abhängig. Trotz der Vorteile von PC-gestützten Analyseverfahren muß deshalb immer beachtet werden, daß deren Gültigkeit mit zunehmendem Zeitabstand tendenziell abnimmt.[2] Beim Einsatz von komplexen Optimierungsmodellen können sich zusätzlich Verständnis- und Formulierungsprobleme bei den Bankmitarbeitern ergeben. Dies gilt insbesonders in bezug auf die Handhabung komplexer mathematischer Funktionen, die von EDV-unerfahrenen Anwendern nicht ohne weiteres beherrscht werden.[3]

1) Friggemann P./Neumann M. (Bilanzsimulation), S. 531.

2) Krause D./Vorsteher H.-J. (Früherkennungssystem), S. 44.

3) Lam Ch.H./Hempel G.H. (applications), S. 25 f.

3.3.2 Marktorientierte Führungssysteme

3.3.2.1 Einführung

Die Aufgabe marktorientierter Führungssysteme, verstanden als Instrument des Bankmarketings, besteht vor allem darin - als Antriebsfeder für ein Kreativitäts- und Innovationstreben in den Banken - die Voraussetzungen für eine den Wandlungen der Umwelt und den Kundenbedürfnissen optimale Marktbearbeitung sicherzustellen. Gleichbedeutend mit der im industriellen Bereich anzutreffenden Abteilung für "Forschung und Entwicklung" soll das Bankmarketing möglichst frühzeitig auf Wandlungen reagieren, um mit Hilfe des ihm zur Verfügung stehenden Instrumentariums (z.B. Verkaufsförderung) geeignete Maßnahmen zu ergreifen. Ein wichtiges Ziel des Bankmarketings liegt darin, eine langfristige Bindung der bestehenden Kundschaft zu sichern sowie die Akquisition neuer Kunden zu fördern.[1]

Historisch betrachtet nahm die Verbreitung des Bankmarketings erstmals gegen Ende der 60er Jahre in Verbindung mit der Entwicklung des Salärkontos und den Aktivitäten der Banken im Bereich der Gemeinschaftswerbung seinen Lauf. Gegenwärtig steht die Bedeutung des Bankmarketings im Zeichen einer verstärkten Kunden- und Marktorientierung, die der Schaffung einer "Informations- und Problemlösungskompetenz" in unmittelbarer Nähe zum Kunden dienen soll.[2]

Damit die verfügbaren Ressourcen einer Bank (z.B. deren Mitarbeiter) möglichst effizient eingesetzt sind, empfiehlt sich die Bündelung von einzelner Kunden mit vergleichbaren Bedürfnissen zu speziellen Zielgruppen. Diese Aufgabe im Rahmen des Bankmarketings wird auch mit dem Begriff der "Marktsegmentierung"

---

1) Drewes W. (Grundkonflikt), S. 47.

2) Dempfle E. (Vision), S. 129.

umschrieben.[1] Auf diesem Gebiet bietet der PC - als fexibles Kunden- und Marktinformationssystem - gute Unterstützungsmöglichkeiten für die Analyse umfangreicher Kunden- und Marktdaten nach verschiedensten Kundenmerkmalen. Die Ergebnisse dieser Analysen können zur gezielten Akquisitionssteuerung und Marktbearbeitung, z.B. auf den Firmen- oder Jugendmärkten, eingesetzt werden.[2]

Grundsätzlich kann der PC eine dialoggestützte Aufbereitung von Kunden- und Marktdaten nach verschiedensten Selektionskriterien vornehmen sowie umfangreiche Sortierungen veranlassen. Die auf diese Weise gewonnenen Markt-Analysen können bestimmte Geschäfte, Teilmärkte sowie Dienstleistungssparten beleuchten. Dazu gehören auch Analysen von Marktanteilen sowie Beurteilungen der Leistungseffizienz und den Auslastungsgraden von Kapazitäts- und Produktivitätszielen. Die Überführung dieser Daten in individuell aufbereitete Marketing-Berichte soll den Banken die Erkennung von Stärken und Schwächen ermöglichen und damit neue Impulse zu einer marktorientierten Vertriebssteuerung liefern.[3]

Für die Beurteilung von Marketingaktivitäten an der Kundenfront erscheint vor allem die computergestützte Aufstellung von Kontrollberichten über den Markterfolg einzelner Kundenberater oder Beratergruppen sowie der Anfertigung von vergleichenden Analysen zur Wirtschaftlichkeit und Treffsicherheit von Produkten und Marketingmaßnahmen sinnvoll.[4] Zur Messung der Verkaufseffizienz können mit Hilfe von PC-Programmen umfassende Kundensegmente in Hinblick auf deren Wirtschaftlichkeit analysiert und Statistiken zu den am meisten verkauften Produkten, den erfolgreich abgewickelten "cross-selling"-Geschäften, der strukturellen Zusammen-

1) Köllhofer D. (Leistungsbereich), S. 118.

2) Bargemann Th. (Konzeption), S. 54 ff.

3) Stengele H. (Sparkassen-Marketing), S. 548 f.

4) Georgiades K.E. (Age), S. 42.

setzung von Kundesegmenten usw. erfolgen.[1] Andere Applikationen sehen sogar die Aufstellung und Kalkulation von Anreiz- und Entlohnungssystemen vor, die zu einer flexiblen leistungsangepaßten Bezahlung beitragen können, die auf den verkauften Einzelprodukten sowie den erzielten Umsatzvolumina basieren und nach verschiedenen Analyseebenen (z.B. Filialen, Verkaufsgebieten) sowie nach den vorhandenen und neu hinzugekommenen Kunden aufgefächert werden können.[2]

PC-ANWENDUNGEN IM BANKMARKETING

- Marktforschung (z.B. Bevölkerungsstruktur)
- Konkurrenz-Analysen (z.B. Produktangebot)
- Nutzung von externen Informationsdiensten
- Kunden-/Produktkalkulation (z.B. Marktzinsmethode)
- Markt- und Kundengruppen-Segmentierung
- Portfolio-Technik/Strategische Geschäftsfeldkurve
- Motivations-Systeme (z.B. Leistungskennzahlen)
- Produktnutzungsstatistiken (z.B. nach Uhrzeiten/Wochentagen)
- Analyse des Anlageverhaltens
- Akquisitionssteuerung und Verkaufsplanung
- Media-Selektionsmodelle zur Verteilung des Werbeetas auf einzelne Werbeträger

Box 65: PC-Anwendungen im Bankmarketing

Computergestützte Kunden- und Marktinformationssysteme, die sich auf aktuelle Daten stützen, schaffen in den Banken gute Möglich-

---

1) Monk Th.J./Landis K.M. (Marketing), S. 66 f.

2) Financial Sales Management Institute (Hrsg.)(Sales), S. 5.

keiten - unter Berücksichtigung der weitgehend verteilten Bankabsatzmärkte - eine wirksame, langfristig an den Bedürfnissen des Kunden orientierte Marktbearbeitung sicherzustellen. Aus diesem Grund haben sich in der Kreditwirtschaft eine Vielzahl von Anwendungen herausgebildet, die Textbox 65 zusammenfaßt.[1]

3.3.2.2 MZM - Marktzinsmodell

3.3.2.2.1 Aufbau

Die Berechnung von Teilerfolgsbeiträgen für einzelne Konten, Kunden und Produkte mit Hilfe des PC-Programmes "Marktzinsmodell" (MZM)[2] basiert auf der in den Banken zunehmend Beachtung findenden Marktzinsmethode. Der Schwerpunkt von "MZM" liegt in der Bewertung des Geschäftsabschlusses von Festzinsgeschäften des Aktiv- und Passivbereiches.

Die Bewertung nach der Marktzinsmethode basiert auf dem Opportunitätsprinzip in Verbindung mit bestimmten Preisunter- und obergrenzen, die dem Berater an der Kundenfront die Grenzen für Hand-

---

1) Gemäß den durchgeführten Interviews mit folgenden Damen und Herren im Jahre 1987/1988/1989:

- o Herrn K.E. GEORGIADES (Financial Sales Management Institute, New Jersey, USA)
- o Herrn K. GROB (BIK, Frankfurt)
- o Herrn D. KUKLIK (GAD, Münster)
- o Frau B. LANGMEIER (SBG, Zürich)
- o Herrn G. LIUZZI (SBG, Zürich)
- o Frau J.H. LINKER (BEI MARKETING, Atlanta, USA)
- o Herrn K.H. LOHSE (SPSS, München)
- o Herrn CH.S. THACHENKARY (GEORGIA UNIVERSITY, Atlanta, USA)
- o K.-J. WELTER (Stadtsparkasse, Köln)
- o G. WILLIG (DG-VERLAG, Wiesbaden)

2) Die Vorstellung des PC-Programmes "MZM" basiert auf den mit Herrn D. KUKLIK, (Gesellschaft für Automatische Datenverarbeitung, Münster) im Jahre 1989 geführten Interviews.

FRAGEN UND WÜNSCHE AN DIE PC-GESTÜTZTE MARKTZINSMETHODE

- Welches sind die ertragsstarken/ertragsschwachen Produkte/Produktgruppen einer Bank?
- Welcher zusätzliche Gewinn/Deckungsbeitrag kann durch ein Anschluß- oder Neugeschäft erwirtschaftet werden?
- Zu welchem Mindestvolumen kann die Bank eine Kostendeckung bei bestimmten Kunden/Produkten erreichen?
- Wie hoch sind die Erfolgsbeiträge einzelner Kundenberater/Geschäftsstellen der Bank?
- Welche Kunden/Kundengruppen erwirtschaften Gewinne?
- Welche Konten/Kontengruppen/Marktsegmente sind kostendeckend oder gewinnträchtig?
- Welcher Gewinn/Verlust entsteht der Bank durch Änderung der Konditionsgestaltung?
- Welchen Einfluß haben Veränderungen der Rahmenbedingungen (z.B. Zinsentwicklung) auf die Konditionengestaltung?

Box 66: Fragen und Wünsche an die PC-gestützte Marktzinsmethode

lungsspielräume bei der Konditionsgestaltung aufzeigen. Die praktische Umsetzung des Opportunitätsprinzipes erfolgt durch eine Nutzenbewertung des Kundengeschäftes im Vergleich zu einem alternativen Geschäft auf dem Geld- und Kapitalmarktes. Dabei geht es, allgemein formuliert, um die Frage, welchen Einfluß der Verzicht auf das Alternativgeschäft für das Zinsergebnis der Bank bedeutet.[1] Der Wert des Kundengeschäftes bzw. Bankproduktes ist dabei zum Kalkulationszeitpunkt um so höher, je mehr die mit dem Kunden vereinbarten Zinssätze die Opportunitätszinssätze des Alternativgeschäftes überschreiten. Textbox 66 vermittelt eine Übersicht zu den Fragen und Wünsche an eine durch den PC aufgebaute Produkt-und Kundenkalkulation mit Hilfe der Marktzinsmethode.

1) Schierenbeck H. (Bankmanagement), S. 91.

Während die Kalkulation von Erfolgsbeiträge zu einzelnen Kunden- und Produkten seit 1989 in den Genossenschaftsbanken als PC-Lösung realisiert werden konnte, soll in die Zukunft die Berechnung aggregierter Erfolgsbeiträge für Kunden- oder Produktgruppen sowie die Gesamtbank und deren Filialen auf Grund des hohen Datenvolumens auf dem Großrechner erfolgen. Damit die auf dem Großrechner kalkulierten aggregierten Daten auf dem PC gegebenfalls weiterverarbeitet werden können, sehen die Genossenschaftsbanken einen PC-Host-Datenverbund vor.

Von zentraler Bedeutung für die Produkt- und Kundenkalkulation ist die Zerlegung jedes Bankgeschäftes in dessen zukünftige Zahlungsströme. Im Rahmen der Aufbauphase werden die notwendigen Daten, d.h. die mit dem Kunden vereinbarten Konditionen (z.B. Laufzeit) über eine vordefinierte Eingabemaske erfaßt. Denkbar ist auch die Eingabe und Bewertung der Konditionen von Produkten anderer Banken und damit die Durchführung eines Konkurrenzvergleiches.

Aus den eingebenen Konditionen ermittelt "MZM" die zukünftigen Zahlungsströme der mit dem Kunden abgeschlossenen Bankgeschäfte. Die Flexibilität des Programmes erlaubt über einen Sonderberechnungsteil verschiedene Variationen des Kundenzahlungsstromes, so daß sämtliche Kombinationen aus vereinbarten Ein- und Auszahlungen über beliebige Zeiträume darstellbar sind. Neben der Verrechnung von Zins- und Tilgungsbestandteilen können zur Bewertung von Bankgeschäften auch direkt zurechenbare Kosten in Form von Einmalkosten (z.B. Datenerfassung), laufende Kosten (z.B. Kontoführung) sowie bestimmte kalkulatorische Risikoabschläge berücksichtigt werden.

Für den weiteren Aufbau des Marktzinsmodelles müssen die Voraussetzungen geschaffen werden, die dem Controller später die Beurteilung erlauben, ob das zur Disposition stehende Kundengeschäft hinsichtlich des Ergebnisbeitrages im Vergleich zu einem Alternativgeschäft vorteilhafter erscheint. Für die Durchführung dieses Vergleiches überträgt der Anwender unter Zuhilfenahme eines vorbereiteten Grobrasters die täglich von der Zentralbank bereitgestellten Zinssätze für Alternativgeschäfte des Geld- und Kapitalmarktes in seinen Personal Computer. Für diejenigen Zinssätze bzw. Laufzeitbereiche, die mangels vorliegender Geschäfte oder Markttransparenz auf dem Geld- und Kapitalmarkt nicht verfügbar sind, ermittelt "MZM" über ein mathematisches Interpolationsverfahren "fiktive" Zinssätze. So kann eine sehr feine, wenn auch z.T. theoretische, Zinsstruktur abgebildet werden kann, die Vergleichsmaßstäbe für sämtliche Laufzeitbereiche respektive alternative Geschäftsmöglichkeiten bereitstellt.[1]

GAD - Testbank eG   01.06.1989
Geld- und Kapitalmarkt (Feinraster)

Datum: 20. 1.1986

1.Jahr:	1 Tag:	4,550 %	30 Tage:	4,750 %

	90 Tage:	180 Tage:	270 Tage:	360 Tage:
1.Jahr:	4,700 %	4,750 %	4,775 %	4,800 %
2.Jahr:	4,905 %	5,010 %	5,115 %	5,220 %
3.Jahr:	5,335 %	5,450 %	5,565 %	5,680 %
4.Jahr:	5,823 %	5,965 %	6,108 %	6,250 %
5.Jahr:	6,295 %	6,340 %	6,385 %	6,430 %
6.Jahr:	6,450 %	6,470 %	6,490 %	6,510 %
7.Jahr:	6,570 %	6,630 %	6,690 %	6,750 %
8.Jahr:	6,775 %	6,800 %	6,825 %	6,850 %
9.Jahr:	6,880 %	6,910 %	6,940 %	6,970 %
10.Jahr:	6,980 %	6,990 %	7,000 %	7,010 %

F1=Hilfe F2=Ändern F3=Hauptmenue F6=Abzinsfaktoren F9=Dienste Esc=Zurück

Abb. 116: Zinsstruktur-Feinraster

Abbildung 116 zeigt das Ergebnis einer Interpolationsrechnung mit der Feinstruktur für die Laufzeitbereiche des Geld- und Kapitalmarktes. Während der obere Teil der Tabelle die Zinssätze für Tagesgeld und 30-Tages-Geld angibt, zeigen die Spaltenbereiche jeweils unterjährige Fristigkeiten und die Zeilen des Rasters die dazugehörigen Laufzeiten an. Sobald nun in Folge einer Zinsveränderung über das Grobraster eine Änderung von bestimmten Zinssätzen vorgenommen wird, führt "MZM" eine automatische Anpassung der Feinstruktur mit Hilfe des Interpolationsverfahrens durch.

1) GAD (Hrsg.)(Marktzinsmodell), "Kapitalmarkt", Abschnitt 10 ff.

3.3.2.2.2 Funktionsumfang

Die Bewertung und der Vergleich von Kunden- und Alternativgeschäften mit Hilfe von "MZM" basiert auf der Berechnung von **Barwerten**[1] und **Effektivzinssätzen** der einander gegenübergestellten Zahlungsströme des Kunden- und Alternativgeschäftes.

Da der gesamte Konditions- bzw. Erfolgsbeitrag für einzelne Kunden oder Produkte i.d.R. nicht sofort vereinnahmt wird, sondern erst im Zeitablauf entsteht, verteilt "Marktzinsmodell" diesen Betrag über die Laufzeit des Kundengeschäftes bzw. den Betrachtungszeitraum einer Kundenkalkulation. Soweit der Anwender sich für eine standardisierte sog. "Abschöpfungsvorschrift" entscheidet, nimmt das PC-Programm eine automatische Verteilung des Konditionsbeitrages z.B. nach bestimmten Terminen (z.B. Ende des Jahres) vor. Darüber hinaus kann der Anwender die Verrechnung von Erfolgsbeiträgen auch selbst steuern, um spezielle Erfolgsplanungen und -abgrenzungen vorzunehmen.[2]

KONTENKALKULATION

Abbildung 117 zeigt die Kontenkalkulation für ein Darlehen in Höhe von 100.000 DM mit einem Auszahlungsbetrag von 96.000 DM. Der dort ausgewiesene Barwert zukünftiger Konditionsbeiträge in Höhe von 8.863,05 DM entspricht genau dem Gewinn des abgesetzten Bankproduktes im Vergleich zu einem alternativen, jedoch nicht getätigten Bankgeschäft.

Der zukünftige Konditionsbeitrag weist den Controller darauf hin, daß zum Abschlußzeitpunkt dieses Neugeschäftes derselbe zukünftige Zahlungsstrom aus einem alternativen Kapitalmarktgeschäft für die Bank einen Mehraufwand von 8.863.05 DM bedeuten würde. Damit sind die im Rahmen des Kundengeschäftes ausgehandel-

1) Anmerkung: Zur Barwertberechnung multipliziert "MZM" jeden Zahlungsstrom mit dem zum Zeitpunkt seiner Entstehung relevanten Abzinsungsfaktor, der sich aus dem abgespeicherten Zinsstruktur-Raster ergibt.

2) GAD (Hrsg.)(Marktzinsmodell), "Sonderrechnung", Abschnitt 100 ff.

GAD - Testbank eG 01.06.1989
Zahlungsstrom eingeben / ändern

Datum erste Zahlung : 1. 2.1986
Datum letzte Zahlung : 1. 2.1991

pos. Zahlungen : 124.304,40 DM
neg. Zahlungen : -96.000,00 DM

Effektivzins extern: 9,32 %
intern: 9,31745 %
Konditionsmarge : 3,32434 %
MR-Kosten (Barwert): DM
Barw. Einn/Ausg/Ko : DM
Barwert zuk. KB : 8.863,05 DM
(Kapitalmarkt vom : 20. 1.1986)

Lfd. Nr.	Kenn- zei.	Datum 1. Zahlung	Betrag D je Zahlu			
1		1. 2.1986	-96.000,00	1	0	1. 2.1986
2		1. 2.1987	25.000,00	4	360	1. 2.1990
3		1. 2.1991	24.304,40	1	0	1. 2.1991
4		. .				
5		. .				
6		. .				
7		. .				
8		. .				

weiter mit jeder beliebigen Taste

Abb. 117: Kontenkalkulation

ten Konditionen unter Berücksichtigung der zu diesem Zeitpunkt geltenden Geld- und Kapitalmarktzinssätze für die Bank vorteilhafter. Die ebenfalls durch "MZM" berechnete Konditionsmarge (3,32434 %) ergibt sich aus der Differenz zwischen den Effektivzinssätzen des Kunden- und Alternativgeschäftes. Sowohl der Ergebnisbeitrag als auch die Marge müssen den Sollvorstellungen der Bank gegenübergestellt werden, um die Rentabilität des Bankgeschäftes zu beurteilen.

KUNDENKALKULATION

Ein weiteres Beispiel demonstriert das Ergebnis einer Kundenkalkulation, die z.B. bei Drängen des Kunden auf Sonderkonditionen vorgenommen werden. Andererseits ermöglicht die Kundenkalkulation die Schaffung einer objektiven Entscheidungsgrundlage, ob durch verstärkte Marktanstrengungen bei gegebener Geschäftsbeziehung eine Abwerbung des Kunden von der Konkurrenz anzustreben ist oder aber das Engagement auf Grund dessen mangelnder Rentabilität nicht lohnenswert erscheint.

Im Rahmen der Kundenkalkulation ermittelt das "MZM" die zukünftigen Konditionsbeiträge für die mit dem Kunden abgeschlossenen Aktiv- und Passivgeschäfte jeweils in getrennter Form, wobei be-

GAD - Testbank eG 01.06.1989
Kundenkalkulation

Kalkulation zum : 1. 2.1988 (Kapitalmarkt vom : 20. 1.1988)

	AKTIVA	PASSIVA	Summe
Vergleichskonto :	62.393,57 DM	DM	62.393,57 DM
Ablösesumme :	64.158,01 DM	DM	
Effektivzins extern:	9,32 %	%	
intern:	9,31746 %	%	
Konditionsmarge :	3,32434 %	%	3,32434 %
MR-Kosten (Barwert):		DM	DM
Barw. Einn/Ausg/Ko :	DM	DM	DM
Barwert zuk. KB :	1.998,24 DM	DM	1.998,24 DM
Barwert Sonstiges :			DM
Barwert zuk. KB+So.:			1.998,24 DM
Referenzperiode :	Jahr		============

F1=Hilfe F3=Hauptmenue F6=Referenzperiode Monat F9=Zahlungsreihe laden

Abb. 118: Kundenkalkulation

reits abgeschlossene und/oder laufende Geschäftsbeziehungen hinsichtlich ihres Ergebnisbeitrages kalkuliert werden. Zur Kalkulation von laufenden Geschäften wird der zukünftige Zahlungsstrom zum Zeitpunkt der Kundenkalkulation als Bewertungsmaßstab herangezogen. Dazu besteht die Möglichkeit, direkt zurechenbare Kosten (z.B. Zinsvergünstigungen) in die Kundenkalkulation einzubeziehen. Der Ausweis der für einen bestimmten Kunden erzielbaren Konditionsbeiträge erfolgt schließlich, je nach Wunsch, für monatliche, quartalsmäßige, halbjährliche oder jährliche Referenzperioden. Sofern mehrere Aktiv- und Passivgeschäfte mit dem Kunden abgeschlossen wurden, berechnet das PC-Programm einen kumulierten Konditionsbeitrag, so daß der Nutzen einer Kundenbeziehung über die gegenseitige Aufrechnung von konditionsschwachen und -starken Produkten kalkuliert werden kann.[1] Abbildung 118 zeigt eine Kundenkalkulation, die auf einer Referenzperiode von einem Jahr basiert, jedoch keine Passivprodukte berücksichtigt. Danach ergibt sich zum Zeitpunkt der Kalkulationsrechnung (20.1.1988) für das folgende Jahr aus der Geschäftsbeziehung mit dem Kunden ein Ergebnisbeitrag in Höhe von 1.998,24 DM.

1) GAD (Hrsg.)(Marktzinsmodell), "Kundenkalkulation", Abschnitt 10 ff.

BERÜCKSICHTIGUNG EXTERNER STÖRUNGEN

Von besonderem Vorteil erweist sich das "Marktzinsmodell", wenn während einer Geschäftsbeziehung extern bedingte Störungen bei der Konditionsgestaltung auftreten. Die nachfolgenden zwei Beispiele beziehen sich auf die Kalkulation des bereits vorgestellten Darlehensgeschäftes. Als Störung wurde im ersten Fall eine **vollständige Tilgung** und damit Auflösung des Kreditgeschäftes unmittelbar nach Bezahlung der zweiten Rate angenommen. Damit nun unter Berücksichtigung des urspünglich vereinbarten Geschäftes bzw. der mit dem Kunden ausgehandelten Konditionen, trotz Kündigung der Bankbeziehung aus dem Verlust der vereinbarten Konditionen keine Ergebniseinbußen für die Bank entstehen, nimmt das PC-Programm eine ergebnisneutrale Abschlußkalkulation vor.

```
                        GAD - Testbank eG                  01.06.1989
                        Sonderrechnungen

Altgeschäft  AKTIVA

                                   Effektivzins extern :     9,32    %
                                                intern :     9,31745 %
Erste Zahlung am :   1. 2.1986     Konditionsmarge     :     3,32434 %
Letzte Zahlung am :  1. 2.1991     Barwert zuk. KB     :   8.863,05 DM
                                   ( Kapitalmarkt vom  :  20. 1.1986 )

Sonderrechnung zum   1. 2.1988:    ( Kapitalmarkt vom  :  20. 1.1988 )

Vergleichskonto :    62.393,57 DM  =  100,00 %
KB-Minderung    :     1.764,44 DM  =    2,83 %
Ablösesumme     :    64.158,01 DM  =  102,83 %
Barwert zuk. KB :     3.958,37 DM  =    6,34 %       KB Altgeschäft :
Kurswert        :    68.116,38 DM  =  109,17 %                0,00 DM

F1=Hilfe   F3=Hauptmenue   F7=Berechnen neuen Saldo Vgl.Kto.   Enter=weiter
```

Abb. 119: Kalkulation einer vorzeitigen Geschäftsauflösung

Die in Abbildung 119 berechnete Ablösesumme in Höhe von 64.158,01 DM entspricht dem Barwert der Zahlungsströme alternativer Geld- und Kapitalmarktgeschäfte für die verbleibende Laufzeit des Kreditengagements. Diesen Betrag müßte die Bank mindestens zum Kündigungstermin erhalten, um ein Alternativgeschäft abzuschließen, welches genau den ursprünglich kalkulierten Zahlungsstrom des Altgeschäftes für die verbleibende Laufzeit herbeiführt.[1] Der Barwert des Konditionsbeitrages gibt damit das Maximum dessen an, worauf die Bank bei der Vertragsauflösung verzichten kann.[2]

GAD - Testbank eG 01.06.1989
Sonderrechnungen

Effektivzins extern:	9,32 %		Effektivzins extern:	10,99 %
intern:	9,31746 %		intern:	10,98942 %
Konditionsmarge :	3,32434 %		Konditionsmarge :	3,73745 %
MR-Kosten (Barwert):	DM		MR-Kosten (Barwert):	DM
Barw. Einn/Ausg/Ko :	DM		Barw. Einn/Ausg/Ko :	DM
Barwert zuk. KB :	3.958,37 DM		Barwert zuk. KB :	2.129,95 DM
			(Kapitalmarkt vom :	20. 1.1988)

Lfd. Nr.	Kenn-zei.	Datum 1. Zahlung	Betrag D je Zahlung	Zahlg.	in Tagen	Zahlung
1	*	1. 2.1988	-62.393,57	1	0	1. 2.1988
2	-	1. 2.1988	0,00	1	0	1. 2.1988
3	+	1. 2.1988	-1.764,44	1	0	1. 2.1988
4	D	1. 2.1988	23.000,00	1	0	1. 2.1988
5	D	1. 2.1989	23.000,00	2	360	1. 2.1990
6		. .		0		
7		. .				

weiter mit jeder beliebigen Taste

Abb. 120: Kalkulation einer Konditionsänderung

Als zweite Störung soll die **Veränderung der Konditionsgestaltung** des hier betrachteten Darlehens vorgestellt werden. Abbildung 120 verdeutlicht den Einfluß verschiedener Konditionsveränderungen auf den Konditionsbeitrag (= Barwert zuk. KB), die Marge und den Effektivzins. Dort wurden zwischen Bank und Kunde folgende Änderungen für den zukünftigen Zahlungsstrom vereinbart:

- o Ratenherabsetzung von 25.000 DM auf 23.000 DM,
- o Zusätzliche Tilgung am 1.2.1988 in Höhe von 23.000 DM
- o Laufzeitverkürzung von 3 auf 2 Restraten

Die Kalkulationsrechnung ergibt für die Bank einen zukünftigen Konditionsbeitrag von 2.129,95 DM und damit im Vergleich zum ursprünglich vereinbarten Kundengeschäft eine Gewinneinbuße in

1) Anmerkung: Die Ablösesumme ergibt sich auch aus der Berechnung: Barwert des zukünftigen Zahlungsstroms abzüglich des Barwertes zukünftiger Konditionsbeiträge.

2) GAD (Hrsg.)(Marktzinsmethode), Abschnitt 320

Höhe von 1.828,47 DM (nicht abgebildet). Bei dieser Kalkulationsrechnung wurden folglich die aus der Verhandlung mit dem Kunden resultierenden Änderungen des Zahlungsstromes durch Multiplikation mit den aktuellen Abzinsfaktoren des Geld- und Kapitalmarktes in einen neuen Barwert umgerechnet, von dem der Barwert vergleichbarer GKM-Geschäfte abgezogen wurde.[1]

3.3.2.2.3 Bewertung

Die Verwendung der Marktzinsmethode kann weit mehr zur Steuerung und Planung des Absatzes von Bankdienstleistungen beitragen als traditionelle Kalkulationsverfahren zur Bestimmung von Teilzinserfolgen, da letztere den Erfolgsbeitrag von Bankgeschäften an vergangenheitsbezogenen und durchschnittlichen Zinssätzen messen und darüberhinaus nur mangelhafte Möglichkeiten zur isolierten Erfolgsermittlung einzelner Aktiv- und Passivgeschäfte aufzeigen.[2] Gerade im Marktbereich mißt sich der Abschluß von Geschäften an der Vorteilhaftigkeit des einzelnen Geschäftes und einer Nutzenbewertung isoliert betrachteter Kundenbeziehungen. Mit Hilfe von "MZM" respektive der dort implementierten Marktzinsmethode können bei der Kunden- und Produktkalkulation erstmals zeitnahe und damit realistische Aussagen zum Ertrag von Konten, Kunden und Produkten getroffen werden.

Die Anwendung der Marktzinsmethode beruht zum Teil auf sehr aufwendigen Rechenverfahren (z.B. komplexe Gleichungssysteme, verschiedene Effektivzinsberechnungsmethoden), die erst durch die Unterstützung des Computers bewältigt werden können. Die durch "MZM" vorgenommene Beschränkung auf die Messung des Konditionsbeitrages betont den Schwerpunkt des PC-Programms für die Steuerung des Beratungserfolges an der Kundenfront. Dort schafft die Computerunterstützung gute Voraussetzungen für die "Selbststeuerung" in den Front-Office-Bereichen und führt die

1) GAD (Hrsg.)(Marktzinsmethode), Abschnitt 330

2) Schierenbeck H. (Bankmanagement), S. 80 ff.

Kundenberater zu einem vorteilhaften Geschäftsabschluß.[1] Die Kalkulation mit dem Computer erweist sich vor allem dann als vorteilhaft, wenn der Erfolgsbeitrag eines Bankproduktes bzw. der Geschäftsbeziehung mit dem Kunden unmittelbar während eines Kundengespäches oder vor Abschluß eines Anschluß- oder Neugeschäftes zur Verfügung stehen muß.

Die Implementierung der Barwertmethode und Effektivzinsberechnung im Rahmen von "MZM" bewirkt, daß abgesehen von "einfach" beschaffenen Bankgeschäften mit z.B. einem Jahr Laufzeit und einer Rückzahlungsrate auch beliebig komplexe Zahlungsströme bei Berücksichtigung verschiedener Variationen kalkulierbar sind. Dort liegt unter Berücksichtigung der sich laufend verändernden Wünsche der Bankkundschaft und damit deren Drängen auf vorzeitige Tilgungen, Stundungen, Änderungen der Zinssätze oder Laufzeiten eine besondere Stärke des vorgestellten PC-Programmes.[2] Das "Marktzinsmodell" nimmt jeweils eine unmittelbare Neuberechnung von Konditionsbeiträgen und damit eine Beurteilung der mit diesen Störungen verbundenen Auswirkungen auf den Ergebnisbeitrag vor. Die Flexibilität des Programmes erlaubt dabei die Berücksichtigung sämtlicher Störungen des Geschäftsverlaufes, verbunden mit einer Variation der damit verbundenen Änderungen von Zahlungsströmen, Margen und Effektivzinssätzen. Auf diese Weise kann eine schrittweise Anpassung in Hinblick auf die Interessen des Kundens (z.B. Kündigung) in Abstimmung mit den von der Bank (z.B. Sollmarge) gewünschten Rentabilitätsvorstellungen vorgenommen werden. Dies schließt auch den unmittelbaren Vergleich von alternativen Konditionsgestaltungen mit Konkurrenzangeboten zur Überprüfung der eigenen Konditionsgestaltung ein.

Wenngleich die Marktzinsmethode viele Vorteile zur Planung und Steuerung des Absatzes von Bankdienstleistungen verspricht, ergeben sich aus heutiger Sicht einige Probleme bei deren praktischer Umsetzung. Zur Beurteilung des Nutzens dieses Programmes

1) Schimmelmann W.v. (Firmenkundenbetreuer), S. 24.

2) GAD (Hrsg.)(Marktzinsmethode), Abschnitt 160

stellt sich die Frage, ob die kalkulierten Erfolgsbeiträge an der Kundenfront und damit gegenüber dem Bankkunden wirklich durchsetzbar sind. In diesem Fall müssen z.B. die juristischen Rahmenbedingungen bei der Vertragsgestaltung von einzelnen Bankgeschäften (z.B. Festzinsvereinbarungen) beachtet werden.[1] Dies bedeutet aber, daß die durch "MZM" kalkulierten Kosten für eine Kündigung unter Umständen auf Grund bestehender Festzinsvereinbarungen entweder wesentlich höher liegen können oder sogar eine einseitige Auflösung des Geschäftes von Seiten der Bank rechtlich unmöglich ist, wenn der Kunde auf ein Fortführung des Geschäftes besteht. Andererseits können auch die kalkulierten Ergebnisbeiträge den strukturpolitischen Geschäftszielen der Bankleitung z.B. bei Entscheidungen zugunsten der Fristentransformation entgegenstehen. Deshalb ist eine Einbindung der Marktzinsmethode in ein umfassendes EDV-gestütztes Führungssystem sinnvoll, welches z.B. den kalkulierten Erfolgsbeiträgen bestimmte Richtkonditionen oder Limite gegenüberstellt, die vor Abschluß eines Geschäftes durch den Kundenbetreuer zu berücksichtigen sind.[2] An dieser Stelle bietet sich die automatische Überleitung von Rahmendaten der Geschäftsleitung in das PC-Programm an, damit der Kundenberater die gewonnenen Kalkulationsergebnisse mit den Geschäftszielen der Bank unmittelbar vergleichen kann.

Ein weiteres Umsetzungsproblem bei der Marktzinsmethode ergibt sich aus der Bestimmung von realistischen Alternativgeschäften und damit Opportunitätszinssätzen auf den Geld- und Kapitalmärkten. Während dies bei gängigen Geschäftsarten (z.B. Sichteinlagen) relativ gut möglich ist, muß der Controller bei anderen seltener anzutreffenden Geschäftsabschlüssen, die kein vergleichbares Geld- oder Kapitalmarktgeschäft aufweisen, auf die interpolierten und damit fiktiven Zinssätze zurückgreifen. In diesem Fall stellt jedoch die durch "MZM" durchgeführte Kalkulation eine theoretische Berechnung dar und spiegelt nicht die realen zum

1) GAD (Hrsg.)(Marktzinsmodell), Anhang C. 100

2) Schimmelmann W.v. (Firmenkundenbetreuer), S. 25 f.

Kalkulationszeitpunkt geltenden Gegebenheiten auf den Geld- und Kapitalmärkten wieder.

Gegenwärtig bestehen in den Genossenschaftsbanken auch Probleme bei der Umsetzung der Marktzinsmethode, die sich unter anderem aus der Bereitstellung der für Berechnung notwendigen Daten ergeben.[1] Dazu gehört, daß die in vielen Fällen noch auf traditionelle Verrechnungsmethoden (z.B. Schichtenbilanz) ausgerichteten EDV-Systeme eine direkte Erfolgsermittlung einzelner Geschäfte nicht unterstützen. Auf diesem Gebiet arbeiten die Genossenschaftsbanken noch an einer "marktzinsorientierten" Datenbankstruktur.

3.3.2.3 Kunden- und Marktinformationssysteme

3.3.2.3.1 BPM - Banken-Primär-Marktforschung

Das PC-Programm "Banken-Primär-Marktforschung" (BPM) wurde in Zusammenarbeit mit dem Betriebswirtschaftlichen Institut der Deutschen Kreditgenossenschaften (BIK), dem Bundesverband der Deutschen Volks- und Raiffeisenbanken (BVR) und dem Meinungsforschungsinstitut für Demoskopie Allensbach konzipiert. Derzeit haben mehr als 300 Genossenschaftsbanken im deutschsprachigen Raum dieses PC-Programm vom BIK angefordert.[2]

Mit Hilfe von "BPM" kann der Controller den Aufbau und die Auswertung von Marktanalysen, welche sich auf schriftliche Kundenbefragungen mit Hilfe von standardisierten Fragebögen stützen, vornehmen. Die Umfrageergebnisse können nach sachlichen und so-

---

1) Schimmelmann W.v. (Firmenkundenbetreuer), S. 23.

2) Die Darlegung der Funktionalität dieses PC-Programmes beruht auf einer bereitgestellten Marktstudie der Volksbank Siebengebirge und den diesbezüglich geführten Interviews im Jahre 1989 mit folgenden Herren:

- Herrn B. DIECKHÖHNER (BVR, Bonn)
- Herrn K. GROB (BIK, Frankfurt)

ziodemographischen Kriterien zu Statistiken aufbereitet und anschließend für die Entwicklung geeigneter Markt- bzw. Vertriebsstrategien verwendet werden.[1] Zur Gewährleistung optimaler Einarbeitungsmöglichkeiten in Hinblick auf die vielseitigen Auswertungsmöglichkeiten zu den erhobenen Marktdaten stehen den Bankmitarbeitern auf einer Modelldatenbank Schulungsdaten zur Verfügung. In diesem Fall wurden bereits eine Auswahl von Fragebogen erfaßt und diesbezügliche Auswertungen vorbereitet.

Textbox 67 zeigt eine Übersicht zu den Arbeitsbereichen der Primärmarktanalyse "BPM".

Hinsichtlich der Benutzerfreundlichkeit beim Aufbau von Analysen zeichnet sich "BPM" durch eine vollständige Systemführung aus und zeigt zu jedem Bearbeitungsschritt die jeweils zulässigen Befehle/Eingaben auf dem Bildschirm an.[2]

ARBEITSBEREICHE - "BPM"

- o Bankstellen-/Kundenwohnorterfassung
- o Fragebogenerfassung
- o Gewichtung der Ergebnisse
- o Repräsentativitätsberechnung
- o Standardauswertungen
- o Sonderauswertungen
- o Individuelle Folgeverarbeitungen
- o Ausdruck erfaßter Fragebogentexte
- o Erstellen von Fragebogenausdrucken

Box 67: Arbeitsbereiche - "BPM"

Zur manuellen Übertragung der Umfrageergebnisse in das PC-Programm kann der Controller die jeweiligen Fragenummern einzeln in beliebiger Reihenfolge aufrufen; andererseits führt "BPM" auch den in der Erfassung und in bezug auf den Aufbau der Fragebogen nicht versierten Bankmitarbeiter, indem nach Abschluß der Bearbeitung einer Frage der Cursor sich auf die nächste folgerichtige Antwortmöglichkeit bewegt. Zur besseren Nachkontrolle der

1) BIK (Hrsg.)(GBI-CON), S. 8.

2) BIK (Hrsg.)(GBI-CON), S. 26.

erfaßten Daten kann kann der Anwender ferner eine spezielle Anzeige der nicht angekreuzte Anworten veranlassen.[1]

ZIELE UND METHODEN - "BPM"

- Nutzungsstatistiken - Aufschlüsselung der in Anspruch genommenen Bankdienste von einzelnen Kunden oder Kundengruppen
- Strukturanalysen - Aufschlüsselung von Kunden und Nichtkunden nach soziodemographischen Merkmalen
- Marktbeurteilung - Ermittlung von Marktanteilen, -volumina und -potentialen
- Konkurrenzbeobachtung - Inanspruchnahme von Bankdiensten der Kunden und Nichtkunden bei anderen Bankinstituten (z.B. Sparkasse)
- Leistungsprofile - Kundenbeurteilungen und Wünsche zum Dienstleistungsangebot der eigenen Bank

Box 68: Ziele und Methoden - "BPM"

Textbox 68 vermittelt eine Übersicht zu den Zielen und Methoden des PC-Programmes "BPM". Nach Abschluß der Markterhebung nimmt "BPM" auf Grund der automatisch mitgezählten Fragebögen die Berechnung des Repräsentativitätsgrades der Markterhebung vor, welcher angibt, wie aussagekräftig die gewonnenen Kundenantworten im Verhältnis zum gesamten Kundenbestand einer Bank sind.[2] Ferner kann der Controller bei ungenügendem Repräsentativitätsgrad eine Gewichtung der zugeleiteten Kundenantworten nach den Kriterien **Geschäftsstellengröße** und/oder **Mitgliedschaft/Nichtmitgliedschaft** durch das PC-Programm veranlassen. So bewirkt z.B eine gemeinsame Gewichtung nach den oben genannten Kriterien, daß Verzerrungen bei den Auswertungen der Marktanalyse in Folge des besonders hohen oder niedrigen Fragebogenrücklaufes an einzelne Geschäftsstellen oder von seiten der Mitglieder/Nichtmitglieder vermieden werden. Sobald nun einzelne Umfrageergebnisse in späteren Arbeitsschritten inhaltlich geändert bzw. gelöscht oder neu hinzu-

1) BIK (Hrsg.)(BPM), S. 51 f.

2) BIK (Hrsg.)(BPM), S. 11.

kommende Fragebogen erfaßt werden, nimmt "BPM" automatisch eine Neugewichtung vor.[1] Eine weitere Möglichkeit zur Nutzung der Gewichtungsfunktion besteht darin, die Gewichtungen so einzustellen, daß bestimmte interessierende Merkmale (z.B. spezielle Altersgruppen) bei der späteren Kunden- und Marktanalyse eine besondere Berücksichtigung erfahren.

Nach Durchführung der Datenerfassung weist das Programm diejenigen Auswertungen aus, die auf Grund der gewonnen Umfrageergebnisse nicht vorgenommen werden können. Der Controller kann anschließend sämtliche durch den PC berechnete Analysen nacheinander anschauen oder über eine "Suchfunktion" spezielle Auswertungen direkt anwählen. Dazu besteht die Möglichkeit bei Marktanalysen, die über den jeweils aktuellen Bildschirmausschnitt hinausgehen, spalten- und zeilenweise zu "blättern".

STANDARDAUSWERTUNGEN - "BPM"

- Bei welcher Geschäftstelle erledigen Sie meistens Ihre Bankgeschäfte?
- An welchen Tagen gehen Sie meist zu unserer Bank?
- Wie oft gehen Sie durchschnittlich im Monat zu unserer Bank?
- Sind Sie mit den Öffnungszeiten unserer Bank einverstanden?
- Finden Sie sich bei unserer Bank leicht zurecht ?
- Wie werden Sie durch die Mitarbeiter unserer Bank bedient?
- Welchen Ruf hat unsere Bank in Ihrer Umgebung?
- Was sollte unsere Bank neu einführen oder besser machen als bisher?
- Waren Sie bei der Kreditaufnahme zufrieden?
- Gibt es etwas, das nicht zu Ihrer Zufriedenheit gelöst werden konnte?
- Gibt es nach Ihrer Meinung noch etwas, das Sie besonders gut finden oder das unzureichend ist?

Box 69: Standardauswertungen -"BPM"

STANDARDAUSWERTUNGEN

Die Standardauswertungen von "BPM" erfassen sowohl allgemeine Beurteilungen der Bankkundschaft als auch deren spezielle Wünsche und Erwartungen in Bezug auf das konkrete Dienstleistungs-

1) BIK (Hrsg.)(BPM), S. 11 f.

angebot. Insgesamt stehen in diesem Analysebereich 44 verschiedene Auswertungstabellen auf "Knopfdruck" bereit, die jeweils nach Geschäftstellen oder Kundenwohnorten sortierbar sind.

Textbox 69 stellt einen Ausschnitt der in diesem Arbeitsbereich von "BPM" möglichen Standardauswertungen vor. Neben geschlossenen Fragekomplexen nimmt das PC-Programm auch ganze Texte in Form von z.B. Reklamationen oder Belobigungen der Kundschaft auf. Der Vorteil einer Verarbeitung von unstrukturierten Textdaten und deren Verknüpfung mit quantitativen Auswertungen liegt darin, daß damit insgesamt eine größere Aussagekraft und Interpretationsfähigkeit der Marktanalyse erzielt werden kann. Dazu gehört auch die Erfassung von denjenigen Sachverhalten, welche über geschlossene Fragenkomplexe nicht erfaßbar sind.[1]

SOZIODEMOGRAPHISCHE STRUKTURMERKMALE

- Dauer der Bankkundschaft nach Jahresklassen
- Persönliche Mitgliedschaft (ja/nein)
- Mitgliedschaft von Haushaltsangehörigen (ja/nein)
- Geschlecht
- Altersgruppen nach Jahresklassen
- Berufstätigkeit nach Berufsstatus (z.B. Facharbeiter)
- Familienstand
- Haushaltsgröße (Anzahl Erwachsene/Kinder)
- Monatliches Nettoeinkommen nach Einkommensklassen
- Wohnort

Box 70: Soziodemographische Strukturmerkmale

Im Arbeitsbereich der Standardauswertungen kann der Markt-Controller gezielt jeweils einzelne soziodemographische Strukturmerkmale (vgl. Textbox 70) miteinander verknüpfen, so daß die gewonnenen Marktergebnisse in Hinblick auf deren strukturelle Zusammensetzung in mehrere Dimensionen aufbereitet werden können.

Abbildung 121 zeigt eine derartige Strukturanalyse, die nach den zwei Merkmalen "Altersgruppe" und "monatliches Haushaltsnettoeinkommen" aufgefächert ist. Durch Vornahme mehrerer Strukturaus-

1) BIK (Hrsg.)(BPM), S. 9.

wertungen in bestimmten Zeitabschnitten oder zu bestimmten Zeitpunkten können schließlich Strukturentwicklungen aufgezeigt werden.[1]

	-- Altersgruppe unt. 18 J.	18 - 29 J.	30 - 44 J.	(- Altersgruppe 45 - 60 J.	ueb. 60 J.
Basis	2	12	42	9	-
keine Angabe	-,- %	-,- %	2,4 %	22,2 %	-,- %
unter DM 1.500	50,0 %	-,- %	2,4 %	-,- %	-,- %
DM 1.500 - DM 2.199	-,- %	41,7 %	9,5 %	22,2 %	-,- %
DM 2.200 - DM 2.999	-,- %	16,7 %	14,3 %	-,- %	-,- %
DM 3.000 - DM 4.000	50,0 %	16,7 %	23,8 %	11,1 %	-,- %
ueber DM 4.000	-,- %	25,0 %	47,6 %	44,4 %	-,- %

Abb. 121: Strukturanalyse - "Altersgruppe/monatliches Haushaltsnettoeinkommen"

ZUSATZAUSWERTUNGEN

Bei den durch "BPM" angebotenen Zusatzauswertungen unterscheidet man einerseits **Sonderauswertungen** und andererseits **wahlfreie Standardauswertungen**. Im Rahmen der wahlfreien Standardauswertungen erlaubt "BPM" die Aufschlüsselung der Umfrageergebnisse nach beliebigen Strukturmerkmalen, um bestimmte Kundensegmente und deren Antwortverhalten zu betrachten. Auf diese Weise können die Umfrageergebnisse sowohl mit den aufgeführten soziodemographischen Strukturmerkmalen als auch über die jeweiligen Fragebogennummern, sowie in Hinblick auf bestimmte positive/negative Kundenantworten aufbereitet werden.[2] So kann der Anwender z.B. bei der Selektion spezieller Marktergebnisse pro Abfrage beliebig viele Kriterien bzw. Merkmalsausprägungen über die logischen Verknüpfungsoperanden "und" bzw. "oder" miteinander verbinden. Bei der Vornahme von Sonderauswertungen besteht hingegen die Möglichkeit, Analysen vorzunehmen, welche die Bündelung verwandter Fragestellungen zu marketingspezifischen Fragestellungen unter-

1) BIK (Hrsg.)(BPM), S. 17.

2) BIK (Hrsg.)(GBI-CON), S. 9.

stützen. Dazu gehört die Bereitstellung von Imageprofilen, Interbanken- und Geschäftsstellenvergleichen sowie Marktpotentialanalysen.[1]

Sonderauswertung: 7 vom 26.02.1985 Seite: 1

Staerken-/Schwaechenprofil (III) (Grafik)
- positive Argumente - persoenliche Mitgliedschaft -

	Bank(ins.)	Hauptst.	Roemer	Rossmarkt
Basis	26	12	1	1
einv.m.Oeffnungszeit	80,8 %	75,0 %	100,0 %	100,0 %
f.s.leicht zurecht	80,8 %	75,0 %	-,- %	100,0 %
freundliche Bed.	73,1 %	83,3 %	100,0 %	-,- %
aufgeschl. Mitarb.	42,3 %	25,0 %	-,- %	-,- %
schnelle Mitarb.	42,3 %	25,0 %	100,0 %	-,- %
fachl. gut inform.	7,7 %	8,3 %	-,- %	-,- %
genuegend Zeit	53,8 %	50,0 %	100,0 %	-,- %
teilt wissensw. mit	19,2 %	25,0 %	-,- %	-,- %
schnelle Gesch.-Abw.	46,2 %	33,3 %	100,0 %	-,- %
grosszuegig	38,5 %	33,3 %	-,- %	-,- %
guenst. Geldgesch.	34,6 %	33,3 %	-,- %	-,- %
Gleichbehandlung	23,1 %	16,7 %	-,- %	-,- %
bequem erreichbar	73,1 %	66,7 %	100,0 %	100,0 %
zufr. Kreditaufn.	65,4 %	58,3 %	100,0 %	-,- %

Abb. 122: Imageprofil

Das **Imageprofil**, welches Abbildung 122 vorstellt, wertet die zurückgeleiteten Umfrageergebnisse nach positiven und negativen Antworten/Argumenten aus und stellt diese für die Gesamtbank, einzelne Geschäftsstellen oder bestimmte Kundengruppen zusammen. Ergebnis dieser Marktanalyse ist ein Stärken-/Schwächenprofil des Kreditinstituts, welches Aufschluß über die Zufriedenheit der Kunden mit der Geschäftsabwicklung bzw. den Bankmitarbeitern gibt und für gezielte "Public-Relation"-Maßnahmen genutzt werden kann.

Im Rahmen des **Interbankenvergleiches** (Vgl. Textbox 71) nimmt "BPM" eine Trennung der Kunden nach denjenigen, die ausschließlich bei der eigenen Bank Dienstleistungen nachfragen und Kunden, die bei anderen Banken (z.B. Sparkasse) gleichzeitig Kunde

1) BIK (Hrsg.)(GBI-CON), S. 8 f.

INTERBANKENVERGLEICH

- o Allgemeine Banktreue nach Geschäftsstellen und anderen Banken/ Bankengruppen
- o Einzeldienstleistungen nach Bank/Bankengruppe
- o Kundenanzahl mit Konten sowie in Anspruch genommenen Dienstleistungen nach Bank/Bankengruppe
- o Analysen zur Kundenstruktur und des Kundenverhaltens (z.B. Häufigkeit von Bankbesuchen) nach Bank/Bankengruppe

Box 71: Interbankenvergleich

sind, vor. Neben einer Beurteilung des allgemeinen Leistungsstandards in den einzelnen Geschäftsstellen stellt der Interbankenvergleich auch Aussagen zur Ausprägung von bestimmten soziodemographischen Merkmalen (z.B. Altersgruppen) sowie speziellen Einzeldienstleistungen (z.B. Kredite über 30.000) zwischen den einzelnen Banken bzw. Bankengruppen bereit.[1]

Bei der **Geschäftsstellen-Analyse** erfolgt schließlich eine Zuordnung von Kunden zu Geschäftsstellen mit einer Bewertung der Inanspruchnahme von Bankdienstleistungen sowie einer Beurteilung einzelner Geschäftsstellen. Auch dort sind, analog zum Interbankenvergleich, Einzeldienstleistungen aufgeführt, die in weiteren Analysen noch in Leistungsgruppen (z.B. Darlehen) differenziert werden. Zur Beurteilung des Leistungsabsatzes summiert "BPM" bis zu 11 Leistungen pro Kunde für die jeweiligen Geschäftsstellen auf.

Für die Analyse von **Marktpotentialen**, deren inhaltliche Tragweite Textbox 72 für einige Analysebeispiele zeigt, erfolgt eine Auswertung der Umfrageergebnisse nach zukünftigen Anschaffungswünschen, den in Anspruch genommenen Dienstleistungen und möglichen Akquisitionspotentialen. Zum letzten Bereich gehören z.B.

1) BIK (Hrsg.)(GBI-CON), S. 9.

MARKTPOTENTIALANALYSE

- Kundenwünsche nach ausgewählten Öffnungszeiten
- Beratungswünsche nach Mitarbeiterbeurteilung/Orientierungsmöglichkeiten in der Bank usw.
- Leistungen in Prozent der Girokonten (z.B. nach Altersgruppen)
- Nutzung von Bankdienstleistungen im Verhältnis zu Schwächen/Stärken der Bank bzw. deren Mitarbeiter
- Nutzungsbreite der Bankleistungen in Hinblick auf Kundenwünsche
- Nutzungsbreite der Bankleistungen nach Mitgliedschaft/Alters- und Einkommensklasse
- Nutzung der Bankleistungen in bezug auf Häufigkeit des Bankkontaktes und Meinungsäußerungen (z.B. Verbesserungswürdigkeit)
- Nutzung der Bankdienstleistungen unter Berücksichtigung von Akquisitionspotentialen

Box 72: Marktpotentialanalyse

Bedarfsanalysen für öffentliche Informationsveranstaltungen oder Fragen nach der Einschätzung von bestimmten Vertriebswegen (z.B. Geldautomaten). Auch dort erfolgt, analog zum Imageprofil, eine Bewertung der Stärken und Schwächen bei der Geschäftsabwicklung, allerdings unter besonderer Berücksichtigung des Auftretens der Bankmitarbeiter gegenüber dem Kunden und unter Einbezug ausgewählter soziodemographischer Merkmale (z.B. Alters- und Einkommensklassen).

3.3.2.3.2 Verkaufskonzept - Akquisitionssteuerung

Das von der Schweizerischen Bankgesellschaft auf Basis des Datenbankmanagementprogrammes dBase III entwickelte Verkaufsplanungsprogramm "Verkaufskonzept" wurde zur Verwaltung **potentieller Kunden** und der Betreuung wichtiger Personen erstellt, die zu den

Hauptarbeitsbereichen des Programmes zählen.[1] Die Einführung des Programmes erfolgte in verschiedenen Niederlassungen der SBG, die zunächst in ihrer Funktion als Pilotbanken das PC-Programm für einen Zeitraum von 9 Monaten einem Test unterwarfen. Seit 1988 werden die während dieser Erprobungsphase gesammelten Erfahrungen auch anderen Anwendern in der SBG zur Verfügung gestellt.

Gegenwärtig bietet die SBG das Programm über deren zentrale "Enduser-Support"-Abteilung als sog. "Niederlassungs-Package" inklusive Einsatzkonzeption für die Niederlassungen in der gesamten Schweiz an. Die Aufgabe der Niederlassungen besteht darin, die Adressbeschaffung, die Rahmenorganisation und die Schulung zur effizienten Anwendung des Verkaufsplanungsprogrammes vorzunehmen. Die Verantwortung für den Einsatz des "Verkaufskonzeptes" liegt jeweils beim Kommerz- oder Verkaufschef, der u.a. die Auswahl von Bankmitarbeitern für die ordnungsgemäße Erfassung und Pflege der Daten vornimmt sowie die, je nach Filiale unterschiedlichen Analysen bestimmen muß.[2]

Ein wesentlicher Grund für die Einführung einer PC-Lösung war die durch die bestehende Großrechner-Umgebung unmögliche Erfassung von Nichtkunden. Bislang konnte nämlich eine Abspeicherung von Kundendaten im Bankgroßrechner, bedingt durch die dort bestehende Datenbankstruktur nur dann vorgenommen werden, wenn mindestens eine Kontobeziehung bestand. Die Erfassung von Nichtkunden oder wichtigen Kundengruppen erfolgte deshalb ausschließlich mit Hilfe von handschriftlichen Notizzetteln oder allenfalls auf gedankliche Weise durch die zuständigen Kundenbetreuer.

Auf Grund der Menüsteuerung kann der Anwender bei jedem Arbeitsschritt des Akquisitionsprozesses die in Frage kommenden Eingaben auf dem Bildschirm ablesen. Weitere Aspekte die zur Benutzer-

---

1) Die Darlegung der Funktionalität dieses PC-Programmes beruht, sofern nicht anders vermerkt, auf den diesbezüglich geführten Interviews mit Frau B. LANGMEIER und Herrn G. LIUZZI (SBG, Zürich) im Jahre 1989.

2) SBG (Hrsg.)(Verkaufskonzept), o.S.

GRÜNDE FÜR DEN EINSATZ DES "VERKAUFSKONZEPTES"

- Systematische und zielorientierte Betreuung von potentiellen Kunden
- Jederzeitige aktuelle Unterstützung der Bearbeitung von Akquisitionsadressen und Kundenkontakten
- Möglichkeit zu statistischen Auswertungen des vorhandenen Adressmaterials
- Historie und Kontrolle der Akquisitionstätigkeit

Box 73: Gründe für den Einsatz des "Verkaufskonzeptes"

freundlichkeit beitragen, sind die ohne Funktionskenntnisse des Datenbankmanagementsystems dBase mögliche Bedienung sowie die angebotenen Definitionsmöglichkeiten von Vorgabewerten für häufig benutzte Eingaben, die in diesem Fall automatisch in die Erfassungsmasken übertragen werden. Sämtliche abgespeicherte sowohl strukturierte als auch unstrukturierte Informationsarten sind schließlich in andere PC-gestützte Textverarbeitungsprogramme (z.B. PCText) überführbar, um z.B. Serienbriefe oder Etiketten für Direct-Mail-Aktionen zu erstellen.[1] Abbildung 123 zeigt den Ablauf eines Akquisitionsprozesses unter Einbezug des vorgestellten PC-Programmes "Verkaufskonzept".

KUNDENKONTAKTRAPPORTE

Kernstück des "Verkaufskonzeptes" ist die Erstellung und Führung der **Kundenkontaktrapporte**. Im Falle eines Erstkontaktes wird der Kundenrapport von den zuständigen Kundenbetreuern nach der Kontaktaufnahme ausgefüllt und an die für die Datenerfassung in der Niederlassung verantwortliche Stelle weitergeleitet. Neben den Kundenkontakt-Stammdaten erfaßt das PC-Programm auch Gesprächsnotizen aus dem Kundenkontakt, die Art der Kontaktaufnahme (z.B. Telefon oder Lunch), das Kontaktergebnis als auch den nächsten vereinbarten oder selbst durch den Kundenbetreuer festgesetzten Kontakttermin. Rechtzeitig vor dem nächsten Kundenkontakt kann

1) SBG (Hrsg.)(Verkaufskonzept), o.S.

nun die Niederlassung über das Programm eine Rückleitung des Kundenkontaktformulares zu bestimmten Zeitpunkten, wie z.B. jeden Freitag für die in der folgenden Woche relevanten Termine, an den Kundenbetreuer veranlassen.[1]

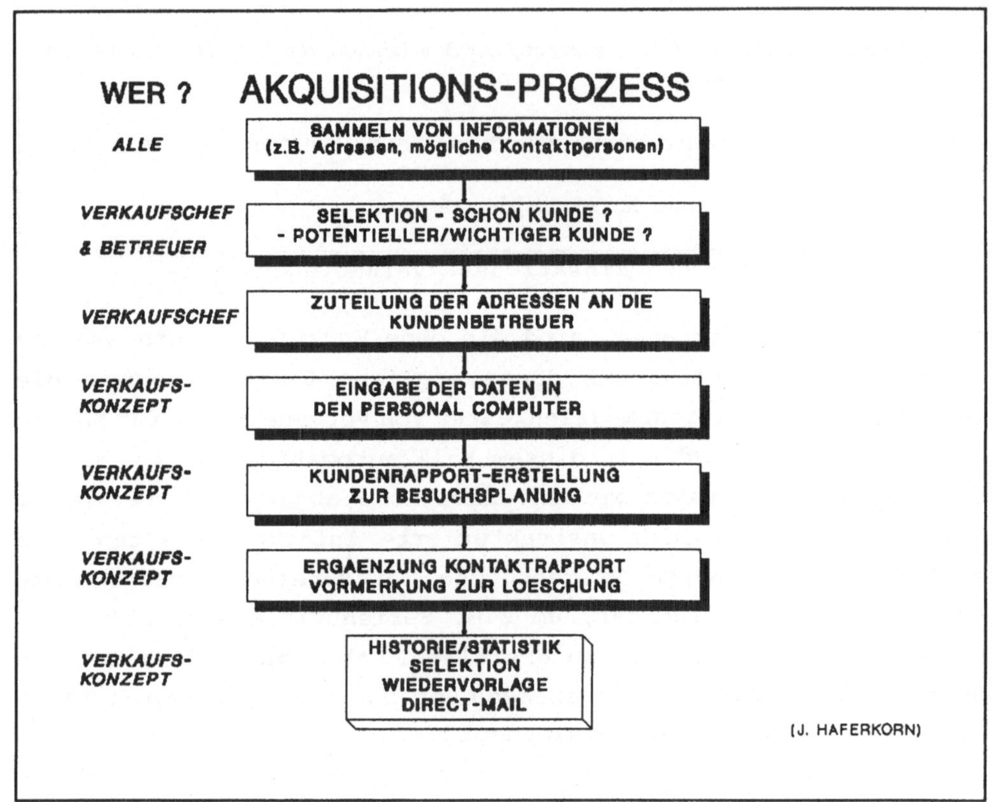

Abb. 123: Ablauf einer Akquisition

Da auch mehrere Bankmitarbeiter zu einem Kunden Kontakte pflegen können, erstellt das Programm, abgesehen von den Kundenkontaktrapporten an den Hauptkundenbetreuer, auch für andere im Hause der Bank befindlichen Kontaktpersonen entsprechende Rapporte. Auf diese Weise können die Akquisitionskontakte direkt den tatsächlichen Kontaktpersonen in der Bank angezeigt und später zugerechnet werden.

1) SGB (Hrsg.)(Verkaufskonzept), o.S.

STANDARD-AUSWERTUNGEN "POTENTIELLE KUNDEN"

- o Anzahl Kundenkontakte sortiert nach Kontaktart und Betreuer sowie Kontaktergebnis und Betreuer
- o Potentielle Kunden sortiert nach Branche/Postleitzahl/ Sachbearbeiter/nächstem Kundenkontakt
- o Neu akquirierte Kunden
- o Doppelt geführte potentielle Kunden
- o Stammdaten akquirierter und potentieller Kunden
- o Historie zur Akquisitionstätigkeit

Box 74: Standard-Auswertungen "Potentielle Kunden"

Textbox 74 vermittelt einen Überblick der im Arbeitsbereich "Potentielle Kunden" verfügbaren Standard-Auswertungen. Für die Auswertungen zur Kontaktanzahl sowie den neu akquirierten Kunden erstellt der Computer auf Wunsch eine Quartalsstatistik und druckt diese automatisch aus. Mit Ausnahme der Stammdatenübersicht und Besuchshistorie kann der Kundenbetreuer den Inhalt sämtlicher in diesem Arbeitsbereich bereitgestellten Standard-Auswertungen individuell bestimmen, so daß immer nur die von ihm als wesentlich erachteten Informationen in dem entsprechenden Listenausdruck erscheinen.[1]

Darüber hinaus kann der Kundenbetreuer neben sämtlichen Kontaktkunden-Stammdaten und anderen in diesem Arbeitsbereich vermerkten Informationsarten (z.B. Kontaktergebnis) auch individuelle Abfragen zur gezielten Marktbearbeitung vornehmen. Damit der Kundenbetreuer sich jeweils zwischen den betrachteten Kontaktpersonen bewegen und die Entwicklung des von ihm betreuten Kundenstammes verfolgen kann verfügt die Datenbank zu den "Potentiellen Kunden" über komfortable "Blätterfunktionen".[2]

---

1) SBG (Hrsg.)(Verkaufskonzept), o.S.

2) SBG (Hrsg.)(Verkaufskonzept), o.S.

```
Keine Aktivitäten vorhanden
24.07.89  Aktivitäten                    Erfassen                        Seite 1/1

Akquisitionsnr.    11
Name/Firma        [Birchmeier                            ]
Namenszusatz      [                                      ]
PLZ               [5303    ]  Or ┌[ Kontaktergebnis ]──────────┐
Betr.              KOFI-112      │1  wurde Kunde               │
Kontaktergebnis   5  ..........  │2  Interessant (weiterarbeiten)│ntakt    .  .
Kontaktart        1  ..........  │3  Indifferent (weiterarbeiten)│ntakt    .  .
Leistungen        1   0   2   0  │4  Nicht interessant         │ 7  0  8  0
Bemerkungen:                     │5  in Bearbeitung            │
                                 └─────────────────────────────┘

<PGDN>/<ENTER> ABSPEICHERN                      <ESC> ABBRECHEN OHNE SPEICHERN
(F1)   HILFE
```

Abb. 124: Erfassung Potentielle Kunden - "Kontaktergebnis"

Für die zur Erfassung von Akquisitionsaktivitäten (vgl. Abb. 124) einzelner Kundenbetreuer zum Kontaktergebnis angezeigten Zustände (z.B. "Wurde Kunde") kann der Kundenbetreuer jeweils einen individuellen Zeitraum für deren Löschung vorsehen. Dazu gehört vor allem die regelmäßige Eliminierung von nicht interessanten Kunden, um die Datenbank nicht unnötig zu belasten. Andererseits merkt das Programm auch selbständig nach einem erfolgreich abgeschlossenen Kundenkontakt (Kontaktergebnis = "Wurde Kunde") diesen Kunden für die Löschung vor. Auf diese Weise sind immer nur, dem Zweck des PC-Programmes angepaßt, potentielle Kunden auf dem Arbeitsplatz-PC abgespeichert und es bestehen keine Redundanzen mit den in der Groß-EDV geführten Kundenstammdaten. Allerdings können erfolgreich akquirierte Kunden auch weitergeführt werden, sofern der Kundenbetreuer dort zusätzliche Akquisitionspotentiale vermutet.

Über den Arbeitsbereich "Potentielle Kunden" können bei erfolgreichem Kundenkontakt auch die von seiten der Bank erbrachten Leistungen erfaßt werden. (Vgl. Abbildung 125) Dort gibt das

```
Keine Aktivitäten vorhanden

24.07.89  Aktivitäten                          Erfassen                          Seite 1/1
Akquisitionsnr.      11
Name/Firma          [Birchmeier
Namenszusatz        [              ┌[ Dienstleistungen ]┐
PLZ                 [5303    ]     │Kontokorrent        │  ]
Betr.                KOFI-112      │Kontoverbindung     │
Kontaktergebnis     1  wurde Ku    │Depot               │  etzter Kontakt   20.04.84
Kontaktart          1  Telefon     │Kredit              │  ächster Kontakt  20.08.89
Leistungen          1  12   2      │Hypothek            │     6   0   7   0   8   0
Bemerkungen:                       │Kaution             │
                                   │Akkreditive         │
                                   │Portefeuille        │
                                   │Devisen             │
                                   │Geldmarktanlagen    │
                                   │ZV-System (manuel)  │
                                   │ZV-System (EDV)     │
                                   │Cheques(Euro-u.Korr)│
                                   └────────────────────┘

<PGDN>/<ENTER> ABSPEICHERN                          <ESC> ABBRECHEN OHNE SPEICHERN
(F1)   HILFE
```

Abb. 125: Erfassung Potentielle Kunden - "Dienstleistungen"

"Verkaufskonzept" eine Vielzahl von Leistungsarten vor und berücksichtigt bis zu acht verschiedene Produkte/Dienstleistungen pro Kundenkontakt bzw. pro vergebener Akquisitionsnummer.

WICHTIGE KUNDEN

Der zweite zu Anfang erwähnte Arbeitsbereich des Programmes besteht in der zielgerechten Erfassung von wichtigen Bankkunden und zeichnet sich durch einen hohen Freiheitsgrad in Bezug auf die inhaltliche Belegung der dort bereitstehenden Erfassungsmasken aus. In dieser Datenbank speichert der Kundenbetreuer die Stammdaten, Interessen sowie die Branchen- und Berufsbezeichnung der von ihm als wichtig klassifizierten Bankkunden. Dazu gehört auch die Eingabe von wichtigen bevorstehenden Anlässen/ Veranstaltungen für eventuelle Kontaktaufnahmen sowie eine Reihe verschiedener Selektoren (z.B. Ausländer in der Schweiz), die ebenfalls der Überwachung dieses Marktsegmentes dienen. Abgesehen von vordefinierten Dateninhalten zu den vorgenannten Datenarten kann der Kundenbetreuer auch eigene Kriterien für den von ihm bearbeiteten Kreis von wichtigen Kunden auswählen. Sämtliche

Daten in dieser Datenbank sind gleichzeitig Suchbegriffe für individuelle Selektionen zur gezielten Marktbearbeitung. Beim Start einer individuellen Abfrage kann der Anwender auch eine Eingrenzung der Abfrage vormerken, wie z.B. alle wichtigen Kunden des Kundenbetreuers "Hans Maier" mit den Interessen "Theater" und "Oper", die älter "als "30 Jahre" sind. Die Bestimmung der Abfragekriterien erfolgt über einfache Tastenbestätigung, wobei das "Verkaufskonzept" dem Anwender jeweils alle möglichen Abfragefelder - gegebenfalls auf mehreren Bildschirmseiten, zwischen denen beliebig geblättert werden kann - anzeigt.

Zu den erfaßten Anlässen für die als wichtig erachteten Kunden erstellt das Programm Statistiken, so daß der Kundenbetreuer für bevorstehende Anlässe oder Veranstaltungen gezielte Auswertungen vorliegen hat. Dazu gehören auch vordefinierte, auf "Knopfdruck" abrufbare Standardauswertungen, die jeweils in alphabetischer Reihenfolge dem Kundenbetreuer zu allen wichtigen Personen beispielsweise deren Geburtstage, Firmenjubiläen oder Interessen anzeigen.[1]

Abbildung 126 zeigt die letzte von insgesamt fünf Seiten des Erfassungsbereiches für den durch das "Verkaufskonzept" unterstützten Arbeitsbereich zu den wichtigen Personen. Wie ersichtlich, können dort die Interessen dieser Kundenkreise durch Eingabe der entsprechenden Nummer erfaßt und in einem weiteren Bildschirmbereich bis zu drei verschiedene wichtige Ereignisse (= Remember Bemerkung) und ein bestimmter Termin (= Remember Datum) erfaßt werden. Eine Besonderheit des Programmes besteht darin, daß sowohl für die dort eingetragenen Ereignisse zu wichtigen Personen als auch den vorgemerkten Termin eine programmgestützte Erinnerungsfunktion besteht. In diesem Fall weist das "Verkaufskonzept" den Kundenberater automatisch bei Aufruf eines Kundens auf die für diesen Kunden relevanten Ereignisse hin oder gibt zu bestimmten Zeitpunkten (z.B. jeden 1. des Monats) eine Übersicht zu den bevorstehenden Ereignissen an. In beiden

1) SGB (Hrsg.)(Verkaufskonzept), o.S.

Fällen kann der Kundenbetreuer die Informationen des Programmes auch für die Durchführung von Direct-Mail-Aktionen (z.B. Einladungen) mit Hilfe der angebotenenen Textverarbeitungsfunktionen nutzen.

```
24.07.89  WP / Interessen                    Erfassen                          Seite 5/5
Personalien  :  /
INTERESSEN                 [ Interessen ]
1        (..................  18 Antiquitäten                  ..................)
2        (..................  12 Bildhauerei/Malerei           ..................)
3        (..................  83 Diverse                       ..................)
4        (..................  41 Do-it-yourself                ..................)
5        (..................  33 Fussball                      ..................)
                              40 Fussball
Remember Datum         . .    42 Garten
                              20 Gegenwartsprobleme
Remember Bemerkung            35 Golf
                              43 Handarbeit
Bemerk.1                      14 Kino
Bemerk.2                      39 Kondition allgemein
Bemerk.3                      31 Leichtathletik/Turnen

<PGDN>/<ENTER> ABSPEICHERN                         <ESC> ABBRECHEN OHNE SPEICHERN
(F1)   HILFE
```

Abb. 126: Erfassung Wichtige Personen - "Interessen"

3.3.2.3.3 Bewertung

Sämtliche der vorgestellten PC-Applikationen greifen die Bemühungen des Bankmarketings zur Durchführung einer zielgruppengerechten Absatzmarktbearbeitung auf und legen den Grundstein zur Bildung einer schlagkräftigen und verhandlungsstarken Verkaufsorganisation. Die Operationalisierung dieser Zielsetzung erfolgt dabei durch die Analyse von Kunden- und Marktstrukturen zusammen mit der "ex-ante"-Bestimmung von Rahmenbedingungen und Handlungsparametern, so daß schon im Vorfeld des Absatzes neuer Bank-

dienstleistungen/Produkte eine fundierte quantitative und qualitative Beurteilungsbasis entstehen kann.
Sowohl "BPM" als auch das "Verkaufskonzept" eröffnen gute Möglichkeiten zur Auffächerung der Struktur und Zusammensetzung des bankbetrieblichen Absatzmarktes. Mit Hilfe der angebotenen individuellen und standardisierten Informationsabfragen, die auch auf der Kombinationen einer Vielzahl von Abfragekriterien basieren können, sind innerhalb kürzester Zeit verschiedene Marketinganalysen möglich. Der mit diesen Auswertungen verbundene Zugewinn an markt- und kundenbezogenen Informationen versetzt die Kreditinstitute in die Lage, den Aufbau einer kundengruppenorientierten Vertriebsorganisation vorzunehmen, welche sich weitgehend an den Bedürfnissen der bestehenden (Kunden) als auch der potentiellen Kundenschaft (Nichtkunden) anlehnt.

Das Programm "Verkaufskonzept" setzt den Schwerpunkt der Kundengruppenorientierung bei der Kundenkontaktplanung und versucht eine direkte individuelle Steuerung der Kundenakquisition vorzunehmen. Dahingegen versucht "BPM" über allgemeine und weitgefächerte Markterhebungen Ansatzpunkte für neue und verbesserte Betreuungs- und Servicekonzepte zu gewinnen. Beide PC-Programme tragen dazu bei, die z.T. zufallsbedingte und von persönlichen Erfahrungen abhängige Absatzmarktkenntnis der Bankkmitarbeiter in den Kreditinstituten abzubauen und versuchen den Erwerb neuer Impulse für die Geschäftstätigkeit auf eine systematische Datenbasis zu stellen.

Von besonderer Bedeutung ist die große Flexibilität beider Programme bedingt durch die Erweiterbarkeit von Datensätzen, so daß im Prinzip beliebig viele Informationen, in Form von z.B. neuen Produkten, für bestimmte Kunden bzw. Kundengruppen aufgenommen werden können. Einen wesentlichen Beitrag zur Effizienz der vorgenommen Kunden- und Marktauswertungen leistet die Hinzunahme unstrukturierter Informationsbestände (z.B. Bemerkungen/ Notizen), die mit den vorgenommenen Analysen verknüpft werden können und damit die Informationstiefe verbessern. Während das PC-Programm "BPM" zu einer besseren Erkenntnis über die Einstellungen (z.B. Zufriedenheit) und Gewohnheiten (z.B. Produktnutzung) bestimmter Kundengruppen beiträgt, ermöglicht das "Verkaufskonzept" eine direkte Unterstützung der Akquisitionstätigkeit, z.B. über eine programmgesteuerte Terminplanung zur Kontaktaufnahme mit interessanten Kunden oder Nichtkunden. Die Integration des "Verkaufskonzeptes" mit der Textverarbeitung bewirkt - zunächst einmal unter Berücksichtigung der bestehenden Masse an Kundendaten - eine gewisse Rationalisierung bei der Kontaktaufnahme. In diesem Fall kann der Kundenbetreuer zunächst die persönliche Kontaktaufnahme auf die ihm wichtig erscheinenden Kunden beschränken und andere Kunden mit Akquisitionspotential für die briefliche Kontaktaufnahme vorsehen.

Beide Programme können über die gezielte Aufarbeitung der Bedürfnisse der bestehenden und potentiellen Kundschaft eine prioritätsorientierte Kundenbetreuung (z.B. Jugendliche/ Wichtige Kunden) und damit zu einer optimalen Verteilung der in der Regel knappen Betreuungsressourcen an der Kundenfront beitragen. Dazu gehört auch die effizientere Marktbearbeitung als mit Hilfe der zur Verfügung stehenden Selektionskriterien Informationen über z.B. "Türöffnerprodukte" oder "Trefferquoten" von bestimmten Werbeaktionen aufzeigbar sind. Damit können die Banken eine gezielte Überprüfung des bestehenden Angebotes an Bankdienstleistungen oder eine Kontrolle von durchgeführten Marketing-Maßnahmen vornehmen.

Damit die aufgezeigten Vorteile der vorgestellten Kunden- und Marktinformationssysteme von den Anwender genutzt werden können müssen allerdings bestimmte organisatorische Maßnahmen, die zu einer Optimierung der Datenqualität beitragen können, getroffen werden. In Bezug auf die Vornahme der Stichprobe im Rahmen des PC-Programmes "BPM" scheint vor allem eine zufallsbedingte Auswahl geeignet, damit die Datenbasis auf eine möglichst objektive Basis gestellt ist. Bei der Bestimmung des Stichprobenumfanges führen einige Banken eine schwerpunktmäßige Streuung des Fragebogenvolumens auf besonders bedeutende Filialen (z.B. Hauptfilialen) durch und schaffen zur Verbesserung der Rücklaufquote der Fragebogen gezielte Anreize bei der Kundschaft, so z.B. Gewinnverlosungen. Weitere Maßnahmen zur Optimierung des

Einsatzes von "BPM" bestehen darin, das Bankpersonal in den Bedeutungsinhalt des Fragebogens einzuweisen, damit gegebenfalls gezielte Erklärungen am Schalter erfolgen können. Einige Banken führen auch eine laufende Kontrolle des Antwortverhaltens über Zwischenauswertungen durch, wie z.B. regelmäßige Analysen nach gezielten Kriterien (z.B. auffälliges Antwortverhalten).[1]

Zur Unterstützung des "Verkaufskonzeptes" müssen ebenfalls organisatorische Vorkehrungen für die systematische Aufbereitung und Pflege des vorhandenen Adressdatenmaterials getroffen werden, damit die Optimalität der abgespeicherten Kundendaten gewährleistet ist. Dazu gehört nach Auffassung der Interviewpartner vor allem die regelmäßige Abspeicherung von Kundeninformationen und Kontaktergebnissen, damit die gewonnenen Auswertungen stets einen hohen Aktualitätsgrad und damit Nutzen für die Kundenbetreuer aufweisen. So könnte es z.B. zu geschäftsschädigenden Folgen führen, wenn sich die Interessen oder die Berufstätigkeit eines Kunden gravierend ändern, jedoch der Kundenberater diese als Anknüpfungspunkt für seinen Kontakt benutzt. In bezug auf die Aktualität des Adressmaterials empfiehlt die Schweizerische Bankgesellschaft den Anwendern eine unmittelbare, durch die Verantwortlichen zu überwachende Berichterstattung nach Abschluß der Akquisition an die für die Datenerfassung zuständige Stelle. Außerdem sollte regelmäßige Qualitätskontrolle des Adressmaterials in den Filialen mit Hilfe von "Test-Mailings" vorgenommen werden.

Wie ersichtlich stellen sowohl das "Verkaufskonzept" als auch "BPM" hohe Anforderungen an die Aufbereitung der Daten und damit den Aufbau der entsprechenden PC-Datenbanken. Trotz der für die Erfassung von Daten angebotenen Benutzerfreundlichkeit beläuft sich der Zeitaufwand für die Vorbereitung der Marktauswertungen (ohne Markterhebung) im Rahmen von "BPM" auf mindestens 2 Tage. Für den Aufbau des "Verkaufskonzeptes" wird der Zeitaufwand auf etwa 5 Minuten pro Adresse schätzt. Damit sich der Aufwand für

1) Presinger H. (Banken-Primärmarktforschung), S. 47.

den Aufbau der Akquisitionssteuerung in Grenzen hält, sollte vor allem eine Zuteilung der Adressbestände an die für diese Kundengruppe zuständigen Kundenbetreuer erfolgen.

4 Schlußwort

Die vorgestellte Thematik zum PC-Einsatz in Kreditinstituten verdeutlicht die intensive Durchdringung einer Vielzahl bankwirtschaftlicher Arbeitsbereiche durch leistungsfähige PC-Technologien. Der PC schafft dabei in sämtlichen Arbeitsbereichen die Voraussetzung für die Produktion von zweckdienlichen Informationen, deren Zusammenführung zu verdichteten Analysen sowie die unmittelbare Verfügbarkeit am Arbeitsplatz des Bankmitarbeiters. Die damit einhergehende Flexibilität führt zu einer größeren Entscheidungskompetenz und Motivation der Bankmitarbeiter bei der Erfüllung ihrer Aufgabenstellung.

Die derzeitige Breitenwirkung des PC's verdeutlicht eine Studie der International Data Corporation Deutschland (IDC) für den kommerziellen Anwendungsbereich in der Bundesrepublik Deutschland deutlich. Danach teilten sich im Jahre 1985 noch 27 Bürobeschäftigte einen PC am Arbeitsplatz; demgegenüber soll bereits im Jahre 1991 schon jeder sechste Angestellte über einen eigenen PC verfügen.[1]

Trotz der Vorteile von dezentralen PC-Applikationen müssen jedoch Anstrengungen zur Einbindung dieses Informationsmediums in ein umfassendes EDV-Konzept vorgenommen werden. Die Notwendigkeit zur Integration des PC's ergibt sich vor allem daraus, daß dezentrale PC-Applikationen auch anderen Filialen, die vergleichbare Aufgabenstellungen besitzen, zur Verfügung stehen müssen. Insofern fördert die Einbindung des PC's die Bildung eines flächendeckenden Leistungsspektrums und einer umfassenden Informationsbasis in sämtlichen Arbeitsbereichen der Kreditinstitute.[2] Aus der Sicht des einzelnen Arbeitsplatzes ergibt sich die notwendige Integration vor allem daraus, daß die Bankmitarbeiter zur Erfüllung ihrer Aufgaben auch Leistungen anderer Stellen benötigen, ohne deren Verfügbarkeit die Arbeitsabläufe durch

1) o.V. (IDC-Studie), S. 93.

2) Müller F.R. (Bankdienstleistungen), S. 32 f.

zeitintensive Kommunikationsprozesse und Wartezeiten behindert werden. Daher schafft erst die Verbundfunktion zwischen verschiedensten Arbeitsbereichen in den Kreditinstituten die Voraussetzung für einen ganzheitlichen produktiven Arbeitprozess.[1]

Ein wesentliches Charakteristikum des PC-Einsatzes liegt in dessen zunehmender Verwendung als transportables Arbeitsmittel, welches sich durch seine flexible Leistungserstellung im Außendienst beim Kunden auszeichnet. Die in den Kreditinstituten derzeit ausgeprägte Tendenz zur Anschaffung von sog. "laptops" verfolgt das Ziel, die Beratungskompetenz beim Kunden zu verbessern und das gesamte Spektrum an Bankdienstleistungen auch außerhalb der Kreditinstitute bereitzustellen.

Interessant ist vor allem, daß derzeit ein erheblicher Vorschub zur Nutzung des PC's bei Firmen- und Privatkunden geleistet wird, indem die Kreditinstitute die entsprechende PC-Software zum eigenständigen Abruf von Bankdienstleistungen anbieten. So wird im Geschäft mit Firmenkunden deutlich, daß eine Reihe von bankbetrieblichen Leistungen (z.B. Kontoauskünfte) aus dem personengebundenen Leistungsbereich der Kreditinstitute transferiert und dem Kunden übertragen werden.[2]

Der Einsatz der EDV-Technik muß vor allem im Zusammenhang mit dem Aufbau strategischer Erfolgspositionen gesehen werden, deren Ausprägung zu einer Differenzierung in "besser und schlechter informierte" Kreditinstitute führt und damit den unterschiedlichen Entwicklungsstand der eingesetzten EDV-Technik widerspiegelt. Der Aufbau von Wettbewerbspotentialen bestimmt sich deshalb wesentlich durch die Leistungsfähigkeit der Informationsverarbeitung in den Kreditinstituten. Die Information wird damit selbst zum

1) Behrendt G. (Jahre), S. 15.; Bohl A. (Front), S. 75.

2) Hiester H.J./ Steigenwald O. (Electronic Banking), S. 41 ff.; Piel H. (Dienstleistungsangebot), S. 29 f.; Tippenhauer K./Coenen H.-G. (Anbindung), S. 38 ff.; Zapp H. (Unternehmen), S. 20 f.

Produktionsfaktor und tritt neben die bekannten Produktionsfaktoren Arbeit und Kapital.[1]

Ein wesentlicher Ansatzpunkt für den Aufbau strategischer Erfolgspositionen ergibt sich aus dem Einsatz von Expertensystemen, die mittlerweile sämtliche Bereiche der Bank erfassen und an der Kunde-Bank-Schnittstelle zur Schaffung einer flächendekkenden Beratungskompetenz und eines einheitliches Erscheinungsbildes der Banken nach außen beitragen können. Die ständige Verfügbarkeit von Expertensystemen kann dabei die Leistungsfähigkeit einer Bank verbessern und insbesondere zur Beurteilung von komplexen Bankprodukten beitragen.[2] Dennoch muß die Entwicklung von Expertensystemen auch mit einer sorgfältigen Überwachung der aufgebauten Regeltechnik und Wissensbasen verbunden sein, damit deren Einsatz nicht zu falschen Empfehlungen führt, die beträchtliche negative Folgen für das Image der Kreditinstitute mit sich bringen können.[3] Der Einsatz von Expertensystemen in der Kreditwirtschaft ist derzeit noch sehr umstritten, so daß erst die Zukunft Klarheit über den Nutzen dieser neuen Software-Technologie verschaffen wird.

Ein wichtiger Aspekt zur erfolgreichen Einführung der PC-Technologie ergibt sich aus deren Einbettung in ein umfassendes Strategiekonzept, welches von sämtlichen Führungskräften in den Kreditinstituten getragen wird. Gerade der dezentrale, dem Endbenutzer offerierte Einsatz von PC-Applikationen muß durch eine umfassende Planung begleitet sein. So werden wesentliche Trends zu verbesserten Produkten im Informatikbereich erfaßt und organisatorische Maßnahmen zur Gewährleistung einer optimalen Unterstützung der Endbenutzer sowie einer hohen Sicherheit erreicht. Gerade der Sicherheitsaspekt wurde von vielen Kreditinstituten in Hinblick auf die Verwendung von PC-Systemen hervorge-

1) Schuster L. (Erfolgsposition), S. 205 ff.

2) Happ Chr. (Wettbewerbsvorteile), S. 5 f.

3) Schuster L. (Bankbetrieben), S. 220.

hoben und vielfach noch mit großer Kritik bedacht. Die Sicherheitsprobleme beziehen sich dabei einerseits auf den nicht autorisierten Zugriff auf Daten bzw. deren Manipulation und andererseits auf den Schutz der häufig sehr sensitiven Kundendaten vor deren Zerstörung.

Zusätzlich müssen bei der strategischen PC-Einsatzplanung konkrete Ziele, die sich an Kosten-Nutzen-Vorstellungen orientieren, operationalisiert werden. Deren Überwachung erreicht nur ein effizientes Projektmanagement. Zu den Zielen der PC-Einsatzplanung gehört dabei auch die Planung eines auf die einzelne Bank abgestimmten Hard- und Softwareangebotes sowie konkrete Nutzennachweise der Endbenutzer. Auf diese Weise soll der vielfach von den Kreditinstituten angeführte "PC-Wildwuchs" in Folge der gestiegenen Ansprüche an die Informatik vermieden werden.

Damit die Leistungsfähigkeit von PC-Programmen ausgenutzt werden kann, bedarf es vor allem einer intensiven Schulung der Bankmitarbeiter, verbunden mit einem Erfahrungsaustausch zwischen Spezialisten und EDV-Laien. Die Notwendigkeit einer Schulung ist dabei umso größer, wenn durch den Einsatz der EDV-Technologie das Kunde-Bank-Verhältnis direkt betroffen ist. Auf diesem Gebiet kann die mangelnde Kompetenz gegenüber dem Kunden im Rahmen des PC-gestützten Leistungsabsatzes zu empfindlichen Vertrauensverlusten führen.

Andererseits muß die Einführung von PC's auch von einer Bewußtseinsänderung im Management begleitet sein, die den PC als Arbeitsmittel akzeptiert und dessen strategische Bedeutung in einem wettbewerbsintensiven Umfeld erkennt. Dort müssen entprechende Maßnahmenbündel zu einer gelenkten Organisationsentwicklung einsetzen, die eine den PC fördernde Unternehmenskultur herbeiführt. Bisher jedenfalls sind trotz des offensichtlich steigenden und bestehenden hohen Verbreitungsgrades von PC's immer noch Computerängste vorhanden, die z.T. generationsbedingt sind, und einen hemmenden Faktor in Hinblick auf die Nutzung dieses Informationsmediums darstellen.

Mit Blick auf das Schulwesen und der dort schon frühzeitig einsetzenden PC-Schulung ist jedoch zu erwarten, daß in der Zukunft der PC auch in den Kreditinstituten ein verbreitetes und von allen akzeptiertes Arbeitsmittel darstellt, welches möglicherweise sogar den Beliebtheits-und Verbreitungsgrad der bekannten Telefontechnologie erreichen könnte.[1]

1) o.V. (Angst), C 6 ff.

LITERATURVERZEICHNIS

ABEL U./REICH H. (IBM PC) Qualifizierte Wertpapieranalyse auf dem IBM PC und kompatiblen Computern, Wiesbaden: Gabler, 1987

ABEL U. ET ALTERI (neue Dimension) Optionen - die neue Dimension im Wertpapiergeschäft: wiss. Analyse - Gewinnstrategien - Anlagepraxis, Neuss: Börsen- u. Wirtschaftspublizistik, 1986

ABELS P./KLÜNDER W. (Zinsänderungsrisiko) Zinsänderungsrisiko aus Festzinsgeschäften, in: BBl., 6/84, S. 237 ff.

ACHATZ H. (Mehrplatzsystem) LAN statt Mehrplatzsystem, in: PC-WOCHE, 21.3.88, S. 32.

ACTIS (Hrsg.)(PABA) PABA-Leistungsbeschreibung, Frankfurt, August 1988

ADV-ORGA (Hrsg.)(Bürokommunikation) Bürokommunikation, ADV/ORGA-Research-Studie 6, Wilhelmshaven, (ohne Jahr)

ADV/ORGA (Hrsg.)(SOFI) SOFI Büro/Sekretariat- Organisations- und Informationssystem, Wilhelmshaven, 1988

ALF (Hrsg.)(OPTIFI) OPTIFI Optimale Baufinanzierung, Leingarten, Vers. 3.3 + Demodisketten, 1989

AMBROS H. (90er) Berater und beraten in den 90er Jahren, in: Banking & Finance, Frühjahr 1989, S. 24 ff.

AMBROS H. (Vorstandsmitteilung 54/88) Vorstandsmitteilung 54/88 (Maschinenschrift), (ohne Ort), 1988

AMBROS H./HAIDER B. (SB-Entwicklung) SB-Entwicklung - Zwischenbericht 1988, Studiengesellschaft für Sparkassen-Automation, Heft CXVI, Auszug Kapitel 5, 2. erw. Aufl., Wien, Dezember 1988

ANDERS B.M. (Handelssystemen) Mit Handelssystemen Informationen steuern, in: Anlagepraxis, 12/88, S. 29 ff.

ANDREAE W. (Helfer) Titan - ein mächtiger Helfer, in: NJW-CoR 1/88, S. 15 f.

ANSINK H.J./SEEGER ST. (Erfolgsfaktor) Elektronik als kritischer Erfolgsfaktor im internationalen Bankgeschäft, in: Handelsblatt, 5.5.1988, (ohne Seitenangabe)

ARTHUR ANDERSEN & CO (Hrsg.)(Change) The Decade of Change - Banking in Europe -the next ten years, London, 1986

ARTHUR ANDERSEN & CO (Hrsg.)(Markets) European Capital Markets, Special Report, No. 1161, (ohne Ort), January 1989

ARTHUR ANDERSEN & CO (Jahrzehnt) Ein Jahrzehnt des Wandels, in: BBL, 11/87, S. 518 ff.

ASHAUER G. (Schulung) Überlegungen zur PC-Schulung und zum PC-Einsatz in der Schulung BBL, 3/85, S. 85 ff.

BADIOR A. (Bonitätsanalyse) Computergestützte Bonitätsanalyse im Praxistest, in: Kreditpraxis, 1/88, S. 35 ff.

BÄUERLE R. (Archive) Elektronische Archive, c.p., Ausg. 2, 4.1.89, S. 100 ff.

BÄUERLE R. (Textrecherche) Textrecherche per Datenbank, in: MS-DOS Welt, 2/87, S. 66 ff.

BÄUERLE R. (Zeiten) Im Wandel der Zeiten, c.p., Ausg. 24, 9.11.88, S. 18 ff.

BANK JULIUS BÄR (Hrsg.)(Kreditüberwachung) Methoden & Verfahren Kreditüberwachung, Zürich, Juni 1988

BANK JULIUS BÄR (Hrsg.)(Aktive Vermögensverwaltung) PM 250 Aktive Vermögensverwaltung, Zürich (ohne Jahr)

BANK J. VONTOBEL & CO.AG. (Hrsg.)(Analyse) Technische Analyse -ein Bestandteil der Wertpapieranalyse, Zürich, (ohne Jahr)

BANKING SOFTWARE PARTNERS (Hrsg.)(TRADE) BSP Trade, System für Wertpapierhandel und Back Office, Vers. Februar 1989, Köln

BAUER W. (Grundwissen) Computer Grundwissen - Eine Einführung in Funktion u. Einsatzmöglichkeiten, 8. Aufl., (ohne Ort): Falken, 1987

BAUKNECHT K. (Aspekte) Aspekte des Personal Computer-Einsatzes in Kreditinstituten, Tagung: Personal Computer in Kreditinstituten v. 2. Oktober 1986, Veranstalter: Institut für schweizerisches Bankwesen, Universität Zürich & Institut für Bankwirtschaft, Hochschule St. Gallen, in: Beiträge zur Bankbetriebslehre aus dem Institut für Bankwirtschaft an der Hochschule St. Gallen, Bd. 12, St. Gallen: ohne Verlag, April 1987, S. 115 ff.

BAYLEY M.G. (Technology) Technology Meets Regulation, in: A.Saunders/J.W.Lawrence (Hrsg.), Massachusetts/Toronto: Lexington, 1986, S. 63 ff.

BARGEMANN TH. (Jugendliche) S-Start-Set-Konzeption für Jugendliche, in: bankkaufmann, 11/88, S. 54 ff.

BECKER J. (Bilanzanalyse) Bilanzanalyse mit dem Personal-Computer, in: Kreditpraxis, 6/84, S. 31 ff.

BECKURTS K.H./SCHUCHMANN H.-R. (Grenzen) Sind die Grenzen der Mikroelektronik erkennbar?, in: H. Schneider/P. Muthesius (Hrsg.), Bankmitarbeiter und die neuen Informatiktechniken - Chancen und Aspekte, Frankfurt: Knapp, 1986, S. 11 ff.

BEHRENDT G. (Jahre) 4 Jahre PC-Einsatz in der GRZ, in: GRZ Nachrichten, Ausg. 11, Lehrte, (ohne Jahr), S. 15 ff.

BENN J.E. (Bankpartnerschaft) Bankpartnerschaft im Dienste des Kunden, in: OB, Oktober 1988, S, 10 ff.

BERGER K.-H. (Risiken) Möglichkeiten der Erfassung von Risiken im Bankbetrieb, Ersch. in: Krumnow J./M. Metz (Hrsg.), Rechnungswesen im Dienste der Bankpolitik, Stuttgart: Poeschel, 1987, S. 251 ff.

BERTRAM G.B. (Information-Center-Konzept) Das Information-Center-Konzept in: PIK 9, 1986/4, S. 127 ff.

BHF-Bank (Hrsg.)(Analysesystem) RENSYS - Das Analysesystem der BHF-Bank für eine erfolgreiche Bond-Portfolio-Strategie, Frankfurt, (ohne Jahr)

BHF-TRUST (Hrsg.)(Chart Service) Weekly Bond Market Chartservice, 26. April 1989, Frankfurt

BHF-BANK (Hrsg.)(ILIM) ILIM - Integrated Liquidity Investment Management (Maschinenschrift) Frankfurt, 1986

BHF-Bank (Hrsg.)(RENSYS) Handbuch - Das BHF-RENSYS-SYSTEM, Frankfurt, (ohne Jahr)

BIK (Hrsg.)(Bilanzanalyse) Expertensystem "Bilanzanalyse" (Maschinenschrift), Ausgegeben anläßlich der Hannover-Messe CeBIT 1988

BIK (Hrsg.)(BPM) Banken-Primär-Marktforschung, Frankfurt, (ohne Jahr)

BIK (Hrsg.)(FINCON) Benutzerhandbuch - Genossenschaftliches Banken-Informations- und Controllingsystem/GBI-CON - FINCON Finanz-Controlling, Frankfurt, (ohne Jahr)

BIK (Hrsg.)(GBI-CON) Produktbeschreibung - Genossenschaftliches Banken- und Informations-und Controllingsystem, Frankfurt, (ohne Jahr)

BIK (Hrsg.)(IKBA) Kurzbeschreibung - Interaktive Kunden-Bilanz-Analyse - IKBA, Frankfurt, (ohne Jahr)

BILL K. (Automaten) Wird die Bank zum Automaten? in: Beiträge zur Bankbetriebslehre aus dem Institut für Bankwirtschaft an der Hochschule St. Gallen, Bd. 14, Münsingen: BANCOMEDIA, März 1988

BLAHUSCH H. (Vorgehen) Konzeption und Vorgehen im Rahmen der Bürokommunikation eines Hauses, in: BBL, Juni 1989, S. 277 ff.

BLASER CHR. (Entwicklung) Trends in der Entwicklung und Anwendung neuer EDV-Technologien im Bankwesen, in: gi, 4/86, S. 20 ff.

BLOHMEYER-BARTENSTEIN H.P./BOTH R. (Computer-Netzwerke) Datenkommunikation und lokale Computer-Netzwerke, Haar b. München: Markt-und-Technik, 1986

BLOHMEYER-BARTENSTEIN H.P./BOTH R. (Mainframes) PC's, Minis und Mainframes im Verbund: zentrale u. dezentrale Computerlösungen für d. betriebl. Informationswesen; Erl. u. Beispiele für Rechnerkopplungen, Haar b. München: Markt-und-Technik, 1986

BOCK W./LENGACHER H.P. (Akquisition) Weniger Verwaltung, mehr Zeit für Betreuung und Akquisition, in: bankkaufmann, 2/88, S. 33 ff.

BÖNI R.T. (Finanzmärkten) High-tech auf den Finanzmärkten, in: Der Monat, Schweizerischer Bankverein (Hrsg.), Oktober 1989, S. 21 ff.

BOHL A. (Filialautomation) Filialautomation im Focus, Schweizer Bank 89/10, S. 142 ff.

BOHL A. (Front) Deregulierung an der Front, in: SHZ, Nr. 22, 2. Juni 1988, S. 75 ff.

BORN H. (Dienstleistungsunternehmen) Dienstleistungsunternehmen Kreditinstitut im Wandel, in: OB, Oktober 1988, S. 50 ff.

BOUDRIS J.L. (Advantage) Using Telecommunications to create competitive Advantage, in: The Bankers Magazine, Jan.-Feb. 1988, S. 52 ff.

BRAMMERTZ W. (Griff) Mit Simulation im Griff, in: SHZ, 23.9.88, S. 21 f.

BRAUN F.L. (Allfinanz-Beratung) Allfinanz Beratung mit Diagnose und Therapie, in: Die Wirtschaft, 9/89, (ohne Seite)

BRAUN F.L. (Finanzanalyse) Besser planen mit Computer-Finanzanalyse, in: AP, 12/88, S. 36 ff.

BRÜCKNER H.-J. (Kundenservice) Mehr Effizienz und Qualität im Kundenservice, in: bankkaufmann, 10/87, S. 11 ff.

BRUDERER H. (Synthese) Synthese von Text, Graphik und Umbruch, in: NZZ, 25.9. 1989, S 79.

BÜCKEN R. (Startschuß) Startschuß auf der CeBIT, in: bankkaufmann, CeBIT extra, C 15 ff.

BRENDEL W./MECKLINGER R. (Nervensystem) ISDN: Das Nervensystem der Informationsgesellschaft, in: F. Arnold (Hrsg.), ISDN: Viele Kommunikationsdienste in einem System, Köln: R. Müller, 1987, S. 265 ff.

BRUPBACHER W./GIER H.-P. (Risikoüberwachung) Risikoüberwachung im Geld- und Devisenhandel, in: Schweizer Bank, 87/11, S. 47 f.

BÜCH E. (Grenzen) Möglichkeiten und Grenzen der Textverarbeitung auf Micros, in: Weber H.v./Oppermann H.H. (Hrsg.), PC-Betriebliche Anwendungen und Praxis, Beiträge des 2. deutschen PC-Kongresses 1984, Braunschweig/Wiesbaden: Vieweg, 1985, S. 229 ff.

BÜLOW D. (Devisenhändler) Ein anpassungsfähiges Computersystem für Devisenhändler, in: gi, 2/87, S. 32 ff.

BVR (Hrsg.)(Technik) Neue Technik im Büro, Der Personal-Computer und was man damit machen kann, 1. Aufl., Wiesbaden: Deutscher Genossenschaftsverlag, 1986

CAMSTRA B. (Computerunterstützte Schulung) Computerunterstützte Schulung in der Kreditwirtschaft, Sparkasse 6/85, S. 213 ff.

CARR H.H. (Practice) Information Centers: The IBM Model vs. Practice, in: MIS Quarterly September 1987, S. 325 ff.

CHORAFAS D.N./STEINMANN H. (Technology) High Technology at UBS -for Excellence in Client Service, Union Bank of Switzerland (Hrsg.), Zürich 1988

CHRIS DATA (Hrsg.)(P.I.S.) Portfolio-Management Informations System - P.I.S., Zürich, 1989

CHRISTMANN H. (Vollautomatische Unterschriftenprüfung) Vollautomatische Unterschriftenprüfung bei der Kreissparkasse, in: bankkaufmann 11/87, S. 35 ff.

CHRISTODOULAKIS S. (Filing) Office Filing, in: Tsichritzis D.C. (Hrsg.), Office Automation, Berlin/Heidelberg: Springer-Verlag, 1985, S. 67 ff.

COMMERZBANK AG (Hrsg.)(Electronic Banking) Handbuch Electronic Banking, 2. Aufl., Frankfurt, 4/88

COMPUTER CENTRUM WESTKÜSTE (Hrsg.)(Börsen-Computer-Programm) Börsen-Computer-Programm, Heide, 1988

COMSTOCK (Hrsg.)(Depot) ComStock Depot, Dossenheim, 1989

CORNELIUS M. (Entscheidungsunterstützung) Entscheidungsunterstützung für den Manager, in: PC Magazin, 3. Juni 1987, S. 58 ff.

CRAMER J. (Privatkundengeschäft) Der Berater und "seine EDV" - ein Beispiel aus dem Privatkundengeschäft, in: bank und markt, Heft 11, November 1987, S. 7 ff

C.S.S.J.& E. Stiefelmeyer (Hrsg.)(Chartmaster) Chartmaster, Vers. 3.2, (ohne Ort), 1989

CZERNIN-MORZIN A. (S.W.I.F.T.) Weltweiter Einsatz S.W.I.F.T.-bezogener Anwendungen, Erfahrungsbericht in: IBM Anwenderkongreß '88 Dokumentation, Garmisch-Partenkirchen, 27.-29.4.1988, Abschnitt 13 f.

DARAZS G. (Manager-Info) Bürokommunikation: Manager-Info; Einf. in d. Büroland-schaft von heute u. morgen, Köln: Datakontext, 1987

DATA GENERAL (Hrsg.)(CEO) Büroautomationssystem CEO, (ohne Ort), 1989

DEMPFLE E. (Vision) Vision eines "mimetischen" Marketing, in: Schweizer Bank, 89/10, S. 129 ff.

DEUTSCHE BANK AG (Banking-Service) Kurzübersicht db-Electronic Banking-Service, Frankfurt, 1988

DEUTSCHE BANK AG (Hrsg.)(db-Electronic Banking) db-Electronic Banking-Service. Unsere elektronischen Dienstleistungen für Firmenkunden, Frankfurt, Januar 1986

DEUTSCHE BANK AG (Hrsg.)(db-data) db-data. Unser Datenbank-Service, Frankfurt, 1985

DEUTSCHE BANK AG (Hrsg.)(Einjahresplanung), Einjahresplanung, Frankfurt, 1988

DEUTSCHE BUNDESPOST (Hrsg.)(Dateldienste) Dateldienste-Informationen zur Datenübermittlung, Sonderheft CeBit '89, (ohne Ort) Januar 1989

DEUTSCHE BUNDESPOST (Hrsg.)(Telefax) Telefax - Dieser Dienst hat eine gewichtige Stimme im Konzert der Textkommunikation, (ohne Ort) Januar 1988

DEUTSCHE BUNDESPOST (Hrsg.)(TELEX) Dienstbeschreibung TELEX, Fernmeldetechnisches Zentralamt, Referat T 22-4, (ohne Ort), 4. Entwurf vom 21.11.88

DEUTSCHE BUNDESPOST (Hrsg.)(Teletex) Teletex - Die elektronische Geschäftskorrespondenz als neues Mitglied im Ensemble der Textkommunikation, (ohne Ort), Juli 1988

DEUTSCHE BUNDESPOST (Hrsg.)(Textkommunikation) Textkommunikation - Teletex, Telex, Telefax. Drei Dienste der Post, die gut harmonieren, (ohne Ort), Januar 1988

DGM (Hrsg.)(Mittelstandsberatung) Mittelstandsberatung - Neue Chancen für erfolgreiche Unternehmensführung, München, Februar 1989

DEVON SYSTEMS (Hrsg.)(EMS) Exposure Management System (EMS), Frankfurt, 1989

DEYSSON CHR. (Tränen) Die Tränen trocknen in: WIWO Nr.2 v. 2.3.1988, Special - Büroautomation I: Wettlauf der Systeme, S. 15 ff.

DG-VERLAG (Hrsg.)(Fakten) Schneller Zugriff zu Fakten und Wissen, in: DG-Verlag Information - Elektronische Informations-Systeme, Nr. 4, 28.11.1988

DG-VERLAG (Hrsg.)(Quellensteuer) Kundenfragen zur Quellensteuer, in: DG-Verlag Information - Elektronische Informations-Systeme, Nr. 3, 28.11.1988

DG-VERLAG (Hrsg.)(Wissen) Wissen und richtiges Verhalten in Ton und Bild, in: DG-Verlag Information - Elektronische Informations-Systeme, Nr. 2, 28.11.1988

DIEBOLD DEUTSCHLAND (Hrsg.)(Geldinstituten) Informatik in Geldinstituten, Frankfurt (ohne Jahr)

DIEBOLD DEUTSCHLAND (Hrsg.)(Mikrocomputer-Netzwerke) Der Markt für Mikrocomputer-Netzwerke in der Bundesrepublik Deutschland, Frankfurt, 1987

DIEFENBACH H. (Bankenwettbewerb) Information und Informationssysteme - strategische Waffe im Bankenwettbewerb, in: bank und markt, Heft 10, Oktober 1988, S. 35 ff.

DIETER J. (Intelligenz) Verteilte Intelligenz in einer Großsparkasse, in: bank und markt, 5/88, S. 47 ff.

DIETRICH D./METZENDORF H. (Computer) Personal Computer, Heidelberg: R.v. Decker & C.F. Müller, 1987

DIGITAL EQUIPMENT (Hrsg.)(ALL-IN-1) ALL-IN-1 Büro-Informations-Systeme, (ohne Ort), 1988

DIGITAL EQUIPMENT (Hrsg.)(Vorgangsbearbeitung) VAXbank-ALL-IN-1 Dialoggestützte Vorgangsbearbeitung, (ohne Ort), (ohne Jahr)

DIGITAL EQUIPMENT (Hrsg.)(Sachbearbeitung) CSB-Computerunterstützte Sachbearbeitung, Prototyp der Digital Equipment, Beratungszentrum Hannover für die Stadtsparkasse Hannover, 1989

DRESDNER BANK AG (Hrsg.)(Berlin-Darlehen) Berlin-Darlehen, Benutzerhandbuch, Frankfurt, August 1987

DRESDNER BANK AG (Hrsg.)(Bilanzen) dress, Analyse ausländischer Bilanzen, Franfurt, (ohne Jahr)

DRESDNER BANK AG (Hrsg.)(Code) Der Code für die Analyse in- und ausländischer Bilanzen - dress, Frankfurt (ohne Jahr)

DRESDNER BANK AG (Hrsg.)(dreaval) dreaval: Abwicklungen von Bürgschaften und Garantien, Frankfurt, (ohne Jahr)

DRESDNER BANK AG (Hrsg.)(dress) dress: Analyse in- und ausländischer Jahresabschlüsse, in: Dresdner Bank (Hrsg.) Electronic Banking. Und was dahintersteckt, Frankfurt, (ohne Jahr)

DRESDNER BANK AG (Hrsg.)(drecos) drecos: Dresdner Bank Computer-Sparplan für die private Geldanlage, Frankfurt, (ohne Jahr)

DRESDNER BANK AG (drefex) drefex: Das Programm für alternative Export-Finanzierungen, Frankfurt, (ohne Jahr)

DRESDNER BANK AG (Hrsg.)(drefin) drefin: Finanzierungs- und Förderungsberatung, Frankfurt, (ohne Jahr)

DRESDNER BANK AG (Hrsg.)(drekontakt) drekontakt: Der Schlüssel zur Business-Datenbank, Frankfurt, (ohne Jahr)

DRESDNER BANK AG (Hrsg.)(drehaus) drehaus: Dresdner Bank Haus-und Grundstücksmarkt bei der Immobilien-Suche, Frankfurt, (ohne Jahr)

DRESDNER BANK AG (Hrsg.)(DV-Anwendung) IDV: Individuelle, benutzerorientierte DV-Anwendung, Frankfurt, (ohne Jahr)

DRESDNER BANK AG (Hrsg.)(Jahresabschlüsse) Analyse in- und ausländischer Jahresabschlüsse, Präsentationsunterlage Dresdner Bank, Frankfurt, Stand 6/88

DRESDNER BANK AG (Hrsg.)(MABILA) MABILA: Die maschinelle Bilanzauswertung, Frankfurt, (ohne Jahr)

DRESDNER BANK AG (Hrsg.)(Mobilien-Finanzierungen) dremobil: Das Programm für gewerbliche Mobilien-Finanzierungen, Frankfurt, (ohne Jahr)

DRESDNER BANK AG (Hrsg.)(Selbstlernprogramm) drefit-Baufinanzierung: Selbstlernprogramm zur computergestützten Baufinanzierungs-Beratung, Frankfurt, (ohne Jahr)

DREWES B. (Analogy) Retrieval of Abstracts by Analogy, in: G. Salton/H.-J. Schneider (Hrsg.), Research and Development in Information Retrieval, proceedings, Berlin, May 18-20, 1982, Berlin u.a.: Springer, 1983, S. 238 ff.

DREWES W. (Grundkonflikt) Controlling versus Marketing? Grundkonflikt und notwendiger Konsens, in: R. Kolbeck (Hrsg.), Bank-Controlling als Managementaufgabe, Frankfurt: Fritz Knapp, 1987, S. 35 ff.

DREWES W. (Initiative) Mehr Initiative im Verkauf - Perspektiven für die Vertriebspolitik der Sparkassen, in: Marketing-Tagung 1988, Stuttgart: Deutscher Sparkassenverlag, 2/89, S. 110 ff.

DSD/RHSO (Hrsg.)(PC-EBIL) PC-EBIL, Benutzerhandbuch, (ohne Ort), 1988

DSDD (Hrsg.)(Angebot) Unser Angebot im Überblick Teil 1, Stuttgart: Deutsche Sparkassen-Datendienste, (ohne Jahr)

DSDD (Hrsg.)(Kreditüberwachungssystem) Kreditinformations- und -überwachungssystem, (ohne Ort), Stand 8/88

DSGV (Desktop Publishing) Desktop Publishing (DTP) in den Instituten der Sparkassenorganisation Stellungnahme eines Arbeitskreises beim DSDV, BBL 8/89, S. 384 ff.

DSGV (Hrsg.)(Finanzplanung) Finanzplanung für und mit Geschäftskunden, Bedienerhandbuch, Stuttgart: Deutscher Sparkassenverlag, 1. Lief. 12/88.

DSGV (Hrsg.)(Rahmenbedingungen) Rahmenbedingungen für den PC-Einsatz in Landesbanken/Girozentralen in: BBL, 1/86, S. 24 ff.

DSGV (Hrsg.)(Unternehmensbeurteilung) Unternehmer- und Unternehmensbeurteilung, Bedienerhandbuch, Stuttgart: Deutscher Sparkassenverlag, 3. Lief. 12/88

DSV (Hrsg.)(PC-Software) DSV PC-Software, Stuttgart: Deutscher Sparkassenverlag, III.86

DUBE J. (Genossenschaftsbanken) Expertensysteme für Genossenschaftsbanken, in IBM Anwenderkongreß '88 Dokumentation, Garmisch-Partenkirchen, 27.-29.4.1988, Abschnitt 16 ff

DUBE J. (Kommunikation) Information und Kommunikation im genossenschaftlichen Verbund, in: BI, 3/88, S. 12 ff.

DUFFY M.N. (Asset) Investment Managers' Hottest Asset - Graphics Software, in: Wall Street Computer Review, May 1987, S. 59 ff.

DURR M. (Netzwerke) Netzwerke für den PC, Bonn u.a.: Addison-Wesley, 1988

EICHHORN J./WILLIG G. (CUL) Bedeutung des "CUL" für den Verbund, BI 2/88, S. 50 f.

EISMANN G. (Wertpapier-Research) Computereinsatz im Wertpapier-Research, in: BI, 3/88, S. 28 ff.

ELLIS C.A./NAFFAH N. (Design) Design of office information systems, Berlin/Heidelberg: Springer, 1987

EWALD H.-J. (Kundenberatung) Der PC in qualifizierter Kundenberatung, in: gi, 6/86, S. 100 ff.

EWALD H.-J. (Vermögensplanung) Vermögensplanung mit PC-Unterstützung bei Genossenschaftsbanken, in: bank und markt, Heft 4, April 1986, S. 30 ff.

EXECUCOM (Hrsg.)(IFPS/Personal) Strategische Informations-Systeme IFPS/Personal (Kurzbeschreibung), Darmstadt, (ohne Jahr)

EXPERTEAM (Hrsg.)(Wissen) Für Wissen auf Abruf, Köln, (ohne Jahr)

EXPERTECH (Hrsg.)(101 uses) 101 uses of XI plus, Großbritannien, August 1988

FÄHNRICH K.-P. (Software-Ergonomie) Software-Ergonomie: Stand und Entwicklungstendenzen, in: OM, 12/87, S. 6 ff.

FALTER M. (Kreditgeschäft) Die Praxis des Kreditgeschäfts, neubearbeitet von F. Hermanns u. Mitarbeit v. E. Wolff et alteri, 12. Aufl., Stuttgart: Deutscher Sparkassenverlag, 1987

FEICHTINGER H. (Arbeitsbuch) Arbeitsbuch Mikrocomputer - Funktion und Anwendung von Mikrocomputern, Peripherie und Software, 2. Aufl., (ohne Ort): Franzis Elektronik-Nachschlagewerke, 1987

FIDUCIA AG (Hrsg.)(Controlling-Software) Controlling-Software, Vers. 3.00, (ohne Ort)(ohne Jahr)

FIDUCIA AG (Hrsg.)(Controlling-System) Produkt-Information zum Controlling-System, Karlsruhe, 1989

FIDUCIA AG (Hrsg.)(Struktureller Gewinnbedarf) Controlling-System - Struktureller Gewinn-und Eigenkapitalbedarf, Karlsruhe, 1989

FINANCIAL SALES MANAGEMENT INSTITUTE (Hrsg.)(Sales Manager) The Bank Sales Manager, Montclair, New Jersey (USA), 1987

FLEMMING G. (Sparkassen-Mailbox) Die Sparkassen-Mailbox: Elektronische Post und mehr, in: BBL, Juni 1989, S. 290 ff.

FLOYD B.D./PYUN J. (Errors) Errors in Spreadsheet Use, in: New York University (Hrsg.), Center for Research on Information Systems, October 1987

FREIBURG D. (Dokumenten-Retrievalsystemen) Ergonomie in Dokumenten-Retrievalsystemen, Berlin, New York: de Gruyter, 1987

FRICKE R. (Lernhelfer) Der Computer als Lernhelfer, c.p., Ausg. 2, 5.1.88, S. 53 f.

FRIEDRICHS H. /BOMERT A. (Ausnutzung) Die optimale Ausnutzung öffentlicher Förderungsprogramme, in: KP, 6/88, S. 17 f.

FRIEDRICHS K.J. ET ALTERI (4.Generation) Sprachen der 4.Generation: für wen, für was?, Köln: R. Müller-online-DV-Praxis, 1986

FRIGGEMANN P./NEUMANN M. (Bilanzsimulation) STRABIS - Strategische Bilanzsimulation, in: BBL., 11/88, S. 526 ff.

FRONT CAPITAL SYSTEMS (Hrsg.)(OPTAS) OPTAS, (ohne Ort), 24.1.1989

FRONT CAPITAL SYSTEMS (Hrsg.)(Pricing Watch) Pricing Watch, Optas Application Manual, Vers. 0.8, (ohne Ort), 1989

FUHRMANN P.H./BUCK G.F. (management decision) Microcomputers for management decision making, Englewood Cliffs, New Jersey: Prentice-Hall, 1986

GAD (Hrsg.)(Baufinanzierung) Die computerunterstützte Kreditberatung für eine solide Statik ihrer Baufinanzierung, Münster, September 1985

GAD (Hrsg.)(BPM) Genossenschaftliches Banken-Informations- und Controllingsystem - GBI-CON, Handbuch: Banken-Primär-Forschung, Frankfurt, (ohne Jahr)

GAD (Hrsg.)(BMS/DBC) BMS/DBC, Handbuch, Münster, (ohne Jahr)

GAD (Hrsg.)(Kreditakte) Die elektronische Kreditakte gibt ihnen grünes Licht für die Signale des Marktes (Kurzinformation), Münster, März 1987

GAD (Hrsg.)(Kreditprotokolle) Kreditprotokolle, Münster, März 1989

GAD (Hrsg.)(Marktzinsmethode) Teilnehmerunterlage Seminar: Controlling mit der Marktzinsmethode, Münster, März 1989

GAD (Hrsg.)(Marktzinsmodell) Marktzinsmodell - Handbuch, Münster, August 1989

GAD (Hrsg.)(Sicherheitenverwaltung) Kreditprotokollierung und Sicherheitenverwaltung, Münster, 02.88

GAD (Hrsg.)(Summe) Die Summe ihrer Entscheidungen bestimmt die Zukunft ihrer Bank, Banken-Management-System, Münster, Juli 1987

GAD (Hrsg.)(Wechsel) Wechselprogramm auf Mikrocomputer, Münster, (ohne Jahr)

GAD (Hrsg.)(Wertpapiergeschäft) Markttransparenz und analytische Auswertungen sind Schlüssel zum erfolgreichen Wertpapiergeschäft (Kurzinformation), Münster, Februar 1986

GALLANT P. (Treasury) Electronic Treasury Management, Cambridge, England: Woodhead-Faulkner, 1985

GASSNER F. (Bankgeschäfte) Bankgeschäfte auf dem IBM-PC, 1. Aufl., Wiesbaden: Gabler 1988

GEFA (Hrsg.)(LeaseConcept) GEFA-LeaseConcept - Bedienungsanleitung, (ohne Ort), 1988

GENERAL ELECTRIC (Hrsg.)(Global Risk Management) GLS -Global Risk Management from GE, (ohne Ort), (ohne Jahr)

GENERALE BANK (Hrsg.)(Computer Based Training) Computer Based Training at Generale Bank, (ohne Ort), (ohne Jahr)

GENOSSENSCHAFTLICHE RECHENZENTRALEN (Hrsg.)(Softwarekatalog) Mikrocomputer Softwarekatalog der genossenschaftlichen Rechenzentralen, (ohne Ort), (ohne Jahr)

GERGELY ST. M. (Mikroelektronik) Mikroelektronik, Computer, Roboter und neue Medien erobern die Welt, München/Zürich: (ohne Verlag), 1983

GEYER G. (Beratungsgespräch) Das Beratungs- und Verkaufsgespräch in Banken: Bankleistungen erfolgreich verkaufen, 2. Aufl., Wiesbaden: Gabler, 1985

GILLARDON VERLAG (Hrsg.)(Beratungshilfe) Beratungshilfe für die private Vorsorge, Vers. 2.0, (ohne Ort), 1988

GILLIS M.A. (Institutions) Microcomputers in Financial Institutions, Homewood, Illinois: Dow Jones-Irwin, 1985

GIS (Hrsg.)(GIS) Genossenschaftlicher Informations Service GIS, Frankfurt, (ohne Jahr)

GLOGOWSKI E./ MÜNCH M. (Finanzdienstleistungen) Neue Finanzdienstleistungen: dt. Bankenmärkte im Wandel, Wiesbaden: Gabler, 1986

GMI (Hrsg.)(Matplan-PC) Programmieren Sie Ihr Planungs- und Berichtssystem mit MATPLAN, Aachen, (ohne Jahr)

GOLD J. (Word Perfect 5.0) Word Perfect 5.0 - Einführung + Referenz, München: tewi, 1989

GRABHER K. (Bildverarbeitung) PC-gestützte Bildverarbeitung am Beispiel von MS-Windows, Institut für Wirtschaftsinformatik, Hochschule St. Gallen, Arbeitsbericht 53, Wintersemester 89/90

GRÄSER J. (Benutzersprachen) Benutzersprachen - wohin die Richtung geht, in: Dialog, Zeitschrift für IV-Benutzer der IBM Deutschland GmbH, Nr. 13, Dezember 1988, S. 14.

GREGOR B./KRIFKA M. (Einsatzmöglichkeiten) Einsatzmöglichkeiten d. Personal Computers u. Beispiele aus d. Praxis, München: Beck, 1986

GRENZ E. (Jahre 2000) Das Büro im Jahre 2000, Verband für Textverarbeitung und Bürokommunikation (Hrsg.), Esslingen, (ohne Jahr)

GREST A. (Abschied) Abschied vom Aktenordner in: Finanz und Wirtschaft, 16.8.1989, Nr. 72., S. 28.

GROSSMANN W./WOLF T. (Kreditinstitut) Neuartige Anforderungen an die Datenverwaltung am Beispiel der Kreditsachbearbeitung in einem Kreditinstitut, in: H.-J. Schek/G. Schlageter (Hrsg.), Datenbanksysteme in Büro, Technik und Wissenschaft, GI-Fachtagung, Darmstadt. 1.-3. April 1987, Proceedings, Berlin u.a.: Springer, S. 306 ff.

GRZ (Hrsg.)(Bankensonderschau) Bankensonderschau '87, Fallingbostel, 14./15. Oktober 1987, Lehrte

GRZ (Hrsg.)(CSB-Kredit) CSB-KREDIT - Anwenderdokumentation, Lehrte, 15.01.1988

GRZ (Hrsg.)(GRZ) GRZ - Geschäftsbericht 1988, Lehrte

GRZ (Hrsg.)(Schulungsunterlagen) Schulngsunterlagen, Lehrte, (ohne Jahr)

GRZ (Hrsg.)(Zukunft) Auf Zukunft programmiert, Verteilt anläßlich der Hannover Messe CeBIT '88, 16.- 23. März 1988

GRZ (Hrsg.)(zukunftsorientierte Bankleistungen) Electronic Banking für zukunftsorientierte Bankleistungen, (ohne Ort), Verteilt anläßlich der Hannover Messe CeBIT '89, 8.-15. März 1989

GUDERA B. (OEMI) OEMI (G) - Kreditberatung elektronisch, in: BBL., 6/88, S. 251 ff.

GUGGISBERG U. (Kreditentscheid) Expertensysteme für den Kreditentscheid, in: Schweizer Bank, 87/10, S. 63 ff.

HÄGELE H. (Erfahrungen) Information Center - Erfahrungen in den USA (Manuskript), 4. Deutscher Personal Computer Kongress, (ohne Ort), 12.-13. Mai 1986

HANSEN H.R. (Wirtschaftsinformatik I) Wirtschaftsinformatik I, 5. Aufl., Stuttgart: Gustav Fischer Verlag, 1986

HANSSMANN F./MEYERSIEK D. (Management) EDV-Einsatz im strategischen Management, in: H.A. Henzler (Hrsg.), Handbuch Strategische Führung, Wiesbaden: Gabler, 1988, S. 717 ff.

HAPP CHR. (Wettbewerbsvorteile) Wettbewerbsvorteile durch Expertensysteme, in: Kreditpraxis, 1/88, S. 4 ff.

HASKAMP C.H. (Aktienkursprognose) Aktienkursprognose auf Grundlage der Indentifikation von Trend- und Saisonkomponente - Eine empirische Untersuchung, Dissertation, Universität-Gesamthochschule Paderborn, Fachbereich Wirtschaftswissenschaften, Januar 1985

HASLINGER E. (Lexikon) Lexikon der Personal Computer, Arbeitsplatzsysteme, Kommunikationsnetze, München: Oldenbourg, 1987

HAUSCHILDT, J. (Erfolgs- und Finanz-Analyse) Erfolgs- und Finanz-Analyse: fragengeleitete Analyse d. "Vermögens-, Finanz- u. Ertragslage d. Unternehmens" nach Bilanzrichtlinien-Gesetz, 2. Aufl., Köln: Schmidt, 1987

HEGER O.H. (Risiken) Analyse und Überwachung der Risiken im Interbank-Geldgeschäft, in: Die Bank, 6/85, S. 276 ff.

HEINZEL W. (Arbeitsplatzrechner) Arbeitsplatzrechner - Professionelle Personal Computer-Konzeption u. Einsatz, München/Wien: Hanser, 1984

HENKES B. ET ALTERI (Kleinzweigstellen) Einsatz von PC in Kleinzweigstellen hessischer Sparkassen, in: BBL., 1/86, S. 32 f.

HENO R. (Kreditwürdigkeitsprüfung) Kreditwürdigkeitsprüfung mit Hilfe von Verfahren der Mustererkennung, Bern/Stuttgart: Haupt, 1983

HERBERT H.-P. (Zeit) Zeit und Kosten im Griff, in: c.p., Ausg. 10, 27.4.88 , S. 53 ff.

HERBERT H.-P. (zugelegt) Gewaltig zugelegt, in: c.p., Ausg. 26, 7.12.88, S. 105 ff.

HERMANNS F. (Wettbewerbsumfeld) Die Funktion des Gewinns bei den Sparkassen in einem neuen Wettbewerbsumfeld, in: Sparkasse International, 4/87. S. 13 ff.

HERUD K. (Anforderungen) Anforderungen an den Händlerarbeitsplatz für den Geld- und Devisenhandel und das Wertpapiergeschäft, in: IBM Anwenderkongreß '88 Dokumentation, Garmisch-Partenkirchen, 27.-29.4.1988, Abschnitt 9 f.

HEWEL R. ET ALTERI (Wertpapier-Service-System) Das Wertpapier-Service-System (WSS) der BDZ - eine moderne Datenbank zur Verwaltung von Wertpapier-Informationen, in: in: IBM Anwenderkongreß '88 Dokumentation, Garmisch-Partenkirchen, 27.-29.4.1988, Abschnitt 121 ff.

HIESTER H.J./ STEIGENWALD O. (Möglichkeiten) Neue Möglichkeiten im Corporate Electronic Banking, in: OB, Oktober 1988, S. 41 ff.

HOFFMANN H. ET ALTERI (Festzinsgeschäfts) Steuerung des Festzinsgeschäfts/Zinsänderungsrisikos, in: BBl., 5/87, S. 207 ff.

HOLST K.-H. (Kundenselbstbedienung) Kundenselbstbedienung in Kreditinstituten, in: gi, 2/88, S. 28 ff.

HOLTKAMP W. (Tabellen) Viele Tabellen, in: CHIP, Nr. 12, Dezember 1988, S. 326 ff.

HORN H.M. (Elektronik) Elektronik und Börse, in: H. Leser (Hrsg.), Investment heute - Praxiswissen für Profis und Privatanleger, Wiesbaden: Gabler, 1988 , S. 95 ff.

HÖll (Hrsg.)(IWP) IWP Internationales Wertpapier-System für Banken, Fonds- und Vermögensverwaltungen, Wertpapieranleger, Rüsselsheim, 01.03.1989

HOLTKAMP W. (Software-Entwicklung) Software-Entwicklung: eine Technik für sich, in: c.p., Ausg. 26, 7.12.88, S. 50 ff.

HOPPENSTEDT (Hrsg.)(Firmenreports) Ihre persönliche Datenbank. Hoppenstedt-Firmenports auf CD-ROM, Darmstadt, (ohne Jahr)

HOPPENSTEDT (Hrsg.)(Weg) Für den direkten Weg zum Entscheider, Katalog zur Hoppenstedt Wirtschaftsdatenbank, Darmstadt, 1988/89

HOPPENSTEDT D.H. (Technologien) Wie moderne Technologien die Chancen am Markt erhöhen, in: bankkaufmann, 2/88, S. 29 ff.

HUBER H. (Wirtschaftsdatenbank) Gehversuche einer Wirtschaftsdatenbank, in: NZZ, 25. September 1989, Nr. 222, S. 95.

HUNKELER H.P. (Büros) Wachsende Vernetzung der Büros, in: NZZ, Nr. 222, 25.9.89, S. 83.

HUSCHKE H. (Wettbewerbsimpuls) Netzwerke als Wettbewerbsimpuls, in: Schweizer Bank, 88/9, S. 33 ff.

IBBG (Hrsg.)(Titan V) TITAN V - Die neue Generation für Netzwerk + Einplatz, München, (ohne Jahr)

IBM (Hrsg.)(Betriebssystem/2) IBM Betriebssystem/2, Stuttgart u.a., April 1987

IBM (Hrsg.)(Erkennen) Maschinelles Erkennen der deutschen Sprache, IBM Wissenschaftliches Zentrum Heidelberg, 2.3.1989

IBM (Hrsg.)(Executive Manager) IBM Personal Application System for the Executive Manager (Kurzinformation), (ohne Ort), (ohne Jahr)

IBM (Hrsg.)(Expertensysteme) Expertensysteme - Expert System Environment, Stuttgart, März 1988

IBM (Hrsg.)(Financial Branch) IBM Financial Branch System Services, Vers. 2.0/2.1, (ohne Ort), Oktober 1987

IBM (Hrsg.)(IBM 4731) IBM 4731 - Geld- und Service-Einheit, Stuttgart u.a., Oktober 1987

IBM (Hrsg.)(information advantage) IBM Trading Systems, The information advantage, (ohne Ort), (ohne Jahr)

IBM (Hrsg.)(MERVA/2) IBM MERVA/2, (ohne Ort), September 1987

IBM (Hrsg.)(Personal Application System) Personal Application System - General Information, (ohne Ort), (ohne Jahr)

IBM (Hrsg.)(Personal Application System/Version 1.0) IBM Personal Application System (Personal AS) Version 1.0, (ohne Ort), 25. November 1988

IBM (Hrsg.)(Projekt CSB Kredit) Projekt CSB Kredit bei der KSK Esslingen-Nürtingen, VD, KST 1207, PC-Team, (Maschinenschrift), Esslingen, (ohne Jahr)

IBM (Hrsg.)(RDXII) RDXII, Trademark of IBM Corp. and The International Stock Exchange of the United Kingdom and the Republic of Ireland, (ohne Ort), Februar 1989

IBM (Hrsg.)(Software-Basis) IBM Personal System/2 - IBM Personal Computer - Software-Basis, (ohne Ort), September 1987

IBM (Hrsg.)(Sprachen) Natürliche Sprachen und Computer, (ohne Ort), 1989

IBM (Hrsg.)(Systems Application Architecture) Systems Application Architecture - An Overview, 2. Aufl., (ohne Ort), September 1987

IBM (Hrsg.)(WELIS) WELIS - Weltweites Linienüberwachungssystem für den Geld- und Devisenhandel, (ohne Ort), (ohne Jahr)

ICOBS ((Hrsg.)(Auslands-Dokumentengeschäft) ICOBS Auslands-Dokumentengeschäft, (ohne Ort), (ohne Jahr)

INASYS (Hrsg.)(Finanz-Informations-System) Finanz-Informations-System, Bonn, 1989

INFORM (Hrsg.)(Unterschriftenprüfung) Die rechnergestützte Unterschriftenprüfung, Düsseldorf (ohne Jahr)

INFORMATIK-FORUM (Hrsg.)(Integriertes Devisenhandelssystem) VALUTA-IDS Integriertes Devisenhandelssystem, Aachen, 1988

INFOSOFT (Hrsg.)(A.M.S.) A.M.S. Arbitrage Management System, (Programmdokumentation), München, Januar 1989

INFOSOFT (Hrsg.)(Arbitrage Management System) A.M.S. - Arbitrage Management System, München, (ohne Jahr)

IDC (Organizations) PC Use and Acquisition in large Organizations, in: Strategies for microcomputers & office systems, (ohne Ort), May 1989, S. 16 ff.

IPPISCH W. (Überlegungen) Strategische Überlegungen zum Stellenwert neuer Informations- und Kommunikationstechnologien in der bankbetrieblichen Leistungsproduktion, in: W. Bühler/G. Raab (Hrsg.), Schriftenreihe des Österreichischen Forschungsinstitutes für das Sparkassenwesen - Bankautomation und Bankmarketing, Heft 2, 1986, S. 17 ff.

ISCS (Hrsg.)(IAM) IAM - Integrated Asset Management, Zürich, 1989

ISSING L.J./TOBER K. (Autorensysteme) Autorensysteme für die Entwicklung computerunterstützter Lernprogramme, Arbeitsbereich Medienforschung, Institut für Psychologie, Freie Universität Berlin, Mai 1988

JAKOB H.P./MEIER J. (Informatik) Informatik für Kaufleute: ein Lehrgang für Schule und Praxis, 5. Aufl., Zürich: Verlag des Schweizerischen Kaufmännischen Verbandes, 1984

JANAUSCH F./GÄRTNER M. (Telefonmarketings) Erfolgreicher Einsatz des Telefonmarketings in der Sparkasse, in: Marketing-Tagung 1988, Arbeitskreis 13, Stuttgart: Deutscher Sparkassenverlag, 2/89, S. 274 ff.

JANSON A. (Auswahl) Datenbanksysteme - Auswahl und Einsatz: Wege zur individuellen Datenverarbeitung, München: Franzis, 1987

JANSSEN M./PFEIFFER R. (Slot-Maschinen) Slot-Maschinen, in: Finanz und Wirtschaft, Informatik 89, Magazin zur Ausg. Nr. 77, 4. Oktober 1989, S. 41 ff.

JOBST P. (Bewegung) Der Markt kommt in Bewegung, in: bankkaufmann 5/88, S. 22 ff.

JOBST P. (Chartmaster) Chartmaster verwaltet auch Festverzinsliche, in: Wertpapier, 12/88, 3. Juni 1988, S. 602 ff.

JOBST P. (Ordnung) Ordnung, in: WiWo, 8.9.1989, S. 159 ff.

JOBST P. (Profi) Der Profi unter den Privat-Depots, in: c.p., Ausg. 1, 21.12.88, S. 146 ff.

JOBST P. (Programm) Das richtige Programm auswählen, in: c.p., Ausg. 1, 21.12.88, S. 141.

JOBST P. (Rechner) Depot im Rechner, in: WiWo, 29.9.1989, S. 121 ff.

JOBST P. (Renditen) Mit Renditen Geld verdienen, in: c.p., Ausg. 16, 20.7.88, S. 66 ff.

JOBST P. (Zeitreihen) 9000 Aktien mit 40 Millionen Zeitreihen, in: c.p., Ausg. 16, 20.7.88, S. 62 ff.

JOBST P. (Zeitvorsprung) Schnelle Kurserfassung bringt Zeitvorsprung, in: c.p., Ausg. 16, 20.7.88, S. 105 f.

JONES CH.P. (Investments) Investments: analysis and management, New York: Wiley & Sons, 1985

JOST CHR. (Softwaretrends) Softwaretrends nach dem Crash, in: Finanz und Wirtschaft, 4. Juni 1988, Sonderdruck, (ohne Seite)

JOST CHR. (Performance-Messung) Kunst der Performance-Messung, in: Schweizer Bank, 11/87, Sonderdruck, (ohne Seite)

KÄBERICH G. (Bildschirmtext) Bildschirmtext heute, in: BI, 11/86, S. 19 ff.

KAKAROT-HANDTKE E. (Produktivitätsschub) Personal-Computer plus integrierte Standardsoftware: der zweite Produktivitätsschub, in: Kreditpraxis, 4/85, S. 4 ff.

KANNEGAARD J. (Open Look) Open Look, in: Sun Technology, Autumn 88, S. 58 ff.

KAPITZA G. (Büroautomation): Büroautomation - Technologie und Perspektiven, BI, 6/85, S. 53 ff.

KARCHER H.B. (Trendanalyse) Trendanalyse Büroautomation, in: OM, 1-2/1990, S. 30 ff.

KAUFFELS F.-J. (Alternativen) Alternativen der PC-Mainframe Kopplung, Bonn u.a.: Addison-Wesley, 1987

KAUFFELS F.-J. (lokale Netzwerke) Personal-Computer und lokale Netzwerke, Haar bei München: Markt-und-Technik, 1986

KEMPF L. (Elektronische Aktenführung) Elektronische Aktenführung im Auslandsgeschäft mit EMS 5800 OFFICE, in: H. Krallmann (Hrsg.), Informationsmanagement auf der Basis integrierter Bürosysteme, Berlin: Erich Schmidt, 1987, S. 93 ff.

KEMPF L. (Erfahrungen) Erfahrungen mit dem Einsatz eines Büro-Informationssystems im Auslands-Dokumentengeschäft, in: vbo-informationen, 2/86, S. 40 ff.

KESSLER J.-R. (Gemeinsamen Markt) Kassenverein im Gemeinsamen Markt, in: Kreditwesen, 18/87, S. 33 ff.

KESSLER J.-R. (Internationale Normen) Internationale Normen für das Wertpapiergeschäft, in: Die Bank, 2/86, S. 92 ff.

KLAPPERT F.W. (Schreibkraft) Die Schreibkraft, in: Finanz und Wirtschaft, 16.9.1989, Nr. 70, S. 11.

KLEINKE G. (Endgeräte) Integration der Endgeräte, in: H. Afheld/K. Schrape/H.-E. Martin (Hrsg.), Neue Techniken der Bürokommunikation, Landsberg am Lech: moderne industrie, 1986, S. 88 ff.

KLERX K. (Informations- und Steuerungsinstrument) Ausbau der Zinsbindungsbilanz zu einem Informations- und Steuerungsinstrument, in: Die Bank, 3/87, S. 138 ff.

KLERX K. (Tabellenkalkulation) Tabellenkalkulation mit dem Personal Computer, in: bank und markt, Heft 3, März 1988, S. 37 ff.

KLERX K. (Planungs-und Informationsmanagement) PC-gestütztes Planungs- und Informationsmanagement, in: bank und markt, Heft 11, November 1988, S. 38 ff.

KLERX K./WILD C.-D. (Controlling-Instrument) Die Zinsbindungsbilanz als Controlling-Instrument, in: bankkaufmann, 7/87, S. 13 f.

KLEWIN R./MARUSEV A.W. (Globalplanung) Von der Globalplanung einer Kreditgenossenschaft bis zur Einzelkalkulation, (Maschinenschrift), (ohne Ort), (ohne Jahr)

KLEWIN R./MARUSEV A.W. (Führungsinstrument) Controlling als Führungsinstrument, in: IBM Nachrichten 36, 1986, Heft 286, S. 21 ff.

KNITTEL M. (Zukunftsmusik) Zukunfsmusik IDV, in: online, 7/88, S. 20 ff.

KNORZ G. (Indexing) A Decision Theory Approach to Optimal Automatic Indexing, in: G. Salton/H.-J. Schneider (Hrsg.), Research and Development in Information Retrieval, proceedings, Berlin, May 18-20, 1982, Berlin u.a.: Springer, 1983, S. 174 ff.

KÖLLHOFER D. (Leistungsbereich) Planung im Leistungsbereich der Bank, in: Krumnow J./M. Metz (Hrsg.), Rechnungswesen im Dienste der Bankpolitik, Stuttgart: Poeschel, 1987, S. 111 ff.

KÖNIG U.-K. (Finanzplanung) PC-gestüzte Finanzplanung für und mit Geschäftskunden, in: BBL., 9/87, S. 412 ff.

KÖNIG W./NIEDEREICHHOLZ J. (Informationstechnologie) Informationstechnologie der Zukunft: Basis strat. DV-Planung, Würzburg: Physica-Verlag, 1985

KOPPER P.U. (Softwarepakete) Leistungsumfang und Akzeptanz multifunktionaler Softwarepakete, (Manuskript), 6. Deutscher Personal Computer Kongress, (ohne Ort), 16.-17. Mai 1988

KOREIMANN D.S. (Datenbank-Management) Leitfaden für das Datenbank-Management: Funktionen, Organisation und Einführung, Wiesbaden: Forkel, 1987

KRÄMER CHR. (Medien) Elektronische Medien im Bankbetrieb, in: gi 4/89, S. 18 ff.

KRAUS-WEYSSER F. (Funktion) Funktion und Nutzen von Datenbanken, Stuttgart: Deutscher Sparkassenverlag, 10/87

KRAUSE D./VORSTEHER H.-J. (Früherkennungssystem) FES - Früherkennungssystem mit finanzwirtschaftlicher Orientierung auf dem IBM PC und kompatiblen Computern, Wiesbaden: Gabler, 1987

KREISSPARKASSE ESSLINGEN-NÜRTINGEN (Hrsg.)(Kredit) CSB-Kredit in der Praxis, Esslingen-Nürtingen, (ohne Jahr)

KREISS W. (Business) Business via Bildschirm, in: gi, 1-2/89, S. 44 ff.

KREMER R. (Münzen) Münzen und Banknoten, in: gi, 6/88, S. 88 ff.

KROGMANN J./MEIER P. (Anlageerfolg) Mit Kollege Computer zum Anlageerfolg, in: Wertpapier, 20/86, 15. 10/86, S. 1036 f.

KRÜGER I. (Archiv) Chips im Archiv, in: IBM Nachrichten 38, Heft 294, 1988, S. 43 ff.

KRÜGER TH. (Vormarsch) Selbstbedienung auf dem Vormarsch, in: gi 3/89, S. 100 ff.

KRUMNOW J. (Operatives Controlling) Operatives Controlling im Bankkonzern, in: J. Krumnow/M. Metz (Hrsg.), Rechnungswesen im Dienste der Bankpolitik, Stuttgart: Poeschel, 1987, S. 127 ff.

KUNTNER J. (Vermögensverwaltung) EDV-Anwendungen in der Vermögensverwaltung, Systematik - aktuelle Schwerpunkte - Entwicklungen, in: St. Zapotocky (Hrsg.), Portfolio-Management, Bankwissenschaftliche Schriftenreihe, Bd. 63, Wien: BANK VERLAG, S. 35 ff.

KUNZE CHR. (Herausforderungen) Betriebswirtschaftliche Herausforderungen für das Kreditgeschäft, in: BBL, 6/88, S. 228 ff.

KUNZE CHR. (Verbundkommunikation) Realisation der ersten Stufe der S-Verbundkommunikation, in: BBL, 6/89, S. 264 ff.

KUSTER H. (versus SOFFEX) EBS versus SOFFEX, in: Schweizer Bank, 89/10, S. 135 ff.

KUSTER H. (Elektronik) A la criee versus Elektronik, in: Schweizer Bank, 88/3, S. 38 ff.

KWASNIOK TH. (IBM PC) Aktienanalyse mit dem IBM PC, Braunschweig/ Wiesbaden: Vieweg, 1987

LAM CH.H./HEMPEL G.H. (applications) microcomputer applications in banking, New York u.a.: Quorum Books, 1986

LAND NORDRHEIN-WESTFALEN (Hrsg.)(Telekommunikationsdienste) Band 3 TELE-TECH NRW 90, Landesinitiative Telekommunikation: Anwendungen der Telekommunikationsdienste, Oktober 1988

LAND NORDRHEIN-WESTFALEN (Hrsg.)(Telekommunikations-Produkte) Band 4 TELE-TECH NRW 90, Landesinitiative Telekommunikation: Telekommunikations-Produkte und -dienstleistungen, Oktober 1988

LAUER J./STETTLER D.M. (New Directions) New Directions for Information Centers, in: Journal of Systems Management, October 1987, No. 10, S. 6 ff.

LEE D./LOCHOVSKY F. (Machines): Text Retrieval Machines, in: Tsichritzis D.C. (Hrsg.), Office Automation, Berlin/Heidelberg: Springer-Verlag, 1985, S. 339 ff.

LEICHSENRING H. (Nase) Die Nase vorn, in: SHZ, Nr. 15, 14.4. 1988, S. 79 f.

LÖDERBUSCH B. (Modelle) Modelle zur Aktienkursprognose auf der Basis der Box-Jenkins-Verfahren: e. empir. Unters., Krefeld: Marchal-und-Matzenbacher-Wissenschaftsverlag, 1985

LOEFFEL W. (Botschafter) Die Botschafter der Moderne, in: NZZ, Nr. 222, 25.9.89, S. 83.

LOHRMANN J. (Komponenten) Arbeitsplatzrechner im Überblick: Konzepte, Komponenten, Konfigurationen, in: Informationstechnik, Heft 5/87, S. 275 ff.

LOISTL O. (Ertragsgestaltung) Computergestütztes Wertpapiermanagement unter dem Gesichtspunkt der Ertragsgestaltung im Bankbetrieb, Arbeitspapiere des Fachbereichs Wirtschaftswissenschaft, Universität Gesamthochschule Paderborn, Folge Nr. 4, 1987

LOISTL O. (Wertpapiermanagement) Computergestütztes Wertpapiermanagement, München u.a.: Oldenbourg, 1989

LUDLOW W.J. (Entering) Entering the micro age, in: C&FM January 1987, S. 25 f.

LUGMAYR H. (Probleme) Probleme und Realisierung neuer technischer Entwicklungen im Kreditapparat und ihre Auswirkungen, in: Sparkassen Forschungsinstitut (Hrsg.), Schriftenreihe "Neue Technologien in Kreditinstituten", Heft 3/85, Referate und Protokolle der Diskussion beim 5. Hochschulkurs für das Geld- und Bankwesen in Pertisau/Achensee

MÄRKL L. (Technische Analyse) Technische Analyse, in: H. Leser (Hrsg.), Investment heute - Praxiswissen für Profis und Privatanleger, Wiesbaden: Gabler, 1988, S. 23 ff.

MANAGEMENT DATA (Hrsg.)(CORONA), CORONA II, CORONA II-MULTI, Baby-Corona (Dokumentation), Release 3.2, (ohne Ort), 1988

MANFERDELLI J.L. (Language) Natural Languages, in: Sun Technology Sommer 1989, S. 122 ff.

MAROUDAS N. (Indikatoren) An der Börse gewinnen mit den richtigen Indikatoren auf dem PC, in: H. Leser (Hrsg.), Investment heute -Praxiswissen für Profis und Privatanleger, Wiesbaden: Gabler, 1988, S. 105 ff.

MARTENS F. (Terminüberwachung) Terminüberwachung bei Projekten, in: c.p., 27.4.88, S. 58 ff.

MARTI D. (Spannungsfeld) Der Personalcomputer im Spannungsfeld zwischen zentraler und dezentraler Informatik, in: NZZ, Nr. 222, 25. September 1989, S. 99.

MARTIN J. (Datenbank) Wie benutze ich eine Datenbank, 1. Aufl. Düsseldorf/Wien: ECON, 1986

MARTZ H. (Erfolgspotential) Individuelle Datenverarbeitung und Bürokommunikation Erfolgspotential der Zukunft, in: BBL, 8/89, S. 359 ff.

MARTZ H. (Privatkunden) Expertensystem für die Beratung vermögender Privatkunden, in: OB, 1/89, S. 30 ff.

MARUSEV A.W. (Banken-Management-System) Banken-Management-System (Manuskript), Banken-Informationstage '86, Werl, 21.-24.April 1986

MAVROVITIS B.P. (More) How to use your PC more, in: C&FM, May 1987, S. 19 ff.

MCLEOD M. (Lessons) Lessons for the Corporate Classrooms, in: Banking Technology, March 1989, S. 40 ff.

MEALL L. (Video) Interactive Video: a risky business?, in: Accountancy, November 1988, S. 161 ff.

MEINZ TH. (Börsengeschäftsabwicklung) Zukunftsorientierte Börsengeschäftsabwicklung - Kassenvereine und Rechenzentren, in: Kreditwesen, 18/87, S. 28 ff.

MEY H.J. (Gefahren) Mikroelektronik - Möglichkeiten, Gefahren und Grenzen, in: Zürcher Kantonalbank (Hrsg.), Wirtschaftsbulletin 30, 1981

MEYER H.-D. (Prüfung) Die Prüfung wirtschaftlicher Verhältnisse, in: GRZ-Diskussionsforum - Aktuelle Themen der Datenverarbeitung, Lehrte, 29./30. Oktober 1987, S. 7 ff.

MFA (Hrsg.)(INVEST) INVEST (Handbuch), Vers. 10.88, Schwebheim, 1988

MIDAS (Hrsg.)(LARS) LARS - Leistungsstarkes Archivierungs-/Recherchesystem, Frankfurt, (ohne Jahr)

MIK (Hrsg.)(TZ-INFO) TZ-INFO - Das Management-Informationssystem inkl. TZ-Info Demodisketten 1+2 Version 7.0, Konstanz, 1989

MILLER A. (Credit Rating Systems) Banking and AI (Expert Systems): Credit Rating Systems, Training Systems, Personnel Selection, Vortrag anl. KOMMTECH '87, Essen, Symposium 25, 12.-15. Mai 1987

MOGK H.G. (Satellit) Genossenschaftlicher Informationsservice via Satellit, in: IBM Nachrichten 39, Special I, März 1989, S. 42 ff.

MOHR G.A. (Support) Einsatz von "Decision Support"-Software in: Schunmy H. (Hrsg.), PC-Praxis: Technik u. Wiss., betriebl.Praxis, Benutzerschnittstellen, Betriebssysteme, LAN, Braunschweig/Wiesbaden: Vieweg, 1986, S. 135 ff.

MOHREN J. (Strategie) Kundenbetreuung oder Selbstbedienung - Eine Strategie für die Sparkassen, in: Sparkasse International, 3/87, S. 33 ff.

MOKLER A. (Wissensverarbeitung) Von der Datenverarbeitung zur Wissensverarbeitung (Manuskript), 2. Anwendungsforum Expertensysteme, 18.-19.2.1988, Universität-Gesamthochschule Duisburg

MONK TH.J./LANDIS K.M. (Marketing) PC Program helps banks track sales and marketing operations, in: COMPUTERS IN BANKING, January 1987, S. 66 f.

MOOS A./STEINBUCH P.A. (Mikrocomputer) Mikrocomputer erfolgreich einsetzen, Ludwigshafen: Kiehl, 1984

MORGAN BANK (Hrsg.)(Financial Database Service) Morgan Information Center, Financial Database Service, (ohne Ort), June 1988

MORGAN BANK (Hrsg.)(Morgan Information Center) Morgan Information Center, Products & Services, (ohne Ort), May 1987

MORGAN BANK (Hrsg.)(OFFICE SERVICES) OFFICE SERVICES, (ohne Ort), March 1989

MORGEN K. (Zentralisierung) Zentralisierung oder Dezentralisierung, in: Börsen-Zeitung, 12.3.1988, (ohne Seite)

MORTENSEN E. (Power) Tap into Info Power, in: Administrative Management, November 1987, S. 24 ff.

MRESSE M. (retrieval) Information retrieval - eine Einführung: von d. Theorie zur Praxis anhand e. Implementierung in UNIX, Stuttgart: Teubner, 1984

MÜHLBRADT F.W. (Anlagestrategien) Erfolgreiche Anlagestrategien für Aktien, 2. Aufl., Zürich: Moderne Industrie, 1986

MÜLLER F.R. (Bankdienstleistungen) Erfolgsfaktor Information - Computerunterstützte Bankdienstleistungen und ihre Bedeutung als strategische Wettbewerbsinstrumente, in: KOMPETENZ, Das Diebold Management Journal, 1. Ausg., 1988, S. 29 ff.

MULTICHART (Hrsg.)(Multichart) MULTICHART, Kassel, (ohne Jahr)

MUNTER H. (PageMaker) PageMaker und/oder Ventura Publisher?, in: OM, 9/8, S. 84 ff.

MUTSCHLER S. (Art) Die direkte Art zu telexen, in: c.p., Ausg. 13, 10.6.87, S. 28 ff.

MWS Braun (Hrsg.)(Finanz-Analyse) Finanz-Anlyse , Abschnitt 1.0 ff. inkl. Demo-Disketten 1-4, Bonn, 22.11.1989

NASD (Hrsg.)(Order Confirmation) Order Confirmation Transaction, (ohne Ort), 1988

NASD (Hrsg.)(Quality) Quality of Markets, (ohne Ort), 1988

NASD (Hrsg.)(SOES) The SOES Advantage, (ohne Ort), 1988

NASD (Hrsg.)(Trade Acceptance) Using the Trade Acceptance and Reconciliation Service, (ohne Ort), 1988

NASDAQ (Hrsg.)(Level 2/3 Services) NASDAQ's Level 2/3 Services, (ohne Ort), 1988

NASDAQ (Hrsg.)(Specifications) NASDAQ Workstation Specifications and Pricing Fact Sheet, (ohne Ort), 1988

NASDAQ (Hrsg.)(Workstation Service) Workstation Service, (ohne Ort), 1988

NASTANSKY L. (Einführung) Einführung in die Wirtschaftsinformatik, Arbeitsbericht Institut für Wirtschaftsinformatik, Hochschule St. Gallen, 16.11.1989

NASTANSKY L. (PIM) Flexibles Informationsmanagement für Organisatoren mit Werkzeugumgebungen für Persönliches Informationsmanagement (PIM) im CIM-Bereich, Institut für Wirtschaftsinformatik, Hochschule St. Gallen, 1989

NASTANSKY L. (Ressourcenmanagement) Möglichkeiten für arbeitsplatzgestütztes Ressourcenmanagement in verteilten CIM-Systemen, Institut für Wirtschaftsinformatik, Hochschule St. Gallen, 1989

NASTANSKY L. (Softwareentwicklung) Softwareentwicklung mit PC-basierten Enduser-Tools, Arbeitsbericht 40, Institut für Wirtschaftsinformatik, Hochschule St. Gallen, August 1988

NASTANSKY L. (Softwarewerkzeuge) Softwarewerkzeuge für Endbenutzer, Arbeitsbericht 48, Institut für Wirtschaftsinformatik, Hochschule St. Gallen, 1989

NEUE WIRTSCHAFTSPRESSE (Hrsg.)(Winchart) Winchart, Bobenheim-Roxheim, (ohne Jahr)

NIELEN M. (Portfolio-Analyse-System) Das Portfolio-Analyse-System der BHF-Bank, in: Die Bank, 11/87, S. 619 f.

NIXDORF AG (Hrsg.)(Bankware) Nixdorf Bankware System, Paderborn, 1989

NIXDORF AG (Bankware System) Nixdorf Bankware System - CSC-Kunden-Service-Center, Paderborn, 1987

NIXDORF AG (Hrsg.)(Comvor-Plus) Nixdorf Bankware System Comvor-Plus, Paderborn, 1988

NIXDORF AG (Hrsg.)(Geldinstitute) Expertensysteme für Geldinstitute, Bilanzanalyse, (ohne Ort) 1988

NIXDORF AG (Hrsg.)(GI-MIS) GI-MIS - Management-Informations-System für Geldinstitute (Dokumentation), (ohne Ort), (ohne Jahr)

NOWAK R. (Gesichter) Der PC-Einsatz hat viele Gesichter, in: BBL, 1/86, S. 3 ff.

NOWAK R. (Stufenkonzept) Das dv-technische Stufenkonzept der S-Verbundkommunikation, in: BBL, 6/1989, S. 268 ff.

OBERLÄNDER J. (Auslandsgeschäft) Electronic Banking im Bereich des Auslandsgeschäfts, in: OB, 1/89, S. 34 ff.

OBST G./HINTNER O. (Börsenwesen) Geld-, Bank- und Börsenwesen: e. Handbuch, 38. Aufl., (Hrsg.): N. Kloten/J.H.v.Stein, Stuttgart: Poeschel, 1988

ORDINA COURSEWARE (Hrsg.)(Front Office Training) Front Office Training - Projektbeispiel für Computerunterstützte Schulung in Banken - Gelders-Utrechtse Spaarbank, (ohne Ort), (ohne Jahr)

OTTEN H. (Baufinanzierung) Entwicklung einer integrierten Baufinanzierung, in: GRZ-Diskussionsforum - Aktuelle Themen der Datenverarbeitung, Lehrte, 27./28. Oktober 1988, S. 52 ff.

OTTEN K.W. (Informationsmanagement) Persönliches Informationsmanagement in den USA, in: OM, 1-2/90, S. 36 ff.

O.V. (Andrang) Andrang bei Hypofix und GENO-STAR, in: GRZ-Nachrichten, Ausg. 15, 10/88, S. 24.

O.V. (Angst) Keine Angst vor der Maus, in: bankkaufmann - CeBIT extra, 3/89, C 6 ff.

O.V. (Banking Environment) Microcomputer Usage in the Banking Environment, in: Datapro Feature Reports, October 1986

O.V. (Bankinstitut) Ein komplettes Bankinstitut auf der Banken-Sonderschau, in: gi, 5/89, S. 6 ff.

O.V. (berührt) "Angenehm berührt", in: IBM Nachrichten 39, Special I, März 1989, S. 29 ff.

O.V. (Börsenprogramm) Neues Börsenprogramm mit Depotverwaltung, in: Anlagepraxis, 12/87, S. 31 ff.

O.V. (Bürokommunikations-Produkte) Bürokommunikations-Produkte, Grundlagen zur Auswahl von Retrieval-Systemen, in: ADV/ORGA PC-NEWS, Ausg. 2/87, S. 5 ff.

O.V. (CAVIS) CAVIS - Neue Form der Aus- und Weiterbildung, in: BIK Report Nr. 2., 1.9.1986, S. 4 f.

O.V. (Computer-Filme) Computer-Filme, in: bankkaufmann, CeBIT extra, 3/89, C 12.

O.V. (Demokratisierung) Demokratisierung des Zugriffs auf Daten, in: dialog Geldinstitute, Magazin der Nixdorf Computer AG, 1/88, S. 42 ff.

O.V. (Document-Retrieval-Systeme) Document-Retrieval-Systeme, in: ADV/ORGA, PC-News, Ausg. März 1988, Nr. 3, S. 4 ff.

O.V. (DTP) DTP - Desktop-Publishing, in: GRZ Nachrichten, Nr. 14, 1988, S. 4 ff.

O.V. (Durchblick) Einblick mit Durchblick, in: IBM Nachrichten 38, Heft 294, 1988, S. 39 ff.

O.V. (Elektronisches Telefonbuch) Elektronisches Telefonbuch - Telerom, in: PC-Bulletin der SBG, Nr. 3, Dezember 1988, S. 10.

O.V. (Entscheidung) Knappe Entscheidung für Elektronische Börse Schweiz, in: NZZ, Nr. 248, 25.10.1989, S. 35.

O.V. (Ergebnisse) Ergebnisse des FuE-Projektes "Prototypen eines Expertensystems Bilanzanalyse", in: BIK Report, Nr. 3, 21. Dezember 1988, S. 3 f.

O.V. (Freelance) Freelance Plus, Version 3.01, in: IC-Bulletin der SBG, Nr. 3, Dezember 1989, S. 16 f.

O.V. (Garny) Garny AG/USM; Haller U. Schärer Söhne GmbH, in: gi, 5/89, S. 14 ff.

O.V. (Gehen) Gehen oder Laufen, in: c.p., Ausg. 7, 16.3.1988, S. 156 ff.

O.V. (Genossenschaftsbanken) Für die Genossenschaftsbanken über Satellit, in: OM, 3/88, S. 87 f.

O.V. (IDC-Studie) IDC-Studie: "Der deutsche Markt für Personal-Computer 1986-91", in: OM, 12/87, S. 92 f.

O.V. (Identity) Desktop-Publishing und Corporate Identity, in: PC-Bulletin der SBG, Nr. 2, Juni 1988, S. 22.

O.V. (IDV) IDV bringt Zinsen, in: IBM Nachrichten 39, Special I, März 1989, S. 35 ff.

O.V. (Informations-Systeme) Capital-Vergleich: Die 20 interessantesten Informations-Systeme, in: Capital, 2/89, S. 148 f.

O.V. (Inter Innovation) Inter Innovation, in: gi, 5/89, S. 74 f.

O.V. (Kommunikation) Kommunikation und Entwicklungswerkzeuge für die Kreditwirtschaft, in: gi 5/89, S. 40 f.

O.V. (Kompromiß) Zaghafter Kompromiß, in: NZZ, Nr. 249, 26.10.1989, S. 33.

O.V. (Konten) Konten und Manager unter der Lupe, in: Industriemagazin, Mai 1988, S. 190.

O.V. (Kreditberatung) Verbesserte Kreditberatung nötig, in: BIK-Report, Nr. 3, 15. Dezember 1986, S. 2.

O.V. (Kreditkunde) Der rundum gläserne Kreditkunde, in: Industriemagazin, Mai 1988, S. 188 ff.

O.V. (Kreditvergabe) Expertensystem Kreditvergabe (Maschinenschrift), (ohne Ort), (ohne Jahr)

O.V. (Kundentreue) So kann Kundentreue beeinfluß werden, in: bankkaufmann, 2/88, S. 11 ff.

O.V. (Modernisierung) EBS - ein ehrgeiziger Anlauf zur Modernisierung der Schweizer Börsen, in: NZZ, Nr. 220, 22.9.1989, S. 35.

O.V. (Neue Welt) Schöne Neue Welt in: Netzwerk, Februar 1989, S. 48 ff.

O.V. (Neuerungen) Technische Neuerungen bei IBM, in: gi, 5/89, S. 30 ff.

O.V. (Offenheit) OSI heißt Offenheit, in: Geldinstitute/dialog, Magazin der Nixdorf Computer AG, 2/88, S. 19 ff.

O.V. (Olympia) Olympia '88 enstand auf PCs, in: c.p., Ausg.10, 27.4.1988, S. 48 ff.

O.V. (Options & Futures) Options & Futures SOFFEX und die Deutsche Terminbörse, in: IKOSS-INFO 29, März 1989, S. 6 f.

O.V. (Post) Electronic Mail: nicht abgeholte Post, in: IC-Bulletin Schweiz der SBG, Nr. 3, Dezember 1989, S. 20.

O.V. (Präsentations-Show) Präsentations-Show für den Macintosh, in: c.p., Ausg. 25, 23.11.1988, S. 116 f.

O.V. (Qualität) Qualität der Informatik bestimmt Erfolg der Finanzdienstleistungen, in: VWD-Finanz- und Wirtschaftsspiegel, 25. 1. 1988, (ohne Seite)

O.V. (Questions) SAEF Questions and Answers, (ohne Ort), (ohne Datum)

O.V. (Routine) Reduzierte Routine - mehr Freiraum für persönliche Kundenberatung, in: GRZ Nachrichten, Nr. 14., S. 16 f.

O.V. (salonfähig) Desktop Publishing wird salonfähig, in: c.p., Ausg. 24, 9.11.88, S. 32 ff.

O.V. (Sekretariat) PC-Anwendungen für das Sekretariat, in: GRZ Nachrichten, Ausg. Nr. 11, S. 9.

O.V. (Siemens) Siemens/Franz Vogt & Co., in: gi 5/89, S. 21 ff.

O.V. (Speicherung) Mikroverfilmung oder optische Speicherung, in: GRZ-Nachrichten, Nr. 15, 10.88, S. 10.

O.V. (Sprachregeln) Sprachregeln für Computer, in: c.p., Ausg. 22, 14.10.87, S. 198 ff.

O.V. (Tele-Dienste) Die Tele-Dienste der Bundespost, in: c.p., Ausg. 6, 2.3.88, S. 42.

O.V. (Telefonbuch) Das elektronische Telefonbuch, in: PC-Bulletin der SBG, Nr. 1/88, Februar 1988, S. 15.

O.V. (Time Line) Time Line, in: IC-Bulletin der SBG, Nr. 2, Oktober 1989, S. 16.

O.V. (Tips) Das Programm gibt Tips für Kauf und Verkauf, in: Handelsblatt, 16.5.1988, S. 12.

O.V. (Unterschrift) Ist die Unterschrift gefälscht, in: IBM Nachrichten 39, Special I, März 1989, S. 46 ff.

O.V. (Vorkenntnisse) Ausgefeilte Bilanzanalysen ohne große Vorkenntnisse, in: Handelsblatt, Nr. 70, 12.4.1988, (ohne Seite)

O.V. (Vorgangsarchivierung) Vollintegrierte Vorgangsarchivierung auf WORM-Technologie-Basis, in: BBL, 7/89, S. 348 f.

O.V. (Weitblick) Weitblick, in: MONITOR, Sperry Magazin, 5/86, S. 10 ff.

O.V. (Weiterentwicklungen) Weiterentwicklungen "CSB-Kredit", in: GRZ Nachrichten, Nr. 12, S. 11.

P+S SOFTWARE (Hrsg.)(Automatische Bank Analyse) Automatische Bankanalyse (Auswertung), (ohne Ort), (ohne Jahr)

PAETAU M. (Kommunikationsbarriere) Kommunikationsbarriere zwischen Mensch und Maschine, in: OM, 12/87, S. 28 ff.

PANKO R.R. (End User Computing) End User Computing, New York u.a.: John Wiley & Sons, 1988

PAPST W. (Pilotprojekt) Bürokommunikation - Ein Pilotprojekt bei der Wiesbadener Volksbank, in: BI, 1/86, S. 20 ff.

PAULSON G. (Arbeitsplatz-Computing) Was interessiert EDV-Fachleute besonders im Bereich Arbeitsplatz-Computing (Manuskript), PC Kongress Zürich, 1./2. Juli 1987

PETERS A. (Revolution) Die Revolution findet langsam statt, in: bankkaufmann, 1/88, S. 39 ff.

PFEIFFER W. (Dienste) Der Computer im Dienste des Anlegers, in: Die Bank, 6/87, S. 299 ff.

PICOT A./REICHWALD R. (Forschungsprojekt) Forschungsprojekt Bürokommunikation, München: CW-Publikationen, 1984

PIEL H. (Dienstleistungsangebot) "Electronic Banking" - ein Baustein im Beratungs- und Dienstleistungsangebot der genossenschaftlichen Kreditinstitute, in: OB, Oktober 1988, S. 28 ff.

PIEL H. (Dimension) Eine neue Dimension in der Datenverarbeitung: GENO-STAR, in: OB, 1/89, S. 44 ff.

PIENDL G. (Vermittlung) PC-gestützte Vermittlung von Immobilien, in: BI, 3/88, S. 32 ff.

PKI AG (Hrsg.)(Philips) Mit Philips reden!, CeBIT-Informationsbroschüre, Nürnberg, 1989

PLEIL G.J. (Anwendung) Handbuch für die Auswahl und Anwendung von Mikro-Computern: Bürokommunikation u. gesamtbetriebl. Informationsverarbeitung unter Einbindung von Personal Computern, München: CW-Publikationen, Stuttgart: Taylorix, 1985

PLEIL G.J. (Notlösung) Personalcomputer in der Textverarbeitung: Notlösung oder Standard?, in: OM, 1/87, S. 6 ff.

POHL V./MATZ H. (Gesamtinstitutssteuerung) PC-Modelle zur Gesamtinstitutssteuerung, in: BBL, 6/88, S. 254 ff.

POTT G. (Vermögensverwaltung) Beratungsleistung in der Vermögensverwaltung optimieren, in: gi, 2/88, S. 70 ff.

PRAUTZSCH W.-A. ET ALTERI (Landesbanken) Das Zusammenwirken von Sparkassen und Landesbanken im Firmenkundengeschäft, Arbeitskreis 5, in: Marketing-Tagung 1988, Stuttgart: Deutscher Sparkassenverlag, 2/89, S. 217 ff.

PRENZEL D./ZAHNER D.(Unterricht) Möglichkeiten und Grenzen des Computers als Werkzeug im Unterricht, in: BI 2/88 S. 53 f.

PRESINGER H. (Banken-Primärmarktforschung) Banken-Primärmarktforschung: ein Baustein des GBI-CON, in: BI, 10/86, S. 45 ff.

PRICE WATERHOUSE ET ALTERI (Hrsg.)(Business) Risky Business - The interactive videodisc guide to managing financial risks, (ohne Ort), (ohne Jahr)

PRIEWASSER E. (Kreditwesen) Megatrends im Kreditwesen, gi, 1/1987, S. 11 ff.

PROBST H. (Kreditgespräch) Die betriebswirtschaftlichen Probleme gehören zu jedem Kreditgespäch, in: Kreditpraxis, 2/85, S. 29 ff.

PROBST H. (Kreditwürdigkeitsprüfung) Finanzplanung als Instrument einer prospektiven Kreditwürdigkeitsprüfung, in: Kreditpraxis, 3/84, S. 13 ff.

PROBST H. (Unternehmenskontrolle) Finanzplanung als Unternehmenskontrolle, in: Kreditpraxis, 6/84, S. 17 ff.

PUETTE R. (Executive View) Executive View of Microcomputers in: Infosystems, 8/86, S. 28 ff.

RAGHAVAN V.V./IP M.Y.L. (Stability) Techniques for Measuring the Stability of Clustering: A Comparative Study, in: G. Salton/H.-J. Schneider (Hrsg.), Research and Development in Information Retrieval, proceedings, Berlin, May 18-20, 1982, Berlin u.a.: Springer, 1983, S. 209 ff.

RAMBOUSEK W.H./ZEHNDER R. (Informationsvermittler) Ein Markt für Informationsvermittler, in: NZZ, 25.9.1989, S. 93.

RASI R. (Datenmanagement) Datenmanagement in einer Großbank (Manuskript), Vortrag an der Hochschule St. Gallen, 1990

REINSCH B.M./MUTH E. (AKT) Behält der AKT seinen Stellenwert?, in: gi, 3/89, S. 67 ff.

REINSCH B.M./MUTH E. (Kontoauszug) Kontoauszug und Selbstbedienung, in: gi, 6/89, S. 30 ff.

RELIN A./VOSS K. (Datenverarbeitung) Informations- und Datenverarbeitung in Banken, Bd. I, Grafenau: Expert-Verlag, Köln: Bank-Verlag, 1980

REUTER A./SCHLEPPEGRELL J. (Firmenkundengeschäft) Die PortfolioAnalyse für das Firmenkundengeschäft, in: Sparkasse, 7/89, S. 317 ff.

REUTER A./SCHLEPPEGRELL J. (Portfolio-Analyse) Portfolio-Analyse im Firmenkundengeschäft, Betriebswirtschaftliche Tagung, Arbeitskreis "Portfolio-Analyse", (ohne Ort), 8.10.1987

RHEINISCHER SPARKASSEN- UND GIROVERBAND (Hrsg.)(DELFI) DELFI (Handbuch), Vers. 2.1., Düsseldorf, 12/87

RHEINISCHER SPARKASSEN- UND GIROVERBAND (Hrsg.)(NIKE) Normalanwendungen zur Interaktiven Kundenberatung und Ergebnisdarstellung, Düsseldorf, 1989

RIESS F. (Standardsoftware) Was ist und was kann Standardsoftware, Essen: W. Girardet, 1985

RINGLSTETTER F. ET ALTERI (Ratenkredite) Kreditwürdigkeitprüfung für Ratenkredite mit Hilfe eines Expertensystems, in: Die Bank, 11/87, S. 611 ff.

RITTMANN R. (Visitenkarte) Visitenkarte, in: Capital, 2/89, S. 167 ff.

RIZZO T./STRAUSS K. (DARWIN) DARWIN: Merill Lynch Develops a New Workstation Based on Windows 2.03., in: Microsoft Systems Journal, Vol. 3, No. 4, July 1988, S. 1 ff.

RÖSCH E./KUPFERBERG M. (Großer Bruder) Großer Bruder-Kleiner Bruder in: OM, 7-8/88, S. 6 ff.

ROLLE G./ROSENBECK P. (Personal Computer Lexikon) Personal-Computer-Lexikon, 2. Aufl. , Haar bei München: Markt & Technik, 1985

RONEN B. ET ALTERI (Spreadsheet) Spreadsheet Analysis and Design, in: New York University (Hrsg.), Center for Research on Information Systems, June 1987

ROSEN R.v. (Terminbörse) Aufbau einer Deutschen Terminbörse, in: BI, 11/88, S. 27 ff.

RÜEGG M. (Finanzinformation) Finanzinformation als Dienstleistung, in: OB, Oktober 1988, S. 16 f.

RUX L. (Hrsg.)(COMPUCHART) COMPUCHART, Dortmund, 1989

RWG/WGV (Hrsg.)(Sachbearbeitung) Computerunterstützte Sachbearbeitung Kredit, (Dokumentation), Stuttgart, 1989

SACCARO M. (Wertpapierberatung) PC-unterstützte Wertpapierberatung bei der Stadtsparkasse Kassel, in: BBL., 5/86, S. 198 ff.

SALTON G. (Introduction) Introduction to modern information retrieval, (ohne Ort): McGraw-Hill, 1983

SGB (Hrsg.)(Akkreditiv-Verwaltung) Akkreditiv-Verwaltung (Handbuch), Zürich, Oktober 1988

SBG (Hrsg.)(Anwendungsstudie) Anwendungsstudie Desktop Publishing, bearbeitet von H. Boppart, Zürich, September 1987

SBG (Hrsg.)(Betriebs-Konzept) Betriebs-Konzept Information-Center (Dokumentation), (ohne Ort), März 1987

SBG (Hrsg.)(EURO-DESK) EURO-DESK, Zürich, 10/89

SBG (Hrsg.)(Information-Center Schweiz) Information-Center Schweiz, (Lose Blattsammlung), Zürich, August 1989

SBG (Hrsg.)(MOSS) MOSS, Zürich, (ohne Jahr)

SBG (Hrsg.)(Office Support System) Management & Office Support System - Konzept MOSS 1 (Dokumentation), Zürich, Oktober 1987

SBG (Hrsg.)(PC-Applikationen) PC-Applikationen in den NL, Zürich, (ohne Jahr)

SBG (Hrsg.)(Personalplanung) Personalplanung, (Dokumentation), Ver. 2.05, Zürich, Dezember 1988

SBG (Hrsg.)(PS/PC) PS/PC, (Dokumentation), Zürich, August 1989

SBG (Hrsg.)(SAM) SAM - "Simple Address Manager", (Dokumentation), Zürich, September 1988

SBG (Hrsg.)(SBG-Bilanz) SBG-Bilanz ,(Dokumentation), Vers. 2.3, Zürich, Juli 1989

SBG (Hrsg.)(Verkaufskonzept) SBG NL-Package - Verkaufskonzept (Dokumentation), Vers. 3.08, Zürich, April 1988

SBV (Schweizer Aktien) Handel mit Optionen auf Schweizer Aktien, Bankverein-Heft Nr. 34, (ohne Ort), Juni 1988

SCHAARSCHMIDT L./SCHLESER E. (Kreditangebote), Optimale Kreditangebote per Knopfdruck, in: Kreditpraxis, 2/87, S. 4 ff.

SCHABACKER E. (Büroanwendungen) EDV-gesteuerte Büroanwendungen, in: BI, 1/86, S. 11 ff.

SCHÄTZLE R./CATE P.M.TEN (Anlageberatung) Computergestützte Anlageberatung: ein praktischer Ratgeber für den PC-Einsatz im Börsengeschäft, Haar b. München: Markt & Technik, 1989

SCHEER A.-W. (Informationssysteme) Wirtschaftsinformatik: Informationssysteme im Industriebetrieb, Berlin/Heidelberg: Springer, 1988

SCHEER A.-W. (Fachabteilungen) Personal Computing - EDV-Einsatz in Fachabteilungen: Anwendungen, Instrumente, Einführungsstrategien, München: CW-Publikationen, 1984

SCHIMMELMANN W.v. (Firmenkundenbetreuer) Erfolgsorientierte Steuerung der Firmenkundenbetreuer, in: Kreditpraxis, 4/87, S. 21 ff.

SCHIERENBECK H. (Bankmanagement) Ertragsorientiertes Bankmanagement, Wiesbaden: Gabler, 1985

SCHIERENBECK H. ET ALTERI (Bank-Controlling) Controlling in Kreditgenossenschaften, Erster Teil: Grundlagen des genossenschaftlichen Bank-Controlling, Wiesbaden: DG-Verlag, 1987

SCHLECHTHAUPT W.D. (Kassenhaltung) "So erreichen wir eine Optimierung der Kassenhaltung, in: gi, 6/89, S. 34.

SCHMERKEN I. (securities) The securities firm of the 1990s, in: Wall Street Computer Review, July 1987, S. 28 ff.

SCHMERKEN I. (Voice) Voice calls to doubters'ears, in: Wall Street Computer Review, July 1987, S. 32 ff.

SCHMUCKER H.J. (Lisa) the complete book of Lisa, New York: Harper & Row, 1984

SCHNEIDER-GÄDICKE K.-H. (Informationstechnologien) Neue Informationstechnologien und ihre Auswirkungen auf die Finanzmärkte und die Geschäftspolitik der Kreditinstitute, in: H. Schierenbeck (Hrsg.), Neuere Entwicklungen auf den Finanzmärkten, Franfurt: Fritz Knapp, 1987, S. 29 ff.

SCHÖLER J. (Geld- und Devisenhandel) Geld- und Devisenhandel auf IBM PC-LAN-Basis mit A.M.S. (Arbitrage Management System), in: IBM Anwenderkongreß '88, Garmisch-Partenkirchen, 27.-29.4.1988, Abschnitt 116 ff.

SCHOLDEI H. (Investitionen) Investitionen für eine aktive Betreuung im Firmenkundengeschäft, in: Marketing-Tagung 1988, Stuttgart: Deutscher Sparkassenverlag, 2/89, S. 98 ff.

SCHRÖDER G.A. (Kreditinformationssystem) Bericht über den Stand des Kreditinformations-und Kreditüberwachungssystems der Sparkassenorganisation, in: BBL, 7/86, S. 302 ff.

SCHUBERT E.(Fundamentalanalyse) Fundamentalanalyse, in: H. Leser (Hrsg.), Investment heute - Praxiswissen für Profis und Privatanleger, Wiesbaden: Gabler, 1988, S. 13 ff.

SCHÜLLER B. (Entwicklungsmöglichkeiten) Zukünftige technische Entwicklungsmöglichkeiten der Börsen in Deutschland und Europa, in: IBM Anwenderkongreß '88, Garmisch-Partenkirchen, 27.-29.4.1988, Abschnitt 2 ff.

SCHULZ G. (Businessgrafiken) Businessgrafiken in Informationssystemen für das Topmanagement (Manuskript), Seminar: GMI, Aachen zum Thema: "Hardware- und Softwarekomponenten der Mikrocomputer", 18.1.1989

SCHUSTER L. (Bankbetrieben) Expertensysteme in Bankbetrieben, in: Schuster L. (Hrsg.), Bankpolitik im Spiegel aktueller Themen, Bankwirtschaftliche Forschungen, Bd. 120, Bern/Stuttgart: Haupt, 1990, S. 216 ff.

SCHUSTER L. (Erfolgsposition) Informationsverarbeitung als strategische Erfolgsposition der Banken, in: Schuster L. (Hrsg.), Bankpolitik im Spiegel aktueller Themen, Bankwirtschaftliche Forschungen, Bd. 120, Bern/Stuttgart: Haupt, 1990, S. 205 ff.

SCHUSTER L./LEICHSENRING H. (Perspektive) Neue Perspektive im Firmenkundengeschäft, in: OB, 2/89, S. 4 f.

SCHWAB U. (Werkzeuge) Werkzeuge für Manager, in: c.p., Ausg. 10, 27.4.1988, S. 43 ff.

SCHWARK E. (Wertpapierhandelssysteme) Die Stellung des Kursmaklers im deutschen Börsenwesen unter besonderer Berücksichtigung der Wertpapierhandelssysteme der USA, Grossbritanniens und Frankreichs, Gutachten am Lehrstuhl für Bürgerliches Recht, Deutsches und Europäisches Handels- und Wirtschaftsrecht an der Ruhr-Universität Bochum, 29.2.1988

SCHWARZE J. (Personal Computer) Personal Computer - Leitfaden für einen erfolgreichen Einsatz, (ohne Ort): Neue Wirtschafts-Briefe, 1987

SEIBT D. (Komponente) IDV als Komponente des betrieblichen Informationsmanagement, (Manuskript), 5. Deutscher Personal Computer Kongress, 18.-19. Mai 1987

SEIDENSTICKER F.-J. (Hypertext) Hypertext: Konzepte und Beispiele, Anwendungen im PC-Bereich: HyperCard und Guide, Leistungspotentiale hypertextorientierter Werkzeuge, Institut für Wirtschaftsinformatik an der Hochschule St. Gallen, Arbeitsbericht 41, Wintersemester 1988/89

SKA (Hrsg.)(AIS) Asset Information System (AIS), Zürich, (ohne Jahr)

SKA (Hrsg.)(CS TELFIN) Planen Sie Ihren Unternehmenserfolg mit CS TELFIN, Zürich, 1987

SKUDELNY H. (Nachahmung) Zur Nachahmung empfohlen, in: gi 3/89, S. 72 ff.

SIEGEL B./DEGENER R. (Mengenkreditgeschäft) Kreditscoring: Risikosteuerung im Mengenkreditgeschäft, in: Kreditwesen, 10/89, S. 7 ff.

SIEMENS AG (Hrsg.)(Expertensystemgrundtool) Das Expertensystemgrundtool (Maschinenschrift), Verfasser: Herr Wunderlich, München, 15.10.1987

SIEMENS AG (Hrsg.)(GILLARDON) Durch die Bank leistungsfähiger mit GILLARDON-Finanzprogrammen und den SINIX-Computern, München, 8.87

SIEMENS AG (Hrsg.)(KESS) Die KESS Wissensbasis - Aufbau und Arbeitsweise (Maschinenschrift), Verfasser: Herr Kerstiens, München, 8.3.1988

SIEMENS AG (Hrsg.)(Kontrollsystem) Unterschriften-Erfassungs- und Kontrollsystem, München, 2/87

SIEMENS AG (Hrsg.)(Special) Banken Special (Anzeige), in B&F, Frühjahr 1989

SILBER W. (Process) The Process of Financial Innovation, in: American Economic Review, May 1983, S. 89 ff.

SOFFEX AG (Hrsg.) (Anlagestrategien) SOFFEX - Neue Anlagestrategien mit Optionen, (ohne Ort), (ohne Jahr)

SOFT-SYSTEM (Hrsg.)(FREEBASE) FREEBASE - Informations-Datenbank, Griesheim, (ohne Jahr)

SOFTWARE PUBLISHING (Hrsg.)(HARVARD Graphics 2.0), HARVARD Graphics 2.0, Vers. 2.0G, Mountan View, California, 11/87

SOMMER M. (PC) Informatik - eine PC-orientierte Einführung, Hamburg: McGraw-Hill, 1987

SOMMERLATTE T. (Telecom-Industrie) Computer- und Telecom-Industrie wachsen, wenn sie zusammenwachsen, in: DECinfo 55, 8.3.1989, S. 17 f.

SPARKASSE (Hrsg.)(Branchendienste) Branchendienste, (ohne Ort), (ohne Jahr)

SPARKASSE (Hrsg.)(Dienstleistungen) Die elektronischen Dienstleistungen der Sparkassen, (ohne Ort), 1989

SPARKASSE (Hrsg.)(Einzelbilanzanalyse) Einzelbilanzanalyse, (ohne Ort), (ohne Jahr)

SPARKASSE (Hrsg.)(Inserate) Inserate in einer internationalen Datenbank, (ohne Ort), (ohne Jahr)

SPARKASSE (Hrsg.)(Kooperationsprofile) Unternehmens- und Kooperationsprofile, (ohne Ort), (ohne Jahr)

SPARKASSE (Hrsg.)(Planung) Die Tür zu ihrer Planung, (ohne Ort), 1989

SPARKASSE LANDAU (Hrsg.)(ZIRI) Zinsänderungsrisiko, Erweiterte Version, Landau i.d. Pfalz, Mai 1988

SPSS (Hrsg.)(SPSS Software) Bankenspezifische Anwendungen von SPSS Software, Frankfurt, 7.9.1988

STAAB O./STEINBRINK K. (Führungsinformationen) Führungsinformation am Personal Computer, in: Sonderdruck IBM Nachrichten, April 1986, (ohne Seite)

STADTHERR K.O. (Verbindung) Weltweit sekundenschnelle Verbindung durch "Touch Screen", in: OM, 12/88, S. 104 f.

STADTSPARKASSE KÖLN (Hrsg.)(Ebil) Einzelbilanzanalyse - Ebil nach BiRiLiG, Köln, 1989

STAHLKNECHT P. (Wirtschaftsinformatik) Einführung in die Wirtschaftsinformatik, 3. Aufl., Berlin u.a.: Springer, 1987

STAUDE J. (Umdenken) Anzeigenkampagnen zeigen das Umdenken, in: bankkaufmann, 5/87, S. 9 f.

STEIG D.B. (Linking) Linking Up, in: C&FM, January 1987, S. 20 ff.

STEINER H. (Zusammenspiel) Das Zusammenspiel zwischen zentraler und individueller Datenverarbeitung, in: gi, 3/1986, S. 180 ff.

STEINER J. (Personalpolitik) Organisations- und Personalpolitik von Banken im Wandel, in: gi, 1/87, S. 20 ff.

STENGELE H. (Sparkassen-Marketing) Sparkassen-Marketing rechnerunterstützt, in: OM, 5/86, S. 548 f.

STEVENSON H. (Kreditinstitute) Informationssysteme für Kreditinstitute, Berlin/New York: de Gruyter, 1973

STICH H.M. (SwissPortfolio) SwissPortfolio - Der direkte Draht für Institutionelle, in Zeitschrift: Der Monat, Schweizerischer Bankverein (Hrsg.), (ohne Datum), S.16f.

STONE R. (Büro) Der PC und die Büro-Automation, Hamburg: McGraw Hill, 1985

STULTZ R.A. (dBase IV) dBASE IV Einführung + Referenz, München: te-wi, 1989

SUMMA H. (Informieren) Informieren statt ignorieren, in: Computerwoche, Extra - Software-Trends: Standards in Sicht, Ausg. 1, 10. Februar 1989, S. 27 ff.

SVD (Hrsg.)(Evaluation) Evaluation von Informatiklösungen, Bd. 5, Bern/Stuttgart: (ohne Verlag), 1985, Anhang A III - 9

SYSCO (Hrsg.)(HASY) HASY - Das Handelsunterstützende Analyse-System-Renten, Frankfurt, 1989

SYSCO (Hrsg.)(Analyse-System) Handelsunterstützende Analyse-System-Renten (Maschinenschrift), Frankfurt, 24.5.1989

SWISS SOFT (Hrsg.)(IPM) IPM Integrated Portfolio Management, (ohne Ort), (ohne Jahr)

TECHNICAL TRADING STRATEGIES (Hrsg.)(Volatility Breakout) Volatility Breakout, (ohne Ort), (ohne Jahr)

TELEDATA (Hrsg.)(TELEDATA) TELEDATA - Die Wirtschaft der Schweiz online im Griff (Kurzinformation), Zürich, (ohne Jahr)

TELEKURS AG (Hrsg.)(INVESTDATA) INVESTDATA SYSTEM, Zürich, 1988

TELEKURS AG (Hrsg.)(Invest Decision System) INDES - Invest Decision System, Zürich, (ohne Jahr)

TELEKURS AG (Hrsg.)(VALORDATA) VALORDATA SYSTEM, Zürich, 1988

TEMPELMANN, C. (Informationsservice) GIS-Informationsservice, in: BI, 9/88, S. 18 ff.

TERRAHE J. (Bankterminalisierung) Bankterminalisierung als strategische Entscheidung, in: Die Bank, 7/87, S. 370 ff.

TERRAHE J. (Financial Services) ISDN im Bereich Financial Services, Block II, in: Internationaler ISDN-Anwenderkongreß, 13./14.3.1989, Hannover, Block II, S. 9 ff.

TEUFEL G. (Analysemethoden) Analysemethoden bei Aktien, Ersch. in: Gabler (Hrsg.), Fernlehrgang "Geprüfter Anlage- und Vermögensberater", Wiesbaden: Gabler, 1987

THE COURSEWARE GROUP (Hrsg.)(Banking) Projects of the Courseware Group companies in the banking sector, (ohne Ort), (ohne Jahr)

THE INTERNATIONAL STOCK EXCHANGE (Hrsg.)(CNS) CNS Company News Service, London, (ohne Jahr)

THE INTERNATIONAL STOCK EXCHANGE (Hrsg.)(Quotations System) Stock Exchange Automated Quotations System, London, (ohne Jahr)

THE INTERNATIONAL STOCK EXCHANGE (Hrsg.)(SEAQ) What is SEAQ?, London, September 1987

THE INTERNATIONAL STOCK EXCHANGE (Hrsg.)(SHAREWATCH) ICC SHAREWATCH, London, (ohne Jahr)

THE INTERNATIONAL STOCK EXCHANGE (Hrsg.)(SAEF) SAEF, London, (ohne Jahr)

THEISSEN H. (INTER-AKT) INTER-AKT und INTER-Schnellkasse: Neue Produkte für Electronic Banking, in: OB, Oktober 88, S. 57 f.

THEISSEN H. (Selbstzweck) Technik ist kein Selbstzweck, in: gi, 3/88, S. 152 ff.

THIELMANN H. (ISDN-Endgeräte) Überblick über ISDN-Endgeräte, in: Internationaler ISDN-Anwenderkongreß, 13./14.3.1989, Hannover, Block IV, S. 31 ff.

THORN EMI (Hrsg.)(Micro-FCS) Micro-FCS, Die neue Dimension: Das FCS-Großrechner-Konzept für den PC, Hürth-Efferen, (ohne Jahr)

TIEDEKEN K./Schneider H.-U. (Sparkassenorganisation) Die Sparkassenorganisation auf der Hannover-Messe CeBIT 1989, in: Sparkasse, 3/89, S. 124 ff.

TIPPENHAUER K./COENEN H.-G. (Anbindung) Anbindung der Kunden-DV an die Sparkassen-DV, in: OB, Oktober 1988, S. 38 ff.

TRENNER D. (Anlegerverhalten) Aktienanalyse und Anlegerverhalten, Wiesbaden: Gabler, 1988

UHLIR H./STEINER P. (Wertpapieranalyse) Wertpapieranalyse, Heidelberg/Wien: Physica, 1986

UHRIG M. (Datenbanksysteme) Datenbanksysteme und Online-Datenbanken: theoret. u. prakt. Grundlagen, 1. Aufl., Hannover: Heise, 1987

ULRICH H. (Unternehmungspolitik) Unternehmungspolitik, 2. Aufl., Bern/Stuttgart: Haupt, 1987

VALLONE C. (Bulletin-Board-Systeme) Abteilungsorientierte elektronische EMail- und Bulletin-Board-Systeme, in: kommunikation, 8/89, S. 41 ff.

VALLONE C. (ComNet) ComNet: Das Infobox-System der Schweiz, in: kommunikation, 5/89, S. 31 ff.

VALLONE C. (Präsentation) PC-gestützte Werkzeuge für die audiovisuelle Präsentation, Institut für Wirtschaftsinformatik, Hochschule St. Gallen, Arbeitsbericht 51, Wintersemester 1989/90

VALUE LINE (Hrsg.)(VALUE/SCREEN II) VALUE/SCREEN II - Quick Start Guide, inkl. Demo-Diskette, New York, 1988

VALUE LINE (Hrsg.)(investment package) No other investment package does so much - for so little, New York, (ohne Jahr)

VENTKER R. (Kreditscoring) Kreditscoring erfolgreich einsetzen, in: Kreditpraxis, Nr. 3, Mai 89, S. 28 ff.

VENTURA A. (Visualisierung) Visualisierung durch den Computer, in: NZZ, Nr. 222, 25.9.1989, S. 73 f.

VOGEL M. (Portfolio-Management) Strategien für ein effizientes Portfolio-Management, in: St. Zapotocky (Hrsg.), Portfolio-Management, Bankwissenschaftliche Schriftenreihe, Bd. 63, Wien: Bank Verlag, S. 23 ff.

VOLLMER R. (Erbe) Charlies Erbe - IBMs Mainstream und die PC Clones (Manuskript), 6. Deutscher Personal Computer Kongreß, 16.-17.Mai 1988, (ohne Ort)

VOLKSBANK SIEBENGEBIRGE (Hrsg.)(Kundenumfrage) Kundenumfrage - Auswertung, Siebengebirge, 1987

VOSSEN U./WITT K.-U.(SQL) Das SQL/DS-Handbuch, Bonn: Addison-Wesley, 1988

VTV (Hrsg.)(Produktauswahl), VTV - Entscheidungshilfe für Qualifizierte Produktauswahl in der Bürokommunikation, München, Frühjahr 1989

WAGNER L. (Baustein) PC-Host-Kopplung als Baustein in der IDV, in: online 5/88, S. 24 ff.

WAGNER H.-P. (Planungssprachen) Planungssprachen auf dem PC, in: OM, 1-2/90, S. 40 ff.

WAGNER R. (Unternehmensplanspiele) Unternehmensplanspiele auf PC, in: BBL, 1/86, S. 48 ff.

WALTER B. (Anmerkungen) Anmerkungen zum Electronic Banking im Firmenkundengeschäft, in: bank und markt, Heft 1, Januar 1986, S. 7 ff.

WANG (Hrsg.)(DOKA/VS) DOKA/VS - Erfolg und Wirtschaftlichkeit im kommerziellen Auslandsgeschäft, (ohne Ort), (ohne Jahr)

WANG (Hrsg.)(Freestyle) Freestyle, Vers. 1.00, (ohne Ort), (ohne Jahr)

WANG (Hrsg.)(WANG) Wang auf der Bankensonderschau 1989, Hannover-Messe CeBIT

WEBER F. (Geld) Mit dem Computer das grosse Geld verdienen?, in: Schweizer Bank, 87/6-7, S. 23 ff.

WEBER H. (Organisation) Organisation der Informationsverarbeitung in der Fachabteilung , in: FB/IE, 1/1984, S. 14 ff.

WEIDE E. (Banken-Kommunikation) High Tech für die Banken-Kommunikation, in: Schweizer Bank, 88/6, S. 46 f.

WEIDEMANN K. (Informationsmanagement) Informationsmanagement - Herausforderung für Banken, in: Die Bank, 8/87, S. 459 ff.

WEISER F.O. (Partner-Service) Partner-Service als elektronische Bankdienstleistung, in: GRZ-Nachrichten, Ausg. 17, 7/89, S. 7.

WELCKER J. (Aktienanalyse) Technische Aktienanalyse: die Methoden der Technischen Analyse mit Chart-Übungen, Zürich: Moderne Industrie, 1986

WENDORFF H.-D. (Investitionen) Wir wollen die Investitionen unserer Kunden schützen, in: gi, 5/89, S. 8 f.

WERNER J. (Probleme) Probleme der EDV-Organisation bei Kreditinstituten, in: vbo-Nachrichten, 2/85, S. 42 ff.

WERREN CHR. (Arbeitsplatz) Multifunktionaler Arbeitsplatz bei Banken, in: Schweizer Bank, 88/6, S. 54 ff.

WERTPAPIER-SERVICE A.R. (Hrsg.)(PMS I/PMS II) Programm-Wegweiser für PMS I und PMS II, Versionen 1.8/2.8, Gundelfingen, April 1989

WERTSCHULTE J.F./MEYER TH. (Rentenmarktindexkonzept) Das Rentenmarktindexkonzept der BHF-Bank, in: Die Bank, 2/84, S. 65 ff.

WGZ-BANK (Hrsg.)(Staatshilfen-Ratgeber) GENO-STAR - Genossenschaftlicher Staatshilfen-Ratgeber, (ohne Ort), (ohne Jahr)

WHEELER E.F./GANEK A.G. (introduction) Introduction to Systems Application Architecture, in: IBM Systems Journal, No. 3, 1988, S. 250 ff.

WICHERS TH. (PC-Anwendungen) PC- Anwendungen im ISDN, in: Internationaler ISDN-Anwenderkongreß, 13./14.3.1989, Hannover, Block V, S. 9 ff.

WIEDENHÖFER R. (Kunden) Finanzplanung für und mit dem Kunden bei der Stadtsparkasse Köln, in: BBL, 6/88, S. 236 f.

WIEDMAYER G. (Spielräume) Schrumpfende Spielräume zwingen Geldinstitute zur Überprüfung der Produktpalette, in: Kompetenz, Das Diebold Management Journal, 3/1988, S. 12 ff.

WIDMER U./GRABER CHR. (Multimedia) Multimedia vor dem Durchbruch, in: NZZ, 25.9.1989, Nr. 222, S. 73.

WIENEKE H./KUNZE G. (Weichenstellung) Weichenstellung für die Zukunft, in: bankkaufmann, 11/88, S. 35 ff.

WILLIG G. (Erfahrungsbericht) Expertensysteme - Erfahrungsbericht über Entwicklung und Einsatz eines Verfahrens der Bilanzanalyse auf der Basis von TWAICE, Auszüge eines Vortrages anläßlich des Nixdorf-Fachkongreß Geldinstitute, Salzburg, 3.- 5.Februar 1988

WINDAU P.v. (Computer Aided Consulting) "Computer Aided Consulting", in: OB, 1/89, S. 4 ff.

WINTER PARTNERS (Hrsg.)(ProfitMaster) ProfitMaster, (ohne Ort), 1988

WINTERSTEIGER W. (Anwendungsmöglichkeiten) Anwendungsmöglichkeiten betrieblich eingesetzter PC in Kreditinstituten, Tagung: Personal Computer in Kreditinstituten v. 2. Oktober 1986, in: Beiträge zur Bankbetriebslehre aus dem Institut für Bankwirtschaft an der Hochschule St. Gallen, Bd. 12, St. Gallen: (ohne Verlag), April 1987, S. 125 ff.

WOLLSCHLAEGER P. (Bandeleien) Bandeleien zwischen Abteilungen, in: c.p., Ausg. 7, 16.3.88, S. 70 ff.

WIRSCHING O./BOCK W. (Wertpapier-Datenbank) Aktuelle Finanzinformationen aus der größten Wertpapier-Datenbank, in: bankkaufmann, 1/88, S. 17 ff.

WYSS U.B. (Portfolio-Manager) Externer Datenbankzugriff auf mehrere Informationssysteme einer Bank - ein Instrument für professionelle Portfolio-Manager, in: St. Zapotocky (Hrsg.), Portfolio-Management, Bankwissenschaftliche Schriftenreihe, Bd. 63, Wien: Bank Verlag, S. 49 ff.

ZAPP H. (Computer-Integrated-Banking) Vom Electronic Banking zum Computer-Integrated-Banking, in: Die Bank, 10/87, S. 535 ff.

ZAPP H. (Marketing) Marketing im Firmenkundengeschäft einer Großbank, Vortrag im Rahmen der Kreditwirtschaftlichen Vortragsreihe der Verwaltungs- und Wirtschafts-Akademie, Baden, Karlsruhe, 11. Februar 1987

ZAPP H. (Unternehmen) Datenverarbeitung als Dienstleistungselement zwischen Banken und Unternehmen, in: OB, Oktober 1988, S. 20 f.

ZEISSLER M./REITZ M. (Büffeln), Büffeln am Bildschirm, in: WiWo, Nr.12, 16.3.1990, S. 164 ff.

ZÜRCHER KANTONALBANK (Hrsg.)(Portefeuille-Analyse) Einführung in die Portefeuille-Analyse, Zürich, 1989

PLANUNGS- UND ZINSBINDUNGSBILANZ FÜR PERIODE => 3 (1 ff)
mit
- automatischer Wiederanlage fälliger Beträge => 1 (0/1)

- Bestandszuwachs-Erwartungen siehe Spalte 9
- Zinserwartungen siehe Spalte 11
- flexibler Wahl der Planungsperiode siehe

ZEITRAUM: = Tage => 180 (1 ff)
(Bitte hier ^ eingeben)

A Erwartete Bestandsveränderung = globale Veränderung in der Periode......+/- 1,000
B Erwartete Zinsveränderung auf alle Bestände = globale Veränderung in der Periode......+/- 10,000

Globale Datenänderungen im oberen Eingabebereich werden durch die Zinselastizität in Spalte 7 modifiziert. Sie werden durch individuelle Erwartungsdaten in den Spalten 9 und 11 für die jeweilige Position ersetzt. *)

AUSWIRKUNGEN VON DATENÄNDERUNGEN AUF DIE GRUNDSÄTZE II UND III BAK

Bitte strukturieren Sie Aktiva und Passiva so, daß eindeutige Zuordnungen der Anrechnungsquoten lt. BAK möglich sind.
Die zutreffenden Anrechnungssätze geben Sie bitte in die folgenden Spalten 17 und 19 ein:

Bereich:

>Kennung 0 = Festzins
>Kennung 1 = variabel

HOCHRECHNUNG FÜR PERIODE 3
180 TAGE

Stichtagsbestände

1	2	3		4	5	6		7	8	9	10	11	12		13	14	15	16	17	18	19	20
Aktiva Nr.	Bezeichnung	Basis-Bestand TDM	V	Rendite Zins %	fällig TDM	Restbestand TDM	v f	Elastizitätsgrad	Rest-Bestands Rendite/ Zins %	Individ. Bestandsänderungs Erwartung %	Bestandsänderung + Wieder-Anlage TDM	Individ. neue Zins-Erwartung %	End-Bestand TDM	v f	Neue Perioden-Zinsen TDM	Rendite Zins %	Neue Bereichs Struktur %	Alte Bereichs Struktur %	Grundsatz II Anrechenbar %	Grundsatz II Anrechenbar TDM	Grundsatz III Anrechenbar %	Grundsatz III Anrechenbar TDM
		121.990	0	5,918	10.000	111.990	f		6,000	16,39	29.994		141.984	f	4.260	6,000	13,16	11,62	10	14.198	20	28.397
		635.008	1	6,500	20.000	615.008	v		6,300		26.350		641.358	v	20.203	6,300	59,43	60,48	20	128.272	30	192.407
		292.999	1	6,750	100.000	192.999	v		6,500		102.930		295.929	v	9.618	6,500	27,42	27,90	30	88.779	40	118.372
						0	f				0		0	f	0	,000	,00	,00		0		0
						0	f				0		0	f	0	,000	,00	,00		0		0
						0	f				0		0	f	0	,000	,00	,00		0		0
						0	f				0		0	f	0	,000	,00	,00		0		0
						0	f				0		0	f	0	,000	,00	,00		0		0
						0	f				0		0	f	0	,000	,00	,00		0		0
						0	f				0		0	f	0	,000	,00	,00		0		0
						0	f				0		0	f	0	,000	,00	,00		0		0
*******	Alle Aktiva	1.049.997		6,502	130.000	919.997		,00	6,305	*********	159.274	*********	1.079.271		34.080	6,315	100,00	100,00	Gesamt	231.249	Gesamt	339.176

Achtung : ——> Bilanzdifferenz : 3 = <== Differenz Bilanzdifferenz : 18.771 = <== Differenz

Verzinsliche Stichtagsbestände

>Kennung 0 = Festzins
>Kennung 1 = variabel

Passiva Nr.	Bezeichnung	Basis-Bestand TDM	V	Rendite Zins %	fällig TDM	Restbestand TDM	v f	Elastizitätsgrad	Rest-Bestands Rendite/ Zins %	Bestands-Zuwachs-Erwartung %	Bestandsänderung + Wieder-Anlage TDM	Individ. neue Zins-Erwartung %	End-Bestand TDM	v f	Neue Perioden-Zinsen TDM	Rendite Zins %	Neue Bereichs Struktur %	Alte Bereichs Struktur %	Grundsatz II Anrechenbar %	Grundsatz II Anrechenbar TDM	Grundsatz III Anrechenbar %	Grundsatz III Anrechenbar TDM
		105.000	1	5,500	10.000	95.000	v	,50	5,200		11.050		106.050	v	5.409	10,200	10,00	10,00	45	47.723	50	53.025
		525.000	0	5,650	20.000	505.000	f	,80	5,000		25.250		530.250	f	14.266	5,381	50,00	50,00	60	318.150	70	371.175
		420.000	1	5,750	30.000	390.000	v	,20	4,500		34.200		424.200	v	13.787	6,500	40,00	40,00	60	254.520	70	296.940
						0	f				0		0	f	0	,000	,00	,00		0		0
						0	f				0		0	f	0	,000	,00	,00		0		0
						0	f				0		0	f	0	,000	,00	,00		0		0
						0	f				0		0	f	0	,000	,00	,00		0		0
						0	f				0		0	f	0	,000	,00	,00		0		0
						0	f				0		0	f	0	,000	,00	,00		0		0
						0	f				0		0	f	0	,000	,00	,00		0		0
						0	f				0		0	f	0	,000	,00	,00		0		0
*******	Alle Passiva	1.050.000		5,675	60.000	990.000		,26	4,822	*********	70.500	*********	1.060.500		33.461	6,310	100,00	100,00	Gesamt	620.393	Gesamt	721.140

*) Erläuterungen:

1. Die individuelle Zinserwartung (AD24 ff) läßt die
   - Globalsteuerung (A07) und deren
   - Elastizitätsgrad (U24 ff)
   unberücksichtigt.
2. Die Wirkung der globalen Zinssteuerung (A07) wird modifiziert
   - durch Festzinskriterien (H24 ff) für Restbestände und
   - durch den Elastizitätsgrad (U24 ff).
3. Bei Festzinspositionen (H24 ff) wirken sowohl individuelle als auch globale Zinserwartungen immer nur auf die Bestandsveränderungs-/Wiederanlagebeträge (AB24 ff).
4. Bei variablen Zinspositionen wirken globale und individuelle Zinserwartungen auf den Gesamtbestand (AF24 ff) der Periode.
5. Die Bestandserwartung wirkt auf den Basisbestand (F24 ff).

GRENZZINSSATZ (p.a. !) für transformierten Betrag

Aktiva	Passiva
,000	5,155

ZINSÄNDERUNGSERGEBNIS

	Aktiva	Passiva
	%	%
	,010	1,488
Saldo +/- %		-1,478
==> *) TDM		TDM
	5.075	9.591
Saldo +/- TDM		-4.516
==> *) in 180 Tagen		

Spezifikation der Periode	Aktiva Betrag TDM	Aktiva Zinsen TDM	Aktiva Zins %	Passiva Betrag TDM	Passiva Zinsen TDM	Passiva Zins %	Ergebnis/ Herkunft
Festzinskongruent	141.984	4.260	6,000	530.250	14.266	5,381	439
Transformiert	388.266	12.353	6,363	0	0	,000	1.907
Variabel	549.021	17.468	6,363	530.250	19.195	7,240	-1.728
Gesamtvolumen	1.079.271	34.080	6,315	1.060.500	33.461	6,310	619
	Zinsverlust	0	,000	Zinsüberschuß	619	,117	619

RISIKOWERTUNG bei 1,000 % Änderung p.a. = DM		Gesamt	Transform.	Variabel	Ergebnis-Änderung:
Chancen der Periode	aus variablen Aktiva	0	0	0	
Risiken der Periode	aus variablen Passiva	-689	0	-689	-689
Erfolgsänderung der Periode		-689	0	-689	Erg. neu: -71

Belegung:		Belegung:	
= %	37,27	= %	30,55
+/- TDM	-389.144	+/- TDM	-771.108

Bedienungshinweise und Erläuterungen zur Zinsautomatik finden Sie im Hilfsmenü oder direkt in den Dateien

PLANTEXT.CAL
ZBDIENER.CAL

Hinweis: Für die korrekte Funktion der Datei ist unbedingt sicherzustellen: Zellen- und Spalteneinfügungen erfordern individuelle Zellenanpassungen! Zeilen 1 bis 24 möglichst nicht verändern !
Die oberere linke Tabellenbegrenzung muß A4, die erste Datenreihe muß 24 , der Wechselschalter muß H7 und die Tagesangabe muß H13 sein. Globalsteuerung Volumen: A06, Zinsen: A07 !
Die Spalten A bis BF haben folgende Weite: 1-8-2-30-2-10-1-4-1-7-0-1-8-1-11-1-1-0-0-1-9-0-1-8-1-9-1-11-1-10-1-11-1-1-0-0-1-12-0-1-10-1-8-0-1-9-1-7-9-1-7-9-1-2-13-2-12-2 .

Abb. 106

Institut 1999 Kreditprotokoll-Nr. 0/ 0 vom 31.01.89 erstellt um 13:56 Uhr KD 10550 /Seite 1
Volksbank Niedersachsen eG
SB 120 FIL 100 BER 110

Kunde 10550: Heidi Hagen, Technikstr. 10, 2208 Glückstadt
Rechtsform: Vollkaufmann (im HR eingetr. Einzelkaufm.)
Beruf/Branche: Einzelhandel
Geburts-Datum: 23.04.57, Mitglieds-Nr.: 9910550, Mitglied seit: 30.08.86, Kunde seit: 30.08.86

Kredite in DM:

Konto-Nr.	Kredit-art	Verwendungszweck	Laufzeit oder Befristung	Vorbeschluß vom 05.11.88 bewilligt	Veränderung bewilligt	Neuer Beschluß bewilligt	Neuer Beschluß beansprucht	Kürz. satz in %
10550310	KK	Geschäftskonto	30.06.88	400.000	0+	400.000	132.910	
10550451	Darlifri	Landeneinrichtung	31.12.88	35.000	0+	35.000	20.000	
10550361	RK	Reale Sicherung 20 KWG	31.12.88	200.000	0+	200.000	130.000	100.00
= Kunden-Endsumme				635.000	0+	635.000	282.910	
Kürzungen nach § 13 KWG				200.000	0+	200.000	130.000	

Konditionen:

Konto-Nr.	Zinssatz/ Standardk	Auszahlung in %	Bearb-Geb in %	Effektiv zinssatz	Festzins bis	(T)ilg (R)ate (A)nnuität	Ratenfällig-keit	Termin 1.Rate	Tilgungs-verrechnung
10550310	15.0000		0.0000	15.2000	. .				
10550451	7.0000		0.0000	7.1000	. .		. .		
10550361	1.8000		2.0000	0.0000	. .				

Bemerkungen zu Konto 10550310:

ZI.LI1=15 %
Zi.LiII=15.5 %
Zi.LiIII=16 %
Kred.Prov=2 %
Ums-Prov=1,5 %

Bemerkungen zu Konto 10550361:

Dieses Konto führt die Bank als Realkredit, da es durch entsprechende Sicherheiten unterlegt ist. Das Aval dient der Sicherung von Ansprüchen der IBM geben Frau Hagen aus Lieferungen an sie. Die Bearbeitungsgebühr von 2 % gilt nur für den Teilbetrag von 30000 DM.

Abb. 70

Sicherheiten in DM:

Sicherheitennr. Sicherheitenart	Beschreibung	V	Nominal-Wert	Bewertung
100 GRD	Grundstück, Technikstr. 10 2208 Glückstadt Heidi Hagen, Größe qm: 1410, , W/Nfl qm: 570 Bel-Wert: 1000000, Ans: 100%, Bel-Gr: 1000000, Val: 400000, FR: 486000		500.000	400.000
300 Abtr.Off	Kapitallebensversicherung, VS-Tod: 100000, VS-Erleben: 100000 RW: 15000, Ans.: 100%, Bel-Gr: 15000, Val: 15000		15.000	15.000
500 VollE	Raum-SÜ Waren, Elektronikerzeugnisse, Dat:13.08.86, AP:120000 Bel-Wert: 120000, Ans: 50%, Bel-Gr: 60000, Val: 120000		120.000	60.000
800 Verpf.	Sparguthaben (allgemein), ges. Sparkonto Bel-Wert: 30250, Ans: 100%, Bel-Gr: 30250, Val: 30000		30.000	30.000

Summe der bewerteten Sicherheiten 505.000

Bemerkungen zu Sicherheit 100:

III/3 KSK 200' III.4 uns 150'
III/6 KSK 180' III,5 uns 50'

	Vorbeschluß	Veränderung	Neuer Beschluß
Blankokredite auf Beanspruchung	130.000	0+	130.000
Blankokredite auf Bewilligung	130.000	0+	130.000

Kreditunterlagen gemäß § 18 KWG:

Art des letzten Nachweises: H-Bilanz	Netto-Ertrag in TDM: 250
Jahr des letzten Nachweises: 1985	Freies Vermögen in TDM: 795

Beurteilung der persönlichen und wirtschaftlichen Verhältnisse des Kunden:

Frau Hagen ist selbständige Kauffrau. Ihr Geschäft entwickelte sich in der letzten Zeit sehr positiv. Die privaten Entnahmen waren mit 40 TDM gering. Durch die positive Ertragslage konnte eine erhebliche Verbesserung des Eigenkapitals erreicht werden. Für das folgende Jahr ist jedoch mit einer erheblichen Steuernachzahlung zu rechenen.

Unterschrift: ....

Vorstand | Aufsichtsrat

ja/nein	Unterschrift	Datum	Der Antrag wird genehmigt/abgelehnt/zurückgestellt
			Sitzung vom
			Unterschrift

Datenerfassung:	Kontrolle:

Abb. 70 Fortsetzung